山东抗日战争史

中共山东省委党史研究院
（山东省地方史志研究院） 著

齐鲁书社
·济南·

图书在版编目（ＣＩＰ）数据

山东抗日战争史 / 中共山东省委党史研究院（山东省地方史志研究院）著. -- 济南 : 齐鲁书社, 2025.7.
ISBN 978-7-5333-5243-1

Ⅰ. K265

中国国家版本馆CIP数据核字第2025ZK1192号

责任编辑　许允龙　王江源
装帧设计　刘羽珂

山东抗日战争史

SHANDONG KANGRI ZHANZHENGSHI

中共山东省委党史研究院
（山东省地方史志研究院）　著

主管单位	山东出版传媒股份有限公司
出版发行	齐鲁书社
社　　址	济南市市中区舜耕路517号
邮　　编	250003
网　　址	www.qlss.cn
电子邮箱	qilupress@126.com
营销中心	（0531）82098521　82098519　82098517
印　　刷	山东临沂新华印刷物流集团有限责任公司
开　　本	720mm×1020mm　1/16
印　　张	32.5
插　　页	2
字　　数	450千
版　　次	2025年7月第1版
印　　次	2025年7月第1次印刷
标准书号	ISBN 978-7-5333-5243-1
定　　价	128.00元

说　明

1. 《山东抗日战争史》（以下简称"本书"）坚持以习近平新时代中国特色社会主义思想为指导，全面梳理了抗战时期日本对山东的军事进攻、经济掠夺、政治奴役、文化渗透及其所产生的恶果对全国局势与世界格局的影响。本书重点突出了中国共产党在全民族抗日战争中的中流砥柱作用，也肯定了国民政府及其军队的抗战贡献，填补了山东人民抗日战争历史的研究空白。

2. 抗日战争是自1931年九一八事变至1945年日本签订投降书的14年抗战历史的简称。山东省以其特殊地理位置，在明代嘉靖年间即遭到日本迭次不断的侵扰与侵略。从那时起，山东人民便被迫展开了反抗日本侵扰与侵略的英勇斗争。本书主要记述了山东人民14年的抗战历史，也概述了明清以来日本对山东长期的侵扰与侵略。

3. 全民族抗战时期的山东抗日根据地，主要是指津浦路以东、陇海路以北的山东大部地区和河北、江苏的部分地区，与现山东省行政区划不尽相同。为行文方便和叙事完整，本书适当兼顾了当时及现在的山东省行政区划。

4. 根据部分专家的意见建议，本书增设了"山东抗战中涌现出的著名英烈"条目，收录了国家民政部和退役军人事务部公告之中为夺取山东抗日战争胜利而顽强奋战、为国捐躯的著名抗日英烈和英雄群体197名，以示褒扬。其中，既有中国共产党领导的指战员，也有国民政府军队中的爱国将士，还有一部分国际友人。

5. 本书是中共山东省委党史研究院（山东省地方史志研究院）为纪念

中国人民抗日战争暨世界反法西斯战争胜利 80 周年的献礼书之一。编写本书，旨在探寻山东近代社会演变规律、激发人们爱国主义热情、弘扬伟大抗战精神，追溯沂蒙精神的孕育、形成历史，进一步发挥党史以史鉴今、资政育人的作用。

6. 为方便读者阅读使用，作者对本书部分直接引文做了适当改动，对一些档案文字等做了删改，不再一一注明。

目录
CONTENTS

第二章
共产党走向抗日斗争的前沿·34

第三章
新旧军阀在山东的统治与抗战形势·69

第七章
进入相持阶段后的山东抗战·232

引 言

山东是古人类文化的发源地和中国古代文化的中心地，以齐、鲁文化著称。山东设省，始于明初。洪武元年（1368 年），设置"山东行省"（后改为山东承宣布政使司），辖 6 府、15 州、89 县。山东省的省会（时称"首府"）初驻青州，洪武九年（1376 年）移驻济南。[①]"山东省"这一行政区划名称，在清朝和中华民国时期继续使用，沿用至今。清代，山东省辖 3 道、10 府、3 直隶州、104 县。中华民国初期，山东省辖 4 道（济南、济宁、胶东、东临）、107 县。[②] 其间，行政区划屡有调整，全省面积亦随之变更。民国九年（1920 年）时，全省有耕地 10185.9 万亩，人均耕地 2.96亩。民国十四年（1925 年），全省改为 11 个道、107 个县。自民国十八年（1929 年）至全民族抗战胜利，全省仍为 107 个县。民国十九年（1930年），原属山东省的青岛市[③]、威海卫市[④]改为直辖市。

山东省在民国时期全国的 22 个省[⑤]中，"人口最为稠密"[⑥]。全民族抗战前，全省人口为 3883.67 万人（包括青岛市的 51.48 万人、威海卫行政区

---

① 黄泽苍：《山东》，中华书局 1935 年版，第 3 页。

② 1928 年废道，各县直属省。

③ 1891 年，始有青岛建置。1929 年，国民政府设置青岛特别市。1930 年，改称青岛市。1945 年，国民政府从日本手中收回青岛之后，仍称青岛特别市。1949 年青岛解放后，改为山东省省辖市。

④ 威海卫，明初始设。清末，先后被日本、英国侵占。1930 年国民政府从英国手中收回，设置威海卫行政区。1938 年，又被日本侵占。1945 年日本投降后，设威海卫市。1950 年，撤市设威海县。1951 年，改为威海市（县级）。

⑤ 全民族抗战胜利后，全国改为 35 个省。

⑥ 陈博文：《山东省一瞥》，商务印书馆 1925 年版，第 1 页。

的 22.22 万人）。① 山东人口众多，山东人民 "大多性情迟钝而喜保守，且有好斗之癖，然而勤勉耐劳，长于经营，便是他们的特长了"②。山东不但人口稠密、人民勤劳，而且物产富饶，为全国著名的农耕大省。山东省西部，多为平原，黄河流经，灌溉便利，生产五谷果品；东部海岸线较长，在当时居全国第二位（仅次于广东省），矿产丰富，生产煤炭和各种金属。全省煤矿产量，1933 年为 266.6 万吨，1937 年为 399.9 万吨。全省盐产量，1933 年为 58965.5 万公斤（9827578 市石），1937 年上半年为 48376 万公斤（8062667 市石），居全国第一。③ 全省公路里程，1933 年为 6835 公里，1937 年为 6533 公里，居全国第二。④ 山东的农业特产有麦、棉、果、实，矿业特产有金、铅、煤、铁，工业特产有发网、花边，其中 "茧绸、花生居全国第一"⑤。草帽辫更是盛极一时的著名特产和 "工业之新品"，"占全国之首位，洵属山东物产中后起之骄子也"⑥。

在地理位置上，山东地处战略要冲，历来为海防重地、交通要道。山东地处水陆要冲，突出于黄、渤海之间，外扼辽东半岛和浙、闽两省，"内为直隶、河南、江苏三省的轴纽，在我国军事上、政治上、实业上、交通上都占有极重要的地位"⑦。山东海岸线长达 3000 余公里，大小岛屿 296 个，港湾 30 余处。山东半岛是日本距离中国大陆最近的地方。也正是因为地理位置的突出，山东首当其冲，成为外国侵略势力从海上入侵中国的重要门户之一和主要受害者。中国人民包括山东人民，自古以来对待邻邦即

---

① 国民政府主计处统计局：《中华民国统计简编（机密）》，中央训练团 1941 年印行，第 29~30 页。

② 陈博文：《山东省一瞥》，商务印书馆 1925 年版，第 2 页。

③ 国民政府主计处统计局：《中华民国统计简编（机密）》，中央训练团 1941 年印行，第 43 页。

④ 国民政府主计处统计局：《中华民国统计简编（机密）》，中央训练团 1941 年印行，第 71 页。

⑤ 白眉初：《民国山东省志》，民国年间刊本，第 1 页。

⑥ 白眉初：《民国山东省志》，民国年间刊本，第 1 页。

⑦ 陈博文：《山东省一瞥》，商务印书馆 1925 年版，第 2 页。

秉持和平共处之道。纵观中国历史，古代中国对外交往的宗旨始终为"远迩相安，共享太平"①。但是，周边一些国家却畏威服德、前恭后倨，甚至虎视眈眈、兵戈相见。如日本，早在秦始皇帝三十七年（前210年）中日开始交往，东汉建武中元二年（57年）两国建立外交关系②，从东汉至明朝初年对中国基本是尊崇的态度，山东亦成为中日友好交流往来的交通路线之一，日本遣隋使、遣唐使经常从山东进出。明朝初年，日本开始以"倭寇劫掠"的形式侵扰山东沿海一带，成为明政府的主要海上威胁。③ 清代及鸦片战争以来，日本妄图侵略和征服中国，发动了一系列侵略战争。在这种情势之下，山东不得不成了中国人民抵抗日本侵扰与侵略的前沿阵地。鉴于山东半岛系渤海咽喉、军镇重地，以及为环渤海地区前哨阵地和东北亚地区海上桥头堡的战略地位，中国汉唐时期均在山东半岛驻有屯兵。宋代以降，山东半岛更成为历代中原王朝的海上国门与关防要地。明代国家海防要务，即为防卫倭寇的骚扰。山东"蓬莱水城"与沿海卫所，在明代国家海防体制中占据十分重要的地位，集中体现出明代国家海岸防卫的战略思想和防守、出战、屯田三位一体的实际效用。④ 为此，明洪武年间设置山东都指挥使司，司署驻登州，统辖山东半岛的7个卫所。为防范倭寇袭扰，洪武九年（1376年）特在登州设置蓬莱水城，又名"备倭城"。永乐年间，设置备倭督指挥使司。万历年间，设置总兵署都督佥事，统辖全国海防事宜，兼管海运，成为全国海防的中心要地和水军基地。在倭寇为患严重的明嘉靖三十一年（1552年）至三十六年（1557年）这一时期，

---

① 刘祥学：《远迩相安 共享太平——中国古代对外交往的宗旨》，《历史评论》2021年第2期。

② 《后汉书》记载："倭奴国奉贡朝贺，使人自称大夫，倭国之极南界也。光武赐以印绶。"这是中日两国建立外交关系的最早记录。1784年，日本九州北部志贺岛发现"汉委奴国王"金印，证明这一文献记载真实可靠。

③ 日本古称"倭"，7世纪改称"日本"，14至16世纪日本海盗集团屡屡劫掠中国和朝鲜沿海地区，被称为"倭寇"。"倭寇"之称，最早见诸朝鲜史籍。1350年，日本海盗商人侵掠朝鲜固城等地，《高丽史》记载："倭寇之侵，始于此。"

④ 王志民等主编：《中国地域文化通览·山东卷》，中华书局2013年版，第454页。

南至广东、北至山东的广大东南沿海地区，曾遭到倭寇大规模劫掠 169 次，年均 28 次①。为消弭倭寇之患，天启年间登莱巡抚袁可立在登州组建了一支 5 万余人的水师陆战队。中国古代历史上最著名的抗倭将领、山东蓬莱人戚继光（1528—1588 年），亦亲率水师在蓬莱水城备战抗倭，防御山东沿海，管辖 3 营、25 个卫所，后调任浙江、福建抗倭，转战南北，荡平倭患，厥功至伟。经过抗倭名将戚继光、俞大猷等人多年的剿灭平定，倭患结束，山东成为当时沿海各省防倭最成功的地区。万历二十年（1592 年）、二十五年（1597 年），日本丰臣秀吉两次发动侵略朝鲜战争，均被中朝联军击败，此后中日基本断绝往来，"山东沿海较为冷落，处于若断若续的状态"②。清初，继续实行海禁政策，山东与日本几乎断绝了海上联系。直至道光二十年（1840 年）鸦片战争爆发，外国列强开始从海上入侵中国，山东再次沦为列强争抢、鲸吞、殖民的对象。在内忧外患的大变局之下，山东和中国其他沿海省份共同担负起抵御外侮的历史重任。其中，"日本对华持续侵略是近代以来中国历史上最黑暗的一页"③。

近代以来，随着中日关系的恶化、交恶，山东人民反抗日本侵略的斗争愈发激烈。而中日关系恶化、直至发生战争的首要原因，就是源于日本侵略野心的不断膨胀。日本确立了"征讨台湾、干涉朝鲜、分化琉球、侵犯中国"的侵略国策之后，1874 年出兵侵入中国台湾等地，逼迫清政府签订《北京专条》。此后，日本频频侵略中国及其藩属国，由表及里，妄图逐步侵略、"蚕食"中国。1879 年，日本强行吞并中国的藩属国——琉球王国，设立所谓"冲绳县"。1882 年，日本将中国列为"头号假想敌"，大肆开展情报侦察。1890 年，日本公开提出所谓的"大陆政策"，明确侵华目标及路线图。1894 年，中日甲午战争爆发，日军血洗威海卫，侵占山东半

---

① 任世江：《编余杂俎——历史课程研究》，天津古籍出版社 2010 年版，第 187 页。
② 庄维民主编：《山东海上丝绸之路历史研究》，齐鲁书社 2017 年版，第 254 页。
③ 习近平：《在纪念中国人民抗日战争暨世界反法西斯战争胜利 75 周年座谈会上的讲话（2020 年 9 月 3 日）》，《十九大以来重要文献选编》（中），中央文献出版社 2021 年版，第 670 页。

岛。甲午战争之后，日本加快了侵略、"蚕食"中国的步伐，并屡屡将其侵略目标聚焦在山东。因而在中国近代史上，日本侵略山东最早、侵占山东最久、侵害山东最深、侵凌山东最甚。中国人民特别是山东人民，对于日本逐步侵略山东的罪恶行径，无比悲愤，奋起抗争。但是，由于清政府的腐朽无能，这一时期中国人民的英勇抗争均告失败。

1914 年第一次世界大战爆发后，日本借机出兵，侵占山东，提出灭亡中国的"二十一条"，派兵攻占青岛，霸占青岛和胶济铁路沿线部分地区长达八年之久。1919 年 5 月，日本强行继承德国在山东的特权，激起中国人民的强烈愤慨，全国掀起声援山东人民的游行示威运动，成为五四爱国运动的导火索。山东人民不甘屈辱，奋力走在反对日本侵略的斗争最前线，和全国人民共同推动山东问题得到初步解决。

1921 年 7 月，伟大的中国共产党成立，中华民族发展的方向与进程、中国人民和中华民族的前途与命运、世界发展的趋势与格局，自此发生深刻改变。1924 年，国共实现第一次合作，开始统一中国的北伐战争，全国工农革命运动空前高涨，革命势力发展到黄河流域，席卷大半个中国，沉重打击了帝国主义和封建军阀在中国的统治。为阻挠中国统一，日本于1927 年 5 月借口"保护侨民"，出兵山东，日军 2000 余人占领青岛及胶济铁路沿线，威胁济南。在山东人民的极力抗议下，日本于 1927 年 8 月暂时撤回在山东的军队。1928 年 5 月，日本出兵 5000 余人，再次侵入山东，并在济南疯狂屠杀中国士兵和平民，制造了血腥的五三惨案。这次惨案，中国人民伤亡 6000 余人，财产损失 3000 余万元。山东人民和全国人民的反日、仇日情绪，再次被点燃。全国人民群情激昂，坚决抗争。5 月 8 日，日本又抽调其精锐部队第三师团侵入山东，妄图震慑中国人民。国民党、蒋介石被迫妥协，北伐军被迫撤出济南。日本侵略中国、侵占山东的阴谋，再次得逞。但是，日本的贪婪野心并未满足，而是进一步膨胀、疯狂，竟然妄图以武力吞并整个中国。

1931 年日本发动九一八事变，中国人民抗日战争由此打响。1935 年日本策动"华北五省自治"①，妄图将华北五省变为"第二个东北"。1937 年 7 月，日军发动卢沟桥事变，挑起全面侵华战争，中华民族陷入生死存亡、亡国灭种的危险境地。在中国共产党的努力下，国共实现第二次合作，抗日民族统一战线开始形成。中国人民克服了一盘散沙、各自为战的混乱局面，汇聚了中华民族共赴国难、共克时艰的磅礴力量，进入了"地无分南北，年无分老幼，无论何人，皆有守土抗战之责任，皆应抱定牺牲一切之决心"的全民族抗战新阶段。在全民族抗战期间，侵华日军凶残暴虐，恶贯满盈，实行"三光"（烧光、杀光、抢光）政策，制造一系列惨案，使用化学武器及细菌武器，进行奴化教育，强征劳工及慰安妇等，所犯罪行，罄竹难书。面对敌人的强大、野蛮、凶残，英勇顽强的中国人民不畏暴力，不甘屈服，浴血奋战，共御外侮，彻底打败了日本侵略者，彻底粉碎了日本军国主义殖民奴役中国的图谋，彻底洗刷了近代以来中国人民抗击外来侵略屡战屡败的民族耻辱，为世界反法西斯战争胜利作出了不可磨灭的巨大贡献。自九一八事变至 1945 年 9 月日本签订投降书的 14 年抗战，是近代以来中国人民进行的规模最大、时间最长、范围最广、斗争最艰苦、牺牲最惨重的全民族反侵略战争。在 14 年抗战中，中国最早反对日本法西斯，坚持抗日时间最长，消灭日军最多，成为打败日本军国主义的主力军和决定性因素，为世界反法西斯战争胜利作出了彪炳史册的卓越贡献。

在艰苦卓绝的抗日战争中，山东省大多数县城一度为日、伪军所控制，但是绝大部分的农村地区由共产党、八路军控制，一部分由国民党及其军队控制。1937 年 10 月日军大举侵入山东后，国民党山东省政府成为流亡政府，山东大部沦为敌占区。国民党军队在山东稍战即逃，即使曾在以徐州为中心的津浦、陇海铁路地区对日军展开大规模防御战役并取得一定战果，仍未能挽大厦于将倾。国民党抗战指导思想错误，既消极抗日又顽固防共、反共，对于日军"逐一击破"的阴谋没有清醒认识和正确对待，甚至一度

---

① 华北五省，是指河北、山东、山西、察哈尔、绥远。

还暗中配合日、伪军"剿共""灭共"，结果是自毁长城、自食其果。日军在重点"扫荡""清剿"山东共产党、八路军，并逼迫共产党、八路军在山东"化整为零"后，转而又集中兵力"扫荡"国民党正规军及地方部队，迫使国民党在山东节节败退。1943 年 7 月，国民党正规军及国民党山东省政府被迫撤离山东。国民党在山东丢弃的大片国土，在共产党、八路军和广大山东人民的浴血奋战下，又一点一点重新被夺回到人民手中。山东人民在共产党的领导下，坚持开展敌后游击战争，建立、巩固人民民主政权，不但相继夺回了山东的广大城乡地区，而且独自撑起了山东敌后抗战的大局，还在血与火、生与死的抗日战争中逐渐巩固了党群同心、军民情深的鱼水关系，孕育、形成了水乳交融、生死与共的沂蒙精神。

在民族觉醒的抗日战争中，中国共产党在山东经历了一个爆发式的增长，山东从革命边缘地区跃升为全国最重要的革命根据地之一。在中国共产党领导下，山东人民团结抗日，组建抗日武装，创建抗日根据地，建立各级民主政权。1938 年 5 月，中共中央决定将山东省委扩大为苏鲁豫皖边区省委，管辖山东全境和苏鲁豫皖边区。1940 年 8 月，成立山东省战时工作推行委员会，辖 1 个行政主任公署、9 个专员公署、66 个县级政府。在人民群众的支持和拥护下，共产党、八路军在山东相继粉碎了日、伪军及国民党顽固派的"扫荡""灭共"企图，度过抗日战争最困难时期，迎来抗日战争胜利的曙光。1943 年 9 月，山东省战时工作推行委员会改为山东省行政委员会，辖 4 个行署、11 个专署、92 个县级政府。1944 年、1945 年，山东军民展开局部反攻和大反攻，坚决消灭一切拒降之敌，终于迎来全民族抗战的伟大胜利。1945年 8 月，山东省行政委员会改为山东省政府——这是党领导下的第一个省政府，辖 5 个行署、22 个专署、127 个县级政府。异军突起的山东解放区，这时已成为中国共产党发展革命事业的最重要基地之一：山东解放区（包括冀鲁豫解放区的山东部分）人口有 3500 万，占全国抗日民主根据地总人口的三分之一；军队有 33 万人，占全国人民军队总数的四分之一；歼敌 60 余万人，占党领导的人民武装歼敌总数的三分之一；共产党员有 30 万人，占全国党员总数的四分之一。在解放战争时期，山东在中国革命舞台上继续崛起，成为全党、全军北上南下的战略枢纽和解放战争的主战场之一，为中国革命和解放事业作出了巨大贡献。

回望自鸦片战争至抗战胜利的百余年历史，中国遭受了几乎所有世界列强的侵略和掠夺。中国人民一次又一次抵抗，却一次又一次失败，"屈辱"二字成为近代史上最让中国人民刻骨难忘和意难平的一个关键词。在中华民族由衰败走向复兴的艰难道路上，抗日战争成为中国人民团结觉醒、改变国运的重大转折点。千千万万中华儿女奋不顾身，前赴后继，抛头颅、洒热血，从根本上决定了抗日战争的进程和结局，展示了中国人民以爱国主义为核心的伟大抗战精神。中国共产党领导的敌后游击战争，当之无愧地支撑起中国人民抗日战争的"半壁江山"，名副其实地确立了中国共产党中流砥柱的历史地位。在抗日战争暨世界反法西斯战争中，中国人民作出了重要贡献，付出了巨大牺牲，同时也赢得了应有的国际地位。中国人民的卓著功勋，永久熔铸在世界反法西斯战争胜利的丰碑之上。

前事不忘，后事之师。中国人民对日本侵华战争带来的苦难，有着刻骨铭心的记忆；对维护世界和平，有着孜孜不倦的追求。我们将牢记历史、尊重历史，同时也绝不允许历史悲剧重演。

第一章
近代以来日本对山东的侵略和山东人民的抗争

　　19 世纪 60 年代，中日两国分别进行学习西方的洋务运动和维新运动，但是结果却大相径庭：洋务运动以失败告终，明治维新则取得成功。日本明治维新以后，国势日强，走上对外侵略道路。其侵略矛头，首指中国。1894 年至 1895 年，日本发动甲午战争，侵入山东半岛、奉天省①，侵占威海卫日军迟至 1898 年才撤走。甲午战争以后，帝国主义列强掀起了瓜分中国的狂潮，中国面临严重的民族危机。1911 年 10 月，辛亥革命爆发，推翻了清王朝的腐朽统治，此后军阀混战不断，各方势力角逐，北洋政府②、国民政府③依次确立在中国的统治地位，控制山东政局，却未能阻止日本对山东的侵略。1914 年，日军登陆山东，侵占胶济铁路及青岛等地达 9 年，直至 1922 年撤走。1927 年至 1928 年，日本三次出兵山东，侵占济南、青岛，制造五三惨案，直至 1929 年撤走。从甲午中日战争到 1929 年日本从山东撤兵，山东人民为反对日本侵略进行了艰苦卓绝的斗争。

　　① 奉天省，是清代至北洋政府时期辽宁省的旧称。1929 年改称辽宁省，原"奉天市"改称沈阳市。1932 年伪满洲国成立后，复称"奉天省"。1945 年抗战胜利后，改称辽宁省。

　　② 北洋政府，又称北京政府，是指 1912—1928 年由北洋军阀占主导地位的中国中央政府，分为袁世凯统治时期（1912—1916 年）、皖系军阀统治时期（1916—1920 年）、直系军阀统治时期（1920—1924 年）、奉系军阀统治时期（1924—1928 年）。

　　③ 国民政府，即国民党政府，是指北伐战争胜利后至 1948 年代表中国的南京国民政府。南京国民政府，1927 年 4 月 18 日建立，是中华民国最高国家机关。1932 年一二八事变发生后，一度迁往洛阳；上海停战后，又迁回南京。1937 年全民族抗日战争爆发后，11 月迁往重庆。1946 年 5 月，迁回南京。1948 年 5 月，南京国民政府结束。

1928 年后，国民政府通过结盟或联盟，积极寻找国际支持者和盟友国家，推动中国与列强在 1928 年至 1931 年改订新约成功，先后与当时世界三大强国德国、苏联、美国建立经济和战略联系。国民政府试图通过结盟或联盟方式，借力西方列强，摆脱遭受列强联合盘剥的旧时代，以反抗当时世界第四强国日本的侵略、欺凌。但是，国民政府的这一"革命外交"政策，未取得预期目标。

第一节　清政府的无能与日本对山东的侵略

清光绪二十年（1894 年），中日甲午战争爆发，这是日本明治政府对中国清政府发起的帝国主义侵略战争，引发中国近代社会、东亚政治格局的大动荡。甲午战争之前，日本对山东军事力量尚存畏惧，认为山东"政体尚存，兵备仍张"，非常谨慎地在山东沿海地区秘密搜集军事情报，伺机而动。甲午战争爆发后，1895 年 1 月 20 日，日军兵分两路，包抄威海卫。2 月 2 日，日军侵占威海卫，这是近代史上日本对山东的第一次武装侵略。侵占威海卫的日军，野蛮残暴，滥杀无辜，"官廨民舍，焚掠一空，僻壤穷乡，蹂躏几遍"①。深受战争之苦的山东人民，奋起自卫，前赴后继，展开了激烈的反日本侵略斗争。

一、清政府的海防建设

鸦片战争之后，西方列强随便架起几门大炮，就可以侵略中国。为改变这一衰势，清政府在洋务运动中积极兴办海防事业，筹建强大海军，并且一度盛极一时。

清政府在山东沿海设置海防，前期主要为陆军防守。清代山东八旗兵，在德州、青州驻防。绿营兵 1 万余人，驻防在登州镇、兖州镇、曹州镇、

---

① 李秉衡：《奏查明宁海等县被扰恳蠲缓粮赋折》，《李秉衡集》，齐鲁书社 1993 年版，第 308 页。

济宁州等地。顺治元年（1644年），始设登州水师营，驻水城。康熙四十三年（1704年），改为前后二营。道光三十年（1850年），增设文登水师营，每营6艘战船（弃用首尾均齐、形体笨重的红头船，改用头尖尾大、船身较低的拖缯船），每船设正副舱长、枪长、炮兵等，安置大炮21尊及其他德制铜炮、洋枪等武器，聘请德国人端乃尔为教练。①

清政府加强海防建设，主要目的是防范西方列强的海上入侵。同治五年（1866年），设立福州船政局，建造轮船，中国新式海军建设自此开始，清政府海防事业加快发展，并将近代化海军作为洋务运动的主要内容之一。光绪元年（1875年），清政府正式创建海军，计划用十年时间，筹建北洋、南洋、粤洋三支海军。北洋海军守卫直隶、奉天、山东沿海，南洋海军守卫苏浙沿海，粤洋海军守卫闽粤沿海（后粤洋海军分为闽、粤海军分别筹建）。为创办北洋和南洋两支海军，清政府几乎倾尽国力。

随着时局发展，清政府对于日本的狼子野心也开始警觉，加强布防。南洋海军的建设，成功遏制了日本侵占中国台湾的野心。1884年，南洋海军在中法马尾战争中受到重创，一蹶不振。粤洋海军建设也比较迟缓，只有李鸿章负责的北洋海军（也称北洋舰队）发展较好，成为清军的海军主力。

光绪十四年（1888年），北洋舰队编制成功，基地在旅顺和威海卫，计有战船9艘，炮船6艘，鱼雷艇6艘，练船3艘，运船1艘，共25艘船舰、4000名官兵。旅顺港自光绪七年（1881年）开始修建，至光绪十六年（1890年）船坞竣工。威海卫港自光绪十四年（1888年）动工修建，先后建成沿海岸炮台12座：南岸3座，北岸3座，刘公岛炮台6座，配置大炮54门。又建造陆路炮台3座：所城北、杨凤岭、合庆滩，以及3处鱼雷营、1所水雷学堂、1所枪炮学堂。又在刘公岛建立威海水师学堂，培养海军人才。但是，清政府苦心经营的这些海军建设成果，却在日本侵略扩张的战

① 山东省地方史志编纂委员会编：《山东史志资料》第一辑，山东人民出版社1983年版，第126~127页。

火中损失殆尽。

二、日本侵华政策的制定

日本明治维新以后，逐渐成为资本主义强国，野心勃勃，妄图侵略中国、朝鲜，称霸亚洲，成为世界强国。为此，日本"不甘处岛国之境"，制定"大陆经略政策"这一侵略扩张总路线。19 世纪末，日本将"大陆经略政策"确定为基本国策。

16 世纪初，日本所谓"大陆经略政策"即已问世，代表人物之一为丰臣秀吉。1588 年，丰臣秀吉统一日本。1592 年、1597 年，丰臣秀吉发动两次侵略朝鲜战争。丰臣秀吉假称借道朝鲜，实则意欲攻打明朝。明朝派军前往救援，击败了日本的侵朝野心。朝鲜之役（1592—1598 年）持续七年，是 20 世纪之前中日朝三国大战的第二次国际战争，以中朝胜利告终，维护了中朝国家利益，实现了朝鲜藩邦的"再造"。

日本所谓"大陆经略政策"，其侵略目标当然并不仅限于朝鲜，而是以朝鲜为跳板，妄想侵占幅员辽阔、地大物博的中国。通过侵略朝鲜来侵略中国的这一计划，此后成为日本朝野上下的共识。明代朝鲜之役的侵朝失败，亦未能阻遏日本的侵略野心。德川幕府末期，日本国内侵略朝鲜和中国的思潮蔚然成风，先后出现所谓"海外雄飞论""征韩论"等系列对外侵略扩张思潮，如佐藤信渊、大久保利通、吉田松阴、会泽正志斋等人狂热鼓吹日本政府对外扩张战略。1868 年 3 月，睦仁天皇提出要"开拓万里波涛，布国威于四方"。由此，日本正式确立所谓"大陆政策"，"征韩""侵华"公然成为日本侵略邻邦的路线图和时间表。近代日本的某些狂热侵略分子更是肆无忌惮，将"饮马于鸭绿江"作为口头禅。

1871 年 3 月，日本制定《日本对外政策意见书》，确定近代日本"大陆政策"为：第一步，北进吞并朝鲜，南进侵占琉球、台湾；第二步，以朝鲜为跳板，侵占中国东北；以台湾为基地，侵占中国厦门；然后，南北夹击，侵占全中国；第三步，侵占中国之后，继续向北，侵占俄罗斯西伯利亚地区；

向南，侵占中南半岛及南洋群岛。随后，日本逐步付诸实施。1876 年 2 月，日本迫使朝鲜政府签订《修好条规》。1874 年 5 月，日本制造侵台事件。之后，派遣间谍，在中国搜集各种情报，为其侵华服务。1887 年，日本制定"清国征讨策略"，确定其"大陆政策"主攻方向为中国：首先，吞并朝鲜，侵占中国台湾；其次，从朝鲜进入中国，依次侵占中国东北和中国全部；第三，以中国为基地，北进侵占西伯利亚，南进侵占印度支那半岛及南洋群岛；第四，征服亚洲，然后称霸世界。19 世纪 90 年代，日本明确将其"大陆政策"确定为国策。1890 年，日本内阁总理山县有朋明目张胆地提出所谓"利益线之区域"侵略理论，公然宣称朝鲜和中国台湾、东北等地区是日本的"利益线"。由此可见，无论日本的所谓"大陆政策"怎么调整，核心就是侵略朝鲜、侵占中国、称霸世界。至此，近代日本所谓"大陆政策"正式形成，日本进入狂热战备状态。"日本资本主义一登上历史舞台，很快地就走上帝国主义轨道，这是一种封建的军事的帝国主义，所以特别富于侵略性。"① 在这种国策引领下，日本很快进入了侵朝、占中的侵略实施阶段。

三、甲午战争的爆发

1894 年（甲午年）春，朝鲜南部爆发农民起义。6 月 1 日，朝鲜政府向其宗主国清政府紧急求援，请求协助镇压农民起义军。6 月 4 日，清政府应朝鲜请求，命北洋海军"济远""扬威"舰赶赴仁川，会合"平远"舰，维护秩序。另派直隶提督叶志超、太原镇总兵聂士成，率兵 2400 人，赶赴牙山。同月，日本借口"保护使领馆及侨民"，出兵朝鲜。在朝鲜农民起义军已被朝鲜政府招抚，国内形势已经平稳的情况下，日本拒不撤兵，趁机向清政府提出"共同改革朝鲜内政"，实际是要干涉朝鲜内政。在清政府拒绝中日共管朝鲜之后，日本断然实施侵朝、侵华战略。7 月 23 日，日军占领朝鲜王宫，拘禁朝鲜国王李熙，推翻时任内阁，另立李昰应傀儡政权，

---

① 华岗：《中国民族解放运动史》（第一卷），生活·读书·新知三联书店 1951 年版，第 320 页。

废除朝鲜与清政府签订的一切条约，又强迫傀儡政权"授权"日军"驱逐"在朝鲜的清军。7月25日，日本海军在牙山口外丰岛海面不宣而战，突袭中国舰船。日本陆军同时攻击驻牙山清军。8月1日，清政府被迫对日宣战。日本如愿点燃侵华战火，史称甲午战争。甲午战争是日本发起的一场赤裸裸的帝国主义侵略战争。

清政府对日宣战后，紧急增兵1.35万人，赶赴朝鲜平壤迎战日军。此外，平壤清军尚有直隶提督叶志超和太原镇总兵聂士成所率领的牙山、成欢部分军队。清军驻守平壤兵力达1.5万人，配有野炮4门、山炮28门、速射炮6门，可供一个月的军粮。① 8月25日，清政府任命叶志超统领驻平壤的清军，指挥对日作战。入朝日军第三、五师团，编为第一军，山县有朋为司令官，统一指挥侵朝日军。这时，驻平壤的日军达1.6万人。9月15日，日军包围平壤，分进合击，发起总攻。中朝联军在大同江南岸船桥里、牡丹台和玄武门、平壤西南大同江北，展开反击。

牡丹台和玄武门失守后，清军退至平壤内城。驻平壤清军统帅叶志超却丧失斗志，提出"暂弃平壤"方案，得到大多将领同意。当夜大雨，清军冒雨撤退，遭到日军截击，人马自相践踏，伤亡2100人。其余清军经顺安、肃州、安州、义州等地，一路狂奔，主动撤退演变为大溃逃。21日，清军渡过鸭绿江，回到中国。平壤战役是甲午战争爆发后，中日之间"一次带有决战意义的战役"。此战以清军失败告终，清军战死2000人、负伤4000人、被俘595人，日军战死180人、负伤506人、失踪12人。② 日军几乎兵不血刃，侵占平壤，控制了朝鲜。此后，朝鲜开始脱离中国和"独立"，日本顺利侵占朝鲜。

侵占朝鲜后，日本迫不及待地发动侵华战争，将战火引向中国。9月17日，即日军侵占平壤的次日，便向清政府的北洋海军发起攻击。在黄海

---

① 刘大可等：《日本侵略山东史》，山东人民出版社1991年版，第20页。
② 徐平主编：《甲午战争·中日军队通览（1894—1895）》，解放军出版社2015年版，第220页。

海域，日军企图阻拦护送陆军驰援平壤返航的北洋海军，遭到北洋海军爱国将士的英勇反击，由此爆发黄海海战。北洋舰队"定远""镇远""靖远""致远""广甲""济远""来远""经远""超勇""扬威"等10艘舰队奋起迎战。战斗中，邓世昌、林永升等爱国官兵英勇抗敌，挫败了日本"聚歼北洋海军"的狂妄计划。战斗历时五个多小时，日军5艘军舰受到重创，北洋海军4艘军舰受到损失。

黄海海战之后，日本虽然不敢以胜利者自居，但是仍大肆鼓吹"日舰得保凯旋"，欺骗舆论。一些不明真相的国内外报道者也称中日黄海海战各有损伤，不分胜负。[1] 为保存实力，李鸿章严令北洋海军不得轻易言战，更不准主动出战。此后，北洋海军只能在威海卫港消极避战，主动放弃了黄海海域的制海权。清政府的这一决策，导致中国海军被动挨打的失败结局。而日本未能通过战争获取到黄海制海权，失落之余却又意外达到了控制黄海制海权的战略意图，掌握了中日海战的主动权。可以说，腐朽、无能的清政府，事实上是在助推着中国沦为半封建半殖民地社会。

继平壤之战和黄海之战后，清政府的战略防线被迫后移至国门口。清政府在研判日军主攻方向时，发生重大错判，重点防守鸭绿江、奉天、辽阳一带。为拱卫京城安全，又抽调各省兵力，加强山海关至秦皇岛、天津、大沽、通州等地的防守。这一军事部署，导致地处渤海门户的辽东半岛、山东半岛兵力不足，防守薄弱。侵朝成功的日本，这时便将侵略目标转向了中国。

四、日军对山东半岛的侵略

侵华日军兵分两路，一路进犯清军鸭绿江防线，一路直奔辽东半岛、山东半岛。1894年10月，山县有朋指挥3万日军，打败清军提督宋庆、依克唐阿所率3万清军，突破鸭绿江防线，将战火烧向中国土地。11月6日，日军第二集团军攻占金州（今大连市金州区）。7日，占领大连湾。18日，

---

[1] 戚其章：《中日甲午战争史论丛》，山东教育出版社1983年版，第56页。

进犯旅顺港。22 日，攻陷旅顺口，血洗旅顺城，屠杀中国居民 2 万人，制造了举世震惊的旅顺大屠杀惨案。随后，日军南下，准备侵占山东半岛。

威海卫港在山东半岛东端，与旅顺港遥相呼应。旅顺港既失，威海卫港则成为日军必攻之地。为侵占山东半岛，消灭北洋海军，日军精心制定"山东半岛作战计划"方案，组建"山东作战军"（以日军陆军第二集团军为基础），约 2.5 万人；日本联合舰队协同陆军"山东作战军"作战，另外由陆军第一集团军在辽东战场发起佯攻，牵制清军主力部队。清政府误判战争形势，防守重心不在辽东半岛和山东半岛。清政府的北洋海军则按照李鸿章的指令，躲在威海卫港内，不准出战。

日军间谍早在甲午战争爆发前，便已成立庞大的特务机关"日清研究所"，派出大量间谍刺探中国军事情报。日本间谍在山东半岛活动最频繁，搜集掌握威海卫、刘公岛、荣成的军事设施及布防情报。1894 年 7 月 25 日，朝鲜丰岛海战（亦称牙山海战）之后，为防范日军偷袭，清军加强了威海卫的警备，堵塞南北海口，使日军多次前来侦探或偷袭均告失败。

鉴于威海卫港防卫森严，日军偷袭不成，便改变作战计划，改为在荣成湾登陆，从左翼进攻威海卫，包抄攻击北洋海军。而驻防荣成县的清军，只有阎得胜[①]部 5 个营、1000 人，缺少枪械、训练，士兵多为新兵，战斗力、防御力很弱，容易突破。日军在掌握大量间谍情报之后，决定在荣成龙须岛一带海滩登陆；侵占荣成之后，再从陆路进攻威海卫。

1895 年 1 月 18 日，日军 3 艘巡洋舰炮击登州港，声西击东，牵制清军。1 月 19 日，在日本联合舰队掩护下，日本陆军 1.5 万人自旅顺口分乘 19 艘运输舰出发，奔袭荣成。20 日，日军"八重山""摩耶"等 4 艘军舰驶入荣成湾，日本陆战队员 40 人分乘 3 艘汽艇，驶近龙须岛，进行登陆侦察。清军发现日军先遣队之后，立即开炮，击沉 1 艘汽艇。4 艘日舰猛烈开炮，轰炸清军阵地。清军不敌，被日军先遣队攻占成山头灯塔。随后，日

---

① 阎得胜，山东人，因防守荣成不力，不战而逃，被清政府处死。

军主力开始登陆。由于情报工作比较成功,日军携有详细地图,精准避开雷区,顺利登陆荣成。驻防荣成县的清军弃城而逃,荣成失陷。21日、23日,日军第二、三梯队先后登陆荣成。至25日,日军3.46万人在荣成完成集结,几乎未遭遇较大阻击和抵抗。其间,只有孙万林[①]率部主动在白马河反击日军,山东巡抚李秉衡称:"兵固单,尤苦无将,前敌敢战之将,仅一孙万林。"

日军在荣成湾快速集结的同时,清政府及清军却情报滞后、反应迟缓,未能进行有效抵抗。按照李鸿章严格而又非常明确的"避战保船"的指令,北洋海军只能在威海卫坐视日军登陆荣成湾。清政府获悉日军顺利登陆荣成、侵入山东半岛之后,竟茫然而无良策。最后,李鸿章仍决定北洋海军在威海卫死守待援。李秉衡无可奈何,徒叹息说:"铁舰匿不出,海军虚设,拿问不知。衡身居虎狼,面大海,不以自危,尽此身心而已。"[②]

日军登陆荣成湾,揭开中日甲午威海之战的序幕。旅顺港沦陷后,威海卫港成为北洋海军的唯一基地,停泊军舰15艘(装甲战列舰2艘,巡洋舰5艘,炮舰6艘,练习舰2艘),鱼雷艇12艘,布雷船2艘。[③] 日军从荣成侵犯威海卫,有南、北两条路:南路经桥头、温泉汤、虎山等地,北至威海卫,称为"芝罘大道";北路经北港西、鲍家村、崮山后等地,穿过威海南帮炮台,至威海卫,称"威海大道"。日军在分析日本间谍提供的路况情报之后,制定分兵两路进犯威海卫的作战方案:第二师团,自南路进犯威海卫,为左翼,切断南帮炮台清军退路;第六师团第十一旅团,自北路进犯威海卫,侵占南帮炮台,为右翼。为阻止日军继续入侵山东,山东巡抚李秉衡多次组织清军进行阻击,先后部署白马河之战、虎口山之战、孙家滩之战三次阻击战,均未奏效。日军先后攻陷威海南帮炮台、威海卫及威海北帮炮台。

---

① 孙万林,又名万龄,安徽利辛人。
② 李秉衡:《致江宁张宪台电》,《李秉衡集》,齐鲁书社1993年版,第623页。
③ 田昭林:《中国战争史》(第三卷),江苏人民出版社2019年版,第502页。

　　此后，刘公岛成为孤岛，北洋海军面临日军水陆夹击的危险。刘公岛地形险要，海面礁石遍布，易守难攻，清政府近代最大的海军——北洋海军（也称北洋水师）提督署驻刘公岛。中日黄海之战后，北洋海军实力尚存，仍有大小舰艇 31 艘，日军亦不敢小觑。北洋海军提督丁汝昌在日军侵占龙须岛时，曾请令率舰队出击，遭到李鸿章斥责"如违令进战，虽胜亦罪"①。尽管李鸿章屡称北洋海军损失惨重，故意夸大损失，避敌保船，丁汝昌仍不懈怠，坚持率北洋海军加紧训练，筹划设防，预备粮草，坚守刘公岛，积极备战。丁汝昌预先演练敢死队，在南帮炮台沦陷之际紧急派遣敢死队炸毁皂埠嘴炮台及北岸炮台，以免为敌所用。

　　日军侵占南帮炮台后，抢占龙庙嘴、鹿角嘴两个炮台，转向开炮，轰击驻刘公岛北洋海军。丁汝昌率北洋海军果断反击，击沉日舰 1 艘，日军被迫撤回荣成湾。丁汝昌秘密派遣敢死队，乘坐鱼雷艇，潜往龙庙嘴、鹿角嘴，计划炸毁这两个炮台，未能成功。2 月 3 日，日军分为五队，凶猛进犯刘公岛。丁汝昌及北洋海军将士同仇敌忾，奋勇还击。双方炮战终日，难分胜负，日军未能攻进港口，只得悻悻撤退。日军畏惧北洋海军战斗力强悍，不敢正面进犯，而是采用偷袭办法。2 月 5 日，日军第二、三鱼雷艇队悄悄沿南岸潜入清军港口内偷袭，激战中被清军击毙多人，2 艘鱼雷艇也被清军俘获；但是，定远舰不幸被日军击中。随后，22 艘日舰趁机猛攻南北口，均被清军击退。2 月 6 日，日军第一鱼雷艇队再次潜入清军港口内偷袭，击沉清军舰艇 3 艘。随后，日军又水陆夹击驻刘公岛北洋海军，遭到强烈反击。双方炮战良久，北洋海军再次击退日军的进犯。2 月 6 日夜，丁汝昌派出一支 13 艘的鱼雷艇队，偷袭日军，作为还击。"左队一号"鱼雷艇管带王平②临阵畏敌，被日军发现，偷袭未遂，反被日军击沉或俘获数艘舰艇。驻守日岛炮台清军开炮还击，击中日舰 3 艘。2 月 9 日，日军舰

---

　　①　陈耀卿：《时事新编（初集）》，清光绪二十一年（1895 年）刊行。

　　②　王平，又名王登云，天津人，在威海卫保卫战时带领鱼雷艇队集体逃窜至烟台，又谎称威海卫失陷，驰援威海军队被这一假情报误导后折返，造成北洋海军孤立无援。

艇 30 艘再次进犯，丁汝昌率北洋海军舰艇 12 艘奋勇迎战。战斗中，清军靖远舰被击沉，击伤日舰 2 艘，击退日军进犯。

其间，屡战屡败的日军曾多次派人劝降丁汝昌。日本联合舰队司令伊东祐亨委托英国远东舰队司令斐利曼特，向丁汝昌转交劝降信《致大清国北洋水师提督丁汝昌》。丁汝昌严词拒绝，并将劝降信上交李鸿章。北洋海军的一些"洋员"也里应外合，胁迫部分清军将领卖国投降。面对各种威逼利诱，丁汝昌大义凛然，绝不降敌。"我知事必出此，然我必先死，断不能坐视此事！"并命令北洋海军全体将士："援兵将至，固守待命！"①

2 月 11 日，丁汝昌获悉清军陆援断绝后，命令各舰拼尽全力突围，以免全军覆没。但是，北洋海军雇佣的"洋员"及北洋海军投降派首领、威海营务处候补道牛昶昞②等将领，却拒绝死战突围。丁汝昌悲愤不已。根据李鸿章"事急凿船、不贻后患"的既定指示，丁汝昌当晚派人炸沉无法行驶的"定远"舰，然后服毒殉国。此外，右翼总兵、"定远"舰管带刘步蟾，北洋护军统领张文宣，"镇远"舰管带杨用霖等人，也先后殉国。

2 月 14 日，牛昶昞以"清朝海陆军代表"身份，登上日本松岛舰，签订降书，拱手将北洋海军战舰"镇远""济远""平远""广丙" 4 艘和炮舰"镇东""镇西""镇南""镇北""镇中""镇边" 6 艘，以及刘公岛上各炮台、军资器械等，全部移交日军。2 月 17 日，日军登陆刘公岛，日本联合舰队开进威海卫港，北洋海军全军覆没。刘公岛保卫战，北洋海军阵亡、殉难者共 101 人，受伤 304 人。

北洋海军在甲午战争全军覆没之后，清政府被迫求和，中日双方签订

———

① 中国史学会主编：《中国近代史资料丛刊·中日战争》（六），上海人民出版社 1957 年版，第 78 页。

② 牛昶昞在甲午海战中勾结洋员，冒用丁汝昌名义起草投降书、签订《威海降约》，又诬陷丁汝昌，被清政府革职查办。

了《马关条约》。条约规定：清政府割辽东半岛、台湾及所有附属岛屿、澎湖列岛给日本，赔偿日本军费白银 2 万万两，增开沙市、重庆、苏州、杭州 4 个通商口岸，承认日本对朝鲜的控制。《马关条约》同时规定，在清政府履行条约之前，日军可暂时占领威海卫。但是，由于清政府割让辽东半岛损害到外国列强的利益，俄、法、德三国出面干涉，表示不满。日本被迫将辽东半岛归还中国，并索要 3000 万两白银作为"赎辽费"。随后，俄国"租借"了旅顺、大连。

1895 年 6 月，日军在基隆港登陆，遭到台湾义军的痛击。徐骧等人领导台湾义军，配合抗法、抗日名将刘永福①组建的黑旗军，在新竹、大甲溪、彰化、阿里山、大莆林、嘉义等地区，持续抵抗日军 4 个月，击毙日军首领近卫师团长北白川宫能久（中将）、山根（少将）。日军死伤 3.2 万人，占 5 万侵台日军的 64%，其中嘉义城保卫战日军即死亡 700 人。至 1895 年 10 月，日本侵略者非法占领中国台湾省。此后五十年，台湾同胞始终进行着此起彼伏的抗日斗争。②

五、日军的暴行和山东人民的奋起反抗

日军侵占山东半岛之后，肆意抢夺人民群众的牲畜、粮食，纵火烧房，奸淫妇女，残忍屠杀无辜村民，烧杀抢掠，无恶不作。山东人民奋起反抗，掀起保家卫国、抗击侵略的爱国热潮。

威海卫林家院村是个小山村，全村耕牛不足 40 头。日军闯入林家院村后，凡是能够搜刮到的牛、羊全部被赶走抢光。邵家庄、后亭子乔村等一带村庄，猪、牛、羊全被抢光。日军在抢掠的同时，还到处放火烧房，极尽破坏之能事。长峰村、后亭子乔村的房屋，几乎全被烧光。

---

① 刘永福，广西钦州人，组建黑旗军，历任清军总兵、帮办台湾防务等，曾率部积极反抗法国、日本侵略者。林言椒、李喜所：《中国近代人物研究信息》，天津教育出版社 1988 年版，第 169~173 页。

② 《保台卫国的民军领袖徐骧》，《振兴中华的先驱》，山东人民出版社 1984 年版，第 283 页。

宋家洼村 80 余间房屋，被日军烧毁。威海卫周边许多村庄，被掠劫一空。大批村民无家可归，被迫举家外逃，流落他乡。日军贪婪凶残，双眼通红如发疯的牲畜，到处烧杀抢掠、掳掠民财，威海卫人民痛斥之为"红眼子"。此后很长一段时间，威海卫人民群众都用"红眼子来了"之类话语，吓唬小孩。①

日军在山东半岛实行血腥残暴的屠杀政策。其所至之处，尸横血流，惨不忍睹。其残杀手段，有枪杀、刀刺、砍头、斩腰、穿胸、剖腹等，无所不用其极。在柳林村，日军将一名被俘清兵野蛮砍成数块，抛之荒野。在皂埠村，日军竟然开棺戮尸。对手无寸铁的村民，日军同样大肆杀戮。如长峰、海埠、九家疃三村，就有 44 人惨遭杀害。据威海卫长峰村悼念乙未年正月初九日（1895 年 2 月 3 日）遇害村民的《祭乙未殉难诸公文》记载："夫大难之方兴也，官军鼠窜，倭寇鸱张，兵马纷扰，突围村庄，操戈入室，持刀登堂，拆毁我房屋，搜取我衣裳，糟踏我黍稷稻粱，屠杀我鸡犬牛羊，一至昏黄，四起火光。当此时也，朔风凛冽，天气惨凉，饥寒之儿童暮寝雪地，疲惫之妇女夜走山岗。……"② 日军军纪败坏，士兵肆意闯入村民家中，奸淫凌辱妇女。有时，日军包围村庄之后，命令男子在村外集合，然后轮番进村去强奸妇女。不少妇女不甘受辱，或反抗而死，或自杀而亡。在当时，威海卫妇女尽皆锅灰涂面、披头散发，随身携带剪刀之类器具，以备不虞。

在反抗日本侵略者的斗争过程中，素有尚武传统和反抗精神的山东人民自发组织起来，帮助清军筑工事，为军队送情报，协助清军拉炮、送粮草，主动救护伤兵，破坏敌人的电话线，协防抓捕日本间谍等，抵制日军入侵、骚扰。各村群众节衣缩食，捐献慰劳物品，送往军营犒劳官兵。一

---

① 戚其章主编：《中日战争》（第三册），中华书局 1991 年版，第 74 页。

② 威海卫长峰村《祭乙未殉难诸公文》碑文，引自［英］詹姆斯·艾伦著，费青、费孝通译：《在龙旗下——中日战争目击记》，上海人民出版社 2014 年版，第 80 页。

些群众直接参加抗日斗争，配合清军作战，袭扰小股日军。长峰村群众同仇敌忾，誓死抗争，号召村民对于入村劫掠的日军坚决反击，"进村就赶，进家就打"，用木棍、铁锨等驱赶日本侵略者。孙家沟村群众家家户户自备斧头、菜刀等，拼死反抗。卫家滩村群众自发组织起来，使用刀枪剑戟之类冷兵器，敢于以弱对强，甚至还夺取了日军一些武器。有一户村民，竟然砍杀了7个入室抢劫的日本兵。在人民群众的自发反抗下，小股日军轻易不敢入村抢掠奸淫。在当年，群众广为流传着这样一首歌谣："大刀磨得飞飞快，单等倭寇来。来一个，砍一个；来一排，砍一排。砍少了，扒坑埋；砍多了，填大海。砍得倭寇破了胆，再也不敢来。"在人民群众奋起自卫、不屈不挠的英勇抗争下，清军先后收复了宁海、文登、荣成等县城。日军气焰受挫，被迫龟缩在威海卫孤城，苦苦挣扎。1898年5月，清政府赔偿日军1100万英镑，从日军手中收回威海卫，租借给英国。6月，日军侵占威海卫司令部解散，日军全部撤走。随后，威海卫进入英国殖民的另一个屈辱时期。

第二节 "一战"前后日军对山东的侵略和山东人民的抗争

中日甲午战争之后，清政府的腐朽无能暴露无遗，帝国列强纷至沓来，竞相瓜分中国。1897年，帝国"后起之秀"德国凭借武力夺取山东半岛南面的胶州湾，强迫清政府签订《胶澳租界条约》，租借胶州湾99年，攫取在山东修筑铁路、开采矿产以及各项事业的优先承办权，山东沦为德国的势力范围。威海卫刚摆脱日军的占领，又被英国"租借"25年。山东半岛最优良的两个海港，均沦为帝国主义的殖民地。第一次世界大战爆发后，欧美列强彼此之间重新瓜分殖民地，一时无暇顾及中国。日本趁虚而入，对德宣战，出兵山东半岛，侵占济南，夺取胶济铁路。1914年11月7日，日军攻陷青岛，取代德国帝国主义在青岛的殖民统治，山东人民进入反抗日本侵略的新阶段。

一、觊觎侵占胶州湾

甲午战争胜利后，日本如愿侵占了朝鲜、琉球及中国台湾、澎湖列岛等。1904 年至 1905 年日俄战争中，日本取代俄国，侵占了中国东北地区。第一次世界大战爆发后，日本对于德国"租借"的胶州湾垂涎三尺，于是联合"租借"威海卫的英国，准备抢夺、侵占胶州湾。英国与日本狼狈为奸，并向日本提供 1 亿日元①援助，推动日本参战。

胶州湾是山东的重要海上门户。1897 年 11 月，德国占领胶州湾渔村青岛，获得济南至青岛铁路修筑权以及铁路沿线 15 公里内的采矿权。为了运输德国所需要的煤及铁矿，德国修筑青岛至济南的胶济铁路，长约 400 公里。德国殖民者以该国城市为范本，规划建设青岛自来水厂、发电厂、马路、绿地、公园、下水道等。青岛港货运吞吐量，从 1902 年的 50 万吨发展到 1911 年的 200 万吨，成为德国海军东亚舰队的主要基地，青岛人口从 2 万人发展到 17 万人。青岛的富庶及其地缘优势，引起日本的垂涎。日本认为，青岛港具有兵力和地缘上的压倒性优势，能够以极小代价攫取更多国家战略及经济层面利益。为此，日本决定对德宣战，抢占青岛、侵占山东。

1914 年 8 月 8 日，日本鱼雷艇开始在青岛附近海域出没。8 月 15 日，日本政府发表《对德最后通牒》，要求德国撤走远东舰队，将胶州湾租借地全部交还给中国。德国识破日本侵占青岛的野心，回复日本称："德国可考虑将青岛交还中国，但日本也应把台湾交还中国。"② 日本侵占青岛的阴谋被德国揭穿之后，一面禁止中国收回青岛，一面积极对德备战。8 月 23 日，日本正式对德宣战。德国随后表态，愿将胶州湾租借地无条件交还给中国。

---

① 当时的日元与美元汇率为 1∶1。魏格林、朱嘉明主编：《一战与中国：一战百年会议论文集》，东方出版社 2015 年版，第 520 页。

② 魏格林、朱嘉明主编：《一战与中国：一战百年会议论文集》，东方出版社 2015 年版，第 521 页。

北洋政府畏惧日本的威胁，竟然不敢接收胶州湾租借地，而是电请美国
"代为接收"，然后再从美国手中接收胶州湾租借地。美国尚未复电，日本
已采取军事行动，向北洋政府提出照会，无耻要求将山东省境内的黄河以
南区域划为"中立外区域"，以便日本行军。9月2日，日军在山东半岛北
端龙口登陆，进攻驻青岛德军。9月3日，软弱妥协的北洋政府被迫照会各
国，宣布龙口、胶州湾、莱州附近一带为"中立外行军区域"，德、日两国
居然在中国领土上展开"狗咬狗"的争夺胶州湾战争。

二、"军事接管"青岛

1914年9月3日，日军独立第十八师团在龙口登陆后，沿莱州、平度
南侵即墨。9月15日，日军在即墨西北毛家岭村打死、打伤村民10人，焚
毁民房164间，制造了"毛家岭惨案"。① 9月18日，另一支日军在崂山仰
口登陆，侵占李村，与独立第十八师团会合，然后兵分两路，一路沿胶济
路西侵，一路南侵进攻青岛。9月25日，西侵日军占领潍县火车站，随后
侵占胶济铁路沿线。10月6日，日军侵占济南，胶济路全线沦入日军之手。
北洋政府只得将中国军队撤出铁路沿线地区。

9月26日，南侵日军对青岛德军阵地发起进攻。9月27日至28日，
日军占领浮山、孤山一带。10月10日，日军增派一个混成旅团侵入山东。
10月17日，在塔连岛附近，德军击沉日本巡洋舰"高千穗"号，日本侵
略者3000人葬身海底。② 11月5日，在日本海陆空三军的强攻下，德军逐
渐崩溃。11月7日，德军宣布投降。11月11日，日军侵占青岛，进行所
谓"军事管制"，开始长达8年的殖民统治。日德青岛之战，青岛人民遭受
深重苦难，惨遭战火损害的居民有1548户，死亡40人，财产损失1900余
万元。③ 青岛"商业停顿，市面萧条，炮火所及，庐舍为墟"，"秩序混乱，

---

①　郭谦编著：《山东主权收回始末》，中共党史出版社2005年版，第45页。
②　郭谦编著：《山东主权收回始末》，中共党史出版社2005年版，第46页。
③　张荣大、张树枫：《百年五四与青岛》，青岛出版社2019年版，第50页。

日暮以后宛然黑暗世界，居民损失不堪言状"。① 日军侵占青岛后，12 月
28 日公开宣布"热烈欢迎""极大关照"日本人来青岛。

三、对青岛的殖民统治

日军侵占青岛后，实行"军事接管"和殖民统治。1914 年 11 月
27 日，日本大正天皇命令在青岛设置所谓"日本守备军司令部"，由神
尾光臣任司令，其职权相当于德国胶澳总督。"日本守备军司令部"分
为"司令部"和"陆军部队"，总兵力 2 万余人，主要驻在青岛和胶济
铁路沿线。"陆军部队"分为"宪兵队""陆军病院""陆军兵器厂"
"守备步兵队"。"司令部"设有所谓"民政部"和"陆军部"，其"民
政部"下设所谓"邮政部""铁道部""巡捕教习所""囚禁场""警务
部"等 13 个部门；其"陆军部"下设"军医部""经理部""法官部"
"副官部"。其"守备军"约 7000 人，其中 4 个大队分别驻在济南、坊
子、高密、青岛等地。在各占领区均设宪兵队，武力镇压、严密监视中
国人民的反抗。

日本政府大力鼓动日本人移民青岛。日德战争之前，日本妓女（"卖春
妇"）最早来到青岛，身着和服、口操日语、脚踏木屐，混迹于青岛的街头
巷尾。日德战争结束之后，日本政府即号召日本人大规模移居青岛和山东
内地，妄想通过武力移民政策，壮大其侵华势力。在日本政府的游说、怂
恿下，日本大批无业游民纷纷来到青岛淘金，短短几周便有数千人来到青
岛，超过战前十多倍。随着青岛秩序恢复，又有上万日本人涌入青岛。
1915 年 10 月，迁居青岛的日本人达 1693 户、15255 人，占青岛总人口的
27.54%，与中国居民的人口比例为 1：2.6。② 这些日本无业游民，在青岛
如疯狗一般，见房屋就占，遇财物就抢，不论是德国人的公产、私产，还

---

① 青岛市档案馆编：《帝国主义侵略青岛纪实》（内部出版），第 80 页。
② 庄维民、刘大可：《日本工商资本与近代山东》，社会科学文献出版社 2005 年
版，第 74 页。

是中国人的房屋、土地、企业、财产，都贪婪蛮横地占为己有。凭借着无耻霸蛮的肆意掠夺，许多日本人在青岛一夜之间成为暴发户。日军在鼓动日本人涌入青岛抢占中国人民房产家园等财产的同时，却严禁外出避难的青岛居民返回自己的家园。在中国人民的强烈抗议下，"日本守备军"被迫允许原青岛居民返回市区，却拒不交还其抢占的房屋财产。至 1915 年 9 月，日本人仅返还了 6 所房产。日本人贪婪、无赖、强盗的嘴脸，令世人震惊。

1917 年 9 月，日本颁布《青岛守备军民政部条例》，在其"青岛守备军"下设"民政部"，分设青岛民政署和李村、坊子、张店、济南民政分署，负责行政、司法、诉讼、税收、修路等事务。在青岛、坊子、博山、昌乐、青州、张店、济南这些胶济铁路沿线重要城镇，建立"日本在乡军人会"等敌伪特务组织，协助实施殖民统治。日本此类殖民统治的军政机构，是其"关东州租借地"① 殖民模式在青岛的复制。日军颁布《军政施行规则》等十多部军规法令，在青岛城乡地区实行殖民管制，其宪兵、警察可以随意逮捕、关押、审讯、残杀中国居民，中国人民所有活动都要经过日本"民政署"批准。

德国占领时期，青岛港成为中国北方第二大港，配备了当时最现代化的大型起重机、船坞和通讯设备，大港码头可直通胶济铁路。1914 年 11 月日军接管青岛港务局，颁布《青岛港务部暂行规则》，向所有轮船开放。青岛港修复后，即成为日本掠运物资、倾销商品的转运站。一方面，日军将其掠夺的工业原料和农产品，经由胶济铁路，运抵青岛，转运日本。另一方面，日本将本国产品海运至青岛，向青岛、山东和中国内地倾销。1913 年，日本进出口商船吨位仅占青岛港进出口总吨位的 18%；1918 年，日本垄断了青岛对外贸易，其进出青岛港轮船数占轮船总数的 86%，其船舶吨

---

① 日俄战争后，辽东半岛关东州租借权由日本继承。［日］大盐龟雄著，葛绥成译：《最新世界殖民史》，河南人民出版社 2016 年版，第 321 页。

位占总吨位的 78%。[1]

日军侵占青岛后，悍然将中国政府所有的青岛海关占为己有，驱逐中国关员，截留海关税银，掠夺了巨额关税。1915 年，进出口贸易额为 1344.6 万海关两；1916 年，贸易额增加到 2662 万海关两；1922 年，增加到 9835.1 万海关两，8 年时间增长了 6.3 倍多。[2]

日本占领胶济铁路后，掠夺了大量资源，攫取了高额利润。1915 年 3 月，日本设"山东铁道管理部"，先后修建金岭镇铁矿支线、坊子煤矿支线、淄川煤矿支线等，将山东大量煤铁资源运往日本。日本殖民当局又扩建四方机车厂，购进先进设备，扩大运输量。1914 年，机车产量为 59 台、货运车厢为 1148 辆；1922 年，增加到 102 台、1637 辆。[3] 在日本殖民统治下，山东各种矿产资源经由胶济铁路运往日本，日本大批商品也通过胶济铁路运至山东内地，胶济铁路也成为日本经济侵略山东乃至全中国的一条大动脉。1915 年至 1921 年 7 月，日本榨取胶济铁路利润 1885 万余元。[4] 1915 年至 1921 年，日本掠夺山东煤炭 300 余万吨，获利 2000 余万元。1919 年至 1921 年，日本盗取山东金岭镇优质铁矿石，获利 260 万元。[5] 日本控制胶州湾盐田，每年掠走原盐 20 余万吨，并操控盐价牟利。

日本还在山东大办工厂，进行经济掠夺。1921 年，山东有中国人自办的工厂 93 家，日本人开办的工厂则高达 139 家。[6] 1922 年，日本在青岛和

---

① 青岛市社会科学研究所编：《青岛·过去、现在、未来》，山东省出版总社青岛分社 1985 年版，第 57 页；青岛市史志办公室编：《青岛市志·对外经济贸易志》，五洲传播出版社 2001 年版，第 1 页。

② 海关两，又称关银、关平两。近代中国海关征税时，通商各国来华贸易及清政府征缴进出口税均须按当地银两折算。五口通商后，规定以纯银 583.3 英厘为一海关两折算。所引数据，见王立新编著：《山东的抗日救亡运动》，中共党史出版社 2005 年版，第 87 页。

③ 张洪祥主编：《近代日本在中国的殖民统治》，天津人民出版社 1996 年版，第 123 页。

④ 田克深、王兆良：《光辉的百年历程》，山东人民出版社 1984 年版，第 88 页。

⑤ 姜培玉编著：《山东经贸史略》，山东友谊书社 1989 年版，第 236 页。

⑥ 田克深、王兆良：《光辉的百年历程》，山东人民出版社 1984 年版，第 88 页。

胶济铁路沿线开办各类商店企业 299 家，其中资产总额达 50 万日元以上有 36 家。而这时青岛的中国工商企业不足 30 家，资产总额达 50 万日元以上的仅有 2 家。日本侵占青岛的 8 年时间里，建立 20 余个工厂，其中内外棉、大康、宝来、钟渊、隆兴、富士六大纱厂资本达数千万日元，有纱锭 24.9 万枚，占青岛纱锭总数的 85%。日本工厂有职工 1.8 万人，占青岛产业工人总数的 60%，掌控了青岛和山东的经济命脉，从中掠夺了大量财富。①

日本在青岛极力推销日货，排挤德国商品。1912 年，日本成为青岛最大的贸易对象国，其直接贸易额超过德国。② 日军还不断强占民地，强行霸占沧口、李村大片民地。1918 年至 1922 年，日本在四方、沧口一带强买土地 300 余万坪。③ 不仅如此，日本还大量走私武器、公开贩卖鸦片，实行毒品专卖，牟取暴利，毒害中国人。仅贩毒一项，即获利 1 亿日元。

日本在青岛开办学校，进行殖民文化教育。1916 年 4 月，第一批日本小学在李村、青岛建成开学，有学生 240 人。1917 年 4 月，日本女子中学、男子中学建成，有在校生 177 人。1921 年，各类日本学校在校生达 4442 人。在青岛及胶济铁路沿线，日本殖民当局共建立 11 所日本小学、4 所中文学校、1 所商业学校、1 所幼儿园。④ 此外，日本殖民当局还把德国人在青岛开办的学校改名为"公学堂"，派遣日本教师教授日文，灌输日本文化，推行奴化教育。青岛这类"公学堂"有 37 所、在校生 3356 人。日本殖民当局还建有 5 所日语学校，专门招收中国学生，共有 354 人。日本在青岛建立日本神社（即"日本大庙"），进行宗教侵略。日本又在青岛、济南等地创办日文报刊，操纵舆论，宣传殖民政策。1915 年在济南创办《山

---

① 王立新编著：《山东的抗日救亡运动》，中共党史出版社 2005 年版，第 87 页。
② 黄尊严：《日本与山东问题（1914—1923）》，齐鲁书社 2004 年版，第 8 页。
③ 每坪约合 3.3057 平方米。
④ 张洪祥主编：《日本在华殖民史研究》，南京出版社 2020 年版，第 84 页。

东新闻》，在青岛创办《青岛新闻》，日发行量 1 万份；1917 年，又创办《济南日报》，影响较大。日本还在山东大肆搜集政治、经济、社会、文化、地理等情报，服务其殖民政策。

在日本残暴的殖民统治下，山东人民苦不堪言，青岛工人处境更为悲惨。他们每天工作高达 12 小时以上，没有吃饭、休息时间，稍有差错即遭到日本监工的毒打、罚款，许多工人被摧残、折磨至死。工人们痛苦地说："吃的猪狗食，过的牛马日。"① 如青岛日本纱厂实行监狱式管理，日本把头时刻监视着工人，工人动辄遭到毒打、罚款、开除，无论男女下班时都要解衣检查，工厂环境脏、臭、高温，经常有工人晕倒在工作台，一般工人日工资 3~4 角钱，还有工头、把头的层层盘剥……② 日本侵略者的残酷统治，激起了山东人民的反抗。1915 年日本提出"二十一条"后，青岛人民即进行了声势浩大的反日斗争。5 月，胶济铁路职员秦立钧在青岛愤然自杀，留下遗书怒斥日本之蛮横、卖国政府之怯懦，这一事件在《申报》登载后，引起爱国人民的强烈反响。③ 青岛、胶济铁路的权益问题，很快上升为中国人民关注的焦点。五四运动以后，青岛人民和全国人民一样，开展了激烈的反日斗争。1921 年 3 月 18 日大港码头一千余名搬运工人举行联合大罢工，声势大，影响甚，虽遭镇压而失败，但青岛工人阶级反抗帝国主义压迫的英勇斗争精神载入史册。

四、山东人民齐抗争

1918 年 11 月，第一次世界大战以同盟国的失败而结束。第一次世界大

---

① 青岛市社会科学研究所编：《青岛：过去·现在·未来》，山东省出版总社青岛分社 1985 年版，第 59 页。
② 张洪祥主编：《近代日本在中国的殖民统治》，天津人民出版社 1996 年版，第 130 页。
③ 张荣大、张树枫：《百年五四与青岛》，青岛出版社 2019 年版，第 63 页。

战平民伤亡 1000 万，士兵伤亡 2000 万，直接经济损失 2700 亿美元。① 为尽快确定战后国际新秩序，美、英、法、意、日和中国等国于 1919 年 1 月 18 日召开巴黎和会，中国代表团在和会上迫切要求归还山东、取消"二十一条"和七项"希望条件"②。1 月 28 日，中国代表顾维钧在"五国会议"上作申诉发言，指出：中国不能放弃孔夫子的诞生地山东，犹如基督徒不能放弃圣地耶路撒冷。这番话语，引起了世界舆论的同情。然而，弱国无外交，《巴黎和约》仍旧保障了日本侵占山东的各项权益，中国外交完全失败。消息传到国内，愤怒的中国人民终于爆发了。深受丧权辱国之害的山东人民，先后开展了收回主权的各种斗争。

山东人民自鸦片战争以来，痛感于帝国主义对山东的掠夺日益加剧，对帝国主义、封建主义的愤懑抗争情绪与日俱增。新文化运动新思潮的传播及俄国十月革命胜利的影响，进一步推动了山东人民反帝反封建革命斗争的纵深发展，青年学生和知识分子率先觉醒并走在了反帝反封建革命斗争的时代前列。五四运动之前，济南一些学校的师生自发开设"国耻课"③，讲授"八十年外交耻辱史"课程。进步青年的爱国活动，激发了山东人民的爱国热忱。

---

① 周明博编著：《全球通史：从史前时代到二十一世纪》，当代世界出版社 2011 年版，第 335 页。

② 七项"希望条件"为：（一）取消列强在华势力范围；（二）撤走外国军队和巡警；（三）裁撤外国邮局及电报机关；（四）撤销领事裁判权；（五）归还租借地；（六）归还租界；（七）关税自由权。提案中原有"铁路统一"项目，因交通总长曹汝霖等反对，遂删除。又因留欧学生代表要求取消"二十一条"，中国代表团便将这两个文件同时提交巴黎和会最高会议（又称"五国会议"或"十人会议"，由美、英、法、意、日五国各派 2 名代表组成）。

③ 1915 年 5 月 7 日，日本向中国下达最后通牒，限中国政府 48 小时内签订"二十一条"。5 月 9 日，中日双方签订《中日民四条约》。在该条约中，原"二十一条"第五号文件的七条，经中方力争，全部删除；第四号文件，全部删除；第三号文件，删去一条；最终只签订了其中的十二条，并在诸多条款之后增加限制条件，"留待日后协商"，因而该条约实际已非日本当初所提出的"二十一条"，但整体看仍是一个丧权辱国的不平等条约。条约签订后，袁世凯指令中国政府将"5 月 9 日"作为中国人的"国耻日"并写入中国学校的教科书。

1918 年 11 月 25 日，山东省国货维持会、山东省报界代表上书国会，要求中国政府在即将召开的巴黎和会上提出归还青岛的议案。28 日，省城济南举行庆祝协约国胜利的游行，要求取消"德人以前在山东青岛租界及附属之矿山、铁路享有一切权利"①。旅京鲁人成立了山东外交调查会，负责交涉收回山东主权的有关事宜。

在巴黎和会期间，山东省议会及各社团纷纷通电，发起废除中日密约、收回山东主权的抗争活动。1919 年 2 月 16 日，山东省议会致电北京政府，要求中国政府废除中日之间各种密约。随后，曹州（今菏泽）各界联合会、烟台商会等社团均致电，要求中国政府保全中国的主权。3 月 30 日，山东省议会再次致电北京政府，要求取消中日密约。31 日，山东省议会、山东省教育会等社团联合致电巴黎和会与中国专使，表示山东人民不承认中日密约，青岛和胶济铁路等只能交还中国。4 月 6 日，山东省议会及山东省教育会、商会、农会等社团联合致电美、英、法、意四国首脑和国际联盟，要求把青岛和胶济铁路直接交还中国。省议会前副议长孔祥柯、许宗祥作为山东外交商榷会代表，专程赴法国向巴黎和会请愿，表达山东人民要求收回山东主权的强烈呼声。山东也是全国唯一一个派出请愿代表的省份。8 日，山东省议会致电各省议会及社团、报馆，请求全国人民协力支持收回山东主权。②

12 日，山东省驻济学生在山东公立工业专门学校、山东公立商业专门学校、山东公立法政专门学校、山东公立农业专门学校、山东公立医学专门学校、山东公立矿业专门学校 6 个专门学校的组织下，成立"山东学生外交后援会"，印发传单，抵制日货，抗议请愿，发表讲演《泣告山东父老子弟书》，揭露日本侵略者的暴行，呼吁收回青岛主权，引发了山东人民的爱国运动。"山东学生外交后援会"也因此被誉为"五四运动前全国第一

---

① 《公言报》1918 年 12 月 10 日。
② 中共山东省委党史研究室：《中国共产党山东历史》（第一卷），山东人民出版社 2018 年版，第 20~21 页。

个学生爱国运动组织"①。

13 日，山东省议会及各界社团代表举行会议，成立山东国民请愿团。同时，山东外交商榷会也致电山东同乡会和山东籍将领王占元、卢永祥、吴佩孚等人，要求他们"转电和议专使，据理力争，坚勿退让"②。4 月中旬，济南各界群众初步被发动和组织起来。20 日，山东国民请愿大会在济南演武厅广场召开，有 10 万余人参会，工人、学生、商人等各界代表 30 余人登台演讲，群情激愤，口号震天，声势之大，前所未有。一位中学生咬破手指，当场写下"力争主权"四个血字，全场群众无不落泪。当时全国各大报刊如《晨报》《国民公报》《时报》《益世报》纷纷报道这次山东万人请愿大会。大会推举各界代表 11 人，前往省长公署请愿。

日本对于山东人民的正义要求，视而不见，反而施加压力，如日本驻济领事向山东省警察厅提出质问，妄图弹压山东人民的反日斗争。山东外交商榷会立即通电全国，发表《泣告全国父老书》，呼吁全国人民协力共争，索还国家主权。22 日，山东驻京请愿代表联合山东籍议员前往外交部质询；26 日，又前往总统府请愿。这一时期，日本企图独霸中国的"二十一条"，成为中华民国初期中日关系不断恶化之"癌"。

巴黎和会外交失败后，山东主权问题成为五四爱国运动爆发的导火线，以五四运动为标志，中国革命进入了新民主主义革命时期。山东人民的奋起抗争活动，汇入了全国反帝反封建革命运动的洪流之中。

五四运动爆发后，山东是响应最早的省份之一。山东人民同全国人民一道，高举"外争国权，内惩国贼"的爱国旗帜，发表通电，集会游行，街头演讲，抵制日货，同帝国主义及中国的反动政府展开了坚决斗争，全省迅速掀起声援北京学生的群众爱国运动。在这次反帝爱国运动中，山东青年学生成为运动的先锋。5 日，济南、曲阜、聊城、济宁、泰安、临沂、

---

① 《山东文献》第一卷第一期。

② 中共山东省委党史研究室：《中国共产党山东历史》（第一卷），山东人民出版社 2018 年版，第 21 页。

蓬莱、烟台、潍县、惠民等地学生 4000 余人，罢课游行，抵制日货，成立全省学生联合会，推选工业专门学校学生张文英为会长。① 5 月上旬，山东各界发出各类电报 200 余份，吁请总统徐世昌、巴黎专使、各省议会、群众团体及美、英、法、意四国首脑归还山东主权。全省各地纷纷集会游行，强烈抗议。济南 1000 人以上的集会，有 10 多次。5 月 6 日，济南 1 万余人在庠门内集会示威，各界代表发表演说，决定群起抵制日货。7 日，山东省各界群众 3 万余人高举"勿忘国耻""还我青岛"等旗帜，冲破军警阻拦，汇集在省议会院内，举行山东国耻纪念大会，各界代表 30 余人先后登台演说。省立一师学生代表张兴三在演讲时，咬破中指，血书"良心救国"四字，把全场悲壮气氛推向高潮。9 日，山东省立女师及其附小教职员举行大会，决定将"五月七日，我国之耻，誓死必雪，勿懈厥志"作为师生朝会之词，其他学校竞相效仿，有效激发了广大师生的爱国、报国热忱。曹州、蓬莱、青州、烟台、潍县等 30 多个县、市也举行了集会和示威游行。24 日，青州近万人召开国民大会，数十人演说，省立第十中学学生杨同照破指血书"赤心报国，身死志存"。安丘、诸城、武城等地的集会游行，均有破指血书、泣告国人的感人之举。进步学生积极响应北京学生的罢课斗争，发表罢课宣言，组成"救国十人团"等，深入农村、厂矿，会同商界查抵日货。在进步学生的推动下，山东反帝爱国运动逐渐转变为组织发动群众反抗日本帝国主义侵略的直接斗争。② 山东省学生联合会成立"提倡国货研究会"，各校学生轮流值班，上街查禁日货；组织 13 个分队，分赴各地宣传抵制日货。济南各界建立山东国货维持会，统一领导查抵日货的斗争。济南搬运工会成立劳动五人团，提倡国货，抵制日货。济南商

① 8 月，山东省学生联合总会在济南西门外崇文街公开成立。后在王鸿一的支持下，省教育会腾出 6 间房子供省学生联合总会使用。1920 年 3 月，全国学生联合总会在上海成立。张景文：《山东学生参加五四运动回忆》，《山东文史集萃》，山东人民出版社 1993 年版，第 1、7、10 页。

② 中共山东省委党史研究室：《中国共产党山东历史》（第一卷），山东人民出版社 2018 年版，第 24 页。

业界召开大会，一致决议不售日货。青岛的华人钱庄纷纷拒绝使用日本纸币、金票。烟台、龙口、周村、济宁、东昌、威海、青州、潍县、蓬莱、惠民、泰安、兖州、沂州、日照、安丘、莱阳等地农民，建立"乡农外交后援会""救国十人团""抗日救国会"等组织，抵制日货。山东人民坚决抵制日货的斗争，迫使大多数山东的日商歇业，沉重打击了日本在华经济。

在五四运动中，山东工人阶级开始登上历史舞台，成为一支最为醒目的力量。5月2日，济南3000余名搬运工人在北岗子（今小纬北路）举行收回青岛的演讲大会。随后，济南工人接连数日在北岗子、药王庙、趵突泉、南关等处召开露天演讲大会，均有数千人参加。

6月，山东人民获悉北京爱国学生被捕和上海工人罢工、商人罢市之后，济南商学界近万人在省议会大院集会，一致议决全体罢市。10日，济南商界在广大学生支持下，冲破军警阻挠，开始全体罢市，发表《罢市宣言》，并致电北京政府。山东数万人齐集省议会大院，各校学生手挽手冲破军警封锁，冲出校门，支持商人罢市。面对军警镇压，2000余名学生和教师开展了绝食斗争。山东工人和其他各界群众纷纷声援学生的爱国行动。15日，山东当局被迫接受学生提出的条件。在省立一师门前，济南商学界万余人议决下午开市，数千名学生上街游行，庆祝罢市斗争取得胜利。聊城、济宁、潍县、周村等地也在学生支持下举行罢市，并取得不同程度的胜利。

6月16日，山东人民率先发起赴京请愿，要求政府拒签巴黎和约，随即在全国掀起了一场拒签和约的请愿运动。18日，山东组成了85人的山东各界请愿团。请愿团19日由济南启程，20日抵达新华门前，求见总统徐世昌，所请未遂。24日，北京政府对山东请愿团的要求含糊其辞。请愿团决定返鲁组织第二批请愿团。27日，山东第二批请愿团76人会同北京、陕西、天津请愿代表500余人，再赴总统府请愿。28日，徐世昌被迫接见请愿代表，但并未作出明确答复。29日，山东国民大会在省议会召开，参会人数达万余人，决定组织第三批请愿团继续赴京请愿，并致电总统："如再无圆满效果，东省人民誓悉数赴京，尽死阙下而后已。"① 在全国人民的巨大压力之下，中国最终未在巴黎和约上签字，日本帝国主义侵吞山东的野心遭到挫败。

五、收回日本侵占的各项主权

中国人民的爱国运动，虽然暂时挫败了日本帝国主义侵吞山东的野心，但是山东问题仍然悬而未决。日本为保住其在山东的既得利益，提议中日两国直接交涉山东问题，妄图将其在山东的侵略行径合法化、永久化，遭到山东人民的极力反对。为此，山东人民展开了反对山东问题直接交涉的新抗争。

1920 年 1 月，日本提出中日直接交涉山东问题的四个条件：（一）胶州湾全部开放；（二）在日本政府指定地区设置日本租界；（三）如果列强希望共同租界，可另行设置；（四）德国在山东的权益，处置权由中日协定。消息传出后，全国人民群起反对，掀起争回山东主权、反对中日直接交涉的爱国热潮，山东人民更是冲在这次爱国热潮的前列。山东各界联合会多次召开国民大会，坚决反对中日直接交涉。1 月 23 日，山东省议会、教育会、商会、农会、报界联合会、学生联合会、提倡国货研究会、律师公会等决定，共同向北京政府提出解决山东问题的意见书：（一）驳回日本通牒，筹提交国联办法；（二）废除欧战后中日间一切密约。2 月 5 日，山东万余人在省议会集会，召开国民大会，要求驳回日本通牒。13 日，山东召开第二次国民大会，决定：若中国政府与日本政府直接交涉山东问题，山东省将停止纳税。为争取全国人民的支持，山东各界联合会委派代表赴省内外求援，全省 107 个县纷纷召开国民大会，反对中日直接交涉山东问题。3 月 12 日，山东省议会、教育会、商会、农会、报界联合会致电北京政府，坚决反对中日直接交涉山东问题。48 名山东籍军阀，如湖北督军王

① 孟庆旭、王玉华主编：《山东教育史》，山东教育出版社 2015 年版，第 123 页。

占元、浙江督军卢永祥、第三师师长吴佩孚、暂编第一师师长张宗昌等，联名通电，一致反对中日直接交涉山东问题。山东督军田中玉也致电北京政府，明确表态反对中日直接交涉山东问题："鲁案自日政府致通牒后，此间人民甚为愤慨，均不赞成直接交涉。……请中央刻日驳日本通牒，拒绝直接交涉，并恳示全国，以慰民望。"① 5 月下旬，在全国人民特别是山东人民的强大压力之下，中国政府拒绝中日直接交涉山东问题，决定将山东问题提交国际联盟解决。

日本不顾中国人民的民心民意，决意在华盛顿会议召开之前，解决山东问题。9 月 7 日，日本向中国提出《山东善后处置大纲》，妄图攫取在山东合办铁路、矿山的经济特权。山东人民和全国人民一起奋起反抗，纷纷发表宣言，揭露日本野心，要求无条件收回山东主权。10 月 5 日，中国政府逐条驳斥了《山东善后处置大纲》。11 月 11 日，全国国民外交大会在上海成立，全国有 17 个省、170 余团体参加。北京也成立各团体国民外交联合会及北京太平洋问题各团体联合会。这些爱国团体，纷纷向华盛顿会议施加压力。在全国抗议斗争中，山东人民态度最坚决、行动最积极，多次以山东省议会名义通电反对。11 月 12 日，华盛顿会议召开。12 月 1 日起，中日会谈 36 次。中国人民也于 12 月 1 日起，展开了声势浩大的"国民外交"群众运动，山东省议会通电各省督军、省长、议会等，坚决反对中日会外交涉。10 日，山东省国民大会在济南召开，决定致电华盛顿会议主席、中国国民代表团、北京政府、全国各省、各团体，明确表达山东人民的正义诉求。会后，举行游行示威，各校组织演讲团，沿街演说，散发传单，誓死力争山东主权。14 日起，山东省所有学校罢课十日，上街演讲，在全省开展轰轰烈烈的抵制日货运动。② 30 日，由山东学生联合总会发起的国民大会在商埠

---

① 《山东省地方政权沿革丛书》编纂委员会编：《山东省政权大事记》，新华出版社 1993 年版，第 96~97 页。

② 朱亚非、张登德：《山东对外交往史》，山东人民出版社 2011 年版，第 443 页。

公园举行，坚决要求无条件收回青岛、胶济铁路、矿产等，数千人会后列队到省交涉署、省长公署和督军署进行请愿。"学界倡之，商界继之，农工各界亦起而附合之。旬日之间，风动全国，上自士夫，下至走卒，无不痛心疾首，必欲争回利权，得国贼而后甘心者。"[①]

1922 年 2 月 4 日，中日签署《解决山东悬案条约》及《附约》，规定日本将胶州德国旧租借地和胶济铁路交还中国，中国以国库券形式（期限 15 年）偿还日本铁路产业价值（合 3200 万银元），胶州旧租借地开为商埠，允许外国人居住和经商，日本军队撤出山东。[②] 12 月，中日签署《山东悬案细目协定》《山东悬案铁路细目协定》，规定中国向日本赔偿公产及盐产共计 1600 万元，淄川、坊子、金岭镇三矿改为中日合办，日本将盐田移交中国，中国以 4000 万元赎回胶济铁路。[③] 随后，中国政府任命山东省省长熊炳琦兼胶澳商埠督办，会同鲁案善后督办王正廷接收青岛。12 月 10 日，王正廷（外交总长）、熊炳琦等中国接收人员在青岛日军司令部举行接收仪式，正式收回青岛。1923 年 1 月，中国收回胶济铁路，并成立胶济铁路管理局。至此，在全国人民特别是山东人民的努力下，中国基本收回了日本在山东侵占的各项主权。

第三节 日本对山东侵略的加剧

中日签订《解决山东悬案条约》及《附约》后，日本在亚太地区的扩张势头暂时收敛。同时，限于自身国力还不足以支撑其用武力全面解决中国问题，日本也相应调整了其对华政策，改为利用中国军阀混战的政治局面，加强对中国的经济侵略。

---

① 胡汶本、田克深编：《五四运动在山东资料选辑》，山东人民出版社 1980 年版，第 251 页。

② 王雁：《"山东问题"与美国的门户开放政策（1914—1922）》，山东人民出版社 2016 年版，第 168 页。

③ 张洪祥主编：《日本在华殖民史研究》，南京出版社 2020 年版，第 98~99 页。

一、日本外交政策的变化

第一次世界大战前，日本在华投资排名列强第五。1920 年，日本在华投资总额跃居第二。1924 年 5 月，日本将对华政策纲领调整为"使其加深对我信赖，亲密提携，进而开发其无尽之资源，以求得我经济势力之发展，巩固延长国运之根基，此乃帝国当前之急务"①。6 月，三菱财阀代理人币原喜重郎担任外务大臣，认识到日本在外交上陷于孤立，中国民族主义高涨，反日运动迭起，便推行"协调外交"政策，避免对中国采取武装干涉的粗暴手法，改为实行以经济扩张为主的方针。1924 年，日本驻华使馆新增商务、金融、运输等官员。1930 年，日本在华投资总额增至 13.86 亿美元，占外资总额的比重升至 41.83%，居第一位。② 然而，日本所谓的"协调外交"，只是为确保日本在华享有特殊经济利益，并未恪守"不干涉中国内政"的外交方针。币原喜重郎曾指出："有的人将对中国内乱不予干涉的方针用作为谴责政府当局无为无策的口实，认为如果拘泥于此种方针，则终究不能维护我国权益。这种议论将不干涉内乱与维护权益方针误解为是性质相反的方针，并得出如果贯彻其中之一，则不得不在某种程度上放弃另一种方针的结论。然而这两种方针其实并不是相互抵触的，是可以并行的。"③

二、经济侵略的加剧

随着对中国外交政策的调整，日本加大对山东的经济侵略，并把经济侵略山东的中心放在青岛。在青岛，日本殖民者开办工厂，利用山东廉价的原料和劳动力，在市场倾销工业品，打压排挤山东民族工业和手工业。

① 日本防卫厅战史室编纂，天津市政协编译委员会译：《日本军国主义侵华资料长编》（上），四川人民出版社 1987 年版，第 130 页。

② 许涤新、吴承明主编：《中国资本主义发展史》（第一卷），人民出版社 1990 年版，第 727~728 页。

③ 冯玮：《日本通史》，上海社会科学院出版社 2012 年版，第 508 页。

如青岛纺织业，日资纱厂资金雄厚，规模宏大，实力远远超过华商。山东共有 10 家棉纱厂，其中 6 家为日资企业。① 日资纱厂不仅在产量上超过华商，而且不断开拓市场，扩大倾销。如日商在坊子、潍县等车站设立商行，推销棉纱，导致国产棉纱几乎绝迹市场；全省华商纱厂市场受到日商恶意排挤，严重影响正常营业。日本又在山东建立火柴厂，牟取暴利。1917 年，日本在青岛开办明石磷寸工厂、山东火柴公司；1928 年，创办青岛磷寸株式会社。这些日本工厂资本雄厚，雇佣工人达数千名，行销遍及全省，获利数百万元。

1921 年，山东有中国工厂 93 家，日资工厂则高达 139 家。日本不但在山东垄断纺织业、倾销日本商品，还大肆掠夺山东农产品和矿产资源。日本利用对华投资、加入华商股份公司的办法，以其雄厚资本，逐步控制山东厂矿企业，掌握山东经济命脉。

山东矿产资源丰富，既蕴藏着贵金属黄金、金刚石，又蕴藏着金属铝、锑，更有工业发展所必需的铁、煤炭等。民国初年，山东已开采煤、铁、金等 13 种矿藏，矿业开采企业不断增加。鲁大公司成立于 1922 年 8 月，曾是山东最大的煤矿，下有淄川煤矿、金岭铁矿和坊子煤矿。在名义上，鲁大公司为"中日合办"，实际由日本掌控。博东煤矿公司成立于 1924 年 7 月，名为"中日合办"，实际由日商把持煤矿经营权。胶澳电气股份有限公司（原青岛电灯厂）1923 年完成改组，名义上日股占 46%、华股占 54%，实际掌控权仍在日本人手中。"日本帝国主义在山东经济力量的强大，在于它拥有雄厚的财政资本，如正金银行把持山东金融，淄博炭矿名义上是中日合办，实则受日操纵。"② 在日本的经济侵略下，山东民族资本主义工业受到摧残和排挤，未能正常

---

① 日本在 1916 年设内外棉纱厂，1920 年设大康纱厂，1922 年设隆兴纱厂和富士纱厂，1923 年又设宝来纱厂和钟渊公大第五厂。

② 山东省档案馆、山东社会科学院历史研究所合编：《山东革命历史档案资料选编》第二辑，山东人民出版社 1981 年版，第 135 页。

发展。山东人民对于日本侵占山东矿产的经济侵略行径早已不满，并先后三次发动收归省有运动。①

与此同时，日本在山东市场疯狂倾销商品，如布匹、棉纱、火柴等。日本自 1912 年成为青岛第一贸易对象国之后，77.6%的商品倾销至中国市场。"日货来华倾销，华北最甚，而青岛尤甚。……店肆中所陈列者，触目皆为日货"，"华北各埠，以青岛进口之日机最多"。② 大量日本人造丝涌入山东之后，山东丝织业大受影响。如周村，本来是山东传统丝织业比较发达的一个城镇，这时竟然成为"山东销行日本人造丝之冠军"③。古镇昌邑所产的丝绸，曾是山东著名的工业特产，这时在外国商品的打压之下，丝绸的销量和价格都急剧萎缩。此外，石油、面粉、日本酒、机油、毛织品等货物大量进口，山东民族工商业进一步受到打击。通过倾销商品，日本掠走了大量白银，山东半殖民地化程度进一步加深。

日本强占并控制胶济铁路，大力掠夺山东农产品。第一次世界大战前，日本贸易公司汤浅、日信、大仓、江商等在青岛设立机构，直接派员沿胶济铁路和津浦铁路收买花生、棉花、牛脂等农产品。1914 年日本占领青岛后，压低价格收购山东的棉花、烟叶、花生、木材等，加工成半成品或成品，大部分运往日本。山东棉产量常年在 100 万担以上，华商纱厂仅购得 21.3 万担左右，大部分被日本抢购。如 1921 年，济南市场上市棉花 50 万担，日厂隆和一家即购去 20 万担。整个济南原料市场，已为日本所垄断。在山东其他地区，日本采用同样办法，垄断市场，哄抬物价，牟取暴利。日本占领青岛港以后，大肆抢购桐木、倾销纱布。为了加强军事实力，日本掠夺了山东大量的矿产资源，并大肆掠

---

① 第一次是山东省议会于 1923 年 4 月发起。第二次由督办张宗昌于 1925 年 7 月发起。第三次由山东省政府于 1929 年 11 月发起。《中国近代煤矿史》编写组：《中国近代煤矿史》，煤炭工业出版社 1990 年版，第 113 页。

② 吕伟俊主编：《民国山东史》，山东人民出版社 1995 年版，第 241 页。

③ 彭泽益编：《中国近代手工业史资料（1840—1949）》（第三卷），中华书局 1962 年版，第 14 页。

夺民间的废旧金属，如锈钉等。日本又大量套购铜元，冶铸成铜块，从青岛港运回日本。仅 1916 年，日本在山东掠夺铜元就达 60 余万担，值关平银 890 万两。通过控制胶济铁路，日本残酷打压山东农村经济和手工业，极力遏制中国民族工商业发展。

第二章
共产党走向抗日斗争的前沿

  1921 年春，济南共产党早期组织成立，这是中国共产党早期组织之一。共产党早期组织在山东的创建，为中国共产党的成立作出了重要贡献，为灾难深重的山东人民带来了希望的曙光。山东党组织成立后，组织工人运动，发展党团组织，担负起领导山东人民反帝反封建斗争的历史重任。共产党组织在山东的蓬勃发展，招致山东新旧军阀的敌视与镇压。从 1928 年冬至 1933 年 12 月，仅中共山东省级领导机关就先后遭到 10 余次严重破坏，大批共产党员被捕杀。1933 年 12 月中共山东省工委遭到破坏之后，近两年时间未能建立省级党的领导机关，并与上级党组织失去联系。在白色恐怖下，各地幸存的党组织和共产党员继续顽强坚持斗争，党的活动逐渐转向农村，注重武装斗争，先后发动阳谷、高唐、潍县、博兴、益都、日照、沂水、苍山、龙须崮等 10 多次农民武装暴动；组织开展反对日本侵占东北三省的宣传活动和请愿斗争。1935 年冬，中共山东省工委成立，刘仲莹任书记，积极寻找上级党组织，并与中共河北省委取得联系。1936 年 4 月，中共中央北方局派黎玉到山东工作。5 月，重新建立中共山东省委，黎玉任书记。省委重建后，努力恢复发展各地党组织，建立了近 50 个县级党的领导机构，党员人数发展到约 2000 人（不包括胶东、鲁北、鲁西南等地的党员）[1]。1936 年 12 月西安事变发生后，省委广泛发动群众，组织中华

---

[1] 中共山东省委组织部等编：《中国共产党山东省组织史资料（1921—1987）》，中共党史出版社 1991 年版，第 39 页。

民族解放先锋队、学生抗日救国会、工人抗日救国会、农民救国会、抗日自卫团等，把开展抗日救亡活动作为第一位的任务，全省抗日民主运动日趋高涨。

第一节　共产党在山东开展的反日斗争

一、山东党组织的创建与发展

五四运动后，随着马克思主义在中国的广泛传播，一批先进知识分子接受了马克思主义，逐渐认识到走十月革命的道路、建立一个无产阶级政党的必要性。李大钊和陈独秀最早酝酿讨论了组建中国共产党的问题，并分别在北京和上海进行准备工作。1920 年 8 月，上海共产党早期组织成立，自觉肩负起发起组的重任，通过写信联系、派人指导或具体组织等方式，积极推动各地组建共产党早期组织。陈独秀函约"王乐平在济南组织共产党"①。1921 年春，济南共产党早期组织成立，成员有王尽美、邓恩铭等。共产党组织在山东组织进步青年学生积极宣传马克思主义，引导工人接受马克思主义，深入产业工人集中的津浦铁路济南机厂、鲁丰纱厂、新城兵工厂、电灯公司，促进了马克思主义与工人运动的结合。

1921 年 7 月，中国共产党第一次全国代表大会在上海召开，王尽美、邓恩铭代表山东（济南）党组织参加了大会。在革命运动发展中，山东党组织不断发展壮大。1922 年 5 月，中共济南独立组建立，王尽美任组长。7 月，中共济南支部成立，王尽美为书记。各地加强建党工作，组织发动群众，培养革命骨干，成立党、团组织，山东革命运动进入了一个新阶段。1923 年 10 月，中共济南地方执行委员会（简称中共济南地执委）成立，王尽美任委员长。山东党组织在学校、工厂和郊区开展工作，建立了多个党支部，并向农村地区发展，成立了中共寿广支部、中共刘集支部等农村

---

① 《李达自传》，《党史研究资料》1980 年第 8 期。

党支部。1923年6月，中共三大会议决定"共产党员以个人身份加入国民党"，国共实现第一次合作，王尽美、邓恩铭等人也以个人身份加入国民党。1924年4月，国民党山东省临时党部成立，王尽美当选为执行委员，山东国民革命运动进入良好合作的新时期。

1925年2月，中共山东地方执行委员会成立，尹宽、邓恩铭、张昆弟、吴芳先后任书记。1926年10月，中共山东区执行委员会成立，吴芳任书记。1927年6月，中共山东省委员会成立，吴芳任书记。这一时期，全省建立了6个党的地方执行委员会和22个党支部①，先后发动了胶济铁路、四方机车厂的工人大罢工，以及青岛纱厂工人反对日本资本家压迫和剥削的三次大罢工，形成了山东人民的反帝大浪潮；同时，加强农民运动的领导，召开农民运动扩大会议和农民代表会议，通过农民问题、组织问题、党的策略方面的决议。1927年6月，全省近20个县建立了农民协会，发展共产党员近1500人。

二、领导反日大罢工

在党的创立和大革命时期，山东党组织积极成立工会、农民协会，领导工人、农民和学生运动，组织领导济南、青岛、淄博、枣庄等地工人大罢工。1925年胶济铁路全线大罢工，特别是青岛纱厂工人举行三次大罢工，有力推动了北方劳工运动和上海纱厂工人运动。

1922年，中国收回青岛主权后，日商在青岛大量开办纱厂，压榨中国工人，攫取高额利润，实行搜身、卖身契、身份差别制度和押薪制（即每月扣除20%工资），工人日工资仅2.5角，女工仅2角，童工仅1角。当时物价，2.5角只能买1斤猪肉或3斤面粉或6斤至7斤高粱。1925年，中共青岛地方组织相继在四方机厂、内外棉、隆兴、大康纱厂等建立工会。大康纱厂工会人数达1500多人。4月，大康纱厂工会遭到日本厂主及胶澳商

---

① 中共山东省委组织部等编：《中国共产党山东省组织史资料（1921—1987）》，中共党史出版社1991年版，第3页。

埠警察厅的破坏，3 名工人代表被拘押、拷打。1000 余名工人愤然包围纱厂，要求释放工人代表。中共青岛支部负责人邓恩铭指导成立青岛日商纱厂罢工指导委员会，委员会于 4 月 19 日向日本厂主和胶澳商埠警察厅送交罢工宣言。4 月 21 日，大康纱厂工人全体上街游行示威。22 日，中共山东地执委书记尹宽等人举行联席会议，决定开展日商纱厂工人同盟大罢工。4 月底，内外棉、隆兴、钟渊、富士、宝来等日本纱厂和其他日本工厂工人群起声援，罢工工人达 2 万人。5 月 10 日，青岛日商纱厂工人第一次同盟大罢工取得胜利。在四方纱厂，1 万多名工人召开庆祝胜利大会，公开挂出工会的牌子。

5 月 25 日，中日反动势力勒令解散工会。各工会立即关车罢工，开始第二次同盟大罢工。5 月 27 日，日本驻华大使会见北洋政府外交总长，要求山东督办张宗昌派兵保护日商纱厂，并急调两艘驱逐舰驶进胶州湾，准备镇压罢工。张宗昌加调陆军、海军陆战队，派出 2000 名军警，包围大康、内外棉、隆兴纱厂和工人宿舍。29 日，军警冲进工厂，与工人发生冲突，当场打死 8 人、重伤 17 人，逮捕 75 人，开除 3000 多人，这就是震惊全国的青岛惨案（亦称五二九惨案）。次日，英帝国主义在上海屠杀示威游行的学生和市民，制造了震惊中外的五卅惨案。这两起惨案，时称青沪惨案。

青沪惨案发生后，山东人民义愤填膺，学生、工人、爱国商人迅速掀起抗议示威浪潮。6 月 6 日，济南 20 余所学校的学生代表在济南一中举行集会，讨论罢课游行示威。中共山东地执委重建济南学生联合会，领导学生运动，创办《济南学生日刊》。7 日，成立济南学生青沪惨案临时委员会，各中等以上学校建立后援会。8 日，济南 30 余所学校学生以及各界群众 3 万余人举行反帝爱国游行示威。11 日，济南各界数万余人在商埠公园召开市民大会，声援上海、青岛工人和市民的反帝爱国斗争。6 月，津浦铁路济南机厂、鲁丰纱厂、兴顺福铁工厂及理发、面粉、人力车等行业工人 2000 余人举行集会声援青岛、上海工人和市民的斗争。6 月底，津浦大厂、新城兵工厂、兴顺福铁工厂、鲁丰纱厂、电灯公司、丰年面粉厂、祥阳火柴厂及印刷业、人力车夫等工会相继建立。7月28日，各工会联合举行会议，成立济南临时总工会，济南工人运动从分散转向集中统一。

7月23日，青岛日商纱厂工人在中共青岛支部的领导下，举行第三次同盟大罢工。26日，张宗昌来到青岛，派出大批军警，包围四方机厂厂房和工人宿舍，查封胶济铁路总工会、青沪惨案后援会及四方机厂和各纱厂工会，逮捕中共四方支部书记李慰农等14人，全市实行戒严。26日、27日两天内，有数十人被捕，近百人被通缉，600余人被迫逃亡，8000多名纱厂工人完全失去自由。"青岛完全在恐怖世界中，警察保安队都到处捕拿共产党，暗探有六百名之多，沿胶济路一直布到济南！"[1] 青岛各业工会，包括胶济铁路总工会和青岛工界联合会，以及青沪惨案后援会等数百个团体，悉遭查封和取缔。29日，李慰农等人被杀害，第三次同盟大罢工失败。

8月，张宗昌返回济南，查抄国民党山东省党部和齐鲁书社。10月，查抄鲁丰纱厂工会，对新城兵工厂和津浦铁路济南机厂实行"兵营式"管理。在张宗昌的高压之下，山东群众反帝爱国运动转入低潮。

三、反对旧军阀的斗争

20世纪初影响中国政治格局的主要力量为民国军阀。民国军阀名义上归属中央政府领导，实际为割据势力。自1916年袁世凯死后至1928年东北易帜的13年，为军阀割据时期。1928年之前的军阀，称为旧军阀；之后，各地军阀名义上接受南京国民政府的统一领导，实际仍保持较大独立性，称为新军阀。

在旧军阀张宗昌统治时期，山东通货膨胀，工厂倒闭，工人失业，金融混乱。"政府苛捐苛税的名目数十种"，"张宗昌两年来剥削于穷苦民众的总数已达三万万元，实际加入经手人——豪绅官吏的敲诈，至少在六万

---

[1] 《向导》第126期。

万元以上"。① 在旧军阀张宗昌的苛政下，农村经济更加衰败，土地价格极其低廉（每亩2元），农民群众生活异常困难。1926年至1927年，仅鲁西北就爆发了6次声势较大的反捐抗税斗争。1927年山东灾荒严重，56个县发生旱灾，近2000万饥民流离失所，被迫组成"饥民团"到处乞食。农民群众成立公开的武装组织，如红枪会、大刀会，抗捐抗税。1927年10月，中共鲁西县委（东昌县委）成立后，组织农民群众建立农民协会、儿童团等组织，在袁家楼一带开展借粮斗争等。1927年秋，鲁北地执委改为鲁北县委。随后，按照省委要求，组织陵县暴动，未战而败。1928年1月，省委指示鲁西县委，发动阳谷暴动，暴动坚持25天后失败。5月，高唐暴动因计划泄密而失败。

这一时期，山东有产业工人15万至18万，主要为四五万纱厂工人、四万矿工工人、数万铁路工人。工人阶级不仅工资低、待遇差、工作时间长，如矿工工人工作时长为12小时至18小时，还要遭受包工头的盘剥、克扣。中兴公司大部分矿工还经常失业。城市手工业工人和农民一样，遭到各种苛捐苛税的剥削。纸币贬值（每元值2角）和工商业的凋零，逼迫工农走上革命的道路。山东"工农力量的伟大高涨和军阀统治的动摇崩溃"，"特别从农民斗争的剧烈进展上说，它在北方要居第一位"。② 省委在工人中成立秘密工会，发动反对日本帝国主义运动。津浦大厂党支部在省委领导下，组织工人与反动当局进行斗争，以"要吃饭"的斗争方式，发动失业工人携妻带小去"吃工头"，政治上取得胜利。津浦铁路各支部及济南各工厂支部也按照省委要求，在旧历年关前发动索薪斗争。由于"左"倾思想占据指导地位，山东工人运动很快陷入不利局面。

---

① 中共山东省委党史研究室编：《山东党的革命历史文献选编》（第一卷），山东人民出版社2015年版，第231页。

② 中共山东省委党史研究室编：《山东党的革命历史文献选编》（第一卷），山东人民出版社2015年版，第231页。

四、组织领导反日斗争

1928年济南惨案发生后，各地工人纷纷抵制日货，罢工游行，开展反日斗争。5月4日，济南各界组织"济南惨案外交后援会"。6日，中共山东省委与团省委联合发表《为反对日本帝国主义告山东民众书》，号召山东人民誓死反对日本帝国主义，要求日本赔偿损失、撤出山东、惩办日本兵司令福田等6项条件。9日，中共中央连续发出《中国共产党反对日兵占据山东告全国民众》和中共中央第45号通告《五三惨案后反帝斗争工作》两个重要文件，要求济南、青岛等地党组织积极领导工农群众，参加反对日本帝国主义运动。10日，山东省委发表《为反对日本帝国主义再告山东民众》，提出10项主张；省委还以山东各界联合会名义，发表《告日本兵士书》，呼吁日本兵士不要充当屠杀中国人民的刽子手。随后，中共中央又连续四次发出通告，揭露日本帝国主义侵略山东和满洲的事实，群众性反帝运动迅速开展起来。

山东各界群众在省委的组织下，成立"救国会""十人团""撤兵请愿团"等反日群众团体，开展反日宣传周活动。这些群众团体在济南、青岛等地街头巷尾进行演讲，散发传单，组织市民、学生进行斗争。青岛市各界民众举行游行大示威，抗议日本帝国主义制造济南惨案、屠杀同胞的罪行，仅钟渊纱厂就有3000工人参加。日照县委成立对日外交后援会，控诉日本帝国主义武装占领济南及胶济铁路、侵犯中国主权、残杀同胞的罪恶，组织反日示威游行，深入农村集镇，张贴反日标语，举行演讲会，抵制日货，激发了群众的反日爱国热情。胶济路沿线及淄川炭矿等地组织工人，开展反日斗争。5月10日，胶济铁路总工会首先发出《告全路工友书》，声明将举行全路总罢工。6月，潍县、高密县委组织胶济路沿线群众，先后数次截获日军青岛至济南粮食专列。淄川炭矿工人反日罢工斗争，最为突出。根据省委指示，淄张县委在淄博矿区成立淄川炭矿工会，深入矿区，发动工人，建立基层工会支部和小组，成立工人纠察队，组织工人罢工。

25 日，淄川炭矿各井 4000 余名工人集会罢工，并取得了部分胜利。党领导的工会组织开始活跃，淄川炭矿工会有会员 3000 余人，可以半公开活动。津浦铁路济南机厂和新城兵工厂公开成立工会筹备委员会，胶济铁路总工会相继成立和恢复活动，坊子火车站、青岛火车站、四方机厂、青岛各纱厂及邮电局也都恢复或成立了工会，山东反帝运动蓬勃发展。毛泽东指出："这种革命的实际运动，在一九二八年五月济南惨案以后，是一天一天在发展的。"①

五、领导工人进行斗争

1927 年大革命失败后，国民党在山东地区建立了由其控制的工人团体，又称"黄色工会"。1928 年秋至 1929 年春，济南、青岛成立市总工会，胶济铁路沿线、淄博枣庄矿区等地也成立工会组织，这些工会组织基本处于国民党改组派王乐平的控制之下。1929 年 10 月至 1930 年，山东各地工矿普遍建立"工会整理委员会"，各级工会组织逐渐由蒋介石组织的"工会整理委员会"代替。1932 年至 1934 年，国民政府通令各省解散、取缔领导罢工的各地工会。此后，国民党在山东各地建立的"工会整理委员会"均停止活动。

山东党组织在屡遭严重破坏的斗争环境下，仍坚持领导工人进行革命斗争。1929 年 7 月，青岛日资工厂工人因不堪压迫，宣布罢工。日方厂主对罢工工人进行恐吓，工人奋起抗争。大康、内外棉、隆兴、钟渊、富士、宝来 6 个纱厂，以及铃木丝厂和华祥、山东火柴厂的工人，成为这次罢工的主力。日本青岛火柴厂、和田与滨恒木厂、英商大英烟厂、祥泰木厂、峰村油坊的工人也进行了罢工。这次大罢工历时 4 个多月，形成 3 个高潮，参加罢工的工人有 2 万余人。

中共中央对青岛六大纱厂同盟大罢工十分关心。8 月 19 日，派巡视员

---

① 毛泽东：《中国的红色政权为什么能够存在?》，《毛泽东选集》第一卷，人民出版社 1991 年版，第 48 页。

陈潭秋来到青岛，帮助临时省委和青岛市委制定对日斗争行动大纲，指示青岛党组织把组织日资纱厂工人罢工斗争作为主要工作。临时省委、团省委和青岛市委组织领导各工厂党、团支部，成立斗争行动委员会，建立赤色工会的基础，组织自己的工会。9月，青岛市委组织党团员进行宣传鼓动，带头散发传单，张贴小标语5000多份。国民党青岛市政府随即向厂区增派军队，大肆搜捕共产党员和罢工骨干。11月，日方厂主面对日益高涨的罢工浪潮，试图强迫工人复工。罢工工人在四方庙前集会，誓师冲厂，粉碎了日方厂主的阴谋。23日，国民党青岛市市长①与日本总领事狼狈为奸，议定5条复工办法，威逼诱骗工人复工。27日，罢工结束。这次罢工又称民国十八年大罢工，斗争规模之大、持续时间之久，在青岛乃至整个山东都是空前的。由于临时省委在领导这次大罢工中提出"反工整会，驱逐黄色工会领袖"等口号，脱离山东革命实际，引起国民党反动当局的提防，组织联系群众工作受到很大限制，导致罢工斗争未取得应有胜利。此后，济南、枣庄、烟台、济宁、临沂等地的工人罢工运动，此起彼伏。

六、共产党组织迭遭破坏

　　1927年8月，中共中央召开紧急会议（即八七会议），确定土地革命和武装反抗国民党反动派的总方针。根据中共中央指示，中共中央北方局向中共山东省委进行传达。在敌人的残酷镇压和叛徒的出卖之下，省委多次遭到严重破坏。省委机关，有时在济南，有时在青岛。省委领导人，频繁变动。

　　1927年8月至1929年2月，邓恩铭、卢福坦（李翼）先后任省委书记。1929年2月至4月，武胡景主持省委工作。1929年4月至7月，刘谦初任省委书记。刘谦初等人被捕后，1929年7月至1930年5月成立中共山东省临时委员会，王进仁、卢一之（吴丽实）、任国桢先后任书记。1930

---

　　①　1929年6月，马福祥任国民党青岛市市长。6月至12月，马福祥未到任。7月至12月，吴思豫代理市长。

年6月至11月，临时省委改组为中共山东省委，任国祯任书记。1930年12月至1931年2月，省委机关被破坏，根据中央指示，成立中共山东省临时委员会，张含辉（张松林）任书记。1931年2月，临时省委改为中共山东省委。至1931年8月，张含辉、滕英斋（陈逵）先后任书记。

1930年6月，中共中央政治局在上海召开会议，通过《目前政治任务的决议》（即《新的革命高潮与一省或几省首先胜利》）。8月，山东省委召开常委会会议，决定在全省立即着手组织各条战线的同盟罢工、飞行集会、武装暴动。8月14日，山东省委发出第三号通告，"定于八月二十六日至九月一日为（反）白色恐怖运动宣传周。九月一日举行群众游街示威，各级党部应动员全体党员组织和赤色群众组织广大群众参加这一斗争"①。8月15日，山东省委、青岛市委组织了八一五（赤色职工国际第五次代表大会日）纪念活动，游行示威和飞行集会未能充分发动起来；20日，同时在大英烟草公司门口、沧口、四方等地召集飞行集会。集会活动暴露了党、团、工会组织，遭到国民党青岛市政府的大搜捕，省委、市委均遭到严重破坏。11月初，郭隆真等省、市、区领导人及钟渊纱厂支部、互济会领导人和党员20余人先后被捕，省委书记任国祯等5人遭到通缉，被迫于11月底调离山东。全省党组织因"左"倾冒险错误，遭受严重破坏和损失。

1930年9月，中共中央扩大的六届三中全会召开后，"左"倾冒险错误在各地逐步得到纠正。1931年1月，中共六届四中全会召开，以王明为代表的"左"倾教条主义错误开始泛滥。2月，在省委领导下，全省有烟台、青岛两个市委，潍县、益都两个特委，寿光、广饶两个县委，蓬莱、龙口、文登、济南、博山5个特支，48个支部，全省有党员390名、共青团员108名。受到王明"左"倾教条主义的错误指引，山东省委制定了脱离山东斗争实际的《山东省委工作计划大纲》，并要求各地"以百分之百的力量去执行"。3月，中共济南特别支部重建后，按照《山东省委工作计

① 山东省档案馆、中共山东省委党史研究院编：《山东革命历史档案汇编》（第二辑），新华出版社2021年版，第936页。

划大纲》要求，结合济南市白色恐怖斗争实际，将原定白天进行的飞行集会、散发传单和张贴标语等活动，改为晚上 8 点至 12 点，较好地保护了济南党组织。12 月，济南市委先后建立胶济路济南站支部、津浦铁路济南机车支部等 14 个党支部、团支部。

1931 年 4 月，国民党山东省政府主席韩复榘、国民党山东省党部主任委员张苇村在青岛破坏了中共山东省委和青岛市委机关，逮捕了省委常委兼军委书记赵一航、省委常委兼青岛市委书记颜世彬、省委委员王玉珍、青岛市委委员王清泰等 21 人。4 月 5 日，邓恩铭、刘谦初、卢一之、党维蓉等 22 人被杀害，史称"四五烈士"。1931 年 6 月，新的省委成立。8 月 19 日，颜世彬、陈道威等 21 人遇害。8 月 20 日，省委又遭破坏，书记滕英斋在青岛被捕，胡允恭代理书记。

第二节　九一八事变后领导的抗日活动

一、开展反日宣传活动

九一八事变后，全国兴起群众性的抗日救亡运动。中共中央和中华苏维埃共和国临时中央政府多次发表宣言，号召中国人民以民族革命战争驱逐日本帝国主义。

1931 年 9 月 20 日，中共中央发表《中国共产党为日本帝国主义强暴占领东三省事件宣言》，痛斥"各国帝国主义尤其是日本帝国主义，是压迫中国、屠杀中国民众的万恶强盗。半年以来从万宝山、朝鲜一直杀到青岛，现在又杀到奉天、安东、营口，中国劳苦民众被牺牲已经累万盈千……"，"国民党军阀的统治根本就是帝国主义压迫屠杀中国民众的保镖，我们应该一致动员起来，打倒国民党，打破一切和平改良的欺骗。只有群众斗争的力量，只有工农苏维埃运动的胜利，才能解放中国"。[①] 25 日，中共山东省

---

① 中共中央文献研究室、中央档案馆编：《建党以来重要文献选编（1921—1949）》（第 8 册），中央文献出版社 2011 年版，第 547、549 页。

委发出《省委通告第一号——关于日本帝国主义占领东北三省及武装进攻苏联的紧急通告》，要求山东各级党组织加紧发动群众，各地成立反对日本帝国主义委员会，张贴宣传标语，举行群众大会、示威游行、罢工罢市、抵制日货，发动工人进行斗争，反对日本帝国主义侵占东三省。30 日，省委又制定了《关于反对日本帝国主义占领东三省的宣传大纲》，指出山东党组织的总任务是"坚决的反对一切帝国主义，反对一切军阀，要利用帝国主义间冲突反军阀的混战，团结我们的力量，扩大我们党的组织"①。要求各地深入发动群众，反对日本帝国主义的侵略行径。随后，各地党组织积极领导全省学生展开宣传，在全省掀起以学生为先导的抗日反蒋运动。

按照中共中央和省委的指示，济南市委组织各界群众，开展反日爱国斗争，白色恐怖下济南重新沸腾起来，各县纷纷成立反日救国决死队等抗日组织，进行各种形式的抗日宣传活动。1931 年 9 月，山东省立第一乡师②校长鞠思敏、图书馆主任范明枢支持学生自治会，成立课外学习组织学生读书会。省立第一乡师党支部在学生读书会的掩护下，采取读书谈心、讲演会等形式，在校内外展开抗日宣传工作，发展党员，壮大党的力量。10 月 3 日，济南市中等以上学校学生代表在省立高中召开联席会议，成立济南市各校国难后援会，发表《告山东学生书》，通电全国，反对日本帝国主义侵占东三省。济南正谊中学学生自治会向国民党中央党部、国民政府及各省党部、各群众团体发出快邮代电，表示"宁为雄鬼，羞作倭奴"。一师、女师、女一中等学校，也纷纷以快邮代电方式通电全国，反对日本的侵略行径。

济南市学生读书会联合会成立后，在千佛山、大明湖、济南东郊等地积极宣传抗日。

---

① 中共山东省委党史研究室编：《山东党的革命历史文献选编》（第二卷），山东人民出版社 2015 年版，第 355 页。

② 山东省立第一乡村师范学校创办于 1929 年，简称省立第一乡师。1934 年 1 月，省立第一乡师改称山东省立济南简易乡村师范学校，简称济南乡师。

在青岛，中共青岛市委组织青岛大学等学校成立时事研究会、新文学研究会等合法组织，开展抗日救国宣传。10月1日晚，青岛大学党支部组织全校爱国师生在大礼堂集会，成立反日救国会，选举校长等15人为执委，通电全国，要求国民政府"停止内战，集中实力，一致对外""即日动员，对日宣战"。爱国师生热烈响应全国学联的号召，要求赴南京请愿，走上街头募捐，支援东北义勇军。反日救国会出版《青大校刊》，进行抗日救国宣传。青岛大学党支部秘密散发《中共中央号召全国人民自动武装起来，组织义勇军抗击日本侵略者》的传单，动员爱国学生参加义勇军，组织铁路中学等校学生罢课，支持组建青大学生请愿团。青岛"左联"小组热情宣传抗日救亡运动，在文化阵线上展开斗争。

胶东各地党组织领导爱国师生，掀起抗日热潮。烟台市委组织省立第八中学（驻烟台）等学校爱国学生发起"插花募捐"活动，支援东北人民的抗日斗争。掖县县委领导省立第九中学（驻掖县）学生自治会展开罢课和募捐活动。莱阳乡村师范爱国师生建立抗日救国委员会，组成数支宣传队，停课一个月，奔赴农村、城镇、学校，开展抗日宣传。

鲁南泰安、曲阜、济宁、临沂等地党组织发动爱国师生，掀起抗日救亡宣传运动。省立二师（驻曲阜）党支部领导爱国师生张贴抗日文章，展开大论战，驳斥破坏抗日的反动理论。随后，实行全校停课，游行示威，抵制日货，上街演讲，下乡宣传，召开群众大会等，展开各种形式的抗日反蒋活动。济宁特支充实省立第七中学（驻济宁）的党员力量，调整学生会组成人员，成立抗日救亡特别委员会，印发《告济宁同胞书》，编写壁报，创办抗日油印小报《星期周报》，带动济宁第三职业学校等师生投身抗日反蒋运动。泰安特支以泰安县立第三小学为中心，联合其他8所小学和省立第三中学（驻泰安）、泰安县立师范、育英中学和莘英中学，先后成立泰安小学反日联合会、泰安学生反日联合会，实行罢教、罢课，深入城乡集市，开展演讲、游行、查禁日货等，进行抗日宣传。省立第五中学（驻临沂）、省立第三师范（驻临沂）党支部组织学生罢课，宣传抗日救亡，揭露南京国民政府不抵抗政策和镇压学生运动的罪行。在鲁南各地党组织的领导下，成立鲁南抗日后援会，通电全国，呼吁抗日。鲁东、鲁中、鲁北、鲁西等地党组织均组织爱国师生开展多种形式的抗日宣传和募捐活动等，全省掀起轰轰烈烈的群众性抗日救亡活动。

二、组织南下请愿斗争

全国各地抗日救亡活动风起云涌，各地爱国学生纷纷赴南京国民政府请愿，推动抗日救亡活动进入新高潮。

1931年9月，大批学生自行结队，继向当地政府请愿之后，又集体赴南京向国民党中央请愿。10月，中共中央决定，济南市委书记胡萍舟任山东省委书记，组织青岛、济南、曲阜、济宁等地学生，联合到南京请愿，掀起以青年学生为主体的抗日爱国运动高潮，响应北平、天津、上海等地学生赴南京请愿运动。省委统一部署，全省学生请愿斗争率先从青岛的青岛大学发起，然后沿着胶济铁路一路宣传至济南。

济南以高中学生为突破口，影响带动其他学校爱国师生加入请愿斗争。曲阜省立二师、济宁省立七中联合当地爱国师生，在津浦路一带发动请愿斗争。省立第一乡师、女子师范、女子中学、正谊中学和省立高中等学校党支部相继发动请愿斗争。11月28日，省立高中学生组成赴南京请愿团，赶赴津浦铁路济南车站，索要车辆南下。站长奉命拒不发车，请愿学生毅然卧轨截车。12月5日，省立一师、省立乡师、女子师范、女一中、女子中学、第一和第二职业学校以及私立正谊、育英、东鲁中学等19个学校，组成3000多人的请愿队伍，到达车站。济南各学校反日宣传委员会随即召开联席会议，成立济南市反日宣传委员会，将各地请愿学生组成统一的济南学生请愿团，然后派出请愿代表再赴省政府请求派车支持请愿学生赴南京请愿。同时，又派出10余个宣传队，分赴各地工厂、市区，揭露日军侵略东北的暴行，呼吁社会各界声援学生南下请愿。经过斗争，国民党山东省政府被迫答应发车。12月8日晚，2500余名学生乘车离开济南。10日下午，济南学生请愿团进入南京市区。12 日，济南学生请愿团列队到国民政府请愿。下午，蒋介石接见了济南学生请愿团，遭到学生驳斥，会谈无果。济南学生请愿团决定留在南京，继续坚持斗争，并将"请愿团"改为"示威团"。13 日、14 日，济南学生连续两天到外交部示威。15 日，北平、济南等地学生联合赶赴国民党中央党部示威。蒋介石被迫通电下野，辞去国民政府主席和行政院院长职务。16 日，韩复榘为瓦解山东学生的请愿示威活动，电令全省中等以上学校均提前放寒假。各地学生请愿团决定将 18 日的总示威提前到 17 日举行。济南学生请愿团未及时得到这一通知，未能参加总示威。17 日，"珍珠桥惨案"① 发生后，济南学生请愿团接到北平、天津学生的求援，马上冲向珍珠桥声援。行至途中，被反动军警冲散，济南学生傅维亚、李鹤年被捕。② 国民党当局宣布南京城戒严，开始镇压学生请愿游行。18 日晨，济南学生请愿团被勒令乘车返济。回到济南之后，赴南京请愿学生又在济南列队游行，发表演讲，揭露国民党反动派的罪行。

按照省委和青岛市委的指示，青岛大学党支部发动学生赴南京请愿，反日救国会在青岛大学大礼堂举行大会，一致通过罢课请愿的决议，决定组成 178 人的青岛大学南下请愿团。12 月 3 日晚，青岛大学请愿团到达南京，在车站接待人员引领下住在中央军校。次日下午，蒋介石以"训话"名义接见了请愿团。6 日，请愿团返回青岛，未与其他各校请愿学生代表一致行动。

曲阜二师校长张郁光因支持学生请愿活动，遭到国民党山东省政府撤职查办。爱国师生纷纷要求采取行动，挽留张郁光校长。中共曲阜特支决心先护校、后南下。曲阜二师随即成立护校委员会，组建挽留张郁光校长赴省请愿团。12 月 10 日，请愿团出发，拦截一列火车，开抵济南。韩复榘

---

① 1931 年 12 月 17 日，来自全国各地的学生代表 1 万余人，先后在国民党中央党部、国民政府门前示威游行，途中捣毁了连日污蔑学生运动的中央日报馆。国民党军警对示威学生进行了血腥镇压。

② 中共济南市委宣传部、中共济南市委党史委编：《济南抗战风云录》，济南出版社 1995 年版，第 70 页。

被迫接见了学生代表和全体请愿学生，表示同意学生先回校整顿、再赴南京请愿，随后遣送学生返回曲阜。中共山东省委书记胡允恭建议"既已返到曲阜，即在曲阜要车"①。中共曲阜特支联合兄弟学校泰安县师、泰安省立三中、兖州省立第四乡师、济宁第三职业学校、济宁省立七中、曲阜明德中学等校学生，齐集兖州，共同索车南下。曲阜二师组建"南下请愿指挥部"，统一指挥鲁南 7 校的学生请愿行动，程照轩为总指挥。12 月 16 日，七所学校 1000 余名请愿学生在兖州车站会合。车站人员和火车司机闻风而逃，请愿学生组织敢死队卧轨拦车，拦住了由北向南行驶的 201 次特别快车。该列火车拒不开车，双方僵持四昼夜，津浦路交通中断。19 日，平津和济南请愿学生自南京北返，在兖州与鲁南 7 校学生会师，建议取消赴南京请愿。20 日，各校学生回校休整，南下请愿斗争结束。

三、在白色恐怖下坚持抗日斗争

1931 年 10 月，中共临时中央批准胡允恭任中共山东省委书记，指示省委机关尽快由青岛迁回济南。1932 年 1 月，省委机关迁驻济南，撤销济南市委，由省委直接领导济南党的基层组织，济南市委书记李春亭前往青岛奉命组建中共青岛市委。为推动全省党的组织发展壮大，胡允恭根据在济南工作的经验，提出分区展开工作。全省当时有 35 个党支部、7 个党小组、250 名党员，主要分布在济南、青岛、烟台和泰安、潍县、胶州等地。为此，省委将济南、青岛、烟台划为 3 个中心城市，将泰安、胶州、潍县划为 3 个中心县，带动周边县区曲阜、莱芜、寿光、益都、平度、蒲台、博山、博兴 8 个县的组织发展和工农运动的开展，以点带面，推向全省。胡允恭在实际工作中，对临时中央的王明"左"倾教条主义路线进行了一定抵制和斗争，也遭到了不应有的批判和工作变动。

1932 年 3 月，胡允恭被调离山东，武平接任书记。武平在山东极力贯

---

① 《中共山东省委三个月份的工作总报告——十一月至一月》，1932 年 1 月 26 日。

彻执行王明"左"倾教条主义的方针政策，批判胡允恭的"右倾"错误，要求全省各地党组织频频活动。省委的频繁活动，引起韩复榘的警惕和镇压，全省各地党组织在九一八事变后初步形成的良好发展势头再次遭到严重打击。10月5日，省委在青岛召开鲁东各县党代表会议时，武平、汤美亭（省委组织部部长）被捕，随后自首，山东党组织再次陷入严重的危机之中。

1932年10月，中共临时中央派任作民和巡视员高文华前来山东巡视工作，在济南成立中共山东临时省委。11月，临时省委改为省委，任作民任书记。新省委派出巡视员，前往各地巡视指导工作，各地党组织逐步恢复发展。12月，济南、青岛、潍县、烟台、文登、寿光、博兴、淄川、沂水、泰安、临朐、日照、莱芜、新泰、临沂15个市县党组织，能与省委直接联系；安丘、昌乐、广饶、莱阳、海阳等6个县党组织，能与省委间接联系。全省有党员900余人。济南、青岛、潍县、济宁、平原、禹城、平度、昌乐、莱阳等16个市县已建立团组织，有团员533人。山东工作刚出现转机，却又发生了团省特委书记陈衡舟叛变事件①，省委、团省特委机关均遭破坏，省委书记任作民、组织部部长向明，团省特委书记孙善帅、团济南市委和参加训练班的党员干部29人被捕。济宁、泰安、益都等地党团组织，相继遭到破坏。

在省委遭受严重破坏、中央尚未派人前来领导工作的危急关头，为继续坚持斗争，原省委秘书长张北华于1933年3月在济南成立中共山东临时省委，张北华任书记。3月至4月，中共中央北方局和中共临时中央先后派刘泽如、宋澄和蔡泽民等人来山东工作，以加强山东党的领导力量。4月，宋澄任团省特委书记。7月，临时省委组织部部长宋鸣时叛变投敌，张北华、刘泽如、宋澄等人被捕，临时省委机关遭到严重破坏。青岛、泰安、

---

① 1932年1月，山东恢复团的领导机构，称为团山东省特委，隶属团中央，姚第鸿、张德芳先后任书记。1932年底，陈衡舟任书记，不久在上海叛变。1933年1月，孙善帅任书记。3月，陈衡舟带人破坏山东党、团机关，孙善帅等人被捕。

沂水、寿光、益都、潍县等地党组织相继遭到破坏，并与上级党组织失去联系。这是土地革命时期山东党组织遭受损失最大的一次，全省有 300 多名党员被捕入狱。

1933 年 9 月，中共青岛临时市委书记李俊德（李大章）及时向中共中央报告了山东临时省委遭到破坏的情况，建议尽快在青岛成立新省委。11 月，中共山东省工作委员会（简称省工委）在青岛成立，张德一（张晔）任书记。省工委直属中共中央，负责联系青岛和鲁东几个县的党组织。12 月 8 日，省工委向中共中央报告工作，提出下一步改进党组织的工作计划，却因省工委交通员徐元沛的叛变，张德一、李仲翔（省工委秘书长）等人被捕，省工委机关遭到破坏。1933 年底之后的两年时间，山东未能建立省级党的领导机关。除青岛、胶东几个县党的工作在 1935 年 4 月以前暂由团省工委负责外，其他各地党组织均处于各自为战的状态。

四、急躁发动农民暴动

1932 年 6 月，北方各省委代表联席会议在上海召开，中共山东省委书记武平参加会议。临时中央错误批判了所谓"北方落后论"，不切实际地提出了"立即创造北方苏区"的要求。大会通过《北方各省委代表联席会议关于北方各省职工运动中几个主要任务的决议》，提出"争取一省与数省首先胜利，创造北方苏维埃区域的任务"①。为贯彻会议精神，武平不顾山东革命力量的分散、弱小和韩复榘统治的相对稳定，要求各地党组织将"发动山东游击战争"作为"今天的任务"，并认为是"最迫切的工作之一"。②为此，武平计划在党的活动较为活跃的地区，如博兴、益都两县，在"青纱帐"起来之时发动武装暴动，两县同时暴动之后，起义队伍在淄河流域

---

① 山东省总工会、山东省档案馆合编：《山东工人运动历史文献选编（1921—1937）》，1984 年，第 516 页。

② 山东省档案馆、中共山东省委党史研究院编：《山东革命历史档案汇编》（第三辑），新华出版社 2021 年版，第 1207~1208 页。

山区集结，由此"创建山东新苏区"。

1932 年 8 月 4 日，博兴县委在省委军委书记张鸿礼的指导下，举行暴动，暴动队伍组成鲁东工农革命军第一支队，很快从 70 余人发展到 700 余人、300 多支枪，活动范围扩大到广饶、临淄两县。张鸿礼未执行"将暴动队伍拉入淄河流域山区开创根据地"的既定部署，而是消极逃避，不负责任，竟然在韩复榘军队赶来镇压之前，即宣布暴动队伍就地插枪解散。韩复榘军队在全县展开大搜捕，杀害 20 余人，当地党组织遭到严重破坏。在博兴八四暴动前夕，中共益都县委书记段亦民建议张鸿礼准备充分之后再发动暴动，被撤销职务。博兴暴动后，益都县委主要领导人郑心亭任起义总指挥，在第一区和第十区同时举行暴动。8 月 18 日，暴动队伍袭击了第十区区公所和民团，缴获了 10 余支步枪。在老鸦窝集结时，暴动队伍遭到敌人围攻，一触即散。暴动同样遭到敌人疯狂镇压，先后有 24 人被捕、14 人被枪杀。省委不顾革命斗争客观形势，急躁、盲目地推行王明"左"倾冒险主义路线，严重脱离群众，过早暴露自己，招致失败是必然的。

但是，武平和省委仍未吸取暴动接连失败的沉痛教训，执意孤行，继续蛮干。1932 年 9 月，韩复榘、刘珍年在昌邑、平度一带开战。省委错误认为机会到来，紧急通知昌邑、平度、潍县、掖县等地党组织迅速开展游击战争。但韩刘之战很快结束，刘珍年部调往外省，韩复榘实现了山东的统一。省委开展游击战争、创建胶东苏区的计划落空。省委又指示日照中心县委组织暴动，计划在诸城、日照、莒县 3 县边区开展游击战争，建立以五莲山区为中心的革命根据地。按照省委要求，日照中心县委成立鲁南革命委员会，安哲任暴动总指挥，分南北两路进行暴动。因计划泄密，暴动提前行动。1932 年 10 月 13 日晚，两路暴动同时举行。14 日，北路暴动武装会合，召开誓师大会，整编队伍，有 200 余人。16 日，南路暴动队伍在邵疃村集结，进行整编，两路队伍准备会师。韩复榘军队迅速赶来镇压暴动，导致南北两路暴动队伍未能会师。25 日，北路队伍进行疏散。26 日，南路队伍也化整为零，转入地下斗争。日照暴动前后持续 13 天，是这一时期山东规模最大的一次农民武装暴动，影响很大，党组织在这次暴动中也遭受了严重损失，100 多名起义人员被杀害。

日照暴动失败后，韩复榘在山东的军事和政治力量进一步加强：军事上，韩复榘拥有 3 个师的正规军队，庞大的警察、保安队及联庄会，建立鲁东、鲁西、鲁南、鲁北、胶东五路民团；政治上，韩复榘虽然也同样贪污腐化，却相对清明，经常"巡察""私访"百姓疾苦。对此，省委不仅不予重视，反而仍坚持推行"左"倾路线，指示沂水、苍山、新泰等地党组织继续暴动。1933 年 5 月 29 日夜，沂水进行暴动，沂水县委领导会门武装大刀会攻打驻沙沟村国民党民团。6 月，暴动队伍 150 余人撤入沂山打游击，以避免韩复榘军队的"围剿"。数月后，暴动队伍溃散。在省委领导下，临郯县委以苍山为中心，准备暴动。7 月 2 日，因消息泄露，暴动提前在郯、马地区发动。暴动队伍二三百人，在赴苍山途中被敌打散。6 日，县委书记刘之言将暴动红旗插上苍山，举行苍山暴动，成立中国工农红军鲁南游击总队，有 200 余人、100 余支枪。暴动队伍占领苍山大圩子村及附近村庄，宣布成立苏维埃政府。9 日，韩复榘军队第八十一师展书堂部唐邦植旅赶来镇压，暴动失败，刘之言等 10 余人在战斗中被捕、牺牲。9 月 5 日，新泰县委组织 60 余人在新泰、蒙阴两县边境的龙须崮举行暴动，宣传"打土豪，分田地""打倒旧政府，建立苏维埃政权"等。面对敌人的"围剿"，暴动队伍迅速疏散，转战鲁山山区。17 日，暴动失败，一批党员干部因此遇害。此外，其他各地党组织也先后发动了一些小规模的农民武装暴动，均以失败告终。

第三节　一二九运动后掀起新的抗日救亡运动

一、华北事变后的山东政局

华北是中国的政治、经济、文化中心地区之一，当时包括河北、山东、山西、察哈尔、绥远 5 省和北平、天津 2 市，人口有 7629 万人，超过日本全国人口。1933 年，日本军部重提"分离华北"。1934 年 4 月，日本发表"天羽声明"，公开宣布中国为日本的势力范围。1935 年以后，日本积极策划和推动华北 5 省 2 市"独立"，先后炮制察哈尔事件、河北事件、张北事件、"华北五省自治运动"等。通过华北事变，日本控制了华北大部分地区。① 为进一步控制山东地区，日本一方面迫使韩复榘接受"自治"，一方面加紧经济掠夺。在山东，日本资本逐步控制了全省的铁、煤、盐等军需资源和有关的交通运输、电力设备，加大了对济南、青岛、淄博等重要城市和矿区的垄断。日本商人为倾销日货，竟然进行大规模武装走私，严重摧残了不断衰退的山东民族工商业。自华北事变后到抗日战争全面爆发前，日本在山东的总投资额达 3.2 亿日元，其中银行交易所 1000 万日元；贸易及商业 6000 万日元；不动产投资和零星企业投资 3000 万日元；各种工业投资 1 亿日元；胶济铁路、矿山、合办事业及对中国企业和省政府借款 1.2 亿日元②。当时全省（包括青岛、威海卫）共 419 个厂、资本 2938.3 万元，而中资仅占 10.62% 和 7.87%。③ 山东经济命脉，基本由日本垄断资本操纵。

在这种情势之下，韩复榘一面联络全国各地特别是华北实力派与蒋介石抗衡，一面不接受"山东自治"却与日本明来暗往。1935 年 11 月，日本派天津驻屯军司令多田骏飞赴济南会晤韩复榘，邀请韩复榘去北平参加冀察鲁三省"自治"的商谈。11 月 22 日，日本松井大将突然来到济南，由日本驻济领事西田陪同在龙洞别墅与韩复榘密谈，劝其脱离中央，参加"华北五省自治"。为求自保，韩复榘加大了对全省人民的榨取力度，扩军备战。华北事变后，仅田赋一项，山东即从 1931 年前的年征收 800 余万元，上涨到 1935 年的 1400 万元，增长 1.75 倍；课税范围逐年扩大，几乎

① 中共中央党史研究室：《中国共产党历史》（第一卷），中共党史出版社 2011 年版，第 407~409 页。

② 朱玉湘：《山东近代经济史述丛》，山东大学出版社 1990 年版，第 20 页。

③ 陈真编：《中国近代工业史资料》（第四辑），生活·读书·新知三联书店 1961 年版，第 306 页。

无所不涉，如每月营业税从 1931 年的 102 万元，上涨到 309 万元，增长 3 倍多。各种名目繁多的油类营业税、牲畜屠宰税、房铺捐、车捐等税捐，加速了山东民族工商业的破产，不断把挣扎在死亡线上的山东人民推入灾难深渊。祸不单行，1935 年 7 月，黄河在鄄城董庄决口，鲁西南数个县受灾，灾民达五六百万人之多。如何安置山东破产农民，避免民变迭起，成为一个严峻社会问题。

日本的侵略和蒋介石的不抵抗政策，以及华北事变以来民族危机的加深，使得民族矛盾上升为国内主要矛盾。1935 年 7 月，中国共产党驻共产国际代表团起草《为抗日救国告全体同胞书》（即《八一宣言》），指出中华民族已处在生死存亡的关头，抗日救国是全体中国人民面临的首要任务。中共中央这时刚到达陕北，即于 1935 年 11 月 13 日发布《为日本帝国主义并吞华北及蒋介石出卖华北出卖中国宣言》，提出中国工农红军愿同"一切抗日反蒋的中国人民与武装队伍"联合起来，反对日本帝国主义。11 月 28 日，中共中央以中华苏维埃共和国中央政府主席毛泽东、中国工农红军革命军事委员会主席朱德的名义，发表《中华苏维埃共和国中央政府、中国工农红军革命军事委员会抗日救国宣言》。这三个宣言，在中国社会各阶层中引起强烈反响，全国抗日救亡运动进一步高涨。

华北事变时，共产党在山东的省级党组织已不存在，山东各级党组织也与上级党组织失去联系①。《八一宣言》发表之后，中共济南市委立即组织人员翻印散发，帮助全市党员和人民群众迅速了解了中共中央的抗日主张和政策，指示各校党支部组织演讲队深入近郊农村，宣传抗日救亡。济南乡师党支部组织 100 余人，进行抗日救亡宣传活动。济南市委还建立了党的秘密外围组织济南人力车夫兄弟会，在劳动人民中间宣传党的抗日主张。山东抗日救亡运动，悄然兴起。

---

① 其间，省工委派出赵健民等人，多次设法寻找上级党组织，并与中共河北省委的刘晏春、黎玉取得联系。

二、一二九运动后的抗日新高潮

在日本侵略华北的严重危急时刻，中国人民被压抑的爱国热情猛烈爆发出来。在中国共产党领导下，全国各地民众纷纷举行抗日集会和示威游行。1935 年 12 月 9 日，北平数千名爱国学生冲上街头，进行请愿游行，遭到国民党军警的残酷镇压。一二九运动是中国共产党领导、北平学联组织的一次大规模抗日爱国运动，促进了中华民族的觉醒，标志着中国人民抗日救亡民主运动新高潮的到来。①

在一二九运动的影响下，济南、青岛、烟台、济宁等地纷纷爆发学生的抗日集会和示威游行，抗议国民政府对日妥协和镇压抗日运动，掀起全国范围群众抗日爱国运动的新高潮。1935 年冬，中共山东省工作委员会成立，刘仲莹任书记。省工委一面积极寻找上级党组织，一面联系指导各地党组织开展抗日爱国运动。济南市委发动全市各校学生，走出校门，宣传抗日，响应北平学生的爱国斗争。16 日，济南高中党支部率先组织领导高中学生进行罢课，开展抗日救亡宣传活动。17 日，济南乡师、济南师范、济南女师、济南女中、育英中学、济南市立中等学校等各校学生召开学生代表会议，决定全市总罢课，举行全市游行示威，要求停止内战、出兵抗日。山东当局派出军警，封锁各校大门，不准学生出入，并提前放寒假，强令学生一律离校回乡，试图破坏山东爱国学生的抗日救亡活动。济南市委决定组织学生返乡后，在农村开展抗日救亡宣传活动，将运动推向深入。为此，先后建立济南（山东）学生救国联合会和济南（山东）各界救国联合会（在市内以"济南"名义、在市外以"山东"名义，开展抗日救亡宣传活动），统一领导全市的抗日救亡运动，加强山东各地抗日救亡团体和全国各地抗日救亡团体的联络。在有党组织和党员的学校、工厂及机关，秘密建立了各种形式的抗日救国会、抗敌后援会等抗日救亡团体，组织领导

① 中共中央党史研究室：《中国共产党历史》（第一卷），中共党史出版社 2011 年版，第 415 页。

各界群众开展抗日救亡活动。

中共青岛市委以山东大学（时驻青岛）为重点，发动领导抗日救亡活动。1935 年 12 月 18 日，山东大学成立学生抗日救国会，通电全国，声援北平学生，谴责国民政府独裁卖国。1936 年 1 月 6 日，山东大学救国会联合青岛礼贤中学、文德女中、市立女中等校，成立青岛学生联合会，组建了以山大爱国学生为主体的抗日救亡队伍，与北平学联等全国院校保持联络，一致行动，声势较大。国民党青岛当局派出大批保安队员，赶到学校警戒、弹压。青岛学生联合会推派 10 多名代表，向国民党青岛市政府请愿，要求保障学生的爱国行动。为应对全国青年学生抗日救亡运动的高涨，国民政府采取分化瓦解的对策，指令全国各地大中学校选派学生代表，1 月 15 日在南京接受蒋介石训话。山大学生抗日救国会拒绝参加，并召开大会通过决议，开除了山大学校当局指定的 3 名学生代表的会籍。3 月 1 日，山大勒令学生救国会骨干李声簧、王广义等 6 人退学，立即离校。学生救国会针锋相对，召开全校学生大会，要求收回成命，遭到学校当局拒绝。愤怒的学生撕毁了开除布告，封闭了校长赵畸（太侔）的办公室，张贴了"驱逐赵畸"的标语，并宣布罢课。4 日，国民党青岛特别市党部、市政府决定镇压学生运动。8 日，军警 500 多人包围山大第四校舍，拘捕学生 32 人，开除学生 13 人。学生坚决斗争，迫使学校当局释放了全体在押学生，取消了第二次开除 13 名学生的"成命"。

省立第四乡师（驻兖州）爱国师生在党组织领导下，开展罢课斗争，要求政府停止内战，坚决抗日。他们编写《抗敌快报》《冲锋号》《农民的话》等刊物，广为散发，并深入车站、街道和农村登台演讲，编演《流浪记》《四大陷阱》等曲目，控诉日本的侵略罪行，激发群众的抗日热情。他们召开全校师生大会，通过《罢课宣言》，派人联合济宁、曲阜等地师生，联系全国各地学生和工农群众，相互声援。罢课活动遭到镇压，9 名师生被捕。曲阜、枣庄、临沂等地师生也进行罢课，声援北平同学，开展抗日斗争。①

三、重建省委和恢复各地党组织

在韩复榘的残酷镇压下，中共山东省委遭到严重破坏。在白色恐怖下，山东党组织和各地党员坚持斗争、坚持抗日，并积极寻找上级党组织。1934 年至 1935 年秋，济南、莱芜的党组织先后派人赴上海、北平等地，寻找中央和北方局，但是未能取得联系。1935 年秋，中共济南市委书记赵健民在濮县与中共直南特委代表刘晏春取得联系，之后又与中共河北省委代表、直南特委书记黎玉取得初步联系。山东党组织与上级党组织的联系渠道逐渐通畅。

1936 年 4 月，中共中央北方局决定委派黎玉赴山东，重建中共山东省委，加强山东党组织对全省抗日救亡运动的组织领导。黎玉与济南等地党组织取得联系后，在姚仲明、赵健民等人帮助下，开始秘密重建中共山东省委。5 月，省委成立（为工作方便，对外仍称"山东省工委"）。能与省委取得联系的，有济南乡师、济南高中、新城兵工厂、育英中学、一师、正谊中学、惠商中学等 7 个党支部，有莱芜县委、鲁西特委和寿光、东阿、单县等地党组织，以及平原乡师、聊城师范等地的党组织。这时，全省能取得联系的党团员人数约 500 人。省委重建后，将贯彻抗日民族统一战线政策、团结一切抗日爱国分子、开展群众性抗日救国宣传、建立抗日救国会及民族解放先锋队等党领导的群团组织、壮大抗日救国运动力量作为今后的工作任务。同时，谨慎恢复各地党组织，联系各地县委、支部和党员，巩固党组织和进步团体，并选派一批优秀党员奔赴全省各地恢复党组织、动员一批学校支部党员返回家乡寻找党员，逐步成立各地特委、工委、县委。随后，省委决定成立中共鲁西北特委，派人筹建鲁东工委、淄博矿区工委等。1937 年 3 月，省委成立鲁北特委，辖盐山、乐陵等 10 个县党组

---

①　王立新编著：《山东的抗日救亡运动》，中共党史出版社 2005 年版，第 186 页。

织。至 1937 年 7 月全民族抗战爆发前夕，省委在成立一年多的时间里，全省大部分地区的党组织已恢复，全省党员发展到约 2000 人（不包括胶东）。

鲁中地区的党组织在济南市委的领导下，陆续得到恢复和发展。至 1937 年 6 月，济南市先后重建中共济南市立中学支部、女子师范学校支部、历城特别支部等党组织，全市有 9 个党支部、150 余名党员。在全民族抗战爆发前夕，成立了新泰县委 1 个县委及淄博矿区党支部、博山特别党支部 2 个支部，莱芜县党员发展到 130 多人，新泰县党员发展到 50 多人，东平、长清等地有党员 20 多人。

1936 年 6 月，省委决定在鲁西北地区建立鲁西北特委，刘晏春任书记，辖濮县、范县、莘县、冠县、朝城、临清、聊城、阳谷、寿张等县党组织。随后，成立中共冠县工委、冠县县委、冠县中心县委，并组建了一支二三十人的武装。1937 年 6 月，省委决定将鲁西北特委分为鲁西北和鲁西两个特委。鲁西北特委辖冠县、莘县、堂邑、聊城、馆陶、临清、博平、清平、茌平等县党组织，刘仲莹任书记；鲁西特委辖寿张、阳谷、朝城、濮县、范县、观城等县党组织，刘晏春任书记。

在鲁东地区，1936 年 8 月成立寿光县工委，秋后改为县委，这是 1933 年 7 月山东党组织遭到严重破坏后鲁东地区重新建立的第一个县委。至抗日战争全面爆发前，全县有党支部 10 余个、党员近 100 人。1936 年秋，建立昌邑县委。

在胶东，1936 年 4 月在文登沟于家村建立胶东临时特委，理琪（游建铎）任书记，创办《真理报》，率红军游击队夜袭界石联庄会。6 月，建立烟台市工作委员会，吕其恩（吕志恒）任书记。10 月，胶东临时特委改为胶东临时工委，机关迁至烟台，理琪任书记。12 月，临时工委机关遭到破坏。1937 年 2 月，胶东临时工委在威海卫重建，吕其恩任书记。胶东临时工委隶属北方局，辖牟平、文登 2 个县委和烟台 1 个市委、牟福边区委，以及海阳、招远、莱阳 3 个特支。至全民族抗战前夕，胶东地区有党员 1840 人。

在苏鲁边区，1935 年 2 月成立中共苏鲁边临时特委①，统一领导苏鲁边区各地党组织，郭子化任书记。1936 年 12 月，苏鲁边临时特委改为苏鲁豫皖边区临时特委，郭子化任书记。各县党组织迅速恢复和发展，建立枣庄矿区党委、峄县县委、临沂中心县委等党的组织，并建立枣庄职业中学党支部，在各县中学开展了党的工作。1937 年 5 月，中共中央决定，重建河南省委，苏鲁豫皖边区特委隶属河南省委领导。

在鲁南地区，1935 年春成立邹县工委。1936 年 3 月成立曲阜师范党支部及民先曲阜师范学校分队等。1936 年 11 月建立费县工作委员会。鲁西南地区党组织的隶属关系比较复杂，分属中共山东、河南、河北党组织的领导。1935 年秋，在曹县、菏泽、东明、定陶、考城、民权 6 县边界地区建立抗日救国自治会，也称农民互助会，成为党直接领导下的一个爱国群众组织。1936 年，先后建立东平县戴庙小学支部、金乡县第一高小支部、翟庄党支部等。

四、民先组织推动抗日救亡运动发展

一二九运动爆发后，全国人民的爱国热情重新被点燃，很快形成席卷全国的抗日救亡运动，运动主体从学生为主演变为社会各界群众。1935 年12 月 20 日，中共中央通过共青团发表《中国共产主义青年团中央委员会为抗日救国告全国各校学生和各界青年同胞宣言》，号召青年学生"在抗日救国的义旗之下联合起来"，"把反日救国运动扩大起来！到工人中去，到农民中去，到商民中去，到军队中去！"② 平津学生联合会根据党的指示，组建 500 人的南下扩大宣传团，努力将一二九运动引向深入。1936 年 2 月1 日，先进青年学生以南下扩大宣传团为基础，在北平师范大学成立了民族解放先锋队（简称民先，后改称中华民族解放先锋队），成立领导机构民

---

① 1933 年 1 月，成立中共枣庄矿区工委，郭子化任书记，隶属徐州特委。

② 中共中央党史研究室第一研究部译：《联共（布）、共产国际与中国苏维埃运动（1931—1937）》（第 17 卷），中共党史出版社 2020 年版，第 504 页。

族解放先锋队总队部。这是党领导下的以抗日民主为奋斗目标的先进群众组织，"并把这种爱国运动推广到了全国各大城市"①。随后，北平、天津的山东籍民先队员利用暑假间隙，积极在济南各校发展队员、建立民先组织、成立济南市民先队部，通过读书会、座谈会等，开展抗日救亡宣传。5月，济南市学生救国联合会和济南市民先队部联合在济南南郊槲山召开学生大会，遭到军警包围。随后，济南市学生救国联合会转入公开活动，民先组织转入半公开活动。

1936年10月19日，济南市民先队部根据中共济南市委的部署，组织济南师范、济南高中、济南女师、济南女中、济南乡师、济南市立中学、正谊中学、育英中学等校师生召开鲁迅逝世追悼会，号召青年学生继承发扬鲁迅先生的战斗精神，积极投身抗日救亡运动。1936年冬，济南市民先组织在济南成立革命文艺团体博文学会，编辑出版《文艺俱乐部》月刊，宣传中国共产党的抗日民族统一战线政策，动员各界人民积极投入抗日救亡斗争。1937年3月，济南民先组织成立山东文艺青年协会，在《诚报》《平民日报》上创办文艺副刊，发表文学作品，宣传抗日救亡。5月，成立文化友联社，出版内部刊物《联系》，刊登评论和杂文，分析抗日形势，报道济南各界的救亡活动。

青岛市民先队部依托山东大学进步学生，联络铁路中学、文德中学的进步学生，成立青岛民先队部和青岛救亡同学会，并与北平"民先"总部取得联系。1937年春，山大民先队部在青岛中山公园成立，队员20多人，组织救亡歌曲合唱团、剧团、世界语学习班，吸引大家参加抗日救亡活动。2月，青岛民先队部负责人李欣赴上海，参加全国学联执委会议。会后，返回山东大学，继续在青岛开展抗日救亡活动。

烟台中学和志孚中学的进步学生在1936年4月成立烟台民先队部，并与北平民先总部取得联系。6月，全国民先总部派张可为到烟台指导工作。

----

① 毛泽东：《论联合政府》，《毛泽东选集》第三卷，人民出版社1991年版，第1037页。

8月，根据中共中央北方局的指示，成立中共烟台工委，由吕志恒、李丙令、温建平等人组成。不久，烟台工委又与胶东临时特委合并，建立胶东临时工委，成立烟台民先大队部。烟台民先大队部编印宣传材料，宣传抗日，揭露蒋介石"攘外必先安内"的反动政策，宣传共产党"停止内战、一致对外"的抗日主张。在烟台民先组织的带动下，周围各县民先组织的抗日救亡运动都有声有色，其中以省立第二乡师（驻莱阳）活动规模最大、时间最长、影响最深远。10月，莱阳乡师学生抗日救国会成立，起草《告胶东同学书》，成立胶东地区中等学校学生抗日救国联合会，翻印北平学联的宣传大纲和各种宣传品，组织宣传队到莱阳县城附近农村和小学进行宣传，派代表分赴胶东各地中等学校联络成立抗日救国会。莱阳县南乡、东南乡、西南乡群众成立民先组织，开展抗日救亡活动。蓬莱县成立民先蓬莱县队部，于仲淑任大队长，全县民先队员很快发展到60余人，各区分别成立民先区队部。12月，于仲淑代表蓬莱民先组织，出席了在北平召开的全国民先总队部成立大会，并在会上介绍了蓬莱抗日救亡运动活动情况。随后，参加华北各界救国联合会和华北学生救国联合会的会议，交流了开展抗日救亡运动的经验。

在一二九学生爱国运动的影响下，博山县小学教员张敬焘、蒋方宇开办工农夜校，吸收工农群众参加，进行爱国宣传。他们加入民先组织后，吸收民先队员20多人。12月，他们组织城乡小学教员50多人集会讨薪，到国民党博山县政府和济南省教育厅请愿，要回了拖欠的薪水，扩大了民先的影响。

菏泽县共产党员宋心田和一些民先队员在省立六中、省立第五女子师范、南华中学等宣传抗日救亡，发展民先队员。1936年秋，成立菏泽民先队部，宋心田、卢渭为负责人。七七事变前，全县民先队员发展到数十人，并在部分区、乡成立民先组织。在东明县，1937年3月成立民先组织，发展民先队员。定陶县民先队员国耕宸也发展了一批队员。齐河县民先大队于1937年7月成立后，齐河一、二、三、四、五区相继建立民先中队或小队。民先队员张贴标语，散发传单，广泛宣传抗日救国。临邑、禹城、潍县、益都、寿光、安丘、诸城、曹县、新泰等县，先后成立民先组织，开展抗日救亡活动，配合党的工作。

五、文化界的抗日救国活动

中国文化界在中国共产党的领导下，汇聚各方进步力量，形成革命文化大军，鼓舞民众团结抗战、共御外侮。1930 年 3 月，中国左翼作家联盟（简称左联）在上海成立，提出要"有目的有意识有计划去领导发展中国的无产阶级文学运动，加紧思想的斗争，透过文学艺术，实行宣传与鼓动而争取广大的群众走向无产阶级斗争的营垒"①。随后，文艺界又成立中国左翼戏剧家联盟（简称剧联）、中国左翼美术家联盟（简称美联）、中国左翼社会科学家联盟（简称社联）、中国左翼世界语联盟（简称语联）。这些左翼文化团体内，设立了中共党团组织。10 月，中国左翼文化界总同盟（简称文总）成立。文总是中国共产党在文化界的统一战线组织，在文化界做了大量的团结争取工作。

在中共青岛市委的领导下，1932 年春，青岛大学地下党员及部分进步学生秘密成立新文学研究会、时事研究会、读书会等文学团体，新文学研究会成为青岛的左联组织，发动群众，宣传抗日。1932 年 10 月，共产党员乔天华从烟台来到青岛，与青岛党组织取得联系后，以崇德中学教员身份为掩护，从事革命活动，任中共青岛市委青年委员和青岛左联党代表，与中共青岛市委宣传委员黄敬一起领导青岛左联的工作。青岛左联组织成员进一步扩大，通过读书会、时事讨论会等方式开展活动，定期学习马列主义经典著作，交流心得体会，并在《民报》《晨报》《时报》等报刊上发表作品，积极从事文学创作。1933 年初，青岛左联组织了进步文学社团——汽笛文艺社，秘密散发进步刊物，公开印发文学月刊《汽笛》，在工人和学

---

① 潘汉年：《左翼作家联盟的意义及其任务》，《拓荒者》第 1 卷第 3 期。

生中广泛传阅，引起国民党青岛当局的恐慌，《汽笛》被迫停刊、汽笛文学社停止活动。

在党的领导下，青岛左联积极参加政治活动，开办书店，经营新文学书刊。青岛左联在龙口路南端开办荒岛书店，作为左联小组的秘密联络点。荒岛书店邻近山东大学和市立女中，吸引了一批进步师生。青岛左联组织还有海光文艺社，在《青岛时报》开辟《海光》文艺副刊，进行革命文艺活动。另外成立了青岛剧联组织，1932年4月成立海鸥剧社，经中国左翼剧团联盟批准为青岛分盟小组。5月28日，海鸥剧社在青大礼堂首场演出《月亮上升》和《工场夜景》（独幕话剧）。6月30日，上海左翼作家联盟机关刊物《文艺新闻》发表《预报了暴风雨的海鸥》，热情赞扬演出的成功。国立青岛大学改名为国立山东大学后，成立中共山东大学党支部，黄敬任书记，恢复海鸥剧社，扩大演出规模，在青岛大舞台演出《乱钟》《SOS》《婴儿的杀害》等话剧，并将舞台剧《放下你的鞭子》改编为街头广场剧《饥饿线上》。海鸥剧社深入崂山农村，用当地方言为农民演出话剧；深入工人宿舍区，演出工人阶级喜闻乐见的话剧，深受欢迎。1933年夏，因叛徒出卖，海鸥剧社停止活动。12月，省工委恢复青岛党组织，成立左联的指导机关学生读书会、文学会等群众社团。经过努力工作，青岛左联工作进一步加强。1934年6月，中共青岛市委筹备委员会成立，高嵩任常委，支持青岛左联开展左翼作家组织活动、发行文学刊物。9月，因青岛市委再次遭到破坏，青岛左翼文化活动受到很大影响，左联活动仍在持续，至1936年停止工作。青岛左翼文化活动成为山东革命文化新的奠基者、推进者，为山东革命文化的发展作出了重要贡献。

第四节　努力促成抗日民族统一战线

一、贯彻抗日民族统一战线政策

1935年华北事变之后，日本加紧了侵略山东的步伐，并试图引诱韩复榘接受"自治",韩复榘一直摇摆不定。1936 年 3 月,日本新任第二十师团师团长土肥原贤二绕道济南,会见韩复榘,商谈"山东自治"问题。6 月,日本驻济领事馆逼迫韩复榘表态参加"华北五省自治"。9 月,日本驻华大使川越茂来到济南,再次游说韩复榘。与此同时,国民党和南京国民政府也积极拉拢韩复榘。1937 年 3 月,蒋介石在杭州召见韩复榘等人,听取韩复榘关于山东省军政工作的汇报。之后,韩复榘对日本的态度由"借日制蒋"转变为"疏日亲蒋",明确宣布抗日。①

中日民族矛盾的日益加深,以及中国共产党抗日民族统一战线政策的深入人心,迫使韩复榘不得不收敛其嚣张的反共气焰。韩复榘抗日态度的微妙转变,引起中共中央的注意,并为促成山东抗日民族统一战线提供了契机。根据中共中央指示,山东省委在积极恢复发展党组织的同时,以反对日本帝国主义推行华北五省"自治"为中心,努力在山东促成抗日民族统一战线。

1936 年 9 月,中共中央确立"逼蒋抗日"方针后,省委敏锐地发现北方局转来的《中国共产党致中国国民党书》(1936 年 8 月 25 日)中,"蒋委员长"称谓取代了"以蒋介石为罪魁祸首的国民政府"等,《火线》刊物也登载了"拥护蒋委员长抗日"等口号。省委经过认真研判,认为韩复榘不会当汉奸,决定将斗争目标重点对准那些亲日派,如山东省政府秘书长张绍堂、东鲁中学校长朱经古等人。省委决定以"中国共产党山东省工作委员会"的名义,发表《为抗日救国,反对华北五省"自治"宣言》,号召全省人民群众,建成广泛的抗日民族统一战线,组成国防政府与抗日的联军,救国家、救民族。《宣言》提出的"停止内战,一致对外"口号,引起强烈社会反响;《宣言》提出的韩复榘第三路军恢复"为废除不平等条约誓死拼命"的精神,也得到该部大多数官兵的同情,为建立抗日民族统一战线打下了良好基础。

---

① 吕伟俊主编:《民国山东史》,山东人民出版社 1995 年版,第 465~467 页。

面对日本的经济侵略，省委发动各地群众，强烈抗议日本浪人在山东的暴行，要求国民政府维护国家主权，严惩罪犯，并派代表到医院慰问受伤的海关人员。全省各地纷纷建立抗日救亡组织，学生各界救国会、民先进步青年团体等均有较大发展。11 月 11 日，全国掀起援绥抗日运动后，济南各中等以上学校均成立援绥抗敌后援会及宣传队、募捐队，在街道张贴标语，散发传单，发表演说，宣传共产党建立抗日民族统一战线的主张，到工厂、农村和各大中商店募捐，购买药品，送往察绥前线，慰问抗日将士。省委先后指导鲁西南、鲁东、淄博、泰安等地，在恢复建立党组织的同时，开展统战工作。省委还选送 100 余名党员、民先队员等进步青年知识分子到延安学习，培养统战干部。在省委和各地党组织的努力下，党的抗日民族统一战线政策在山东得以广泛宣传、贯彻，中国共产党的抗日主张受到各阶层爱国人士的赞成与拥护，全省抗日民主运动日趋高涨。

西安事变发生后，省委遵照中共中央指示，深入宣传党的抗日民族统一战线方针政策，发动群众，掀起抗日救亡新高潮。济南各学校和机关、工厂，先后建立学生抗日救国会、教职员抗日救国会、工人抗日救国会、抗日救亡团、战地服务团、抗敌后援会及济南女同学会、济南妇女联谊会等群众团体。淄博矿区工委组织各阶层群众参加抗日活动，在矿区组织抗日救国会、小学教员联合会，在矿区周围农村组织雇农工会、贫农团等群众抗日组织。全省其他地区党组织也开展各种形式的抗日救亡活动，组织多种群众组织。

中共中央和省委为争取各种力量共同抗战，加强对韩复榘及其部下的争取和联络工作。早在西安事变之前，党中央和毛泽东就有联络山东韩复榘、绥远傅作义、山西阎锡山和北平宋哲元等共组北方联合战线的计划。1936 年 8 月 14 日，毛泽东在致宋哲元的信中说："鲁韩绥傅晋阎三处，弟等甚愿与之发生关系，共组北方联合战线。先生必有同心，尚祈设法介绍。"西安事变后，省委即开始在韩复榘军队中展开工作，先后发展 30 多名中下级军官为中共党员。1937 年 5 月，中央派彭雪枫来山东做韩复榘、范筑先（国民党山东省第六区专员兼保安司令）的统战工作。7月，八路军代表张经武赴济南，开展韩复榘的统战工作。[①] 彭雪枫等人的山东之行，推进了山东党组织对国民党山东上层人物的统战工作。

二、领导青岛反日大罢工

1936年底，青岛日商纱厂工人响应中国共产党"停止内战，一致抗日"的号召，举行大罢工。11月中旬，青岛内外棉纱厂，大康一、二、三厂，上海、隆兴和丰田纱厂及瑞丰染织厂等上万名工人先后举行罢工。

在罢工斗争中，各纱厂工人向日本厂主提出6项条件：（一）规定工间休息仍在3点和9点；（二）把头不得殴打、迫害童工、女工；（三）关心工人生活，提高工资；（四）不得无故解雇工人；（五）承认工会；（六）支付工会津贴。为了适应斗争的需要，各纱厂秘密组织起工会，并推选出总代表、代表、干事、组长等负责人。青岛日本纺织同业会依靠日本驻青岛领事馆，强迫青岛国民党当局严厉镇压工潮。沈鸿烈于11月21日责令公安局采取镇压措施，逮捕了大康纱厂等单位的工人领袖，发布布告宣布与日方谈妥解决工潮的4条办法。办法之一是增加5%的工资。由于多年来工人工资不断下降，所有福利待遇均被取消，所以工人实际收入并未增加。其他3条办法也是空头支票。工人的要求没有得到答复，各厂工潮势头有增无减。沈鸿烈下令逮捕有鼓动工潮嫌疑的陈克曜等150余名工人，但广大工人并没有因此而屈服，罢工、怠工仍持续进行。

11月25日，瑞丰染织厂工人与日籍管工冲突，厂方宣布关厂，开除工人。同日，大康纱厂3000余名工人冲出工厂游行示威，罢工斗争达到高潮。游行队伍包围了市公安局第五分局，要求释放工人总代表。日本总领事馆几次派人到国民党青岛市政府抗议，要求市长沈鸿烈限时平息罢工。

---

① 张经武曾多次到山东开展统战工作。中共山东省委党史研究室：《中共山东地方史》（第一卷），山东人民出版社1998年版，第206页；中共山东省委党史研究院：《中国共产党山东历史》（第一卷），中共党史出版社2021年版，第295页。

沈鸿烈下令镇压，逮捕 29 名工人。26 日起，同兴等 6 家纱厂工人相继罢工，退出工厂。12 月 2 日，阴谋镇压工人罢工的青岛日本纺织同业会乘机将纱厂全部关闭。

12 月 3 日，日本调动军舰 9 艘、海军陆战队 755 人，于凌晨在青岛登陆，直接以武力镇压工人罢工。

沈鸿烈所统率的海军第三舰队海军陆战队、警察、保安队数千之众，竟放任日军登陆。日军从中国军警手中接管了警戒任务，同时派出小分队，洗劫了国民党青岛市党部、胶济路党部及警务所、市图书馆、青岛通讯社、平民报社、胶济日报社、国术馆，并拘捕工作人员 9 人。这时，沈鸿烈却命令海军陆战队和全部保安大队撤到离青岛市 70 里以外的城阳和即墨一带。

在帝国主义的胁迫与国民政府的授意下，沈鸿烈默许日本领事提出的"备忘录"：（一）在日本人经营的工厂中不准市党部及铁路党部有任何行动；（二）市政府应令国术馆停止在四方、沧口设国术练习所，且不准日纺织厂职工进国术馆练习武术；（三）市政府所属机关中聘用的日籍人员出缺时，仍应再聘日人充任；（四）市政府应严加取缔妨碍邦交的新闻报道。12 月 8 日，10 个日本工厂宣布开除工人 531 名。10 日，沈鸿烈又接受日本领事提出的要求，作出 6 项决定，强行遣散了被开除的工人，并将部队从城阳、即墨调回市区，又从威海调来海军教导队，全部部署在青岛工业区四方、沧口一带，以镇压罢工。14 日，各工厂罢工工人被迫复工。历时近 1 个月的反日大罢工，被日本帝国主义和国民政府镇压了下去。青岛工人反日大罢工虽然遭到镇压，却深刻教育了广大民众，让社会各界爱国人士更加看清了国民党当局对日本帝国主义强权的卑躬屈膝，也让党的抗日民族统一战线政策更加深入人心。

第三章
新旧军阀在山东的统治与抗战形势

伟大的辛亥革命，推翻了统治中国几千年的君主专制制度，但是未能改变中国半殖民地半封建的社会性质和中国人民的悲惨命运。辛亥革命的胜利果实，很快被袁世凯窃取，中国进入北洋军阀占据主导地位的北洋政府专制统治时期。北洋军阀是清朝末年由袁世凯建立的封建、买办、反动政治武装集团。[①] 1916 年，袁世凯称帝失败后，中国陷入军阀割据的混乱局面。1912 年至 1928 年的山东，处于北洋政府统治时期。这一时期，山东百姓深受军阀割据混战之苦。

1919 年 10 月，中华革命党改组为中国国民党，各省区设支部、分部。随着革命形势的发展，特别是 1924 年国民党一大召开，实现国共第一次合作后，国民党组织不断扩大，在山东建立国民党山东省党部。1925 年 7 月 1 日，成立广州国民政府。1926 年 7 月 9 日，为推翻帝国主义支持的北洋军阀的反动统治，实现国家的独立和统一，由中国国民党领导下的国民政府以国民革命军为主力、蒋介石为总司令的北伐战争正式开始。国民革命军从广东起兵，在连克长沙、武汉、南京、上海等地以后，国民政府内部因对中国共产党的不同态度而一度分裂，汪精卫和蒋介石决裂，北伐陷于停顿。宁汉合流后，国民革命军继续北伐，于 1928 年 5 月中旬将张宗昌逼出山东，并逐渐确立了国民党在山东的统治。

---

① 中共中央党史和文献研究院：《中国共产党的一百年（新民主主义革命时期）》，中共党史出版社 2022 年版，第 9 页；吕伟俊主编：《民国山东史》，山东人民出版社 1995 年版，第 2 页。

第一节　北洋军阀在山东的统治

1911 年 10 月，辛亥革命在武昌爆发，革命风暴迅速席卷全国。山东人民在同盟会会员徐镜心、丁惟汾的带领下，推翻了清政府腐朽势力在山东的统治。山东同盟会在济南成立山东省联合会，由立宪派掌权，有革命派参加，作为全省立法和监督行政的最高机关。11 月 13 日，山东同盟会联合社会各方代表，迫使山东巡抚孙宝琦宣布山东独立、加入中华民国政府。但是，11 月 24 日，孙宝琦又宣布取消山东独立，恢复旧制。

山东革命党人愤慨之下，走上独立领导武装起义的道路。徐镜心等人制定"先据烟台，再取登州，以图济南"的革命战略，在烟台成立中华民国共和急进会北部共和急进会，徐镜心自任会长，派孙尹平到登州（今蓬莱市）、曲邂尘到黄县（今龙口市），发动武装起义。1912 年 1 月 14 日，山东革命党人光复登州，成立山东军政府。随后，黄县、文登、牟平、荣成、即墨、诸城等县相继起义，建立革命政权。青州、高密、安丘、寿光等地也发动起义。2 月，孙中山任命胡瑛为山东军政府都督。2 月 15 日，孙中山辞去临时大总统职务，袁世凯就任中华民国临时大总统，窃取了辛亥革命胜利果实。3 月，袁世凯任命周自齐为山东都督，撤销山东军政府，解散各地革命军。革命党人被迫远走他乡，有些革命党人英勇牺牲。自1912 年至 1928 年，周自齐、靳云鹏、张怀芝、张树元、田中玉、郑士琦、张宗昌先后督鲁，北洋军阀统治山东 16 年。

一、七任军阀的统治

1. 周自齐督鲁（1912.3—1913.8）

1912 年 3 月，周自齐任山东都督后，治理匪盗、弹压哗变、发展工商运输业、发行山东银行券、推行剪除发辫运动、成立统一党山东支部、陪同孙中山视察山东，以及推选省议会、改变官制、调整行政区划等，使山东在民国初年出现了政治上的新局面。

对于兵变、匪患，周自齐进行镇压。民国初年，山东军队分陆、防两种，其中防营有 14 营、24370 人，陆军有 5700 人，"全省新旧正杂各项营队，月约需银十二万八千五百九十四两"①。由于欠饷，经常发生士兵哗变。周自齐督鲁初期，即发生一起大兵变。1912 年 6 月 13 日晚，驻守山东机器局的第六营防兵，因欠饷哗变。第六营及第二、四、七营部分兵士围攻东关，翌日晨攻入城内，沿途抢掠商店铺户，纵火焚烧房屋，围攻周自齐都督府及各衙署。周自齐命第五镇统制马龙标带兵会同巡警分头堵击，击败哗变士兵。之后，天降大雨，各地火势同时熄灭。兵变中，数百家店铺住户遭到抢劫、焚毁，哗变士兵死亡 100 人。山东不但政局一片混乱，党派纷争不休，而且土匪活动猖獗，尤其是鲁西南一带匪患最重，最大一支匪团人数多达六七千人，啸聚梁山一带，为患乡里。1912 年 8 月，周自齐出动陆军炮队，大规模清剿曹州土匪，发布《剿抚盗匪办法》七条，拨款 10 万元为曹州剿匪专款，悬赏捕拿匪首，均未收到明显成效。匪患、兵变，导致山东社会秩序更加混乱。

周自齐为改变民国初年山东政局混乱现实，决定改革官僚体制、调整行政区划，实行军政、民政分治。民国建立后，山东省最高军政机构为都督府，最高军政长官为都督，管辖全省财政、民政、实业、教育、司法、河防、军政、外交等事务。全省分为省、道、县、乡四个层级，设有 4 个道、107 个县，各道观察使改称道尹，其中济南道（驻历城）辖 27 个县、济宁道（驻济宁）辖 25 个县、东临道（驻聊城）辖 29 个县、胶东道（驻烟台）辖 26 个县。周自齐以中华民国《临时约法》颁布为契机，推动山东实行民主制度，山东各个政治派别齐聚省城济南，短暂出现了一个民主政治局面。1912 年 4 月，成立山东省临时议会，主要发起人为山东同盟会会

---

① 张侠等编：《北洋陆军史料（1912—1916）》，天津人民出版社 1987 年版，第 48 页。

员王朝俊①，推选张映竹（字子安，山东菏泽人，留日法政生）为议长。周自齐声称实行"民主政治"，取消党禁，实际在暗中操纵山东省议会132名议员的选举。参加议员选举的主要为由同盟会改组的国民党与共和党（由旧官僚组成）两个党派，国民党略占优势。由于两党议员名额分配分歧较大，法定议员名额由132名降为124名。1913年3月，山东省议会成立，共和党的张介礼（字公制，山东安丘人）当选为议长，国民党提名的候选人落选。5月，袁世凯指令共和党与其他党派合并，盛极而衰的共和党很快消失在山东政坛上。1912年3月，统一党山东支部成立，推举周自齐、靳云鹏等人为名誉部长，夏继泉为部长，其成员多为国民党、共和党的跨党党员，昙花一现便消失了。1913年7月，共和党、统一党、民主党在济南召开合并大会，成立进步党山东支部。至此，山东省只有国民党和进步党两个党派。另外，一些封建卫道士对民主、共和均不满，他们组织"孔教会"，并于1913年9月在曲阜组织了一次大规模的"全国孔教大会"，盛况空前。

在发展工业方面，周自齐等人创办曹县华兴军硝公司和济南第一、第二派源织布厂等，济南、青岛、烟台等地工厂数目增加较多。至1918年，全省共有61家工厂。这一时期，山东农产品及手工业品贸易得到了较快发展。如发网业至1922年达到鼎盛，全省从事发网业的妇女达10万人，烟台一地就有发网厂100余家。1920年山东发网经烟台输出额为285万海关两，1922年增至717.5万海关两。在运输业方面，1912年7月，周自齐下令，凡是火车运往京、津、保三地的粮食，一律暂免厘捐，鼓励山东粮油外销。8月，周自齐另组山东银行，在青岛设分行，发行银两票、银元票和铜元票三种兑换券。当年流通额为银两票140万两、银元票200万元、

---

① 王朝俊，山东教育先驱之一，创办曹州自新学堂、桑园女校等，又倡导创办实业教育及企业，组织民治社，创设渔、蚕、棉、矿各项试验场、劝业所等，是当时"村治派"领袖。傅任敢编：《近代中国教育人物像传》，上海教育出版社2022年版，第204~208页。

铜元票 200 万吊。1913 年 8 月，山东银行并入中国银行山东分行，至 10 月山东银行取消时，市面尚流通银两票 37 万余元、银元票约 13 万元、铜元票约 14 万元。① 此外，还曾颁发剪除发辫办法等新政，并为因剪发而死难的 28 人建祠立碑。

周自齐督鲁时期，是山东经济社会发展较快的时期之一，同时也带来贪污之风。周自齐任职山东不到一年半，却积蓄了万贯家财。1913 年 8 月周自齐调任北洋政府交通部总长赴北京时，又从山东私提 12 万元现款据为己有。②

2. 靳云鹏督鲁（1913.8—1916.5）

靳云鹏曾任北洋大臣袁世凯的下属。1913 年 8 月，代理山东都督，加陆军上将军衔。1914 年 6 月，都督改称将军，任山东将军府泰武将军，督理山东军务。尽管在名义上靳云鹏负责军政，山东民政由民政长田文烈、高景琪、蔡儒楷等人管理，但是靳云鹏实为当时山东的首要统治者。

靳云鹏督鲁期间，实行高压政策，镇压革命，解散国民党、议会，分化进步党，山东党派活动归于沉寂，大批革命志士惨遭杀害。1915 年，袁世凯政府承认日本在山东的"合法地位"，全国各地掀起抵制日货斗争，但是山东人民在靳云鹏的高压政策之下，未能深入开展抵制日货斗争。1915年，靳云鹏、潘复等在济南建立当时山东最大的纱厂——鲁丰纱厂。7 月，袁世凯称帝活动逐渐展开，靳云鹏积极拥袁称帝，联合其他 14 省将军发密电，请袁世凯复辟帝制。12 月，袁世凯称帝复辟，全国兴起讨袁护国战争。孙中山指示山东革命党人，组建中华革命军（简称民军），并派党务部长居正、军务部长许崇智及廖仲恺、张继、蒋介石等到山东直接帮助工作。1916 年 1 月，居正在青岛组建中华革命军东北军，下设两个纵队和五个支

---

① 蔡应坤、邵瑞：《周自齐传》，山东画报出版社 2011 年版，第 67 页；王志民主编：《山东重要历史人物》（第五卷），山东人民出版社 2009 年版，第 175 页。
② 山东省地方史志编纂委员会编：《山东省志·人物志（下）》，山东人民出版社 2004 年版，第 1777 页。

队。2月，革命军先后攻克潍县等16座县城，逼近济南。5月，成立山东临时军政府，吴大洲任都督；所属民军，改称山东护国军。面对民军的强大攻势，靳云鹏在3月秘密联络其他5省将军，拟请袁世凯取消帝制。5月30日，靳云鹏被免职，张怀芝继任山东将军。靳云鹏后曾三次出任国务总理（1919.11—1920.5、1920.8—1921.5、1921.5—1921.12），长期在山东经营商业，实际仍在较长一段时间内操纵着山东政局。①

3. 张怀芝督鲁（1916.5—1918.11）

张怀芝在袁世凯1895年天津小站练兵时，成为其亲信。1916年5月任济武将军，督理山东军务。张怀芝上任后，网罗亲信，排斥异己，在宣布山东独立时又强行解散议会、遣散议员。他公开贪污受贿，卖官鬻爵，多次在山东搜捕革命党人和原民军的首领，如1917年2月20日在济南戒严，实行大搜捕，逮捕革命党人和民军首领40多人。对进步报刊和自由论坛大肆摧残，先后查封《大东日报》《齐美报》《民志报》。

张怀芝勾结日本，媚外事敌，对于日本占据胶济铁路、抓捕甚至打死中国人不闻不问。1917年10月，日本竟然在李村、坊子、张店、济南等地设立民政署，强行管理地方民事诉讼、纠纷，侵犯中国主权，激起山东人民的愤怒。11月26日，山东各界在济南大舞台召开联合抗议大会，抗议日本的侵权行径。日本不但不收敛其侵鲁行径，却要求张怀芝加以阻止。张怀芝按照日本要求，派出大批巡警、特务和军队，封锁会场，设立路障，阻止群众集会。

张怀芝在山东以专横残暴、横征暴敛著称。民国以来，山东田赋征税改为折价，地丁银及租课每两折征洋2.2元，漕米每石折征洋6元，每年约征洋500万元。为增加收入，1917年张怀芝将运河沿线各县的"河工捐"改为"地丁附捐"，扩大到全省征收；1918年，又增加"警备队附捐"

---

① 1942年3月，靳云鹏、王克敏、张鸣岐等人应聘为伪华北政策委员会属下咨议会议委员。王志民主编：《山东重要历史人物》（第五卷），山东人民出版社2009年版，第175页。

"巡警附捐"等。张怀芝在山东截留中央税款，将全省教育经费挪为军费，大肆敛财扩军，由两个师扩为五个师，总兵力 5 万人。山东人民不堪重负，奋起反抗。1917 年，曹州、兖州、广饶、费县等地都发生抗税风潮。在张怀芝统治期间，山东经济社会衰败，百姓负担沉重。"乡村井邑，大都因凶荒频仍，盗贼纵横，家计荡然。触目萧条，无复生意。"[①] 全省 107 个县，80 多个县有匪患。1916 年至 1917 年秋，全省大部分地区发生旱灾。1917 年 9 月，黄河决口，灾民多达 300 余万人。1917 年全省财税收入 400 万元，仅占正常年份的 40%。1918 年 11 月，张怀芝调任陆军参谋总长，张树元署理山东督军。

4. 张树元督鲁（1918.6—1919.12）

1918 年 11 月，张树元署理山东督军并署省长。1919 年 3 月，任山东督军。他督鲁时期，山东匪患为全国之冠。济南、济宁、聊城三地皆为土匪活动之处，全省土匪有二三十股。张树元上任后，亲剿顾德林等股匪，剿灭济宁、聊城等地土匪。张树元认为，剿匪之道，首在清乡。1918 年，张树元拟定清乡办法四条，大力剿匪，受到中央政府褒奖。张树元筹措省际联防，维护河务路政，基本剿灭大股土匪，斩获一批著名悍匪，如于三黑、野狸子等。1919 年初，山东匪患渐告肃清。4 月，张树元被授予陆军上将军衔。剿匪有利于社会安定，百姓安居乐业，有时也给百姓带来灾难，如 1918 年 9 月督剿桑梓店土匪时，官军扰害地方甚于土匪。[②] 清乡之弊端，"不但虚糜巨款，而且扰累人民，乡村之间，愈益骚然"[③]。

1919 年五四运动爆发，山东问题直接关系山东人民利益，因而山东人民在这一运动中行动最早、斗争最激烈、坚持时间最长、参与最广泛。但是，张树元却对山东人民收回主权的爱国行动进行疯狂破坏和镇压。8 月 3 日，张树元与济南镇守使马良（回族）合谋镇压、逮捕学生 17 人。当晚，

---

① 《大公报》1917 年 11 月 8 日。
② 《申报》1918 年 9 月 27 日。
③ 《民国日报》1919 年 5 月 7 日。

17 名被捕的罢课学生，在省议会议长郑钦的担保下获释。8 月 5 日，马良又杀害马云亭（回族）等 3 名爱国人士，制造了"济南血案"，再次激起山东人民的请愿浪潮。12 月，济南 16 校师生上街游行，散发传单，遭到军警镇压。省长沈铭昌支持学生爱国运动，被迫辞职。省议会弹劾张树元侵吞军饷 300 余万元，舆论汹汹，电请中央彻查。12 月 26 日，田中玉接任山东督军。

5. 田中玉督鲁（1919.12—1923.10）

1919 年 12 月，田中玉任山东督军，1920 年 10 月至 1922 年 4 月兼署山东省省长。田中玉初到山东时，省长屈映光与马良勾结，企图掌握军政大权。田中玉以退为进，请中央任命马良为帮办山东军务。1920 年元旦，济南学生联合会公演话剧，发表演说，号召抵制日货，遭到警察干预，打伤学生七八十人。田中玉撤换警察厅长，济南全体教职员工、学生恢复上课。形势稳定之后，1920 年 6 月，田中玉免去屈映光省长职务；7 月，在山东人民"惩办马良"的呼声之下，撤销马良济南镇守使、帮办山东军务之职。10 月，田中玉兼署省长之后，山东人民掀起驱田废督运动，呼吁军民分治。11 月，田中玉主动辞去兼职的省长职务。为控制省议会，田中玉使用各种手段，操纵议会选举，拖延时间使议会不能成立。1922 年熊炳琦调任山东省省长后，田中玉不再掌管全省行政事务、议会事务等。

田中玉督鲁时期，鲁南山区匪患猖獗，土匪在邹县、滕县、峄县一带绑架勒索，作威作福。田中玉派兵剿匪，围困抱犊崮土匪孙美崧等人 18 个月，孙美崧的堂兄孙美瑶便于 1923 年 5 月 6 日率匪众 1000 余人拦截津浦路北上列车，绑架乘客 200 余人，其中外国人有 26 人，打死英国人 1 人，要求谈判。这就是震惊中外的"临城劫车案"。10 月，田中玉被免职。12 月，改编为山东新编旅旅长的孙美瑶被诱杀。

6. 郑士琦督鲁（1923.10—1925.4）

1923 年 10 月，郑士琦督理山东军务善后事宜。郑士琦督鲁期间，土匪猖獗，为害乡里。郑士琦下决心严剿土匪，派兵驻扎匪区，整理军备，成立清乡局，协调各地剿匪。

1924 年 4 月，郑士琦实行三项敛财措施：一是新设立两处渔捐局；二是征收胶济路货捐；三是发行金库券。9 月，第二次直奉战争爆发，郑士琦任直鲁海疆防御总司令，省长熊炳琦任山东后方筹备总司令。他们搜刮山东民财，先后送出 310 万元援助直系军阀。山东洋价飞涨，严重影响了正常的工商业活动，人民生活困苦不堪，纷纷抗争。

这一时期，山东共产党组织逐渐发展壮大，组织成立"山东反帝国主义同盟会"，召开"山东反帝国主义大同盟"大会等，领导人民群众进行抗争。对于共产党在山东的活动，郑士琦严密提防，派人监视王尽美等人的革命活动。尽管如此，共产党领导的工人罢工运动仍连续取得胜利，如 2 月组织胶济路工人罢工 9 天，取得胜利；3 月，成立胶济铁路总工会，下设 6 个分会；4 月，组织青岛大康纱厂等工人罢工 22 天，取得胜利。

国民党在山东也开展各种活动。12 月，孙中山以个人名义委派王乐平、王尽美、王哲、阎容德为国民会议特派宣传员。经过努力，山东各界决定成立山东国民会议促成会筹备会。1925 年 1 月，山东国民会议促成会筹备会召开。

第二次直奉战争直系军阀失败后，郑士琦通电宣布山东"中立"。1925 年 4 月，郑士琦调任皖督，张宗昌为山东军务督办。

7. 张宗昌督鲁（1925. 4—1928. 4）

1925 年 4 月，张宗昌任山东军务督办，成为祸害山东最甚的北洋军阀。

张宗昌督鲁期间，穷兵黩武，横征暴敛，三年敛财 3 亿多元。张宗昌新增税捐主要有地丁军事善后一次特捐、漕粮军事善后一次特捐、地丁"讨赤"特捐、漕粮"讨赤"特捐、地丁军事附捐、漕粮军事附捐、赈济特捐、汽车路捐、营房捐、军事借款、军鞋捐、第一军甲子战役抚恤券、直鲁军"讨赤"战役抚恤券、修张宗昌生祠捐、张宗昌铸铜像捐、垫柴草费、慰劳将士费等。全省田赋征收 1926 年为 1925 年的 2.5 倍；1927 年为 1925 年的 4 倍多。张宗昌预征丁漕，竟提前征收了十几年。1925 年 9 月，张宗昌设立山东省银行，在青岛设立分行，垄断山东的金融业务，代理省库，滥发纸币，多次向银行、商会及其他机关"借款"。如 1925 年 11 月，张宗昌分别向青岛商会"借款"300 万元、向胶东铁路局"借款"300 万元等。①

在政治上，张宗昌实行高压政策，严密控制新闻报纸和社会舆论。他取消了人民的言论、集会、结社、通信的自由，取缔全部爱国社团，甚至不准省议会自由活动。他残酷镇压革命活动，捕杀中国共产党人和革命志士。1925 年 4 月，一手制造镇压工人的青岛惨案。7 月，镇压工人第三次罢工，杀害中共四方支部书记李慰农、青岛《公民报》主笔胡信之等，通缉邓恩铭等人。1926 年 2 月，破坏了青岛党组织；12 月，疯狂抓捕青岛共产党人；1927 年 5 月，枪杀著名共产党员鲁伯峻、李清漪等人。张宗昌还多次镇压农民暴动，如 1926 年 4 月，镇压汶上红枪会，屠杀 4 万余人；1927 年 12 月，镇压陵县农民暴动；1928 年 2 月，镇压阳谷坡里农民暴动；5 月，镇压高唐谷官屯农民暴动等。

1928 年，日本第三次出兵山东，张宗昌引狼入室，将济南商埠交予日军接防，然后仓皇出逃。5 月，日军在济南制造了震惊中外的五三惨案，导致日军占领济南一年多。

1928 年 12 月，张学良在东北改旗易帜，国民党在形式上统一了中国。在北洋军阀统治山东期间，有几个军阀置民族大义于不顾，勾结日本，谋求私利。如张怀芝上任不久，即拜会日本领事、日本驻济武官，求得日本人的支持；在改编周村民军（护国军）遭到拒绝后，便请求日本驻胶济路司令官出兵，两面夹击周村民军；出卖山东的警察权给日本，默许日本在胶济铁路沿线设巡警等。张宗昌迎合日本，甘愿为其代理人，接受日本的财政、军械等"接济援助"和"派兵援助"，并在一些重大问题上听命于日本。在北伐军北伐时，张宗昌甚至请求日军出兵山东，致使五三惨案发

---

① 《晨报》1925 年 11 月 9 日。

生、济南被日军侵占等。

二、经济社会缓慢发展

辛亥革命以后，资产阶级认为清政府既被推翻，革命已经成功，中国发展工商业具备了良好条件，因而有了进一步发展民族资本主义的强烈要求和积极活动。南京临时政府时期，曾颁布一系列振兴实业的法令、布告，出现各种实业救国计划。1911 年 9 月，孙中山在济南、青岛、烟台等地多次讲演，阐明革命党人的中心任务就是"一心一意，从事建设"，完成"经济革命"，使中国成为"世界第一富强之国"。孙中山"实业救国"的计划，吸引了很多人投身实业建设，推动了中国资本主义工商业的发展。在孙中山倡导之下，革命党人徐镜心在济南发起组织了"大同会"，以"创办实业、发展工商业、筹划五族生产"为号召，许多国民党员、进步人士与工商界合作或独资兴办了一批企业，掀起创办实业的热潮。

北洋政府也将内阁中一些职位分配给资产阶级上层代表人物或与资产阶级有联系的各界人士，刺激人们投资和开办实业，一定程度上推动了中国资本主义经济的发展。1912 年 11 月，工商部在北京召开全国临时工商会议，到会的各省实业家 100 多人，成为工商界一大盛举。1913 年 12 月，农林、工商两部合并为农商部，各省设立实业司，专管实业调查和制定发展实业计划。山东实业司取代劝业道，负责办理工、商、矿等事务。各地工艺局改为工艺传习所，提倡实业，培养人才。

在这种形势下，山东出现了投资建厂的热潮。1911 年，山东开办棉织企业 8 家；1913 年，增加到 63 家，其中部分工厂采用机器生产。1912 年至 1913 年，山东兴办酿酒、制糖、榨油、制蜡、火柴、制烟和皮毛制革等工厂，由 333 家增为 476 家。1913 年，山东有民族工业 991 家，职工 34536 名。

在山东投资兴办企业的主要为在职官吏和拥有一定资金的商人或士绅。如徐世昌、黎元洪、朱启钤等都曾以私人名义，经营山东中兴煤矿，获取巨额利润。1914 年中兴煤矿账面盈利与资本比例为 9.1%，1918 年上升为 46.4%，1920 年达到 69.2%。1915 年，靳云鹏、潘复等人投资筹建济南鲁丰纱厂，1919 年建成投产，有纱锭 2.8 万枚，年产棉纱 1.6 万余包。1913 年，烟台贸易商人丛良弼投资创办振业火柴厂，这是山东第一家火柴厂。1914 年至 1928 年，山东新设民族资本纺织工厂 31 家，其中青岛华新纱厂（1919 年创办）和济南鲁丰纱厂资本总额为 455 万元，纱锭 6 万余枚，占全省纺织业总资本的 90% 以上。民国初期，在职官吏"附股搭办"成为当时资本主义工业经济发展的主要途径和工业资本积累的重要形式，投资创办的主要行业有棉纺织业、火柴业、丝业、玻璃业、榨油业、煤矿业，以及酿酒、印刷、制糖、制革、食品罐头、制盐、制碱、铁器等行业。大多数商业资本转化为工业资本后很快占据生产和销售的优势地位。这一时期，尽管资金不足、技术水平低下和市场不统一、不稳定，山东资本主义工业和手工业仍然有了一定发展，设厂数目、投资规模和生产能力较辛亥革命前发展快速，促进了山东地区自然经济向商品经济的转化，提供了改变社会落后面貌的有利条件。

然而，山东近代工业快速发展的黄金期很快由于外国资本的侵入，特别是日本的侵略而中断和迟滞。1919 年五四运动以后，日本侵略势力渐长，日货重新控制了山东市场。外国资本对山东经济侵略再度深入，重新占据山东经济发展优势。同时，北洋军阀在山东统治昏暗，竭泽而渔，加剧了山东社会经济的环境恶化。当时，山东主要工业部门为生产消费品的轻工业，如面粉厂、制革厂、火柴厂等。尚未形成体系、仍处于最初发展阶段的山东近代工业，岌岌可危。当时山东最大的机械厂——四方机厂，仍被日本人操纵。发展较快的采矿业，几乎都是外资掌控的企业，民族资本的采矿业停滞不前。其他工业如潍县机械厂，规模小，技术落后，只能生产丝布机、灌田机械等相对简单的生产工具。各种"洋货"大量倾销至农村，打击了山东的农业经济，迫使山东的农村自然经济逐步解体并走向衰落。

第二节 国民党北伐与济南惨案

在中国人民反对日本帝国主义侵略斗争的革命形势下，国民革命军两次北伐，在形式上实现了全国统一。而日本为阻遏国民革命军的北伐，扩大其对华侵略，竟然在 1927 年至 1928 年三次派兵入侵山东。1927 年 5 月至 8 月第一次出兵山东的阴谋破产之后，日本又于 1928 年 4 月再次出兵山东，登陆青岛，入侵济南，5 月 3 日，在济南屠杀中国军民 6000 余人，制造了骇人听闻的"济南惨案"，杀害了国民政府山东特派交涉员蔡公时等人。5 月 4 日，日本政府决定第三次出兵山东，抽调关东军一个旅团及第三师团，于 11 日占领济南。至此，日军在山东共 1.5 万人，控制了山东。蒋介石选择妥协，北伐军被迫撤出山东。在中国人民的强烈抗争下，1929 年 5 月日军撤出济南。

一、"出兵山东"的阴谋

1924 年 5 月，孙中山在广州黄埔创办中国国民党陆军军官学校，即"黄埔军校"。黄埔军校培养了大批军事和政治人才，为国民革命军的建立和随后的北伐战争做了军事人才上的准备。在第一次国共合作的有利形势下，国民革命军统一了广东革命根据地，中国共产党发动的工农运动也蓬勃展开，为北伐战争创造了可靠的后方。1926 年 7 月，广东国民政府发出《北伐宣言》，国民革命军 8 个军约 10 万人，兵分三路，从广东出师北伐。不到半年时间，北伐军打垮吴佩孚，消灭孙传芳主力，攻占长江流域至黄河流域的广大地区，沉重打击了帝国主义和封建军阀的反动统治。北伐战争的胜利进军，震撼了北洋军阀。北洋军阀加强对华北地区的控制，严密防范和镇压工人运动。在中共北方区委领导下，各地工会因地制宜，通过秘密和半公开形式坚持活动，领导工人从事政治、经济斗争。山东工人运动在反动军阀张宗昌的高压统治下，处于沉寂状态。1927 年春，山东工人开展了一些经济斗争。4月，鲁大公司工人要求改善工人待遇，每天增加5枚铜子。6月，胶济铁路全线工人反对使用山东省银行发行的纸币。在北伐战争发展到山东时，山东工会领导各地工会开展一些破坏活动，四方工会曾预备暴动，张店工会预备炸桥，破坏日兵输往济南的路线，支援北伐战争。

1927年4月，田中义一任日本首相，主张推行强硬对华政策。日本的对华政策，转为积极干涉中国内部事务。这时，山东利益对于日本而言，仅次于东北。山东省约有1.7万日侨，日本在山东总投资额约1.5亿日元，"山东省的意义尚不只此，它与满蒙的安定具有密切关系"[①]。5月，日本污称"中国动乱"，借口"保护日侨"，在未向中国政府发出声明的情况下，决定出兵山东：派日本步兵第十联队及六十三队去济南，派满洲第十师团步兵第三十三旅团去青岛。5月31日，日本关东军2000余人陆续抵达青岛。6月1日，日军登陆，并使用胶济铁路运送日军。

日本出兵山东的这一举动，震惊了中国人民。5月29日，山东督办张宗昌与代省长林宪祖联名致电外交部（艳电），报告日本出兵山东。30日，山东交涉员与日本驻济南总领事展开交涉，山东民情激愤，要求外交部提出严重抗议，呼吁全国共保国权，一致向日本提出抗议。6月1日，北京政府外交部正式照会日本驻华公使芳泽谦吉，严肃指出青岛、济南是中国完全领土，要求日本停止出兵、撤离已经到达青岛的部队。8月，在中国人民的极力抗议下，日本驻济南及胶济铁路沿线各地军队逐步撤退到青岛。30日，日本政府发布撤兵声明。9月3日，日军开始撤退，8日完全撤离青岛。日本第一次"出兵山东"的阴谋，至此破产。南京国民政府宣称，不承认日本有所谓"出兵护侨"的特权。

---

① 章伯锋、李宗一主编：《北洋军阀（1912—1928）》，武汉出版社1990年版，第557页。

二、北伐军占领济南

1928 年 2 月，国民党二届四中全会召开，通过继续北伐决议。蒋介石重新掌握国民党的党、政、军大权，各派势力暂时达成统一。2 月 9 日，蒋介石在徐州举行"第二次北伐誓师大会"，将国民革命军改编为四个集团军，蒋介石、冯玉祥、阎锡山、李宗仁分别任第一、二、三、四集团军总司令，决定第一集团军沿津浦线北进，第二集团军沿津浦、京汉两线之间向北推进，第三集团军攻占张家口、石家庄后从南北方向进击京津，第四集团军沿京汉路北上，作战目标为会攻京津。4 月，各集团军开始按作战部署向前推进。

4 月 10 日，北伐军第一集团军和第二集团军分左、右两翼，从鲁南向北推进，率先攻击驻鲁军阀张宗昌部。20 日，北伐军顺利攻占兖州、济宁一带。第二集团军从鲁西向东推进，攻打孙传芳部。22 日，第一、二集团军在泰安外围会师。29 日，攻占泰安，包围济南。30 日晚，张宗昌放弃济南，渡过黄河北逃。5 月 1 日晨，孙传芳①也离开济南北逃，北伐军进入济南。蒋介石及其总司令部进驻济南城，在旧督署设立总部。北伐军占领济南后，日本非常不甘心，决意出兵阻拦，破坏北伐革命的胜利果实。

日本为扩大其在东北、蒙古地区的特殊权益，加紧扶持奉系军阀张作霖，加快实施反对中国统一、阻止国民党北伐的图谋。1928 年 4 月，日本决定出兵山东，并无耻地狡辩称"此次之派兵，乃自卫上不得已之举"，"同时期望于中日两国敦厚之邦交，无丝毫之遗，不胜有厚望焉"。② 此即日本第二次出兵山东。

4 月 20 日，日本海军一部侵入青岛。21 日，日军 3 个中队侵入济南。28 日，侵占济南的日军已达 3000 余人。5 月 1 日，蒋介石抵达济南后，日

---

① 孙传芳在 1931 年九一八事变后隐居天津，并拒绝担任伪职。
② 济南市档案馆编：《毋忘国耻——济南"五三"惨案档案文献选辑》，济南出版社 2003 年版，第 327~328 页。

军第六师团长福田彦助①率主力徒步行军，于 2 日赶到济南。日本出兵山东的强盗行径，遭到北京政府、南京国民政府的一致反对。

三、日军制造济南惨案

5 月 1 日，北伐军进入济南，第四军团总指挥方振武任济南卫戍司令，第四军团四十一军第九十一师，第一军团第一、九军驻在济南城内。1 日上午，第一军二十三团一营营长及 4 个连长、士兵数人，在济南遭到日军和日本浪人 50 多人围堵，被刺刀刺死，尸体也被日军拖走焚毁。2 日，日军及日本浪人又疯狂挑衅，多次打死打伤国民党军士兵。蒋介石率北伐军主力进驻济南后，日军蓄意拦阻中国军队进入商埠区，散发挑衅性传单，并对中国军民进行战争威胁。

5 月 2 日上午，日军福田第六师团开进济南，在商埠区周围架起机关枪、大炮，设置铁丝网、沙包，到处张贴污辱、挑衅性标语，阻拦北伐军进入。蒋介石为避免出现流血事件，派人告知福田，称北伐军将保证日侨安全，希望驻济日军撤出。福田拒绝了蒋介石的建议。3 日上午，一名中国士兵因病前往医院就医，遭到日兵阻拦。日军故意扩大事态，派兵将城中北伐军一部缴械。3 日下午，日本正规军 3000 余人倾巢出动，突然向中国军队发动攻击。驻商埠中国军队顽强抵抗，打击了日军的嚣张气焰。蒋介石闻讯，命令停止射击，委派南京政府外交部部长黄郛与日军司令部交涉。日军竟然要求中国军队立即停止抵抗，全部退出日军"警戒区"。蒋介石采取妥协退让方针，命中国军队于当晚全部撤出。日军更加肆无忌惮，开始血腥屠杀无辜的济南市民。商业区、居民区，尸横街巷，济南笼罩在血火之中。深夜，日军又强行闯入国民党外交部山东交涉署，残暴杀害了国民党山东特派交涉员蔡公时等 17 人。日军屠杀中国人民的暴行，激起了全国人民的义愤。各地报纸纷纷以"五三惨案，勿忘国耻"的大字标题，

---

① 福田彦助，日本战犯之一，1959 年 7 月死亡。

揭露日军泯灭人性的战争暴行，呼吁中华民族奋起抗争。

5月4日，蒋介石派中方军事代表、高级参谋熊式辉与日军第六师团长福田彦助、参谋长黑田周一在津浦铁路办事处会面谈判。日方提出：（一）济南商埠街道，不许中国官兵通过；（二）胶济与津浦铁路，不许中国运兵；（三）中国军队一律退离济南 20 里外。日军为继续扩大事态，还于 5 日下达增兵令，派遣大量日军开往满洲和山东。

情势危急之下，北伐军被迫撤离济南城，退至党家庄一带。6 日，日军岩仓少将率部开进济南。7 日，日军第二十一旅团司令部开进济南。8 日上午，日军在炮火掩护下，猛烈攻击济南普利门、麟祥门、柴家巷、迎仙桥一带。中国军队退守济南内城。9 日，日军进攻内城。10 日，中国军队撤离济南。11 日，日军攻占济南城，奸淫掳掠，无恶不作。"自惨案发生之日起，到五月十一日止，对于惨案事实证据已调查搜集"，"计中国方面死亡人数共三千九百四十人，受伤者一千五百三十七人，公共建筑物、兵工厂、火药库、民房等一切财产之损失二千九百六十二万三千七百四十七元。此项调查，均有根据。至于无凭证者，今尚不计在内，如被日人焚烧或投入黄河之尸体，则现在尚无从调查也"。[①] 日军侵占济南，导致济南工业萧条，商业凋敝，金融枯竭，工商业倒闭歇业者数以千计，数万名工人失业。直到 1929 年 3 月 28 日，中日才签订解决济案协定，日军开始从济南撤离。

四、济南惨案的解决

济南惨案发生初期，蒋介石妥协退让，委曲求全，却并未换来日军的"谅解"。在无法外交妥协的情况下，他下令北伐部队绕道北上，暂避日军锋芒，同时指导民众，掀起抵制日货运动，向日本施加压力，并依靠美国、英国给予日本外交压力，争取国际社会支持。

---

① 一说济南惨案中，中国军民死亡 3625 人，伤 1455 人，财产损失 2600 万元以上。王贵正等主编：《国际关系史》（第四卷），世界知识出版社 1995 年版，第 354 页。

5月6日，国民党中央执行委员会第134次常委会临时紧急会议通过《五三惨案应付方案》，决定提倡国货，抵制日货，打破日本经济垄断中国市场的现状。5月10日，通过《五三惨案宣传方略》，要求加强抵制日货的舆论宣传，激发民众的民族意识与爱国心，指出中日经济绝交是抵制日本最有效的唯一办法。济南惨案真相公之于众后，世界舆论哗然，引起国际舆论同情。

5月，美国通过《调停济案争议决议案》，美、英联合对日本施加外交压力，进行调停。日本看到出兵山东不但未能阻止中国统一，反而激起中国人民同仇敌忾的抗日情绪，在国际舆论上处于不利，便被迫表示愿意尽快结束"济南事件"。

6月，南京国民政府发表《统一宣言》，宣告完成"统一"大业，又发表《修改不平等条约宣言》，宣称中国作为一个独立国家，绝不允许有不平等条约的束缚。"今当中国统一告成之际，应进一步而遵正当之手续，实行重订新约，以副完成平等及相互尊重主权之原则。"[1]　并将各类条约分为废除、续订、改订三种情况处理。[2]　7月，南京政府外交部向日本政府发出照会，中日开始谈判。但是，日本政府蛮横无耻，颠倒黑白，谈判无法进行，中国人民的反日情绪持续高涨。

7月25日，美国政府率先与南京政府签订《整理中美两国关税关系之条约》。随后，德、挪、比、意、丹、荷、葡、英、瑞典、法、西班牙等国陆续与南京政府签订《友好通商条约》或新的《关税条约》。在国际大势所趋之下，日本再次提出与南京政府进行谈判。

10月，中日在南京继续就"济案"等问题进行谈判。日本妄图就中日间一切"悬案"进行谈判，继续攫取在东北的一切特权；南京政府表示应首先解决"济案"，而解决"济案"的前提则是撤退日军。谈判多次中止。

---

① 戴逸主编：《中国近代史通鉴（1840—1949）》（南京国民政府时期），红旗出版社1997年版，第71页。

② 吕伟俊主编：《民国山东史》，山东人民出版社1995年版，第353~354页。

12 月，张学良在东北宣布改旗易帜，国民政府在形式上实现了全国的统一。日本侵占东北的野心严重受挫，在国内外舆论的压力下，不得不改变其"拒不撤兵"的立场。中国政府重申：日军撤出山东，是中日谈判的先决条件；解决"济案"的条件，主要有四点：（一）日本政府郑重道歉。（二）赔偿中国财产损失。（三）严惩主凶。（四）保证此后不再发生此类不幸事件。但是，南京政府为换取日本政府承认，步步退让。

1929 年 3 月，中日在南京签署《中日济案协定》，规定日军两个月内撤出山东，中国政府对于日军在济南惨案中的残暴罪行不予追究。4 月，南京政府下令取消反日运动，以示对日友好。5 月，日军撤出山东。6 月，日本宣布承认南京国民政府。

第三节　国民党统治在山东的确立

一、新军阀对山东的统治

1928 年 5 月，国民革命军第二集团军第二方面军总指挥孙良诚①任国民党山东省政府委员会主席（暂由国民革命军第六方面军总指挥兼第五军军长石敬亭代理）。因日军侵占山东省城济南，国民党中央暂定泰安为山东省政府临时驻地。6 月，国民党山东省政府在泰安成立，废除道制，实行省、县两级制。9 月，南京国民政府颁布《县组织法》，山东省设 107 个县，县政府为一县的行政机关，设县长一人，由省政府任命。10 月，孙良诚在泰安就任国民党山东省政府主席。

1929 年 1 月，省政府召集全省各县县长，在泰安举行山东省第一次行政工作会议，规定县政府一般下设一科、二科及公安、民政、财政、建设、教育 5 个局。3 月，《中日济案协定》签订后，省政府在济南张贴布告，通报济案解决及省政府将移驻济南等事宜。4 月，孙良诚决定接防济南，受

---

① 孙良诚在 1937 年七七事变后任冀察战区游击指挥官，1942 年任伪第二方面军总司令等职务。

到蒋介石的阻挠，便辞去省政府主席职务。5月，日军撤出济南，安徽省政府主席陈调元代理山东省政府主席。5月15日，南京国民政府改组山东省政府，陈调元为主席，省政府由泰安迁入济南。20日，日军全部撤出山东，国民党完全控制了山东。

1930年5月，蒋冯阎中原大战爆发，冯玉祥部第四方面军总司令石友三为山东省政府主席，陈调元及省政府人员逃往青岛。8月，石友三等驻在山东的晋军被击溃，陈调元等人返回济南。9月，南京国民政府改组山东省政府，调陈调元继任安徽省政府主席，韩复榘任山东省政府主席。国民党的这两届省政府处在战乱动荡之中，存在时间仅两年，曾经也提出了一些进步政策，如"取消一切苛捐杂税""立即停止征收张宗昌时代的一切苛捐杂税""不拉夫，不扰民"等，但是均未得以彻底实施。

二、国民党的新政

国民党第一届山东省政府在泰安成立时，全省反日会抵制日货，妇委会宣传妇女解放、剪发放足，党政机关招收部分女职员，教育厅招考大批教育人员、举办教育人员训练班，财政厅成立财政人员训练所，并开办警察学校、训练警务人员。山东各地知识分子、工商界人士纷纷加入国民党的新政府，谋事求职。作为西北军出身的将领，孙良诚比较注重发展教育、改良民俗等。他在全省禁烟、改良民俗，制定宏大的全省交通计划。1928年12月，孙良诚召开山东省省道会议，设立省道办事处，计划修筑省道12条、县道40条，以及疏浚水路运输等。1929年1月，孙良诚在泰安召开全省教育会议，决定在全省的中心小学增设"党史讲义班"，确定学校教育与社会教育兼顾原则，成立妇女求智学校等。孙良诚比较注意树立军队与新政权的形象，开展卫生运动、识字运动，设立平民市场、贫民习艺所，组织军人上街打扫卫生等。一时，全省出现了政治繁荣、人心思治的新兴气象，山东人民也对国民党省政府寄予了厚望。

陈调元主鲁后，济案解决，日军撤出，省政府移驻济南，山东形式上实现了统一，驻有蒋介石的宪兵团、陈调元的嫡系部队、刘珍年和杨虎城的军队等。这些不同派系的军阀势力，散居各地，就地筹饷，互争地盘，人民群众负担仍然较重。陈调元完成济案的接收工作，组建省政府，重新任命各县县长，并颁布了自己的施政方针：一是处置杂军土匪，各县民团、红枪会改编为人民自卫团。二是减除课税，整理财政。三是刷新吏治，秉公用贤。① 1929 年 8 月，陈调元颁布《山东省县长考试暂行条例》，成立典试委员会，分为笔试和口试，组织县长考试。12 月 1 日，进行笔试，考纪森严，张榜公布，共录取 113 人。6 日，进行二试和三试。考试形式比较灵活，兼顾注重理论、实践及应变能力。10 日，进行四试，即口试。经典试委员会评定，录用 19 人，其中甲等 1 人、乙等 3 人、丙等 15 人。然而，由于未能实现对全省的治理规划和有效统治，陈调元时期的山东仍是混乱、残破的山东。国民党新政权所提出的"革新鲁政""振兴山东经济"，口惠而实不至，不仅未能废除张宗昌时代的苛捐杂税，反而变本加厉搜刮人民群众。军队既要拉夫拉兵，又要强占民房，还要征收粮草，很快击碎了山东人民对国民党新政权的美好幻想。农民们愤怒地说："什么南军不南军，比张宗昌还会要庄户人家的命。"② 山东工业除了外国资本控制的青岛纺织业、胶济铁路淄川煤矿、邮政局之外，基本处于停工歇业状态，失业人数剧增，人民购买力剧降，市场日益萧条。

三、国民党的反共活动

1925 年 7 月，国民党山东省第一次代表大会在济南举行，大会通过了《本省党务须平均发展》《秘密工作方法案》《电请中央迅速北伐案》等议案，选举产生了国民党山东省第一届党部，丁君羊、邓恩铭、延伯真等 6 名共产党员当选。1927 年 6 月，四一二反革命政变后，国民党中央委派丁

① 《大公报》1929 年 6 月 7 日。

② 南军，指北伐的国民党军队。山东省档案馆、山东社会科学院历史研究所合编：《山东革命历史档案资料选编》第一辑，山东人民出版社 1981 年版，第 347 页。

惟汾、何思源、徐宝琦、梁竹航、张洛书等 13 人组成国民党改组委员会，负责在山东"清党"。1928 年 4 月，国民党中央派蔡自声、于恩波、李澄之等 9 人组成山东省党务指导委员会，撤销改组委员会。国民党山东省指委会负责全省党务，转为公开活动，并把积极反共作为头等大事。

在国民党组织及其政权的破坏和屠杀下，山东省共产党从 1927 年 6 月近 200 个党支部、1500 余名党员，至 1928 年 11 月仅有 427 名党员，党员人数减少 2/3 以上。[①] 1928 年 11 月，曾负责省委组织工作的早期党员王复元及其担任省委重要职务的胞兄王用章，相继叛变投敌，并于 1929 年 1 月秘密逮捕省委秘书长何志深、山东学联负责人朱霄及时任淄博地区党组织负责人邓恩铭等 10 余人，这是省委成立以来遇到的第一次大破坏。省委迅速制定应变措施，立即将王复元、王用章认识的重要干部调离山东，调整使用各地干部，卢福坦、丁君羊、刘子久等人前往上海，由中央另行分配工作。济南、张店、淄川、潍县、沂水、泰安和鲁北等地党组织也因叛徒出卖，遭到不同程度的破坏。1929 年 4 月，中共中央决定调山东籍干部、时任中共福建省委书记的刘谦初到山东开展工作，成立省委，刘谦初任书记。省委加强巡视，整顿济南、淄川、博山、潍县、青岛等地党组织工作，着重在青岛及胶济铁路、津浦铁路沿线恢复和发展工人组织，工作局面有了新改善。7 月 2 日，因叛徒王用章告密，省委又遭破坏，省委书记刘谦初，秘书长刘晓浦，妇女部长张文秋，省委交通员田位东，省委机关干部曹文敏、任玉书、曹更新，以及中共中央交通员王焕章等 8 人先后被捕。9 日至 10 日，省委在青岛的两处机关也被敌人破坏，5 人被捕。随后，淄川、博山、高密、昌邑、潍县等地党组织领导人和部分党员相继被捕。中共中央接到报告后，指示目前山东工作的中心问题是"解决叛徒"，并派张英、王昭功等来山东执行锄奸任务。8 月 16 日，党组织在青岛市中山路新盛泰鞋店处决了王复元。此后，山东党组织在极端困难革命环境中暂时获得了

① 吕伟俊主编：《民国山东史》，山东人民出版社 1995 年版，第 358 页。

一个稳定和整顿的机会。① 8月，中共中央派陈潭秋（陈澄）到青岛巡视工作，改组山东临时省委，王进仁任书记。10月，临时省委机关遭到破坏，省委常委兼青岛市委书记党维蓉被捕。1930年1月，新的临时省委成立，卢一之（化名吴丽实）任书记。2月，临时省委秘书长雷晋笙（李克平）等8人被捕。此后，任国祯、张含辉（张松林）先后任临时省委书记。1931年2月，临时省委改为中共山东省委，张含辉任书记。这时，全省有2个市委、2个特委、2个县委、5个特支、49个支部、390名党员。②

第四节　韩复榘主政下的山东与抗战形势

　　1930年9月，韩复榘在济南珍珠泉省政府礼堂宣誓就任山东省主席。省政府时设五厅一处（民政厅、财政厅、教育厅、建设厅、农矿厅和秘书处）。韩复榘在山东主政时，并不完全是蒋介石的"附属物"，而是致力于将山东打造为一个"半独立王国"，对蒋介石和南京国民政府的态度也是"既从属又抗拒"。不但国民党对韩复榘无可奈何，日本妄图引诱、拉拢、分化山东"伪化"或"半伪化"的阴谋也被韩复榘有效破解。韩复榘最终明确了抗日态度，抗日民族统一战线在山东初步形成。

一、独霸山东苦经营

　　韩复榘主政山东后，发展军事实力，施行澄清吏治、清乡剿匪、严禁毒品、普及教育等治鲁方针。

　　迅速发展军事实力。治鲁之初，韩复榘第三路军有2万余人。通过征兵拉夫、收编土匪等办法，很快将军队扩充为5个师1个旅、6万余人。中

---

① 中共山东省委党史研究室：《中国共产党山东历史》（第一卷），山东人民出版社2018年版，第156页。

② 中共山东省委组织部等编：《中国共产党山东省组织史资料（1921—1987）》，中共党史出版社1991年版，第47页。

原大战之后，蒋介石命令地方军阀一律缩小编制，韩复榘"缩编"后第三路军为4个师1个旅3个团，仍有6万余人。1931年9月，石友三反蒋倒张失败后，蒋介石允许韩复榘再增编1个师。此后一直到全民族抗战前，韩复榘兵力达十万之众。其中，韩复榘的手枪旅最为精锐，常驻济南，为其警卫部队。该旅士兵配备步枪、驳壳枪和大刀，约4000人，战斗力相当于1个师。第三路军的军饷，每月由南京政府协饷60万元，山东省内自筹一部分。

1930年9月，韩复榘又组建了民团军，作为常备军，镇压山东多如牛毛的土匪，负责地方治安防务。民团军总指挥为韩复榘，辖鲁东、鲁北、鲁西、鲁南、胶东5个民团军①，随后改称1、2、3、4、5路民团，分别管辖潍县等29个县、德县等25个县、菏泽等26个县、临沂等13个县、莱阳等15个县。民团军共约1.2万人，相当于正规军，在剿匪和镇压革命活动中发挥了一定作用。随着匪患的减轻，部分民团军被裁撤，各县代之以联庄会负责社会治安，另以各县乡农学校自卫训练班承担防务工作。在扩充部队数量的同时，韩复榘严于治军，重视军事训练和提高战斗力。他要求官兵"不怕死，不爱钱，保国家，卫闾阎"②。1935年、1936年"双十节"（国民政府的国庆日），韩复榘在辛庄大操场两次阅兵，要求官兵忠于职守、不怕牺牲。

澄清吏治。韩复榘整顿吏治的一个重要措施，就是实行严格的公务员制度。他制定了一系列公务员工作规范、行为准则，如道德方面要求公务员"求实""耐劳""安分守职""廉洁自持"等，制度方面制定了惩治贪污受贿办法以及工作时间表、请假制度等。他规定，公务员须穿戴布制服装，严禁吸食毒品，一经发现从重处罚，轻则革职，重则枪毙。他对于贪官污吏深恶痛绝，规定贪污500元以上者一律枪毙，并成立"高级侦探

---

① 1932年底刘珍年被驱逐之后，又在胶东设立1路民团军。

② 吕伟俊：《韩复榘传》，山东人民出版社1997年版，第137页；吕伟俊主编：《民国山东史》，山东人民出版社1995年版，第408页。

队"，选用高中毕业的热血青年充任队员，监督全省官吏，明查暗访，定期汇报；发现贪污受贿的官员，立即逮捕，军法处置。治鲁期间，韩复榘每年用三分之一的时间到各地视察工作，经常微服私访，遇有讼狱便当场断案。1930 年 9 月至 1931 年 7 月，因贪污渎职被撤职的县长有 55 人，被撤销职务的公务员有 158 人。①

重视教育。韩复榘重视智力开发，大力推行义务普及教育，先后制定《山东省各县强迫学龄儿童入学办法》《山东省各县市政改良私塾办法》和《山东乡村教育实验区办法大纲》等教育法规。经几年的发展，全省从 13 所初级中学和 6 处师范增加到 1 所高中、1 所女中、8 处乡村师范、4 所职业学校、1 所医专和省立实验剧院，并筹组了国立山东大学，由省府支给经费。各县成立民众教育馆，馆内设民众教育学校、图书馆、游艺馆等。每年从省库拨发教育经费，发展教育事业，而且教育经费逐年增加。在校学生由 1929 年的 50 余万人，增加到 1933 年的 100 余万人。山东教育事业名列前茅，教育家陶行知曾来山东考察教育。

建立独立的经济体系。韩复榘开办平民官钱局和民生银行，资本分别为 20 万和 600 万元，发行省库券 300 万元，稳定金融。1935 年国民政府推行"币制改革"，全国通用"法币"，取缔各地银行纸币，但是山东仍继续发行自己的货币。他注意发展山东的民族工业，通令各县成立民生工厂；鼓励民营开矿，至 1935 年批准民办新矿区 98 处；由于山东盛产棉花，1933 年在济南建立成通纱厂和利民漂染厂，1934 年建立仁丰纱厂；博山盛产瓷土，又在博山建立模范窑业厂。随后，建立烟厂、碱厂、糖厂、火柴厂等。花边出口业为山东所独有，韩复榘下令永远免征其营业税。在商业方面，他大力提倡国货，将济南劝业场改为国货商场，一律出售国货。省、县均设"国货推销委员会"，通令全省公务员一律穿国布制服，使用国货。为发展农业，他建立"农业推广委员会"，负责指导推广技术。全省划分五

---

① 刘振邦：《韩复榘生平简况》，《霸州市文史资料》（第一辑），1990 年，第 49 页。

个农业区，分别建立烟草改良场、棉花改良场、蚕业改良场、病虫害试验场和园艺试验场。各地建立"林业推广委员会"，负责造林护林。各县成立"水利促进委员会"，负责水利建设。

在韩复榘主鲁前期，由于实施了一系列发展经济的措施，山东经济稳定发展，年收支大体平衡；后期则因为日本资本的渗透加剧，山东工商业严重受挫。

此外，韩复榘比较重视兴修公路、架设电话等基本建设。从 1930 年到 1935 年，新修公路 1418 公里，全省公路总长 6640 公里，是当时全国公路交通最发达的省份。至 1934 年，全省架设电话杆路 6881 公里，埋设电话杆 97140 根，各种电话机 607 部，全省 107 个县均实现通电话，居全国之首。① 在剿匪方面，韩复榘也积极清剿。民国以来，山东是土匪最多的省份之一，土匪遍布全省各地。韩复榘将"清乡剿匪"列为施政纲领之一，加强民间枪支管理，严禁民间私造军火，剿抚结合，先后剿除了抱犊崮土匪，巨匪刘黑七、张黑脸等。至 1935 年，山东大股土匪基本肃清。

韩复榘主政期间，山东政风、治安、经济、教育等有明显好转，但是山东人民的生活处境未得到根本改变，亦未杜绝官场营私舞弊、贪污受贿的腐败行为。更为讽刺的是，素以"廉洁自持"闻名的山东省政府主席韩复榘家族在统治山东的七年时间里竟然盘剥民财高达 1 亿元。

二、残酷打压异己

韩复榘视山东为自己的地盘，决不准许任何外来力量渗入。韩复榘入鲁之初，山东形成张学良、韩复榘、刘珍年三足鼎立之势。1930 年 9 月，张学良控制了东北四省、华北晋察冀三省、北平市、天津市和青岛市，仍欲在山东扩充势力范围。刘珍年盘踞在烟台一带，拥兵 3 万余人，控制着烟台及胶东一带富庶的 12 个县，并试图取代韩复榘。韩复榘虽然这时在山

---

① 刘振邦：《韩复榘生平简况》，《霸州市文史资料》（第一辑），1990 年，第 49~51 页。

东占据的地盘最多，但是多为贫瘠之地。1931年6月，张学良一部奉命开赴河北，窥视山东。韩复榘即令第三路军在黄河北岸布防，又令马鸿逵的第十五路军在鲁西北布防，两处驻防兵力三四万人，张学良未敢轻举妄动。1931年九一八事变之后，张学良驻青岛的东北海军4艘战舰拟发动暴动，以驱逐其东北海军司令沈鸿烈。韩复榘趁机出兵胶州湾，欲夺回青岛，后因暴动失败而未遂。张学良因日军攻击，便电请韩复榘接收青岛。韩复榘也做出让步，由沈鸿烈代任青岛市市长，只留用青岛税收的二分之一。张学良的威胁解除之后，韩复榘在1932年9月突然发动了驱逐刘珍年的战争。刘珍年实为蒋介石安插在山东牵制韩复榘的一股军事势力，韩复榘的"擅自行动"引起蒋介石的不满。蒋介石急派刘峙从徐州、商震从河北两路夹击韩复榘，支援刘珍年。但是，张学良却发出通电，支持韩复榘。在调停韩刘之战中，韩复榘态度强硬，并声称不驱逐刘即辞职。11月，刘珍年部陆续撤离山东，韩复榘统一了山东。这时，寓居北平市的张宗昌图谋山东之心日强，韩复榘便诱使张宗昌来济南，曲意逢迎。9月3日，张宗昌在济南火车站欲返回北平时，遭到仇人郑继成（山东省政府参议）的刺杀。郑继成自首之后，韩复榘又导演了"审郑""放郑"的好戏，从而根除了隐患。独霸山东之后，韩复榘一方面"励精图治"，另一方面则是大开杀戒，镇压异己。

高度提防南京国民政府及其驻鲁人员。韩复榘对于南京国民政府委派至山东的官员，多不使用。南京国民政府驻山东的宪兵仅一个连，且驻济南市外的沊口。韩复榘直接掌握侦缉队，专门对付国民党情报人员，一经查实即行暗杀。国民党CC派曾在山东积极活动，韩复榘视为眼中钉。1931年春，他活埋了沾化县党部委员马丹廷，又逮捕了"攻击省府"的省党部负责人刘涟漪。1933年春，他下令取消国民党县党部经费，禁止其活动。1933年至1934年，他两次截留国民党中央政府的税收，并派人接收国民党驻鲁税收机关、撤换税收人员。1935年1月，他派人暗杀了国民党中央委员、山东省党部主委张苇村，不仅逮捕了省党部全体人员，还缢死了山东中统特务头子谌峻岑。韩复榘两次公开逮捕国民党山东省部委员，打击了国民党山东省部的嚣张气焰，导致国民党山东地方党务活动基本处于停顿状态。

残酷镇压共产党人。韩复榘积极执行国民党顽固派的反共政策，残酷镇压共产党人领导的革命运动。韩复榘继续重用"捕共队"，队员多达几十人，均系共产党的叛徒，成为破坏共产党组织最得力、最重要的工具。1931年4月，杀害中共山东省委原书记邓恩铭、刘谦初、吴丽实等22人；多次破坏中共山东省委机关，捕杀共产党员，镇压党领导下的益都、日照、苍山、博兴等地的武装暴动。1932年镇压沂水县大刀会时，制造"黄石山惨案"，屠杀民众6000余人。

为了防范"赤化"，韩复榘组织"侦缉队""捕共队"等，抓捕共产党人。1931年，韩复榘成立"山东省临时军法会审委员会"，专门审讯共产党人。8月，成立"山东省反省院"，用于监押、改造共产党人。该院每期收容犯人70人，每期3至6个月，至1937年11月结束，共开办13期。此外，1932年初，韩复榘利用青年党，组建反共的"特别侦谍队"，队员达五六十人，均为青年党党员，持有韩复榘签名盖章的特别身份证，可以随时要求军警协助抓捕。中共曲阜二师地下组织就是被"特别侦谍队"破坏的。1933年春，青年党"特别侦谍队"被解散。

韩复榘血腥镇压共产党领导的农民暴动、工人运动和学生运动，成为镇压山东革命运动的刽子手。在韩复榘等人的破坏下，山东共产党组织也进入严重困难时期。① 中共山东省委中断两年多时间，与上级党组织失去联系近三年之久。全省县以上党组织，仅有青岛临时市委和莱芜、莱阳等

---

① 1932年，中共山东省委在青岛遭到破坏，中共青岛市委书记李春亭等人被捕。1933年2月，团山东省特委书记陈衡舟在上海被捕叛变，省委书记任作民、代理团山东省特委书记孙善帅等29人被捕。7月，中共山东临时省委组织部部长宋鸣时被捕叛变，被韩复榘任命为"捕共队"队长，抓捕了中共山东临时省委书记张恩堂等30多人，省委和济南市委的党组织关系均遭破坏，先后有300人被捕。这是山东党组织损失最严重的一次。

县委，以及山东省立第一乡师、新城兵工厂等党支部。

三、开办"乡村建设研究院"

韩复榘主政山东之后，邀请梁漱溟到山东邹平县推行"乡村建设理论"，开办乡村建设研究院，开展对山东乡村治理的局部试验。韩复榘认为，"中国紊乱至此，非从农村整理入手不可，余个人对此迷信甚深"①。而有能力承担治理乡村这一重任的，韩复榘认为梁漱溟及其"乡村建设理论"可以胜任。"我学识浅陋，而有相当学识的，即乡村建设研究院，因为它是集合知识分子去救济农村，一方面培养农民知识，一方面把农村组织起来，有组织才有力量。"② "我不会改革，请梁来替我们改革吧。"③ 当然，韩复榘利用梁漱溟搞"村治"，并非为农民阶级谋利益，而是出于控制农村、防范共产党人占领农村的政治考量。韩复榘也自称，之所以请梁漱溟来山东搞"乡村建设"，根本用意还是为了"防止共产党侵入"。④

1931年初，韩复榘拨款10万元，请梁漱溟等人在邹平县筹建"乡村建设研究院"。"乡村建设"的选址，根据梁漱溟的乡村建设理论，需要选择一个人口中等、交通便利、土地分散的农业县。邹平县当时人口只有18万，靠近胶济铁路线，全县没有大地主，土匪活动较少，比较符合梁漱溟的要求，便成为山东乡村建设研究院的首选之地。乡村建设研究院下设研究部、乡村服务人员训练部、邹平实验县和一个农场，梁耀祖（梁仲华）任院长（1933年后梁漱溟任院长），梁秉坤任邹平实验县县长。

乡村建设研究院研究部的职责为"具体研究山东各地乡村建设的方案"，招收对象为大学毕业生、专科毕业生或同等学力人员。乡村服务

---

① 《山东民国日报》1934年3月1日。

② 《山东民国日报》1936年4月28日。

③ 何思源：《我与韩复榘共事八年的经历和见闻》，《文史资料选辑》（第三十七辑），中华书局1963年版，第208页。

④ 何思源：《揭穿梁漱溟的反动本质》，《新华月报》1955年第11期。

人员训练部的职责为培训乡村建设的有关人才，培训对象为在乡村居住、熟悉乡村情况、受过较高教育、20 至 30 岁的青年，培训内容为乡民自卫常识、技能训练、乡村经济及政治问题研究等。邹平实验县，负责实验各种乡建计划。农场，主要进行作物育种、改良畜牧、提倡合作等。后来增设乡村服务指导处、社会调查部、医院、乡农图书馆、乡农科学馆、《乡村建设》刊物等。1933 年 3 月，国民党山东省政府制定《山东乡村建设研究院实施条例》《实验区条例实施办法》，扩大研究院权力，扩充实验区规模，将菏泽县划为第二实验县，孙则让、陈亚三先后为县长。之后又将菏泽等 14 县划为"县政建设实验区"。1935 年，将济宁划为第三实验县，王怡柯为县长，并将济宁专区划为实验区。1936 年 2 月，乡村建设研究院、山东省地方行政人员训练所并为山东省县政建设研究院，原乡村建设研究院的训练部改为第一乡村建设师范学校，原乡村建设研究院第一分院、菏泽第五师范并为第二乡村建设师范学校，在济南筹建乡村建设专科学校。

梁漱溟及其乡村建设派在山东工作近 7 年，培养了一大批"乡村建设"的骨干，并崛起为统治山东农村的骨干力量。研究部举办了 2 期，共招收学生 58 人。训练部开办了 3 期，共招收学生 1040 人。1934 年菏泽分院成立乡村自卫干部训练班，集中训练了 100 人；1936 年，集训了山东 8 个师范学校的应届毕业生 500 人。乡村建设师范学校训练了 500 余人，济宁乡村服务人员训练处训练了 200 余人。韩复榘对这些受训人员寄予厚望，总是亲自参加训练班开学典礼，并在致辞中称："乡村前途之光明，端惟诸生是赖。所期望于诸生者，乡村之道德生活习俗习惯，及一般民众之心理，须有确切之认识，明彻之了解，庶可深入民间，从事下层工作。建设乡村之事业，或有推行顺利之望。本主席言虽简而义甚深，诸生如能服膺勿失，此后服务乡邦著有成绩，方不负今日设训练之宗旨。"① 而这些受训人员，

---

① 《山东民国日报》1936 年 5 月 2 日。

毕业后均投身于山东乡村建设实际工作，俨然成为韩复榘统治山东乡村基层的新力量。

梁漱溟及其乡村建设派为训练地主阶级的武装，以及扩充兵员，建立乡农学校，举办民众自卫训练班，并将乡农学校作为乡村建设的中心环节。1931 年冬至 1932 年初，梁漱溟及其乡村建设派师生分赴邹平县各乡镇，试办乡农学校。乡农学校相当于区公所，村农学校相当于乡公所，乡农学校和村农学校既是教育机构也是行政机构，均为梁漱溟创立的"政教合一"的县以下两级社会组织，其基本管理架构为：县—区—乡—村。乡农学校和村农学校的学长、学董，均由地方豪绅担任，巩固、维护了地主阶级的封建统治。对于乡农学校的办学经验，梁漱溟予以充分肯定，继续拓展。同时，梁漱溟举办民众自卫训练班，作为地方政治改革的重要内容之一。梁漱溟及其乡村建设派认为，山东乡村土匪祸乱频仍、地方自卫组织素质参差不齐，若要整顿乡村地方治安、重建基层社会新秩序，必须建立乡村自卫组织。他们采取按亩抽丁的办法，举办民众自卫训练班，对学员予以军事训练，教员多为训练部培训毕业的人员和韩复榘派来的军官。菏泽县建立乡农学校 20 余个，训练了 7000 余名学员。训练班学员结业之后，多回到本籍，担任联庄会的负责人。① 联庄会是民国初年军阀混战时期的一种农村武装自卫团体，各地地主豪绅将数十甚至数百个村庄连成一体，组成联庄会，抵御匪患等，一村有事，各村响应。乡农学校举办自卫训练班，很受地主阶级欢迎，客观上维护了封建地主阶级的利益。乡农学校主要任务是保家、剿匪等，也进行禁烟、抓赌、放足等工作。韩复榘认为乡农学校自卫、自养，利于强化农村统治，学员事实上成为一支常备军。在韩复榘的重视和支持下，全省各专区、各县纷纷创办乡农学校，一时成为热潮。

建立农村合作社，推动农村经济发展，也是乡村建设的重要内容之一。

---

① 吕伟俊：《韩复榘传》，山东人民出版社 1997 年版，第 216 页。

梁漱溟认为，中国是一个伦理本位的社会，建立农村合作社就是从经济上保障这种伦理关系，因而这种合作社既是经济组织也是伦理组织。在邹平，梁漱溟曾建立许多农村合作社，如美棉运销、信用、林业、产业合作社等。美棉运销合作社 70% 的入社者为拥有耕地 20 亩以上的地主富农，贫苦农民只占 20%。显然，这种合作社是为地主阶级服务的，而不是韩复榘所自诩的"社会主义的一种"①。在乡村教育方面，不断扩大乡村建设研究院的规模，增设菏泽分院，举办乡村自卫干部训练班、乡村服务人员训练班、乡村教师假期讲习班等各种短训班。至 1937 年，共训练各种人员 2500 余人。1935 年，成立邹平乡村建设师范学校，倡办中等教育。在村学中设儿童部，学生既要读书识字，又要演讲、办板报、喊口号、演话剧等，还参与宣传禁烟禁赌、男女剪发、女子放足、禁止早婚、破除迷信等社会风俗改良。在村学中还设立成人部和妇女部，讲授语言文字、唱歌、军事训练及植树造林、养蚕种棉、合作社等。

梁漱溟及其乡村建设派直接参与当地政治活动，积极进行"地方行政改革"，先后将邹平、济宁、菏泽三县作为实验县，客观上成为韩复榘政治改革的实验者、参谋者。1935 年底，梁漱溟与韩复榘拟定了一个"三年计划"，准备自 1936 年起在全省设立专区和乡农学校。在韩复榘的大力支持下，乡建派的重要人物纷纷获得提拔、重用，升迁为专员、保安司令或县长，因而梁漱溟及其乡村建设研究院也被称为"第二省政府"。

四、日本的经济侵鲁

1931 年九一八事变发生后，中华民族进入严重危机的关头，日本加紧了对山东地区的侵略渗透。一方面，日本强化其驻济领事馆的侵略职能；另一方面，又在济南和青岛设立特务机关，还在济南、青岛、烟台等地办有许多报纸，为其侵略山东制造舆论。1937 年 6 月，日本制定《山东产业

---

①　《山东民国日报》1935 年 9 月 10 日。

开发五年计划案》。其间，日本的横滨正金银行、朝鲜银行在青岛设立分支机构，济南银行在济南、青岛设立分支机构；独占青岛盐业，成立济南制粉工厂，侵占淄川、博山、博东、章丘等地煤矿，控制胶济铁路及其沿线；垄断青岛纺织业，成立青岛棉花交易所，垄断华北棉花市场，疯狂地攫取经济财富。

日本大量投资山东工矿业，掠夺资源，榨取财富。日商几乎垄断了纺织行业，如青岛有 9 家纱厂，8 家为日营纱厂。《山东实业公报》称："青岛日本铃木丝厂告成之日，即鲁省缫丝厂失败时。"[1] 其他如面粉、火柴、酿造、贸易等行业，日商也有很大的控制权。日本资本深入山东农村，掠夺农产品，如棉花、蚕茧、烟叶等，同时大量倾销日本商品，导致山东农民农产品滞销、农产品价格低落。当时，日本 20 多家洋行在鲁北各产棉区设庄购买棉花，压低棉价，偷税漏税。"鲁省棉业，均为日商所垄断，破坏市场，不独济南棉商不能支持，即乡间农民，亦深受其害。"[2]

日本人在山东开设银行、典当行等，残酷盘剥山东人民，仅在济南就有 18 家日商经营的典当行。1935 年，日本开始插手招远金矿；1936 年，成立中日合资招远玲珑金矿股份有限公司，建立现代化矿山，妄图掠夺招远黄金（1937 年 12 月，韩复榘派兵炸毁该矿）。济南的日本洋行官商勾结，进行走私活动，甚至兜售毒品。日本的经济侵略，断绝了东北地区流向山东的农村资金链，加速了山东工商业和农村经济的破产。

五、对日态度的转变

在主政山东的前期，韩复榘不惜借重日本势力，对抗蒋介石及南京国民政府。济南惨案后，日军被迫撤出山东，但是其并不甘心，加紧渗透山

---

[1] 《山东实业公报》1932 年第 8 期；吕伟俊：《韩复榘传》，山东人民出版社 1997 年版，第 491 页。

[2] 章有义编：《中国近代农业史资料》（第三辑），生活·读书·新知三联书店 1957 年版，第 452 页。

东，妄图与韩复榘建立特殊关系，对韩复榘想方设法拉拢利诱。韩复榘主政山东不久，即下令解散反日会、取缔反日宣传，不允许中央军进驻山东，也向日本暗送秋波。日本派出老牌间谍花谷任日本驻济武官，与韩复榘交往甚密，双方达成默契。韩复榘暧昧妥协的态度，加剧了日本对山东的侵略渗透，日本驻济领事馆成为其侵略山东的总部。1931 年 6 月，日本以保护侨民为借口，在张店设立"胶济铁路沿线时事联合会"，日本侵略随之渗透至整个胶济铁路沿线地区。日本还开办《济南日本》《山东新报》《大青岛报》《芝罘日报》等，进行侵略宣传，又通过垄断、走私等手段，对山东进行经济侵略。1933 年后，日本在济南、青岛设立特务机关，大肆进行间谍活动。这一时期，按照南京国民政府"避免冲突"的要求，山东省、青岛市基本采取息事宁人的态度，确保"鲁境安谧"①。

韩复榘成功驱逐蒋介石、国民党的势力之后，又稳住了日本在山东的侵华势力。九一八事变之后，在全国抗日浪潮的压力下，韩复榘也做了一些提倡国货、稽查日商走私、活埋贩毒日商等抗日实际行动，如提倡国货、抵制日货，成立"山东救国集款委员会"，自兼主席，筹集款项"慰劳救国将士"。② 1932 年一二八事变之后，他通电全国，表示在外侮之际，"第三路军全体将士，誓愿始终追随蒋总司令后，枕戈待命，赴汤蹈火，在所不辞"③。对于在山东走私、贩卖毒品的日本人，韩复榘也经常下令稽查，甚至活埋不法日本商人。

1935 年之后，韩复榘面对日本的诱降，虚与委蛇策略不能奏效，便决定抗日，并做了一些实际准备。1936 年起，韩复榘大力支持各县扩充民团，抽调军官，挤出经费，训练民众、学生和教员。6 月，韩复榘公开声明："有妄想压迫山东者，我山东亦绝不示弱。"④ 对于日本驻济领事抗议山东

---

① 《民国山东通志》编辑委员会编：《民国山东通志》（第四册），台湾山东文献杂志社 2002 年版，第 2356 页。

② 《山东现行法规类编》，山东省图书馆特藏部档案。

③ 《申报》1932 年 2 月 11 日。

④ 《北平晨报》1936 年 6 月 27 日。

中学课本有反日言论等问题，韩复榘不予理睬。同时，韩复榘下令严查日本的走私活动。如 1937 年 3 月，惠民第五区督察专员公署查获日商 3 辆走私汽车，韩复榘命令依法没收，并发布公告，警告日商，抗日态度逐渐明朗。这为中共中央在山东促成抗日民族统一战线提供了契机。

第四章
全民族抗战爆发与国民党的正面抗战

1937 年 7 月，日本蓄意制造卢沟桥事变，悍然发动全面侵华战争，妄图灭亡中国。日军占领平津之后，很快沿津浦铁路南下，侵入山东。日军压境，大战在即，国民党山东省政府主席兼第三集团军总司令韩复榘竟然擅自放弃守土抗敌之责，率领 10 万大军，稍战即逃。国民党各地专员、县长，上行下效，纷纷弃城而逃。[①] 国民党山东省各级地方政权，土崩瓦解。土匪、民团、会门武装及伪军、伪组织，趁机而起。但是，第五战区山东正面战场的国民党爱国官兵在全国人民的激励下，英勇抵抗，主动出击，并对日军展开局部进攻，取得了台儿庄大捷等重大胜利，迟滞了日军南侵。其间，尽管涌现出大批可歌可泣、浴血奋战的抗战英烈及英烈群体，但是山东省仍大部沦陷。新任国民党山东省政府主席的沈鸿烈重组省政府，辗转敌后，力图重建全省行政机构[②]，并在一定程度上维系了国民党地方军政溃散的乱局，稳定了全省的社会秩序和人心。[③]

---

① 1934 年，山东省开始设立行政督察专员公署，全省划分为 7 个专区。1937 年 7 月全民族抗战爆发后，山东仅第三区张里元、第六区范筑先坚持在原地任职，其余 5 个区全部南撤。

② 为重建全省各级行政机构，沈鸿烈主要采取了三项措施：一是设立鲁西、鲁东、鲁北三个主席行署，行署以无线电上传下达，联系省政府和县政府，就近指挥。二是重划专区，任命专员。三是重建县政，任命县长。沈鸿烈在全省派任了 107 个县长，县长掌握一定的武装力量，组织地方抗战。

③ 沈鸿烈任省政府主席后，宣称"不再后退"。随后，率政府辗转于鲁西、鲁北及鲁南山区。刘道元：《抗战期间山东省政变迁》，《山东文献》第八卷第二期。

第一节　卢沟桥事变后的山东形势

一、全民族抗战开始

1937 年 7 月 7 日卢沟桥事变爆发，中国军队第二十九军奋起抵抗，日本全面侵华、中华民族全民族抗战由此开始。7 月 8 日，中国共产党发表《中国共产党为日军进攻卢沟桥通电》，呼吁："全民族实行抗战""国共两党亲密合作抵抗日寇的新进攻！"① 7 月 11 日至 8 月 20 日，国民政府采取"不屈服，不扩大"和"不求战，必抗战"的方针，加紧军事部署，反击日本侵略。② 国民政府还采取了一系列谋求和平解决的行动，多次要求日本政府和平解决事端，均遭拒绝。随着全国抗日救亡运动的不断高涨，7 月 17 日，蒋介石在庐山发表谈话，表明中国政府"牺牲到底""地无分南北，年无分老幼，无论何人，皆有守土抗战之责任，皆应抱定牺牲一切之决心"③ 的抗战态度。随后，国民政府宣布国共合作，团结抗日。

7 月 23 日，中共中央发表《为日本帝国主义进攻华北第二次宣言》，号召中华民族紧急动员起来，去争取"我们民族的最后胜利！"④ 7 月下旬，日军向北平、天津发动大规模进攻，北平、天津相继失陷。8 月，30 万日军大举进攻华北腹地，并把战火烧到上海。

8 月 12 日，国民政府决定国民政府军事委员会为抗战最高统帅部。8 月 20 日，国民政府发布《国军战争指导方案》，决定实施持久战略，以时间换空间，逐次消耗敌人，争取最后胜利。为加强军事指挥，将全国划分

① 中央档案馆编：《中共中央文件选集》（第十一册），中共中央党校出版社 1991 年版，第 274 页。
② 军事科学院军事历史研究部：《中国抗日战争史》（中卷），解放军出版社 2005 年版，第 11 页。
③ 秦孝仪主编：《革命文献：卢沟桥事变史料》（上），台湾中国国民党中央委员会党史委员会 1986 年版，第 2~4 页。
④ 中央档案馆编：《中共中央文件选集》（第十一册），中共中央党校出版社 1991 年版，第 297 页。

为五个战区。①　其中，山东、苏北地区为第五战区。8 月 22 日，国民政府军事委员会命令将红军改编为国民革命军第八路军，下辖第一一五、一二〇、一二九 3 个师；又将湘、赣、闽、浙、鄂、豫、皖等 8 省边界地区的红军和游击队，改编为国民革命军陆军新编第四军。

8 月 22 日至 25 日，中共中央在陕西洛川召开政治局扩大会议，通过《中共中央关于目前形势与党的任务的决定》，要求共产党及其领导的民众和武装力量站在抗战的最前线，成为全国抗战的核心，党的全民族抗战路线正式形成。

9 月 22 日，国民党中央通讯社发表《中共中央为公布国共合作宣言》。23 日，蒋介石发表《对中国共产党宣言的谈话》，承认中国共产党的合法地位，"彻底更始，力谋团结，以共保国家之生命与生存"②。国共两党重新合作，中国抗日民族统一战线正式形成。

二、五战区战争态势

按照国民政府的军事部署，山东和苏北（津浦铁路山东和苏北段两侧地区）为第五战区，司令长官先后为蒋介石（兼）、李宗仁，副司令为韩复榘、李品仙。第五战区辖第三、五集团军，主要任务是防守山东，并以部分兵力北上沧县、德县，策应津浦路北段第一战区第一集团军对日作战。第三集团军主要是由韩复榘第三路军、于学忠第五十一军、沈鸿烈青岛守备队和第三舰队合编而成，辖 3 个军、1 个独立师、1 个独立旅及五路民团

---

①　五个战区：第一战区作战地域以河北和鲁北地区为作战区域，由蒋介石兼任司令长官；第二战区以晋、察、绥为作战区域，由阎锡山任司令长官；第三战区以苏南和浙江为作战地域，由冯玉祥任司令长官；第四战区以闽粤为作战区域，何应钦兼任司令长官；第五战区包括山东和苏北，由蒋介石（后李宗仁继任）兼任司令长官，韩复榘任副司令。中共中央党史研究室：《中国共产党历史》（第一卷），中共党史出版社 2011 年版，第 464 页。

②　中共中央党史资料征集委员会编：《第二次国共合作的形成》，中共党史资料出版社 1989 年版，第 330 页。

等地方部队，约 10 万人，韩复榘任总司令。

韩复榘统治山东时期，不允许任何异己势力在山东发展，对于国民政府政策也是阳奉阴违，甚至不惜利用日本势力予以抵制。但是在华北事变后，韩复榘多次婉拒日本的所谓"华北五省自治"。全民族抗战爆发后，韩复榘抗战态度日益明朗。7 月中旬，韩复榘发出限令，限日本驻济南总领事馆人员及日本侨民在近期撤离济南。9 月 24 日，日本矶谷师团占领沧县，进逼德县，战火烧至山东边境。9 月 26 日，日军第十四师团师团长土肥原贤二飞往济南，劝诱韩复榘加入伪华北五省政府。29 日，韩复榘发表声明，公开拒绝加入所谓"华北自治"，宣称"此次我国抗战，系中国争取生存唯一出路，凡我军人，保国卫民，责无旁贷，本人负军政重任，抗敌御侮，谨遵中央命令，服从最高军事领袖指挥"①，并命令所属第三集团军各部队积极备战。第三集团军调遣驻守胶东龙口、烟台、威海卫等地的第五十六军第七十四师、第十二军第二十师五十九旅、第五十五军手枪旅一团，前往德县；第六战区的第四十军、第四十九军、第五十九军调往黄河南岸防守；第六十七军、第七十七军及第一八一师、骑兵第三军在黄河北岸布防。

8 月，在张经武建议下，韩复榘建立抗战动员机构、改造部队、动员群众、开展游击战争，组建第三集团军政训处，举办政治工作人员训练班，抗战工作、统一战线工作在第五战区有新发展。

三、日军的快速进攻

日军侵占平津后，随即展开华北会战。8 月，日军华北方面军司令部成立，辖第一、二军，第五、一○九师团，中国驻屯混成旅团，临时航空兵团，防空队，通信队，铁道队，宪兵队，攻城重炮第一、二大队，直属兵站部队，约 17 万人。日军计划采用"速决战"，沿铁路线长驱直入，迂

---

① 上海《新闻报》1937 年 9 月 30 日。

回包围城市，在津浦、平汉、平绥、同蒲四条铁路同时进军。其中，日本华北方面军第二军第十、一〇七、一〇八师团沿津浦路，向济南发起进攻；关东军察哈尔兵团独立混成第一旅团沿平绥路，向包头进攻。两路日军企图迂回华北东、西两翼，攻占山东、绥远，在冀鲁豫平原围歼中国军队。

8 月，日军第二军沿津浦路南攻。14 日，日军矶谷师团由大沽登陆。中国第一集团军与日军在静海、马厂一带，形成对峙。27 日，矶谷师团 1 个旅团在静海东南小王庄进攻，遭到中国第一集团军的顽强阻击。激战 4 昼夜，日军始终无法突破中国军队的防守。之后，矶谷师团兵分两路，沿津浦路和子牙河左岸南攻，再次遭到中国第一集团军的顽强阻击。激战中，日军突破了中国军队的防线，马厂、姚官屯、冯家口、泊头、东光等地失陷。日军第十师团主力进逼山东德县。

9 月 22 日，日军 3 架飞机空袭济宁，投弹 5 枚；日军 20 架飞机又飞到兖州上空机枪扫射、投弹 27 枚，炸死 10 余人，炸毁机车房、货房数十间。9 月 24 日，日军矶谷师团逼近德县。26 日，日军 8 架飞机在济南上空投放通信袋，散发鼓动"华北五省自治"的传单，扰乱中国民心。

第二节　日军入侵与国民党军队的抵抗

一、鲁北地区沦陷

日军为配合京汉线作战需要，决定集结兵力占领山东。9 月 14 日，韩复榘奉命抽调两个师，前往德县布防，接应第二十九军，共同据守德县，抗击日军进犯山东。9 月 30 日，展书堂①率第八十一师抵达德县。30 日上午，日军侵入山东境内。中国军队在德县北部于庄、后赵一带顽强抵抗，激战数小时，因寡不敌众，被迫撤退。当日，日军闯入于庄等村内，烧杀抢掠，39 名村民惨死在日军屠刀之下。这是日军侵占山东的第一起惨案。

---

① 展书堂在德州失守至济南沦陷期间，率部英勇战斗，大大迟滞了日军侵鲁。

10月1日，国民政府军事委员会电令第三集团军与第六战区抽调部队，在黄河南岸构筑工事，进行布防。第三集团军两个师向德县集结，抵挡日军，掩护第六战区各部队转移。第六战区其余部队仍在黄河以北、津浦路以西，坚持作战。同日，进犯德县的日军三四百人，在 7 辆坦克掩护下，发起进攻。展书堂部在德县北部顽强抵抗。是夜，展部一个团从德县出发，绕袭桑园。次日晨，与日军 1000 余人激战后，成功夺回桑园。日军随即增兵、反扑，中国军队退回德县。

3 日，日军在飞机掩护下，再次进犯德县，遭到第八十一师运其昌旅的猛烈抵抗，激战竟日，重创日军。运其昌带领 1 个营与日军肉搏，击毁敌坦克一辆，击退日军。夜，韩复榘令第八十一师撤回济南，留下两个步兵营、两个重迫击炮连，据守德县。

4 日，日军继续展开凶猛进攻，炸开德县西北角、东北角城垣，趁夜晚涌入德县城内。中国军队第四八五团将士拼死反击，几乎全部殉国。德县激战之时，韩复榘亲率 5 个团抵达平原县，其第七十四师一部在德县附近与日军展开激战。因大雨倾盆，通行困难，未能及时增援德县，韩复榘及 2 个团退回济南。5 日凌晨，德县失守。

德县失守后，韩复榘发电请求"引咎辞职"，遭到蒋介石劝慰。"当此国难，惟有忍痛抗战，奋斗到底，求得最后胜利，请勿再有辞意，务希督励全军，百折不回，共同奋斗，完成使命。"①

6 日，日军炮击黄河左岸中国军队防线。9 日，日军借助坦克掩护，在黄河涯架桥，意欲强渡黄河，未得逞。入夜，日军又在恩县梅家口试图偷渡黄河，仍未得逞。13 日，日军强渡老黄河，从东、西、北三个方向进攻平原县。中国军队仅有 1 个团驻守，寡不敌众，恩县、平原相继失陷。

14 日，日军 1 个旅团占领陵县等地，在坦克掩护下，直逼徒骇河。韩复榘令所部当夜退至徒骇河南岸禹城一线布防，炸毁徒骇河铁桥，与日军

---

① 张宪文主编：《中国抗日战争史（1931—1945）》，南京大学出版社 2001 年版，第 415 页。

隔河对峙。15 日，日军沿高恩公路南侵高唐县，遭到冀鲁边抗日游击第七大队与地方民团的联合抵抗。16 日，日军在坦克掩护下，侵占高唐县城。

10 月上旬，另一路日军经盐山县，攻占乐陵县城，又弃城南下，进攻惠民县。

面对日军的快速进攻，国民政府调整战区部署，组织军队进行反击。10 月 9 日，国民政府军事委员会派徐祖诒来到济南。11 日，韩复榘令第五十五军第二十九师由青城、济阳渡河，向乐陵、德平方向前进，相机收复德县。12 日，令五路民团地方部队沿津浦线，袭击黄河涯、德县、南皮一带。15 日，国民政府撤销第六战区，由韩复榘负责津浦路北段战事。16 日，国民政府军事委员会命令第三集团军袭击德县、平原的日军。第五战区也重新制定对日作战方针："保有鲁省大部分地区，与敌行持久抗战。作战初期，应扼守黄河及沿海要点，直接阻止敌人之侵入。第 3 集团军应以主力固守黄河两岸，置重点于济南及其以西地区。如受敌压迫，不得已时可向莱芜、泰安、肥城、新泰、大汶口之地区逐次撤退，占领要点，利用鲁中山地，迟滞日军南进，并配合增援部队，在兖州附近同日军进行会战。"[1]

10 月 18 日，获悉日军主力正在平汉、正太铁路集结，津浦线兵力薄弱这一情报之后，蒋介石命令韩复榘、冯玉祥会攻德县，进攻沧县，"希努力牵制并着游击队积极活动其侧后为要"[2]。各地游击队[3]积极破坏禹城以北的交通线，配合主力作战。徒骇河南岸禹城守军第二十师第一一七团、第七十四师四三九团立即渡河北进，于 19 日凌晨到达十二里庙、毛家园、北丘一带，与驻守日军发生战斗，随后向铁路两侧转移。19 日晚，中国军队袭击平原以南的日军据点，破坏铁路多处，阻止日军南进。20 日，驻德

---

① 张宪文主编：《中国抗日战争史（1931—1945）》，南京大学出版社 2001 年版，第 415 页。

② 中共山东省委党史研究室编著：《山东抗日战争实录》，黄河出版社 2015 年版，第 34 页。

③ 此处游击队，指韩复榘收编的土匪、民团等武装。

县、平原的日军前来增援，双方展开激战。中国空军飞至平原、张庄站、黎济寨等处轰炸，协助步兵地面作战。中国军队趁势收复宁津、高唐。

10月20日，国民政府军事委员会决定津浦线作战均由韩复榘第五战区负责，第一集团军第五十九军归入第五战区，第四十九军调往上海，其余各部队归入第一战区序列。① 21日，展书堂部收复德县、桑园，一路北进，直指沧县、马厂。韩复榘令展书堂撤回禹城，德县再次失陷。

10月23日、24日，中国军队曹福林部猛烈进攻驻凤凰店日军，重创日军。23日，第一集团军李文田师长率第四四三团渡过黄河，击退十二里庙、张庄镇一带日军。24日，收复吴家庙、鸡鸣店，破袭日军据点多处。各地游击队纷纷配合中国军队，破袭盐山、南皮、宁津、高唐、吴桥、恩县、清平等处日军据点。

随着战事发展，黄河北岸成为山东防务的重点。蒋介石命令韩复榘务必重兵坚守黄河北岸，以积极进攻取代消极防守，趁机收复德县，策应平汉线宋哲元部作战。但是韩复榘认为，黄河北岸在日军炮火的有效射程之内，不便防守，决开黄河北岸大堤、以黄河水阻敌进攻才是唯一的御敌之策。② 在韩复榘坚持下，其主力部队仍驻扎在黄河南岸，仅有曹福林第二十九师在德县附近游击。

10月26日，日军第十师团2000余名步兵、10余门火炮和10余辆坦克，增援驻平原县日军，通过济阳县，接近黄河。国民政府军事委员会要求韩复榘第三集团军"应以主力击破当面之敌，进出沧县，以与平汉路进出石家庄之第一集团军互相策应"③。韩复榘声称"兵力不足"，要求国民政府增派3个师，接替胶东海岸或津浦路南端防务。由于韩复榘的拖延，战机转瞬即

---

① 《民国山东通志》编辑委员会编：《民国山东通志》（第一册），台湾山东文献杂志社2002年版，第131页。

② 张宪文主编：《中国抗日战争史（1931—1945）》，南京大学出版社2001年版，第416页。

③ 中共山东省委党史研究室编著：《山东抗日战争实录》，黄河出版社2015年版，第39~40页。

逝。28 日，日军骑兵一部过卫河浮桥，进攻临清，临清县城失陷。

11 月 4 日，国民政府军事委员会再次电告韩复榘，"按预定计划从速策应"第一集团军。6 日，蒋介石电令韩复榘率主力渡河北上，主动进攻，迎击津浦路当面之敌。7 日，韩复榘复电申诉，提出 4 条意见："其一，盐山、乐陵边境敌军一部与我游击第一路、第五路等部对峙；其二，运河西侧武城附近及清河县境积水未消；其三，职部第七十四师、第八十一师在济南整补，第二十师第五十八旅任津浦铁路济南至临城段警备；其四，除已派部队由济南向武城前进外，拟请令李司令长官派队接替津浦路济南以南防务，并莅济坐镇，职愿亲率所部三师或四师兵力，经武城、郑家口进出河间，与第一集团军协同前进。"① 随后，韩复榘亲率展书堂部、孙桐萱②第二十军一个旅，抵达商河县集结，支援曹福林部。

11 月 5 日，日军第二军兵分两路，大举进犯山东。一路由盐山南下，相继占领庆云、乐陵、惠民、商河、滨县、利津等县。另一路沿津浦路南下，相继占领禹城、高唐、临邑、济阳、齐河等县。

11 月 8 日，韩复榘向临邑、陵县进攻，再向德县推进。12 日，日军凶猛进攻清泉店、解家庄、夏口镇一带。中国军队第八十一师官兵奋勇迎战，前赴后继，反复肉搏，血战终日。战况之惨烈，为鲁北开战以来所仅见，团长赵廷璧壮烈牺牲。驻临邑中国守军也与日军展开白刃战，英勇抵抗。13 日，日军大炮轰塌临邑城墙多处，日军冲进城中。中国军队与日军展开激烈巷战，拼力抵抗，临邑最终失陷。

日军在禹城徒骇河北岸黎家寨集中兵力，从 10 月 21 日开始，派飞机轮番轰炸，铁甲车作掩护，进攻禹城，均被击退。③ 11 月 13 日，日军再次

---

① 中共山东省委党史研究室编著：《山东抗日战争实录》，黄河出版社 2015 年版，第 50 页。

② 孙桐萱在抗战期间同情共产党的抗日救国主张，后长期遭到国民党顽固派的扣押和监视。《人民日报》1978 年 9 月 30 日。

③ 中国台湾"国防部"史政局：《中日战争史略》，台湾正中书局 1968 年版，第246 页。

集中炮火轰击禹城守军阵地，以主力进攻桥头堡、堤李桥。中国军队拼死抵抗，伤亡过半，击退日军4次进攻。14日，禹城陷落。

11月13日，日军矶谷师团由惠民、商河两县，进犯济阳，遭到第三集团军阻击，双方伤亡惨重。韩复榘亲率手枪旅贾本甲团①和特务队渡过黄河，到前线督战。日军截获韩复榘在济阳的情报之后，迅速派出轻装装甲车别动队由临邑、商河至济阳，伏击韩复榘。在济阳城关一个村镇，韩复榘被日军装甲车别动队及飞机团团包围。贾本甲团将士奋力抵抗，伤亡殆尽，拼死救出韩复榘。韩复榘回到济南时，身边只有几个随从。日军在济阳县城东南黄河大堤上，炮轰县城。济阳县军警及联庄会庄丁七八百人据城苦守。傍晚，济阳陷落。同日，齐河县晏城失陷。

11月15日，日军攻占鹊山，黄河北岸已无险可守。16日，韩复榘下令第三集团军各部撤往黄河南岸，炸毁黄河大桥，鲁北地区全部沦陷。

二、济南等地沦陷

11月15日，第三集团军在济南召开军事会议，决定由鲁北民团总指挥赵明远②率游击队，留在黄河北岸，牵制日军，其他部队调往黄河以南，重新部署军队，与日军隔黄河对峙。周村以北，由第二十二师防守；黄河铁桥南岸，由第二十师、第八十一师驻守；高密、潍县一带，由于学忠第五十一军驻守；第七十四师调肥城，作为预备队；沈鸿烈部驻守青岛；第二十九师损伤过重，调济宁休整。又成立济南戒严司令部，孙桐萱任司令，指挥济南防务。③

11月16日，日本不断空袭济南及周边城市，准备尽快占领华北。韩复榘面对日军的"速决战"与猛烈攻势，无心再战。为充实兵力，他将鲁北

---

① 第三路军手枪旅旅长为吴化文。贾本甲，1943年跟随吴化文投敌，1946年任国民党新编第十师副参谋长，1948年参加解放起义。

② 赵明远，回族，山东益都人，1936年任山东省第五区行政督察专员兼保安司令。

③ 中共山东省委党史研究室编著：《山东抗日战争实录》，黄河出版社2015年版，第55页。

民团编为两个团，将菏泽乡农学校人员编为第一补充旅，又按地丁清册抽调壮丁扩充军队。同时，摊派"救国捐"、预征下半年钱粮：一等县征收20万元，二等县征收15万元，三等县征收10万元。此外，没收日本洋行财产，炸毁淄川煤矿，准备撤退。

12月13日南京沦陷后，日军作战重心转向第五战区，山东战局急转直下。18日，华北方面军司令长官寺内寿一下令，日军第十师团、第一〇九师团本川旅团及中国驻屯混成旅团第二联队进攻济南，其板垣师团配属第二军攻占青岛及胶济线，日本海军从海上攻占青岛。22日夜，日军从济阳门台子强渡黄河，中国军队第二十二师奋起抵抗。23日，日军从济阳、齐河渡过黄河，进攻济南。日军在黄河北岸猛烈炮击黄河南岸。韩复榘令孙桐萱部断后，其他部队撤向泰安、兖州。在"焦土抗战"名义下，韩复榘下令炸毁济南电灯公司及章丘、博山矿区，纵容部队抢掠驻济中国银行、交通银行、各大纱厂、仓库等，焚毁省政府、高等法院、兵工厂、劝业场等重要建筑物。24日夜，韩复榘乘铁甲车逃至泰安，接到蒋介石"不可放弃济南"的急电后，仍置之不理。

12月25日，日军本川旅团占领周村。27日，占领淄川。30日，占领博山，继而占领蒙阴、新泰等地。

12月26日夜，日军炮轰济南。27日，孙桐萱第二十师撤退，济南沦陷。

济南失陷后，蒋介石、李宗仁多次电告韩复榘：占领济南之敌非日军主力，且鲁中山区不利于日军机械化部队通行，应将主力布防在泰安至临沂一带重要交通线上，阻塞、破坏泰山东、西的山路之后再派小部队扼守，利用泰山、沂山、蒙山实施正面顽强抵抗；另以一部队从平阴侧击日军，配合正面抵抗。[1] 韩复榘称无预备队，无法阻击日军，拒绝执行命令。

31日，韩复榘弃守泰安，泰安沦陷。

---

[1] 丁龙嘉：《重整齐鲁河山——山东人民抗日战争纪实》，山东人民出版社2005年版，第26页。

1938 年 1 月 1 日，日军第三十九联队占领肥城。次日，日军占领大汶口。韩复榘退守济宁，各部在博山、界首、长清、肥城等处与日军激战后继续后撤，第二十二师转移至泗水，第二十师撤退至大汶口、兖州，第七十四师撤往宁阳，第五十九军二十九师转移至嘉祥，第八十一师及手枪旅负责运河西岸警戒工作。

日军攻占泰安后，分兵一路沿津浦路进犯兖州，一路进犯东平、陇海线。1 月 3 日，日军第十师团 5000 余人侵至兖州北 15 里处，曲阜车站失陷。韩复榘部炸毁兖州北铁路，随即南撤。次日，兖州、曲阜失陷。4 日，日军第五师团、第一一八旅团和"中国驻屯旅团"第二联队调离山东地区归建。此后，日军相继侵入宁阳、邹县、蒙阴，直逼汶上、济宁。

1 月 4 日，日军第五师团配属第二军调至周村集结，随即沿胶济铁路东犯，8 日占领益都，9 日占领潍县，寿光、昌乐等失陷。

汶上、济宁是守卫运河山东段的两个重要据点，牵一发而动全身，关系着山东省和陇海线的安危。1 月 6 日，国民政府军事委员会第五战区司令李宗仁电告韩复榘："查运河为鲁省最后堡垒……务请于运河之线竭力支持，固守汶、济两点，以为运河屏障，且为攻势根据一方……兄治鲁七载，对鲁省锦绣河山、驯良人民，恋恋之情，谅较弟为深，寇深事急，愿与兄共同努力，保鲁省最后之一角。"[①] 然而，韩复榘置若罔闻，不听军令，逃往巨野，只留下李汉章部和曹福林部一个旅驻守运河，其余部队撤往成武、单县、曹县一带，第三集团军军械运往豫西，消极抵抗。

1 月 7 日，日军开始进攻济宁，遭到第五十五军曹福林部的顽强阻击。11 日，日军攻入城内，双方展开巷战，厮杀竟日，济宁、泗水失陷。中国军队邓锡侯第二十二集团军东进津浦铁路中段，配合左翼孙桐萱部作战，遏制日军继续南犯。13 日，中国军队第三集团军第二十二师组织反攻，但未能夺回济宁。15 日，日军 1500 余人赶来增援，并有飞机轮番轰炸、扫

---

① 中共山东省委党史研究室编著：《山东抗日战争实录》，黄河出版社 2015 年版，第 87 页。

射。第二十二师官兵与日军展开肉搏战，消灭日军近 1000 人。16 日，日军占领汶上。运河防线上的两个重要防守据点——济宁、汶上，先后沦陷。

国民政府军事委员会对于韩复榘屡次贻误战机、不听指挥、擅自撤退等行径，非常愤怒。1938 年 1 月 11 日，蒋介石在开封召开北方抗日将领会议，下令诱捕韩复榘，并将其在武汉处决。

三、青岛及胶东沦陷

济南等内地城市失陷之际，青岛及胶东沿海城市也岌岌可危。1937 年 7 月 11 日，日本海军第三舰队第十战队侵入青岛港。15 日，日军要求登陆，遭到青岛市市长沈鸿烈的强烈反对。8 月，日军制定青岛作战方案，准备开辟山东战场。8 月 14 日，日本人制造"德县路事件"①。事件发生后，十余艘日本军舰开近青岛海岸，卸下炮衣，试图威胁中国军民，要求所谓"登陆自卫"，遭到沈鸿烈严词拒绝。15 日，日军海军陆战队数十人由青岛大港登陆，在码头布岗。25 日，日本计划将日本侨民全部撤离青岛。31 日，因进攻上海的日军遭到中国军队的顽强抗击，急需增援，日军被迫将进攻青岛的天谷支队紧急调往上海，第十四师团转运天津，日军进攻青岛的作战计划暂时中止。

9 月 6 日，于学忠率第五十一军抵达青岛，加强备战。11 月 24 日，青岛戒严司令部成立，国民党海军第三舰队司令谢刚哲任戒严司令，即日戒严。12 月 10 日，青岛市市长沈鸿烈宣布："如日军攻击青岛，决抗战至死。"② 为阻止日军从海上进犯，国民政府下令第三舰队沉船封锁青岛、威海卫港口。13 日，日本海军向青岛进发。15 日，韩复榘电告沈鸿烈，拟调

---

① 德县路事件：日军诱降不成，便派遣日本浪人携带手枪，提前埋伏在德县路圣功女子中学对过的胡同里面，当一批日本水兵路过时，突然开枪狙击，射杀日本水兵一人，射伤 2 人。日军以此为借口，计划攻占青岛市。山东省政协文史委编：《山东文史资料选辑》（第二十一辑），山东人民出版社 1986 年版，第 137~144 页。

② 中共山东省委党史研究室编著：《山东抗日战争实录》，黄河出版社 2015 年版，第 67 页。

第五十一军移防徐州。沈鸿烈申请免调第五十一军，未获批准。[1] 12 月下旬，第五十一军撤离青岛等地，南下徐州。驻防青岛市区的仅有海军陆战队、市保安队及第五十一军 1 个团。

12 月 24 日，5 艘日舰在青岛灵山卫附近试图登陆。26 日，驻防青岛市区的第五十一军 1 个团奉命撤离。28 日，沈鸿烈下令炸毁 9 个日本纱厂、港口部分起重设备、海军泊港舰船、民用轮船，实施"焦土抗战"。29 日，沈鸿烈奉命率海军等撤离青岛赴徐州。31 日，青岛市区内已无武装力量。

1938 年 1 月 2 日，日军海陆夹击青岛。10 日，日海军第四舰队侵入胶州湾，其海军陆战队在 40 余艘军舰和飞机掩护下，在青岛东郊山东头、沙子口、浮山湾和汇泉湾等处登陆，青岛沦陷。12 日，日军国崎支队在青岛登陆。14 日，日军第五师团沿胶济铁路，进驻青岛。[2] 日军鲤城支队东进途中，遭到第五十一军一部的阻击，双方发生激战。1 月 9 日，潍县沦陷。14 日，胶县沦陷。19 日，日军侵占青岛市区。[3]

青岛沦陷后，日军沿青（岛）烟（台）公路侵犯烟台、福山、蓬莱、黄县、掖县、牟平、威海卫等城市。2 月，日军第五师团一部 3000 余人，自青岛沿青烟公路北犯。2 月 3 日，日军侵占烟台，胶东各县相继沦陷。2 月 5 日，日军出动飞机 2 架、军舰 3 艘，从空中、海上连续夹击石臼所与日照县城，抛投炸弹。2 月 20 日，伪华北自治联军张宗元部和汉奸、土匪刘桂堂部进入日照县，日照沦陷。

第三节 国民党军队的局部反攻作战

1938 年 1 月至 5 月，中国军队以徐州为中心，在津浦、陇海铁路地区，

---

① 《民国山东通志》编辑委员会编：《民国山东通志》（第一册），台湾山东文献杂志社 2002 年版，第 132 页。

② 刘大可等：《日本侵略山东史》，山东人民出版社 1991 年版，第 209 页。

③ 中共青岛市委党史研究室：《中国共产党青岛抗战史》，青岛出版社 2005 年版，第 6 页。

展开大规模防御战役。2月下旬，日军连陷沂水、莒县、日照，直扑临沂。中国第四十军、五十九军奋勇反击，重创日军，第一二二师师长王铭章①殉国，滕县失守。滕县、临沂战斗，拉开台儿庄大战的序幕。3月20日，日军濑谷支队进攻台儿庄，第二集团军固守台儿庄。日军第五师团坂本支队从临沂驰援，被中国第五十二军包围。4月3日，第五战区中国军队发起全线反攻，歼灭日军濑谷支队大部、坂本支队一部共万余人，中国军队取得了台儿庄大捷。这是中国军队在正面战场上取得的又一次重大胜利，被认为是"日本建立现代化军队以来遭受的第一场引人注目的大惨败"②。在台儿庄战役中，一些地方军如原属西北军的孙连仲第二十六路军、张自忠第五十九军、庞炳勋第三军团以及川军孙震第四十一军等，协同作战、不怕牺牲，作出了重大贡献。

一、中国军队反攻作战

徐州地处鲁苏豫皖四省要冲，是津浦铁路和陇海铁路的枢纽，战略地位非常重要。1938年2月，日军制定《中国事变帝国陆军作战指导纲要》，要求确保胶济、津浦沿线已占领地区，不扩大现有地区以外的作战面。③但是，侵华日军高级将领却狂妄地认为日军以其现有兵力，即可战败中国军队，迫使国民政府屈服，并制定、实施徐州作战计划。2月5日，日军下达"平定"作战的命令。日军第十师团占据津浦路北段泰安、滋阳（兖州）、济宁、邹县等地，第五师团占据青岛后南进，接连攻陷诸城、沂水、蒙阴，进迫临沂。在津浦路南段，日军第十三师团及第一○七、一一○师团各一部在攻占江都（扬州）等地后北进，直抵淮河一线。日军南北出兵，

---

① 王铭章，1937年9月率部出川抗日，牺牲后被国民政府追晋为陆军上将，是中国军队在抗战中牺牲的高级将领之一。2014年入选国家民政部第一批300名著名抗日英烈和英雄群体名录。

② ［美］巴巴拉·塔奇曼著，陆增平译：《史迪威与美国在华经验（1911—1945）》上册，商务印书馆1985年版，第260页。

③ 刘大可等：《日本侵略山东史》，山东人民出版社1991年版，第209页。

妄图夹击徐州。

日军兵力的快速推进，打乱了第五战区整个作战部署。国民政府决定诱敌深入，在津浦线牵制日军主力，阻遏日军南下进逼徐州、武汉，适时发起徐州保卫战。

1938 年 1 月 14 日，国民政府军事委员会任命于学忠为第三集团军总指挥，孙桐萱为副总指挥，曹福林为津浦线前敌指挥；任命孙桐萱为第十二军军长，曹福林为第五十五军军长。2 月 3 日，第五战区司令长官部下达作战第三号命令：阻击津浦路南段之敌，巩固鲁南山地；侧击津浦路北段及陇海路东段之敌，拱卫徐州。2 月 4 日，蒋介石命令"第三集团军之第十二军、第五十五军，迅速向津浦路北段济宁以北采取攻势"①。2 月 6 日，第五战区下达补充命令：第三集团军主力进攻济宁，一部迂回进攻汶上；第二十二集团军主力进攻邹县，一部在曲阜、邹县间迂回攻击；在临沂附近配合地方部队，夺取蒙阴、泗水等地。李宗仁命令孙桐萱代理集团军总司令，反攻济宁、汶上。2 月 10 日，孙桐萱命第五十五军进攻济宁南关之敌，第五十六军迂回进攻济宁北门，协同第五十五军收复济宁城；第八十一师袭扰汶上之敌，第三集团军推进至运河两岸。

2 月 13 日晨，谷良民部攻克济宁北关。中午，第五十五军一部逼近济宁南围子门。14 日，谷良民部两个团攻入济宁城内，与日军巷战竟日，因伤亡过重、弹药不足，又撤出济宁城。15 日，日军 1500 人来援，在大长沟附近遭到中国军队阻击。17 日，第五十五军一部猛攻济宁南关和西关。

2 月 13 日，展书堂第八十一师突袭汶上，一度攻入汶上城内，与日军展开激烈巷战，肉搏 4 个昼夜，毙敌七八百人，后奉命撤退。

2 月 17 日，日军第二军下达反击命令，"第十师团击退汶上、济宁附近之敌于大运河以西；第五师团以一个支队配合向沂州方向前进的第一师

---

① 《抗日御侮》（第五卷），台湾黎明文化事业公司 1980 年版，第 123~124 页。

团作战"①。日军步兵 4 个半大队、野炮兵 2 个大队、战车 20 余辆，在第八旅团长濑武平率领下进行反攻。19 日，由于伤亡惨重，孙桐萱下令全线撤退。日军也被牵制在济宁一线，无法向南增援津浦线。

2 月 17 日，中日军队在峄县、邹县间展开激烈争夺。第二十二集团军第一二五师据守金山、香城、龙山一线，第一二七师据守石墙、石马坡一线，第一二二师在滕县一带驻守。3 月 1 日，张自忠第五十九军调至滕县一带，又奉命调赴临沂增援。3 月 2 日，程潜建议："以汤恩伯军团五师之众，会合第三集团军及第五十九军，立向济宁前进，将津浦线北段之敌击破之。"②3 月 8 日，日军第二军司令西尾寿造获悉这一作战情报后，指示矶谷廉介师团长"占领滕县附近及确保大平邑"。矶谷廉介命令濑谷支队"寻机""歼灭"津浦线的中国军队，"在适当时机击灭津浦沿线之敌前，须先进入界河附近。当以主力攻击"。3 月 13 日，日军命令第十师团进攻大运河以北的中国军队，第五师团占领沂州后进入峄县配合第十师团作战，"大致在滕县、沂州一线，给以后作战作好准备"③。

3 月 14 日，日军以飞机、火炮为掩护，攻陷界河后，又猛攻滕县。驻守滕县的中国军队仅有第一二二师和一二七师所部的 7 个连，殊死反击，死守待援。16 日，日军步、骑兵约 5000 人猛攻滕县东郊，中国军队王铭章部多次击退日军。18 日，由于装备和人数处于劣势，滕县失陷，王铭章部几乎全部壮烈殉国，只有数百人突出重围。滕县战斗，拉开了台儿庄大战的序幕。

与此同时，日军第五师团在青岛登陆后，沿台潍公路南下，相继占领沂水、日照、蒙阴等地。2 月中旬，又进攻临沂。李宗仁命庞炳勋第三军团北上，驻守临沂，协同沈鸿烈部作战，保卫陇海路、津浦路及徐州。2

①　日本防卫厅防卫研究所战史室著，田琪之译，宋绍柏校：《中国事变陆军作战史》（第二卷），中华书局 1979 年版，第 27 页。

②　《抗日御侮》（第五卷），台湾黎明文化事业公司 1980 年版，第 133 页。

③　日本防卫厅防卫研究所战史室编，田琪之译，宋绍柏校：《中国事变陆军作战史》（第二卷），中华书局 1979 年版，第 29~30 页。

月 21 日，日军两万人向临沂突进，沿途遭到庞炳勋第三军团、沈鸿烈海军陆战队以及保安队、游击队的不断抵抗。3 月 5 日，日军攻陷临沂城北的汤头、白塔、尤家庄一带，距城仅 10 余里。① 3 月 9 日，日军开始进攻临沂，庞炳勋第三军团实际只有一个师的兵力守城，仍顽强抵抗。3 月 10 日，日军坂本支队猛攻临沂。3 月 12 日，张自忠第五十九军赶来增援，协力反攻，激战至 17 日夜，击退日军进攻。18 日，中国军队围攻撤往汤头、汪疃的日军，激战两天，击破日军第五师团主力，巩固了鲁南右翼阵地。3 月 20 日，第五十九军奉命撤离，22 日抵达费县。

3 月 23 日，日军趁机增援，反攻临沂。中国军队在临沂与日军对峙，第五十九军协同第四十军，"协力迅速歼灭临沂北方之敌"②。24 日，第五十九军抵达临沂，再战日军。29 日，日军坂本支队暂时中止进攻临沂，增援台儿庄日军。在张、庞部队的顽强反击之下，日军第五师团始终未能与第十师团在台儿庄会合。"其最大的收获，是将板垣、矶谷两师团拟在台儿庄会师的计划彻底粉碎，造成尔后台儿庄血战时，矶谷师团孤军深入，为我围歼的契机。"③ 国民政府组织的这些抵抗和反攻，有效牵制了日军南下徐州。

二、台儿庄大战

1938 年 3 月，日军濑谷支队攻占滕县、临城、韩庄后，企图渡河直接攻取徐州。关麟征第五十二军在运河南岸严密布防，日军一时难以攻破。坂本支队在临沂受阻，第六十三联队折而向东，进攻徐州东北的台儿庄。台儿庄是津浦线和陇海线的枢纽地带，战略地位十分重要。3 月 21 日，濑谷支队在峄县附近集结，准备进攻台儿庄。

---

① 丁龙嘉：《重整齐鲁河山——山东人民抗日战争纪实》，山东人民出版社 2005 年版，第 40~41 页。

② 《抗日御侮》（第五卷），台湾黎明文化事业公司 1980 年版，第 138 页。

③ 李宗仁口述，唐德刚撰写：《李宗仁回忆录》（下），广西人民出版社 1988 年版，第 721~725 页。

中国军队孙连仲第二集团军第三十一师奉命驻防台儿庄，汤恩伯第二十军团主力渡过运河，在峄县东北的兰陵、向城一带集结，准备侧击枣庄、峄县的日军。第五战区作战计划是：善于防守的孙连仲部在台儿庄运河一线，抵挡日军进攻徐州；汤恩伯的精锐部队从侧面袭击日军，并将日军逼至微山湖歼灭。

3月23日，在重炮、坦克掩护下，日军1000余人向台儿庄发起进攻。中国军队第二集团军池峰城第三十一师、黄樵松第二十七师奋勇还击，歼敌过半，日军残部退守北洛。次日，日军再次发起进攻，一部攻入庄内。池峰城部一个旅与日军展开巷战，一个团由南洛侧击日军，顺势收复刘家湖。下午，日军由北洛反攻，轰破台儿庄北门，涌入台儿庄后又被全歼。

3月25日，汤恩伯部侧击日军左翼。26日，日军3000余人重新补充重炮、坦克等，再次进攻台儿庄。中国野战重炮团及战车防御炮营、铁甲车一个中队，也赶至台儿庄增援。27日，日军攻破台儿庄北门，占领东北角。是夜，日军300余人又攻入西北角，但大部被歼灭。29日，第三十一师进行反击，一支72人的突击队全歼了盘踞在文昌阁内的日军。黄樵松第二十七师猛攻台儿庄北部的日军，攻克邵庄、园上、孟庄之线。第二集团军陈金照第三十师向南洛、三里庄进攻，重创日军增援部队。日军沂州支队增援台儿庄，濑谷亲赴前线督战，夺占台儿庄东半部。中国军队第二十七师被迫撤到运河南岸。日军又企图从西边包抄台儿庄，均被中国守军击退。

3月30日，第五战区再次命令汤恩伯支援台儿庄。汤恩伯一部兵力南进，协同孙连仲部夹击日军。"关军明（卅）日应速向泥沟、北洛前进，到达该地后，以一部向南洛协助孙集团解决台儿庄附近之敌。"[①] 当晚，关麟征部占领台儿庄以北的林庄，侧击日军。日军腹背受敌，将主力转向东侧。激战一昼夜，关麟征部占领兰城店、小集等据点和獐山、天柱山，国

---

① 中国第二历史档案馆编：《抗日战争正面战场》（上），凤凰出版社2005年版，第664~665页。

民党军主力迫近南洛、北洛，包围濑谷支队。李宗仁命令第二集团军协同第五十二军汤恩伯部与孙连仲部围歼日军。①

4月1日，日军第五师团坂本旅团主力从临沂进入兰陵镇，从东侧袭击关麟征部。关麟征部被迫放弃台儿庄作战，留下一部在作字沟阻敌，主力迂回攻击坂本旅团侧背。坂本留下1000余人抵抗，主力则进攻台儿庄右翼，企图帮助台儿庄日军解围，却陷入了中国军队的包围圈。孙连仲部由城外实施夜袭，以歼灭台儿庄内的日军。是夜，第二十七师奋勇队及第一五七团第二营从台儿庄东北角突入城内，攻占东北角和东南门，在部分街区与日军展开巷战。4月2日，日军第十联队在台儿庄以东地区进攻中国军队第二十七师彭村、上村、陶沟桥等处阵地。激战10个小时后，第二十七师边打边撤。日军坂本支队与第十联队取得联系，但是其掩护部队又被中国军队第五十二军包围，其刘庄的一部日军则被中国军队第二十五师第一四五团歼灭。

4月3日，日军赤柴第十联队占领台儿庄南门外黄庄、边庄、孟庄，福荣第六十三联队占领东南门，并进入庄内。中国军队池峰城第三十一师顽强战斗，伤亡十之七八，仍坚守台儿庄西关一角。第五战区司令长官李宗仁赴前线督战，令孙连仲、汤恩伯三路围攻日军第五师团坂本旅团，以解台儿庄之危。② 4日，第五十二军关麟征部肃清兰陵、洪山镇日军残部；5日南下，抵达台儿庄东北，向日军发起进攻。第八十五军王仲廉部4日在陈瓦房重创日军坂本部队，5日追击日军残部至台儿庄东北谭庄附近。5日，第七十五师周岩部向台儿庄东日军进攻。5日夜，关麟征部在台儿庄以东底阁、杨楼地区与日军第五师团坂本旅团展开激战。

与此同时，陈金照第三十师、黄樵松第二十七师渡过运河，张轸第一

---

① 中国第二历史档案馆编：《抗日战争正面战场》（上），凤凰出版社2005年版，第601页。

② 中共山东省委党史研究室编著：《山东抗日战争实录》，黄河出版社2015年版，第154页。

一○师渡河夺回黄村、赵村，进攻獐山，以阻断日军退路。6日，陈、黄部队进攻台儿庄以东的日军。第三十一军曹福林军一部北面袭击峄县敌后交通线，阻止日军弹药接济。

坚守在台儿庄内的池峰城第三十一师奋力与日军展开巷战，配合反攻日军。中国军队的内外夹攻，迫使日军撤退。4月6日，日军濑谷支队决定退却，但是矶谷却命令濑谷不准后退。7日，台儿庄内的日军被中国军队全歼，中国军队取得台儿庄大战的重大胜利。台儿庄大战歼灭日军1万余人。①

台儿庄大捷是中国抗战军民勠力杀敌、团结奋战的共同结果，"是抗战以来国民党正面战场取得的最重大的胜利"②，共产党领导的抗日部队的积极配合也发挥了重要作用。在台儿庄大战期间，在党的领导下，中共沛县县委和人民抗日义勇队3次袭击驻临城日军，焚毁临城车站，缴获迫击炮10门，群众数百人传送情报，破袭津浦铁路及临枣支线，炸毁官桥铁路大桥，切断日军电话线等；冀鲁边区部队破坏津浦铁路北段，攻克乐陵、庆云县城，阻滞日军南下增援台儿庄战场；山东人民抗日救国军第五军一部协同友军，进攻济南市郊，一度攻克王舍人庄、黄台车站，破袭敌占胶济铁路10余里，支援了国民党军队在台儿庄的作战。

三、徐州会战

台儿庄战役胜利后，蒋介石派遣大量精锐部队增援徐州，准备在徐州大量歼灭日军。日军也企图"在徐州附近及津浦线以东"，集中歼灭中国主力军队。③4月7日，日本大本营下达徐州作战的命令。4月8日，日军濑

---

① 中共中央党史研究室：《中国共产党历史》（第一卷），中共党史出版社2011年版，第492页。

② 中共中央党史研究室：《中国共产党历史》（第一卷），中共党史出版社2011年版，第492页。

③ 中国第二历史档案馆编：《抗日战争正面战场》（上），凤凰出版社2005年版，第630页。

谷支队主力在峄县集结，坂本支队退至枣庄以南郭里集一带，坂本支队归第十师团长指挥。日军利用第五战区长官急于扩大战果的心理，在鲁南对孙连仲、汤恩伯部实行抑留作战。4月10日，日军制定徐州会战的指导方案，作战计划分为三个阶段：第一阶段实施抑留作战，对中国军队进行有限攻势作战，在徐州东南地区牵制中国军队。第二阶段实施包围作战，将徐州完全包围，攻占徐州，歼灭徐州附近的中国军队。第三阶段实施巩固作战，主要攻击中国军队后方要地、击灭中国空军。在实施徐州作战计划过程中，日军调集8个师团、3个混成旅团、3个支队、2个航空兵团以及战车部队约30万军队，分6路对徐州进行大包围。

4月16日，日军国崎支队与板垣师团主力第四十一、四十二联队会合，进攻临沂外围阵地。19日夜，攻占临沂。24日，占领郯城和马头镇。

4月18日，长濑、濑谷、坂本3个旅团从枣庄、峄县"以并列队形攻击前进"①。长濑支队先向兰陵镇、甘露沟，再向禹王山进攻；濑谷支队沿枣台铁路向台儿庄进攻；坂本支队先向向城，再向四户镇进攻。中国军队第二集团军及第五十二军、第六十军等部队，对于日军的三支部队予以坚决反击。经过激战，长濑支队和坂本支队突破中国军队的防线，中国军队被迫后退。

4月19日，濑谷旅团正面进攻台儿庄。中国军队第二集团军和周岩第七十五军张轸第一一〇师奋力阻击，成功将日军阻止在獐山、天柱山之线。

4月22日，长濑支队由兰陵镇南下，进攻台儿庄东侧。中国军队卢汉第六十军奋起抗击日军的侵略，激战6个昼夜，击退日军的进攻，日军未能攻入台儿庄。22日，坂本支队突破中国军队的小良壁阵地，继续南侵。中国军队李仙洲第九十二军、李延年第二军以及汤恩伯军在泥沟合围，夹击日军。

5月上旬，中日军队在邳县运河北岸（即金陵寺、兰城店、马家窑、禹王山、沟上集、郯城之线）对峙。至此，日军实现了其在徐州附近滞留中国军队主力的战略意图。日军随即展开围歼中国军队、占领徐州的会战

---

① 日本防卫厅防卫研究所战史室著，田琪之译，宋绍柏校：《中国事变陆军作战史》（第二卷），中华书局1979年版，第56页。

计划，在徐州以北部署 6 个师团，徐州以南部署 3 个半师团，华北方面军和华中派遣军迅猛迂回，夹击徐州。5 月 5 日，日军包围徐州。7 日，华北方面军第二军新任司令官东久迩宫稔彦王到达兖州，下达徐州会战的命令。9 日，中岛今朝吾第十六师团在济宁进攻中国军队第三集团军。12 日，该部日军突破第三集团军在万福河南岸阵地，向金乡、鱼台进攻。14 日，第十六师团攻陷鱼台，15 日攻占金乡。土肥原贤二第十四师团渡过黄河，进占郓城、菏泽、曹县，直逼兰封，切断了第一、五战区的联络。15 日，日军矶谷师团主力由夏镇渡过微山湖，18 日占领沛县。板垣师团、末松师团也在郯城、台儿庄附近实施进攻作战。随着日军逐渐包围徐州，中国 60 万军队面临全军覆灭的危险。

5 月 15 日，国民政府军事委员会决定放弃徐州，保存有生力量，实施突围。第二十四集团军在苏北，留守战斗；第六十九军及海军陆战队在鲁南、鲁中，坚持战斗；第五战区主力部队迅速转移西南，其余各部分五路突围。[1] 16 日，中国军队在日军兵力相对薄弱的西南面，开始向河南、湖北、安徽突围。张自忠指挥第二十一军、二十七军、五十九军、一三九师占领徐州西北一带阵地，掩护主力撤退。18 日，日军第十三师团攻占凤凰山、霸王山、萧县，第十六师团攻破九里山，第三、九师团攻占宿县。[2] 19 日，日军攻占徐州。但是，这时中国军队主力已全部突围，粉碎了日军在徐州歼灭中国军队主力的作战意图。

徐州失陷后，山东省基本沦为敌后战场，共产党领导的敌后抗战和抗日武装在山东抗战中的作用愈发凸显。

---

① 刘大可等：《日本侵略山东史》，山东人民出版社 1991 年版，第 285 页。
② 张宪文主编：《中国抗日战争史（1931—1945）》，南京大学出版社 2001 年版，第 455 页。

第四节 国民党政权在山东的瓦解与重建

一、地方政权的瓦解

1930 年 9 月，国民政府委任韩复榘为山东省政府主席，山东进入韩复榘近八年的统治时期。韩复榘治下的省政府为全省最高行政机关，设有秘书处、民政厅、财政厅、建设厅、教育厅等部门。全省行政实行省、县两级制，分区设置 7 个行政督察专员公署（济宁、菏泽、临沂、临清、惠民、聊城、牟平）作为省政府的辅助机关，辖 69 个县政府，其余 39 个县政府直属省政府。1936 年 10 月，鄄城县并入濮县。至 1937 年 7 月，全省共有 107 个县。

全民族抗战爆发后，韩复榘主力部队在德州、徒骇河等系列战役中遭受较大损失。此后，韩复榘消极抗战，保存实力，擅自放弃济南、泰安等战略要地，不听调遣，将第三路军主力撤往鲁西南。短短几个月，山东各级政权便土崩瓦解。

济阳失陷后，韩复榘无心再战，下令全省军政机关、学校等南移，征用全省汽车，编为交通团，布置撤退，将民生银行和金库所存 1.5 万两黄金和 3 万两白银运往豫西，纵容军队抢掠济南的洋行、工厂、仓库等。[1] 12月 23 日，日军渡过黄河进攻济南。24 日夜，韩复榘逃往泰安，对于蒋介石"务必死守黄河，绝不可放弃济南"的严令置若罔闻。12 月 27 日，青岛市市长沈鸿烈下令炸毁日本 9 个纱厂及港口部分起重机械，将海军的泊港舰船及民用轮船沉没于青岛港航道，实施"焦土抗战"，随后率领海军第三舰队陆战队、青岛保安队和政府职员等 9000 余人撤离青岛。[2]

韩复榘及其省政府撤至宁阳，又至曹县，再迁河南省太康县，成为流

---

① 中共山东省委党史研究室编著：《山东抗日战争实录》，黄河出版社 2015 年版，第 56 页。

② 中共山东省委党史研究室编著：《山东抗日战争实录》，黄河出版社 2015 年版，第 75 页。

亡省政府，最终完全停顿。韩复榘的恣意妄为，打乱了第五战区的作战部署，造成恶劣影响。本应守土尽责的各地县长，竟然不顾民众死活，自顾出逃。如 1937 年 9 月至 1938 年 1 月，武城县长徐殿甲、平原县长孙敬亭、恩县县长张遵孟、禹城县长杨进清、商河县长石毓嵩、福山县长李树森、黄县县长谢宝桢、淄川县长杨植东、潍县县长厉文礼、昌乐县长王金岳、寿光县长宋宪章、安丘县长金洪良，以及胶济路沿线胶县、高密、诸城等 7 县国民党县长，皆弃城逃走。至 1938 年 5 月，全省 7 个行政督察专员公署，其中 5 个临阵撤逃，分别是：第一区（驻济宁，专员梁仲华）、第二区（驻菏泽，专员孙则让）、第四区（专员赵仁泉）、第五区（专员赵明远）、第七区（驻莱阳，专员张骧伍）。

1938 年 1 月，国民政府撤销第三集团军总司令兼山东省政府主席韩复榘的"上将原官及一切荣誉勋典"，"交军事委员会提付军法审判"，并在汉口将韩复榘枪决；沈鸿烈任山东省主席。① 山东省政府也迁返曹县。

在全省军政人员大溃逃之际，仍有一定数量的爱国官员和将士毅然选择坚守国土故园，如第三区行政督察专员兼保安司令张里元、第六区行政督察专员兼保安司令范筑先。1937 年 10 月 16 日，范筑先委任张维翰代理聊城县长，奉命率专署和保安司令部八九百人撤往齐河县黄河渡口官庄。② 18 日夜，范筑先率部返回聊城，决心抗战。第六区所辖 12 个县，这时仅有茌平县长葛栋华仍在岗位上坚守。③ 1938 年 11 月，范筑先及张郁光（少将参议，中共党员）、姚第鸿（上校政治部副主任，中共党员）在聊城孤军抗击日军，壮烈牺牲。

撤离本土的各专员及县长大多无力维持其流亡政府，相继解散。如第一区专员梁仲华、第二区专员孙则让等人，擅离辖境之后，无处筹饷，无

---

① 《民国山东通志》编辑委员会编：《民国山东通志》（第一册），台湾山东文献杂志社 2002 年版，第 135 页。

② 中共山东省委党史研究室编著：《山东抗日战争实录》，黄河出版社 2015 年版，第 34 页。

③ 谢玉林、李冬春：《鲁西北抗日局面的开辟与抗日根据地的创建》，《聊城地区党史资料》，1983 年，第 201 页。

法生存，流亡政府被迫解散。有些县长则被驱赶或被接管。如寿光县长宋宪章所携带资财被区长张景月截留，昌乐县长王金岳被警察局长张天佐接管。大多数擅离职守的县长，其继任者或由省主席沈鸿烈重新委派，或重新建立共产党领导下的民主政权。有些县长投靠日、伪政权，但是该县同时又建立国民党县政权和共产党民主政权，形成多个政权并存的状况。①这种混乱形势，造成地方上政权的"真空"，"司令多如毛，指挥满天飞"。随后，这些武装有的接受共产党的改编，走上真正抗日的道路；有的接受国民党的改编，走上既抗日、又反共的道路；有的投降敌伪，卖国求荣，走上充当汉奸、伪军的可耻道路。

二、经济文化企业机构的内迁

1937 年七七事变后，国民政府即下令沿海各厂矿迁入内地。9 月，国民政府制定《沿海各省市工厂迁移内地制造办法》，规定沿海山东、江苏等各省和上海、青岛等市重要工厂设法迁至内地，以免东部省份企业毁于战火或沦入敌手。② 随后大量企业西迁内地，被喻为"中国实业界的敦刻尔克"。山东企业内迁，分为民营企业内迁和国营企业内迁。（一）民营企业内迁。1937 年 7 月后，青岛华新纱厂部分机件拆迁，运往上海租界，开办信和纱厂、信孚印染厂和信义机器厂。冀鲁制针厂部分设备运到上海，开办大中工业社股份有限公司；又迁往重庆，成立大川实业股份有限公司，下辖制针、机械、石棉 3 个工厂。济南陆大铁工厂将 103 吨机件物资运达汉口；1938 年 1 月又西迁重庆，成为后方技术比较先进的民营工厂。成通纺纱厂部分机件内迁陕西，损失严重，1941 年营业生产，改名益大机器厂。（二）国营企业内迁。1937 年 8 月，四方机厂将刀架、车床等各种设备装载 3 列车，运往大后方。9 月，济南兵工厂奉令迁往西安，全厂 3000 多吨

---

① 吕伟俊主编：《民国山东史》，山东人民出版社 1995 年版，第 560~561 页。
② 苏智良等编著：《去大后方——中国抗战内迁实录》，上海人民出版社 2005 年版，第 49 页。

设备器材分装 11 个车皮，10 月运达西安；1938 年 3 月又奉令移建重庆，后改称第 30 兵工厂，生产小型弹类和掷弹筒、木柄手榴弹。10 月，山东中兴煤矿 720 吨机件西迁。遗憾的是，山东在沦陷前成功迁出的企业仅有青岛华新纱厂、冀鲁制针厂、济南陆大铁工厂、成通纺织厂及四方机厂、济南兵工厂、中兴煤矿等。山东企业内迁规模较小，主要原因是国民政府和山东省政府重视程度不够。如 1937 年 12 月，青岛市市长沈鸿烈两次急电工矿调整委员会，提请解决青岛 5 家重要工厂内迁的运输问题，遭到婉拒；① 华丰机器厂三次请求山东省政府，尽快抢运设备至汉口，以生产武器支援抗战，但是韩复榘始终未调拨一节车皮转运有关设备。

　　1937 年 8 月，国民政府颁布《战区内学校处置办法》，要求沦陷区各学校"量予迁移"②。山东省政府教育厅筹划、制定山东省各中等学校内迁方案，要求各学校学生分区集合，先行练习行军，行动费用省内由学校自筹，省外由教育厅承担。③ "动员所有中等学校学生与教员南下流亡，以免遭受日寇之残杀或利用，目的地暂定河南许昌。"④ 但是在胶东半岛各县沦陷时，鲁东各县学生尚未南迁，故迁校重点是济南、泰安、临沂、聊城、济宁、菏泽等地区省立医专、省立高中、完全中学、初中、师范、职业及乡师等学校。1937 年 12 月，省内各中等学校紧急南迁的命令下达后，山东中等学校师生正式内迁，踏上流亡之路。首先到达河南开封，稍事休整又赴许昌。一个月后，又南迁南阳，在南阳成立"山东联合中学"。山东师生在流亡期间，克服各种困难，以天地为教室，继续开展学习活动。1938 年 6 月，到达湖北郧阳，"山东联合中学"改为"国立湖北中学"，由教育部

---

① "沈鸿烈为青岛市内迁工厂运输事宜与翁文灏往来密电，1937 年 12 月 12 日—21 日"，转引自黄立人：《抗日战争时期工厂内迁的考察》，《历史研究》1994 年第 4 期。

② 中国第二历史档案馆编：《中华民国史档案资料汇编》（第五辑），凤凰出版社 1998 年版，第 3 页。

③ 济南市政协文史委编：《济南文史资料选辑》（第三辑），1983 年，第 165 页。

④ 济南市政协文史委编：《济南文史资料选辑》（第三辑），1983 年，第 164 页。

直辖。11 月 27 日至 1939 年 2 月 11 日，又迁往四川绵阳地区。在绵阳，改名为"国立山东中学"；后改校名为"国立六中"，在校师生约 5000 人。[1]此外，少量山东籍流亡学生还被编入国立一中、国立五中。

山东图书、文物、高校也同步内迁。1937 年 8 月，山东省图书馆馆长王献唐请求省政府拨付南迁经费并安排车辆，将图书馆保存珍贵文物图书南迁。8 月 13 日，省图书馆挑选图书文物精品装箱，计划先运至曲阜保存，但是省政府迟迟未能拨付款项和车辆，王献唐等人被迫自筹经费和寻找车辆。10 月 12 日至 12 月 19 日，山东文物图书精品 31 箱分三批运至曲阜奉祀官府内保存。日军迫近济南后，曲阜已不安全，王献唐等决定继续南迁。由于缺少运输工具，只挑选 5 箱精品，随省立医院专车南下汉口。1938 年 2 月 4 日，运抵四川万县，后又转运至四川乐山。[2]

山东大学从青岛迁至安徽安庆，再迁四川万县。1938 年 2 月，国立山东大学暂时停办，学生转入中央大学，其仪器设备、图书资料并入中央图书馆和中央大学。抗战胜利后，山东大学在青岛复校。齐鲁大学师生于 1938 年春迁到四川成都华西坝，借用同是教会学校的华西大学校舍，文、理、医三个学院同时恢复上课。

三、地方政权的初步重建

1938 年 1 月，沈鸿烈任山东省政府主席；2 月，兼任山东省保安司令及国民党山东省党部主任委员。[3]沈鸿烈抵达曹县，就任省政府主席后，首要任务就是重组山东省政府。沈鸿烈任命原青岛市秘书长胡家凤为秘书长，重新任命李树春、王向荣、张鸿烈、何思源为民政厅厅长、财政厅厅长、建设厅厅长、教育厅厅长。"省府中下级职员，有韩复榘旧省政府的一部分，有青岛市政

---

① 吕伟俊主编：《民国山东史》，山东人民出版社 1995 年版，第 902 页。

② 李勇慧：《抗战时期王献唐与孔德成等保护山东珍贵文物史实考证》，《人文天下》2015 年第 5 期。

③ 山东省档案局编：《打开尘封的记忆——细说档案里的故事》，山东人民出版社 2006 年版，第 216 页。

府的一部分，还有少数投效的知识分子及山东大学部分学生。"①

在曹县，沈鸿烈召开山东省政府改组后第一次军政会议，着手恢复瘫痪的山东行政、军事系统。沈鸿烈宣布，曹县是省政府撤退的最后一站，不再后退；曹县不是久居之地，必要时则转入敌后抗战；将在鲁南山区建立抗战根据地，进可战，退可守；当务之急是重建各级行政组织。沈鸿烈强调，山东的抗战中心在政治不在军事。② 会后，省政府加强联系全省各抗战团体，汇聚抗战力量。当时，山东各地大小抗日武装团体不计其数。沈鸿烈采用各种办法，"命令较大的抗日团体领导人亲自或派代表至省政府所在地报告抗日情形"③。沈鸿烈委任梁建章为第十区行政督察专员兼保安司令（中央正式任命前称"特派员"），曾琪为第四区行政督察专员（专署设在临清，7月改任韩多峰为专员），厉文礼为第八区行政督察专员兼保安司令（专署设在潍县），郁仁治为第一区行政督察专员兼保安司令（专署设在肥城，后由冯寿鹏接任）。④

1938年5月徐州会战失利后，国民党正面战场部队纷纷从山东撤退，曹县成为抗战前线。沈鸿烈率省政府向东阿转移，开始长达半年多的鲁西、鲁北流动时期。为便于行动，沈鸿烈疏散大部分职员，精简行动小组，在

---

① 李继曾：《我所知道的沈鸿烈》，《曹县文史资料》（第二辑），1986年，第171页。

② 中共山东省委党史研究室编著：《山东抗日战争实录》，黄河出版社2015年版，第99页。

③ 《民国山东通志》编辑委员会编：《民国山东通志》（第五册），台湾山东文献杂志社2002年版，第2956页。

④ 1936年1月，全省划分为12个行政督察区，先成立了第一至三区：第一区辖济宁等10个县，第二区辖菏泽等9个县，第三区辖临沂等8个县。1936年10月，成立了第四至七区：第四区辖临清等10个县，第五区辖惠民等11个县，第六区辖聊城等12个县，第七区辖牟平等9个县。1937年3月，各区行政督察专员均兼任该区保安司令。1937年11月，设第八区，辖潍县等10个县。1938年1月，设第十区、十二区，第十区辖青城等8个县，第十二区辖泰安等10个县。1938年3月，设第九区，辖栖霞等4个县。1938年6月，设第十一区，辖单县等5个县。1939年，设第十三、十四区，十三区辖莱阳等6个县，第十四区辖临淄等3个县。

东阿办公，出版《山东公报》，成立儿童宣传团，加强抗日宣传，建立秘密联系站点，组建各级行政组织，并组成省政府行政督导团，督导鲁西北、鲁北、鲁中、鲁南等地区。其间，沈鸿烈委任卢翼之为第二区行政督察专员（专署设在菏泽），朱士勤为新成立的第十一区行政督察专员公署专员兼保安旅长（辖曹县、成武、单县、金乡、鱼台等县），秦启荣为第十二区特派员（专署设在莱芜，后移至新泰）。[①]

1938年6月29日，日军500余人乘汽车由济南奔袭东阿，意图消灭沈鸿烈及其省政府。驻防东阿的国民党军第二十八旅不战而撤，第六区专员范筑先率兵迎接沈鸿烈，省政府移驻张秋镇。沈鸿烈设立鲁西行署（行署驻聊城，后移驻张秋镇），辖津浦路西的第二区、第四区、第六区，廖安邦任主任（后由民政厅厅长李树春兼任）；又改组国民党省党部，兼任主任委员，李文斋为书记。沈鸿烈试图分化范筑先部队，收买第六区干部，煽动会门暴动，进行秘密活动，破坏鲁西北的统一战线。[②] 7月，沈鸿烈设立鲁东行辕（次年2月改为鲁东行署），辖第七区、第八区、第九区、第十三区，卢斌为主任。郑维屏为第七区专员（专署设在威海卫），蔡晋康为第九区专员。

7月中旬，日军进犯聊城，沈鸿烈及省政府被迫再次转移，先至临清，又至惠民，并任命刘景良为第五区专员兼保安司令。9月底，沈鸿烈委任胡学仁为第四区专员兼保安司令。

1938年10月武汉会战结束后，日军将部分兵力调回山东，开始大规模"扫荡"作战。10月底，多路日军合围惠民。沈鸿烈被迫率省政府机关由惠民东移至利津。在利津，创办党政军干部学校，招收各县党政要员300余人，沈鸿烈兼校长；又设立鲁北行署（行署驻惠民），辖第五区、十区、十四区，省教育厅厅长何思源为主任。11月，范筑先壮烈殉国，王金祥接

---

① 《民国山东通志》编辑委员会编：《民国山东通志》（第五册），台湾山东文献杂志社2002年版，第3031页。

② 中共山东省委党史研究室编著：《山东抗日战争实录》，黄河出版社2015年版，第195页。

任第六区行政督察专员兼保安司令。年底，日军大规模"扫荡"鲁北，利津失陷，省政府机关被迫迁至鲁南山区。

在 1938 年沈鸿烈任省政府主席的近一年时间里，山东省政府辗转鲁西、鲁北、鲁南，先后建立鲁西、鲁东、鲁北三个行署，重新规划专区（1938 年底设立 12 个专区）、任命专员，重建县政、委派县长，维系了国民党地方军政，遏制了各自为政的溃乱形势。当然，由于战乱，省政府辗转迁徙，未能形成全省统一的军政系统。如 1938 年夏全省名义上归省政府管辖的各地游杂武装达 15 万人，实际各行其是，并无体系，山东成为全国军政力量变化最为剧烈的地区之一。1939 年 3 月鲁苏战区成立后，政府才开始对这些地方武装进行整编。

第五节　日军的累累罪行与伪政权的建立

一、日军的疯狂屠杀

七七事变后，日军在侵占山东的 8 年时间里，罪行累累，罄竹难书，造成山东省（今山东省行政区域）平民伤亡 653 万人。[①] 在日本侵略者的肆意践踏下，山东成为遭受战争摧残最为严重的省份之一。

1937 年 7 月 7 日卢沟桥事变爆发后，日军大举南下。9 月 30 日，日军侵入山东境内，在德县于庄、后赵血腥屠杀平民 22 人，凌辱妇孺老幼数十人，焚毁民房 40 余间。10 月 3 日，日军侵占德县，屠杀平民 72 人。10 月 23 日，日军侵占陵县，屠杀平民和过路学生 300 人。11 月 13 日，日军侵占济阳，连续 7 个昼夜屠杀平民 2400 人，100 余名妇女遭奸淫，550 余间房屋被焚烧。1938 年 1 月 11 日，日军侵占济宁，屠杀平民 1170 人。3 月 14 日，日军飞机轰炸峄县老和尚寺村，炸死平民 600 人、炸伤 1000 人。3 月 17 日，日军侵占滕县，杀害平民 2259 人，奸污妇女 224 人，烧毁房屋

---

① 中共山东省委党史研究室编著：《山东省抗日战争时期人口伤亡和财产损失研究》，黄河出版社 2015 年版，第 67 页。

60467 间。4 月 21 日，日军侵占临沂，疯狂屠城 10 日，屠杀平民 3000 人。5 月 12 日，日军 5 架飞机两次轰炸日照南湖村大集，炸死 637 人，烧毁房屋 1292 间。5 月 14 日，日军侵占金乡，连续 4 天大屠杀，屠杀平民 3347 人，烧毁民房 670 余间。5 月 14 日，日军侵占菏泽，屠杀平民 2000 人。11 月 15 日，日军侵占聊城，屠杀平民 500 人。①

据山东省委党史研究室于 2006 年全省抗战损失调研统计，敌伪在山东这 8 年间制造平民伤亡 10 人以上的惨案 956 个、平民伤亡 50 人以上或烧毁房屋 500 间以上的惨案 270 个、平民伤亡 1000 人以上的特大惨案 8 个。

日军的凶残野蛮突破了人类文明的底线，违背了最基本的国际公法，践踏了人类最起码的良知正义，罪行累累，罄竹难书。

一是残酷屠戮无辜平民。日军屠杀山东人民的方式，多种多样，如军刀砍，刺刀捅，棍棒打，石头砸，鞭子抽，坐电椅，压杠子，"蹲汽油桶"②，"放肉炮"③，"放红花"④，火烧，烟熏，灌凉水、辣椒水、臭水，坐"老虎凳"，吊打，削耳、鼻，剜眼，割舌，拔牙，剖腹，挖心，断指，截肢，肢解，火筷夹，烙铁烙，活埋，勒死，狼狗咬，烈火烤，冰雪冻，挂面（把人钉在树上），把身上割破再用盐搓，针扎手指，钉穿脚心，妇女被奸污后用刺刀捅死或剖腹致死，儿童被活活劈死或摔死……手段之残忍，令人发指。⑤

二是实施细菌战和毒气战。早在 1925 年 6 月，国际联盟在日内瓦便通过《禁止在战争中使用窒息性、毒性或其他气体和细菌作战方法的协议书》

① 以上数据，见中共山东省委党史研究室编著：《山东省抗日战争时期人口伤亡和财产损失研究》，黄河出版社 2015 年版，第 1 页；各地证言证词，存山东省委党史研究院。

② "蹲汽油桶"，即将汽油桶内灌满屎尿，将人投入，用铁丝编成的盖子压在油桶上，人在油桶内站不起、坐不下，蹲坐则屎尿扑面。

③ "放肉炮"，即将人绑在木柱上，周身捆紧，袒露腹部，绳索愈紧，腹部胀鼓愈烈，此时用刺刀捅刺腹部，放出响声。

④ "放红花"，即将人推入坑内，土埋至腰，血液上涌，面红耳赤，目紫欲突，此时以刀劈头，鲜血喷溅似火花。

⑤ 中共山东省委党史研究室编著：《山东省抗日战争时期人口伤亡和财产损失研究》，黄河出版社 2015 年版，第 26~27 页。

（也称为《日内瓦协议书》），日本是《日内瓦协议书》的 37 个签署国之一，但是它却无视国际公法，在山东大肆生产并使用生化武器，极大伤害了山东人民。日军北支（甲）第一八五五部队是华北细菌战作战部队，在济南市、青岛市设立支部和办事处，分别由军医大尉大森玄洞、中尉铃木武夫负责。日军济南防疫给水支部对外称"第一八五七部队"，驻泰安日军第五十九师团设有防疫给水班，代号"第二三五〇部队"，日军第十二军军医部、陆军医院、济南市同仁会防疫所、"新华院"等是其协同单位。这些细菌作战部队和协同单位在山东用活人解剖、实验、培养细菌，进行细菌战。日军在山东用活人内脏至少制造了 999 公斤的霍乱生菌及鼠疫生菌，剖杀 11 名八路军战士培养伤寒病菌。[1] 第一八五七部队平均 3 个月进行一次人体实验，每次解剖 100 多人；曾对 300 多名村民进行霍乱病菌实验。[2] 日军还在济南、德州建立毒气工厂，大量装填毒气筒、毒气炸弹、毒气手榴弹等，将大量毒气武器用于战场。在台儿庄战役中，日军多次施放毒气弹；在徐州会战中，日军施放毒瓦斯，中国官兵数千人中毒死亡。[3] 从 1938 年 4 月至 1944 年 11 月，日军在山东使用毒气 49 次，伤亡 6556 人。[4]

三是实施性侵犯。日军在山东强征女性，设立"慰安所"、军人俱乐部、妓院等。济南"慰安所"有几十所，纬六路曾是臭名昭著的"花街"。从 1942 年 4 月至 1945 年 3 月，日军各大队设置"慰安所"127 个。日、伪政权还在各地恢复妓院，为日军提供性服务。除了有组织、有计划强征妇女性侵犯之外，日军在战场上更是肆意奸淫妇女，犯下滔天罪行。

此外，日军还进行掳掠劳工、毒化侵略、奴化教育、经济掠夺等。日

---

① 《日战犯竹内丰罪行材料》（1954 年 11 月）、《日战犯林茂美罪行材料》（1954 年 10 月 7 日），山东省公安厅档案馆藏，档案号 5-3030-2893、5-3730-33。

② 中共山东省委党史研究室编著：《山东省抗日战争时期人口伤亡和财产损失研究》，黄河出版社 2015 年版，第 27~28 页。

③ 中共山东省委党史研究室编著：《山东省抗日战争时期人口伤亡和财产损失研究》，黄河出版社 2015 年版，第 30~31 页。

④ 中共山东省委党史研究室编著：《山东省抗日战争时期人口伤亡和财产损失研究》，黄河出版社 2015 年版，第 32~34 页。

本侵略者对山东人民生命、财产、尊严的摧残之重、持续时间之长、影响范围之广，极为罕见，极其恶劣，百世勿忘。

二、日、伪政权的建立

1937 年 12 月，伪中华民国临时政府在北平成立，辖河北、山东、山西、河南 4 个伪省政权和北京、天津、青岛 3 个伪特别市政权。汉奸王克敏、汤尔和、董康分别担任行政、议政、司法三个委员会的委员长，伪政府行政、经济、军事、教育等大权均由日本人控制。12 月 27 日，济南沦陷。1938 年 1 月，回奸马良任伪济南维持会会长，汉奸赵琪、张化南分别任青岛、烟台两市伪维持会会长。伪济南维持会下设秘书处、民政科、财政科、教育科、建设科和警察局，直属伪华北临时政府，听命于日本军部特务机关。伪青岛维持会下设秘书处、总务部和警察部，在全省东西呼应，山东其他各主要城镇沦陷后也陆续成立伪维持会。

1938 年 3 月，山东省伪政权成立，马良任伪省长，伪山东省公署在岳庙街师范附小校舍办公（1939 年 3 月迁入新建的贡院墙根街省公署）。伪省公署设日本总顾问 1 人，由西田畊一充任，下属各机构均设日本人顾问，由这些日本顾问实际操纵伪省公署及其伪政权。伪山东省公署设省长 1 人，设省政会议为最高议决事机构，设参事室办理各事项，设总务厅（厅长劳之常）、民政厅（厅长晋延年）、财政厅（厅长唐仰杜）、建设厅（厅长庄维屏）、教育厅（厅长周履安未就任，后由郝书暄接任厅长），1938 年 4 月增设警务厅（厅长张亚东），1938 年 5 月总务厅改组为秘书处（秘书长晋延年），伪省公署机构变为五厅一处。此外，还设有省会警察局（隶属伪警务厅）、山东省警察总队（直属伪警务厅）、山东省警官训练所（直属伪警务厅）、山东省行政人员训练所（直属伪省公署，由伪省长、伪民政厅长兼任正副所长）、赈灾委员会、土地陈报处、河务管理局等伪直属、附属机构。[①]

---

① 鲁戈编著：《中国抗日战争全景录·山东卷》，山东人民出版社 2015 年版，第77 页。

随后，日军在山东陆续建立伪道（市）、县两级地方机构。1938 年 3 月，伪中华民国临时政府公布《道公署组织大纲》，规定道公署是所辖各县的行政监督指导机关及省长委任事项的执行机关，设道尹 1 人，道公署内设秘书室、财政科、建设科、教育科（曾设督学视察）、警务科。全省划分为鲁东（道尹张化南，道公署驻烟台，辖平度、诸城、高密等 17 个县）、鲁西（道尹朱泮藻，道公署驻泰安、后迁至济宁，辖泰安、滕县、济宁等 32 个县）、鲁南（道尹方永昌，道公署驻益都，辖益都、安丘、潍县等 21 县）、鲁北（道尹成逸庵，道公署驻德县，辖德县、临清、聊城等 37 县）4 道和伪济南市（市长朱桂山，市公署驻济南城南门外岳庙后街）、伪烟台市（市长张化南，市公署后转属伪鲁东道公署）2 市。①

1938 年 10 月，伪山东省公署发布《山东省县公署组织暂行规则》，规定在沦陷区各县建立伪县公署，置县知事 1 人，设秘书科、警务局、财政科、教育科、建设科，后增设县征收处、县保卫团等伪机构。这时山东省虽然基本沦陷，但是许多县城仍掌握在国共两党领导的抗日组织之手，阻遏了伪县公署的设置进度。1938 年，全省 107 个县，日、伪控制的仅有 53 个。② 而且，日、伪及国民党、共产党都在加大对山东县级政权的争夺力度，甚至一个县内并存着国、共、伪三种行政机构。由于国共两党抗日军民的打击，伪县公署的存在及运行亦相当困难，"各市县公署残破，档案荡然，各项规则，悉属草创，亦不过略具端倪"③。

日、伪政权在县以下广大农村极力推行保甲制。县城以下设区，区以下设乡，分设区公所、乡公所为其最高行政机构。村民 10 户为一甲，设甲长；10 甲为一保，设保长；300 户为一联保，设主任。保甲制实行联保连

---

① 张同乐：《华北沦陷区日伪政权研究》，生活·读书·新知三联书店 2012 年版，第 159 页。

② 山东省公署：《山东省公署二十七八年工作报告》（1938—1939 年），1940 年，第 83 页。

③ 山东省公署：《山东省公署二十七八年工作报告》（1938—1939 年），1940 年，第 83 页。

坐，严密控制乡村。尽管日、伪政权建立的这套统治体系相对完整，但是其侵略性质决定了这些基层组织人员并不可能与其合作，大量基层政权组织在国共两党的争取下成为"两面政权"，名义上是日、伪基层政权，实际为中国抗战事业服务。

在日、伪政权初建阶段，伪山东省公署制定了380余项规章制度，任免大批地方官员，伪省政权轮廓初具。这些伪政权配合日军展开政治、经济、军事等侵略，设立各级情报机构，组建伪警察、警备武装，成为日军镇压山东人民抗日活动的走狗和帮凶。

三、实行殖民统治

日军入侵山东后，通过扶植伪政权，建立特务机构、伪民众团体和反动组织，在山东实行残酷的殖民统治和经济掠夺，推行"以华治华""以战养战"政策，以解决兵力不足、资源匮乏等困难。

建立伪山东省（济南）特务机关及宪兵队。伪山东省（济南）特务机关隶属日本华北方面军参谋部第四课，设机关长一人，中野英光（1937年底至1938年3月）、渡边渡先后任机关长。下设行政、警务、经济、文化、情报5个班，管理伪山东省的特务，并掌握山东省政治、经济、军事、文化等各方面情况。日本宪兵机关设立于1938年5月，分为宪兵济南本部（管辖张店以西的鲁西、鲁北、鲁南及鲁中部分地区）、宪兵青岛本部（管辖张店以东至青岛的胶东地区）。宪兵本部下设特务系、特高系、警务系、司法系、经济系、外事系等，并在辖区内的重点城市设宪兵分队，在各县设宪兵分遣队。宪兵队的主要活动就是血腥屠杀、镇压、监视、暗杀抗日军民。如1938年下半年，济南宪兵队网罗大量汉奸流氓，全面搜查济南城内的抗日力量。

成立"新民会"。1938年6月，济南陆军特务机关令藤井保以及汉奸朱经古创办山东"新民会"，在济南设立"新民会山东指导部"，在各道成立新民会"办事处"，各市、县成立"新民会"市、县指导部。各地"新民会"会长均由各地伪政府首脑担任,日籍特务任"新民会"次长并实际掌控各地"新民会"。依托其"新民会",又建立伪组织"反共救国会""青年少年团""新闻记者协会""佛教会""日语协会""教育联合会"等。

进行奴化宣传。日军侵占山东时,设有随军"宣抚班",在其占领的城内、车站、公园、街头大肆宣传所谓"大东亚战争神圣""日中共存共荣",妄想对中国人民进行奴化教育和洗脑。"新民会"成立后,在伪政权支持下,极力进行奴化宣传。日军发行《山东新民报》《山东新报》《青岛新民报》等报刊,在青岛、济南等地建成电台,鼓吹日、伪军统治。建立"新民图书馆""新民教育馆"等机构,播放日本电影,演出日、伪话剧,向民众宣传灌输日、伪政策,并以"新民主义"为名,美化"新政权""开发产业""发扬东方之文化道德""剿灭共党""促进友邻缔盟之实现"的侵略面目,极力推行奴化教育。

实行奴化教育。日军掌控的各级教育机构均改造为日、伪教育机构,强推日本化教育。日、伪政权强令原山东省内数所专科学校改为师范日语专科学校,培训日语教师,"择优"送往日本留学。山东大学的人文社科学科全部停办,只允许农学、医学专业继续开办。规定各大中小学机构,必须开设日语课程。各学校原有的中国历史及英语课程一律取消,改为"东方文化概论"与经学课程。日语取代中文,成为各学校的主要课程。小学三年级学习日语,每周授课时长为六节课。在学校里,师生日常对话必须使用日语。日军派遣大量日本教官,进入山东省立学校与各地重点学校,监督日语教学,欺骗说只有通过日本的"帮助"中国才能发展、才能构建"大东亚共荣圈"。伪山东省教育厅在 1938 年设立"检定委员会",严密控制各中小学教师与学生。

进行"军管"。日军对山东工商企业进行所谓"军管"和强制性"日华合作",掠夺战争物资。首先,对粮、棉加工生产厂家实施"军管",强制开工,强行征用。1937 年 12 月 29 日,日军特务机关长中野英光召集成记、成丰、惠丰、华庆、宝丰、丰年等 7 户面粉厂和成通、成大、仁丰 3 户棉纱厂厂主开会，声称"分批对各厂实施军管，并着日本企业三菱、三井等洋行带人前往各厂，先行查封，接收账目、房产、设备、原料、成品、现金。同时有寇军随往，立即占据"①。至 1938 年 5 月，以上各厂与济南的电力、电话通讯及制糖、造纸等厂家均被日军"军管"强征，全省其他各地亦皆如此。此外，日、伪还通过"收买""让渡"等形式，强迫各厂实行"中日合办"。济南电话公司首先被迫"中日合办"，公司资本 75 万元仅实付 40.8 万元即被日、伪收买合并。被日军"军管"的企业，此后基本被"合办"。

发行"联银券"。1938 年 2 月，伪华北政权设立中国联合准备银行（简称银联）作为伪中央银行，发行"联银券"作为伪"国币"强制流通。4 月，"联银"总行在济南、青岛、烟台、龙口、威海等地设立分行，兑换"联银券"。日、伪政权在山东严禁各地方、各商号发行私钞，颁布"禁止旧通贷订立契约办法"，规定任何借贷存款、契约均以"联银券"为标准，企图垄断全省金融。

掠夺各种资源。1938 年 1 月，日军侵占淄博矿区，其东和公司和鲁大公司分别控制博山、淄川两地煤矿，强令恢复生产。同月，日军侵占宁阳禹村和华丰两个煤矿。3 月，侵占峄县中兴公司。此后，又陆续侵占莱芜、新泰、坊子等矿，山东煤矿全部落入日、伪之手。日、伪成立"山东矿业公会"，统制、掠夺山东煤矿，并对盐、铁、铝、金等矿产资源进行开采和掠夺。

---

① 苗兰亭：《抗战时期我在济南伪商会的经历与见闻》，《山东文史资料选辑》（第四辑），山东人民出版社 1986 年版，第 92 页。

第五章
共产党在山东的敌后抗战与迅速发展

全民族抗战时期是山东共产党组织建设和发展的一个非常重要的时期。在中共中央的领导下，山东党组织坚持抗日民族统一战线政策，放手发动群众，组建抗日武装队伍，创建山东抗日民主根据地，为夺取抗战胜利作出了重大贡献。1937年7月7日卢沟桥事变爆发后，山东省委根据中共中央的指示，决定组织抗日游击队，建立抗日救亡群众团体。9月底，日军侵入山东后，省委制定发动抗日武装起义和组织抗日武装的十条纲领。在国家、民族危亡之际，山东党组织在中共中央的领导下毅然肩负起引领全省人民抗日救国的历史重任，在全省组织发动十多次抗日武装起义，先后建立10支抗日游击队。山东省委在1938年1月直接领导徂徕山抗日武装起义，建立八路军山东抗日游击第四支队。山东抗日根据地逐步创建后，中共中央进一步加强山东抗日工作，先后派来250多名干部，又将山东省委改为苏鲁豫皖边区省委、中共中央山东分局。12月27日，组建八路军山东纵队，统一指挥党领导下的山东抗日武装力量，山东抗日根据地进一步巩固发展。

第一节　贯彻落实中共中央的抗战决策

一、贯彻制定全民族抗战决策

全民族抗战爆发后，全国性抗日救亡高潮深入城乡各个社会阶层，引起国内国际形势的变化。1937年8月，中共中央在陕北洛川召开政治局扩大会议（即洛川会议），通过《中共中央关于目前形势与党的任务的决定》《中国共产党抗日救国十大纲领》，指出中国抗战是一场艰苦的持久战，共产党及其领导的民众和武装力量应该站在斗争的最前线，使自己成为全国抗战的核心。中共中央制定的全民族抗战路线，强调开展独立自主的游击战争，实现有根据地、有后方的持久作战。9 月，毛泽东在给北方局的电报中强调指出，"整个华北工作应以游击战争为唯一方向"①。北方局正确贯彻执行中央的战略方针，刘少奇明确要求，我党我军要准备广泛发展游击战争，扩大八路军人枪，建立很多根据地，立即部署山东等地的人民抗日武装斗争等。10 月，刘少奇发表《抗日游击战争中的若干基本问题》，指出今后华北人民抗日的主要斗争形式是游击战争，以及建立根据地和抗日民主政权的重要性。

按照中共中央和北方局的指示精神，中共山东省委积极争取国民党在山东抗战，促成抗日民族统一战线，组织人民群众开展游击战争，创建抗日根据地。1937 年 7 月，黎玉从延安返回济南，召开会议，传达苏区代表会议和白区工作会议精神，决定发展抗日救亡团体、组建抗日游击队。同时，省委协助中共中央代表张经武，促成对国民党山东省政府主席兼国民革命军第三路军总指挥韩复榘的统战工作。中共中央北方局在山东成立山东联络局，在第三路军举办政治干部训练班，调派共产党员张维翰、姚第鸿等帮助第六区范筑先部开展工作。省委组织战地服务团分赴第五战区李宗仁各部活动，山东抗日民族统一战线初步形成。

日军侵占平津后，随即沿津浦铁路南犯，山东局势愈发严峻。这时，北方局发出"每个优秀的共产党员脱下长衫，到游击队去"的号召。1937 年 9 月，省委召开紧急会议，制定发动抗日武装起义和组织抗日武装的十

---

① 中央档案馆编：《中共中央文件选集》（第十一册），中共中央党校出版社 1991 年版，第 353 页。

条纲领①，决定在全省分区发动抗日武装起义。在发动抗日武装起义的时间上，省委建议在日军尚未入侵或者入侵后立足未稳之际，抓住时机，高举八路军或抗日救国军的旗帜，进行武装起义。省委计划在冀鲁边、鲁西北、胶东、鲁中、泰西、鲁东、鲁东南、鲁西南等地建立 10 个军或 10 个支队，把握时机，全省行动，揭竿而起。

省委派出大批干部分赴各地，恢复和建立共产党组织。各地党组织以民先队员和各群众性抗日救亡团体成员为骨干，收集民间枪支，动员群众起义等。中共中央和北方局调派洪涛、廖容标、韩明柱、赵杰、程绪润、周凯东、郭盛云、廖云山等红军干部及一批青年知识分子来到山东工作，蕴藏在人民群众中间的抗日力量正在逐渐汇聚，遍及齐鲁大地的抗日烽火即将在全省熊熊燃起。

二、恢复、发展各地党组织

根据省委的统一部署，全省各地党组织积极展开抗日武装起义有关准备。在中共中央的领导下，山东各级党组织很快成为团结抗战的领导核心。全省党组织的恢复和发展，奠定了山东抗日救亡运动、抗日武装起义、抗日根据地的组织基础。

在鲁中，1937 年 9 月成立鲁中工委，孙汉卿为负责人，主要在泰安、

---

① 山东抗日游击队《十大纲领》主要内容是：1. 要保卫山东，就要组织山东抗日游击队，共产党员应当模范地脱下长衫到游击队去，每个党员都要发动群众参加或组织队伍；2. 以"抗日游击队"或"山东人民抗日救国军"的名义，号召广大群众来参加这个部队；3. 团结一切不愿做亡国奴的人们起来参加部队，扩大抗日民族统一战线；4. 部队组织发动的时间要适当掌握，不能过早，也不能过迟，最好是在韩复榘退却逃跑、日寇正要打进来的时候；5. 接收溃兵的武器，同时也要用说服的方式来动员枪支，号召"有枪出枪""有钱出钱"；6. 部队组织起来后，必须积极地向敌人开展斗争，提高群众对部队的认识；7. 部队组织发动后，必须建立政治工作，要建立党的组织，保证党的领导；8. 部队给养，最初可以实行政治动员募集、没收汉奸财产来充实抗日经费，号召"有粮出粮"；9. 部队要有严格的政治纪律，实行"三大纪律、八项注意"，必须做到秋毫无犯；10. 部队组织起来后，必须帮助群众建立抗日民主政权。

莱芜、新泰、泗水一带开展工作。刘居英、邵德孚、李仲林接受山东省委指派，分别奔赴莱芜、沂水、新泰，加快恢复和建立当地党组织。1938年5月，苏鲁豫皖边区省委派第四支队干部夏辅仁、朱玉干、燕遇明等到泰安，成立中共泰安县委，年底发展党员200余名。莱芜县委调整后，1938年底发展党员近1000人。边区省委派第四支队干部董琰、周星夫等到新泰，成立中共新泰县委，发展党员300余名，建立5个区委、30多个农村党支部。边区省委派孙汉卿、周蓝田到泗水，成立中共泗水县委，在泗水、宁阳、邹县一带建立党组织和地方武装。在沂蒙山区，先后成立蒙阴县委（直属边区省委领导）、费县县委、沂水县委。1938年10月，边区省委决定成立淄博特委，金明任书记，积极恢复和发展沂鲁山区地方党组织。至1938年底，鲁中地区先后建立蒙阴、泰安、沂水、新泰、莱芜、泗水、费县、博山、淄川等县党组织，奠定了开展敌后游击战争的组织基础。

在胶东，省委派林一山、张加洛以及刚出狱的理琪、宋澄、宋竹庭等到胶东开展工作。1937年12月，成立中共胶东特委，辖1个市委（烟台市委）、7个县委、2个中心县委、4个工委、5个特支，理琪任书记。

在鲁东，1937年10月，省委派林浩在博山主持会议，成立中共鲁东工委，鹿省三任书记。10月，成立淄博矿区工委，张天民任书记，直属省委领导。1938年5月，成立清河特委，霍士廉任书记。其间，先后成立潍县县委、博兴县委、淄川县委、益都县委、博山县委、临朐县委、临淄县委、昌潍联合县委、寿光中心县委。

在鲁北，1937年10月，省委派于文彬建立中共鲁北特委（亦称鲁北特工委或冀鲁边工委），于文彬任书记。辖山东省的乐陵县等16个县和河北省的沧县等5个县。

在鲁西北，省委派张霖之、洪涛、王幼平、廖云山、金维国、赵健民，以及赵晓舟、高境、吴钟琨、李一黎、熊义吾等30余人，到聊城领导武装斗争，重建鲁西北特委，刘仲莹、赵健民、徐运北先后任书记。其间，先后成立高唐县工委、茌平县工委、禹城县委、莘县县委等。1938 年 6 月，鲁西北特委重新分成鲁西北、鲁西两个特委。

在鲁西南，1937 年 11 月，省委派白子明、孙衷文、江明等前往鲁西南开辟工作，成立中共鲁西南工委（1938 年 5 月后改称特委），白子明任书记。1938 年 1 月，成立中共郓城中心县委。其间，先后成立中共金乡县工委、邹县县委、单县县委、郓城县委、曹县工委。

在鲁东南，省委派邵德孚、李仲林回沂水开展工作。1938 年 8 月，成立中共鲁东南特委，景晓村任书记。其间，成立中共莒县县委等。

在济南，1937 年 10 月省委撤走之后，11 月成立中共济南市工委，陈隐仙任书记。

在青岛，1937 年 9 月，成立中共青岛特支，李欣任书记。11 月，成立中共青岛市委，陈振麓任书记，组建崂山抗日游击队第四中队。

1937 年 11 月，调整中共苏鲁豫皖边区特委，郭子化仍任书记，并在枣庄成立中共鲁南中心县委。

第二节　建立抗日民族统一战线

一、努力争取韩复榘

1937 年 7 月抗日战争全面爆发后，中共中央发出《关于组织抗日统一战线扩大救亡运动给各地党部的指示》，要求各地党组织组建抗日统一战线，扩大抗日救亡运动。8 月，中共中央下达《关于抗战中地方工作的原则指示》，提出："可能时应该同各地政府与军队进行各种具体的统一战线的活动与组织，并尽可能的吸收其他党派及人民团体参加进来。"[1] 这些指示成为山东各级党组织开展统战工作和领导抗日救亡运动的重要指导思想。省委积极协助，努力开展争取韩复榘及其部下的工作，以团结各种力量共

---

[1]　中共山东省委党史研究室、山东省中共党史学会编：《山东党史资料文库》（第 7 卷），山东人民出版社 2015 年版，第 1 页。

同抗日。

1937年7月，在省委协助下，中共中央先后派彭雪枫、张经武与韩复榘会谈，开展统战工作。8月，张友渔与韩复榘进行会谈。北方局在山东成立山东联络局，张友渔任书记，团结联络山东国民党军政要员共同抗日。9月，在省委协助下，张友渔、张经武与韩复榘达成三项协议：一是释放在押政治犯；二是成立第三路军政训处；三是开办第三路军政治工作人员训练班。三项协议达成之后，省委考虑到韩复榘性格多变，便极力督促其尽快释放政治犯，并安排省救亡促进会负责人王文克设法将附有400余名在狱政治犯名单的呼吁书见报。在社会舆论压力下，赵健民、张晔、姚仲明、远静沧、李仲林、理琪、程照轩、夏辅仁、董琰、邵德孚、宋澄、金明、潘复生、张北华等约400名共产党员相继出狱。

中共中央北方局还在第三路军举办政治干部训练班。10月1日，第三路军政治工作人员训练班在济南开学，韩复榘任主任，政治教育由共产党员负责。训练班先后培训1000多名学员，其中大多数为爱国青年、平津流亡学生、中华民族解放先锋队队员、教师等。训练班创办《救国导报》（济南沦陷前停刊）宣传共产党的抗日民族统一战线政策，推动韩复榘部队和其他国民党部队联共抗战。这些训练班学员经过短期教育，陆续奔赴山东各地，成为发动抗日武装起义的骨干力量。

二、鲁西北成为全国统战的典范

山东党组织与国民党山东省第六区专员兼保安司令范筑先在鲁西北共同抗战，成为全国统战工作的典范。

鲁西北地区处于冀、鲁、豫三省交界处，地跨黄河两岸，辖第六区聊城、莘县、堂邑等12县及第四区临清、邱县、馆陶等10县，战略地位重要。第六区专员范筑先曾是西北军冯玉祥部下，九一八事变后到山东任国民党第三路军少将参议，并先后任沂水、临沂县长，1936年11月任第六区行政督察专员、保安司令兼聊城县长。1937年5月，彭雪枫到聊城与范筑先亲信张维翰、牛连文晤谈统战政策。8 月，范筑先表示拥护共产党的抗战主张和统一战线政策，坚决守土抗战，决不南逃，并希望派共产党员帮助抗战。省委派去共产党员姚第鸿，担任专署秘书。10 月，范筑先请求多派共产党员协助抗战。省委派去冯基民、刁子言（邵子言）、解彭年、于会川、张舒礼、刘子荣、高元贵、吕世隆、管大同等 12 名共产党员，担任第六区政训干事；又遴选 240 名政训服务员（以共产党员和"民先"队员为骨干），分三批派往聊城。这时，范筑先奉命撤至黄河以南，张维翰及一批政训服务员主动留守聊城，坚持敌后抗战。随后，范筑先从齐河返回聊城，组织抗日群众团体，发展抗日武装，坚持敌后抗战。张霖之、赵健民、洪涛、张郁光、齐燕铭等一批军政干部也赶至聊城，协力抗战。11 月，临清、高唐等相继失陷。19 日，范筑先向全国发出"皓电"："誓率我游击健儿和武装民众，与日寇相周旋。""皓电"振奋了鲁西北民众的抗日热情，标志着抗日民族统一战线在鲁西北的正式形成。

范筑先拥护中国共产党的抗日主张，组建多个县的抗日政权和抗日武装。12 月，范筑先指挥部队在南镇堵击日军，毙敌近 200 人。1938 年 3 月，范筑先率部两次收复范县县城。曾两次组织部队，攻击驻济日军，策应武汉会战。7 月，范筑先率部攻克东阿，截击日军车队。11 月，毛泽东致信范筑先表示嘉勉慰问。11 月 15 日，在抗击日军进攻聊城时，守城 700 多名将士大部分战死，范筑先自尽殉国。国民政府特令褒扬，追晋范筑先为陆军中将；中共中央在《解放》周刊刊发纪念文章《哀悼民族老英雄范筑先》。

三、第五战区的统战工作

中共苏鲁豫皖边区特委在徐州与国民党第五战区负责人建立统战关系，开展群众性抗日救亡运动。1937 年 7 月，苏鲁豫皖边区特委书记郭子化传达中共中央指示，决定争取更多爱国人士参加抗日民族统一战线工作。10 月，中共中央派彭雪枫赴徐州，争取国民党第五战区司令长官李宗仁团结抗战。李宗仁同意各党派共同抗日，欢迎郭子化在徐州设立办事处。11

月，边区特委迁入徐州，发展抗日民族统一战线，推进抗日救亡工作。11月底，国民党第五战区民众抗日总动员委员会（简称"总动委会"）成立，李宗仁任主任。总动委会、各级动委会成为第五战区动员民众抗日的领导机构，总动委会秘书长刘汉川、组织部部长夏次叔、青年训练班班主任雷宾南、徐州专员兼总动委会战勤部长李明扬、临沂专员张里元等都拥护共产党合作抗战的主张。

第五战区总动委会成立后，各县也相继成立动委会。特委通过上层统战关系，先后向各县动委会派了一些共产党员和进步人士。第五战区20多个县动委会的指导员是共产党员或进步人士，负责动委会实际工作，各级动委会实际成为党领导下半政权性质的抗日群众团体。特委以总动委会的名义，在徐州举办第五战区抗敌青年训练班，招募300名流亡青年学生，短期集训后编成工作团分赴各县开展抗日救亡运动。第二期抗敌青年训练班学员5000余人，匡亚明、张百川、臧克家等任政治教官，引导大批爱国知识青年走上革命道路，成为共产党的各级领导骨干。

四、对石友三的统战

石友三原系西北军冯玉祥旧部，后叛冯投蒋，1937年底任第六十九军军长。石友三在抗战初期表现积极，山东党组织按照中共中央的指示，积极争取石友三部。石友三同意合作抗日。根据石友三的要求，中共中央北方局于1937年10月派党员袁也烈、于心之、程静川等7人到石友三部第一八一师（后扩编为第六十九军）工作，成立中共第一八一师工作委员会。其间，毛泽东曾致信石友三，并应其要求继续派遣13名干部到石部工作。1938年4月，张友渔任第六十九军政治部部长。

1938年春，石友三部率部挺进山东，参加徐州会战。石友三部入鲁后，驻莱芜、新泰、蒙阴、沂水一带，是徐州会战后最先入鲁的国民党正规部队。毛泽东、刘少奇电示边区省委书记郭洪涛与其联系。边区省委派匡亚明到第六十九军，任军政治部副部长。第六十九军扩编为第十军团后，张友渔、匡亚明分别任军团政治部部长和副部长，袁也烈任政治部教导总队政治主任。石友三对共产党的干部比较信任，1938 年 7 月任命刘居英为第十军团第六师高树勋部教导大队副大队长，主持教导大队工作；张岗、许言分别任新六师政治部民运科长和宣传科长。在共产党的帮助下，石友三趋于积极抗日。

中共中央继续争取石友三，接受其统一指挥鲁南各游击队，要求其划出一定防地给八路军作为根据地与后方。1938 年 7 月，石友三在新泰龙廷召开山东军政人员会议，秦启荣等国民党顽固派极力反对改变山东政治体制，但是共产党和石友三、地方实力派仍然达成两项协议和三项君子协定。① 龙廷会议确立了石友三与共产党、八路军合作抗日的主导地位，打压了顽固派沈鸿烈、秦启荣等人的嚣张气焰，团结了一些国民党地方实力派和民主人士。在党的领导下，第六十九军政治部开办民运训练班，训练爱国青年，任命张克威（中共党员）、梁竹航（民主人士，后为中共党员）分别担任新泰县长和莱芜县长。8 月，石友三部、范筑先部和山东八路军部队相互配合，攻打日军占领的济南，支援武汉保卫战。石友三、范筑先部一度逼近济南，受到蒋介石的通令嘉奖。石友三发动讨秦战役，迫使秦启荣余部逃至滕县山区。

经过分析研判，中共中央决定与石友三共同创建山东抗日根据地。1938 年 9 月 7 日，中共中央以毛泽东、张闻天、刘少奇的名义致电苏鲁豫皖边区省委书记郭洪涛，指示会商石友三共同建立山东抗日根据地。在边区省委的积极努力下，石友三在山东敌后坚持抗战，为创建鲁中抗日根据地创造了有利条件。石友三占据鲁中山区后，国民党山东省政府主席沈鸿烈大为不满，并与国民党军事委员会别动第五纵队司令、山东最大的地方

---

① 两项协议是：成立联合参谋部，由石友三部参谋长和八路军山东人民抗日游击第四支队司令员廖容标负责，协调各部队的抗日行动；建立民运指挥部，隶属第十军团政治部，负责石友三管辖区的政权建设。三项君子协定是：彼此不搞磨擦；不能互相瓦解部队；不许向友军扩张地盘。

实力派秦启荣联合，极力反对石友三主持山东军政。石友三的联共抗日，引起蒋介石的忌恨，便在1938年11月将石友三调任冀察战区副总司令兼察哈尔省主席，此后石友三走上反共反人民的绝路。①

五、建立各种群众抗日团体

1937年7月29日，北平沦陷，民先全国总队部、北平队部、北平市学联主要负责人布置学生撤到内地，发动抗日救国运动。8月，大批流亡学生撤到天津，又经海路到达山东，分批到达济南，在济南成立平津流亡同学会、平津流亡学生办事处和中华民族解放先锋队驻济联络站、山东省救亡促进会。在省委领导下，9月18日，山东省救亡促进会举办纪念九一八事变6周年市民大会，决定捐款救国。9月，成立中华民族解放先锋队山东省队部，接受省委的领导。威海卫、蓬莱、文登、平度、益都、临清、长山、邹平、临邑、平原、禹城、德州等60多个县相继成立民先组织。10月18日，中共中央作出《关于民先队工作的决定》，要求民先组织逐渐形成一个地区以至全国的青年救国联合会。在省委领导下，民先省队部、济南平津流亡学生会编印《脱下长衫，拿起枪杆，坚持敌后抗日游击战争》等，创办《齐鲁先锋》《冲锋号》副刊，组织抗日流亡剧团，进行声势浩大的抗日救亡宣传。民先组织成员成立各界救国会、抗日后援会，动员各界爱国力量共同抗日，成为引导建立统一战线的重要力量。

民先山东省队部成立后，很多县相继建立民先组织，成立各抗日群众团体。1937年9月，省委和民先山东省队部领导成立山东文化界抗敌救亡协会、济南妇女联谊会、各界抗敌后援会等。山东大学民先组织开展抗日救亡工作，演出话剧《放下你的鞭子》，教唱流亡歌曲，在市郊农村开展抗日救亡活动等。

---

① 石友三勾结冀察战区总司令鹿钟麟、河北省民军司令张荫梧等，顽固反共。1940年2月，在鲁西遭八路军沉重打击，后密谋降日。1940年12月1日，第十军团暂编第一军军长高树勋将石友三活埋。

1937 年 11 月，日军侵犯济南，省委迁到泰安，民先山东省队部大部撤到泰安。12 月 27 日，日军侵占济南，省委决定在全省发动游击战争，打击日军入侵，民先山东省队部、平津流亡同学会随即解散。留在山东的民先队员成为发动抗日武装起义和创建山东抗日根据地的骨干力量。

1937 年 12 月，成立第五战区职工抗日联合会，徐致雨（中共党员）为主任。津浦、陇海铁路徐州段及枣庄、贾汪、烈山 3 个煤矿的职工抗日联合会也相继成立。1938 年 2 月，成立第五战区青年救国团。5 月，改组第五战区工会，成为山东工运领导机关。全区性农民救国会、妇女救国会和儿童救国团等抗日救亡团体纷纷建立。胶济铁路职工抗日联合会在淄川佛村组建张博铁道大队，坚持抗日斗争。

共产党领导的抗日群众团体大力支援国民党军队作战。如台儿庄大战期间，枣庄抗日职工救国会动员数百名枣庄煤矿职工，破坏临（城）枣（庄）赵（墩）铁路支线大部路段，阻遏日军的增援；邳县青年救国团制作 1000 副担架在运河两岸抢救伤员，组织 2000 辆小车运送军粮；儿童服务队负责为过往军队送茶送水、传送信件等。

山东党组织认真贯彻抗日民族统一战线政策，除了努力团结以上各方力量之外，还积极联合其他相关力量，共同抗击日军。在鲁中区，积极争取会道门，成功改编"堂天道""罡风道""善道会"等。在泰西区，曾与郁仁治建立统战关系。同时，还争取万春圃、宋鲁泉、辛葭舟等开明士绅及周砚波、马耀南、范明枢等社会名流，组织各种抗日救亡团体，开展抗日救亡运动。

第三节　组织发动抗日武装起义

1937 年 12 月，日军渡过黄河，沿津浦、胶济铁路南犯、东侵。在此危急时刻，山东省委根据中共中央的指示，在国民党山东各级政权崩溃、官员溃逃之际，独自承担起山东坚持抗战的历史重任，要求各地党组织抓住日军立足未稳、国民党溃逃、人民抗日情绪高涨的有利时机，依靠群众发动抗日武装起义。在当时八路军主力部队尚未入鲁的艰难条件下，各级党组织依靠少数红军干部和地下党员、青年学生等组建抗日起义队伍、创建抗日武装。从 1937 年下半年至 1938 年上半年，省委先后在冀鲁边、鲁西北、天福山、黑铁山、鲁东、徂徕山、鲁东南、泰西、鲁南、湖西等发动10 多起较大规模的抗日武装起义，组建抗日武装，开展游击战争，对敌人作战 100 余次，攻克县城 15 座，消灭大量日、伪军，逐渐赢得齐鲁人民的衷心拥护，奠定了山东抗日根据地的坚实基础。

一、冀鲁边抗日武装起义

冀鲁边区又称鲁北津南地区，东临渤海，西接津浦铁路和运河，北到独流减河，是联系山东、河北的南北通道，战略地位十分重要。日军沿津浦铁路南犯山东，"山东北大门"的冀鲁边区首当其冲，成为山东最早抗击日军侵略、发动抗日武装起义的地区。

1937 年卢沟桥事变后，当地党组织积极开展抗日宣传活动，发动群众筹建抗日武装。7 月 15 日，马振华、周砚波等在旧县镇北广场（曾属乐陵县）成立华北民众抗日救国会和华北民众抗日救国军，设总指挥部和政治部，组建抗日武装。乐陵黄夹镇起义部队及宁津、无棣、庆云县的抗日武装陆续在旧县镇集结，被编入华北民众抗日救国军。省委派红军干部周凯东、郭盛云加强军事领导，派于文彬建立鲁北特委。10 月，鲁北特委、救国会、救国军在盐山县刘集召开会议，改组救国会和救国军，邢仁甫（后变节投敌）任救国会军事委员长兼救国军司令，周砚波任救国会政治部长，崔岳南任救国会政治部副部长兼救国军政治部主任，于文彬任救国军政治部副主任，范普权任救国军政训处长，周凯东任救国军参谋长。

12 月，华北民众抗日救国军为建立抗日民族统一战线，改称"国民政府军事委员会别动总队第三十一游击支队"，邢仁甫为支队司令，所辖部队改编为第一、二、三路和特务团。冀鲁边区各县大部沦陷后，各地土匪、民团、会门武装以及伪军、伪组织蜂拥而起，互争地盘。鲁北特委确定采取机动灵活的游击战争方针，打击敌人。第三十一游击支队从 1938 年 1 月 31 日至 4 月 6 日，连克日、伪军，收复盐山、无棣、乐陵、庆云 4 座县城，鼓舞了群众的抗日热情。1938 年 4 月，第三十一游击支队扩充为 1700 人，在 4 县建立抗日民主政府，实控以乐陵县为中心的山东、河北两省接壤区域。

二、鲁西北抗日武装起义

鲁西北地区处于冀鲁豫三省交界处，以黄河和津浦铁路、平汉铁路为三边的三角地带。由于战祸不断、黄河失修，旱涝灾害频发，当地生活比较贫困，人民群众具有强烈的反抗精神。1937 年 9 月 19 日，省委向鲁西北特委传达北方局指示，要求鲁西北地区组建抗日武装。11 月 7 日，省委明确指出："鲁西北党的任务——游击队要争取 1 万多（人），在直接领导之下，作为必争的目标。"11 月 22 日，成立山东省第六区抗日游击第一大队，洪涛任队长。1938 年 1 月 31 日，成立山东省第六区游击司令部第十支队。很快，队伍扩大到四五千人。另外，在濮县创建第二十七支队，在濮阳、濮县交界处创建第十三支队，在齐河创建第十二支队，在长清创建第三十一支队。1938 年秋，鲁西北党组织直接领导的人民抗日武装达 1 万余人。

1938 年 3 月 20 日，冀鲁豫边区省委在河北省南宫县成立，鲁西北特委划归冀鲁豫边区省委领导。6 月，鲁西北特委重新分为鲁西北、鲁西两个特委。

三、天福山抗日武装起义

1937 年 10 月，省委派林一山、张加洛、理琪、宋澄、宋竹庭等先后到达胶东，分别联络当地的共产党员、"民先"队员，恢复建立党组织，组建抗日群众团体，开展统战工作，准备武装起义。12 月初，日军从海上登陆进攻青岛、烟台等地，胶东地区形势紧张。12 月 15 日，中共胶东特委重建，在文登县沟于家村召开扩大会议，理琪传达省委关于分区发动群众进行武装起义和在胶东成立山东人民抗日救国军第三军的指示，会议定于 12 月 24 日在天福山举行武装起义。

天福山地处文（登）、荣（成）、威（海）三县交界处，交通不便，群众基础较好。12 月 24 日拂晓，胶东特委领导的抗日武装在天福山举行起义，参加起义的有"一一·四"暴动后在昆嵛山坚持战斗的红军胶东游击队及农民、学生、知识分子等 80 余人，成立山东人民抗日救国军第三军。于得水任第三军第一大队大队长，一大队下设 3 个中队、1 个宣传队。12 月 31 日，第三军第一大队在文登县岭上村遭到国民党文登县长李毓英部数百人围攻，于得水率部突围，起义暂时受挫。

1938 年 1 月 16 日，胶东特委在国民党威海卫行政公署专员孙玺凤支持下，举行威海起义，参加起义的人员有 100 余人。各起义部队在文登县沟于家村集结，成立胶东军政委员会、山东人民抗日救国军第三军司令部，加强起义武装的领导，理琪任主席、司令员，并将所辖部队整编为两个大队和一个特务队。1938 年 2 月，日军在福山、烟台、牟平、蓬莱等县组建伪县政府，在烟台组建所谓"胶东善后委员公署"，控制胶东各伪县政权。2 月 5 日，第三军西进蓬、黄、掖等地。13 日，攻克牟平城，俘伪县长及其人员 100 余名。当日下午，理琪、林一山率 20 余人在牟平城南雷神庙被数倍于己的日军包围。在抗日友军策应下，毙伤日军数十名，胶东特委书记理琪在战斗中壮烈牺牲。

1938 年 1 月 30 日，黄县抗日救国团在黄格庄举行武装起义，建立山东人民抗日救国军第三军第三大队，李希孔任大队长。2 月 1 日，文登县黄山抗日救国会发动抗日武装起义，建立黄山大队，朱志洪任大队长。不久，编为第三军第四十一大队。2 月 3 日，蓬莱县发动武装起义，成立第三军第三大队，于仲淑任大队长。2 月，即墨县成立第三军第七大队，袁超任大队长兼政治委员。2 月 7 日，牟平县育黎（现属乳山市）乡农学校举行武装起义，编为第三军第五大队，王亮任大队长。2 月 11 日，荣成县举行抗日武装起义，后编为第三军第八大队。2月底，莱阳县成立第三军第九大队，庄国瑞任大队长。

1938年3月，胶东特委和第三军在牟平县马石店（现属乳山市）召开会议，推举曹漫之代理特委书记，林一山任胶东军政委员会主席兼第三军总指挥。5月，特委及第三军部分主力到达黄县。至此，胶东各抗日武装先后编为第三军第一、二、三、四路，共3500余人。此外，掖县建立胶东抗日游击第三支队，发展到16个大队、3700余人。

四、黑铁山抗日武装起义

1937年9月，林一山在长山县①与长山中学校长马耀南会面。随后，省委派出狱不久的共产党员姚仲明到长山中学工作。11月，省委又派从延安来的红军团长廖容标和原在鲁北地区工作的赵明新到长山县工作，成立长山县抗日后援会，宣传党的抗日救亡政策，举办游击训练班，培养军事骨干。

12月24日，日军轰炸长山县城。26日，姚仲明、廖容标、赵明新率领长山中学师生、训练班学员和部分"民先"队员、青年农民100余人，在长山、桓台、临淄3县交界的黑铁山下太平庄举行抗日武装起义，成立山东人民抗日救国军第五军，廖容标任司令员。起义队伍成立临时行动委员会，马耀南任主任。1938年1月8日，第五军一部在廖容标指挥下，夜袭长山县城，消灭伪维持会武装30多人。19日，在小清河上伏击日军汽艇1艘，击毙日军官兵12人，缴获电台1部，国民党中央广播电台播发了小清河伏击战的胜利消息。2月4日，第五军在白云山区三官庙击退日、伪军，毙伤敌近百人。各地群众自发组织小股武装，踊跃加入第五军。

2月底，第五军分两路活动：一路跨过胶济铁路，南下淄川、博山一带；一路留在胶济铁路北，在长山、邹平一带活动。3月13日，南下的第

---

① 1956年4月，长山县与邹平县合并，改为邹平县。

五军部队攻克淄川城。4月，对胶济铁路西段和张博铁路支线实行大破袭，炸毁敌火车头7台、车厢100余节，破坏铁路十余里，配合了台儿庄大战。留下的第五军部队收复邹平县城，西进章丘、历城，在国民党爱国抗日人士孟昭晋率领的中国民众抗日义勇军的配合下，一度攻克王舍人庄、黄台车站。5月，第五军南北两路部队在邹平县城会合，队伍发展到5000多人。此外，临淄县成立的县游击第三大队与临朐县、益都县成立的八路军鲁东抗日游击第十支队，合编为新的临淄县游击第三大队，李人凤任大队长。

五、鲁东抗日武装起义

1937年10月，中共鲁东工委在博山成立，全力发动抗日武装起义。寿光县委恢复较早，有党员近百人。马保三在牛头镇以其湖东乡乡长的身份，组建一支30余人的抗敌后援队。11月，寿光县在牛头镇成立八路军鲁东游击队第八支队军政委员会，张文通任主席。12月29日，成立八路军鲁东游击队第八支队，马保三任司令员。1938年1月10日，红军干部韩明柱和鲁东工委宣传委员杨涤生来到第八支队。2月5日，第八支队在寿光城西南三里庄设伏，消灭日军官兵3名，缴获汽车1辆。2月23日，第八支队在小韩庄围歼伪军韩堂大队，俘68人，缴获枪70余支。3月，第八支队发展到2000余人。

同时，鲁东工委发动潍（县）北起义。1937年12月底，鹿省三在潍北华疃村召开潍北武装起义领导人会议。1938年1月9日，日军侵占潍县城。1月27日，鲁东工委在潍县蔡家栏子村举行武装起义，建立八路军鲁东游击队第七支队，王培汉任支队长。2月14日，鲁东工委和昌邑县委在瓦城镇举行起义。3月2日，在潍县南部东曹庄举行抗日武装起义，成立八路军鲁东游击队第七支队第二大队。

1938年4月5日，鲁东工委成立八路军鲁东游击指挥部，统一领导第七、八支队，马保三任指挥。10日，第七、八支队由昌邑开往胶东，队伍发展到4000余人。

六、省委领导的徂徕山抗日武装起义

徂徕山起义是省委直接领导、在全省影响最大的一次抗日武装起义。1937年10月22日，省委在泰安县文庙召开紧急会议，决定在徂徕山地区发动抗日武装起义。12月，泰安、新泰、莱芜等县发动抗日武装三四百人。12月下旬，日军占领济南后沿津浦路继续南侵，逼近泰安。12月24日，省委机关从泰安城转移到城南篦子店村。12月31日，日军侵占泰安城。

1938年1月1日，在徂徕山大寺，黎玉代表省委宣布起义，成立八路军山东人民抗日游击第四支队，洪涛任司令员。第四支队编为第一、二2个中队、1个宣传队。1月8日，莱芜县抗日武装编为第三中队。9日，新泰县抗日武装编入第一中队。24日，宁阳县抗日武装也加入第四支队。不到一个月，第四支队发展到400多人。八路军山东人民抗日游击第四支队成立后，建立政治工作制度，各中队成立党支部，设立指导员，排成立党小组，班设政治战士，加强了部队政治工作，保证了党对军队的领导。为保证供给，第四支队设立经理部、募集队，专门负责募集经费、枪支、物资。1月26日，第四支队在徂徕山南寺岭庄伏击一股日军，毙伤日军10余人，首战告捷。2月18日，在泰（安）新（泰）公路四槐树公路桥设伏，炸毁日军汽车2辆，歼敌40余人。随后，破袭新（泰）汶（大汶口）公路一座桥梁。

1938年1月15日，中共中央指示山东省委："省委工作的中心应当放在鲁中区，开始依靠新泰、莱芜、泰安、邹县的工作基础，努力向东发展，尤以莒县、蒙阴等广大地区为重心。"省委决定向鲁中地区发展。

1938年1月，中共博山特支联合博山黄沙会首领吴鼎章，在鲁中地区组建山东人民抗日救国军第五军。2月，吴鼎章投靠国民党顽固派秦启荣，共产党组织拉出第五军机枪班等部分人员编入第四支队。同月，博山县组建山东人民抗日救国军第六方面军，徐化鲁任大队长，很快发展到300

多人。

1938 年 2 月，省委在新泰县刘杜召开扩大会议，决定委派省委书记黎玉等人赴延安汇报山东工作，请求中共中央派一批军、政及财经方面的干部到山东，并决定第四支队兵分两路开辟新的抗日活动区域。北路（第一大队）赴莱芜、博山、淄川、章丘一带活动，与抗日第五军及鲁东第七、八支队建立联系；南路（第二大队）赴新泰、蒙阴、泗水、费县一带活动。3 月中旬，北路第一大队进驻莱芜城，一部组成八路军驻莱芜办事处，大部撤到附近农村。这时，国民党军事委员会别动总队第五纵队司令秦启荣乘机突袭莱芜城，解散抗日团体。第四支队第一大队暂时撤到莱芜东北部苗山一带。4 月上旬，第四支队第一大队与第五军一部会师。

4 月下旬，省委在磁窑坞召开扩大会议，决定成立南下临时指挥部，洪涛任指挥，南下莱芜，反击顽军秦启荣部，建立泰山区抗日根据地。4 月 28 日，南路（第二大队）智取莱芜城，活捉顽县长谭远村等 300 余人，缴获大批武器弹药，救出马馥塘等被扣押人员。4 月 29 日，北路（第一大队）在莱芜城与南路（第二大队）胜利会师，第四支队改为山东人民抗日联军独立第一师，洪涛任师长，编为 3 个团及 1 个教导队、1 个独立营，共 4000 余人。

5 月初，秦启荣调集重兵进攻莱芜。第一师为避免磨擦，释放谭远村等人，主动撤到城西鲁西镇一带驻防，又转移到徂徕山以北南北上庄一带。6 月，第一师恢复第四支队的番号。

七、泰西抗日武装起义

泰西地区是指津浦铁路泰安段以西，京杭运河以东，黄河以南，汶上、宁阳以北地区。1937 年 10 月，泰安临时县委组织抗日游击队，以津浦路为界划为东、西两个地区活动，准备武装起义。在泰安县与肥城县交界处宋王庄，组织一支 40 人枪的游击队；在泰安第九区东向镇，组织一支 30 余人枪的抗日武装；在泰安县第十区张侯乡、孙伯乡一带，组织一支 30 余人枪的游击队。10月，长清县抗日游击队成立，发展到六七十人。肥城县组织一支40人枪的抗日游击队。12月，省委派张北华等党员去泰西发动泰西抗日武装起义。1938年1月1日，张北华、远静沧等10人在夏张镇举行抗日武装起义，部队很快扩大到30余人。11日，起义部队在肥城空杏寺会合，成立山东西区人民抗敌自卫团，有100余人，张北华任主席。1月17日，自卫团冒雪夜袭肥城县城，俘获伪维持会武装20余人，缴枪十几支，缴获粮食分给贫苦群众。28日夜，自卫团60余人突袭津浦铁路敌据点界首车站，毙伤日军18人，泰西地区为之震动。3月，自卫团发展到2700余人、1000余支枪。

为配合台儿庄大战，自卫团组织两次津浦路破袭战，致使日军十几天无法通车。之后，自卫团分两路活动：一路到泰肥山区活动，一路到长清县大峰山区活动。4月5日，张北华、远静沧率部进驻泰安县道朗镇。4月6日晨，日军100多人进攻泰安县道朗一带。道朗南小马庄红枪会与日军展开搏斗，自卫团闻讯赶去增援，歼灭日军20余人，自卫团政治部主任远静沧不幸牺牲。

在泰西地区，还有一支汶上县人民抗日自卫队，1938年2月5日在汶上县永安寺（今属梁山县申垓村）成立。3月底，自卫队东渡汶河，攻克张楼伪据点，俘伪维持会长杨承德及其部属10余人，缴获步枪七八支。4月5日，自卫队转移到汶上城东白塔村。6日拂晓，日军偷袭自卫队，激战后，自卫队主动撤出战斗，向北转移。5月初，自卫队到达冠县，整编为中共鲁西特委领导的第十支队第二营。

八、鲁东南抗日武装起义

鲁东南位于胶济铁路以南，陇海铁路以北，东临黄海，西界沂河、台（儿庄）潍（县）公路。1937年8月，莒县成立十字路抗日游击大队，有200余人；临沂县成立兰陵国民抗敌义勇军，有150余人。12月，十字路抗日游击大队和国民抗敌义勇军接受国民党山东省第三区专员兼保安司令张里元部所属的游击大队番号，改编为第三专署保安司令部独立营第三、四连。共产党员张岗、汪洋、崔介、韩去非等参加该部，开展争取独立营的工作。1938年3月，在蒙阴县鲁村，张岗等召开军人大会，宣布脱离张里元部，驱逐营长戴星三，加入八路军。随后，在淄川县马棚编为山东人民抗日游击第四支队第三团。

在沂水，1937年10月，沂水县一区乡农学校校长李贯一建立沂水县抗日游击第一中队，1938年1月成立沂水抗日志愿队。在莒县，1937年11月，成立高房乡民众抗敌自卫团，争取任家庄等村的常备队和佛教会的武装，组建莒县聚宝乡民众抗敌自卫团。1938年3月，沂水、莒县抗日武装合编为八路军山东人民抗日游击第四支队第六大队，鲁滨任大队长，编为第一、二、三、四、五中队及特务中队，有500余人。6月，省委派红军干部罗积伟、吴瑞林和吴坤到第六大队加强领导，罗积伟任大队长。

九、鲁南抗日武装起义

鲁南是指津浦铁路以东，沂河以西，滋（阳）临（沂）公路以南，陇海铁路以北的地区，地处陇海、津浦铁路交汇处，历来为兵家必争之地。1937年11月，中共苏鲁豫皖边区特委决定以津浦、陇海铁路十字交叉线为界，划分4个区域，分工领导，发动群众，创建抗日武装，开展游击战争。

在峄县，1937年8月，朱道南等举行邹坞乡农学校暴动，建立鲁南抗日自卫团，有100余人。在沛县，1937年10月，组建100余人的抗日队伍。在邹县，1937年12月建立鲁南人民抗日游击队，有200余人、100支长短枪。

1938年3月初，郭子化、张光中争取到了国民党徐州专员兼第五战区游击总指挥李明扬的人民抗日义勇队番号，公开在沛县、滕县、峄县等地发展抗日武装。在滕县，1938年1月办起农民训练班，3月组成农民抗日救国军，4月建立中共滕县特别支部，农民抗日救国军改称滕县人民抗日义勇队。在峄县，1938年3月，郭致远、邱焕文等在峄北山区大北庄一带建立一支五六十人的抗日武装。1938 年 3 月 18 日枣庄失守后，共产党员李浩然和四川旅沪同乡会战时服务团三四十人与峄县抗日武装会合，暂用战时服务团义勇队番号，破袭津浦路和临枣铁路支线。5 月 19 日，日军占领徐州后，边区特委调集各地抗日武装在南塘、凤凰庄、善堌一带会师，21日成立第五战区苏鲁人民抗日义勇总队，张光中任总队长，辖 3 个大队和 1个直属宣传队，共 600 余人。6 月，改称苏鲁人民抗日义勇队第一总队，建立政治委员制度和政治工作制度，成立政治工作机构，支部建在连上。随后，依靠滕峄边山区，开辟以抱犊崮为中心的鲁南抗日根据地。

十、湖西抗日武装起义

湖西地区①地处陇海、津浦两大铁路干线交汇处，是联通华中、华北的交通枢纽和战略支点。在省委领导下，1937 年 11 月成立中共鲁西南工委，相继恢复或重建金乡、单县、曹县、郓城等县党组织，组建抗日武装。

在金乡，1938 年 2 月 15 日，中共金乡县工委组建了一支抗日游击队；在单县，3 月建立抗日自卫团，5 月组建抗日自卫团联防队。在鱼台，4 月成立第五战区鱼台抗日游击司令部，7 月建立抗敌自卫团。在郓城，5 月成立郓城抗日自卫团。在丰县、沛县、砀山、萧县、铜山、宿县等地，也都建立了人民抗日武装。6 月 10 日，日军撤离丰县城，李贞乾、王文彬等率领丰县、单县、砀山部分抗日武装共 250 余人，进驻丰县城南渠楼，11 日成立人民抗日义勇队第二总队。第二总队首次战斗便消灭土匪武装于振江、于北海部，缴获长短枪 60 余支。6 月底，第二总队在丰县西北徐老家与沛县、铜山、金乡、萧县等地抗日武装会合，计有 1000 余人，李贞乾任总队长。1938 年 12 月，第二总队发展到 5000 人。

在山东各级党组织的领导下，抗日烽火燃遍齐鲁大地，北起冀鲁边，南到苏鲁边，东达黄海之滨，西至鲁西平原，各地抗日武装起义如火如荼，

---

① 因其大部位于山东南阳、独山、昭阳、微山 4 湖以西，故称湖西地区。

抗日武装队伍迅速壮大。山东党组织发动领导的这些抗日武装起义，主要有如下特点：（一）依靠当地群众和地方党组织，抓住时机，独立自主，白手起家，组建抗日武装。（二）依靠党的各级组织和党员作为骨干力量，发动抗日武装起义。这些骨干力量是山东的地下党员、营救出狱的党员和延安派来的党员、红军干部等。他们按照省委的统一部署，分赴各地，筹建抗日武装，奠定了抗日武装起义的组织基础。（三）牢固确立党的领导地位，在各支抗日武装设立党支部、政治战士等，建立政治工作制度，加强政治思想教育，抗日武装的政治觉悟和战斗力有很大提高。（四）模范践行了党的抗日民族统一战线政策，既团结又斗争，成功争取国民党地方实力派、地方官员和开明人士的支持，合作抗战；又对敌人展开英勇斗争，壮大了党领导的抗日武装。至 1938 年 5 月，山东各地人民抗日起义武装共对敌作战 100 余次，攻克县城 15 座，消灭大量日、伪军，赢得了广大人民群众的拥护，夯实了山东抗日根据地的群众基础。

第四节　初步建立山东抗日根据地

1938 年 1 月 15 日，中共中央指示山东省委，省委的中心工作是发动游击战争和建立游击区的根据地。"提议省委应在鲁中区较为适宜，万一在徐州被占的情况下，省委应以苏鲁边广大地区为活动范围。"① 能否在山东建立抗日根据地，当务之急是必须尽快建立自己的抗日武装。"建立根据地的基本条件，是要有一个抗日的武装部队，并使用这个部队去战胜敌人，发动民众。所以建立根据地问题，首先就是武装部队问题。"② 根据中共中央的指示，省委在全省发动抗日武装起义时便要求各地党组织以抗日武装起

① 中共山东省委党史研究室、山东省中共党史学会编：《山东党史资料文库》（第 7 卷），山东人民出版社 2015 年版，第 17 页。

② 中共山东省委党史研究室编著：《中共山东编年史》（第二卷），山东人民出版社 2015 年版，第 624 页。

义为契机，建立自己的抗日民主根据地，以便开展敌后游击战争。随着各地抗日武装起义的发动、抗日武装部队的组建，山东初步创建了多块分散的抗日根据地。

一、成立苏鲁豫皖边区省委

按照 1938 年 2 月刘杜会议决定，第四支队南路部队在 3 月上旬到达费县蒙山万寿宫休整，省委书记黎玉等一行五人奔赴延安汇报山东工作。4 月 2 日，到达延安。黎玉向毛泽东汇报了山东党组织和抗日游击队的有关情况，请求中央派一批军、政干部等到山东。几天后，毛泽东在一个高级干部会议上，讲到山东省委白手起家建立抗日武装的工作成绩，号召各地学习山东的做法和经验。

1938 年 4 月，中共中央在延安抗日军政大学、中央党校学员、中央机关、陕甘宁边区遴选一批兼具地方工作和军事斗争经验的党政干部约 50 人，由郭洪涛带队，前往山东工作。临行前，毛泽东指示郭洪涛等人，一要坚持党在统一战线中的领导权和独立自主原则，放手发动群众，开展敌后游击战争，建立地方武装和主力部队，建立抗日民主政权，创建抗日根据地；二要注意摸索与总结平原地区开展和坚持游击战争的经验；三要尊重当地同志，同当地党组织搞好关系，像杨柳一样插在哪里就在哪里生根成长、像松柏一样挺拔坚强。刘少奇指出，国民党已在山东敌占区恢复政权，我们党和鲁西北的范筑先建立共同抗日根据地的形式很好；要在山东再找第二个、第三个范筑先式的人物，搞统一战线，建立共同抗日根据地，并将苏鲁豫皖边区特委划归山东省委领导。4 月底，郭洪涛一行约 50 人干部队伍带着党中央的殷殷嘱托，携带两部电台从延安至西安，乘火车沿陇海路东进，在河南商丘柳河站下车，进入鲁西南曹县。

在曹县，国民党部队召开庆祝台儿庄大捷大会，邀请"八路军代表"郭洪涛讲话。郭洪涛在大会说，平型关和台儿庄的胜利，证明了日本帝国主义是可以打败的；我们要在山东建立敌后根据地，把日本帝国主义赶出山东、赶出全中国。群众热烈鼓掌欢迎。这引起国民党山东省政府主席沈鸿烈的嫉妒，决定驱逐这支派往山东的干部队伍。在范筑先部驻曹县办事处的护送下，郭洪涛一行乘坐汽车离开曹县，迅速北上。[①] 5 月 20 日，郭洪涛一行到达山东省委驻地泰安县南上庄。21 日，省委召开干部会议，郭洪涛传达中央关于创建山东抗日根据地、开展独立自主的游击战争的指示，重新组建山东省委，郭洪涛任书记。

5 月下旬，徐州失守，武汉危急，八路军准备挺进苏、鲁、豫、皖四省。根据这一战略部署，中共中央决定，山东省委扩大为苏鲁豫皖边区省委，郭洪涛任书记；苏鲁豫皖边区特委划归边区省委。

6 月，黎玉从延安转赴武汉，请求派罗炳辉来山东，后改派张经武来山东工作。8 月，中共中央抽调张经武、江华、吴克华、胡奇才等红军干部和具有白区工作经验的党员干部、抗大及陕北公学毕业的部分学员共 160 余人支援山东，临时命名这支赴鲁党政军干部队伍为八路军鲁东游击纵队指挥部，张经武、黎玉分任指挥和政治委员。10 月，到达山东。

二、创建山东抗日根据地

1938 年 5 月 21 日南上庄会议之后，苏鲁豫皖边区省委制定《发展和坚持山东游击战争的战略计划》，确定以鲁中沂蒙山区为中心，创建山东抗日根据地。具体计划为：（一）各地抗日武装作为骨干力量，抽调部队干部充实地方党组织，在收复地区建立抗日民主政府。（二）创立以沂蒙山区为中心的鲁中抗日根据地。（三）四面开花：在北面依托淄博山区，开创清河地区抗日根据地；在南面，开创抱犊崮山区抗日根据地；在东面，开创鲁东南沿海地区抗日根据地。在胶东，创立以大泽山为中心的抗日根据地。在津浦路西，创立梁山泊和微山湖两块根据地。6 月 30 日，这个战略计划报告给党中央。7 月 4 日，毛泽东电复边区省委："这个战略计划很好，望即

---

① 郭洪涛：《山东抗日根据地的建设》，《抗日烽火忆当年》，齐鲁书社 1997 年版，第 131 页。

照此去做。"

6月下旬，边区省委决定由郭洪涛、赵杰率省委机关及第四支队第二、第三团南下，支援鲁南人民抗日义勇队；林浩率第四支队第一团、教导大队政治部南下蒙阴、沂水县，开辟工作。8月底，省委机关及第四支队在鲁南打击日、伪军，反击顽固派后，北返沂水县岸堤（今属沂南县）一带，与第四支队第一团会合。9月下旬，边区省委在沂水县岸堤召开县委书记联席会议，郭洪涛作了题为《目前战争形势及我们的当前任务》的报告，强调创造敌人后方巩固的抗日根据地，坚持、巩固和扩大抗日民族统一战线，提高军队的数量和质量，发展民众运动，改善政权机构等。会后，各地党组织按照边区省委要求，积极创建抗日根据地，先后创建了冀鲁边、鲁西北、胶东、清河、鲁中、鲁东南、泰西、鲁南、湖西等十几块抗日游击根据地。

冀鲁边抗日游击根据地的创立。1938年4月21日，毛泽东指示在河北、山东平原地区，广泛发动游击战争，尽量发动广大群众走上公开的武装抗日斗争。6月下旬，中共中央决定，派兵到山东，首先派出八路军第一二九师津浦支队、第一一五师第五支队（永兴支队）挺进冀鲁边区，支援冀鲁边区党组织建立的第三十一支队，并将冀鲁边区划归北方局和八路军第一二九师领导，冀南区代管。

1938年7月，津浦支队由孙继先任支队长、潘寿才任政治委员，第五支队由曾国华任支队长、李宽和任政治委员，增援冀鲁边。冀鲁豫边区省委宣传部长马国瑞与津浦支队、第五支队到达冀鲁边区中心乐陵县，成立冀鲁边区军政委员会，统一边区领导，马国瑞任书记。第三十一游击支队改编为八路军冀鲁边区游击支队（后又改称平津支队），邢仁甫为司令员。津浦支队、永兴支队的到来，大大增强了冀鲁边八路军的作战力量。津浦支队、永兴支队、平津支队配合作战，先后消灭反动地主武装刘彦臣部、平息原第三十一支队副司令王昭明叛乱、解放宁津县城、歼灭驻南皮顽军穆金城部，相继建立沧县、东光、南皮、宁津等县抗日民主政权，打开了冀鲁边抗战的新局面。

1938 年 9 月 27 日，八路军第一一五师第三四三旅政治委员萧华奉命率旅部机关部分人员 100 余人抵达乐陵城。为加强冀鲁边区党政军统一领导，冀鲁边区抗日武装整编为八路军东进抗日挺进纵队，辖第五（永兴支队）、六支队（平津支队）和津浦支队，萧华任司令员兼政治委员。9 月，成立冀鲁边特委，统一领导津南和鲁北地区，属北方局领导，李启华任书记。成立冀南第六督察专员公署，辖沧县、南皮、盐山、庆云、宁津、东光、无棣、乐陵等县，杨靖远任专员。成立冀南军区第六分区，杨靖远兼任司令员（杨靖远在 10 月牺牲后，邢仁甫接任专员兼司令员），李宽和任政治委员兼副司令员。重组冀鲁边区军政委员会，萧华任书记。萧华传达了北方局指示，要求尽快创建冀鲁边平原抗日根据地；冀鲁边战略区将来划归山东统一领导，部队建制归第一一五师（由第一二九师暂管），地方暂由冀南区代管。10 月，成立冀鲁边区军政学校、战地动员委员会、抗日文化教育救国总会、中华民族解放先锋队、妇女救国总会、回教抗日救国总会等。11 月，边区军政委员会派出工作团，发动群众，组织抗日武装，建立各县农救会、青救会、妇救会等。萧华与国民党吴化文部（驻商河）、高树勋部（驻乐陵）达成共同抗日协议，反击顽固派进攻，加强统战地方势力。1938 年底，冀鲁边区党员发展到 2.5 万人，抗日武装发展到 1.5 万人，初步建立以乐陵、宁津、庆云 3 县为中心的抗日游击根据地。

鲁西北抗日游击根据地的创立。鲁西北党组织与国民党山东省第六区专员兼保安司令范筑先结成统一战线，共同创建鲁西北抗日游击根据地。中共中央也极为关注鲁西北的合作抗战。1938 年 3 月，鲁西特委分别派人去延安、武汉，请求中共中央、中共中央驻武汉领导机关派中央干部到鲁西北工作并派鲁西北地方干部到延安学习。25 日，中央派胡超仑等 20 多名干部以及中央驻武汉领导机关派袁仲贤、周紫珊等 5 名干部到聊城工作。鲁西北地方干部分两批赴延安中共中央党校、抗日军政大学、陕北公学学习。

4月21日，毛泽东等致电刘伯承等，指示在范（筑先）专员、丁（树本）专员的地区通过统一战线，改造原政府为人民的抗日政府。6月15日，八路军第一二九师副师长徐向前邀请范筑先在河北威县会谈，双方建立情报互换制度，达成划定驻防范围（八路军驻防冀南地区，范筑先部驻防鲁西北地区）、互不收编民众起义武装以及帮助范筑先培训干部等协议。

9月下旬，八路军第一二九师东进纵队和冀南行政主任公署在南宫召开冀、鲁两省军政联席会议，国民党山东省政府主席沈鸿烈、河北省政府主席鹿钟麟，共产党领导人徐向前、朱瑞等人参加会议。范筑先率政治、军事两个参观小组在南宫参观访问，出席中华民族解放先锋队冀鲁边区总队成立大会并讲话。10月下旬，黎玉、张经武从延安回山东途经聊城，带来毛泽东致范筑先的亲笔信，并留下一批干部充实鲁西北抗战力量，推动各项工作迅猛开展。

鲁西北抗战形势发展良好。1938年5月，鲁西特委在聊城召开区政治工作扩大会议，范筑先发表演讲，并成立中华民族解放先锋队鲁西总队部，山东省第六区抗日游击司令部改称鲁西北抗日游击总司令部，范筑先任司令。建立山东第六区政治干部学校和军事教育团。10月，范筑先在聊城召开第六区军政联席会议，通过第六区抗战行动纲领、战时经济政策和整军方案3个文件，成为巩固发展鲁西北根据地的完整政策。由于国民党第四、六区各县政权相继瓦解，鲁西北特委帮助范筑先恢复或新建30多个县政权，由范筑先任命各县县长，其中12个县长是共产党员或进步人士；迫使山东省政府主席沈鸿烈任命倾向合作抗日的韩多峰为山东第四区行政督察专员。在组建抗日武装方面，1938年秋有35个支队、3路民军等，约6万人；党员有1万人，抗日群众团体总人数达几十万。鲁西北抗日军民从1937年11月起的一年时间内，广泛开展平原游击战争，进行大小战斗80余次，歼灭大量日、伪军，基本肃清境内日、伪军，初步形成鲁西北抗日游击根据地。鲁西北抗战创造了坚持平原游击战争的经验，在全国产生了重大影响。"河北平原、山东的北部和西北部平原，已经发展了广大的游击战争，是平地能够发展游击战争的证据。"① 1938 年 7 月，美国驻华使馆海军武官伊·福·卡尔逊曾到聊城参观，在国际上宣传了鲁西北和聊城的团结抗战。

1938 年 11 月，聊城失陷，范筑先壮烈殉国，鲁西北抗日民族统一战线遭到严重破坏。12 月，八路军第一二九师率第三八六旅主力和先遣支队一部进入冀南和鲁西北，稳定了鲁西北局面。

12 月，山东纵队第六支队独立营两个主力连在长清葛靖庄与范筑先部第三十一支队合编，成立八路军平原纵队，袁仲贤任司令员。在冠县，组建八路军第一二九师先遣纵队，李聚奎任司令员兼政治委员。1939 年 1 月，原鲁西北第十支队及第三、六、七、十六支队各一部改编为八路军筑先抗日游击纵队，张维翰任司令员。之后，津浦支队、青年纵队及第一二九师骑兵团进入鲁西北地区，均归第一二九师先遣纵队指挥。八路军主力部队陆续入鲁，迅速扭转了鲁西北的混乱局面，提振了广大人民的抗战热情。1939 年 1 月，中共中央北方局决定，成立中共鲁西区委员会，张霖之任书记，继续在鲁西北坚持抗战。

胶东抗日游击根据地的创立。胶东各地成立抗日武装后，积极开展武装斗争，开辟抗日根据地。1938 年 3 月，莱阳地区形成全民抗战的局面。3 月 17 日，日军 300 余人进犯莱阳城，在城西花园头村遭到国共抗日队伍 300 余人的围歼，毙伤日军百余人。5 月 6 日，第三支队在掖县击退顽固派张金铭部 3000 余人，毙伤顽军 300 余人，粉碎了胶东第一次反共大磨擦，稳定了胶东抗战局面。5 月 12 日，成立胶东抗日联军指挥部，马保三任指挥。6 月，胶东特委、胶东军政委员会调整，王文任书记，高锦纯任胶东军政委员会主席、山东人民抗日救国军第三军总指挥。部队统一建制和指挥，制定政治工作条例，加强思想政治工作，处决叛乱分子，增强战斗力。9 月 18 日，第三军改称八路军山东人民抗日游击第五支队，辖 4 个团，高

① 毛泽东：《抗日游击战争的战略问题》，《毛泽东选集》第二卷，人民出版社1991 年版，第 420 页。

锦纯任司令员。根据苏鲁豫皖边区省委的指示，胶东特委、第五支队司政机关由掖县城迁至掖县南部葛城村，开辟以大泽山为中心的新根据地。10月16日，伪军赵保原、张步云部配合日军进犯掖县，第五支队第六十一团在平度北大青杨一带激战伪军，毙伤伪军230余人，是胶东抗战史上的第一次大仗。10月，国民党山东第九区专员兼保安司令蔡晋康部3000余人围攻八路军驻地蓬莱城，被击退。

胶东党组织积极建立抗日政权。1938年3月到5月，先后成立掖县、蓬莱和黄县抗日民主政府，是山东建立最早的三个县级抗日民主政权。8月15日，成立北海行政督察专员公署，曹漫之任专员。以此为标志，胶东第一个抗日根据地——蓬黄掖抗日根据地基本形成。北海专署成立后，颁发《施政纲领》、税收制度和减租减息等法规，成立人民法院、保安司令部和民众抗日救国总动员委员会等政权及统战组织，展开全面建设。建立北海银行，创办学校、兵工厂、抗日群团等。7月，成立胶东特委党校；8月，成立胶东公学。创办《抗战日报》、特委机关报《大众报》《海涛》，成立河山话剧社、抗战服务团、蓬黄掖化装演讲团、胶东文化联合社、胶东文化界救国协会和国防艺术研究社、胶东职工总会等。

清河抗日游击根据地的创立。清河地区指小清河流域各县，即胶莱河以西，黄河与胶济铁路相夹的三角地带，东至昌邑，西抵章（丘）历（城），南达胶济铁路，东北濒临渤海，包括黄河入海口的荒滩地带，是鲁中、胶东、冀鲁边三个战略区的交通联络枢纽。黑铁山起义后成立的山东人民抗日救国军第五军，曾在邹平、长山、桓台、临淄、章丘、淄川、博山7县建立黑铁山、长白山等抗日游击区，鲁东工委和八路军鲁东抗日游击队第七、八支队在寿光、潍县、昌邑等地开辟了一些抗日游击区。

1938年4月，鲁东工委书记鹿省三牺牲。5月下旬，成立中共清河特委，霍士廉任书记。6月，山东人民抗日救国军第五军改编为八路军山东人民抗日游击第三支队，马耀南任司令员。第三支队下辖第七、八、九、十、十一团和特务团。整编之后，加强政治思想工作，建立政治工作制度，在连队建立支部，营建立分总支，团建立总支，保证党对军队的领导。7月下旬，第七、八支队在清河区进行整编，统称为八路军鲁东抗日游击队第八支队，马保三任指挥。8月，第三支队一部与第四支队破袭胶济铁路西段，配合武汉保卫战，一度攻占洪山矿区，毙伤日军 300 余人。第八支队配合第三支队巩固扩大清河根据地，寻机越过胶济铁路南下沂蒙山区，协同八路军山东抗日游击第四支队创建沂蒙山区抗日根据地。9月，第三、八支队联合驱逐王尚志等 11 个国民党顽军司令至小清河以北。第三、八支队协同作战，开辟广饶县部分地区，取得益都水渠、临淄岳家庄等战斗的胜利。

1938 年 10 月，成立中共淄博特委，金明任书记。胶济线以北，归清河特委领导；胶济铁路以南，归淄博特委领导。10 月下旬，清河特委在临淄县苇子河召开县委书记和党的活动分子会议，特委书记霍士廉明确指出建设抗日根据地的任务。会后，第三支队兵分三路，马耀南一部在邹平、长山一带活动；李人凤、罗文华一部在临淄地区活动；霍士廉、杨国夫一部进至长山卫固一带活动。11 月，日军集中 3000 余兵力，配以飞机、大炮、汽车、骑兵，分三路"扫荡"清河区。11 月 8 日，第八支队一部和第三支队一部在临淄六天务村与"扫荡"之敌展开激战，毙敌 50 余人，八支队第六十八中队除 17 人突围外，全部壮烈牺牲。9 日，第八支队在长山县蒙家庄与日、伪军发生激战，毙伤日、伪军 200 余人，副指挥韩明柱牺牲。至1938 年底，开辟临淄、寿光、桓台、邹平、长山一带抗日游击根据地。

鲁中抗日游击根据地的创立。鲁中区地处山东腹地，在胶济铁路西段以南、津浦铁路济南至兖州段以东、滋（阳）临（沂）公路以北、沂河以西，是山东党政军领导机关经常驻防的地区。境内山脉连绵起伏，地势险峻，向西可以控制津浦铁路，向北可以控制胶济铁路，战略地位十分重要。中共中央多次指示山东省委，尽快创建以鲁中区为中心的山东抗日根据地。

苏鲁豫皖边区省委高度重视，调集骨干部队，开辟鲁中根据地。1938年 7 月，边区省委书记郭洪涛率第四支队一部南下；林浩率第四支队第一团、教导队和政治部在蒙阴县坦埠与第三支队 1 个团会师。8 月 28 日，郭洪涛在沂水县岸堤与林浩、廖容标（第四支队司令员）所率部队会合。10月，第三支队第八团与廖容标、姚仲明部合编为四支队第四团，廖容标任团长。11 月，八路军鲁东抗日游击队第八支队 4000 余人分批南下，陆续抵达沂鲁山区，又东进沂水东北部、安丘西南部。

边区省委同时派出大批干部，奔赴沂水、蒙阴、临（沂）费（县）边等县任职，推动创建鲁中抗日根据地。1938 年 8 月，成立沂水县第九区抗日民主政府，这是鲁中区第一个区级抗日民主政权。沂水县第九区妇女工作十分出色，区、乡都配备了女区长、女乡长，相继涌现了段大娘（张新民）、彭大娘（杨振兰）、韩大娘（谢德甫）、于大娘（王换于）、李大娘（吴金凤）等拥军模范。沂水、蒙阴等县先后成立职工抗日联合会、妇救会、农救会及农民自卫团等抗日群众团体。1938 年底，蒙阴、沂水、新泰、莱芜、泗水、费县、博山、淄川、安丘、临费、临朐、益（都）南等县党组织基本健全，区委、村支部以及农救会、青救会、妇救会、自卫团、儿童团等群众抗日团体也相继建立，鲁中抗日根据地已具雏形。

鲁东南抗日游击根据地的创立。1938 年 7 月，八路军山东人民抗日游击第四支队第六大队改编为八路军山东人民抗日游击第二支队，由沂水开赴莒县，开辟鲁东南抗日根据地。8 月，边区省委决定在莒县大店（今属莒南县）成立鲁东南特委，景晓村任书记。第二支队整编为两个营、1 个特务连，有 700 余人，刘涌任司令员。随后，朱信斋部 300 余人被编为第二支队独立营，成立莒县独立营和诸城独立营。9 月中旬，第四支队第二团由新泰开赴莒县大店，10 月上旬到达十字路，莒、临、郯等县抗战力量进一步加强。11 月，第二支队袭击朱解、瓦店两个伪军据点。12 月，第二支队进入泊里，相继占领陈家口等海口及王家滩以东的大场和小场。1938年底，第二支队发展到 1000 余人，成为开辟、建立鲁东南抗日根据地的一支基干部队。

鲁东南地区除胶县、高密等少数城镇外，大部分地区尚无日、伪军，仍然由国民党控制着县、区、乡地方政权,党组织力量比较薄弱。鲁东南特委成立后,统一领导,广泛开展政治宣传,召开群众大会、举办各种干部骨干训练班、组织民运工作队等。同时,注重发展党员、建立党的各级组织,注重开展统战工作。1938 年 6 月,在国民党军新编第六师高树勋部成立中共新六师工作委员会,刘居英任书记。争取国民党赣榆县长朱爱周、莒县县长许树声等。10 月,鲁东南特委在大店召开党的活动分子会议,特委书记景晓村提出党的任务。1938 年底,成立莒县、诸城、日照县委和基层党组织,群众运动有很大发展。国民党第五十七军第一一二师、国民党第六十九军新编第六师的两个中共地下工作委员会,为开辟鲁东南根据地作出了贡献。

泰西抗日游击根据地的创立。1938 年 5 月,成立中共泰西特委,段君毅任书记。泰西特委首要任务是在部队建立党组织,由党员负责各大队、中队的政治工作。泰肥山区抗日武装编为两个基干大队和一个特务连,大峰山区抗日武装改编为大峰山独立营。8 月,独立营在长(清)平(阴)公路下巴村伏击日军,奠定大峰山根据地的基础。9 月,汶上、东平县起义队伍与东平县第五区抗日自卫团等合编为第六专署第十支队东进梯队。

1938 年 5 月起,泰西特委先后成立长清、泰(安)西、肥城、平阴、宁阳、汶(上)东、东阿县委,在一些区、乡、村建立基层党组织,逐步建立各种群众团体、培养群众工作骨干,在各县、区建立半政权性质的民众抗日动员委员会(简称动委会),成为抗日民主政权的基础。泰西特委广泛团结社会各界爱国人士,争取国民党泰西专员任命共产党员和进步人士于会川、周持衡、邹鲁风分别担任肥城、东平、平阴县长。

1938 年 10 月,国民党顽固派郁仁治部进犯长清县大峰山区,企图强行缴械第十支队独立营,却被独立营消灭了两个连。郁仁治集中全部兵力 1000 余人进攻大峰山,泰西特委集中自卫团大部予以反击,激战一天,消灭郁仁治部一个营,郁仁治部退出大峰山区。11 月 26 日,泰西地区抗日武装改编为八路军山东纵队第六支队,下辖 4 个团、1 个特务营、3 个独立营及军政干部学校，有 4000 余人，刘海涛任支队长。第六支队分兵四路，开展敌后游击战争，创建泰西抗日根据地：第一团开赴东汶平原，支队机关和第二团开赴平阿山区，第三团和泰安（西）独立团开赴泰肥山区，大峰山区由新组建的大峰山独立营接防。第六支队不断出击，屡有斩获，打击了日、伪势力。1938 年底，抗日武装已有 4000 余人，党组织和群众团体也有很大发展，泰西抗日游击根据地初步建成。

鲁南抗日游击根据地的创立。苏鲁人民抗日义勇队第一总队在滕（县）峄（县）边地区不断破袭临（城）枣（庄）铁路、津浦铁路，发动抗日宣传，赢得群众支持拥护，也引起国民党顽固派的不安。1938 年 6 月，国民党第七游击纵队申从周部 3000 多人在滕县南塘企图围歼义勇队第一总队。苏鲁豫皖边区特委成立讨申指挥部，集结义勇队第一总队，联合其他抗日武装，激战两天，击溃申部。7 月 4 日，义勇队第一总队政治委员何一萍在战斗中牺牲。申从周纠集残部，再度反扑。

苏鲁豫皖边区省委书记郭洪涛率领省委机关和第四支队第二团、第三团的 3 个连南下，支援抗日义勇队第一总队，探索开辟抱犊崮山区抗日根据地。7 月中旬，边区省委南下部队与义勇队第一总队会师后，发起攻击申从周部，激战 7 昼夜，未能沉重打击申部。8 月，郭洪涛率领第四支队返回沂蒙山区，义勇队第一总队被迫转移抱犊崮山区东部。此后，鲁南、湖西两个战略区的联系被切断，滕（县）东、滕（县）峄（县）边区沦为敌占区和顽占区。这是鲁南党组织在创建抱犊崮根据地斗争中一次较大的损失。

义勇队第一总队进入抱犊崮山区临沂县大炉一带活动后，临郯青年抗日义勇队并入第一总队，临郯费峄四县边区联庄会办事处常备队编为义勇队第一总队第二大队。9 月，义勇队第一总队改称为山东省第三区保安司令部直辖第四团，张光中任团长。9 月上旬，在胭脂山（又称燕柱山）伏击战中，毙伤日军六七十人。12 月，对日军新设的车辋据点进行历时 40 余天的围困战，迫敌撤退，稳定了鲁南山区抗日根据地。此外，鲁南地区还有其他两支共产党领导的抗日武装。一支是八路军山东人民抗日游击第十二支队，前身为 1938 年 10 月成立的八路军费县第一游击大队，董慕仲任支队长；另一支是 1938 年 11 月成立的八路军临郯独立团，薛浩任团长。临郯独立团曾在台潍公路小城东伏击日军获胜，边区省委给予通报表扬。

1938 年 8 月，苏鲁豫皖边区特委撤销，成立苏鲁豫边区、鲁南和苏皖三个特委，隶属苏鲁豫皖边区省委，王文彬、宋子成、邵幼和分别任书记。又先后建立 15 个县级党组织，与国民党山东省第三区专员兼保安司令张里元等地方实力派形成国共合作抗日的较好局面。1938 年 12 月，边区省委决定抽调干部南下，开辟苏皖边区。14 日，钟辉等 21 人奉命从岸堤出发，在邳（县）北发展抗日武装，创建苏皖边区抗日根据地。21 日，成立陇海游击支队，钟辉任支队长兼政治委员。

湖西抗日游击根据地的创立。1938 年 5 月下旬，经中共徐西北区委多方协调，联合国民党沛县县长冯子固、丰县县长董玉珏、丰县常备队队长黄体润、砀山县长窦雪岩等，成立丰沛萧砀鱼五县联防办事处，冯子固任主任。这是国共联合组成的一个统一战线机构，统一领导湖西地区抗日斗争。湖西党组织以五县边联办事处的名义，在沛县第五区马庄举办苏鲁边区抗日军政干部学校，招生 2 期，培训 400 余人。大批党员干部加入到国民党地方政府、军队工作，团结抗战。1938 年 7 月，成立苏鲁豫边区特委（亦称湖西特委）。湖西特委在斗争中坚持发展，扩充部队、建立抗日民主政权。1938 年 8 月，成立萧县抗日民主政府，彭笑千任县长。这是湖西区建立的第一个抗日民主政府。1938 年底，湖西特委辖 4 个中心县委、9 个县委和 3 个工委。

1938 年 6 月，成立抗日义勇队第二总队，有 1000 余人。至年底，发展为 5000 余人，成为湖西抗战的一支主要武装力量。义勇队第二总队先后在马良、黄庙、华山、河口、旧城、解集等地袭击日、伪军，影响较大。8 月，义勇队第二总队联合丰县、沛县国民党地方部队及鱼台县抗日自卫总团组成讨逆联军，共 4000 余人，在总队长李贞乾统一指挥下，反击暗中勾结日军的丰县北部土匪武装王献臣部。9月8日，讨王战斗打响。王献臣负隅顽抗。9月27日，义勇队第二总队撤出战斗，未能实现作战目标。

1938年12月27日，八路军第一一五师第三四三旅六八五团到达湖西地区，改称苏鲁豫支队，彭明治任支队长。29日，苏鲁豫支队攻击王献臣部，击伤王献臣，毙伤俘敌800余人。驻丰县、砀山日军300余人增援王献臣，被义勇队第二总队击退，被毙伤数十人。这次战斗胜利后，苏鲁豫支队在湖西地区的声威大震，被群众称赞为"天上掉下来的八路军"。尔后，苏鲁豫支队又歼灭沛县北伪军金啸虎部主力1000余人。湖西党组织和苏鲁豫支队积极抗战，沉重打击日、伪军，依靠群众，建立发展了湖西抗日根据地。

至1938年底1939年初，山东各地创立了若干块抗日游击根据地。在胶东，创建蓬（莱）黄（县）掖（县）、平（度）招（远）莱（阳）掖（县）边及蓬（莱）黄（县）栖（霞）边抗日游击根据地。在鲁东南，创建莒（县）日（照）诸（城）胶（县）边抗日游击根据地。在清河，创建淄博山区以北、小清河以南的抗日游击根据地。在鲁中，创建莱芜、泰安、博山、沂水和新（泰）莱（芜）蒙（阴）边、泰（安）莱（芜）边和临（沂）费（县）边抗日游击根据地。在湖西，创建丰（县）沛（县）砀（山）单（县）金（乡）鱼（台）平原抗日游击根据地。在鲁南，创建抱犊崮山区东部和东南部抗日游击根据地。在泰西，创建大峰山区和泰（安）肥（城）山区抗日游击根据地。在鲁西北，创建以冠（县）馆（陶）邱（县）为中心的平原抗日游击根据地。在冀鲁边，创建平原、禹城县以东，惠民县以西，徒骇河以北的平原抗日游击根据地。这些抗日游击根据地的创立，标志着山东抗日根据地已初步形成，共产党领导的山东军民在敌后抗战有了立足之地。

三、创办北海银行

全民族抗战爆发前，山东各地的流通货币主要是法币、韩复榘发行的

"山东民生银行"纸币。七七事变爆发后，国民党各部队驻防山东各地，在其防区大量印发地方流通券，各地也趁战乱私自发行各种辅币。当时，山东滥发的地方流通券有50多种，各种纸币五花八门，全省金融市场极端混乱。日军在1938年2月占领胶东后，在胶东沦陷区大肆发行"联银券"，强制市场、民间使用，法币币值急剧下跌。与此同时，一些奸商也趁机滥发票券，大发国难财。山东根据地建设、军队供给和人民生活出现很大困难。

1938年3月，胶东抗日游击队第三支队成立财经委员会，决定筹建党领导的银行，发行使用自己的货币。银行名字，得名于"南山松不老，北海水长流"之意，定名为北海银行。4月，聘请原青岛中鲁银行经理张玉田为北海银行经理，负责组建班子，筹办银行。北海币的票样，由掖县沙河镇小学校长邓振元设计绘制。邓振元曾在青岛光华制版社工作，具有一定绘制经验。他以掖城南关火神庙阁、掖城鼓楼、玉皇顶、掖县政府大院等名胜为主景，分别绘制了一角、二角、五角、一元等票样。票纸和刻制票版的材料，秘密从日军占领下的天津和青岛购来。掖县同裕堂印刷局承印北海币的印刷工作，北海银行监督印刷。印好的北海币，由银行工作人员打号盖章，加印"掖县"地名。资金募集以股份有限公司形式招股募集，设有董事会。7月，北海银行筹备工作基本完成。8月，胶东特委接管北海银行，改名为胶东北海银行，资金募集形式由招股改成公私合营，在掖、黄、蓬三县集资。经过动员发动，实收股金102336元。其中，掖县56672元，黄县45664元，蓬莱县因战事影响未认交。10月，北海银行首次发行北海币，票面分1元、5角、2角、1角四种，共发行9.5万元，解决了人民抗日武装冬装、收购棉花等问题，保证了根据地的财政供应，在一定程度上稳定了市场，受到根据地人民的普遍欢迎。

1938年12月1日，北海银行在掖县城举行开行典礼，八路军山东人民抗日游击第五支队司令员高锦纯等人到会讲话，扩大了北海银行的影响。总行设在掖县，总行下设蓬莱、黄县两处分行。大会宣布：北海币为掖、黄、蓬三县根据地通用货币，对私人土杂小票限期清理收兑；对山东民生银行的小票，设点兑换北海币；禁止伪"联银券"与敌票流通行使，违者没收。会后，在各地张贴布告，散发《北海银行浅说》小册子，宣传北海银行及北海币。北海币发行后，由于抗日民主政权的支持和抗日武装力量的保护，获得民众信赖，很快就在蓬、黄、掖一带流通起来。

四、建立军政干部学校

1938 年 6 月，边区省委决定创办山东抗日军政干部学校，省委宣传部长孙陶林兼任校长，以解决根据地建设所急需的大批党政军干部。军政干部学校跟随省委活动，先驻新泰、蒙阴，后迁至费县、滕县，又迁回沂蒙山区。军政干部学校在沂水县岸堤镇驻留时间较长，又被称为岸堤干校。军政干部学校第一期招收学员 200 余人，成立一个学员大队，下设军事、政治、民运 3 个中队。8 月底，在岸堤招收第二期学员，原定 400 人，实招600 余人。省委选留第一期学员中的部分优秀人员，选调其他单位一批干部，建立健全领导班子和教学机构，设置校部。校部下设政治、教育、总务 3 个处，处下面设若干个科。1938 年底，全校教职员工达 100 余人。第三期学员增设妇女队。第四期增设青年队和地方武装队，学员大队扩编为两个。第五期增设教育队和财经队。

在办学过程中，山东抗日军政干部学校以延安抗大为榜样，密切联系实际，贯彻执行毛泽东"坚定正确的政治方向，艰苦朴素的工作作风，灵活机动的战略战术"的教育方针，发扬"团结、紧张、严肃、活泼"的优良校风，战场作课堂，学习当打仗，教学设备因陋就简，衣食住用以苦为荣，到处洋溢着艰苦而乐观、紧张而愉快的气氛。这所诞生于抗日烽火中的革命熔炉，成为青年们向往的地方，同时还是一支宣传队、工作队和战斗队，在群众宣传、政权建设、民兵训练、对敌斗争等方面发挥了重要作用。从 1938 年 6 月到 1939 年 6 月，山东抗日军政干部学校共招收 5 期学员，培养党政军干部 3000 多名。1939 年 6 月因反"扫荡"而停办。9 月，改为八路军第一纵队随营学校。1940 年 3 月，并入抗大第一分校。

山东抗日军政干部学校成立后，各特委、支队也创办抗日军政干部学校及各种训练队（班），培养了大批抗战骨干，壮大了八路军山东纵队，巩固发展了山东抗日根据地。

第五节　成立山东分局和八路军山东纵队

一、整编抗日武装

1937 年 7 月 8 日，中共中央致电中共中央北方局，指示组织抗日义勇军、准备进行艰苦的游击战争。8 月 12 日，指示"在日寇占领区域及其侧后方，发动广泛的游击战争。组织游击队、游击小组、抗日义勇军"。8 月 25 日，红军改编为国民革命军第八路军第一一五师、一二〇师、一二九师，开赴山西战场。山东不是八路军的防区，发动游击战争、组建游击队亦不能得到八路军的支持。9 月，北方局指示省委，自创名号、自筹经费，组织发动游击队，并派出廖容标、洪涛、韩明柱、赵杰、程绪润、周凯东、郭盛云、廖云山 8 名红军干部支援山东。省委不等不靠，白手起家，在全省发动十多次武装起义，成立了十多支抗日武装。冀鲁边起义部队，为"抗日救国第一军"；鲁西鲁西北地区起义部队，为"抗日救国第二军"；胶东地区起义部队，为"抗日救国第三军"；鲁中地区徂徕山起义部队，为第四军或"八路军山东抗日游击第四支队"；黑铁山起义部队，为"抗日救国第五军"；淄川、博山矿区起义部队，为"抗日救国第六军"；昌潍地区起义部队，为"抗日救国第七军"或第七支队；寿光、广饶、博兴起义部队，为"抗日救国第八军"或"第八支队"；鲁西南起义部队，为"抗日救国第九军"，后称"第五战区抗日义勇队"；鲁东南地区起义部队，为"抗日救国第十军"。党领导的这些抗日武装，从无到有、从小到大，发展到几万人，遍布山东重点山区、湖泊及东西南北中。由于这些抗日武装的名称、番号、建制、职位不一，不利于统一指挥、协同作战。为此，省委请示中共中央，建议山东省党组织领导的全省抗日武装统一使用八路军番号。1938 年 6 月 6 日，毛泽东、刘少奇电示山东"应组建支队，恢复和使用八路军游击队的番号。目前，可组成四至五个支队，区县武装则以支队领导下的名义出现，用抗日联军名义不好"。8 日，毛泽东再次电示山东："凡属我党领导，已取得广大群众拥护，又邻近友军之游击队，以八路军名义为宜。否则，各地国民党均将控制，如使用普遍名义，则不得不听其指挥，甚至通令解散，八路军亦无权过问。用八路军名义则无此弊。"随后，山东抗日武装（冀鲁边、鲁西北除外）3 万余人整编为第二、三、四、五、八 5 个支队，第一、二两个义勇总队和一个自卫团。

第二支队。在鲁东南地区活动的八路军山东人民抗日游击第四支队第六大队，7 月扩编为八路军山东人民抗日游击第二支队，辖 2 个营，有 700 余人，罗积伟任司令员（8 月为刘涌），吴瑞林任政治委员（8 月为景晓村）。

第三支队。在清河地区活动的山东人民抗日救国军第五军，1938 年 6 月改称八路军山东人民抗日游击第三支队，辖 6 个团，有 5000 余人，马耀南任司令员，霍士廉任政治委员。

第四支队。在鲁中区活动的山东人民抗日联军独立第一师，1938 年 6 月改称八路军山东人民抗日游击第四支队，辖 4 个团，有 4000 余人，廖容标任司令员，林浩任政治委员。

第五支队。1938 年 8 月 12 日，在胶东地区活动的山东人民抗日救国军第三军、胶东抗日游击第三支队合编为山东人民抗日救国军第三军，辖 4 个团。9 月 18 日，第三军又改编为八路军山东人民抗日游击第五支队，辖 3 个旅，有 7000 余人，高锦纯任司令员，宋澄任政治委员。第十九旅辖 3 个团，高嵩任旅长，宋竹庭任政治委员。第二十一旅辖 2 个团，郑耀南任旅长，李耀文任政治委员。第二十五旅，刘万岭任旅长，柳运光任政治委员。12 月，即墨县抗日武装李兆岐部 1000 余人到达黄县，整编为第六十五团。

第八支队。1938 年 7 月下旬，原八路军鲁东游击队第七、八支队整编为八路军鲁东游击队第八支队，辖 3 个区队（相当于团）及特务大队、机炮大队、骑兵大队，有 5000 余人，马保三任指挥，张文通任政治委员。

在鲁南地区活动的苏鲁人民抗日义勇队第一总队，有 1000 余人，仍用原称谓，张光中任总队长，李浩然任政治委员。9 月，第一总队改用国民党山东省第三区保安司令部直辖第四团的番号，辖 3 个营，张光中任团长，李乐平任政治委员。

在湖西地区活动的人民抗日义勇队第二总队，有 5000 余人，仍用原称谓，李贞乾任总队长，郭影秋任政治委员兼政治部主任。

在泰西区活动的山东西区人民抗敌自卫团，有 3000 余人，仍用原称谓，张北华任主席。

通过整编，整顿思想、纪律，加强党对部队的绝对领导，山东人民抗日武装正规化建设进一步加速。

二、成立山东分局

山东抗日根据地具有非常鲜明的独创性特征。在全民族抗战时期，山东党组织经过爆发式增长，从一个革命边缘地区跃升为我们党最重要的根据地之一。山东省委在没有正规军支持的情况下，依靠群众、发动起义、建立军队和政权，逐渐建成稳固的山东抗日根据地。中共中央和毛泽东不断派干部、派兵到山东，巩固发展了山东抗日根据地。

1938 年，山东党组织及其领导的抗日武装，对日、伪军和顽军斗争取得一系列胜利，建立若干块抗日根据地及广大的游击区。12 月，中共中央根据抗战形势的变化，决定将苏鲁豫皖边区省委改为中共中央山东分局，郭洪涛任书记。山东分局由中共中央和中共中央北方局双重领导。1939 年 5 月至下半年，中共中央北方局曾一度决定将中共中央山东分局扩大为中共中央苏鲁皖分局，郭洪涛为书记。

三、成立山东纵队

1938 年底，全省已建立若干块抗日根据地及广大的游击区，但未形成战略上统一的领导和指挥，各地游击队仍各自为战，不能适应抗战形势发展的需要。12 月 27 日，八路军山东纵队在沂水县王庄成立，张经武任指挥，黎玉任政治委员。山东纵队对所属部队进行了改编。

鲁东南地区八路军山东人民抗日游击第二支队，编为八路军山东纵队第二支队，辖第一、二营及特务连，刘涌任支队长，景晓村任政治委员。

清河区八路军山东人民抗日游击第三支队，编为八路军山东纵队第三支队，辖 5 个团，马耀南任支队长，霍士廉任政治委员。

泰山区八路军山东人民抗日游击第四支队，编为八路军山东纵队第四支队，辖 3 个团、2 个大队（相当于团），廖容标任支队长，林浩任政治委员。

胶东区八路军山东人民抗日游击第五支队，编为八路军山东纵队第五支队，辖第十九旅、二十一旅、二十五旅 3 个旅、6 个团，高锦纯任支队长，宋澄任政治委员。第十九旅，高嵩任旅长，宋竹庭任政治委员。第二十一旅，郑耀南任旅长，李耀文任政治委员。第二十五旅，刘万岭任旅长，柳运光任政治委员。

泰西地区山东西区人民抗敌自卫团，1938 年 11 月 26 日编为八路军山东纵队第六支队，辖 3 个团、1 个独立团、1 个特务营，刘海涛任支队长，张北华任政治委员。

沂鲁山区八路军鲁东游击队第八支队，编为八路军山东纵队第八支队，辖 3 个团，马保三任支队长，张文通任政治委员。

安（丘）莒（县）边区八路军山东人民抗日游击第九支队，编为八路军山东纵队第九支队，王林肯任支队长，傅骥任政治委员。

临费边区八路军山东人民抗日游击第十二支队，编为八路军山东纵队第十二支队，董慕仲任支队长，张岗任政治委员。

　　湖西地区苏鲁人民抗日义勇队第二总队，编为八路军山东纵队第十三支队（翌年1月改称为八路军山东纵队挺进支队），李贞乾任支队长，郭影秋任政治委员兼政治部主任。

　　苏皖地区邳（县）、睢（宁）、铜（山）等县青年抗日救国团义勇队，组建为八路军山东纵队陇海游击支队，钟辉任支队长兼政治委员。

　　鲁南抱犊崮山区山东省第三区保安司令部直辖第四团（即苏鲁人民抗日义勇队第一总队），隶属八路军山东纵队，仍沿用直辖四团番号，张光中任团长，李乐平任政治委员。

　　1939年1月，鲁中区八路军东进抗日挺进纵队第四支队一营（原八路军第一二九师津浦支队一营）与山东纵队第八支队特务大队组成山东纵队特务团，陆升勋任团长，薛绍庚任政治委员。

　　临（沂）郯（城）边区八路军临郯独立团，编为八路军山东纵队临郯独立团，薛浩任团长，唐涛任政治委员。

　　山东纵队统一领导山东各抗日起义部队（不包括冀鲁边和鲁西地区），为中共中央军委领导的直接上报单位之一。当时所属基干部队共编为10个支队又3个团，共2.45万人，另有地方武装1万余人。

　　八路军山东纵队的成立，标志着共产党领导的山东人民抗日武装力量已由若干分散的游击队成为在战略上统一指挥的游击兵团。山东纵队成立后，一方面指挥各部队配合地方党政机关发动组织群众，发展地方武装，建立抗日民主政权；一方面广泛开展游击战争，打击日、伪军，有力巩固和发展了山东抗日根据地。

第六章
日本在山东的殖民统治与掠夺破坏

全民族抗战爆发后，日军侵占山东，成立"济南治安维持会""青岛治安维持会"，由回奸马良、汉奸赵琪分任"会长"，逐步建立伪政权。1938年3月，成立伪山东省公署，马良任伪省长；1939年1月，唐仰杜接任伪省长。1943年8月，伪山东省公署改称伪山东省政府。各地相继建立伪地方政权机构，均设日籍专职顾问，掌控实权。又设立伪山东省行政人员训练所、警官（士）训练所、特务组织等，培训伪政权警政人员，实行殖民统治。又实施所谓"治安强化"运动，推行军事、政治、经济、文化等多种手段为一体的镇压运动。1941年3月到1942年冬，日军共实施五次所谓"治安强化"运动。全省人民陷入日、伪政权白色恐怖的苦难境地。

第一节　日本侵华战略的调整

1938年10月，日军占领广州、武汉以后，全民族抗战进入战略相持阶段。日军被迫将对国民政府的军事进攻为主、政治诱降为辅的侵华方针，调整为政治诱降为主、军事打击为辅，集中其主要兵力"围剿"沦陷区的抗日武装和抗日根据地。

一、调整侵华方针

1938年11月，日本首相近卫文麿发表《东亚新秩序的声明》（即第二次近卫声明），改变其强硬立场，声称日军侵华战争旨在建立所谓的日、满、华"东亚新秩序","如果国民政府抛弃以前的一贯政策，更换人事组织，取得新生的成果，参加新秩序的建设，我方并不予以拒绝"，"如该政府坚持抗日容共政策，则帝国决不收兵，一直打到它崩溃为止"①。近卫内阁改组后，通过《调整日华新关系的方针》，诱降中国国民政府，"日、满、支善邻友好"，在华北及蒙疆地区②"加强合作"，"共同防共，经济提携"。③日军制定《抗日政权屈服或崩溃的要领》《十三年秋季以后指导战争的一般方针》，进行反共宣传、反蒋和争取中国民众等工作，"促使抗日军队内部崩溃"，"收买和利用杂牌部队及各种武装团体"，"促进占领区的治安和建设"。④日本企图通过挑拨离间、内部分化等伎俩，扶植亲日势力，反共、反蒋、诱降，瓦解中国人民的团结抗战阵营。

12月，日本又发表第三次近卫声明，竟然无耻要求中国政府和人民放弃"抗日的愚蠢举动"及"对满洲国的成见"，"日、满、华三国"联合"建设东亚新秩序"，"善邻友好、共同防共和经济合作"。⑤日军制定《昭和十三年秋季以后对华处理办法》，决定放弃"速胜论"，准备"持久战"，明确要求侵华日军将"巩固占领区"作为"当前第一位的基础性工作"，"为准备今后国际形势的转变，要在各方面减少驻屯兵力及兵力的消耗"。⑥

1939年2月，日本侵华方针又被迫再次作出调整，由"否认国民政府、反对蒋介石"改变为"承认国民政府、拉拢蒋介石"，企图实现"以

① 复旦大学历史系编译：《日本帝国主义对外侵略史料选编（1931—1945）》，上海人民出版社1983年版，第278~279页。

② 蒙疆，1933年至1945年日本侵略者在中华民国察哈尔省和绥远省等地（今内蒙古中部）设立的伪政权统治区域。

③ 中共山东省委党史研究室编著：《山东抗日战争实录》，黄河出版社2015年版，第241页。

④ 日本防卫厅防卫研究所战史室：《中国事变陆军作战史》，日本朝云新闻社1976年版，第284页。

⑤ 复旦大学历史系编译：《日本帝国主义对外侵略史料选编（1931—1945）》，上海人民出版社1983年版，第288~289页。

⑥ 日本防卫厅防卫研究所战史室：《中国事变陆军作战史》，日本朝云新闻社1976年版，第289页。

华制华"。日军按照其新的军事战略方针，1939 年 9 月解散华中派遣军序
列，在南京设立"中国派遣军"总司令部，西尾寿造为总司令，统一指挥
华北、华中和华南的日军。1939 年底，日本为侵华而新设的"中国派遣
军"达 24 个师团、20 个独立混成旅团和 1 个骑兵集团，分为 4 个战略集
团，其中华北方面军为 9 个师团、12 个独立混成旅团和 1 个骑兵集团。在
全民族抗战的相持阶段，日军基本停止对国民党正面战场的战略进攻，重
点"围剿"占领区的抗日武装。

二、利用顽伪"剿共"

随着日军侵华方针的调整，国民党也转为消极抗日、积极反共。1939
年 1 月，国民党召开五届五中全会，制定"溶共、防共、限共、反共"的
方针，设立"防共委员会"。12 月至 1940 年 3 月，掀起第一次反共高潮；
1940 年 10 月至 1941 年 3 月，掀起第二次反共高潮。日军很快发现，其侵
华方针调整后已经奏效。"在华北方面，国共对立气氛日益激化。在山西北
部、河北南部、山东西部等地，两者间的战斗正在进行。这些情况预示双
方由合作逐渐走向破裂"①。"蒋努力压制共产党，甚至宁肯一时停止对日
军的作战，也要加强对共产党的部署。"② 日军趁机利用国民党顽固派制造
磨擦之际，破坏国共合作，瓦解统一战线，妄图消灭共产党领导的抗日根
据地。"要积极利用国共相克的时机解决中国事变"③，"利用国共合作中的
矛盾，尽量采用宣传、谋略等各种手段，煽动两党之间的磨擦，破坏两者
的合作，以导致'抗日救国'统一战线的崩溃。另外，采取适当的谋略工

---

① 日本防卫厅战史室编，天津市政协编译组译：《华北治安战》（上），天津人民
出版社 1982 年版，第 218 页。
② 日本陆军参谋本部编：《杉山笔记》（上卷），原书房 1967 年版，第 150 页。
③ 日本防卫厅战史室编，天津市政协编译组译：《华北治安战》（上），天津人民
出版社 1982 年版，第 219 页。

作，促使国民党军主动地去扑灭共军"①。在日军的煽动之下，国民党顽固派与日、伪军暗通款曲，沆瀣一气，肆意破坏抗日民族统一战线，甚至联合夹击共产党领导的抗日武装及抗日根据地，结果是唇亡齿寒，亲者痛、仇者快。

1940 年 4 月至 5 月，日军第十二军"扫荡"共产党领导的鲁南根据地，鲁南军民英勇奋战，粉碎了日军对抱犊崮山区的合围，巩固了鲁南根据地。8 月，国民党山东省政府主席沈鸿烈进犯鲁南根据地，遭到鲁南军民的强烈反击，八路军收复鲁山地区重镇鲁村。沈鸿烈竟然请求日军围攻鲁南根据地。9 月至 10 月，日军在鲁南配合国民党沈鸿烈部进攻八路军山东纵队，企图围剿八路军山东纵队，破坏山东抗日根据地团结抗战的大好局面。日军在进犯沂水西南八路军山东纵队之后，并没有放过国民党顽固派，又回头攻打了沈鸿烈部。

同时，日军网罗杂牌军建立伪军，遏制共产党领导的抗日根据地的发展。1940 年 3 月，日军下达《1940 年度第一期肃正建设》计划，要求日军"讨伐的重点在于灭共军。为此要善于利用国共的相互倾轧，在日军势力暂时不能控制的地区，应默许那些不主动求战的杂牌军的存在。必要时，甚至可以引导他们占据真空地带，以防共军侵入"。1941 年，日军《肃正建设三年计划》指出："中共具有惊人的实力。百团大战中，我军的扫荡作战仅是将其驱散，始未取得歼灭的成果，终归徒劳。对擅长游击战及退避战术的共军，以武装讨伐犹如驱赶苍蝇，收效极微。因此，主张招抚分散各地的灰色败残部队，给予占领地区，使其防止共军的浸透，日军只宜做其后盾。"在日军的诱降、利用之下，一些国民党军队、游杂武装投降日军，成为国人唾弃的伪军。1938 年，全国有伪军7.8 万人；1940 年汪精卫伪国民政府成立后，伪军数量急剧上升至14.5 万人。山东处于汪伪国民政府与伪华北政务委员会辖区的结合部，1938 年时山东伪军主要是从东北跟随日军过来的伪满皇协军赵保原1

---

① 日本防卫厅战史室编，天津市政协编译组译：《华北治安战》（上），天津人民出版社 1982 年版，第 256 页。

个旅。1939 年底，山东伪军达 10 万余人。1943 年底，山东伪军达 20 万人，占全国伪军的 27%。在山东各级伪地方政权中，均有汪伪政权"中央军"和"华北治安军"等正规军，以及伪地方武装。山东伪军主要包括：（1）"华北治安军"第四集团军（伪军长陈志平），在东平、东阿、长清地区活动；（2）"华北治安军"第八集团军（伪军长徐贯一），在胶东平度地区活动；（3）"第二方面军"（总司令孙良诚原为国民党第三十九集团军副总司令，1942 年 5 月在定陶、菏泽投敌，总司令部在开封），约 3 万人；（4）"第三方面军"（总司令吴化文原为国民党新编第四师师长，1943 年春在新泰、莱芜投敌，仍在原地区活动），总兵力 1.2 万人；（5）"暂第十五军"（军长荣子恒原为国民党第一一二师副师长，1943 年春在费县投敌，在临沂、郯城一带活动），约 0.4 万人。(6) 另有"山东第八师"（师长齐子修原为国民党山东保安第五师长，1943 年夏投敌）、"第三十一师"（师长文大可）、"第十一师"（师长张东云）、"皇协第一师"（师长张步云原为国民党暂编第二师师长，1943 年 7 月在诸诚投敌）、"防共军"（总指挥齐剑英原为山东保安第五师旅长，抗战中率部投敌）。①

三、推行"以战养战"

日本被迫调整侵华方针，旨在加紧经济掠夺、建立长期自给体制，实现"以战养战"。1938 年 11 月，日本成立所谓"兴亚院"，分设华北、蒙疆、华中、厦门 4 个联络部，对占领区进行政治统治、经济掠夺和奴化教育。1939 年 1 月，日本通过《生产力扩充计划纲要》，准备"以 1941 年为期，在重要的国防产业和基础产业方面，确立日满华生产力的综合扩充计划"②，并制定《华北开发计划》《从战争指导观点出发处理目前案件的准

---

① 此外，还有杨×善的"皇协第五路"、刘忱的鲁北"剿共军"、冯寿彭的鲁南"剿共军"、吴连杰的"和平救国军第二十八师"、本得观的"鲁西反共军"等杂牌军。

② 日本防卫厅防卫研修所战史室：《陆军军需动员》（2）实施编，日本朝云新闻社 1970 年版，第 257 页。

则》，划分重点，明确分工，大肆进行经济掠夺。1939 年 3 月，日军实施"以战养战"政策，建立"以战养战"自给体制，妄图消灭中国共产党之后再灭亡中国。日本"为实现东亚和平枢纽的远大目的，华北及蒙疆必须在国防方面、经济方面，特别是在开发利用资源方面，形成日华高度结合的地带"①。1939 年初，日军已侵占华北区域 105 万平方公里。

武汉会战结束后，日本着手"建设华北"，逐步推行野蛮屠杀与奴化教育相结合的殖民政策。日军扶植和建立伪政权，实行奴化教育，发行伪钞，掠夺粮、棉、矿产，进行经济压榨；对敌我争夺的游击区，推行所谓"治安肃正"，"分割""封锁""扫荡"三者相结合，采用"分散配置、分区扫荡、灵活进剿的牛刀子战术"，大规模轮番"扫荡"，屠杀抗日军民，企图集中优势兵力控制平原，尔后进攻山地，通过各个击破，摧毁抗日根据地；政治上收买汉奸，强化伪军、伪政权组织，建立特务网；利用国共矛盾，挑拨离间，各个击破。日军企图以所谓"军政会民一体"的总力战，达到"以华制华""以战养战"的侵略目的。

第二节　日军在山东的军事进攻

1938 年 11 月，日军制定《陆军作战指导纲要》，指导华北、华中、华南各方面的作战。华北方面，"以确保安定为一切工作的根本，以肃正作战为指导作战的准绳"②。同时，"培植、整顿亲日武装团体，使之成为维护当地治安的核心"③。12 月，日本参谋部发布《大陆命令第二百四十一号》，要求"华北方面军司令官现在的任务，应确保现已占领的华北地区的

① 日本防卫厅战史室编，天津市政协编译组译：《华北治安战》（上），天津人民出版社 1982 年版，第 107 页。
② 日本防卫厅战史室编，天津市政协编译组译：《华北治安战》（上），天津人民出版社 1982 年版，第 107 页。
③ 日本防卫厅战史室编，天津市政协编译组译：《华北治安战》（上），天津人民出版社 1982 年版，第 110 页。

安定，特别应首先设法迅速恢复河北省北部、山东省、山西省北部和蒙疆地区重要地点的治安，并且要确保主要交通线"①。此时，日军在中国形成广州、武汉、江浙、华北 4 个战略集团，总兵力约 55 万人，连同特种兵的军事机关，约 70 万人。仅华北方面军，即有 13 个师团，杉山元接替寺内寿一任华北方面军司令官。华北方面军辖驻蒙军、第一军、十二军、直辖部队以及飞行第六十四、二十七、九十战队等，占其总兵力的 47%，华北地区成为日军兵力部署的重点地区，包括山东在内的华北敌后抗日斗争形势愈发严峻。

一、强行"治安肃正"

1938 年，日军在华北地区"实际上势力所及只限于重要城市周围及狭窄的铁路沿线地区，仅仅是点和线"②。日军判断，1938 年底国民党军队的作战能力将逐渐衰减，而未被日军占领的地区将成为共产党的地盘。日军要实现对华北地区由点到面的占领，必须尽可能将其兵力部署在近 500 个县城中，兵力分布平均为每平方公里 0.37 人，分散在 200 个地方，很难对县城以外地区施加影响。③ 而 1939 年 5 月的华北地区，有国民党正规军 38 万、国民党系游击队 24 万，共产党军队 12 万、共产党游击队 16 万，总计 90 万。为此，日军被迫在华北地区进行军事"扫荡"和政治怀柔。

1938 年 11 月，日本华北方面军司令官由杉山元接任，确定了日军 1939 年华北治安肃正基本方针和治安肃正要纲，企图通过大规模军事"扫荡"和政治怀柔，实现其扩大占领区、"安定"现有占领区的"以战养战"目标。"迅速恢复河北省北部、山东省、山西省北部及蒙疆重

---

① 复旦大学历史系编译：《日本帝国主义对外侵略史料选编（1931—1945）》，上海人民出版社 1983 年版，第 285 页。

② 日本防卫厅战史室编，天津市政协编译组译：《华北治安战》（上），天津人民出版社 1982 年版，第 107 页。

③ 中国抗日战争史学会、中国人民抗日战争纪念馆、北京中国抗日战争史研究会编：《抗战史料研究》（2018 第 1 辑），团结出版社 2018 年版，第 138 页。

要地区的治安"①，"使华北在政治和经济方面都能独立经营。尤其应该承担开发和获得日本国内扩大生产所需重要资源的重任"，"以武力为中心的讨伐肃正乃是保证实现安定的首要条件，治安建设的根本方针在于显示'皇军的绝对威力'"。②"真正之治安确立，实依赖于讨伐相融合之治安工作之彻底扩充，才得以期完整。……所以当实施作战时，除直接作战之准备外，且须完成治安工作之准备。亦即当作战开始时，则应以疾风迅雷之势，将敌捕捉消灭，覆灭其根据地，并得不失机宜，彻底完成要地之兵力的分散配置。……速恢复行政组织，计议自卫机关之再建……以至完成把握民心，这是根本要旨。"③ 为推行其所谓"治安肃正"，杉山元请求日军大本营抽调重兵增援华北，华北日军兵力从20万人迅速增至44万人，占侵华日军的半数以上。从1939年1月至1940年3月，日军分三期强力推行所谓"治安肃正工作"，"扫荡"中国人民的抗日武装及抗日根据地，建立伪县政、县乡自卫组织，建设道路、通信设施，恢复贸易及运输业等。④"通过讨伐作战，全部摧毁匪军根据地，同时彻底进行高度的分散部署兵力，随后即依靠这些分散的据点，对匪军反复进行机敏神速的讨伐，使残存匪团得不到喘息时间和安身处所。"⑤ 具体军事办法是在战略要地分散配置部队，形成连接部队驻地的警备道路网，由此形成快速游动队⑥和警备队⑦在三角区域内的密切联动，实

---

① 日本防卫厅战史室编，天津市政协编译组译：《华北治安战》（上），天津人民出版社1982年版，第109页。

② 日本防卫厅战史室编，天津市政协编译组译：《华北治安战》（上），天津人民出版社1982年版，第108页。

③ 左权：《"扫荡"与反"扫荡"的一年》，《解放》第91、92期。

④ 日本防卫厅防卫研究所战史室著，田琪之译，宋绍柏校：《中国事变陆军作战史》（第二卷），中华书局1979年版，第109~110页。

⑤ 日本防卫厅战史室编，天津市政协编译组译：《华北治安战》（上），天津人民出版社1982年版，第109页。

⑥ 快速游动队是配备有汽车、轻型装甲车、无线电以及密探等的谍报组织，随时向位于"三角形"顶端的各警备队打探敌情，根据最新情报和警备队协力讨伐。

⑦ 警备队是配备有汽车、无线电等的快速组织。

施快速且持续的讨伐，不给对方喘息的时间和地点，逐渐扩大三角区域。同时，最大限度地整备伪自卫团、县警备队、铁道警务机关、水路警备队、汽车路警备队、重要工厂警备队、事业场所警备队、治安军。日军企图以"讨伐作战"和"治安工作"相配合，首先使用武力摧毁中国人民的抗日武装力量，然后施行欺骗、怀柔政策，实行杀戮兼欺骗的侵略殖民统治。

1939 年，日本华北方面军"治安肃正"作战的主要地区为山西、河北、山东、河南和内蒙地区。1939 年 1 月至 5 月的第一期"治安肃正"作战，日军重点"扫荡"山西南部、山西北部、冀中、苏北、山东、内蒙等地的抗日武装力量及抗日根据地。1939 年 6 月至 9 月的第二期"治安肃正"作战，日军对鲁南、晋东和鲁西一带的国民政府中央军、地方保安队和八路军，先后展开 3 次较大规模的"讨伐"。1939 年 10 月至 1940 年 3 月的第三期"治安肃正"作战，日军主要进攻共产党的太行山根据地、国民政府军队控制的潞安平原地区及内蒙地区。① 1940 年，日军继续所谓"治安肃正"作战，进犯目标直指山东、河北等地的共产党军队。中国抗日军民英勇顽强，浴血奋战，有力反击了日军的"讨伐""扫荡"。

1939 年 9 月，多田骏接任日军华北方面军司令官。多田骏曾任华北驻屯军司令，是侵华日军中有名的"中国通"。上任伊始，他便提出所谓"囚笼政策"，按照"巩固点线，扩大面的占领"方针，以铁路为链，公路为环，据点为锁，辅之以封锁沟、墙和天然屏障，从敌占区向根据地构成网状"囚笼"，割裂与封锁根据地，束缚抗日武装的机动，便利日军的奇袭捕捉，然后采取"分区扫荡、分散装置、灵活进剿"的战术，结合"清乡""蚕食"，逐步消灭抗日武装、摧毁敌后抗日根据地。在三期"治安肃正"作战中，国共抗日军队及抗日武装力量与日军展开数千次激战和血战，仅 1939 年 9 月交战次数即达 1265 次。国共抗日部队参战人数达 26.3 万人，

① 日本防卫厅战史室编，天津市政协编译组译：《华北治安战》（上），天津人民出版社 1982 年版，第 112~115 页。

伤亡及被俘人数 1.5 万人。①

经过日军多次残酷的"扫荡",中国人民的抗日军事力量受到较大削弱,国民政府军队的实力大减,敌后抗日根据地面积明显减少,国共军队被压缩至山西省境及鲁东地区。冀、鲁及新黄河以东的豫、皖各省及苏北地区,基本被日军控制。日本防卫厅战史室编写的《华北治安战》记载:"在河北、山东及新黄河以东的河南、安徽、江苏各省,除省境一部分外,采取分散部署兵力,基本上被我占有。敌较大部队仅残存于山西省境及山东省东部地区。"②

二、调整军事部署

山东"北控平津,南制徐海,西胁平汉,东迫青烟,总绾津浦胶济,联系华中华北,因形势之重要,必欲全部占领,以巩固其华北之统制"③。但是在全民族抗战初期,日军由于兵力不足,只能集中兵力在正面战场作战,山东被划为"乙级防卫区",其华北方面军第二十一师团驻徐州(师团长鹫津铅平)、第一一四师团驻济南(师团长末松茂治)、独立混成第五旅团驻惠民,另有不足 1 万人的伪军在山东。日军对山东的所谓"占领",仅限于重要城市、港口和交通线,对于山东广大腹地和农村控制有限。

随着日军侵略重点转向华北等地区,以及开展所谓"治安肃正"作战,日军在山东的数量不断增加。日军华北方面军第十二军(司令部驻济南,司令官尾高龟藏)开始进驻山东,其第一一四师团和二十一师团并入第十二军序列,日军力量增强,日、伪政权对山东的控制增强,中国人民敌后抗战形势愈发严峻,共产党领导的抗日武装力量及抗日根据地也遭到严重

---

① 日本防卫厅战史室编,天津市政协编译组译:《华北治安战》(上),天津人民出版社 1982 年版,第 124~125 页。

② 日本防卫厅战史室编,天津市政协编译组译:《华北治安战》(上),天津人民出版社 1982 年版,第 110~111 页。

③ 中共山东省委党史研究室、山东省中共党史学会编:《山东党史资料文库》(第7卷),山东人民出版社 2015 年版,第 584 页。

威胁。全民族抗战进入战略相持阶段以后，日军逐渐将主要兵力用于对付沦陷区内共产党领导的抗日武装和抗日根据地。

1939年初，日军第十二军调整兵力部署，第二十一师团（师团长鹫津鈆平）驻徐州，第一一四师团（师团长末松茂治）驻济南，第五师团（师团长今村均）驻鲁东，独立混成第五旅团（旅团长秋山静太郎）驻青岛以西地区，独立第七旅团（旅团长麦仓）驻津浦路德州至济南段。5月，日本国内新编师团第三十二师团（师团长木村兵太郎）接替第一一四师团，驻兖州；独立混成第六旅团（旅团长秦彦三郎）调至鲁南莒县；独立第十旅团（旅团长水野信）调至兖州、泰安一带。至此，日军第十二军在山东、苏北共有4个师团、4个独立混成旅团，协同防务，分散配置，每大队分驻10个至15个据点。如第三十二师团司令部在兖州，其第三十二步兵团驻济南；其第二一〇步兵联队驻临清，联队第一步兵大队驻聊城、第二步兵大队驻馆陶、第三步兵大队驻高唐；其第二一一步兵联队驻临沂，联队第一步兵大队驻费县、第二步兵大队驻新泰、第三步兵大队驻章丘；其第二一二步兵联队驻菏泽，联队第一步兵大队驻肥城演马庄、第二步兵大队驻成武、第三步兵大队驻郓城；其骑兵联队驻宁阳，一部驻曲阜；其野炮兵联队、工兵联队驻济宁，其辎重兵联队驻禹城。日军第三十二师团重点将兵力部署在山东省内津浦铁路以西地区，有两个步兵联队、一个炮兵联队、一个工兵联队及一个骑兵联队大部，阻遏鲁西抗日部队挺进津浦路以东地区。

日军侵占山东大部分县城之后，建立伪县政权，扩编伪军，进行经济掠夺，妄图掌控更多的重要乡镇。日军对山东抗日军民及抗日根据地进行疯狂"扫荡"，严密封锁共产党领导的抗日根据地，企图通过军事进攻与经济绞杀遏制中国人民抗日武装力量的发展壮大。军事上，日军依托平原、山地，采取集中与分散、"扫荡"与"蚕食"相结合的策略，企图一举摧毁山东抗日根据地。政治上，日军加紧建立、巩固伪政权，成立伪军武装，实行"爱护村"和保甲连坐法，扩大汉奸、特务组织，破坏抗日工作和统一战线。经济上，日军封锁抗日根据地，严禁日用品和军用物资运入，断绝抗日根据地对外物资交流，掠夺抗日根据地内的经济物资，企图在经济上困杀根据地军民。在沦陷区，日军大肆掠夺各种物资、矿产等，实行严酷的殖民统治，妄图切断沦陷区与游击区、我战区的联系。

1939 年 9 月，日军设立中国派遣军总司令部，其第十二军（饭田贞固接任司令官）驻山东。山东的伪军数量也有增多。1940 年 8 月，山东有日军 2 个师团、4 个混成旅团，约 3.6 万人；伪军约 8 万人。其第二十一师团（师团长鹫津鈆平）仍驻徐州，其第三十二师团（师团长木村兵太郎）占据山东境内津浦铁路两侧，其独立混成第五旅团驻青岛，其独立混成第六旅团驻莒县，其独立混成第七旅团驻惠民，其独立混成第十旅团驻济南，其第一一〇师团、第三十五师团等部队在鲁西一带。

三、进行"围剿""扫荡"

1939 年 1 月，日、伪军在山东开始合击"扫荡"，"围剿"山东境内的中国军队。1939 年 1 月至 1940 年 3 月，发动了三期所谓"肃正作战"。

（一）合击"扫荡"冀鲁边抗日中心区

1938 年 12 月下旬，日本华北方面军按照第一期肃正计划，指示日军第十二军"尽力肃清鲁北道及胶济、津浦两路沿线地区之敌，以一部占领莱州湾（旧黄河河口东侧）的要地，切断匪军的海陆交通补给"[①]。1939 年 1 月，日军第五师团、第二十七师团、第一一四师团各一部及部分伪军，共 2 万多兵力，分别由沧州、德州、济南三地出发，围向盐山、庆云、乐陵一带的冀鲁边抗日中心区，进行合击"扫荡"。日、伪军步步进逼，占领县城，修公路，筑碉堡，"蚕食"抗日根据地，伺机歼灭驻冀鲁边地区的中国军队。

面对敌人的"扫荡"，我抗日军民依靠广大群众，在抗日根据地内进行全境破路斗争，实行坚壁清野，藏好余粮，切断津南、乐陵各县的公路交通网，挖成沟渠，迟滞日军机械化部队的突袭作战。萧华率五支队一部在

---

① 日本防卫厅战史室编，天津市政协编译组译：《华北治安战》（上），天津人民出版社 1982 年版，第 117 页。

东光、南皮，符竹庭、曾国华率五支队一部在商河、乐陵，周贯五率六支队在盐山、乐陵，寻机歼敌；鲁北国民党军刘景良的杂顽部队、国民党鲁北行署主任何思源部分武装在沾化、无棣，寻机歼敌。共产党领导的抗日武装依靠冀鲁边人民群众，坚持平原游击战争，主动歼灭日军，粉碎敌人"扫荡"。先后取得韩家集伏击战胜利，歼敌 100 余人；三打灯明寺战斗中，共歼灭日军 400 人、伪军 200 人；大宗家战斗中，歼灭日军 500 人，击毙日军旅团长安田大佐；在商河、惠民、济阳的激战中，击毙日军 40 余人，打死阅兵团长渡边中佐。在冀鲁边区 600 万人民的支持下，经过一年的反"扫荡"，共产党、八路军在冀鲁边区初步站稳脚跟，也付出较大牺牲。1939 年，日、伪军虽然遭到较重打击，亦初步实现了其"分割封锁"的作战目标，将津南地区分割为两狭长小块和一长条①。敌后战场的这一艰难抗战局面直至 1942 年 5 月反"扫荡"之后才有改观。

（二）"讨伐"鲁苏战区于学忠部

1938 年 1 月，国民党山东省主席韩复榘被处决后，于学忠接任第三集团军总司令，驻防山东，率部参加淮河战役、台儿庄战役及武汉保卫战，在智取韩庄、争夺贾家埠、血战禹王山战斗中屡立战功。于学忠部不是蒋介石的嫡系部队，战损兵力补充不够，实力不断削弱。

1939 年 1 月，国民政府成立鲁苏战区，统一指挥山东、江苏的正规部队及地方武装，于学忠为总司令，辖正规部队 3 个军及 1 个师：第五十一军，军长牟中珩，下辖第一一三师（师长周毓英）、第一一四师（师长张福禄）；第五十七军，军长缪澂流，下辖第一一一师（师长常恩多②）、第

---

① 两狭长小块：一是在盐山旧县镇沿南北公路，经茨头铺、黄夹镇、杨安镇、郑店到商河县城公路以西和宁津县长官镇、大柳、柴胡店以东的狭长小块；一是从盐山望树至庆云城关、板营、尚堂到阳信温家店以西的狭长小块。这两块地区，长约 70 华里，宽约 40 华里。一长条：沿禹津河东西两岸，约六七十里的区域。依托这有限的抗日根据地，我们党领导的抗日武装坚持敌后抗战，竟与日、伪军周旋四五年，较早迎来战略大反攻。

② 1942 年 8 月 3 日，常恩多率部起义，脱离国民党军，接受共产党领导。国民党重建第一一一师，孙焕彩任师长。

一一二师（师长霍守义）；第八十九军（军长韩德勤），下辖第三十三师（师长贾蕴山）、第一一七师（李守维）；新编第四师（师长吴化文）。第五十一军及新编第四师驻鲁南，第五十七军驻鲁苏交界，第八十九军驻苏北，这些正规军均由于学忠直接指挥。鲁苏战区兵力除了正规军之外，尚有地方武装部队保安队、游击部队等。[①]

1939年2月，日军第四舰队协同第十二军第五、二十一、一一四师团，独立混成第六旅团一部及部分伪军，进犯鲁苏战区的国民党军于学忠部，意图摧毁鲁苏战区的战略基地。于学忠部第五十七军撤至鲁南诸城、日照，第五十一军在宿县遭遇日军。3月29日，日、伪军一部在临朐分三路进攻沂水。于学忠部在临朐南部山区与日军展开激战。30日，日军进占蒋峪，并在此集结，准备继续南犯。4月1日，于学忠部对驻蒋峪的日军进行反攻，激战从早晨至中午，歼灭日军500余人，日军被迫撤退，于学忠部在鲁中山区站稳了脚跟。随后，于学忠整编地方部队，补充兵员装备，筹备成立战区。

1939年6月，日军发动鲁南大"扫荡"，于学忠部在鲁中南山区移动作战，部队损失较大。1939年秋冬，日军撤退，于学忠部正式成立鲁苏战区，在沂水县圈里设立战区总司令部。此后，日军较少进攻于学忠部，进攻重点转向山东八路军各部队。

（三）"扫荡"泰西抗日根据地

1939年3月，八路军第一一五师师部和第三四三旅第六八六团主力在代师长陈光、政治委员罗荣桓率领下，挺进山东。4月，与津浦支队、山东纵队第六支队会合。在地方党政军民的配合下，依托泰肥山区、大峰山区、平阿山区和东平湖，多次击退日军进攻，当地伪军大部被瓦解，巩固发展了泰西抗日根据地。

1939年5月，日军第十二军决定围攻泰西抗日根据地，寻歼进入山东

---

① 《民国山东通志》编辑委员会编：《民国山东通志》（第五册），台湾山东文献杂志社2002年版，第2989~2992页。

的八路军主力部队。为此，日军调集泰安、肥城、东平、汶上、宁阳等 17
个城镇的第一一四师团、第三十二师团各一部及伪军 8000 人，战车、汽车
百余辆，火炮百余门，兵分九路，围攻泰西地区。5 月 2 日至 8 日，日军
"扫荡"东平、汶上地区。9 日，进攻肥城、宁阳山区。10 日，日军紧缩合
围圈，进犯泰西抗日根据地的中心区。11 日，日军在陆房一带包围八路军
第一一五师师部、津浦支队、地方党政机关等 3000 余人。敌我鏖战竟日，
第一一五师等部队伤亡 300 人，毙伤日军大佐联队长以下 1300 余人，粉碎
了日军的九路合击。陆房战斗以弱胜强，是继平型关大捷之后的一次成功
突围战，蒋介石也发来电报称赞"殊堪嘉慰"，事实上承认了八路军第一一
五师在山东的合法地位。①

（四）"鲁南作战"

鲁苏战区的设立和敌后游击力量的增强，很快引起日军不安。1939 年
6 月 4 日至 25 日，日军按照第二期"肃正计划"，进攻鲁中、鲁南地区
（胶济路以南、津浦路以东的山东东南部地区）抗日部队，是为"鲁南作
战"。日军得悉在鲁中、鲁南山区驻有 5 万至 7 万的中国抗日部队，分别为
国民党山东省政府主席沈鸿烈的原青岛海军陆战队一部，山东省保安队及
吴化文的新编第四师，在鲁南的东北军于学忠第五十一军第一一三师周光
烈②部及第一一四师牟中珩部，在沂水、蒙阴的第五十七军第一一一师常
恩多部及第一一二师霍守义③部，在泗水的共产党八路军山东纵队一部。
日军集结 4 个师团、1 个独立混成旅团各一部，准备"扫荡"鲁中南地区。
日军第五师团（驻青岛）主力沿胶济铁路至高密、坊子，分两路进攻诸城，
然后配合其二十一师团进攻日照。日军独立混成第五旅团（驻张店）一路
从临朐向南，攻击蒋峪、马站、沂水、四十里堡；另一路由临朐向西南，

---

① 秦颖、高中华：《陆房突围战：成功粉碎日军合围》，《学习时报》2022 年 11 月
28 日。

② 周光烈曾率部参加徐州会战、豫南会战等，在台儿庄大战中智取韩庄、争夺贾
家埠、血战禹王山，1938 年 12 月因案被解除师长职务。

③ 霍守义，1947 年在兖州战役中投诚，曾动员吴化文等部起义。

在第一一四师团①（驻莱芜）一部配合下，攻占南麻。日军第一一四师团一部协同独立混成第五旅一部攻占南麻，一部沿汶河向东，攻占新泰，并协同第三十二师团一部进攻坦埠。日军第三十二师团（驻兖州）一部，从平邑出发，攻占蒙阴、坦埠。日军第二十一师团（驻徐州）一部沿陇海路北上至郯城、临沂，进攻费县、平邑；另一路攻占莒南、大店，策应第五师团进攻日照，并调集日军第一飞行团（驻北平南苑机场）一部，配合作战。

6月4日，日军在北起胶济路沿线，南至陇海路沿线，西起津浦路沿线，东至胶东诸城、日照一带，分路合围南北长约280公里、东西宽约200公里的鲁中、鲁南地区，采取长驱直入、分进合击、逐段展开、逐段合击的办法，进行大"扫荡"。日军在进攻中，夜间行军，拂晓围攻，专走小路，突然袭击。在合围"扫荡"时，封锁铁路沿线，严防抗日部队转移至胶济路以北、津浦路以西和陇海路以南地区。在交通要道、路口，派出警戒与设伏部队，同时加强空中侦察，实时掌控抗日部队动态，进行阻击、包围和追击。

6月5日，日军第二十一师团北川联队、第一一四师团一部、第五师团主力分别沿陇海铁路、津浦铁路、胶济铁路，围击鲁南游击区。鲁苏战区第五十七军第一一一师在临沂东北、第一一二师在费县西北，阻击日军进攻，随后转移至莒县以东及费县西南山区。第五十一军第一一四师在蒙阴与日军进行激战，师长方叔洪②殉国，然后转移至沂水、蒙阴以北山区。日军伤亡数千人，进逼莒县、沂水、蒙阴。

6月7日，日军相继出动15架飞机，轰炸东里店，炸死300余人，4000多间房舍化为灰烬。6月9日，日军第五师团占领莒县，独立混成第五旅团占领沂水，国民党山东省政府所在地东里店失陷。10日，日军第一

---

① 1939年5月，日军第一一四师团向新调来的第三十二师团移交山东境内津浦路沿线防务后，在7月中旬调回国内解散前的这一段时间，成为第十二军的机动部队。

② 方叔洪，2014年入选国家民政部第一批300名著名抗日英烈和英雄群体名录。

一四师团占领南麻，第三十二师团占领坦埠（鲁苏战区总部所在地），第二十一师团占领汤头、大店。日、伪军逐渐压缩包围圈，试图围歼各地抗日武装力量。15日，日军增加兵力，攻击沂水北部山地及云蒙山附近抗日武装。25日，日军在蒙阴北部山地围攻中国军队。在诸城西南及沂水北侧，国民党第五十一军第一一三师及新编第四师阻击敌军后，转移至临朐、沂水山区。此次"扫荡"作战，第五师团①系日军作战主力，战后分驻鲁中、鲁南各地。

（五）"鲁西作战"

八路军第一一五师主力部队进入鲁西后，日军认为，鲁西地区（津浦路以西的山东省西部地区）"由于共军的侵入，已可判断赤化工作正广泛深入地渗透到该地"，决定"剿灭该地区共军及其匪团，杜绝其活动的根据，以扩大治安圈"。1939年7月，日军发动"鲁西作战"，试图"肃清潞安平原、山东省西部及东南部的国共两军，摧毁敌之策源地"②。日军第十四师团③（驻开封）一部、第三十五师团（驻新乡）一部、第十师团（驻石家庄）一部及第三十二师团、一一四师团各一部，合围鲁西南地区。第十师团一部由聊城南下，攻占阿城、寿张、范县及濮阳，控制黄河北岸地区。第三十五师团一部控制长垣、濮阳之间的黄河北岸地区，然后南渡黄河，协同第十四师团攻占曹州。第三十二师团一部，攻占成武。第一一四师团一部进攻戴庙、黑虎庙、杨集和梁山、郓城、鄄城，控制黄河南岸地区。

7月3日至9日，日军夹击合围，相继占领鲁西南各县城和主要集镇，并在各据点组建伪军、成立伪政权。8月2日，八路军第一一五师在梁山西南独山村一带，全歼日军第三十二师团1个大队，击毙日军少佐长田敏江以下300余人，俘日军13人。

---

① 因1939年秋的"诺门罕事件"，日军第五师团调入关东军，该师团在山东省东部的防务分别移交给位于青岛的独立混成第五旅团和位于莒县的独立混成第六旅团。

② 日本防卫厅战史室编，天津市政协编译组译：《华北治安战》（上），天津人民出版社1982年版，第123页。

③ 第十四师团司令部设于开封，1939年12月19日由青岛起航调回日本国内。

1940 年 4 月至 5 月，日军第三十二师团一部及独立混成第十旅团主力在鲁西地区对八路军东进纵队进行"扫荡"，并未见效。5 月，日军逼退共产党军队，又攻击鲁西地区高树勋部。

（六）"鲁东作战"

1939 年 9 月，日军新任华北方面军司令官多田骏提出"囚笼政策"后，日军不断调集兵力，修筑公路、据点和碉堡，封锁抗日根据地，"扫荡"次数愈来愈频繁。仅 1939 年 9 月，日军就与鲁、苏中国军队作战 447 次。[①] 1939 年和 1940 年，日军在山东进行千人以上的"扫荡" 25 次，万人以上的"扫荡"两次。日军在山东实施"囚笼政策"的同时，还使用所谓"牛刀子战术"，即以绝对优势兵力，快速调集兵力，实行轻装、远距离奔袭，将其机动兵力发挥到极致，频繁出击，给抗日部队造成较大损失。

1940 年 1 月 29 日至 2 月 15 日，日军第二十一师团、三十二师团及独立混成第五旅团等主力部队，发动"鲁东作战"，试图"肃清"山东半岛的国民党军队和八路军部队。日军第三遣支舰队与第十二军配合，封锁山东半岛，侵占石岛。石岛是山东半岛东南部的重要港口，也是中国海外援助物资到达后卸货的重要据点。2 月 7 日，日军先头部队进攻青岛大沽河对岸。2 月 15 日，日军占领鲁东大片地区，占据大部分县城及一些重要乡镇。国民党军队被迫逃散，一部分军队投敌成为伪军。

至 1940 年，日军 2 个师团和 4 个混成旅团约 3.6 万人及伪军 8 万多人，控制着山东境内全部铁路和 5000 公里公路，建立 1156 个据点。

四、重点"讨伐共军"

1940 年春，日军在华北"扫荡"中国抗日军民两年多，逼迫着国民政府军队不断撤退的同时，却吃惊地发现共产党的军队不但顽强扎根于敌后抗日战场，独立支撑起国民政府军队撤退地区的抗战大局，并且愈战愈勇，

---

① 日本防卫厅战史室编，天津市政协编译组译：《华北治安战》（上），天津人民出版社 1982 年版，第 124 页。

不断发展壮大。日军惊呼："如不及早采取对策，华北将成为中共天下。为此，方面军的讨伐重点，必须全面指向共军。"①

日军通过情报分析，指出共产党组织的特色是"党、政、军三位一体"，军和政是党的两臂，党挥动两臂推动革命，军是党推动革命的武力组织，政是党推动革命的政权组织。② 1939 年 12 月，日本华北方面军召开情报主任会议，认为"以地方武装为主，以政治和民众为基础的抗战组织和以共产党军队为背景的民众抗战组织，正在日益强化秘密地下活动"③，"中共势力对华北治安的肃正工作，是最强硬的敌人。为此，应加紧收集情报，确立排除中共势力的对策，实为当务之急"④，强调日军现阶段"治安肃正"的根本是打破共产党军、政、党、民有机结合的抗战组织。

1940 年，日军认识到"在华北占领区内的重庆系军队，由于日军的讨伐及其后方补给的缺乏，势力不断缩小。共军则巧妙地乘隙渗透其势力，或以武力迅速扩大地盘。华北方面军与占领区外围的重庆系军队相对峙，而在占领区内特别在山西北部、东部、河北一带及山东大部地区，共军无论在质量上、数量上均已形成抗日游击战的主力。因此，占领区内治安肃正的主要对象，自然是中共势力。方面军对中共的活动予以深切的注意"⑤。尽管如此，日军对共产党的力量仍未足够重视，只是将共产党视为山东敌后战场上与蒋介石部队一样的"残敌和抗日匪团"。对于共产党在山东的迅猛发展和力量提升，日军也并未及时引起高度重视。

---

① 日本防卫厅战史室编，天津市政协编译组译：《华北治安战》（上），天津人民出版社 1982 年版，第 223 页。

② 日本防卫厅战史室编，天津市政协编译组译：《华北治安战》（上），天津人民出版社 1982 年版，第 83 页。

③ 中国抗日战争史学会、中国人民抗日战争纪念馆、北京中国抗日战争史研究会编：《抗战史料研究》（2018 第 1 辑），团结出版社 2018 年版，第 139 页。

④ 日本防卫厅战史室编，天津市政协编译组译：《华北治安战》（上），天津人民出版社 1982 年版，第 127 页。

⑤ 日本防卫厅战史室编，天津市政协编译组译：《华北治安战》（上），天津人民出版社 1982 年版，第 216 页。

1940 年夏，日军的"肃正作战"直指共产党的抗日武装力量。"共军对我占领区的进犯越来越频繁，已成为今后肃正工作上最严重的问题。根据过去经验，由于我军的讨伐，在杂牌军被消灭后，结果，其地盘往往反被共军占据。有鉴于此，今后的讨伐肃正的重点必须集中指向共军，全力以赴，务期将其全歼。这是我们在计划中明确的意图。为此，必须考虑到我军的兵力与整个治安工作的关系，如果是在讨伐后，不能立即采取恢复治安措施的地区，而且该地区的匪团对皇军又无求战行动，为防止共军乘虚而入，宁可不对其讨伐，暂时默认该匪团的存在，反而对我有利。"[1] 从 1941 年春开始，日军调整其政治、军事策略，大力扶持汉奸和伪军，"使之在协力治安工作的同时，并促进农村自治自卫工作全面稳步地开展，领导他们自动地为剿共工作做出贡献"[2]，并实施集军事、政治、经济、文化、交通、特务为一体的"总力战"，变"治安肃正运动"为"治安强化运动"。

然而，在党的领导下，山东抗日军民通过游击战和反"扫荡"，不但粉碎了日军的"治安肃正计划"，而且壮大了抗日根据地和抗日武装力量。经过数年的较量，日军对其"治安肃正"作战失去信心，甚至诬称"八路军是华北治安之癌"。

第三节 日军的残暴统治和奴化殖民

一、建立各级伪政权

1937 年日军侵占华北以后，一面进行"治安肃正"作战，加强军事侵略，一面扶植建立各级伪政权和"新民会"等伪组织，施行"以华治华"策略，推行以"亲日"为核心的奴化教育，进行残暴的殖民统治，妄图镇

---

① 日本防卫厅战史室编，天津市政协编译组译：《华北治安战》（上），天津人民出版社 1982 年版，第 236 页。

② 日本防卫厅战史室编，天津市政协编译组译：《华北治安战》（上），天津人民出版社 1982 年版，第 364 页。

压中国人民的民族反抗。

　　日本在山东先后成立伪山东省公署（1943 年 8 月改为伪山东省政府）、伪青岛特别市公署（1943 年 11 月改为伪青岛特别市政府），下设济南市、烟台市和鲁东、鲁西、鲁南、鲁北 4 个道（每道设伪道尹一人），建立省公署（后改为伪省政府）——道公署——县政府——区公所的四级伪政权。① 伪鲁东、鲁西、鲁南、鲁北 4 个道，分别辖 17 个、32 个、21 个、37 个县。② 伪山东政权虽然号称"4 道 107 县"，但是在全民族抗战初期实控地区不超过数十县。

　　1939 年 1 月，日军在山东刻意打造所谓"文人政权"，由唐仰杜接任伪山东省省长。1939 年底，伪山东省公署辖 2 个市（济南、烟台）和 95 个伪县政权。1940 年 3 月，汪精卫（1938 年 12 月公开投日）在南京成立伪中华民国政府，取消伪中华民国临时政府（改为"华北政务委员会"，王克敏任委员长）。伪政府发布《华北政务委员会组织条例》，规定山东、河北、山西三省及北京、天津、青岛三市由"华北政务委员会"管辖。③ 1940 年 6 月，伪省公署将 4 个道改为登州、青州、兖济、东临、济南、莱潍、泰安、曹州、沂州、武定 10 个道，极力加强各地日、伪政权建设，训练日、伪机关行政人员，推行殖民措施；将益都、济宁等 20 县划为日、伪"县政模范地区"，在乡村设立保甲制度，加大对县城及乡村地区的控制力度。

　　至 1940 年，日军在山东建立 102 个伪县政权，占全省 107 个县的 95.3%。在一些"拉锯县"，如朝城、郯城等县，伪政权时有时无。即使成立了伪县政权的县，日、伪的政令也并不能在全县推行。在大多数县，日、

---

　　① 《民国山东通志》编辑委员会编：《民国山东通志》（第一册），台湾山东文献杂志社 2002 年版，第 397 页。

　　② 《民国山东通志》编辑委员会编：《民国山东通志》（第一册），台湾山东文献杂志社 2002 年版，第 307~308 页。

　　③ 张同乐：《华北沦陷区日伪政权研究》，生活·读书·新知三联书店 2012 年版，第 69 页。

伪政权和国民党、共产党三方政权并存，相互博弈，此消彼长。至1941—1942年，日、伪势力仍未能在观城、范县等5个县成立伪县政权。全省广大乡村地区，主要是由共产党或国民党等地方抗日力量所掌控。至抗战后期，全省绝大部分乡村地区由共产党控制。①

伪政权是日寇扶植操纵的压迫中国民众、效力日军侵华的傀儡政权，各级伪政权均设有日籍顾问操控政事。1939年，伪山东省公署有科以上官员100余名，1940年新任命各级职员2321人，全省各级伪官吏有数万之众。1940年，伪山东省公署颁发所谓《山东省公务员任用暂行办法》，全省伪政权职员一律称为"公务员"，规定荐任、委任公务员的任职条件与培训、考核、奖惩机制及退职金和抚恤金制度。伪政权入不敷出，给山东人民带来沉重的财政负担。伪华北临时政府、"华北政务委员会"给予山东伪政权的财经补助远不能满足其费用开支，伪山东省公署便大肆搜刮勒索地方民众，大肆征收各县赋税，先后在济南、潍县等地设立10余处营业税征收局。伪省公署财政困难，伪县政权财政更困难，各地日、伪头目更是借机中饱私囊，人民困苦不堪。

二、残暴的殖民统治

日军在侵占山东期间，肆意屠杀无辜平民，制造惨绝人寰的惨案，违背起码的人类良知和国际公法，进行残暴的恐怖统治，犯下累累战争罪行。特别是在1938年10月至1943年，更是野蛮屠杀无辜平民、制造无人区等。

残酷屠杀无辜平民。日军手段残忍，心理变态，虐杀无辜平民，犯下了滔天罪行。1940年4月2日，日军在东明县东明集镇王官营村制造了骇人听闻的大惨案，残酷杀害国民党丁树本部丁培尧团的伤散官兵及随军民夫2300余人、无辜村民100余人，焚毁村庄、房屋、树木，抢掠牛马羊

---

① 《民国山东通志》编辑委员会编：《民国山东通志》（第一册），台湾山东文献杂志社2002年版，第308页。

620 头、粮食 3 万余斤。1941 年 11 月 2 日，日军在沂蒙山区野蛮屠杀抗日人员及无辜平民 3500 多人，在蒙阴县大崮山杀害数百人，抓走青壮年 1 万多人，抢走粮食 160 万斤，烧毁房屋不计其数。1942 年 5 月 4 日，日、伪军在单县潘庄寨杀害国民党军暂编第三十师朱士勤部 1500 余人，奸杀随军妻女 20 余人，杀害民众代表 11 人、村民 28 人，毁坏麦苗 3500 亩，并施放毒气，造成大量村民伤亡。1942 年 11 月，日、伪军 2 万余人对胶东抗日根据地进行冬季大"扫荡"，制造了"马石山惨案"，民众伤亡 826 人。1942 年 12 月，日军制造了"招远惨案"，杀害村民 500 多人、奸污妇女 285 人，抓走青壮年 1000 多人，烧毁房屋 422 间，抢劫财物 730 多万元。

制造大量"无人区"。日军蓄意实施人口灭绝政策，在齐鲁大地制造了许多个"无人区"。1941 年 3 月至 1942 年 10 月，日、伪军在淄河流域及东南山区地带先后推行 5 次"治安强化运动"，制造了 1000 余平方公里的"无人区"。临朐、淄川、博山三县交界的峨庄乡，原有居民近 5000 人，被迫逃亡者 3000 余人。1942 年 7 月，日、伪军 5000 余人"扫荡""蚕食"徂徕山区，驱逐居民 2000 余人，杀害 1730 多人，烧毁房屋 2883 间、古建筑群全部，抢走粮食 280 万斤，砍伐大柏树 2 万棵，在山区外围 160 余里处修筑封锁沟、碉堡、据点、公路，将封锁沟内划为"无人区"。① 1942年，日、伪军在莘、冠、聊、堂 4 个县，制造了冠堂公路两侧、马颊河两岸 1500 平方公里的"无人区"，1000 多个村庄成为无人村，大花园头、烟庄等 33 个自然村饿死 11000 多人，桑阿镇 63 个自然村饿死 21000 多人，堂邑、聊堂县饿死 60000 多人。② 1943 年 9 月，日军对博山、淄川西部山区一带进行七昼夜的"扫荡"，将 11 个村夷为平地，这一带成为"无人区"。1942 年至 1943 年，日、伪军烧杀掳掠，灾疫流行，临朐县人口剧减。临朐县许家峪原有 350 人，只剩 9 人（一个瞎子、一个跛子和几个老妇）；九

---

① 《敌蚕食徂徕山的新花样》，《解放日报》1942 年 10 月 15 日。

② 山东省委党史研究室编：《山东省抗日战争时期人口伤亡和财产损失》，中共党史出版社 2017 年版，第 27~28 页。

山、米山两区 130 个村庄原有 37357 人，只剩老弱残疾 8485 人。

设立集中营。日军设立集中营，策反、奴役抗日军民，训练劳工，进行奴化教育。日军在入侵山东期间，在济南、青岛、张店、德州、潍县等地设立了集中营。1940 年 5 月，日军设立"救国训练所"（济南集中营），1943 年 3 月改名为"济南新华院"，曾关押战俘劳工 5 万人，至少残害致死 2 万人。另设有一个临时战俘收容所。日军挑选身体健壮的战俘，编为"抽血队"，定期抽血，供给日军伤员用血，并对战俘进行活体试验。仅 1943 年 1 月，日军在济南琵琶山就杀害 80 余名被俘抗日军民。青岛集中营包括第一、二劳工训练所，第一劳工训练所关押战俘劳工 2000 人，第二劳工训练所关押劳工数千人，1939 年至 1943 年由此运出劳工 695639 人。张店集中营又名"张店俘虏收容所"，集中关押鲁东、鲁北、鲁南"扫荡"抓捕的中国军民，1941 年春至 1943 年夏关押战俘劳工 5000 人以上。

三、强化特务统治

日军在山东扶植伪政权，强化特务组织，加强殖民统治。其特务网络相当庞大，仅济南就有 20 多个特务组织、876 名特务（日籍 165 名，华籍 711 名）。其特务组织，辖属于日军驻山东司令部参谋部系统（济南陆军特务机关）、宪兵队系统两个系统，另有日本驻济南领事馆武官府、警察署、"新民会"中央调查部济南支部等独立系统。

日军驻山东司令部参谋部系统，总部设在济南，青岛、益都、济宁、张店、兖州等地设立下属机构，负责掌控各级伪政府。1942 年 11 月，日军驻山东司令部参谋部系统改称陆军联络部，设机关长，下设行政课、警务课、经济课、文化课、情报课 5 个部门，以及"新华院"、军事法庭。"新华院"是关押中国战俘的集中营，人称"阎王殿"。日军在济南、青岛、潍县等城市密设特务机关，隐蔽活动，如济南有凤凰公馆、泺源公馆、梨花公馆、鲁仁公馆、林祥公馆、梅花公馆、樱花公馆、鲁安公馆 8 大特务机关，专门跟踪、搜捕、审讯抗日分子。泺源公馆在青岛、郯城、泰安、潍县还设有"工作站""情报站"等分支机构。

日军在各地设立宪兵队，构成其宪兵队系统。1938 年 8 月，日军统一配置宪兵队，宪兵队分为负责日军风纪及军事案件、地方治安及特务活动两种。日军在济南、青岛设立"宪兵本部"，在各道和重要地区设置分队，分队下设分遣队及附属的外围组织，如各种"公馆"等。在山东军宪警政及群众团体，层层建立特务组织，其特务网络延伸各行各业和城乡各个角落。日本宪兵队还利用会道门和黑社会组织，如济南"安清道义会"，杀害抗日爱国人士和青年学生。

伪山东警察系统特务组织分为警务厅和警备总队两个体系。警务厅体系，接受日本陆军特务机关及宪兵队济南本部的指挥，由警务厅特务情报机构及各伪道、市、县情报机构组成，1942 年形成比较完善的情报网及邮电、书报检查网，主要目标为抗日人员和抗日根据地。警备总队体系，由警备总队（1943 年 5 月改为保安队）特务情报机构及其下属的特务情报机构组成。

此外，还有"新民会"特务组织，包括新民会中央调查部济南支部和新民会山东省总会调查室两个机构。1942 年，设立新民会中央调查部济南支部（对外称"济南经济调查所"），济宁、临沂、蒙阴、益都、潍县、诸城、周村等地设有办事处，负责搜集各类情报。1943 年，设立新民会山东省总会调查室，长清、泰安、章丘、济宁、广饶、诸城、潍县等地设有调查员，负责搜集共产党的情报。伪行政机关和伪军也设有一些特务组织，如伪山东省警务厅第五科（即"特务科"）、伪山东省会警察署特别保安科、伪铁路警务部警保科、伪山东省保安司令部情报科等。这些汉奸特务配合日、伪政权，掠夺经济资源、进行"治安强化"、推动奴化教育、破坏统一战线等，成为人神共愤的日军爪牙。

四、进行奴化教育

日军为麻痹沦陷区人民，在军事进攻的同时比较注重奴化教育，设立随军"宣抚班"。日军在济南、青岛、烟台等地设"宣抚指挥班",在铁路沿线各车站和县城下设"宣抚班",每班约 10 人。"宣抚班"散发传单,演出戏剧,宣传所谓"日华提携""共同防共",并扶持成立"维持会""新民会"等汉奸组织。1939 年 12 月,日军在山东的 91 个县设有"宣抚班"或"宣传员"。1940 年 2 月,山东有"宣抚班"105 处(本班 37 处,分班 68 处),部员 551 人;在 22 个县(市)设"新民会"指导部,有职员 370 人。① 1940 年 1 月,"宣抚班"解散。

1938 年 7 月,日军在济南成立"新民会"山东指导部(伪山东省省长马良②兼任总会长),又发行《新民报》,支持成立各种汉奸协会,如"新闻记者协会""佛教会""日语协会""教育联合会"等,以"新民主义"为名,极力推行奴化教育。③ "新民会"配合伪山东省公署,在各伪道设"新民会"办事处,在各伪市、县设有"分会"。在青岛成立"新民会"青岛特别市总会,设立即墨、胶州、李村各乡区"新民会"乡区总会。此后,在济南、青岛、烟台等城镇和津浦、胶济铁路沿线各县设立指导部,并向日军占领的县域周围集镇和乡村扩展。1940 年 3 月,"新民会"改组,改为由中国人主持,实际仍由"宣抚班"转任的各级"新民会"顾问、参事掌控。1940 年 4 月,"新民会"山东指导部与日军"宣抚班"并为"新民会"山东省总会,设会长一人、首席参事一人、日本参事若干,成为日、伪"领导民众的唯一机关"。1940 年底,山东"新民会"会员达 100 万人,居华北沦陷区各省"第一名"。④

1942 年 1 月,日军制定《新民会育成大纲》,试图通过"新民会"对

① 洪桂己编:《近代中国外谍与内奸史料汇编·清末民初至抗战胜利时期(1871—1947)》,台湾"国史馆"1986 年版,第 458 页。
② 马良在抗战胜利后被国民政府逮捕入狱,1947 年病死。《山东省行政体制沿革》,新华出版社 1993 年版,第 191 页。
③ 济南市社会科学研究所编著:《济南简史》,齐鲁书社 1986 年版,第 577 页。
④ 中华民国新民会山东省总会:《新民会须知》第 3 辑,"会员突破一百万纪念出版",山东省图书馆特藏部。

抗共产党。1942 年 3 月，日军在各区设置"新民会"办事处，下设"区委员会""坊分会"等。1942 年 6 月，山东"新民会"会员达 167.6 万人。1942 年 10 月，汉奸王揖唐主持召开"新民会"全体联合协议会，各地"新民会"积极参加日军第五次"治安强化"运动。1942 年底，日、伪政权大力开展"新民会"运动，"巩固地盘"，以弥补其兵力不足。1943 年，"新民会"等 21 个汉奸团体组成"华北民众团体反共大同盟"，妄图"集结军、政、民之总力进行反共斗争"，但是抗日根据地广大军民在党的领导下，度过严重困难局面，"新民会"难以活动，随后土崩瓦解。①

　　日、伪政权还通过组建"新民教育馆""新民学校""通俗讲演所""新民体育馆"等扶植"新民会"，进行社会奴化宣传教育活动。1938 年 7 月，伪山东省公署发布训令，声称"推广社会教育""灌输民智"，"以期本省教育无一人不识字、无一人而非新民"②。1938 年 12 月，伪山东省公署发布《通令将各社会教育机关凡冠有民众字样者一律改为新民》，要求将"民众"改为"新民"，以倡导所谓"新民精神"。1939 年 12 月，日、伪政权在山东沦陷区的 95 个县，设立"新民教育馆"64 处、"讲演所"59 处、"阅报处"96 处、"新民学校"7 处、"训练所"111 处。1941 年 6 月，山东沦陷区"新民教育馆"增至 91 处、"讲演所"增至 83 处、"阅报处"增至 193 处。1943 年 6 月，山东沦陷区"新民教育馆"增至 105 处、"讲演所"增至 115 处、"阅报处"增至 202 处、"新民学校"增至 136 处。③

　　日、伪政权推行"等级制度"，规定中国居民见到日军要鞠躬、让路、敬礼，否则便会挨打。沦陷区工厂及办公场所、街头巷尾，刷满"中日亲善""完成大东亚共荣圈"之类标语。日、伪政权又利用广播电台，大肆进行奴化宣传。1937 年底日军侵占济南后，将山东省会广播电台改建为

---

① 中国现代史学会编：《中国现代史论文摘编》，河南人民出版社 1984 年版，第 345 页。

② 《华北政务委员会教育总署教育行政报告书》（民国三十二年二月），伪华北教育总署档案，2021/640，中国第二历史档案馆。

③ 刘大可：《山东沦陷区新民会及其活动》，《山东社会科学》2001 年第 3 期。

"济南广播电台"，1938 年 6 月播音，扩大战争宣传，进行奴化教育。1939 年春，又在济南中山公园东侧建设新电台，12 月 26 日播音，成为当时华北的"第二大广播电台"。1941 年，伪省公署组建"宣传处"，加强对华广播。日军侵占青岛后，1938 年秋设立"青岛放送局"，1940 年改名"青岛广播电台"，宣称"发扬东方文化道德、新民主义之精神，以促进东亚新秩序之建设"。"济南广播电台""青岛广播电台"均隶属伪华北广播协会。

日、伪政权通过各级教育行政机构、大中小学，有组织有系统地灌输亲日反共思想，麻痹中国人民的抗战意志，进行日本化教育。1938 年，济南"维持会"建立 4 所日语学校。随后，伪山东省公署将其改为省立第一、二、三、四日语学校，培训日语教师。在非日语专科学校，将日语课列为主要课程，取消原来开设的英文课，并从小学三年级开始讲授日语。同时，减少国语课时，增加日语课时，强令师生日常会话使用日语。为"推进日语教学"，大批日本教官进驻各类学校。一般省立小学 1～3 人，中等学校 2～4 人，1941 年山东日籍教官达 118 人。日本教官教授日语，歪曲事实，宣扬"圣战"，鼓吹日本"帮助"中国、共建"大东亚共荣圈"等。

伪山东省教育厅是日、伪政权在全省推行奴化教育的最高行政机构，管辖沦陷区各级学校、社会教育、公共文化设施等，严密控制全省师生。①伪省教育厅创设"小学教员讲习会，以纠正其思想，每三个月为一期"。1938 年 5 月，开设"省小学训练所"（1940 年扩充为"山东省教员讲习所"，伪省教育厅厅长兼任所长），分期分地区"训练"小学、中学教师及日语教师。1938 年，设立"检定委员会"，组织中小学与日语教员考试委员会，考核各中小学教师与日语教师。1939 年 6 月，伪山东省公署通过《山东小学教员暑期讲习班暂行办法》，强制学校教师接受"思想训练"，凡视为"不轨"的教员，即予逮捕。1939 年，伪省教育厅公布《山东检定小学教员暂行规程》《山东检定中学教员暂行规定》，规定对中小学教师进

---

① 伪青岛特别市教育局在 1939 年 1 月设立，下设庶务科、学务科、社会教育科和督学室。

行"思想检定",凡是支持"兴亚灭共"的教师才能"思想合格",沦陷区各学校到处弥漫着日、伪统治下的高压恐怖气氛。此外,伪省教育厅还对学校教师进行奴化训练。1943年,将各县小学校长也纳入"训练对象",进行奴化教育。日、伪政权对学生的思想控制,更为严厉。一是删改更换教科书,悉数删除中国传统历史文化、民族英雄等,代之以所谓"中日亲善""东亚共荣"等奴化政策。二是伪山东省政府加强控制学生组织,监督师生活动。1940年,伪山东省教育厅公布《山东省学校少年团暂行规则》,成立"山东学校少年团",由伪省长唐仰杜兼任总团长,在各学校成立"分团","分团"下设"大队""小队"。"山东学校少年团"宗旨是"剿共反共",实行军事化团体训练与纪律训练,严格管控学生的思想与身体。三是增加"经学""剿共"两种课程,将"肃正思想,勤劳增产,集团训练,提倡体育及正当娱乐"① 当作教育政策,以适应日军作战的需要。1941年,伪省教育厅公布《修正山东省学校青少年团实施训练暂行办法》,在小学、初中学校,男生成立"少年团",女生组成"少女团";在高中、专科学校,男生组成"青年团",女生组成"女子青年团"。实行所谓"军事化""纪律化"管理,进行奴化教育。学生若稍加质疑或者反抗,便惨遭毒打。学校师生每天早操之后,都要遥拜"东方",演唱《大东亚进行曲》、汪伪政府国歌。日军攻陷中国的重要城镇之后,各校师生必须"集会庆祝"。日、伪政权摧毁原有教育体制,"所有公私大学,及中等学校一百余处流失,悉遭蹂躏,破坏无遗,学生或迫归乡里,散之四方"② 。这是山东教育史上最黑暗的一页。

五、加强反共活动

全民族抗战时期,日军及伪政权对成为中华民族团结抗战中流砥柱的共产党非常仇视。1938年11月,日军成立"华北灭共委员会",提出"灭

---

① 钟春翔:《抗日时期的山东日伪教育》,《抗日战争研究》2003年第1期。
② 伪山东省公署编:《山东省概况》,1940年,存山东省图书馆。

绝共产抗日思想"。① 1939 年 9 月，在沦陷区设立各级伪组织机构，承担"灭共"工作。在日军扶植下，伪山东政权积极开展反共活动。1938 年 7 月，伪山东省公署在济南召开"剿共灭党"大会。9 月，在伪山东省警务厅内设情报处，勾结日军，沆瀣一气，进行反共活动。11 月，成立"反共救国会"，在各伪县政权设立情报班。1940 年 8 月之后，日、伪集中了军部、宪兵队、"新民会"、伪政权等各方面力量，加强反共活动，发动"治安强化运动"，大力"清剿"共产党领导的抗日武装。

1941 年 8 月，伪政权"华北政务委员会"成立"华北剿共委员会"，要求各省伪政权组织"剿共"。伪山东省公署、伪青岛特别市政府设立分会，伪省长唐仰杜、伪市长赵琪兼任分会长。1940 年 12 月起，伪山东省公署在各级警察所增设"灭共班""剿共班""检阅所"等，专门对付共产党。伪济南、武定、东临、兖济、泰安、曹州等道召开警务会议，讨论"灭共"对策。② 日军认识到："剿共一事，仅靠武力进行讨伐，不能取得成效。""必须……摧毁、破坏敌人的组织力量和争取民众为重点。"汉奸组织"新民会"认贼作父，为虎作伥，散布城乡，频频活动，甘为日、伪反共的先头兵。1941 年至 1942 年，日军连续发动五次"治安强化运动"，"新民会"卖力地充当走狗，扩建基层分会，建立所谓"青年团""少年团""少女团""妇女会"以及"农村自治自卫组织"，推行保甲制度，组织所谓"新民突击队""先锋队"，直接从事反共卖国活动，影响很坏。③

六、推行"鸦片毒化政策"

日本大力推行"鸦片毒化政策"，从精神和肉体上麻醉中国人民。伪政

---

① 日本防卫厅战史室编，天津市政协编译组译：《华北治安战》（上），天津人民出版社 1982 年版，第 185 页。

② 吕伟俊主编：《民国山东史》，山东人民出版社 1995 年版，第 762~763 页。

③ 1938 年夏，山东热血青年组建"山东抗日铁血锄奸救国团"，以惩治汉奸为己任。他们曾挟持伪道尹成逸庵辞掉汉奸职务、刺杀伪省教育厅厅长郝书暄、刺杀伪山东省省长唐仰杜等。

权成立"华北烟土局",专门负责生产、经营、贩卖鸦片,山东人民深受烟毒之害。

全民族抗战初期,日本便在胶济铁路两侧大量种植罂粟,牟取暴利。1938年6月,伪胶县县长高尚文奖励种植罂粟,种植罂粟收入比其他农作物高出一倍;1939年至1941年,罂粟种植遍布全县。1941年,胶州区办事处种植罂粟达4394亩,龙山、艾山两区90余村罂粟种植户占总户数的90%。历城、泰安、济宁、临淄、寿光、益都一带也普遍种植罂粟、开设烟馆。伪政权的烟馆登记手续极简便,甚至还增添女招待勾引吸客。1938年9月,济南有40多家烟馆;11月底,增至136家。

1939年,伪青岛特别市禁烟清查委员会通过《青岛特别市鸦片吸食登记规则》《青岛特别市禁烟清查委员会招商开设土店膏店暂行规则》,设立毒品专卖机构,指定毒品批发与零售商,颁发烟馆营业执照和个人吸烟许可证等,毒品经营公开化、合法化。[1] 1939年6月,伪青岛特别市警察局辖区的6个警察分局,共开设烟膏店307家,有瘾及吸食人数4214人,每月消量烟膏7169两、计价额76229元。[2]

吸卖鸦片盛行,人民群众遭受极大危害。日军曾在定陶县马集镇抓捕平民到大烟馆内吸食大烟,强制吸食上瘾,造成11人死亡、60户家庭倾家荡产。菏泽地区吸食鸦片者一度高达20余万人,且多为青年人。大量青壮年吸食鸦片后,不事稼穑,盗抢财物,丧失劳动和生活能力,导致大片土地荒芜、农业生产滞后、兵源质量堪忧。

第四节　日军的经济掠夺和社会破坏

1938年10月,日军攻占广州、武汉后,无力再扩大攻势,便大力推行

---

[1]《青岛特别市禁烟清查委员会招商开设土店膏店暂行规则》(1939年7月24日),青岛市档案馆馆藏档案,档案号B0034-002-00184。

[2]《青岛特别市警察局调查管界烟户暨消量概况表》(1939年9月),青岛市档案馆馆藏档案,档案号A0018-001-00171。

所谓"治安肃正",军事上"肃正作战",政治上收买汉奸,经济上加紧掠夺,充分暴露了日本军国主义的丑态与罪恶。伪山东省政权毫无廉耻、卖国求荣,主动协助日本侵略者对山东进行军事侵略、经济掠夺。

一、掠夺财政税收

伪山东省公署成立后,财政收入始终入不敷出。如1938年伪山东省财政收入57万元、财政赤字为321万元(伪联币,下同),1939年财政收入603万元、财政赤字为390万元,1940年财政收入1105万元(含伪中央协款299万元)、财政赤字为312万元,1941年财政收入1620万元(含伪中央协款120万元)、财政赤字为120万元,1942年财政收入2390万元(含伪中央协款120万元)、财政赤字为120万元。[①]

日、伪山东政权财政收入的主要来源是赋税,但是由于人民群众的奋力抗争,从未实现其预期征收目标。赋税主要来源是田赋,分为地丁(1~2期田赋)、漕米(3期田赋)、租课(各项地租)。伪山东政权田赋收入,1938年为34.8万元,1939年为461万元,1940年为853.9万元,1941年为859.6万元,1942年为1744.6万元。其田赋收入占全年赋税总收入的60%~70%。[②] 此外,伪山东政权还征收契税、牲畜税、屠宰税、牙税、营业税、烟酒牌照税等,以及每年另有伪中央及华北政权给予的"协款"补助,其余不足部分便大肆搜刮勒索地方。如"济南治安维持会"三个多月便搜刮勒索济南市商会大洋2.5万多元;在济南、潍县等地设立10余处营业税征收局,搜刮民财。1938年至1941年,伪山东政权契税征收逐年增长,分别为0.02万元、15.6万元、54.8万元、67.8万元。[③] 1938年6月,伪山东省公署颁行《征收牲畜税暂行章程》,规定骡、马、牛每头征税1.5元,驴每头征0.5元(驹折半征收);1943年1月,骡、马、牛每头征2.5

① 吕伟俊主编:《民国山东史》,山东人民出版社1995年版,第830页。
② 吕伟俊主编:《民国山东史》,山东人民出版社1995年版,第828页。
③ 伪山东省公署编印:《山东省公署三十年工作报告·财政》,第2页。

元，驴每头征 0.8 元，猪、羊每头征 0.3 元；1944 年 1 月，骡、马、牛每头征 5 元，驴每头征 2 元，猪、羊每头征 1 元。1940 年，伪山东政权实征牲畜税 84213 元；1941 年实征 127357 元。1938 年 6 月，伪山东省公署颁行《征收屠宰税暂行章程》，规定屠宰猪每头征 0.5 元，牛每头征 1.5 元，羊每头征 0.3 元；1943 年 1 月，提高税率，屠宰猪每头征 0.8 元，牛每头征 2.5 元，羊每头征 0.5 元；1944 年 1 月，税率继续提高，屠宰猪每头征 2 元，牛每头征 5 元，羊每头征 1 元。1940 年，伪山东政权实征屠宰税 117677 元；1941 年实征 147214 元。许多日、伪主要头目也借机横征暴敛、中饱私囊。

伪政权不断强化赋税征收、肆意掠夺农村经济、随意增加课税项目。1938 年，伪山东省公署在沦陷区各县征收地丁银一两带征附捐 2 元作为伪县政权活动经费。[①] 1939 年，伪政权不断增加税项，仅济南、烟台就开征 24 种省、市税捐及 51 种地方税捐。此外，苛捐杂税多如牛毛，如户口纸费、警察所修理费、国防金、飞机献金、炮台捐、雇兵费、建筑费、桥梁费等 20 多项。[②]

伪山东政权的财政支出主要是"行政管理费"，包括行政费、财政费、司法费、警务费等项，占全年财政支出的一半以上。为进行殖民统治、奴化宣传、收买人心，伪政权也曾每年象征性支出一笔"经济建设费"，1938 年到 1940 年的"经济建设费"分别占其财政年总支出的 4.04%、10.30%、18.25%。[③] 还曾拨付"赈灾救济"款项，每年仅约 2 万元；发放"孤贫口粮"，每年仅 7992 元。这些"财政支出"与聚敛的钱财相比，简直是九牛一毛、不值一提。如 1943 年，伪政权在济南开展所谓"查暴利运动"，没收棉布 2300 匹、棉纱 40 余件、"缴获" 3200 余万元，全部上缴充作日军

① 伪山东省公署编印：《山东省公署二十七、八年工作报告·财政》，第 132 页。
② 朱玉湘：《辛亥革命以后的山东田赋》，《山东史志资料》第一辑，山东人民出版社 1983 年版，第 121 页。
③ 山东省地方史志编纂委员会编：《山东省志·财政志》，山东人民出版社 1995 年版，第 310 页。

侵华经费。①

日、伪军政警特组织也明目张胆敲诈勒索沦陷区农民，征收名目繁多的"税捐"。如"国税"（国地税分红）、"特捐"（为消灭共产党征的钱）、"军饷"（军队给养费）、"建筑捐"（修机关、炮楼等）、"征集捐"（征收新兵用款）、"枪炮捐"（30 亩地一支铅枪，50 亩地一支钢枪），以及"办公费捐""修庙捐""招待捐""清洁卫生捐"等。在山东沦陷区，"天天要捐，日日收税"，"一般年景下，群众每亩交拿 20 元左右，占每亩收入的80%，有时税捐超过农业总收入"。② 伪政权组织以"招待日军保卫乡土"之名，任意向农民派款，勒索粮、草、猪、鸡，横征暴敛，抓兵拉夫，草菅人命。如一些伪县长设立"招待日军供应处"，要求每个乡每个月捐送日军鸡蛋 1000 个、鸡 100 只、肥猪 10 头、牛 1 头，以及小麦、花生油等物。各县、区的伪"保安队""自卫团"，任意索要给养款项，甚至公开抢掠、祸害乡里。③ 如临沂城东南某村仅有 65 户、260 人，1942 年 1 月至 5 月竟然被迫负担现款"招待费"3550 元、"子弹及军装鞋袜费"13545 元、"官差费"2774 元、"训练壮丁费"1878 元、"新币（伪币）换旧币（法币）费"2888 元及其他，共支现款 25066 元；负担粮食"月子粮"376 斤、"季子粮"7525 斤以及其他名目的"征粮"，共支粮食 10576 斤。平均每户每月负担现款 77 元、粮食 33 斤（1940 年前后山东沦陷区小麦平均亩产量仅为 50 斤）。④

全民族抗战期间，日、伪在胶东区敲诈勒索款项为 5943000 万元（法

---

① 苗兰亭：《抗战时期我在济南伪商会的经历与见闻》，《文史资料选辑》（第十四辑），山东人民出版社 1982 年版，第 102~105 页。

② 《夏津县日伪时期苛捐杂税典型情况的调查》（1963 年 11 月 13 日），夏津县档案馆馆藏档案，档案号 1-1-2580。

③ 温大明：《日伪军在鲁西南罪恶种种》，《文史资料选辑》（第二十辑），山东人民出版社 1985 年版，第 195~203 页。

④ 张华：《临东敌占区一个村庄的调查》，《大众日报》1942 年 10 月 1 日。

币，下同）①；在滨海区敲诈勒索 339062 万元、征收苛捐杂税 496635.7 万元、侵占 30772 万元②；在渤海区敲诈勒索 4060785 万元（北海币，下同）、征收苛捐 4498164.9 万元、侵占 310247 万元③。

二、掠夺农业资源

山东省是中国北方小农经济比较发达的地区，全民族抗战前有耕地 1.1 亿亩，农作物主要是小麦、高粱、谷子，常年产量 4899.1 万担，全省 3800 万人中 90% 以上从事农业生产经营，农业一直是全省主要经济支柱。④ 山东省耕地旱田占 91.07%，山地占 7.59%，水田占 1%，湖沼占 0.34%，粮食作物与经济作物比为 8∶1。日军侵占山东期间，实行所谓"中日满农业一元化"方针，重点掠夺小麦、棉花等战争物资，"以战养战"，为其侵华战争服务。

1941 年，伪山东政权统治地区约 2365.5 万人、耕地 4400.6 万亩。日军在山东沦陷区，重点将其所需粮食和工业原料作物作为开发对象，改设原有农事试验机构和农民合作社，整理原省立农场，设立华北农事试验场济南、青岛分场。伪政权大力开办试验场，推行农村合作社。1939 年 4 月，伪山东省公署整理恢复蚕业试验场及临清、临淄、齐东、惠民 4 处试验农场，增设济宁农场 1 处；1940 年，增设章丘、张店、烟台、益都 4 处试验农场及"棉花试验局"；1942 年，设伪省立农场。原省立济宁农场（1942 年增加至 60537 亩），种植小麦、棉花等；临清农场（1942 年增加至 500 亩），种植棉花、小麦等；临淄农场（315 亩），种植烟草、小麦等；齐东农场（188 亩），种植棉花、小麦等；惠民农场（1942 年增加至 54952 亩），

---

① 《胶东区抗日战争以来损失初步调查》（1946 上半年），山东省档案馆馆藏档案，档案号 G031-01-0343 页。

② 《滨海区八年战争损失损害调查表》（1946 年 1 月），山东省档案馆馆藏档案，档案号 G008-01-0015。

③ 《渤海区八年战争压榨类损失统计表》（1946 年 4 月），中央档案馆馆藏档案。

④ 吕伟俊主编：《民国山东史》，山东人民出版社 1995 年版，第 839 页。

种植小麦、棉花等；张店农场（192 亩），1942 年改为"农业训练所"；章丘农场（1942 年增加至 184 亩），种植水稻、小麦等；烟台农场（1942 年增加至 350 亩），种植果树、蔬菜；益都农场 300 亩土地种植烟草，桑园 655 亩养蚕。各个农场凿井灌溉、改良种子、增施肥料，在农产品新品种试验、推广方面起到一定作用。

伪山东政权还有计划地推广棉花、烟草、花生等经济作物的种植，以保障日军侵华之用。1939 年 2 月，设立"华北棉产改进会"，强迫山东等沦陷区农村少种粮食、多种棉花，严禁民间贩卖棉花。为提高粮棉产量、供给军需，日、伪政权确定福山、昌乐、平度等 32 县为"产粮重点县"。1939 年山东沦陷区小麦、谷子、高粱、玉米产量为 470 万吨，1940 年为 542.2 万吨。但是，由于日军侵华战争的破坏，农业总产量及亩产量均大受影响，远不及抗战之前。如 1939 年山东小麦平均亩产量为 85 斤，1940 年小麦平均亩产量不足 50 斤；其他农作物生产情形，亦皆如此。①

日军在山东沦陷区"开发"农业，旨在掠夺山东农副产品，对农业生产摧残极大，奴役性和破坏性非常明显。日军在其"军事行动"时，大肆抢夺平民的粮食、财物、牲畜等；另外，通过伪政权无偿"征收军粮"，低价收购小麦、棉花、花生、皮革等战略物资，实行"配给制度"，残酷掠夺广大农民。如在鲁南枣庄、临城一带，以乡为单位组织所谓"合作社"，规定五口之家"每月盐三斤、煤油三斤半、火柴三盒"；在青岛，"配给"发放生产生活必需品，如棉花、火柴、医药品、米、麦、砂糖、烟草、脂肪油、酒及工业品、机器（自行车）、皮革、橡胶制品等。② 日军在青岛、烟台、威海等地设立"水产协会""山东渔业株式会社"等，霸占山东渔场，劫掠水产资源，狂捕黄海、渤海的海产品。仅 1942 年，日本在青岛即捕捞水产品 4387 万斤，并通过"水产组合""水产交易所"等，强迫渔民售鱼，强征税赋，如烟台鲜鱼收费 6%，石岛鲜鱼收费 8%。还向渔民摊派各

---

① 吕伟俊主编：《民国山东史》，山东人民出版社 1995 年版，第 840 页。
② 成兵：《敌寇在山东敌占区内的经济掠夺》，《大众日报》1942 年 3 月 16 日。

种杂费，征收名目繁多的捐税，如"会费捐""码头捐""灯捐""坝捐""岗捐""打力捐"等。与此同时，日军及伪政权极力破坏山东渔民的船只和捕捞工具。全民族抗战前，山东有除大轮船外的船舶 5 万艘，其间因日军的破坏及"征用"等至少损失一半。① 山东渔民在日、伪的掠夺、破坏和压榨下，只能以海菜、草根、树皮、谷糠充饥，甚至被迫背井离乡，流落关东。

日军及伪政权在山东沦陷区肆意圈占良田，修筑据点、仓库、碉堡、公路、封锁沟、飞机场等，制造大量"无人区""隔离带"，毁坏大量农田，破坏农民赖以生存的根基，极大破坏了农业生产。1937 年 12 月至 1943 年 5 月，日军在山东修建据点 2184 个、封锁沟 4247 公里、荒废农田约 11 万亩。1940 年 12 月，日、伪华北矾土矿业公司强征农田 1.2 万亩，修建氧化铝厂。1941 年 11 月，日、伪军在鲁南及鲁北 17 个县修建碉堡 278 座、遮断线 2112 华里。② 1943 年，日军在潍坊二十里堡修建机场时强征 2 万民工，烧毁 30 余个村庄及大片良田。③ 日军在烟台修建营区时，将几万株葡萄树砍伐殆尽。1945 年 4 月，日、伪军在鲁村、沂源一带修建碉堡 656 个、围墙 68 座、壕沟 26824 尺，占用农田 102 万亩。④ 日军还残暴杀害、掳掠和役使农村劳动力，有些地区农业生产因缺少劳动力而成片荒芜。1937 年至 1940 年，日军从山东掳掠青壮年 259 万人。在日、伪的摧残掠夺下，山东沦陷区耕地面积锐减，农业生产量迅速下降。

---

① 《中央研究院社会科学研究所关于中国抗战损失问题研究报告》（1939 年），《国民政府档案中有关抗日战争时期人口伤亡和财产损失资料选编》，中共党史出版社 2014 年版，第 177 页。

② 山东省治安强化运动本部：《鲁南匪区及武定道属三县经济封锁设施状况》（1941 年 12 月），《日本帝国主义侵华档案资料选编·华北治安强化运动》，中华书局 1997 年版，第 303 页。

③ 《对日籍战犯于 1943 年在潍坊修建机场及烧毁二十里堡赵家村等村庄的罪行调查报告》（1952 年 10 月 10 日），山东省档案馆馆藏档案，档案号 A016-02-0025。

④ 刘子陵：《山东解放区一年来的救济工作》（1946 年 7 月），《山东革命历史档案资料选编》第十七辑，山东人民出版社 1984 年版，第 198~206 页。

三、掠夺工业企业

日军侵入山东后，肆意洗劫各地货场、仓库、商埠工厂、商行等，大肆掠夺农业、工矿资源。全民族抗战初期，1937 年山东工业损失 19169 万元（法币），1938 年损失 4600.6 万元（法币）[①]。日军为支撑其侵华战争，确保重要军需资源供应，在山东沦陷区实行"工业独占"政策，通过"军管理""委任经营""中日合办""强买""租赁"等掠夺手段，迅速攫夺华资工矿企业及工矿企业部门。所谓"军管理"，实际是直接侵吞；所谓"委任经营"，一般是强行将华资工矿企业移交日本企业甚至由日军直接经营。

在济南，成大纱厂被迫交由日本东洋纺织株式会社接管，成通纱厂被迫交由日本丰田纺织株式会社接管，仁丰纱厂被迫交由日本钟渊纺织株式会社接管，宝丰、丰年面粉厂被迫交由日本三井株式会社接管，成丰、成记面粉厂被迫交由日本日清制粉株式会社接管，兴华造胰厂、瑞蚨祥商行、济南火柴厂被迫交由日本小野田株式会社接管。在青岛，中国海军工厂、港湾局工场、四方机厂、冀鲁针厂、益丰火柴厂、茂昌蛋品公司等较大型企业先后被日军"军管理"；华新纱厂、利生铁工厂、中兴面粉厂、义利油厂、山东烟公司、中国颜料工厂、阳本染印工厂、橡胶工厂等，被迫低价卖给日本企业。在烟台，华丰缫丝厂、烟台榨油厂、烟台火柴厂等先后被日军"军管理"。山东有 4 家华商纺织工厂，3 家被日军"军管理"，1 家被日商"低价收购"。山东 16 家面粉加工企业，5 家被日军"军管理"，2 家被日商"低价收购"。被迫接受"军管理"的工矿企业，承担生产日军侵华战争所需产品的任务，经营有亏损时则暂由受托者负担，即日军只管索取产品物资，不予或很少投资，因此大多数"军管理"的工矿企业生产

---

① 国民政府经济部统计处编：《战时经济事业财产损失统计（初稿）》（1943 年 10 月），《国民政府档案中有关抗日战争时期人口伤亡和财产损失资料选编》，中共党史出版社 2014 年版，第 554~556 页。

很不景气，民怨沸腾。

之后，日军逐渐改变"军管理"方式，由直接掠夺改为采取所谓"中日合办"方式，中方出资 45%，日方出资 55%，由日方控股，侵吞中国产业，掠夺工矿资源。一些独营企业也由日本统制原料购置、产品销售等，如振业、益华、恒泰、鲁西和齐鲁 5 家火柴厂的产品，全由日商掌控的"火柴产销联营社"统销。由于日货竞争、运输困难，导致华资企业生产数量、经营效益日趋下降。如 1942 年潍县惠丰、龙口炽昌、胶州敬业 3 家火柴厂因原料缺乏，濒临倒闭。"沦陷区的民族火柴工业已经失去自由发展的条件，它们只好相依为命地在水深火热中苟延残喘着。"① 一些小厂由于敌伪控制原料和日商的压制、打击，陷于停滞状态。在青岛、济南、烟台等重要城市，日本成立卷烟、洋纸、杂货、火柴、麻、木材、染织等各种"协会""组合"，限制华商民营工厂的原料购置、生产规模、销售渠道等，使之或沦为日资企业的附属加工单位，或濒于倒闭。如济南裕兴、济通颜料厂，道义、同德、信义制碱厂，恒太、鲁西火柴厂等，均相继倒闭。青岛有 200 家工厂（包括手工业作坊）完全停工，500 家工厂产量大减。在近代织布业中心潍县，大量手工织布业织户廉价出售布机，民族织布业迅速衰败。

日军在山东沦陷区疯狂掠夺资源和企业财产。日本侵占青岛后，日商纱厂第一期"复兴工事"即要求达到 39 万枚纱锭、3.2 万枚线锭和 7000 台织机，所需资金 4000 万元"大都是公司债或实交股金，不足之数以政府的保证赔偿向银行抵押借款，再有不足，向政府申请低利贷款"②。1939 年 4 月，各纱厂全面运转，生产棉纱 81458 捆、棉布 116853383 平方码，完全控制了山东棉花市场和纺织工业。③ 日军强制推行资源"重新配置"，建立

---

① 青岛市工商行政管理局史料组编：《中国民族火柴工业》，中华书局 1963 年版，第 134 页。

② 《经济学术资料》（上海），1980 年第 9 期。

③ 《北支那工场生态调查报告书——青岛之部》（日文），第 139 页。

战争统制经济，掠夺山东工业，侵夺华商财产，日本资本势力大增。1939年，青岛 20 个工业行业，日本资本在纺织、机械器具、面粉、啤酒、橡胶、榨油 6 个行业基本上处于垄断地位，日资额比例在 50% 以下的仅有金属加工、骨胶、蛋品加工、烟草加工 4 个行业。日本在济南、青岛的企业扩张和投资活动规模最大、数量最多。1940 年，济南"中日合办"较大企业有 20 家，总资金 2431.1 万元，占济南各类工商企业（包括工业、手工业、商业）总资金的 48.3%。济南的纺织业、面粉业（84%）、印染业（60%）都被日本垄断。[1] 日资在青岛疯狂扩张，1938 年至 1940 年 7 月在青岛开设各类企业 613 家，设厂速度也不断加快：1938 年为 138 家，1939年增至 192 家，1940 年 7 月达到 283 家。[2] 这种在军事占领下膨胀起来的工业经济，满足了日本侵华战争的工业品需要，一定程度上弥补了日本国内生产的不足，但是也导致了日本国内经济危机的不断加剧和本土经济的急速衰退。

四、掠夺矿产资源

日军侵入山东后，重点掠夺煤炭、原盐、铁矿、铝矿等矿业资源，对山东规模较大的煤矿工矿企业均实行所谓"军管理"。1938 年 1 月，日军命令东和公司、鲁大公司接管博山煤矿和淄川煤矿，日本三菱矿业株式会社接管华丰煤矿和华宝煤矿。3 月，日本三井矿业株式会社接管中兴煤矿。在山东，日本为掠夺山东煤炭资源，"积极恢复开采"，在枣庄煤区，由三井矿山株式会社经营中兴集团；在淄川、博山煤区，由山东矿业株式会社经营胶济集团；在泰安、宁阳煤区，由三菱矿业株式会社经营大汶口集团。在日军的残暴压力之下，中兴集团、胶济集团、大汶口集团三家公司的矿工被迫加班加点挖煤，全省煤炭产量超过全民族抗战前的产量，煤炭成为日本掠夺的最重要战略物资之一。

---

① 济南市志编纂委员会编印：《济南市志资料》第三辑，1982 年，第 134 页。
② ［日］松崎雄二郎：《北支那经济的新动向》（日文），1942 年，第 152~153 页。

1938 年 11 月，日本成立所谓"北支开发会社"，以"中日合办"名义在青岛设"山东盐业会社"，管辖山东盐矿开采。在峄县设中兴煤矿公司，在东磁窑设大汶口炭矿公司，在新泰设炭矿事务所（管辖煤矿开采）。在青岛、张店设日本铁管会社金岭镇矿业所，管辖铁矿开采。在淄川、博山设华北矾土矿业公司，管辖矾土矿开采。在招远设"北支"采金会社，管辖金矿开采。另设"山东矿业会社"，管辖其他矿业开采。通过所谓"中日合办"名义，日本强化控制并疯狂窃取山东矿业企业的各种工矿资源，大肆掠夺山东矿业产品。1937 年山东矿业损失为 39004048.5 万元（法币），其中直接损失 39000135 万元（法币），间接损失 3913.5 万元（法币）；1938 年为 7804723.2 万元（法币），其中直接损失 7800027 万元（法币），间接损失 4696.2 万元（法币）。①

1940 年，在山东设立煤、矿产销公司，一区在淄川、博山、章丘、坊子等地，另一区在枣庄、陶庄、大汶口、新泰等地，在山东进行掠夺性开发，经胶济铁路、青岛港将山东煤炭、原盐等物资运到日本。1940 年，青岛港煤炭出口量比 1935 年平均增加 35 倍。1942 年，青岛港煤炭出口量占总出口量的 40%，其中 72.5% 的煤炭运往日本本土，17% 的煤炭运往关东"租借地"，8.3% 的煤炭运往伪满，占青岛港煤炭出口量的 97.8%。据不完全统计，1938 年至 1945 年日军侵占山东期间，6 年产煤 3390.2 万吨，年产水平为正常年产水平的 1.46 倍。② 日本对山东煤炭的掠夺开采及疯狂窃取，可见一斑。

日本竭力大规模"开发"山东原盐，1937 年 2 月在青岛设立"山东盐业株式会社"，开发胶澳盐田。1938 年 4 月，"山东盐业株式会社"资本金增至 1000 万元。随后，日本统制原盐生产、销售和新辟盐田，强行收购华

---

① 国民政府经济部统计处编：《战时经济事业财产损失统计（初稿）》（1943 年 10 月），《国民政府档案中有关抗日战争时期人口伤亡和财产损失资料选编》，中共党史出版社 2014 年版，第 554~569 页。

② 山东省地方史志编纂委员会编：《山东省志·煤炭工业志》，山东人民出版社 1997 年版，第 12~13 页。

商原盐加工企业永裕公司等，控制石岛、金口、威宁、涛雒等盐场，在青岛附近后韩家、女姑口等地开辟新盐田，扩大盐业生产和输出。全民族抗战前，山东原盐年产量为 50 万吨，1939 年增至 53.34 万吨。① 1937 年青岛盐输往日本（包括朝鲜）19.6 万吨，1938 年增至 25.1 万吨。② 1941 年 4 月，"山东盐业株式会社"并入"华北开发株式会社"，其生产、销售均由"华北开发株式会社"控制。1937 年至 1945 年，"山东盐业株式会社"共掠夺山东原盐 216 万吨以上。③ 日军公然从事原盐走私活动，还强索大量免费盐"军用"。如 1938 年日军在青岛"征用"原盐 320 吨，1939 年"征用"248 吨，1940 年"征用"480 吨，1941"征用"557.41 吨，1943 年"征用"4780.1 吨。④

此外，日本还掠夺式开采山东的铁、铝、金等矿产资源。1938 年，日军侵占金岭铁矿，招募中国廉价劳动力 2 万多人，最高日产 1000 吨，掠夺铁矿石 300 万吨。1940 年至 1945 年，日军仅从张店火车站运走铝矿石 660.35 万吨、耐火材料 28 万吨。日本"重点开发"山东的铁矿、铝土矿等资源，大肆掠夺铁矿、金矿等。全民族抗战前，金岭铁矿年产量最高为 1919 年的 17 万吨；1943 年，日本在金岭铁矿开采铁矿石 24.7 万吨。1941 年，日本"华北矾土矿业株式会社"投资开发淄博地区铝土矿；1943 年，采掘百万余吨。这些矿石，部分在南定氧化铝工厂加工，其余全部由青岛运至日本。日本对于山东的金矿，更是垂涎三尺，大肆掠夺。如日军侵占招远玲珑金矿，进行掠夺式开采，在全民族抗战期间从胶东地区至少掠走黄金 16.5 吨（约 52.8 万两）。⑤

在全民族抗战期间，日本在山东疯狂掠夺及破坏开采矿产资源，造成

① 大连日本商工会议所编：《北支经济图说》，1940 年，第 191~192 页。
② ［日］前田七郎、小岛平八编：《山东案内》，日华社 1941 年版，第 111 页。
③ 《青岛——过去、现在、未来》（内刊），1985 年，第 108 页。
④ 山东省档案馆档案，全宗号临 12，目录号 12，卷 952。
⑤ 此外，日军还掠走玲珑金矿于 1936—1937 年贮存的 20 万吨金矿石（冶炼净金 16 万两），故日军从玲珑金矿掠走黄金共约 68.8 万两。

不可估量的巨大损失。据不完全统计，按照 1937 年 7 月法币币值估算，山东矿产类直接损失 14139.8 万元、间接损失 2998.4 万元。日军在山东掠走金 50 余万两、银 23.3 万两、铜 0.97 万吨、铁 1.3 万吨、铅 0.3 万吨、五花石 28.6 万吨、云母石 60 万磅，总值折合战后法币 3512395.2 万元；直接掠夺和强制低价收购煤炭 2610 万吨，折合战后法币 41760000 万元，煤矿器材损失折合战后法币 182446 万元。

五、摧残民族工商业

20 世纪 30 年代，韩复榘主政山东后，山东近代民族工业进入一个快速发展的短暂黄金期，工业种类有所增加，棉粮土产最为活跃，纺织、化工、火柴、卷烟等轻工业也有较快发展，裕兴、裕鲁、大华、中国等几家颜料厂规模较大，机器铁工、翻砂铸铁以及纺织、化工、火柴、印染等新厂相继设立，周村、潍县等地也陆续开设化工企业。日军侵占山东后，排斥、打压民族工商业，强行"军事管理"成通、仁丰纱厂，成记、成丰、宝丰、惠丰等六个面粉厂，以及电灯公司、致敬洋灰公司、兴华造纸厂等济南 46 家主要工业企业，控制和掠夺山东经济。济南的主要工业都由日军控制。其间，济南新建工厂寥寥无几，青岛也无新厂建立，山东民族工商业遭受毁灭性打击，全省工业绝大多数处于停工状态。

在日军占领济南期间，大多数商户闭门歇业，"街上仅有卖山楂、柿饼、羊枣、糖块者。日本寇兵嗜糖如命，然吃了并不给钱，仅说'心交心得有'（日语"请客"的意思）。其后，小商小贩也都裹足不前，不敢摆摊了"。日本兵抢砸商店、仓库，日本浪人趁火打劫，有恃无恐，"随同日寇军队肆意检查"，从各货场仓库抢掠财物，"均命扛到日本浪人及日商家中"，"原来都是小商小贩的日本商人，此时也强行侵占邻居的房舍，把从中国人手中敲诈来的物资陈列出来，一跃成为巨商"。[①] 至 1939 年 5 月，山

---

① 苗兰亭：《抗战时期我在济南伪商会的经历与见闻》，《文史资料选辑》（第四辑），山东人民出版社 1982 年版，第 86~108 页。

东和青岛商业损失巨大，"山东除游击区域外，几已全部沦陷，胶济、津浦两路沿线，均曾沦为战区，即若干游击县份，亦多旋得旋失，颇受损害，其总数约为611168000元"，"青岛我军撤退后，经过大规模的自动破坏，亦当视为战事损失，其总数约为114840000元"。① 据不完全统计，1937年山东商业损失1140000万元（法币），1938年损失273600万元（法币）。② 1939年10月，伪商会组织修复遭日军焚毁的济南劝业商场等，逐步恢复商业秩序。

伪政权成立后，颁布一系列捐税征收章程，增加税额租金，进行敲诈勒索。如博山"维持会"成立后，"搜刮民财以资敌用，首先从大资本家孙宝森开刀。维持会派政务警把孙抓去，下了大狱，交上4万银元才放出来。资本家程玉坤以及矿商大户、银号大户、窑货商大户等怕同样吃亏，都顺从地交了款，一般商号也要交两三千"。"伪商会设立'招待处'，主要任务：一是采购供应日、伪军、警、宪及日本居留民会的蔬菜肉蛋等副食品，天天购送；二是为日、伪军、警、宪、特、翻译、顾问、队长等家属安置公馆住房；三是日伪之间相互馈赠，甚至生活用品均由招待处开支，日伪宴请商会人员，也由招待处负担；四是为伪县府警察局在押的所谓犯人送监饭，每顿两个高粱窝窝头；五是轮番宴请宪兵队、产销公司、伪政府、伪军警等日伪人员。"③ 再如，滕县城西红沙乡是日、伪宣称的所谓"模范乡"，"各商店一次'捐款'即达60余万元之巨。该县城30余家商号均已被迫关门"④。"故一般商人，见有日兵前来买物，即多规避，而日

① 《中央研究院社会科学研究所关于中国抗战损失问题研究报告》（1939年），《国民政府档案中有关抗日战争时期人口伤亡和财产损失资料选编》，中共党史出版社2014年版，第163~167页。

② 国民政府经济部统计处编：《战时经济事业财产损失统计（初稿）》（1943年10月），《国民政府档案中有关抗日战争时期人口伤亡和财产损失资料选编》，中共党史出版社2014年版，第554~556页。

③ 李养之：《博山县商会在日伪时期的活动》，《文史资料选辑》（第二十五辑），山东人民出版社1988年版，第120~138页。

④ 《山东敌横征暴敛》，《晋察冀日报》1942年11月20日。

兵有时竟自动手检取，因此商号即时闭门。"①

伪政权在山东沦陷区城市成立各类所谓"委员会""协会""恳谈会""组合"等，操纵采购、"征发"、批发、分配等，建立自上而下的商品物资统制形式，统制土产物资、工业原料、物资交流、商品销售，掠夺各种物资，沦陷区商业完全成为日本战时经济的附庸。在沦陷区，预付5000元却不能购买到500元的货物；每天售货收入必须当天上交，却不能准时领取明天出售的货物。日、伪当局进行商业侵略活动，还实行物资统制政策，颁布所谓"法令""规定""办法"，严格控制物资分配和流通。1940年，日、伪政权颁布《防止物资流向匪区办法实施要纲》等法令，对山东沦陷区面粉、火柴、煤炭等物品实行"统制价格"，限制各类物资流通。其所谓"《防止物资流向匪区办法实施要纲》"，禁止流通兵器、洋药品、硫磺、电池、铜、铁、锡、铝、钨，印刷、制钱、织布机器、油墨，医疗药品，棉花、棉布、棉纱、皮革、羊毛、麻，盐、火柴、蜡烛、纸、煤油、煤炭，洋灰、烟草、白糖、大米、麦、杂粮。② 日军这种攫取性、侵略性、非经济性的商业贸易体制和政策，导致济南商业市场逐步缩小、衰退。如全民族抗战前，济南是华北最大的棉花集散市场，年进出量达70余万担（1936年达到101万担）；1938年日军"统制棉花"，造成济南29家棉业花行相继歇业，1942年济南棉花市场完全消失。

在共产党领导的胶东、鲁中南、渤海等敌后抗日根据地，逐步建立了军事工业、化学工业等，如1943年创建新华制药厂（在牟平县，是山东最早的公立西药厂），为夺取全民族抗战胜利提供了重要支持，初步奠定了新中国的工业基础。③

---

① 《伪临时政府山东庶政视察团第五组视察报告》（1939年12月），《日本帝国主义侵华档案资料选编·汪伪政权》，中华书局2004年版，第388页。

② 济南市志编纂委员会编印：《济南市志资料》第五辑，1984年，第113页。

③ 刘伯英主编：《中国工业遗产调查、研究与保护（2020年中国第十一届工业遗产学术研讨会论文集）》，华南理工大学出版社2021年版，第46~47页。

六、控制交通运输业

日军侵占重要铁路、港口及交通线，霸占胶济铁路、津浦铁路及青岛、烟台、威海卫、龙口、连云港等，掠夺沦陷区物资、倾销商品。1938 年 3 月，山东境内的主要铁路、重要港口等基本被日军侵占。日军占领胶济路全线后，从日本等地区调运机车、车辆，掠夺各种军需物资。1938 年 1 月至 5 月，日军经青岛港埠运至胶济铁路机车 50 辆、资车 1133 辆、人员 1830 人。1939 年 4 月，日军成立"华北交通株式会社"，建设所谓"大陆交通一元化"体制，管理铁路、公路、水运、港湾等交通运输事业，在天津、北京、张家口、济南设 4 个伪铁路局（1940 年增设太原、开封、徐州、石家庄 4 个铁路局）。伪济南局管理胶济路、津浦路中段（德县至临城），下设总务、经理、营业、输送、公路、水运、工作、工务、电气、保健、警务 11 处和青岛事务所、铁路监理所、济南铁路学院、铁路医院、济南铁路工厂等机构。日军通过铁路，深入山东腹地广大城乡，大肆经济掠夺，攫取大量战略物资。1938 年，胶济铁路货物发送量为 844778 吨；1939 年，上升到 1495708 吨，增长 77%；1940 年，上升为 2602027 吨，比 1938 年增长 208%。[①] 这些货物中，发送矿产品占 53%（其中煤炭占 51%），到达矿产品占 59%（其中煤炭占 57.5%）。

日军统制山东的交通运输，蓄意"开发"铁路、港口，掠夺大批物资，集中到沿海港口，运往日本。青岛港距日本 611 海里，水深港阔，设施完备，连接内陆，可以通过胶济、津浦铁路联结"山河四省"（山东大部及河北、河南、山西等地）。日本侵占青岛港后，将其作为掠夺中国资源的海陆交通运输网中心港口，组建日、伪统治机构"青岛港湾委员会"，监督、控制青岛港海运事务。又设立"青岛航政局"和"海军港务部埠头事务所"，负责海事行政和码头业务。1938 年 9 月，设立"青岛埠头株式会

---

① 中共青岛铁路地区工作委员会、中国科学院山东分院历史研究所、山东大学历史系编著：《胶济铁路史》，山东人民出版社 1961 年版，第 134 页。

社"，调入大量日本人。1938 年，日本占青岛港对外贸易总额的 65.3%。[①] 1942 年 9 月，公司机关有日人 421 名，占 45.32%；华人 508 名，占 54.68%。[②] 日本又实施港湾扩建计划，扩大港口吞吐量，以满足其战争掠夺需要。1939 年 8 月，通过所谓《青岛港扩张计划案》，成立所谓"青岛港建设事务局"，负责扩建工程。1940 年，青岛大港货物进出口总量达 318 万吨，小港吞吐量达 24 万吨，成为日本掠夺山东、华北资源的桥头堡。[③] 1940 年，青岛港对外贸易超过天津，占据华北各港口的首位。1943 年，青岛港扩建完成，大港总泊位增加到 36 个，后方仓库增加到 20 座，岸壁总长增加到 5150 米，从而垄断了青岛港的航运和对外贸易。此外，日军侵占烟台、龙口、威海卫等港口，大量掠夺山东资源，各港口对外贸易均接近或超过战前水平。

日本在山东修建、扩建铁路支线，利用铁路掠夺山东原煤等资源。1938 年 4 月，扩建禹村至东都铁路，称为"磁东铁路线"；8 月，日军动用 1 万名劳工，修建津浦路磁窑至禹村铁路，全长 25.24 公里，称为"赤柴运煤线"。1940 年 2 月，日本将津浦铁路柳泉至贾汪线路改建为标准轨距铁路，全长 16 公里。日军在山东掠夺的主要物资有煤、盐、棉花、矿石、花生、花生油、棉纱、牛肉、烟草、粟、牛皮、麸皮、骨粉等，输往山东的货物有棉布、纺织机械、金属、砂糖、纸类、化学制品、车辆、船舶、杂货等，重点运输山东原煤。1938 年至 1940 年，胶济铁路货物发送量连年翻番，并出现货运单一流向（由山东腹地向青岛港，运往日本）。1940 年，青岛港货物中转量占胶济路全线货物总量的 85.5%，其中煤炭占胶济线各站货物总量的 69.5%。

日军在山东沦陷区还修筑部分公路，以便深入山东内地，掠取物产资源等。1939 年 12 月，日军野蛮"征用"山东劳动力，逼迫修筑公路。"其

---

①　青岛日本商工会议所：《青岛之现势》（日文），1940 年，第 35~37 页。

②　寿杨宾编著：《青岛海港史》（近代部分），人民交通出版社 1986 年版，第 191 页。

③　寿杨宾编著：《青岛海港史》（近代部分），人民交通出版社 1986 年版，第 225 页。

征用民力，纵不给资，人民亦不敢有所怨言。"① 1940 年 4 月，日军修建邢台至禹城公路，东西两端连接津浦、平汉铁路，掳掠冀南、鲁北产棉区的棉花等。此外，日军还修筑济南、临清线，德县、陵县线，惠民、杨安线，无棣、埕子口线等公路，以便其军事进攻和掠夺军需物资等。在公路修筑过程中，经常遭到抗日武装的破袭，迟滞了日军的军事进攻和资源掠夺。

---

① 《伪临时政府山东庶政视察团第五组视察报告》（1939 年 12 月），《日本帝国主义侵华档案资料选编·汪伪政权》，中华书局 2004 年版，第 379 页。

第七章
进入相持阶段后的山东抗战

1938 年 10 月，抗日战争逐渐转入战略相持阶段。日军在占领地区只能控制一些大中城市和主要交通线，广大农村仍由中国军队控制。敌后战场上的游击战争和抗日根据地发展，牵制、消耗了大量日军，与正面战场上的防御性作战互相支援、互相配合，成功粉碎了日本侵略者速战灭亡中国的计划。在相持阶段，国民党蒋介石集团既动摇妥协又不敢公开放弃抗日，既积极反共又不敢彻底破裂国共合作。对此，共产党一方面坚持团结合作，另一方面坚决反击国民党顽固派制造的各种磨擦斗争。在山东，国民党省政府主席沈鸿烈于 1939 年插手或主使了一系列反共磨擦事件。秦启荣部于 1939 年 4 月在博山袭击八路军部队，捕杀团以下干部战士 200 余人。6 月至 12 月，国民党军队进攻八路军山东纵队 90 多次，杀害 1350 人，抓捕 812 人。1939 年至 1940 年，是共产党对日、伪军和国民党顽固派斗争最尖锐的时期。由于连续遭到日、伪军大"扫荡"及国民党顽固派的反共破坏，1941 年山东抗日根据地进入抗战最艰难时期。

第一节　国民党在山东的抗战与撤退

1938 年 11 月，国民政府召开会议，调整军事、政治方针，决定将全国军队的 1/3 派往正面战场作战，1/3 整训，1/3 开展游击战争，争夺敌后控制权，并将正面战场调整为 8 个战区，增设鲁苏、冀察两个游击战区，于学忠任鲁苏战区司令长官，辖区为山东、苏北。以此为标志，国民政府由战略防御阶段转向战略相持阶段。

一、调整军政方针

1939 年 1 月，国民党在重庆召开五届五中全会，确定"溶共、防共、限共、反共"方针。11 月，国民党五届六中全会将"政治限共为主，军事限共为辅"改为"军事限共为主，政治限共为辅"。这一调整，破坏了国共两党关系和抗日民族统一战线，山东敌后战场也出现更为复杂的斗争局面。

1938 年 9 月，国民党山东省政府主席沈鸿烈率省政府机关迁至第五专区驻地惠民县。10 月，又迁至利津县。1939 年 1 月石友三部奉命由驻防鲁中调往河北，沈鸿烈趁机将省政府迁往鲁中沂蒙山区，部署武装力量，争夺山东敌后抗战的领导权。这时，共产党领导的山东抗日武装力量已改编为八路军山东纵队，建立湖西、清河、鲁中、胶东等抗日根据地，并在沈鸿烈进驻沂蒙山区时，主动派兵护送，使之于 1939 年 3 月顺利移驻沂水县东里店。

二、东北军开赴山东

1939 年 1 月石友三部调防河北的同时，于学忠任鲁苏战区总司令，率东北军第五十一军（辖第一一三师、一一四师）、第五十七军（辖第一一一师、一一二师）约 2 万人，从大别山区奔赴山东南部地区，驻在沂水、蒙阴、莒县、日照、临沂、费县等地，在甲子山、沂蒙山和抱犊崮山区布防。在抗战相持阶段初期，沈鸿烈、于学忠两个系统的国民党军队共计 20 余万人。以于学忠为首的东北军积极抗战，沈鸿烈所属部队则是消极抗战。

1939 年 3 月，于学忠部在入鲁时，即与日军展开激战。第五十一军军长牟中珩率军部及第一一四师第三四〇旅在邳县以北地区，遭到近 1000 名日军阻击，激战半天，击退日军，顺利入鲁。在蒙阴县鲁村，日军集结3000 余人突袭第三四〇旅。双方激战 2 天，日军败退。第六七九团团长何士宽阵亡，官兵伤亡三四百人，毙伤日军 500 余人。于学忠部入鲁时，由第一一四师师长方叔洪率师部及第三四二旅负责殿后。日军 1 个联队企图围追堵截于学忠部的后续部队，在宿县（今安徽宿州市）遭到第六八三团第一营张本枝部的反击。双方激战 1 天，各伤亡 200 人。方叔洪部挺进至灵璧县娄村，遭到日军 2000 余人追击。双方展开激战，日军败退。第六八三团团长王鹏举、副团长尹以琦等 100 余人阵亡，击毙日军 400 人。方叔洪部随后顺利进入蒙阴地区。① 4 月 1 日，于学忠率部反攻蒋峪。经过激战，歼敌 500 余人，于学忠部在鲁中山区站稳了阵脚。

1939 年 6 月 1 日，日军 2 万余人分十路合围鲁中山区，意在消灭鲁苏战区总部（驻蒙阴县上高湖）和国民党山东省政府（驻沂水县东里店），歼灭鲁苏战区的主力部队。于学忠坚持不放弃根据地，划分作战范围，以团为单位战斗，化整为零，避实击虚，进行游击战，展开反"扫荡"。八路军山东纵队积极配合，开展对敌作战。7 日，日军缩小包围圈，15 架飞机轮番轰炸东里店，炸死 300 多人，炸毁房屋 400 多间。日军先头部队 1 个团扑向上高湖，于学忠亲自指挥警卫营，痛击日军。沈鸿烈教导团 1 个连掩护省政府机关人员，撤至东里店西南的王庄村，途中遭遇日军。在战斗中，教导团牺牲 31 人，击退日军。省政府保安部队吴化文部（驻临朐县蒋峪）1 个团被日军包围，在海军陆战队接应下，成功突围。第一一四师师长方叔洪率直属队被日军包围，血战三小时，伤亡过半，方叔洪自尽殉国。这次大"扫荡"之后，鲁苏战区部队和国民党山东省政府系统及保安部队的力量被极大削弱，省政府被迫迁移，于学忠部被迫转战沂蒙山区。此后，鲁苏战区各部又与日、伪军进行多次战斗。鲁苏战区总部先后转移至南墙峪山区水牛李村、沂源县悦庄。

---

① 济南市政协文史委编：《济南文史资料选辑》（第九辑），1991 年，第 81～84 页。

三、重建山东省政

1939 年初，沈鸿烈率山东省政府机关迁到鲁中沂水县，着手经营鲁南。一是整理军事、发展民运、调整财政；二是公布山东省施政方针，发表《山东省政府之八大政策》；三是筹备成立山东省临时参议会；四是召开鲁南军政会议。沈鸿烈通过"统一划分防线"，设立"给养统筹委员会""给养统筹所"，制定《兵役干部办法》《壮丁训练办法》等，试图在全省统一行政、统一指挥、统一给养。为加强控制鲁南党政，沈鸿烈派遣党务指导专员指导工作，更换县长，改组县民众动员委员会；成立设计委员会；筹建干部学校，培训地方军政干部；整编地方部队（编成 3 个保安师直属省保安司令部），扩编直属警卫部队（教导团、吴化文部）。

1939 年 6 月，日军对鲁南进行大"扫荡"，省政府被迫从沂水东里店迁至临朐南部山区吕匣店子一带。这一时期，沈鸿烈力推全省军政统一：

一是重建省政。1939 年 2 月至 1941 年，全省重新编排保甲，共编组完成 21489 保、204190 甲。1940 年，在全省推行"新县制"。县为自治单位，分为六等，负责编查户口、开办学校、训练民众、发展交通、推行合作、实施救恤等。1940 年 9 月，将党政军干部学校改为山东省地方干部训练班，迅速培训军政干部。1940 年底，国民党山东省政权机构架构初成，相继设置鲁西、鲁东、鲁北 3 个行政公署、14 个行政督察公署、107 个县政府①。

二是整编地方部队。整编全省保安部队，组建 3 个保安师、16 个保安旅和 9 个保安团。在鲁西招募新兵，组建吴化文新编第四师、海军陆战队、省政府教导团、省政府教导第二团等部队。1939 年秋，山东省国民党部队达 19 万人，名义上完成了"军政统一"，实际各部队仍各行其是。

三是发展经济：（1）发行山东省钞票。为解决省政府财政窘况，1939 年成立"民生银行整理委员会"，1940 年发行山东省钞票（面值五角、五

---

① 山东省 107 个县政府中，有 26 县系国民党、共产党及日、伪政权三个政权并存；有 28 县系日、伪政权掌控，但是国民党也掌控部分地区。

元、十元券）3237 余万元，在国统区强行使用（1943 年民生券沦为废纸）。
（2）开办工厂、合作社。兴办造纸厂 2 座、染织工厂 1 座，建立化学工艺制造厂，开办纺织、造纸、粮食合作社等，生产军需民用物品。1940 年，在临朐、蒙阴等 10 个县成立各类合作社 2774 个，社员 7 万余人。（3）整顿田赋。由于财政紧缺，省政府在每地丁银 1 两基础上加收 4 元法币。1938 年国统区田赋收入为 8.4 万元，1939 年为 3.8 万元，1940 年为 41 万元。1941 年，田赋统一由国民政府征收。1941 年山东省上缴田赋为 16 万石，1942 年为 70 万石，1943 年为 1.9 万石。在 1943 年省政府撤出山东之后，全省通货膨胀、物价飞涨。如 1942 年，省政府规定每 1 市斗粟谷折法币 3.6 元；1943 年规定每市斗粟谷折法币 50 元；1944 年每市斗粟谷折法币 150 元。（4）统制物资。省政府严格管控粮食、食盐、钱币、武器等军需民用物资，颁发《山东省防止粮食资敌实施暂行办法》，严惩与日、伪军交易粮食。在国统区与日占区之间，划定严格的封锁线，统一管控军需民用物资，防范物资转运至敌占区，并组织民间与军队力量，成立运粮队，前往敌占区抢夺粮食。在省政府驻扎区设立中心货物检查站，在 30 个县重要交通卡口设置 90 个货物检查站，管控来往物资，对敌占区进行经济封锁。又组建 6 支经济游击大队、17 个游击中队、100 多个游击小队（经济游击队 1941 年撤销），深入敌占区，探查经济情报，破拆日、伪军的经济设施、交通运输工具等。

四是推行主权教育，反对日、伪的奴化教育。1939 年，省政府颁布《山东省特殊教育实施方案》，1940 年成立山东省战教委员会，组建特殊义务教育督导队（1943 年增至 7 个大队），在国统区、敌占区开展战时特殊教育，针对日军的奴化教育，进行主权教育，否定日军“占领土地日本化”的日本文化教育。1941 年 8 月，颁发《特殊义务教育扩大办法》，将推行主权教育范围扩大至敌占区和共产党领导的抗日根据地。

沈鸿烈主政山东期间，率省政府坚持在敌后工作，维系了国民党地方军政的存在，其施政措施对地方产生一定影响。但是，沈鸿烈在力图实现全省军政统一的同时，也不断挑起反共事件，并联合秦启荣等顽固派制造一系列磨擦事件，如太河惨案①等。1941 年 7 月，发生刺杀于学忠事件，沈鸿烈与于学忠之间矛盾冲突加剧。② 9 月，沈鸿烈离开鲁南，转赴重庆。1942 年 1 月，沈鸿烈被免去山东省政府主席本兼各职。

与此同时，国民党山东省党部重建后，进行党员总报到、发展国民党组织，培训党务干部，创办《山东民国日报》《鲁西大时代报》等。1941年 8 月，范予遂接任省党部主任委员。这时，山东有国民党县党部 107 个、市党部 2 个、特区党部 3 个、区党部 80 个、区分部 902 个、党小组 1027个、党员 13051 人。1943 年 7 月，国民党鲁苏战区总司令部和山东省政府撤离山东，省党部机关迁至昌乐。

四、鲁苏战区的抗战

鲁苏战区是游击战区，战区总部设在蒙阴县上高湖一带，战区所属部队为第五十一、五十七、八十九军及辖区的地方正规军和游击部队，八路军山东纵队名义上也隶属鲁苏战区。经过于学忠努力，策动山东一部伪军反正，鲁南伪军刘桂堂③部改编为国民革命军暂编第三十六师，刘桂堂为师长。

1939 年 4 月，于学忠召开鲁苏战区高级将领会议。八路军山东纵队指挥张经武奉令参会。会议将山东划为三个游击区：一是鲁西游击区，辖津浦铁路以西地区，沈鸿烈为指挥官；二是鲁南游击区，辖津浦铁路以东、沂蒙公路以南地区，第五十七军军长缪澂流为指挥官；三是鲁东游击区，

---

① 陈华鲁：《太河惨案纪实》，《文史资料选辑》（第六辑），山东人民出版社 1979年版，第 104~115 页。

② 国民党第五十七军三三六旅第一营原营长韩子佳，刺杀于学忠未遂，被捕后承认系为山东省政府主席沈鸿烈收买而行刺。于学忠愤然控告沈鸿烈。随后，沈鸿烈被免职。牟中珩：《回忆于学忠将军》，《天津文史资料选辑》（第五十二辑），天津人民出版社 1990 年版，第 30~31 页。

③ 刘桂堂，绰号"刘黑七"，1943 年被八路军击毙。

辖津浦铁路以东、沂蒙公路以北地区，第五十一军军长牟中珩为指挥官。

1939年秋，日军撤退，于学忠部重新在沂水、蒙阴、临朐、日照一带集结，战区总司令部设在圈里。9月，第一一二师破袭陇海铁路和津浦铁路。1939年冬，第一一一师袭击日军，日军伤亡2个连。1940年1月，第一一一师第六六二团在八路军山东纵队第二支队配合下，在莒南壮岗十字路攻击日军独立混成第六旅团一部，击毙日军200人、俘虏日军10人。《大众日报》称赞这次战斗是国共两军配合粉碎敌人“扫荡”的“极好模范”。[①] 随后，日、伪军200余人偷袭第一一一师师部（驻柳沟），遭到第一一一师六六六团阻击，又被该师六六五团追击、围歼。日军从大店前来增援，遭到第一一一师军事训练队阻击，击毙日军100人、俘虏日军1人，缴获山炮1门、电台1部，取得重大胜利。

于学忠整编地方部队，将分散各地的游击部队改为鲁苏战区游击纵队，编为10个游击纵队[②]，另有独立支队20多个。[③] 但是各部队分散驻防，各游击指挥部及指挥官也形同虚设，实际只有东北军第五十一、五十七军真正听从于学忠指挥。

于学忠以战区名义，开展地方党政工作，也涉及国民党山东省政府的党政工作，引起省政府主席沈鸿烈的不满，二者之间矛盾日益加深。此时，国民党正在全国掀起第一次反共高潮，以沈鸿烈为首的山东国民党顽固派“限共反共”的反动气焰日益猖獗，策划、指使了一系列反共磨擦事件，制造了“四二五”边联县惨案、银厂惨案等，全民族抗战的共同利益受到极

---

① 《大众日报》1940年2月10日。

② 十个纵队为：第一游击纵队，司令张里元；第二游击纵队，司令厉文礼；第三游击纵队，司令秦启荣；第四游击纵队，司令王尚志；第五游击纵队，司令于矗廷；第六游击纵队，司令秦毓堂；第七游击纵队，司令蔡晋康；第八游击纵队，司令周同；第九游击纵队，司令王洪九；第十游击纵队，司令申从周。这些游击纵队缺乏统一的指挥，后被国民党特务分化瓦解。王成斌等主编：《民国高级将领列传》（第四集），解放军出版社1989年版，第34页；章冼文主编：《民国高级将领档案解密》（第一卷），党史研究出版社2011年版，第421页。

③ 吕伟俊主编：《民国山东史》，山东人民出版社1995年版，第628页。

大损失，抗日民族统一战线的大好形势遭到极大破坏。于学忠部的孙焕彩、张本枝虽然也曾制造反共、反八路军事件，但是总体来说属于中间势力，基本维持着"联共"的良好态势。对此，中共中央指示山东党组织和八路军进行针锋相对的自卫反击斗争，一面打击国民党顽固派的嚣张气焰，一面团结争取于学忠部，竭力维系山东敌后战场合作抗战的大局。沈鸿烈对于学忠"联共之举"逐渐不满，双方矛盾日益激化。1939 年 9 月，鲁苏战区所属部队阅兵时，于学忠险遭刺杀。沈鸿烈试图诬陷共产党"刺杀于学忠""破坏抗战"，随后其诬陷共产党的阴谋被揭穿。①

在山东敌后战场上，鲁苏战区各部迅速投入反"扫荡"作战。一次性毙敌 50 人以上或影响较大的战斗包括：

马家峪伏击战。1939 年 5 月 18 日，鲁苏战区第五十七军第一一二师第六七二团李庚唐营，在费县南部山区马家峪伏击进犯的日军，并与日军展开白刃战，击毙日军 20 余人。②

九里坡伏击战。1939 年 6 月，日军第五师团主力、第二十一师团及第一一四师团一部共 2 万余人，分别从津浦、胶济、陇海铁路及台潍公路沿线各据点出动，进攻沂水，"扫荡"鲁南山区。7 日，日军第二十一师团北川联队进至莒县。第五十七军军长缪澂流撤至山区，第一一一师常恩多部在汤头镇、葛镇附近阻击日军。常恩多率部在甲子山区进行游击战，诱敌深入，在上河、石柱山、柳沟、于家山等多地击败日军。第一一二师霍守义部在费县北与日军作战，随后撤至费县西南地区。15 日，日军重兵在甲子山北麓合围常恩多部，常恩多率部夜间突围，随后在日（照）莒（县）公路九里坡设伏，击退日军，击毙日军 100 余人，击毁汽车 12 辆，缴获一

---

① 王成斌等主编：《民国高级将领列传》（第四集），解放军出版社 1989 年版，第 34 页；章洗文主编：《民国高级将领档案解密》（第一卷），党史研究出版社 2011 年版，第 421 页。

② 济南市槐荫区政协文史委编：《槐荫文史资料选辑》（第一辑），1985 年，第 60~62 页。

批枪支弹药。①

马家场血战。1939 年 6 月，日军先后轰炸蒙阴坦埠、沂水东里店，于学忠率部展开游击战，迎击日军，撤至蒙阴南北山地。第五十一军第一一四师方叔洪部转战蒙阴以东、沂水以西、博山以南、沂蒙公路以北地区，利用日军决战心切之机，将日军一部反包围。23 日，方叔洪部第六十九团在太平官庄激战竟日。24 日，方叔洪率师特务连、战斗营及第六十九团（少 1 个营）向东南转移时，在焦家上庄（今属沂源县）遭多路日军围攻。25 日，方叔洪率师部及直属部队在马家场（今属沂源县）附近一条峡谷遭遇大股日军。双方血战 3 小时，方部伤亡过半，方叔洪不幸牺牲。②

成武战斗。1939 年 7 月，日军 5000 余人、战车 600 余辆，四路合围鲁苏战区警备第一旅驻地成武。在郜城集，警备第一旅王景昌团迎战日军，王景昌牺牲。日军包围成武县城，旅长朱士勤率城内仅有的 1 个营奋勇抗击日军，伤亡过半，成功突围。

李家沟战斗。1939 年 7 月，日、伪军 200 余人从白石岭偷袭李家沟。国民党第五十一军 2 个排在李家沟南山，利用有利地形，阻击日军，击退日军两次进攻。随后，第五十一军援军赶到，又击退日军四次冲锋。日军 80 余人自庵上来援，在赵家沟村北遭到第五十一军的伏击。随后，两股日军在李家沟会合，被第五十一军包围。22 日，安丘城日军前来增援，被击退。战斗中，第五十一军阵亡 7 人，击毙日、伪军 70 余人。③

莱阳战斗。1939 年 11 月，日军从西、南两路进犯莱阳。第十三专区专员兼保安司令赵保原在莱阳驻地，决定阻击日军、挫其气焰。副司令韩炳宸④主动阻击两路之敌，令保安第十七团迎击，又率 2 个团及机枪连火速开

---

① 临沂市政协编：《临沂文史集粹》（政治军事卷），山东人民出版社 1997 年版，第 310 页。

② 淄博市政协文史委编：《淄博文史资料选辑》（第七辑），1995 年，第 119～121 页；济南市政协文史委编：《济南文史资料选辑》（第九辑），1991 年，第 73～86 页。

③ 安丘县政协编：《安丘文史资料》（第四辑），1987 年，第 85～89 页。

④ 韩炳宸于 1939 年牺牲后，国民政府追赠为陆军少将。

赴前线。10 日，在莱西县郭家庄一带，韩炳宸率部阻击日军。日军对韩部阵地疯狂炮轰、扫射，攻占大埠沟制高点。韩炳宸数次强攻，未能奏效，便带头冲入日军阵地进行白刃战，不幸以身殉国。韩部官兵伤亡 500 多人，4 名连长阵亡，最终守住制高点。

宋家沟战斗。1939 年 11 月 28 日，日军 5000 人进犯国民党第五十七军军部驻地宋家沟村（今属莒南县相沟镇）一带。12 月 1 日，日军分四路、九股围攻宋家沟，第五十七军提前转移，日军恼羞成怒，在村里烧杀抢掠。夜晚，第五十七军第三三三旅旅长王肇治率 1 个营，兵分两路，夜袭宋家沟日军，却不幸遭到日军伏击。战斗中，王肇治部阵亡 72 人，含 4 名正、副连长。①

王家庄子战斗。1940 年 1 月 23 日，日军混成第八旅团喜早支队 200 余人"扫荡"十字路以东、赤眉山一带。第五十七军第一一一师第六六二团急行军至王家庄子，将日军包围，从东、南、西三面猛攻。双方激战近 10 小时，日军败退。赶来协同作战的莒南县大队 50 余人，趁机截击日军。第六六二团发起冲锋，对日军展开白刃战。25 日，县大队又在刘山（虎园附近），击毙突围的日军 4 人。这次战斗，共击毙日军 200 余人、俘虏 10 余人，缴获大宗武器及物资，中国军队几无伤亡。②

壮岗袭击战。1940 年 1 月，日军独立混成第六旅团一部 300 余人，配备野炮 2 门、马车 10 余辆，"扫荡"莒南壮岗。第一一一师第六六二团、八路军山东纵队第二支队协同作战，袭击日军，击毙日军 200 余人、俘虏日军 10 余人。日军赶来增援时，遭到第一一一师军事训练队的阻击，日军被击毙 100 人、被俘 1 人，缴获山炮 1 门、电台 1 部。

俘获远山芳雄。1940 年 2 月 7 日（除夕）夜，第五十七军第一一一师

---

① 莒南县政协文史委编：《莒南文史资料》（第一辑），1989 年，第 140~143 页；莒南县地方史志编纂委员会编：《莒南县志》，齐鲁书社 1998 年版，第 587 页。

② 莒南县地方史志编纂委员会编：《莒南县志》，齐鲁书社 1998 年版，第 587 页；莒南县政协文史委编：《莒南文史资料》（第一辑），1989 年，第 145~147 页。

第三三三旅万毅①指挥第六六七团、第六七一团1个营，联合八路军第一一五师东进支队及旅部战地工作团（简称"战工团"），在滕县车站南端炸毁一段铁路，歼灭车站日军守备队，截获一列火车，俘虏日本空军少将、华北经济考察团团长远山芳雄及随从少佐猿桥新一，击毙日军30余人。日军集结万人"扫荡"鲁南山区，进行报复。第五十七军提前转移，只留下李庚唐营与日军周旋。②

孟海集守卫战。1940年2月25日，日军矶谷廉介师团1个旅团及兖州、济宁、菏泽等20余个县的日军7000人，配备飞机、坦克，"扫荡"国民党第三十九集团军孙玉田师、王清翰师、于飞师、段海洲旅等驻地定陶黄店、孟海、大陈楼、潘楼一带。26日，第八师张栋臣部在驻地马楼、孟海遭到日军包围，炮轰马楼，炸塌西门、寨墙。张栋臣部与日军展开巷战，随后退至孟海。日军从南、北合围张栋臣部。张栋臣部遭到3路日军围攻，坚持巷战、白刃战，坚守不退，伤亡惨重。在向东突围时，又遭日军伏击。这次战斗，第八师大部阵亡，团长王全吉、学生连150余人等全部阵亡，全师连同伤员仅剩不足200人。③

黄山前战斗。1940年4月6日夜，日军200余人从日照县涛雒、碑廓出动，进犯国民党第一一一师师部（驻莒南柳沟）。第一一一师第三三三旅第六六五团在黄山前村一带构筑阵地，伏击日军。7日晨，日军100余人进入伏击圈，第六六五团及师部骑兵连前后夹击日军，展开激战。大店据点日军前来增援，遭到其他国军阻击。这次伏击，毙伤日军100余人，缴获山炮1门及大量军用物资。④

---

① 万毅，原名万允和，满族，1938年秘密加入中国共产党，1944年率部起义。
② 山东省政协文史委编：《山东文史集粹》（军事卷），山东人民出版社1993年版，第170~171页。
③ 定陶县政协文史委编：《定陶文史录》（第五辑），1987年，第8~10页；定陶县县志编纂委员会编：《定陶县志》，齐鲁书社1999年版，第471~472页。
④ 莒南县地方史志编纂委员会编：《莒南县志》，齐鲁书社1998年版，第587页；莒南县政协文史委编：《莒南文史资料》（第一辑），1989年，第149~151页。

金线村战斗。1940 年 4 月 30 日，日军进犯国民党第五十一军第一一三师第三三七旅第六七四团第一营驻地安丘东南金线村。日、伪军 300 余人从北、西、南三面包围金线村，另有数百名日、伪军陆续开至村西、村北，炮轰金线村；又有数百名日、伪军从潍河东岸包抄过来。双方数次冲杀，战斗异常惨烈。这次战斗，第一营营长以下 100 人阵亡，击毙日、伪军 100 余人。5 月 1 日，日军 30 余人进犯金线村，遭到第一营第三连伏击，日军 30 余人被全歼。2 日，日军再犯金线，第五十一军一部在青公埠伏击，击毙日军 20 余人，国军无一伤亡。①

拔除日军大店据点。日军在大店建立据点后，经常四处"扫荡"，也经常遭到抗日武装的袭击。1940 年 11 月 17 日，第五十七军第一一一师第三三三旅万毅部向大店据点发起攻击，击毙日军数十人，旋即撤出。24 日，万毅率部再次围攻大店，歼灭莒县来援日军 70 余人，击毁汽车 3 辆，拔除大店据点。②

穆陵关阻击战。1940 年底，日军在鲁南地区进行拉网式"扫荡"，威胁鲁苏战区总部。第五十一军第一一三师第六八七团进驻穆陵关（位于沂山东麓、平顶山之间），阻击日军。战斗竟日，第六八七团多次击退日军进攻，成功掩护战区总部转移，阵亡 20 余人，毙伤大量日军。③

五、制造反共磨擦

1940 年，国民党在全国掀起第二次反共高潮，沈鸿烈在山东积极推行反共政策，国民党东北军第五十七军军长兼鲁南游击区总指挥缪澂流与沈鸿烈沆瀣一气，积极反共。1940 年 9 月 14 日，缪澂流在马家铺竟然与日军鹫津师团（驻徐州）代表辛修三签订"互不侵犯，共同防共"秘密协定。

① 安丘县地方志编纂委员会编：《安丘县志》，山东人民出版社 1992 年版，第 255 页；安丘县政协编：《安丘文史资料》（第四辑），1987 年，第 79~84 页。

② 莒南县地方志编纂委员会编：《莒南县志》，齐鲁书社 1998 年版，第 588 页。

③ 沂源县政协文史委编：《沂源县文史资料》（第六辑），1997 年，第 72~73 页。

第五十七军第一一一师师长常恩多、第三三三旅旅长万毅等人发觉缪澂流的投敌行动后，非常愤怒。9 月 22 日，常恩多派兵包围第五十七军军部（驻东盘），缪澂流逃脱，是为"九二二"锄奸运动。[①] 常恩多、万毅等通电全国，提出"锄奸救国"的口号，沉重打击了国民党亲日派的投降政策。"九二二"锄奸事件发生后，蒋介石借机在 10 月撤销五十七军番号，东北军内部急剧分化，进步派与顽固派的斗争更趋激烈。1941 年 2 月，第一一一师三三一旅旅长孙焕彩拘押万毅等人，并密谋杀害万毅等人。1942 年 8 月 3 日，常恩多宣布起义。8 月 8 日，常恩多、郭维城[②]、万毅等率部转移至八路军滨海抗日根据地。9 日，病疴染身一年多的常恩多不幸病逝。"八三"事变后，第一一一师改称东北抗日挺进军，后称新第一一一师、八路军山东军区滨海支队。

1941 年以后，国民党消极防御，反共灭共，大力限制、削弱、消灭中国共产党及其领导的人民军队。1941 年 1 月皖南事变，是第二次反共高潮的顶点。在山东敌后战场，国民党顽固派反共气焰更加嚣张，不断军事进攻、经济封锁共产党领导的抗日根据地，甚至联合日、伪军夹击共产党领导的抗日根据地。1941 年 3 月，国民党顽固派在山东发动所谓"三月攻势"，分区联合、互相策应、步步进逼。这些顽固派，少数是东北军部队，大多数是山东的地主反动武装，具有很强的封建性、地方性、土匪性、反复性。在鲁中区，是沈鸿烈、第五纵队秦启荣、鲁苏战区游击第二纵队厉文礼和新编第四师吴化文等部；在胶东区，是暂编第十二师赵保原和第九区行政专员蔡晋康等部；在清河区，是鲁北行辕主任何思源和第十四区行政专员张景月等部；在滨海区，是保安第一旅许树声和鲁苏战区第三十五支队朱信斋等部；在鲁南区，是鲁苏战区游击独立第十九支队申宪武、第

---

① 郭维城：《回忆"八三"举义》，《沂蒙将军颂》，山东文艺出版社 1998 年版，第 383 页。

② 郭维城，满族，1932 年加入中国共产主义青年团，1933 年转为中国共产党党员。

二十七支队王洪九和新编三十六师刘桂棠等部。这些顽固派打着"抗日"旗号，暗中勾结日、伪，不断挑拨国民党中间派与共产党的冲突，蓄意制造反共磨擦事件，妄图消灭八路军山东纵队，先后制造了多起杀害共产党军政人员的流血事件。

在鲁南地区，东北军中的顽固派及地方土顽、土匪连续制造三次流血事件。1941 年 4 月 25 日，在八路军鲁南军区主力和地方武装展开春季反"扫荡"时，东北军顽固派第一一二师和第一一四师六八三团张本枝部，纠集地方土顽王洪九、李以锦等部，共 2000 余人，乘虚而入，进犯以抱犊崮山区为中心的临（沂）郯（城）费（县）峄（县）边联县。顽军攻占边联县后，烧杀抢掠，仅在九女山一带就枪杀、活埋共产党员、革命干部和群众 77 人，抢劫、破坏八路军第一一五师后勤部皮革厂、被服厂、修械厂等，劫走民兵枪支 2000 支，制造了"四二五"惨案。5 月 8 日，顽军张本枝部 6000 余人，侵犯费南第六区，杀害共产党干部、战士 40 人，抓捕 30 人，制造了费南事件。土匪、顽军刘桂堂部也趁机侵入天宝山根据地，割断费（县）西北与邹（县）滕（县）边的联系，并积极配合日、伪军"扫荡"，不断截击八路军过往部队和人员。7 月 25 日，日军"扫荡"边联县，共产党、八路军主力部队在天宝山区反击日军进犯。这时，土顽王洪九部化装成日军，配合张本枝部，再次侵入边联县，进攻我鲁南军区、专署驻地，占领边联县一部。共产党机关人员、八路军部队在向抱犊崮山区撤退时，张本枝部突然发动偷袭，打死军政人员十几人、俘虏数十人。10 月 10 日，日、伪军对鲁南地区展开大"扫荡"，飞机大炮狂轰滥炸，鲁南区党政军机关被迫突围至沭河以东地区。10 月 20 日，中共鲁南区委书记、八路军鲁南军区政治委员赵镈率区党委机关和党校人员自鲁东南区返回鲁南区途中，驻在临郯费峄边联县银厂村。10 月 27 日凌晨，顽军六八三团团长张本枝等 1000 余人突袭银厂村，打死 7 人，活埋赵镈等 20 人，制造了银厂惨案。①

在胶东地区，国民党山东省第九区专员兼保安司令蔡晋康部控制着胶东中心战略支点栖霞县牙山山区，将胶东抗日根据地分割为东西两块，割断胶东区与其他战略区的联系。1941 年 3 月 14 日，国民党鲁苏战区暂编第十二师师长赵保原纠集顽固派组成"抗八（路军）联军"1.2 万人，进攻东海地区的八路军部队，遭到反击。

在湖西地区，国民党山东省第一区专员周侗部、国民党沛县县长兼保安旅旅长冯子固部等封锁津浦路、微山湖东西地区，切断鲁南区与湖西区两块抗日根据地的联系。八路军第一一五师奋勇反击，重新控制了微山湖地区，恢复了鲁南与湖西两区的联系。1941 年 3 月，国民党第九十二军李仙洲部准备自皖北入鲁。冯子固部联合土顽朱士勤等部趁机进犯湖西根据地丰县、沛县以北十字河地区 10 余次，均遭到八路军第一一五师教导第四旅的猛烈反击。5 月，十字河地区全部被教导第四旅收复。

在冀鲁边区，国民党鲁北行署及第五区专员刘景良部、山东保安独立第六旅旅长张子良部等顽固派分割、封锁冀鲁边区抗日根据地，在惠民以南、滨县以西地区大量修建碉堡，冀鲁边与清河两区的联系完全被切断。1941 年 10 月，八路军第一一五师教导第六旅和清河区部队配合作战，反击顽固派，打破封锁，将冀鲁边区与清河区联系在一起。

在鲁西南，1940 年 8 月，八路军第二纵队新三旅第八团北上反击石友三部，国民党地方顽军 6000 余人趁机"蚕食"，中共鲁西南地委被压缩在曹县西北刘岗、曹楼、伊庄等十几个村庄。1941 年 1 月，这一被动局面被打破。

在运东地区，地方顽军齐子修部勾结日军，配合日、伪军"扫荡""蚕食"运东、鲁西北抗日根据地。1941 年 6 月，齐子修部继续南犯，策应日、伪军进攻泰西、运东抗日根据地，企图将八路军"挤走"。八路军第

---

①　1944 年，中共山东分局将边联县改名为赵镈县（今兰陵县），专为纪念赵镈烈士。

一一五师教导三旅英勇反击，"敲掉"齐子修部 20 多个据点，并收复这些地区。

在巨南地区，顽军孙良诚部不断进犯抗日根据地。1941 年 9 月，孙良诚部侵占定陶东北柳林集以西大块地区。八路军奋起反击，击退孙良诚部，迫使其退出大陈楼、柳林集等 14 个村庄。18 日，孙良诚部再度占领柳林集、三合寨。八路军再次痛击顽军，俘虏孙良诚部政治部主任以下官兵 220 余人，将孙良诚部压制在大陈楼以南地区。

在清河地区，1941 年 6 月，国民党鲁北行署主任何思源及周胜芳等部勾结日、伪军，组成 7000 人的"剿共联军"，南北夹击八路军，妄图在广北地区聚歼八路军。4 日，在广饶东、西水磨一带，南路顽军被八路军击溃。22 日，在广北成家寨和博兴刘家、周家、姜家一带，北路顽军亦被八路军击溃。何思源部被压制在黄河以北。9 月，清河区八路军北渡黄河，建立抗日根据地。

六、主力部队坚持抗战

全民族抗战进入严重困难时期后，在于学忠率领下，鲁苏战区广大爱国官兵仍继续坚持抗战。

1941 年春，于学忠指挥鲁苏战区第一一三师、一一四师，粉碎了日军万人"扫荡"。12 月 30 日，第五十一军、五十七军及各游击部队就近攻击日、伪军据点，破坏铁路、公路、桥梁及电线等，战斗持续 15 天，国军伤亡 700 余人，毙伤日、伪军 1500 余人，破坏铁路 8 公里、公路 46 公里、桥梁 30 座、电线杆 4900 余根，炸毁火车 27 辆、汽车 3 辆。①

1942 年至 1943 年初，日军频繁展开大规模进攻。鲁苏战区主力部队展开一系列作战，反击日军。在作战中，鲁苏战区部队损失较大，于学忠本人也身负重伤。其间，一次性毙伤日、伪军 50 人以上或影响较大的战斗

---

① 《民国山东通志》编辑委员会编：《民国山东通志》（第五册），台湾山东文献杂志社 2002 年版，第 2996~3001 页。

包括:

圈里突围。1942 年 2 月 5 日,日军第十二军司令官土桥一次指挥 19 个步兵大队,多路迂回,包围鲁苏战区部队。2 月 12 日至 26 日,围攻沂水东北圈里、徐庄一带的鲁苏战区部队。被围的鲁苏战区部队有战区总部特务团 800 多人、卫士排 60 多人、第一一三师 7000 余人,以及张里元、厉文礼部等地方武装不满 1 万人。日军先头部队 3000 多人穿过安丘(厉文礼部防区),厉文礼部不战而逃,日军长驱直入,进犯天晴旺村。战区总部警卫连 150 多人负责阻击日军。日军出动 28 架飞机,狂轰滥炸。警卫连坚持抵抗,掩护战区总部和第一一三师师部成功突围。日军扑空后,在当地"清剿"半个月,杀害无辜民众,烧毁村庄 30 多个。2 月 26 日,日军大部队撤走,竹林炮兵部队在当地设置据点。鲁苏战区第一一三师六七四团利用山区地势,开展游击战,毙伤日军 200 多人,最终击退日军竹林部队。

张堂、前双楼战斗。1942 年 5 月,国民党第三十九集团军新编第八军高树勋部、第六十九军米文和部进驻湖西地区,一路驻单南,一路驻单东北张堂、王寨一带。6 月,日、伪军数千人进犯湖西地区,国民党军与日、伪军激战一天,双方伤亡惨重。国民党军南撤,日、伪军也撤到单县、金乡等地。①

唐王山、擂鼓山战役。1942 年 8 月 12 日,日军独立混成第五旅团(即内田旅团)和独立混成第六旅团 1.5 万余人,伪军张步云部 5000 余人,围攻鲁苏战区总部(移驻莒县东 30 里坪头村)。战区总部迅速北上,第一一三师迅速靠拢。日军尾随追击。8 月 20 日,日军炮击谭家秋峪。特务团掩护战区总部和师部非战斗人员向唐王山一带转移,第三三九旅六七八团在唐王山、虎眉山对日作战,第三三七旅六七四团在擂鼓山牵制日军,第三三九旅六七七团在外围策应作战。日、伪军 2 万余人在 100 余门大炮和 10 余架飞机的掩护下,从东、南、西三面猛攻。战斗中,于学忠胳膊被炮弹

---

① 单县地方史志编纂委员会编:《单县志》,山东人民出版社 1996 年版,第 494 页。

炸伤。战斗持续 5 个昼夜，中国军队伤亡 300 余人，鲁苏战区少将军务处长兼总部高级参谋张庆澍①、党政分会中校科长商彝阵亡，于学忠及中将参谋长王静轩、中将副官长陈策、第一一三师少将副师长潘国屏负伤，击毙日、伪军 400 余人。②

旧城突围战。1942 年 8 月，日军围追堵截第五十一军第一一四师某团，在鱼台县旧城海子（今属王庙镇）包围该团。激战至午夜，该团成功突围。战斗中，该团死伤 80 人、被俘 40 人。师长方叔洪身受重伤，转移途中牺牲。③

对崮顶战斗。1942 年 10 月，日军第二十九、三十二师团及 2 个旅团和伪军数万人，进犯沂蒙山区。11 月 2 日，日、伪军逼近山东省战工会、八路军山东纵队领导机关。八路军山东纵队特务团特务营抢占对崮峪对崮顶，反击日军。第五十一军第一一三师第六六七团步兵第九连赶至对崮顶，协防作战。日军在炮火掩护下，多次进攻，均被击退。日军飞机狂轰滥炸，日、伪军趁机进攻，双方展开白刃战，第九连伤亡惨重，仅有 30 人突围成功。其他各部也伤亡 100 余人。④

三宝山战斗。1943 年 1 月，第五十一军第一一四师第六八三团张本枝部奉命驻防悦庄（今属沂源县），牵制伪军吴化文部。吴化文部两次进犯，均被击退。张本枝部阵亡 7 人，负伤 10 余人，毙伤伪军 300 余人。2 月 26 日，张本枝部移防马头崮（今属沂源县），遭到日军 4000 余人、伪军吴化文部的追击。双方在张庄北峪村激战，击退日、伪军。5 月，张本枝部奉命靠拢总部驻地蒙阴坡里镇望东海村，行至蒙阴贾庄时，遭到日、伪军 1

---

① 张庆澍，2015 年入选国家民政部第二批 600 名著名抗日英烈和英雄群体名录。

② 李景圻：《圈里、唐王山和城顶山抗日作战亲历记》，《临沂文史集粹》（政治军事卷），1997 年，第 401~405 页；安丘县地方史志编纂委员会编：《安丘县志》，山东人民出版社 1992 年版，第 255 页。

③ 鱼台县地方史志编纂委员会编：《鱼台县志》，山东人民出版社 1997 年版，第 511 页。

④ 山东省政协文史委编：《山东抗战编年纪事》（1942 年卷），山东人民出版社 2015 年版，第 6~9、18~21 页；沂水县地方史志编纂委员会编：《沂水县志》，齐鲁书社 1997 年版，第 539 页。

万余人阻击。在茶局峪村，张本枝部被日、伪军包围。张本枝部趁夜突围，抢占三宝山有利地势，据险坚守。次日，日、伪军强攻三宝山，连续 3 次被击退。下午，日军飞机轮番轰炸中国军队阵地。张本枝部弹尽援绝，与日军展开白刃肉搏，伤亡殆尽，张本枝及二营营长自尽殉国，第六八三团团长以下大部阵亡，100 余名士兵被俘，击毙日、伪军 2000 余人。①

城顶山战役。1943 年 2 月 17 日，日军独立混成第五、六旅团及第七旅团一部，以及伪军吴化文部，共 2.5 万余人，在城顶山进行拉网式大"扫荡"，企图消灭鲁苏战区主力第一一三师。在于学忠指挥下，战区各部分头截击，非战斗人员分头疏散。战区政治部主任周复②率部转移至鲁苏战区第二挺进纵队厉文礼部防区安丘西南山区。20 日，日、伪军将第一一三师师部及六七八团围困在城顶山，周复率 800 余人抢占山顶，据险死守。战斗极其激烈，多次短兵相接。第六七八团团长刘斌不幸中弹阵亡。21 日，周复亲率敢死队冲杀突围，伤重牺牲。是役历时 6 天，第一一三师少将参谋长张植桴以下 460 余人阵亡，师长韩子乾和厉文礼③被俘后投降日军，毙伤日、伪军 1000 余人。④ 4 月，鲁苏战区部队在大崮山区又与日军展开激烈战斗，在八路军部队积极协助下，最终突围成功。5 月 12 日至 19 日，鲁苏战区部队再次激战日军，毙伤日、伪军 3000 多人，迫使日军主力撤回据点。于学忠趁机命令第一一四师第六八三团、第六八四团讨伐伪军吴化文部。第六八三团仅用半天时间，攻至沂水县悦庄北张家寨（吴化文司令部驻地）。日军三四千人前来增援，第六八三团撤至蒙阴大崮山，据险誓死反击日、伪军，最终伤亡殆尽。日军又夜袭鲁苏战区总部，迫使鲁苏战区总

---

① 临沂市地方史志编纂委员会编纂：《临沂地区志》，中华书局 2001 年版，第 1126 页；临沂市政协编：《临沂文史集粹》（政治军事卷），山东人民出版社 1997 年版，第 409～412 页。

② 周复，2014 年入选国家民政部第一批 300 名著名抗日英烈和英雄群体名录。

③ 厉文礼率部投降后任伪鲁东和平建国军司令，1954 年被人民政府枪决。

④ 安丘县地方史志编纂委员会编：《安丘县志》，山东人民出版社 1992 年版，第 255 页；安丘县政协编：《安丘文史资料》（第四辑），1987 年，第 147～153 页；潍坊市潍城区政协文史委编：《潍城文史资料》（第十辑），1995 年，第 197～198 页。

部转移。其间，苏北战区第一一二师逃亡皖北，第五十七军第三三四旅荣子恒部投敌，鲁苏战区战斗力被严重削弱，基本失去对日大规模作战的能力。

七、地方武装坚持抗战

1940 年底至 1941 年初，国民党山东省政府下设鲁西、鲁北、鲁东 3 个行政公署，14 个行政督察专员区，行使权力的地域可涉及 107 个县。但是，由于日、伪军的持续进攻，以及国民党内部斗争的愈演愈烈等原因，省政府的组织系统和影响力很快衰弱，省政府与各级地方政权政令不畅，各地区"大多各自为政"。① 据统计，1941 年 3 月，国民党山东省政府没有一个能够完全控制的县城，能够下发政令、行使职权的县政府只有 1 个（海阳县），能够在县城办公的县政府只有 1 个（濮县），能够在农村山区开展活动的县政府有 79 个，完全不能行使职权的县政府有 21 个，虽然建立日、伪政权但是国民党可以活动的县政府有 28 个。国民党山东省政府在全民族抗战时期，基本失去对各县的控制权。② 尽管敌后抗战环境如此艰苦，国民党山东各地武装从全民族抗战开始后仍在敌后坚持抗战，从 1937 年 9 月至 1943 年底先后发起无数次反击日军侵略的战斗，击退了日军一次又一次"扫荡"。其间，各地方抗日武装（不包括国民党正规部队作战）一次性毙伤俘日军 10 人以上，或者日、伪军 50 人以上，或者影响较大的战斗包括：

界牌村截击战。1937 年 11 月 27 日，日军 300 余人侵犯堂邑，山东省第六区行政公署专员兼保安司令、聊城县长范筑先③率部在县城西北界牌村进行截击，毙伤日军七八十人。

夏格庄伏击战。1938 年 2 月 19 日，夏格庄乡农学校队员和民先队员在

---

① 《民国山东通志》编辑委员会编：《民国山东通志》（第一册），台湾山东文献杂志社 2002 年版，第 235 页。

② 《民国山东通志》编辑委员会编：《民国山东通志》（第一册），台湾山东文献杂志社 2002 年版，第 334 页。

③ 范筑先，2014 年入选国家民政部第一批 300 名著名抗日英烈和英雄群体名录。

烟青公路夏格庄附近设伏，击毙日军青岛海军宣抚班班长、大佐金堂文雄等5人。2月22日至3月9日，日军多次进犯、报复，均遭到阻击，日军被歼80人、被毁汽车5辆。

莒县城保卫战。1938年2月20日，第五战区第二路游击纵队司令刘震东[1]率350人坚守莒县城，国军1个团和县长许树声300人入城防守。21日，战斗打响，数次击退日军攻城。战斗中，刘震东英勇牺牲，歼灭日军400人，莒县沦陷。

范县收复战。1938年3月21日，范筑先率部千余人发起收复范县的战斗，收复县城，击毙日军10人，俘日、伪军100人。

临朐城战斗。1938年4月12日，临朐县抗日国民义勇队队长窦来庚[2]率300人进攻日军侵占的临朐县城，收复临朐县城。5月24日，日军攻陷临朐县城。战斗中，击毙日、伪军70人。

孙家口伏击战。1938年4月16日，曹克明率第六游击纵队400人在高密县孙家口附近的胶（县）沙（河）公路两侧，伏击日军。击毙日军中将中岗弥高等39人，炸毁日军军车4辆、缴获军车1辆。

胭脂山伏击战。1938年9月，人民抗日义勇队第一纵队、临郯费峄四县边联直辖一营等部在胭脂山附近公路伏击日军。激战两小时，临郯费峄四县边联直辖一营一连连长宋荣文（中共党员）等100人牺牲，毙敌67人。

花山突围战。1938年9月24日，华北游击纵队第十三支队第十二梯队[3]司令胡凤林率两个大队1000人在桓台南部山区遭到日军牟田联队600人的围击。八路军第四支队闻讯赶来增援。激战四个小时，第十二梯队成

---

[1] 刘震东牺牲后，重庆《新华日报》发表题为《莒城我军奋勇杀敌，刘震东氏壮烈牺牲》的长篇报道，传诵一时。2014年，刘震东入选国家民政部第一批300名著名抗日英烈和英雄群体名录。

[2] 1938年秋，抗日国民义勇队改编为山东省保安第十七旅，窦来庚为旅长。窦来庚牺牲后，1986年被人民政府追认为抗日烈士。

[3] 1939年初，第十二梯队改编为山东省保安第二十四旅，王自衡任旅长兼国民党桓台县党部书记。1939年3月，王自衡在与日军战斗中牺牲。

功突围，胡凤林牺牲，伤亡 100 人。

四女寺村战斗。1938 年 10 月 16 日，日军包抄恩县四女寺村，抗日义勇军第二团第二营营长宋景周率部阻击日军。经过多次反复争夺战，天黑突围。这次战斗，宋景周等 200 人牺牲，击毙日军 20 人、打伤日军 100 人。

向阳山战斗。1938 年 11 月 26 日，国民党海阳县保安大队第五常备队在总指挥姜仞九率领下，与日、伪军在文登县豹虎山激战竟日，毙敌 20 人。28 日，日、伪军占领豹虎山，进攻向阳山。海阳县军警奋勇反击，姜仞九①等 85 人牺牲，击毙日军舰长小官四郎等 200 人。

庞家战斗。1939 年 1 月 2 日，山东保安第七旅第十七团第二连（驻庞家村）刘兴田部遭到驻济阳日军及伪济阳县警备大队白玉亭部包围。刘兴田部奋力反击，展开巷战，击退日、伪军四五次进攻。激战至下午，日、伪军冲进东院墙，双方展开白刃战。这次战斗，刘兴田战死，所部多半阵亡，其余被俘，毙伤日、伪军 100 余人。②

寿光抗击日军。1939 年 1 月，日军铃木联队及伪军 1000 人进犯寿光城，国民党山东省保安第十五旅张景月却弃城逃走。2 月 11 日，日军 500 余人三路进攻侯镇。保安第十五旅马成龙营设伏迎击，马成龙营第二连边战边撤，将日军吸引至侯镇西面；第一连、三连与日军进行巷战。深夜，马成龙营撤至郭家营。这次战斗，双方各伤亡 30 余人。2 月，日军"扫荡"寿光，在北台头村包围第十五旅第二团第一营刘寿隆部，激战一天，刘部夜间突围。3 月，在潍县蔡家栏子，保安第十五旅与日军发生激战，双方各伤亡 60 余人。日军调集步、骑兵及汽车 80 辆，围追堵截保安第十五旅，反复"扫荡"。第十五旅化整为零，被迫潜伏。③ 7 月 13 日，日、伪

① 1985 年 3 月，山东省人民政府批准姜仞九为革命烈士。

② 济阳县政协编：《文史资料》（第四辑），1987 年，第 161～164 页。

③ 寿光县地方史志编纂委员会编：《寿光县志》，中国大百科全书出版社 1992 年版；寿光市政协文史委编：《抗日战争寿光纪实——纪念抗日战争胜利五十周年》，1995 年，第 284～297 页。

军 50 余人在南庄遭到马成龙营第二连第三排伏兵阻击，毙伤 10 余人，击溃日、伪军。14 日，日、伪军 100 余人分乘 5 辆汽车，直抵南庄报复。马成龙率全营构筑防御工事，据寨坚守。日、伪军在炮火掩护下，强攻入村，双方展开激烈巷战。深夜，马成龙率部撤退。这次战斗，马成龙部阵亡 5 人、负伤 10 人，毙伤日、伪军 40 余人。①

潮水战斗。1939 年 2 月 8 日，日本海军陆战队指挥官斋藤富士郎率日、伪军五六百人分乘 20 余辆汽车，从烟台进犯潮水。9 日，侵入卧鹿村。国军别动总队第四十四支队（1939 年改编为山东保安第二旅第六团）一个中队仓促迎击，中队长战死。第十三大队队长刘月卿在南门指挥作战，多次击退日、伪军进攻，潮水村群众也热情参战。战斗中，刘月卿中弹牺牲，守军被迫从北门撤离。援军第十四大队队长王敬尧在洼泥沟遭到日军伏击，王敬尧负重伤。这次战斗，刘月卿以下 42 名官兵阵亡，击毙日军指挥官小林金次等数十名日、伪军。②

郜城集守卫战。1939 年 2 月 27 日，日军 300 余人，分乘 9 辆汽车，进犯郜城集（今成武县郜鼎集）。第五战区第七路游击军第一旅旅长朱士勤率 2 个团在郜城集凭寨抵抗，重创日军。夜，日军竟然施放毒气弹。朱士勤部趁机突围。这次战斗，朱士勤部仅阵亡 1 人，日军伤亡惨重。③ 7 月，日军集结 5000 余人，战车、汽车 600 余辆，四路合围成武。朱士勤部再次在郜城集迎击日军，团长王景昌阵亡，被迫撤退。④

招远战斗。1939 年 3 月 7 日，山东人民抗日救国军第三军（后改为山东纵队第五支队）与国民党招远县地方武装辛诚一（第五战区游击总指挥部第十六支队第五纵队）、孙务本部（国民政府军事委员会别动队第四十八支队第一团）等联合攻打招远县城。双方展开激烈巷战。日军少川支队、

① 寿光县地方史志编纂委员会编：《寿光县志》，中国大百科全书出版社 1992 年版，第 371 页。
② 蓬莱市史志编纂委员会编：《蓬莱县志》，齐鲁书社 1995 年版，第 234 页。
③ 成武县史志编纂委员会编：《成武县志》，齐鲁书社 1992 年版，第 547 页。
④ 茅海建：《国民党抗战殉国将领》，河南人民出版社 1987 年版，第 274 页。

伪军刘桂棠部在县城中学内负隅顽抗。战斗中,辛诚一牺牲,歼灭日、伪军 100 人。①

大佛寺战斗。1939 年春,国民党历城县长郝家骅等发动红枪会、民团及群众 300 余人,在济南西营大佛寺村外山头、道口处设伏,迎击日本警备队长小林及伪历城县长周鼎、伪保安队长谢光辉所率日军 50 余人、伪军 60 余人的"扫荡"。拂晓,战斗打响,激战 2 小时,全歼日、伪军,俘虏周鼎、击毙小林,谢光辉逃跑后又被济南"铁血锄奸团"卢化西等人击毙。②

莱阳阻击战(松旺庄战斗)。1939 年 11 月 9 日,日军两路进犯莱阳,山东保安第二旅韩炳宸部第十七团奉命在松旺庄(今属莱西市)附近阻击西路日军。激战三日,击退日、伪军数十次进攻。这次战斗,韩炳宸牺牲,韩部伤亡 500 余人,毙伤日、伪军数百人。③

胶东抗战。1938 年冬,山东保安第十四旅姜黎川部(原胶县成立的山东人民抗日救国军)袭击兰村车站日、伪据点,击毙日、伪军 50 余人,俘虏日军 1 人,缴获三八式步枪 30 余支、子弹 2000 余发。1939 年冬,山东省保安独立第七旅姜黎川部(原保安第十四旅)在胶县北乡五里堠子阻击日军 1 个中队及 500 余伪军,毙伤日、伪军 200 余人,俘虏 50 余人,缴获大批武器弹药。④ 1940 年 3 月,日军对胶东进行第一次大"扫荡"。姜黎川部避敌主力,转战海阳发城、朱吴一带,在瓦罐窑战斗中毙伤日、伪军 300 余人,俘虏 2 人,日军施放毒气弹后仓惶溃逃。姜黎川一部(驻即墨)袭击日军,在崂山九水俘虏 1 名日军少将。⑤

王寨战斗。1940 年 1 月 9 日,日军 1000 余人夜袭国民党鲁西南警备第

---

① 招远县志编纂委员会编:《招远县志》,华龄出版社 1991 年版,第 664 页。
② 历城县志编纂委员会编:《历城县志》,济南出版社 1990 年版,第 362 页;济南市历城区政协文史委编:《历城文史资料》(第七辑),1995 年,第 67~68 页。
③ 济宁市政协文史委编:《微山湖畔的枪声:纪念抗日战争胜利五十周年》,1995年,第 331~332 页;莱西县政协文史委编:《莱西文史资料》(第四辑),1988 年,第 67~76 页。
④ 胶州市志编纂委员会编:《胶州市志》,新华出版社 1992 年版,第 21~24 页。
⑤ 胶南县政协文史委编:《胶南文史资料》(第一辑),1987 年,第 99~102 页。

一旅旅长朱士勤驻地单县王寨村。朱士勤率 1 个营约 500 人奋力抵抗。日军施放毒气和燃烧弹，攻入寨内。朱士勤率部突围，其余将士战死，击毙日军 130 余人。①

纪山突围战。1940 年 4 月 13 日，日军 2000 余人在张庄、郦部、彭家沟一带，围攻鲁苏战区挺进第二纵队第五团（原山东省第八区保安独立第五团，后改编为山东省昌乐保安团、山东省保安第五旅）张天佐部，张天佐率部突围转移，人员、物资损失惨重。1942 年 10 月，日军在乔（官）郦（部）公路以东连日袭扰张天佐部。12 日，日、伪军 1 万余人使用"钢圈"战术，在纪山（位于临朐境内）一带包围张天佐部。激战中，张天佐部三营谢茂圻（又名谢塑之）等 100 余人被包围，激战 5 小时，营长以下全部阵亡，击毙日、伪军 200 余人。②

程海村阻击战。1940 年 5 月，日、伪军 1500 余人"围剿"国民党山东省第二区行政督察专署，孙秉贤部（孙秉贤为原青岛市警察分局局长，1940 年 1 月接任专员）卞长久团（系孙秉贤收编的地方武装）在程海村阻击日、伪军。卞长久团据寨坚守，击退日、伪军多次进攻，随后夹击敌人，日、伪军被击退。这次战斗，毙伤日、伪军近 100 人，缴获大量武器物资。③

洪山口伏击战。1940 年 10 月 18 日，日、伪军 60 人去即墨下乡"扫荡"，在洪山口被山东保安独立第一旅第一团"锄奸团"及三营二连 1 个排伏击。激战中，击毙日、伪军 30 人、俘虏 28 人，仅逃走日军 1 人，缴获汽车 2 辆、枪支一批。④

三鸭、高庄战斗。1940 年冬，日、伪军 800 余人，在伪山东省东临道日军顾问中村宇之助指挥下，进犯国民党山东省第六区游击司令部第三支

---

① 单县地方史志编纂委员会编：《单县志》，山东人民出版社 1996 年版，第 489~490 页；茅海建：《国民党抗战殉国将领》，河南人民出版社 1987 年版，第 275 页。
② 昌乐县政协文史委编：《文史资料选辑》（第六辑），1992 年，第 53~57 页。
③ 菏泽市政协文史委编：《菏泽文史资料》（第二辑），1990 年，第 111~113 页。
④ 即墨县志编纂委员会编：《即墨县志》，新华出版社 1991 年版，第 585 页。

队第二十二旅驻地夏津城西三鸭（即东鸭、中鸭和西鸭村，今属双庙镇）和高庄村（今属东李官屯镇）。战斗中，第二十二旅阵亡连长 1 人、士兵 4 人，击毙中村宇之等日、伪军 30 余人，击伤日、伪军 20 余人。①

邱、李庄战斗。1941 年 8 月 23 日，日军 1000 人围攻"平原四区自卫团"李维奎部驻地邱庄和李庄。李维奎部依靠村庄 4 个土围子英勇抵抗，多次击退敌人进攻。日、伪军使用毒气弹，挟持部分百姓为人质再次进攻。李维奎部冲出围子，与敌人展开白刃战，救出百姓。日军又发射燃烧弹，引燃围子门，李维奎部以土灭火，坚守待援。随后，李维奎部与恩县陈盛堂团前后夹击日、伪军，成功突围。这次战斗，李维奎部伤亡 40 人，击毙日、伪军 100 余人。②

柳科战斗。1939 年至 1942 年，鲁苏战区挺进第二纵队四支队队长（原潍县抗日独立一团）考斌之多次率部同日、伪军作战，如智取流饭桥、毕家村战斗、阙庄追击战、偷袭固堤、烟潍路阻击战等。1941 年 10 月 1 日夜，日军重兵包围考斌之所率支队特务连、机枪连 200 余人驻地柳科村（今属寒亭区高里街道）。双方激战一夜，考斌之部伤亡过大、弹药将尽，遂向荆科突围。在突围时，考斌之中弹牺牲③，仅数十人突围，击毙日军 100 余人。④

临沂抗日。1942 年 1 月 11 日，日军 1000 余人配备大量重武器，"扫荡"鲁苏战区游击第一纵队张里元部第三支队（1940 年改编为鲁苏战区独立第二十七支队，1942 年 10 月改编为鲁苏战区挺进军第十纵队）王洪九部驻地一带。王洪九部副司令魏秀峰率部抵抗，陷入重围。日军重炮轰炸，

---

① 夏津县志编纂委员会编：《夏津县志》，山东人民出版社 1991 年版，第 492 页。

② 平原县政协编：《平原文史资料》（第二辑），1987 年，第 109~114 页。

③ 关于考斌之阵亡时间，存在多种说法：《潍城文史资料》（第十辑）记载为 1941 年 10 月 4 日拂晓；《潍城区志》记载战斗从 1941 年 8 月 10 日夜开始；《寒亭区志》记载战斗从 1942 年 9 月 19 日夜开始。根据 2008 年 9 月在考家村出土的墓志铭，考斌之阵亡于"民国三十年十月二日"。

④ 潍坊市寒亭区史志编纂委员会编：《寒亭区志》，齐鲁书社 1992 年版，第 575 页。

冲进寨墙，魏秀峰等 200 余人阵亡、200 余人被俘，击毙日军 50 余人。①

赵王河阻击战。1942 年 6 月 30 日，日、伪军"扫荡"菏泽安兴集一带，孙秉贤部保安第二团卞长久部第一营张映（应）江部在驻地赵王河畔郭船庄凭寨墙抵抗，打击日、伪军。战至正午，第一营弹药将尽时，援军赶到，日、伪军随即撤退。这次战斗，第一营几无伤亡，毙伤日、伪军 200 余人。②

安兴集战斗。1942 年 10 月 16 日，日、伪军共 2000 余人进犯孙秉贤部卞长久团驻地安兴集一带。日、伪军数次进攻，均被击退。在里冯庄，双方展开白刃战。敌人先后攻占里冯庄、吕楼，卞长久团撤退。这次战斗，毙伤日、伪军 100 余人。③

八、国民党主力部队和省政府撤出山东

1941 年 9 月，沈鸿烈离开山东（1941 年 9 月至 12 月，雷法章代理省政府主席）。④ 1942 年 1 月，牟中珩接任省政府主席。之后，日军对国民党省政府驻地临朐县发动大"扫荡"，省政府被迫疏散、撤离临朐县，抗战形势更为严峻。5 月、8 月，日军又"扫荡"鲁苏战区总部和山东省政府驻地；10 月，日军又开展"治安强化运动"，省政府及各公署、各县政府陷入瘫痪。日、伪政权同时进行金融侵略，法币贬值、物价飞涨。牟中珩改组省政府，下设秘书处、民政厅、财政厅、建设厅、教育厅、保安处，有职员 854 人。省政府改组之后，仍然在日军"治安强化战"的围困下被迫四处流亡。1942 年，鲁苏战区部队减员严重，军需供应日益艰难。同时，省政府军事、政治、财政均难以为继，办公经费严重困难，工作人员衣食无法保障。1943 年春夏发生饥荒，省政府驻地一带竟然成为方圆近百里的

---

① 临沂市政协文史委编：《临沂文史资料》（第七辑），1988 年，第 84~97 页。
② 菏泽市政协文史委编：《菏泽文史资料》（第二辑），1990 年，第 127~129 页。
③ 菏泽市政协文史委编：《菏泽文史资料》（第二辑），1990 年，第 129~132 页。
④ 《民国山东通志》编辑委员会编：《民国山东通志》（第一册），台湾山东文献杂志社 2002 年版，第 424~425 页。

"无人区"。

在敌后抗战的艰苦斗争环境下，加之敌人多方策动、诱降，一部分国民党部队公然叛变投敌。如 1941 年，山东保安独立第八旅旅长周胜芳①投敌；1942 年，第三十九集团军副总司令、鲁西行署主任孙良诚率 2.5 万人在曹县、定陶投敌，山东保安第二师师长张步云②投敌；1943 年，鲁苏战区新编第四师师长吴化文、新编第一师师长于怀安③、山东保安司令部参谋长宁春霖、山东游击第二纵队司令厉文礼④、鲁苏战区第五十一军第一一三师师长韩子乾及该师第三五一旅旅长吴漱泉⑤、第五十七军第一一二师第三三四旅旅长荣子恒⑥等部先后投敌。1943 年，国民党部队由 1940 年的 16.6 万人减至 5 万人，鲁苏战区总部及第五十一军、第五十七军战斗力急剧衰退。

为巩固国民党在山东的政治、军事基础及确保国民党在山东对共产党斗争的绝对优势，国民党调整了山东战略部署。1942 年 2 月，蒋介石将第九十二军扩编为第二十八集团军，李仙洲⑦任司令兼第九十二军军长。1942 年底，李仙洲率部自皖入鲁，计划借道湖西、鲁西南至鲁南。1943 年 5 月，李仙洲率集团军总部、第九十二军军部及第二十一师、第五十六师主力抵达湖西地区。6 月 8 日，李仙洲部第二梯队抵达湖西。李仙洲部初到山东时，山东抗日根据地军民热情迎接，主动提供敌情、给养等。但是，李仙洲部执行"先歼匪（指共产党、八路军）而后敌伪"的反动方针，解散群众抗日自卫组织，驱逐八路军地方武装，杀害根据地工作人员，多次进攻抗日根据地。7 月，李仙洲部反共受挫，北进困难，主力滞留在鲁西南，

---

① 周胜芳在 1948 年兖州战役时被击毙。
② 张步云在 1948 年被国民政府枪决。
③ 于怀安被迫投敌后，任汪伪军第三方面军第六军军长，1948 年率部起义。
④ 厉文礼在 1954 年 1 月被人民政府枪决。
⑤ 吴漱泉在 1945 年 9 月被八路军击毙。
⑥ 荣子恒在 1945 年 2 月被八路军击毙。
⑦ 李仙洲在 1947 年莱芜战役中被俘虏，1960 年被特赦。

未能及时接防于学忠部。这时，日、伪军乘机大规模"扫荡"鲁苏战区总部和于学忠部，于学忠在战斗中多处负伤，该部锐减至6000余人。在蒋介石一再催促和日、伪军激烈进攻之下，于学忠部被迫出鲁整训、撤离山东。8月，于学忠部及山东省政府撤至安徽阜阳。而李仙洲部在湖西和鲁南地区的倒行逆施，遭到山东八路军的强势反击，只得退回皖北。此后至全民族抗战胜利，山东境内再无国民党主力部队，共产党领导的山东抗日根据地党政军民独自承担起敌后抗战的重任。

第二节　共产党在山东的抗战与发展

在日本调整侵华方针、国民党调整军政方针的同时，中共中央也随之调整全民族抗战新阶段的战略任务和各项方针政策。

一、制定抗战新战略

1938年，中共中央在扩大的六届中央委员会六次会议上确定党的主要工作是在战区和敌后，党的军事战略的首要问题是发展敌后游击战争。中共中央、毛泽东决定，派兵去山东。随后，八路军第一一五师主力挺进山东，第一二〇师主力进入冀中，第一二九师主力进入冀南、冀鲁豫等平原地区，开展群众性游击战争，扩大和巩固抗日根据地。

1939年1月，成立不久的山东分局和山东纵队召开联席会议，学习贯彻中共中央六届六中全会精神，决定大力发动群众，迅速扩大武装，积极开展统战工作，独立自主地进行游击战争，并决定在山东纵队、各支队建立后方司令部，加强县、区地方武装建设，组织乡村抗日自卫队，派干部和部队南下苏北，创建新的根据地。1月28日，山东分局针对国民党五届五中全会制定的"溶共、防共、限共、反共"方针，发出《致国民党山东省党部的一封信》，建议加强国共合作，却遭到敷衍、拒绝。2月，分局根据中央指示精神，作出《对苏鲁工作的决定》，一方面采取各种方式努力促进沈鸿烈进步，一方面坚决抵制沈鸿烈的限共、反共行为。

在全民族抗战进入相持阶段之后，日军将"敌后剿共"作为进攻重点，企图依次消灭在山东的共产党军队、国民党军队，实现日军独霸山东的图谋。中共中央高度重视山东的战略地位，先后多次派来红军干部和党政干部支持山东党组织和人民抗日武装。在了解到山东人民抗日武装处于日、伪、顽军的夹击之中，领导干部缺少、军事力量薄弱等情况之后，中共中央、中央军委派出第一一五师主力一部进入山东，建立巩固的山东抗日根据地。1939 年 8 月，成立山东军政委员会，朱瑞任书记（随后任山东分局书记），统一领导山东党政军民工作。在 1939 年至 1940 年山东抗日根据地发展扩大时期，山东党组织坚持对日军的游击战争，坚决打击顽固派的反共行为，巩固和扩大抗日民族统一战线，深入开展群众工作，巩固、扩大了山东抗日根据地。

二、第一一五师主力入鲁

党的六届六中全会作出"派兵去山东"决策之后，1938 年 7 月，八路军第一一五师永兴支队（曾国华任支队长）、第一二九师津浦支队（孙继先任支队长）、八路军第一一五师三四三旅部分部队率先进入山东北部冀鲁边区，进驻乐陵，建立冀鲁边抗日根据地。1938 年 12 月，第一一五师第六八五团改用苏鲁豫支队番号，到达湖西地区。1939 年 1 月，第六八五团与八路军山东纵队挺进支队合编为苏鲁豫支队，彭明治任支队长，辖第一、二、三、四大队。苏鲁豫支队在入鲁后几个月时间内，作战 20 余次，重创日、伪军，赢得人民群众拥护。1939 年 4 月，支队发展到 8000 余人，迅速打开湖西抗战局面，建立了湖西抗日根据地。

1938 年 12 月，第一一五师代师长陈光、政治委员罗荣桓率领师部、直属队及第三四三旅第六八六团奉命东进。1939 年 3 月 1 日，陈光、罗荣桓率部进入山东郓城境内。3 日，第一一五师在郓城樊坝组织反伪战斗，歼伪军 500 余人，缴获轻重机枪 13 挺、长短枪 300 余支。随后，陈光、罗荣

桓率东进支队渡过运河，进入泰西地区。八路军其他主力部队也先后进入
山东。在地方党政军民的配合下，八路军主力部队在冀鲁边、湖西、泰西、
鲁南等地积极开展游击战争，创建、发展抗日根据地，山东敌后抗战形势
迅速发展。1940 年 9 月，八路军第一一五师在费县桃峪村召开会议，山东
分局书记、山东军政委员会书记、八路军第一纵队政治委员朱瑞，第一一
五师代师长陈光、政治委员罗荣桓、政治部主任萧华及第一一五师各支队
主要负责人、鲁南区党委书记赵镈等人深入讨论山东抗战形势、军事战略
思想、统一军事领导等问题。会后，罗荣桓将会议情况及意见分歧汇报中
央。1941 年 6 月，陈光、罗荣桓、陈士榘、萧华致电中共中央军委、北方
局和八路军总部，再次建议中央和北方局派人来山东检查工作。1942 年，
中共中央派刘少奇来山东，推动山东抗日根据地实现党的一元化领导，逐
步解决了山东一系列问题。

三、成立八路军第一纵队

鉴于入鲁后的第一一五师与山东纵队在指挥系统上互不隶属，1939 年
3 月，八路军总部、中共中央北方局致电中央书记处，建议派徐向前与朱
瑞去山东，加强山东党政军的统一领导。4 月，朱德等人致电中央书记处，
建议以八路军第一纵队名义统一指挥山东及苏北的八路军部队。5 月，根
据中央书记处的决定，北方局组建八路军第一纵队，徐向前为司令员、朱
瑞为政治委员，统一指挥新黄河（淮河）以北山东境内的八路军正规部队、
游击部队，共三支部队：一支是山东纵队，主要在鲁中、鲁南、胶东、清
河地区活动；一支是八路军东进抗日挺进纵队，主要在津南、鲁北地区活
动；一支是第一一五师主力一部，主要在运西、泰西、湖西地区活动。7
月，徐向前、朱瑞在沂水与山东纵队指挥机关会合。8 月，组建八路军第
一纵队，徐向前任司令员，朱瑞任政治委员。①

---

① 中共山东省委组织部等编：《中国共产党山东省组织史资料（1921—1987）》，
中共党史出版社 1991 年版，第 191 页。

1939 年 8 月 9 日，北方局复电山东分局，批准成立山东军政委员会，统一领导山东地区的党政军工作，朱瑞任书记。为解决八路军第一纵队和山东纵队干部不足问题，中共中央和八路军总部先后抽调两批干部到山东工作，但是仍未能解决问题。9 月，徐向前、朱瑞、郭洪涛致电中央，请求继续派干部到山东。根据中央指示，10 月，山东分局书记郭洪涛、山东纵队指挥张经武去延安，八路军第一纵队、山东纵队合并，保留山东纵队番号，统一指挥。八路军第一纵队在鲁中地区大力发展主力部队和地方武装。1940 年 6 月，徐向前回延安，撤销八路军第一纵队番号，使用山东纵队番号。

中共中央指示第一一五师入鲁后，"负责帮助山东纵队的整理训练、正规化建设"。在第一一五师的帮助下，山东纵队建立了一套系统的政治工作制度，连队建设经验、军政素质、战斗力有了较大增强，逐步成长为坚持山东敌后抗战的一支正规兵团。第一一五师在山东也得到发展壮大，至1940 年冬部队发展到 7 万余人，辖 6 个教导旅、4 个军区（鲁南、鲁西、湖西、冀鲁边）。

四、开创抗日根据地

山东党组织在八路军第一一五师主力入鲁之前，已创建鲁中、胶东、清河、泰西、鲁东南、湖西等数块抗日根据地和广大游击区。第一一五师主力入鲁后协同山东纵队，依靠人民群众，开展游击战争，至 1940 年底创建冀鲁边、苏鲁豫、鲁西、鲁南等抗日根据地，初步形成较为完整的山东抗日根据地。

创建冀鲁边抗日根据地。1938 年 10 月，冀鲁边八路军部队整编为第一一五师东进抗日挺进纵队（简称挺进纵队），1938 年底发展到 2 万余人，冀鲁边抗日根据地迅猛发展，威慑驻天津日军及津浦铁路线的"安全"。1939 年 1 月，日、伪军 2 万余人合击"扫荡"盐山、庆云、乐陵，企图分割、封锁冀鲁边区抗日根据地。1 月 10 日，冀鲁边八路军避开日、伪军锋芒，主动撤出乐陵城。随后，取得韩集村伏击战、三战灯明寺等战斗胜利。
4月1日，挺进纵队第五支队机关及第五团1700余人在陵县大宗家一带被
日军2000余人包围。激战竟日，第五团突出重围，团政委曾庆洪等400多
名指战员英勇牺牲，毙伤日军安田大佐以下400余人。敌人的严密封锁、
严重的旱灾蝗灾，造成冀鲁边区粮食供应十分困难。1938年10月，津浦支
队调离冀鲁边区；1939年9月至1940年春，挺进纵队主力分8批调至鲁西
等地，挺进纵队第六支队第八团和地方武装1500余人坚守冀鲁边区。日、
伪军趁机"扫荡""蚕食"冀鲁边区，扩充伪军，建立"维持会"及伪政
权。国民党顽固派也制造磨擦，进攻冀鲁边抗日根据地。在这种复杂困难
的斗争环境下，冀鲁边区抗日武装力量紧紧依靠人民群众，坚持平原游击
战争，机动灵活地打击日、伪军。1940年夏，冀鲁边区抗日武装发展到
4500人，并在百团大战期间配合开展大规模破袭战，粉碎了国民党冀察战
区第二路军司令张国基部的进犯，打通了冀鲁边区与冀南的联系。

扩大苏鲁豫（湖西）抗日根据地。湖西地区位于苏鲁豫皖四省结合部，
又称苏鲁豫边区。1938年12月，八路军第一一五师苏鲁豫支队抵达湖西地
区，联合当地抗日武装，共同开创了湖西地区抗战新局面。山东纵队成立
后，活动在湖西地区的苏鲁人民抗日义勇队第二总队改编为山东纵队第十
三支队，1939年1月改称山东纵队挺进支队，随后撤销挺进支队番号，仍
使用人民义勇队第二总队番号活动。2月，伪苏北剿共救国军第一支队司
令籍兴科率部2000余人起义，改编为苏鲁豫支队独立大队。在地方党组织
和武装配合下，八路军苏鲁豫支队基本肃清丰县、沛县、铜山、金乡、单
县、鱼台、砀山的伪军及"维持会"，粉碎日、伪军4000余人在徐州、丰
县、鱼台等县的"扫荡"，毙伤敌200余人。苏鲁豫支队迅速发展到5000
余人，湖西抗日根据地扩大到以丰、沛、鱼（台）、单为中心的10个县。4
月，苏鲁豫支队挺进陇海铁路以南地区。1939年9月，苏鲁豫支队发展到
近万人，湖西抗日根据地扩大为包括20余县的苏鲁豫边区抗日根据地。其
间，湖西地区发生"肃托"事件，当地大批党政军干部被捕、被杀，严重

损害了湖西抗日根据地的发展。12 月，苏鲁豫支队第三大队粉碎日、伪军600 余人对鱼台谷亭镇的"扫荡"，毙伤敌 200 余人，初步稳定了湖西中心区的形势。1940 年 3 月，在单东四座楼、王小庄、侯楼、张庄一带全歼进犯的顽军朱士勤部第三旅 1800 余人，湖西抗日根据地逐步恢复。1940 年 6月，第一一五师黄河支队 5000 余人由鲁西到达湖西，接替苏鲁豫支队的防务。

开辟鲁西南抗日根据地。1938 年 12 月，八路军第一一五师第三四四旅第六八八团一营（缺一连）在鲁西南地区与其他两支部队合编组建旅特务团。1939 年 3 月，第一一五师第三四四旅代旅长杨得志部在濮阳井店与第三四四旅独立团、特务团及冀鲁豫边游击队第二支队等部队会合，整编为第一一五师冀鲁豫支队（暂归第一二九师指挥），约 4700 人，实现了党对冀南、豫北、鲁西南地区抗日武装的统一领导。3 月，冀鲁豫支队开赴鲁西南。6 月 22 日，冀鲁豫第二大队在曹县东南苗堤圈痛击日、伪军，毙伤敌 200 余人，歼灭了一些国民党顽固派和地方反动封建势力。

巩固冀鲁豫边区。根据八路军总部"坚持平原抗日游击战争，建立冀鲁豫边区平原抗日根据地"的指示，冀鲁豫支队坚持在冀鲁豫边区斗争，确保山西和山东、华北与华中的联结。一年时间内，冀鲁豫支队进行大小战斗 101 次，歼灭日军 684 人、伪军 1375 人，获得大批物资。冀鲁豫支队很快由 2000 人壮大到 1 万人。

扩大鲁西抗日根据地。鲁西地区指津浦铁路以西，济（宁）菏（泽）公路以北的地区。黄河以南，分运（河）西、泰西两部分；黄河以北，分为鲁西北、运（河）东南两部分。在鲁西党组织的领导下，当地抗日武装有较大发展。1939 年 3 月，第一一五师结束樊坝战斗后，陈光、罗荣桓继续率东进支队挺进泰西地区。3 月 14 日，成立鲁西军政委员会，罗荣桓为书记，统一领导鲁西地区的抗日斗争。山东纵队第六支队划归第一一五师指挥。3 月至 4 月，第一一五师在山东纵队第六支队配合下，先后三次粉碎日军对泰西地区的"扫荡"。5 月，日军 5000 余人及伪军一部，分兵九路

"扫荡"泰（安）肥（城）山区根据地，企图消灭第一一五师主力和泰西党政军领导机关。11日，一一五师师部、鲁西区委等党政机关3000余人在陆房一带被敌人包围。陈光指挥部队凭险据守，激战至深夜，各部队及机关分路隐蔽突围，安全转移至东平县东部地区。陆房突围，毙伤日军大佐联队长以下1300余人，震动全国，蒋介石致电朱德、彭德怀，在事实上承认了第一一五师在山东的合法地位。5月20日，陈光、罗荣桓率部转移至东平湖西一带，第六支队留在泰西坚持斗争。7月，日、伪军400余人"扫荡"兖州、汶上、梁山一带。8月2日，第一一五师在梁山附近设伏，击毙日军少佐大队长长田敏江以下300余人，俘日军13人，创造了八路军部队全歼日军1个大队的模范战例。鲁西人民群众抗日热情高涨，梁山、东平有3000多名群众报名参军，运西、泰西抗日根据地连成一片。8月，鲁西各县按照鲁西军政委员会小安山会议精神，开展破路斗争，改造地形，创建平原抗日根据地，建立鲁西军区。1939年9月至1940年3月，冀鲁边区八路军主力部队分批进至鲁西地区。1940年4月，重建鲁西军区。此外，八路军筑先纵队、第一二九师先遣纵队等1.2万余人也战斗在鲁西北，歼灭大量日、伪军，壮大了鲁西北抗日根据地。

创建鲁南抗日根据地。1939年1月，鲁南特委成立，党在鲁南地区的部队主要有3支：一支是苏鲁人民抗日义勇队第一总队（1939年9月改编为八路军第一一五师苏鲁支队），主要在抱犊崮以东大炉、车辋一带山区活动；一支是山东纵队临郯独立团（1939年3月改编为陇海游击支队第三大队），主要在临郯一带活动；一支是山东纵队第十二支队（1939年3月第十二支队与第五支队六十一团整编为山东纵队第二支队），主要在临费边一带活动。此外，还有临郯费峄4县边联办事处特务营、临郯青年大队、费县游击第二大队等地方武装。这些抗日武装力量在鲁南开辟了一些抗日游击区。1939年5月，第一一五师机关大部、师直一部及冀鲁边七团先后进入泰（安）泗（水）宁（阳）边、费县西北地区，两次击溃泗水伪军的进犯，粉碎日军2万余人的6月大"扫荡"。9月，第一一五师师部、第六八六团及萧华纵队开赴鲁南，创建以抱犊崮为中心的鲁南抗日根据地。9 月至 11 月，第一一五师击退日、伪军的屡次进犯，基本控制了郯马平原、抱犊崮山区，打通了鲁南与苏北的联系。12 月，初步建成以抱犊崮为中心的鲁南抗日根据地，建立峄县、邹县、郯城、费县、临沂、邳县等抗日民主县政府。随后，第一一五师攻打白彦镇，挺进天宝山，打通鲁南与泰山区、沂蒙山区的联系。在三次白彦争夺战中，第一一五师各部共歼日军 800 余人。1940 年 4 月，日军 8000 余人"扫荡"抱犊崮山区。5 月，第一一五师和地方部队粉碎日军"扫荡"，毙伤日、伪军 2000 余人。5 月，第一一五师歼灭天宝山区的国民党鲁苏战区新编第三十六师刘桂堂大部。6 月，鲁南抗日根据地正式形成。7 月，第一一五师一部增援滨海地区。第一一五师与山东纵队协同作战，粉碎国民党顽军联合进攻，开辟临（沂）郯（城）赣（榆）边区，打通鲁南至滨海的通道。10 月，第一一五师晋西独立支队进入鲁南，第一一五师主力（除三四四旅）全部入鲁。10 月，日军集中兵力进犯鲁南抗日根据地。11 月，日军集中力量进攻天宝山区，第一一五师师部随即转移至沂蒙山区。

巩固鲁中抗日根据地。1939 年 1 月至 7 月，日军"扫荡"津浦、胶济铁路两侧，山东纵队鲁中部队歼灭日、伪军 2000 余人。这时，沂水县成为山东国、共两党的党政军机关驻地，国民党山东省政府、省党部驻沂水县东里店，鲁苏战区总部驻沂水县上高湖，中共中央山东分局和山东纵队指挥部驻沂水县王庄。6 月，日军 2 万余人对鲁中、鲁南山区进行大"扫荡"①，主要目标是国民党山东省政府驻地东里店和鲁苏战区总部驻地上高湖，妄图歼灭鲁苏战区、山东纵队指挥机关及其主力部队，武力迫降沈鸿烈，摧毁鲁中抗日根据地。山东分局、山东纵队一部坚持在沂蒙山区内线作战，一部在外线作战，主动掩护于学忠部、沈鸿烈部突围。10 月 25 日，山东纵队第一支队第一营（驻五井）遭到日、伪军 400 余人围攻，激战一

---

① 日军称之为"鲁南作战"。

日，歼灭日军40人、伪军120人。1940年3月，日军"扫荡"鲁中山区，突袭山东分局及八路军第一纵队指挥机关（驻沂南县孙祖），被击退，日军毙伤190人。5月，日军"扫荡"泰山区，山东纵队第四支队第一、二团在莱芜杨家横迎战日军，毙伤日军250人、俘日军3人，击退敌人进犯。9月，日、伪军1万余人对鲁中区大"扫荡"。9月5日，山东纵队一部在青驼寺伏击敌人，毙伤日、伪军60人。9月7日，攻克青驼寺据点，毙伤日、伪军150人。10月，山东纵队一部和地方武装连续攻克青驼寺、徐公店等日、伪据点，毙敌500人、俘敌300人。11月，山东纵队第四支队粉碎敌人的合击"扫荡"，毙伤日、伪军500人。山东纵队第一旅第二团一部在杨家横歼灭日、伪军300人，巩固了鲁中抗日根据地。

创建清河抗日根据地。抗日战争进入相持阶段后，日军侵占清河区各县城及重要村镇，设立80多个据点，中共清河特委和山东纵队第三支队在胶济铁路两侧开展平原游击战争。1939年2月，第三支队第十团一部在临淄岳家庄伏击日军汽车运输队，击毁汽车7辆，毙伤敌近百人。3月，第十团大规模破袭胶济铁路，一夜炸毁日军火车3列，瘫痪日军铁路运输1个月。6月6日，第三支队在刘家井痛击日、伪军的进犯，毙伤敌800余人。7月22日，三支队从刘家井突围后，分兵东进，在桓台县牛王庄遭敌合围，三支队司令员马耀南牺牲。9月，第三支队奉命在博山池上一带整军。徐向前指示第三支队，让出胶济路南边小块山区根据地，全力坚持清河平原游击战争，先在寿光县清水泊建立根据地，然后向小清河以北地区发展，在黄河入海口广阔荒原地带建立后方，逐步扩大游击区，壮大地方武装。11月，三支队分两路北越胶济路，回师清河区。1940年2月，插入广饶、博兴北部和邹平北部、高苑西部等地区。3月，三支队在博兴东王文村击退日军"扫荡"，又在高（苑）青（城）公路、蒲（台）博（兴）公路上伏击日军，取得连续胜利。7月，三支队又粉碎日军"扫荡"。9月21日，三支队在高苑县魏家堡伏击敌人，全歼日军1个小队，炸毁汽车2辆。10月，清河区军民对广饶县至临淄县、高苑县至广饶县、博兴县至邹平县、长山县至邹平县公路进行大破袭，击退当地国民党顽固派的联合进攻。至1940年10月，清河区抗日根据地基本形成，与胶东区、鲁中区互为犄角。

扩大胶东抗日根据地。1939年1月，日、伪军进犯胶东抗日根据地。八路军山东纵队第五支队退出蓬、黄、掖县城，在山区坚持斗争。3月，五支队反击伪军刘桂堂部，歼敌数百人。3月7日，五支队联合国民党徐淑明部攻打日、伪军盘踞的招远县城，毙伤日、伪军150余人。按照中共中央的指示，五支队团结胶东的国民党军队，联合国民党地方部队蔡晋康①、赵保原部②组成鲁东抗日联军指挥部。5月至8月，抗日联军先后收复栖霞县城、莱阳县城、掖县县城。五支队在7月的大郝家伏击战中，击毙中川清秀大佐以下日军30人、俘汉奸5人。1939年1月至8月，五支队牺牲202人、伤229人，毙伤日、伪军1615人，俘日、伪军241人。1939年9月至10月，国民党顽固势力在胶东掀起第一次反共高潮，日军残酷"扫荡"胶东抗日根据地，共产党在胶东处于敌、伪、顽夹击的不利形势。11月，山东纵队政治委员黎玉到胶东检查工作，指示胶东区主力部队依托大泽山、艾崮山、昆嵛山，对敌、顽开展斗争，扩大胶东抗日根据地。12月，五支队紧紧依靠当地群众和党组织，展开破袭战，粉碎了敌人的冬季"扫荡"。1940年1月，文（登）、荣（成）、威（海卫）各县党组织发动东海第二次抗日武装起义，建立党领导的抗日武装。2月至4月，胶东区党委、五支队连续反击顽军徐淑明部、焦盛卿部、赵保原部、高玉璞部、张金铭部等，初步改变了胶东抗战的被动局面。6月，五支队再次粉碎敌人的大"扫荡"。9月，五支队对掖（县）潍（县）、掖（县）莱（阳）、掖（县）平（度）公路进行大破袭。随后，又击退日、伪军的进犯，粉碎敌人分割招莱掖抗日根据地的企图。至1940年底，胶东八路军作战935次，毙、伤、俘日、伪军12254人，建立12个县级抗日民主政府和3个行政专

---

① 蔡晋康在1949年率部起义。

② 1939年初，于学忠率东北军入鲁后，将赵保原部收编。赵保原在1946年6月胶县战斗中，被击毙。

员公署，胶东抗日根据地进一步扩大。

扩大滨海抗日根据地。1939 年 8 月，山东纵队第一支队第二基干营奉命由鲁中返回滨海地区，继续创建滨海北部地区根据地，并向南发展。1939 年底，二营扩建为第一支队第二团。1940 年 1 月，莒南县大队配合友军第五十七军第一一一师在莒南县王家庄歼灭日军 200 人。之后，山东纵队第二支队来到鲁东南地区。3 月，成立鲁东南军政委员会。9 月，山东纵队第二支队、第九支队、第一支队二团合编为山东纵队第二旅。1940 年底，滨海抗日根据地新开辟 18 个区、600 多个村庄，建立日照、莒县、赣榆等县抗日民主政府和莒（县）日（照）临（沂）赣（榆）四县联合办事处行政委员会，扩大了滨海抗日根据地。

五、建立抗日民主政权

在全民族抗战进入相持阶段后，国民党顽固派加紧反共、对日妥协，在 1939 年冬至 1940 年春掀起第一次反共高潮。山东国民党顽固派以省政府主席沈鸿烈为首，企图驱逐共产党、八路军出鲁。1939 年 2 月，沈鸿烈在蒙阴县鲁村（现属沂源县）召开全省军政会议，限制共产党、八路军筹措给养，并试图借日、伪之手消灭共产党及其抗日武装。1939 年春，沈鸿烈"取缔"胶东北海行政公署，逼迫山东八路军部队撤出滨海地区泊里镇一带。

于学忠部入鲁后，沈鸿烈联合东北军第五十七军军长缪澂流等人，限制共产党活动。鲁北刘景良、胶东蔡晋康、鲁西王金祥、鲁中"反共专家"秦启荣等反共气焰甚嚣尘上，不断制造磨擦事件，捕杀共产党的军政人员。1939 年 3 月 30 日，秦启荣部王尚志在博山太河镇制造了震惊全国的"太河惨案"。8 月，秦启荣部制造"雪野事件""淄河事件"，胶东秦毓堂部制造"葛家惨案"。10 月，蔡晋康部制造"亭口事件"等。国民党顽固派甚至勾结日、伪军，进犯抗日根据地。1939 年 6 月至 12 月，国民党顽固派进攻山东纵队 90 次，杀害抗日军民 1350 人，扣押抗日军政人员 1000 人。其间，山东纵队歼灭日、伪军 4500 人，本身仅伤亡 1200 人。1940 年 2 月，中共中央指示山东"彻底消灭反共派、顽固派，极力争取尚有希望之人"。1 月至 4 月，山东分局、山东纵队在清河、鲁中、滨海、胶东等地区连续发动反击，先后歼灭顽军 4500 人。鲁西部队发起第一次讨石战役，消灭石部 4000 人，狠狠打击了国民党顽固派的反动势力。

于学忠秉持"既不红，又不蓝，三条道路走中间"的政治态度，在山东抗战比较积极，成为山东党组织加强统战的重要对象。1939 年 5 月 19 日，中共中央指示山东党组织，积极争取团结于学忠部，"对帮助东北军发展及供给干部应特别慎重"①。山东各级党组织、八路军部队，积极支持、团结于学忠部。于学忠也默许八路军在抗日根据地建立民主政权，并拒绝将八路军调离山东。山东党组织还努力团结张里元、韩多峰、孙玺凤、孔昭同、姜黎川等地方实力派，争取赣榆县长朱爱周、胶县县长徐明山联合抗日，文登县长韩文一、泰安六区区长程子源以及胶东辛诚一部约千人、鱼台县聂峨亭部千余人加入党领导的抗日武装，推动抗日工作。② 此外，山东党组织对开明士绅、会道门、土匪武装等区别对待，教育引导，努力争取。经过多方面努力，山东抗日根据地政权建设有了很大发展。

在全民族抗战初期，山东党组织未能高度重视建立抗日民主政权工作，蓬（莱）黄（县）掖（县）3 县抗日民主政权县长也曾经过国民党山东省政府委任。1939 年 2 月，山东分局作出《对苏鲁工作的决定》，拒绝国民党限制、调换共产党建立的抗日民主政权工作人员。按照中共中央的指示，

---

① 《中央关于山东工作方针的指示》，1939 年 5 月 19 日。

② 张里元曾任山东省第三行政区专员兼保安司令，坚持抗日，后转为反共。韩多峰曾任山东省民团总指挥、山东省第四行政区专员兼保安司令，多次联共抗日，发动对日、伪军的破袭战，被免职，调任省政府保安处处长。孙玺凤曾任威海卫行政区管理公署专员、清河区参议会副参议长、国民党山东抗敌自卫军鲁北支队司令，后加入中国共产党。孔昭同曾任北洋军第十三师中将师长、鲁南民众抗日自卫军副司令、第十军团暂编第六师师长，1940 年其部改编为第一一五师曲、泗、邹、滕、费五县游击队。姜黎川曾任国民党山东省保安第一旅旅长，一度当选为胶东参议会副议长，后开始反共，其部被八路军消灭。

山东分局接受过去忽视政权建设的教训，加强抗日根据地建设，加紧建立抗日民主政权。6月，日军对鲁中地区进行大"扫荡"，国民党地方政权纷纷垮台。山东分局迅速派出一批干部深入各地，组建县、区、乡抗日民主政权。7月1日，山东分局下达《关于恢复县区乡政权之指示》，在原政权机构被破坏地区建立共产党领导的政权机构，重新划分县界，县、区、乡长兼八路军游击大队长、中队长及分队长，普遍建立抗日民主政权。8月，八路军第一纵队建立之后，放手发动群众，派出一批军队干部担任地方各级抗日民主政权领导职务，山东抗日民主政权建设迅猛发展。

在鲁中，1939年7月建立淄川、博山、泰安、莱芜、新泰、蒙阴等近10个县级抗日民主政权，10月成立鲁中区党委。在鲁西，1939年12月在长清、寿张、曹（县）东南、东平、莘县、堂邑、邱县、肥城、宁阳、郓城、泰西、茌平、平阴、巨野、临清、阳谷等地建立民主政权，随后成立鲁西北行政委员会、泰西行政委员会，当地大多数县根据"三三制"建政方针①成立县抗日政权，1940年成立鲁西行政主任公署。在胶东，1938年冬撤销北海行政督察专员公署，保留蓬、黄、掖三县抗日民主政府，1940年成立北海、东海、西海三个行政专员公署。在鲁北，1939年建立陵县、商河、无棣、阳信、禹城、临邑6县抗日民主政府。在鲁南，1939年成立邹西县、峄县抗日民主政府及邹东办事处，1940年成立6个县级政权、鲁南专署和三、四、一行署。在清河，1939年成立临淄县、长山县、益寿临广四县抗日民主政府及桓（台）长（山）行政委员会，1940年成立清河地区行政专员公署（后改称清河区行政主任公署）。

1940年，山东抗日根据地政权建设工作进展加快，规定各区行政机构依次为主任公署、专员公署、县政府及区乡政府，并要求尽可能发动群众民主选举产生各级政权。1940年7月，山东抗日根据地成立1个行政区参

---

① 在抗日民主政权的政权机构和民意机关人员名额分配上，代表工人阶级和贫农的共产党员、代表和联系广大小资产阶级的非党左派进步分子、代表中等资产阶级和开明士绅的中间分子，各占三分之一。

议会、8 个专区参议会和 47 个县参议会，辖 1 个行政主任公署、9 个专员公署、66 个县级抗日民主政府及近 300 个区乡抗日政府，其中行署主任、专员、县长及 186 个区区长是民主选举的。1940 年 7 月，召开联合大会，通过《山东省临时参议会组织条例》，成立山东省临时参议会为全省统一的民意机关，推举范明枢为参议长。大会成立山东省战时工作推行委员会（简称省战工会）为民主政权机关，黎玉为首席组长，制定《山东省战时工作推行委员会组织大纲》。省战工会成立，标志着山东省级统一的抗日民主政权成立和山东抗日根据地正式形成。省战工会领导山东根据地人民进行抗日斗争，发展经济，改善生活，恢复发展文化教育，各项工作取得很大进步。1940 年底，山东抗日民主政权辖 2 个行政主任公署、10 个专员公署和 79 个县政府，管辖范围 6.3 万平方公里、1200 万人口。山东抗日根据地初步形成党领导下的党政军民四位一体的组织体制，粉碎了日、伪全面占领山东的图谋，回击了国民党顽固派的积极反共、消极抗日，逐渐成为山东敌后抗战的重要支撑。

在党的领导下，山东党组织依靠人民、组织人民，开展民众运动，进行全民族抗战。在山东分局领导下，1939 年 4 月，鲁苏战区青年抗日救国总会执行委员会成立，统一领导鲁苏战区青年运动，1940 年 8 月全省建立 80 多个县级青年组织。妇女工作在 1939 年 6 月之后发展很快，1940 年 8 月成立山东省妇女救国联合总会，各根据地县、区、乡都设立妇救会。山东农民组织刚建立时，各地名称不一。1939 年 11 月，中共中央作出《关于深入群众工作的决定》，山东农会工作在 1939 年底迅速开展起来。1939 年 10 月山东分局下发《关于扩大职工运动的通知》之后，职工运动也发展起来，1940 年 8 月成立山东省职工抗日联合总会。在党的领导下，1939 年至 1940 年，各级工、农、青、妇群众组织领导机关纷纷成立，奠定了全民族抗战的群众基础、组织基础。组织起来的人民群众，积极参军参战、破袭敌人交通设施、锄奸、传递情报和改造政权、改善生活、发展生产等，在全民族抗战中发挥了重要作用。如淄博工人第六支队、胶东工人营等主动破坏敌占煤矿、电站、交通设施等；各地农救会组织农民传递情报、铲除汉奸、改造地形、挖抗日沟、运送伤员等；各地青救会组织青年参加八路军或地方武装，参加各种战时服务工作；各地妇救会组织妇女优抚抗属、烧水做饭、缝衣做鞋、赶制棉衣等，妇女群众以崭新姿态出现在人们面前，妇女参政人数较大增加。在人民群众大力支持下，山东地方武装有较大发展。1939 年底山东自卫团达 10 万余人，1940 年底山东民兵和自卫团发展到 12.3 万多人。

六、加强根据地建设

全民族抗战进入相持阶段后，日、伪军频繁"扫荡"、"蚕食"、封锁共产党领导的抗日武装及根据地，国民党顽军也趁机夹击，山东 1941 年、1942 年两年又连续遭受自然灾害，共产党在山东敌后战场上进入了最艰难阶段，财政经济极为困难，军需民生无法保障，军械弹药、医药被服极端匮乏，鲁南、清河、冀鲁边等抗日根据地大幅度压缩，并被分割成互不联系的小块根据地和游击区，日、伪、顽占领区在山东犬牙交错，抗战形势极其严峻。中共中央制定一系列方针政策，带领全党和全体军民积蓄革命力量，克服严重困难，巩固抗日根据地。1941 年 7 月，山东分局加强根据地建设，建立抗日政权，减租 20%（逐渐实行减租 25%），实行合理负担，改善民生事业，发展地方武装，开展广泛的群众运动，创造敌后抗战的人山人海。

减租减息群众运动。全民族抗战爆发后，中共中央将土地革命战争时期没收地主土地政策改为减租减息政策，山东党组织较为关注武装斗争和上层统一战线工作，没有开展起群众性的减租减息运动。1939 年 11 月，中共中央发出《关于深入群众工作的决定》，推动了山东抗日根据地开展减租减息工作。1940 年 11 月，山东省临时参议会公布《减租减息暂行条例》，规定"五一减租，分半计息"①。减租减息斗争，在根据地部分群众基础较好的地区初见成效，但是未能在全省普遍展开。1942 年 1 月，中共中央发出《关于抗日根据地土地政策的决定》。刘少奇来山东指导工作之后，山东分局开始重视减租减息。1942 年 5 月，分局作出《关于减租减息改善雇工待遇开展群众运动的决定》，将实行减租减息发动群众运动作为山东根据地建设的"第一位斗争任务"。随后，省战工会颁发《山东省改善雇工待遇暂行办法》《山东省租佃暂行条例》《山东省借贷暂行条例》，规定"二五减租，分半计息"，减租减息增资群众运动在山东抗日根据地展开。1942 年 5 月至 6 月，山东分局在滨海区进行一个月的减租减息增资群众运动试点工作，取得临沭县"双减"试点及莒南县"拔地瓜地"的经验。在此基础上，滨海、鲁中、鲁南、清河、胶东等根据地发动群众，开展减租减息增资运动。鲁中区至 1942 年底，减租粮 149372 斤，减息粮 25343 斤、款 15073 元，增资粮 50473 斤、款 48075 元。清河区至 1942 年底，仅垦区即减租 1900 户、减息粮 800 担、增资 1000 人。滨海区至 1943 年 3 月，5 个县减租 31274 亩、增资 16067 人、减息 65448 元，基本群众生活部分改善，斗争积极性提高。山东抗日根据地（不包括鲁南和冀鲁边）至 1943 年 6 月，减租户 18294 户、减租粮 6207283 斤、减租地 393482.7 亩；减息粮 25348 斤、减息款 111034.8 元；增资 40406 人，增资粮 8192960 斤，增资款 23016 元。广大农民和雇工在减租减息增资运动中得到实际好处，抗日积极性空前高涨，更加拥护共产党和抗日民主政权。1943 年 6 月，山东抗日根据地建立群众组织的村庄占 62%，组织起来的群众人数占 32%。在部分县、区、村，经过改造政权，组织群众近 200 万人，确立了基本群众优势。

减轻人民群众负担。全民族抗战初期，主要采取动员劝募方式征收救国公粮。1940 年 11 月，省战工会公布甲、乙、丙三种公平负担办法，征收

---

① 减租一律按原租额减少 1/5，利息年利率不得超过 1.5 分。

救国公粮。1941 年 10 月，进行修正，规定以土地为范围实行公平负担。1942 年 8 月，在乙种公平负担办法基础上实行"征粮新办法"。1943 年 5 月，山东分局发出《关于征收救国公粮的指示》，进一步完善征粮办法，保障了战时粮食供给，减轻了人民群众负担。1943 年抗日根据地农民负担较 1941 年减轻 66%，敌占区农民负担较 1941 年加重 42%。抗日根据地农民负担与敌占区农民负担比例，1941 年至 1943 年分别是 1：3、1：2.5、1：10。与敌占区、友占区和游击区相比，山东抗日根据地农民的负担最轻。

开展货币斗争。北海银行建立后，在抗日根据地发行北海币作为法币的辅币，在鲁中建立总行，在胶东、清河、冀鲁边、滨海区建立分行，独立经营。1941 年 7 月，山东分局决定"建立独立的银行业务"[①]。北海银行发放农业、手工业贷款，促进抗日根据地经济发展。1942 年 2 月，北海银行贷款 800 万元，帮助鲁中、鲁南、胶东、清河各区群众春耕生产。1942 年底，投资 10 万元协助沂蒙和鲁南发展纺织业，支持抗战。1943 年春，北海银行总行迁到滨海。1943 年 6 月，省战工会制定《北海银行组织章程》，北海银行系统基本建立。与此同时，还对敌展开激烈的货币斗争，打击伪钞、取缔土杂钞、排斥法币，保护人民群众的利益。

开展生产节约运动。为度过严重困难时期，山东抗日根据地党政军群开展生产节约运动，缓解经济供给紧张问题。1941 年 9 月，省战工会发出《关于节约问题的通知》；10 月 18 日，作出《关于政权机关团体生产节约的决定》，在抗日根据地开展大规模生产节约运动。1942 年，掀起生产节约运动高潮，开荒种地、开办合作社，严格执行供应标准，禁止一切不必要的开支，减少会餐、限制招待菜金等，努力减轻群众负担。1942 年，山东抗日根据地生产节约 2000 多万元（北海币），全省经费开支减少三分之一到二分之一。同时，发动群众，开展农业和手工业生产。1942 年，清河区开荒 44 万亩，胶东区开荒 3.6 万余亩，滨海区开荒 0.8 万亩。各地建造

---

① 中共中央山东分局：《抗战第五年的山东十项建设运动》，1941 年 7 月 4 日。

肥皂厂、牙粉厂、毛巾厂、鞋袜厂、印刷厂、造纸厂等，基本满足了军民生产生活需要。

加强贸易统制。1941 年到 1943 年，日军加紧军事和经济封锁山东抗日根据地，妄图扼杀山东的共产党、八路军。面对敌人"经济窒息"的封锁，山东抗日根据地进行反封锁斗争，加强贸易管理，实行"以货易货"贸易政策，严禁主要物资输入敌占区，同时努力发展生产，实现抗日根据地内粮食和其他日用品自给自足。1941 年 9 月，省战工会制定《禁止运棉资敌暂行办法》；1942 年 6 月，制定《关于奖励粮食入境及严禁粮食出口资敌暂行办法》。针对敌人抛售法币、掠夺物资的阴谋，山东抗日根据地实行以货易货的贸易政策，保证工业必需品的输入，防止敌人掠夺物资、倾销法币。

加强民主政权建设。1941 年 4 月，山东分局向省战工会移交民政、财政、经济、地方武装、国民教育、公安、司法等工作，各主任公署及联合办事处、专员公署定期或经常向战工会报告工作，接受其领导。省战工会成为具有统一战线性质的行政机关。战工会各组，改为各处；首席组长，改称主任委员，由黎玉担任。1942 年底，山东抗日根据地村政改造 8170 村，占行政区的 31%（包括游击区），占基本区（不包括游击区）的 80%以上。1943 年，省战工会辖 4 个主任公署、13 个专署、90 个县政府、663 个区政府，在抗日根据地 10128 个村庄和游击区 12443 个村庄建立权力机构。在山东分局的领导下，省战工会承担大量行政工作，山东抗日根据地逐渐度过严重困难时期。

密切党群、军民关系。在严重困难面前，山东各级党组织积极救助灾民，发展生产，共克时艰。1941 年 10 月，泰山区、清河区在日军"扫荡"之后，十室九空，田园荒芜。省战工会作出《关于救济与抚恤泰山、清河两地区被敌烧杀掳掠的人民的决定》。为度过 1942 年春荒，省战工会作出《关于克服春荒解决军食民食问题的决定》。1942 年 7 月，山东分局发出《关于救济旱灾的紧急指示》、省战工会发出《关于救济旱灾预防粮荒的指示》。1943 年 4 月，山东省临时参议会、山东省战工会、山东分局、山东军区发出《关于迅速救济难民的号召》，组织群众性救济运动，救助难民参加生产。淄河流域（博山、益都边区）、临朐等地敌占区十几万难民涌入抗日根据地后，山东党组织设立"灾民招待所"，妥善安置难民。冀鲁豫边区出现严重旱灾，持续两年，灾民达 120 万人，在桑阿镇、辛集、堂邑一带甚至出现大片"无人区"。冀鲁豫边区党组织筹粮急赈、借粮自赈、外出求赈，同时以工代赈，组建合作社，互助度荒，进行生产自救。党、政、军机关工作人员节约粮食救济灾民，政府发放春季贷款 1000 万元，全面开展减租减息、增资增佃斗争，组织群众，战胜灾荒。共产党、八路军在山东抗日根据地与人民群众同生死、共命运，形成了水乳交融的鱼水关系。广大群众真心拥护共产党，抗日自觉和生产热情大为高涨。

七、反击反共逆流

山东分局在建设抗日根据地的同时，坚决反击反共逆流。在鲁南，1941 年国民党顽固派制造"四二五"惨案和费南流血事件，八路军第一一五师展开讨顽作战，迫使顽军退出边联县，迫使土匪、顽军刘桂堂部退出天宝山区。在胶东，八路军胶东第五旅、第五支队和第三旅清河独立团于 1941 年击退国民党顽固派的军事反共，反击暂编第十二师师长赵保原"抗八（路军）联军"的进犯，解放发城，俘顽军 2000 人；1942 年反顽作战，歼灭赵保原部 3 个整团、顽军挺进第五纵队丁绂庭部和挺进第六纵队秦毓堂部等，胶东抗日根据地进一步壮大。在湖西，1941 年第一一五师反击顽军，歼灭顽军 3600 人，重新控制微山湖地区，打通湖西与鲁南、华中抗日根据地的联系。在冀鲁边区，1941 年第一一五师教导第六旅连续 4 次南下，打通冀鲁边区与清河区的联系，粉碎国民党顽固派对冀鲁边根据地的长期分割、封锁。在鲁西南，1941 年鲁西南地委与八路军两个主力团依靠群众，在曹县西北刘岗、曹楼、伊庄等村庄坚守阵地，击退顽军，扭转了鲁西南抗战局面。在运东，1941 年教导三旅歼灭顽军 1000 人，收复许多地区。在巨南，1941 年歼灭顽军 2 个营、俘 220 人，恢复巨南抗日根据地。在清河，1941 年清河区八路军北渡黄河建立抗日根据地，击退顽军何思源部，攻克沾化县义和庄，歼灭 3000 人，建成垦区（垦利、利津、沾化）根据地。在鲁中，击退沈鸿烈等部国民党顽固派的屡次进犯。在鲁东南，击退山东保安第一旅许树声部和鲁苏战区第三十五支队朱信斋部的进犯；在鲁西，击退高树勋部的进犯。

在中共中央的领导下，1942 年山东分局、山东军区、第一一五师发起三次甲子山反顽战役，重创国民党顽固派孙焕彩第一一一师、毙伤俘顽军 3300 人。1943 年，日、伪军将"蚕食"重点指向清河区和鲁南区，这一年也是日、伪军"蚕食"与八路军反"蚕食"斗争异常尖锐的一年。日、伪军 1 月、4 月两次"扫荡"清河区，进行"铁壁合围"大"扫荡"、大"蚕食"，利用"小清河封锁线""黄河故道封锁线"，南北夹击，"蚕食"广（饶）博（兴）蒲（台）根据地。清河区军民在鲁中、冀鲁边等军区兄弟部队的配合下，艰苦作战，粉碎了敌人的"扫荡""蚕食"，摧毁日、伪据点 133 个，歼灭日、伪军 3000 人，成为山东八路军坚持平原抗日根据地的一次重大胜利。在鲁南，1943 年 6 月，日、伪军设据点 459 处，比 1941 年增加 195 处；鲁南抗日根据地被分割为 4 个小块。1943 年 11 月，歼灭伪和平建国军第十军第三师刘桂堂部，鲁南对敌斗争形势好转。在胶东，抗日军民运用游击战、地雷战、麻雀战等反"蚕食"，1943 年 8 月打通胶东区与滨海区的交通。在鲁中，泰山区抗战形势至 1943 年初恶化到极点。经过对敌斗争，泰山区敌据点减少 17 个。1943 年 7 月，山东军民驱逐了所谓的"山东省政府鲁南办事处"（国民党山东省政府撤出山东时在安丘县王家沟村设立，秦启荣任办事处主任兼第三纵队司令），击毙了国民党顽固派第三游击纵队司令、"磨擦专家"秦启荣。山东军民在 1943 年反"扫荡"斗争中，毙、伤、俘山东日、伪军总数的 1/20，收复日、伪侵占城市村镇总数的 1/25。

在山东党政军民的齐心协力、艰苦斗争之下，痛击了国民党顽固派的反共气焰，粉碎了日、伪、顽驱逐及"围剿"共产党的图谋。当然，山东党组织在全民族抗战中也暴露了一些问题，如 1940 年 9 月桃峪会议所暴露的军事指挥不统一问题[①]、群众工作薄弱、未能形成水乳交融的党群关系等问题。1942 年 4 月，刘少奇受中共中央委托，前来解决山东问题，规定山东分局为山东政治军事统一领导中心，精兵简政，合署办公。山东分局连续开展批评和自我批评。刘少奇山东之行，实现了党政军群的空前团结，巩固扩大了山东抗日根据地。1943 年 7 月国民党主力部队和省政府撤出山东之后，共产党独自撑起山东敌后抗战大局，成为山东战场上团结抗战的中流砥柱。

第三节　日军在山东的颓势及欠下的血债

一、国、共、日的消长

全民族抗战时期，山东省"表面看来大部沦陷，实际上乡区多有游击队活跃"[②]。沦为敌后的山东"始终没有完全沦陷"，主要原因就是由于国民党、共产党等多方势力的存在，互相配合支援；但是国民党党内、政内、军内、特内之间矛盾不少、彼此侵越，"也抵消了一些力量"。[③] 在全民族抗战初期，国民党在山东的势力最大。当时国共之间合作多、冲突少，同仇敌忾，共御外侮。这一阶段，共产党发展快速，引起国民党及日军的警惕。如共产党军队在 1940 年发展到高峰，有 50 万人。[④] 山东八路军部队在

---

① 1941 年 8 月 19 日，中共中央、中央军委在《关于统一山东领导的指示》中决定：中共中央山东分局、第一一五师师部、山东纵队指挥部，以山东分局会议为统一山东党政军民的领导机关。

② 《民国山东通志》编辑委员会编：《民国山东通志》（第五册），台湾山东文献杂志社 2002 年版，第 3019 页。

③ 在《民国山东通志·抗战志·小结》中，只将山东未完全沦陷这一成绩归功于国民党"党政军特一体互相配合支援"，只字未提共产党在山东的贡献与牺牲。

④ 中国第二历史档案馆编：《中华民国史档案资料汇编》（第五辑），凤凰出版社1998 年版，第 23 页。

1940 年底约有 12 万人（其中山东纵队 4.9 万人、第一一五师 7 万多人），另有大批民兵和自卫团组织，党员 11 万人，建立 8 块抗日根据地（冀鲁边、鲁西、清河、鲁南、鲁中、湖西、胶东、滨海）。①

1940 年之后，日军将共产党视为敌后战场的最大威胁，调整军事进攻目标，集中兵力"围剿""扫荡"山东的共产党、八路军部队。日军"扫荡"对象的转移，使得国民党在山东得到喘息之机。但是，国民党并未抓住这一短暂的战略转机，依靠民众，积蓄力量，壮大自己，为迎接全民族抗战胜利做积极准备，反而忌恨共产党在山东的发展壮大。为此，国民党顽固派不惜破坏抗日民族统一战线，频频制造磨擦，倒行逆施，积极反共、灭共。他们甚至借日、伪军之刀，屠杀共产党、八路军和抗日群众。由于国民党顽固派消极抗日、积极反共，民心渐失、众叛亲离，致使其一直未能在山东建立较稳固的根据地，逐渐失去了在山东的最大优势和山东人民群众的基本支持。1940 年前后，国民党和共产党在山东的力量对比发生了逆转，国民党由盛而衰，共产党由弱而强。尽管如此，国民党面对日军的重点"扫荡"和共产党的有力反击，仍然顽固坚持反共。

1943 年 3 月，国民党顽固派掀起第三次反共高潮，第二十八集团军司令李仙洲奉命入鲁，建立反共基地。李仙洲部入鲁后，明确作战目标是"先奸匪而后敌伪"，即坚持"剿共第一、抗日第二"。李仙洲部大肆解散共产党在山东的群众性抗日组织，进攻抗日民主根据地，驱逐八路军地方武装，杀害抗日干部群众。3 月 10 日，该部九十二军第一四二师师长刘春霖勾结刘桂堂、申从周部，进犯鲁南费滕峄边区抗日根据地，占领白彦、山亭、大炉等地。5 月 4 日，顽军在天宝山和紫山被鲁南地区八路军部队击退。8 月 7 日，刘春霖部及新编第三十六师刘桂堂部、挺进纵队申宪武部进犯天宝山中心根据地，又被击退。刘春霖部由 6000 人减至 2000 人。8 月 31 日，申从周部第十七支队被歼灭。李仙洲主力部队仅剩 5000 人，被迫从

---

① 中共山东省委组织部等编：《中国共产党山东省组织史资料（1921—1987）》，中共党史出版社 1991 年版，第 86~87 页。

鲁南撤回皖北。国民党顽固派在鲁南建立反共基地的企图被粉碎之后，国民党在山东的影响力降至最低，共产党在山东的实力愈来愈强大。"由于地方基础不足，国民党在山东地区与中共的战争，最后仍归失败。"①

在全民族抗战相持阶段，共产党在山东也一度陷入极端困难的境地。1942年6月，毛泽东指出："要熬过今明两年须费极大牺牲，两年后如能保存现有军队（五十七万）的一半，全国则保存现有党员（八十万）的一半，便是胜利。"② 在日、伪军和顽军的两面夹击之下，山东党组织和抗日武装在最困难时期紧紧依靠群众，积蓄力量，坚持抗战。其间，冀鲁边军区副司令员黄骅被刺杀、司令员邢仁甫③公开叛变投敌、鲁南区党委书记赵镈等19人在银厂惨案中被顽军杀害，1942年底山东抗日根据地（不包括鲁西）人口减少至730万人，面积缩小至4.2万平方公里。④ 太平洋战争爆发后，日军的军事进攻对象重点转向国民党军队，日、伪军和国民党顽固派在山东对共产党、八路军的进攻态势逐渐减弱，山东党组织在付出巨大牺牲之后，顽强生存下来。1943年，共产党军队由1940年的50万人下降到30多万人。⑤ 山东部队人数从1941年底的12万人降至1943年的9万人。⑥ 1943年之后，山东抗日根据地开始迎来战略转机。

与此同时，全民族抗战以来一直处于战略进攻态势的日军，开始转为战略收缩和战略防御，并将防御重点转向太平洋战场，被迫从中国战场抽调大量日军进行两线作战，接防的日军战斗力很差，一些伪政权、伪军也

---

① 《民国山东通志》编辑委员会编：《民国山东通志》（第五册），台湾山东文献杂志社2002年版，第3072页。

② 《毛泽东关于联防司令部成立及整风学习等问题给周恩来的电报》，《建党以来重要文献选编（1921—1949）》（第19册），中央文献出版社2011年版，第331页。

③ 邢仁甫在1950年9月被人民政府处决。

④ 中共山东省委组织部等编：《中国共产党山东省组织史资料（1921—1987）》，中共党史出版社1991年版，第87页。

⑤ 中国第二历史档案馆编：《中华民国史档案资料汇编》（第五辑），凤凰出版社1998年版，第58页。

⑥ 中共山东省委党史研究院：《中国共产党山东历史》（第一卷），中共党史出版社2021年版，第813页。

开始动摇，日军在山东的颓势日益明显。日、伪军在冀鲁豫地区紧缩防区，撤并据点，大股伪军接替敌占区防务。① 共产党在山东贯彻"敌退我进""敌进我进"方针，发起讨伐日、伪军的攻势作战，深入敌后，粉碎日军1943 年秋季、冬季"扫荡"，开展进攻性的游击战争，成功扭转 1941 年之后因日军封锁、"扫荡"造成的严峻局面。

日军对于共产党在山东的力量消长态势感受最为直接，并认为日军调走精锐部队、由缺乏作战经验的警备部队接防后，对实施治安作战愈发困难。同时，共产党在抗日根据地实行"三三制"、减租减息、精兵简政，开展生产运动等，使根据地各方面建设大大加强。在有力的游击战争和地下工作的共同作用下，共产党的势力不断扩大，并渗透到敌占区。1943 年在山东的日军为 4.3 万人，"较春季减少二千五百人至三千人"②。1944 年春，在山东的日军只有 2.5 万人，是全民族抗战以来兵力最少的时期。日军士兵"质量降低，士气不振""普遍的缺额"，如日军第三十二师团第三大队第十一中队，足额编制应为 195 人，实际仅有 160 人，缺额 35 人；五十九师团热田中队及六十五师团各个中队，足额应为 180 人，实际仅有 120 人，缺额 60 人。日军军官及士兵素质日趋下降，非"典型军人"（即陆军士官学校出身的）士官增加，如第三十二师团第三大队有军官 78 人，"典型军人"仅有 8 人；混成第五旅团第一大队四个中队的军官，均系干部候补生出身，都不是"典型军人"。日军的新兵素质也大不如前，如第五旅团第一大队第四中队 150 人，预备役 30 人，现役兵 120 人中甲种体格者（符合征兵标准的）50 人、乙种体格者（不符合征兵标准的）10 人、丙种体格者（不符合征兵标准的）60 人，并混杂大批朝鲜志愿兵。③ 其间，虽然山东伪

① 《中共冀鲁豫边区党史资料选编》编辑组：《中共冀鲁豫边区党史资料选编》（第二辑），河南人民出版社 1988 年版，第 302 页。

② 萧华：《关于对敌斗争问题》，《山东党的革命历史文献选编》（第七卷），山东人民出版社 2015 年版，第 119 页。

③ 萧华：《关于对敌斗争问题》，《山东党的革命历史文献选编》（第七卷），山东人民出版社 2015 年版，第 120~121 页。

军数量增至 20 万人，但是其中大部分是投敌的国民党军队，"士气涣散"①。日军在山东的颓势，已不可避免。对此，日军也不得不承认："对于面的控制，在当前形势下是不可能的，只能考虑确保点和线。"② 日军对共产党在山东的发展壮大，无可奈何、无计可施。1943 年，日军对共产党领导的山东抗日根据地"蚕食"基本失败，如上半年企图"蚕食"鲁中莲花山、清河区、冀鲁边区、滨海区、鲁南区、鲁中区、胶东区，下半年企图"蚕食"鲁中沂山、滨海马耳山区、湖西区、鲁中博山、滨海赣榆、北沂蒙、清河区等，均告失败。尽管在日军"蚕食"中，鲁中莲花山区、博莱边区，胶东艾崮山区、大泽山区，冀鲁边三分区受到较大损失，但是日军并未能实现其对共产党的作战目标。

与此形成鲜明对比的是，日军在山东对国民党的"扫荡"作战及诱降却收到显著成果。如日军诱降吴化文，掌握鲁山；诱降张步云，掌握马耳山区东部；诱降荣子恒，掌控抱犊崮东部；诱降厉文礼，掌控昌潍胶济铁路两侧。③ 因而山东伪军数量仍在攀升，如 1941 年山东津浦路东的伪军为 10 万余人、1942 年为 13 万余人、1943 年约为 17 万人。④ 至 1943 年下半年，国民党在山东节节败退，日军在山东颓势明显，共产党在山东成为团结抗战的中流砥柱。

二、侵鲁的主要日军

1937 年 8 月，侵华日军在北平成立华北方面军，寺内寿一任司令官，

---

① 罗荣桓：《处在总反共前夜的山东解放区》，《山东党的革命历史文献选编》（第八卷），山东人民出版社 2015 年版，第 497 页。

② 日本防卫厅防卫研修所战史部编：《战史丛书·北支治安战》，日本朝云新闻社 1968 年版，第 538 页。

③ 萧华：《关于对敌斗争问题》，《山东党的革命历史文献选编》（第七卷），山东人民出版社 2015 年版，第 139~140 页。

④ 山东伪军分为正规伪军（大部系顽军投敌，如伪"剿共军""治安军""和平建国军"）、伪警备队（战斗力较弱）、区乡自卫团（战斗力弱）。萧华：《关于对敌斗争问题》，《山东党的革命历史文献选编》（第七卷），山东人民出版社 2015 年版，第 123 页。

辖第一军、二军、五师团、一〇九师团、中国驻屯混成旅团、临时航空兵团等。其第一军在山西活动，香月清司任司令官。第二军辖第十、十六、一〇八师团、野战重炮兵第六旅团等，西尾寿造任司令官。1937 年 11 月，第一军第五师团（板垣征四郎任司令官）、第二军第十师团（矶谷廉介任司令官）调攻山东。1937 年 12 月，第十师团攻陷济南市。

1938 年 1 月至 12 月，日军在济南市成立华北方面军第二军（东久迩宫稔彦王于 1938 年 4 月接任司令官），辖第五、十师团及直辖部队，这是侵略山东的主要日军。第十师团沿津浦铁路大举南侵，在 1938 年 1 月攻陷兖州、济宁、邹县。第五师团沿胶济铁路东犯，在 1938 年 1 月攻陷潍县、青岛市，1938 年 3 月进犯临沂、滕县。1938 年 3 月至 4 月，第五、十师团合攻台儿庄。1938 年 5 月，安藤利吉接任第五师团师团长，筱冢义男接任第十师团师团长。

1938 年 11 月，日军组建华北方面军第十二军，司令部驻济南市，尾高龟藏任司令官，辖第五、二十一、一一四师团及独立混成第五旅团、骑兵集团（缺骑兵第四旅团）。第五师团驻青岛，今村均任师团长；第二十一师团驻徐州，鹫津鈆平任师团长；第一一四师团驻济南，末松茂治任师团长；独立混成第五旅团驻青岛，秦雅尚任旅团长；骑兵集团，内藤正一任司令官。1939 年 1 月，日军独立混成第六（驻莒县）、十旅团（驻徐州）编入十二军。1939 年 4 月，日军第三十二师团（木村兵太郎任师团长，驻兖州）编入十二军。

1939 年 9 月至 1940 年，饭田贞固任第十二军司令官，辖第二十一、三十二师团，独立混成第五、六、十旅团。1940 年，日军在山东的兵力为 3.6 万人，几乎占领所有县城，控制全部铁路和 5000 公里的公路，建立据点 1156 个。①

1941 年至 1941 年 11 月，土桥一次任第十二军司令官，辖第三十二师团，独立混成第五、六、十旅团。第三十二师团，井出铁藏任师团长；独立混成第五旅团，内田银之助任旅团长；独立混成第六旅团（驻张店），盘井虎次郎任旅团长；独立混成第十旅团，河田槌太郎任旅团长。

---

① 中共山东省委党史研究院编：《山东抗日根据地志》，中共党史出版社 2020 年版，第 463 页。

1941 年 11 月至 1942 年 5 月，第十二军辖第三十二、三十五、五十九师团，独立混成第五、六、七旅团，骑兵第四旅团。第三十二师团，井出铁藏任师团长；第三十五师团，重田德松任师团长；第五十九师团，柳川悌任师团长；独立混成第五旅团，内田银之助任旅团长；独立混成第六旅团，盘井虎次郎任旅团长；独立混成第七旅团（驻惠民），林芳太郎任旅团长。

1942 年 5 月至 1943 年底，第十二军（喜多诚一接任司令官）辖第三十二、三十五、五十九师团，独立混成第五、六、七旅团，骑兵第四旅团。第三十二师团，石井嘉穗任师团长；第三十五师团，重田德松任师团长；第五十九师团，柳川悌任师团长；独立混成第五旅团，内田银之助任旅团长；独立混成第六旅团，奥村半二任旅团长；独立混成第七旅团（驻惠民），秋山义隆任旅团长。

1937 年 12 月日军占领济南，1938 年 3 月成立伪山东省公署，所到之处组建伪军，建立伪政权。1938 年，山东伪军只有跟随日军侵入山东的伪满洲皇协军赵保原 1 个旅。1939 年底至 1940 年，山东伪军有 8 万人，日军在全省 105 个县建立 103 个伪县政权。1943 年，山东伪军有 20 万人。1945 年 8 月，山东仍有伪军 17 万人。此外，在省、道、县还驻有汪伪政权的"中央军"、华北"治安军"等正规军。

三、日军制造的惨案

据有关资料统计，全民族抗战开始至结束，日军在山东制造惨案 200 余起，其中伤亡 1000 人以上的特大惨案有 8 起，分别是 1937 年 10 月 16 日至 11 月 21 日的济阳惨案（杀害村民 402 人、强奸妇女 102 人）、1938 年 3 月 14 日的峄县（今枣庄市峄城区）老和尚寺惨案（炸死村民 600 人）、1938 年 3 月 15 日至 18 日的血洗滕县事件（杀害村民 2259 人、强奸妇女 224 人）、1938 年 3 月至 4 月的临沂大屠杀（杀害村民 3000 人以上）、1938 年 5 月 11 日至 17 日的金乡惨案（炸死村民 117 人、杀害村民 3347 人、强奸妇女 30 人）、1938 年 5 月 12 日的日照县南湖集惨案（炸死村民 468 人）、1942 年 11 月 23 日至 24 日的乳山县马石山惨案（杀害村民 503 人）、1942 年 12 月 20 日至 23 日的招远惨案（杀害村民

500 人、强奸妇女 285 人、抓走青壮年 1000 人）等。①

1939 年至 1943 年，日、伪军制造了如下惨案：

1939 年 1 月 16 日，日军伙同土匪刘桂堂（刘黑七）部，由平度侵入掖县，捕杀抗日人员等，秘密杀害 400 人，制造了"掖县城惨案"。

---

① 从 1937 年 9 月侵入山东至 1938 年底，日军先后制造了 1937 年 9 月 30 日的德县赵庄桥惨案（杀害村民 22 人）、1937 年 10 月 5 日的德县许庄惨案（杀害村民 72 人）、1937 年 10 月 17 日的平原县张吉野村惨案（杀害村民 12 人）、1937 年 10 月 26 日的平原县梅家口、官道孙、曲六店村惨案（杀害村民 90 人、强奸妇女 3 人）、1937 年 10 月 23 日至 11 月的陵县凤凰店惨案（杀害村民 108 人、路过学生 200 人）、1937 年 11 月 11 日的惠民县花家堡惨案（杀害村民 21 人）、1937 年 11 月 15 日的历城县鹊山惨案（杀害村民 89 人）、1937 年 12 月 14 日的观城县惨案（杀害村民 158 人、强奸妇女 20 人）、1937 年 12 月 19 日的齐河县华集村惨案（杀害村民 41 人）、1937 年 12 月 12 日的血洗阳信县事件（杀害村民 400 人）、1937 年 12 月 31 日的博山谦益祥货栈惨案（杀害饥民 109 人）、1938 年 1 月 11 日的济宁血案（杀害村民 1000 人）及 5 月 11 日的武翟山村惨案（杀害村民 112 人）、1938 年 1 月 29 日的高唐县南镇惨案（杀害村民 100 人）、1938 年 1 月 28 日至 29 日的泰安东良庄惨案（杀害村民 64 人）、1938 年 1 月 30 日的淄川河东惨案（杀害村民 2762 人）、1938 年 2 月 2 日的淄川杨寨惨案（杀害村民 169 人）、1938 年 2 月 4 日的淄川龙口惨案（杀害村民 58 人）、1938 年 2 月 11 日的临淄铁山惨案（杀害村民 201 人）、1938 年 2 月 13 日的汶上县黄安集惨案（杀害村民 38 人）、1938 年 2 月 17 日的临朐县大田庄惨案（杀害村民 42 人）、1938 年 2 月 17 日至 18 日的昌乐县小善地村惨案（杀害村民 26 人）、1938 年 3 月 8 日的沂水县上下峪子村惨案（杀害村民 150 人）、1938 年 3 月 13 日及 4 月 17 日的博山大海眼村惨案（杀害村民 18 人）、1938 年 3 月 14 日的峄县张山头村惨案（杀害村民 20 人、强奸妇女 1 人）、1938 年 3 月 17 日的兰陵县兰陵镇大集惨案（炸死村民 40 人）、1938 年 3 月 24 日的峄县郭里集惨案（杀害村民 38 人、强奸妇女 10 人）、1938 年 3 月 26 日的临朐县唐立店子村惨案（杀害村民 10 人）、1938 年 3 月 28 日的莒县寨里河村惨案（杀害村民 29 人）、1938 年 3 月 30 日的峄县邹坞村惨案（杀害村民 83 人）、1938 年 4 月 5 日的历城县田庄惨案（杀害村民 74 人）、1938 年 4 月 12 日的嘉祥县武翟山村惨案（杀害村民 127 人）、1938 年 4 月 25 日的平度县公婆庙惨案（杀害村民 109 人）、1938 年 5 月 2 日的肥城县马厩村惨案（杀害村民 14 人）、1938 年 5 月 4 日的昌乐县东南庄惨案（杀害村民 12 人）、1938 年 5 月 6 日至 7 日的滋阳县（今济宁兖州区）故县村惨案（杀害村民 39 人、强奸妇女数十人）、1938 年 5 月 8 日的即墨县毛子埠村惨案（杀害村民 180 人）、1938 年 5 月 15 日至 25 日的菏泽惨案（杀害村民约 800 人）、1938 年 5 月 23 日的禹城辛店镇惨案（杀害村民 124 人）、1938 年 5 月 30 日的莒南县刘家庄集惨案（炸死村民 283 人）、1938 年 5 月 31 日的牟平惨案（杀害村民 140 人、抓走青壮年男女 30 人）、1938 年 6 月 26 日的淄川县黄家峪村惨案（杀害村民 244 人）、1938 年 7 月 10 日的巨野县薛扶集村惨案（杀害村民 83 人）、1938 年 8 月 15 日的临朐县龙岗村惨案（杀害村民 75 人）、1938 年 9 月 14 日的禹城县唐庄惨案（杀害村民 96 人、抓走 21 人）、1938 年 11 月 6 日的兰陵县老屯村惨案（杀害村民 72 人）、1938 年 11 月 15 日至 16 日的聊城惨案（杀害村民 500 人）、1938 年 11 月 21 日的夏津县八里庄和冯庄惨案（杀害村民 21 人）。

1939 年 1 月 18 日，日军纠集巨野县汉奸刘本功冲进丁官屯村，烧杀抢掠，杀死村民 73 人，制造了"丁官屯惨案"。

1939 年 1 月 30 日，日军进犯费县东流村，村民 66 人遇难、12 人负伤，冻死 2 个婴儿，1 个胎儿在母腹中被剖死，制造了"东流村惨案"。

1939 年 2 月 23 日，日军从昌邑出发直扑龙池街，企图消灭中共胶北特委指挥部，杀害齐西、龙街、龙北、魏西四个村庄村民 72 人，制造了"龙池惨案"。

1939 年 3 月 22 日，日、伪军围攻阳谷县阿城镇，国民党驻阿城守军 3 个连 270 人战死，屠杀村民 212 人，制造了"阿城惨案"。

1939 年 4 月 23 日，日、伪军"扫荡"禹城，在赵庄杀人放火，149 人被杀害，14 户被敌人杀绝，制造了"赵庄惨案"。

1939 年 5 月 12 日，日军"扫荡"肥城狼山一带，杀害村民 68 人，制造了"狼山惨案"。

1939 年 5 月 29 日，日军"扫荡"沾化县义和庄一带，屠杀蒲台、小河、义和庄村民 322 人，7 户被敌人杀绝，制造了"义和庄惨案"。

1939 年 6 月 7 日至 10 日，日军"扫荡"鲁中山区，7 架日机轰炸沂源县东里店，随后 8 架日机再次轰炸，炸死 306 人，制造了"东里店惨案"。

1939 年 6 月 24 日，日军 2 人窜至五莲县洪凝村滋事，被击毙 1 人，逃跑 1 人。随后，日军偷袭洪凝村，用刺刀刺死村民 33 人，制造了"洪凝村惨案"。

1939 年 11 月 4 日，日军骑兵 300 人包围武城县旧城镇，见人便杀，屠杀村民 20 人，制造了"旧城镇惨案"。

1939 年 12 月 10 日，日军"扫荡"胶东大泽山抗日根据地。胶东区党委党校、大众报社同志转移至掖县河南村，遭到日军包围。党校校长李辰之、报社社长阮志刚等 61 人牺牲，是为"河南村惨案"。

1940 年 1 月 3 日，日、伪军偷袭东明县小井村的国民党丁树本特务团，屠杀村民 84 人，制造了"小井村惨案"。

1940 年 1 月 8 日，日军侵入单县王寨村，遭到国民党军朱士勤部猛烈抵抗。日军投放毒气弹，冲进村内，屠杀村民 150 人，制造了"王寨村惨案"。

1940 年 2 月 11 日，日、伪军侵犯海阳县战场泊村，奸淫掳掠，屠杀村民 64 人，强奸 2 人致死、6 人重伤，制造了"战场泊村惨案"。

1940 年 2 月 12 日，日军 12 人在海阳县下河头村射杀村民取乐，20 人遇难，7 人重伤，制造了"下河头村惨案"。

1940 年 4 月 2 日至 3 日，日军"扫荡"东明县李长营村一带，屠杀王官营村村民 100 人，杀死伤兵数百人，制造了"王官营村惨案"。

1940 年 5 月 9 日，日、伪军"扫荡"定陶县孟海镇一带，屠杀黄店集村民 53 人，强奸妇女 15 人；在陈楼村，屠杀村民 18 人，强奸妇女 32 人；在南王庄，屠杀村民 20 人，是为"孟海镇惨案"。

1940 年 5 月 14 日，日军突然"扫荡"梁山县张坊村，屠杀莲台寺庙会赶集村民 57 人，制造了"莲台寺庙会惨案"。

1940 年 6 月 8 日至 10 日，日军"扫荡"东明县东明集，屠杀村民 22 人，强奸妇女数人，制造了"东明集惨案"。

1940 年 6 月 17 日，日、伪军"扫荡"寿光县牛头镇，集体屠杀村民 73 人，强奸妇女数人，制造了"牛头镇惨案"。

1940 年 10 月 27 日，日、伪军冲进定陶县苗楼村，疯狂射击，屠杀村民 300 人，制造了"苗楼村惨案"。

1940 年 12 月 17 日，日军围攻高唐县朱庄村，杀死村民 40 人，制造了"朱庄惨案"。

1941 年 1 月 1 日，日、伪军"扫荡"合围莱芜县南峪村一带，屠杀村民 11 人，捕走青壮年 120 人（其中妇女 7 人），制造了"南峪村惨案"。

1941 年 1 月 10 日，日、伪军"扫荡"宁津县李满庄，屠杀村民 14 人，制造了"李满庄惨案"。

1941 年 1 月 18 日，日军 1 万多人在朝城县苏村"围剿"中共鲁西军区及行署。指战员牺牲 230 人，遇难村民 12 人，是为"苏村惨案"。

1941 年 1 月 18 日，日、伪军突袭广饶县刘集村，屠杀指战员和村民 120 人，制造了"刘集惨案"。

1941 年 4 月 16 日，日军突袭平度县杨家村，杀害 39 人，制造了"杨家村惨案"。

1941 年 5 月 30 日，日、伪军突袭平度县丁家村，屠杀村民 13 人，制造了"丁家村惨案"。

1941 年 6 月 17 日，日、伪军偷袭肥城县马家堂村（八路军泰西军分区后方医院驻地），敌人用手榴弹炸死 20 名重伤员，杀死伤病员及医护人员 90 人，制造了"马家堂村惨案"。

1941 年 8 月 12 日，日、伪军包围莱州车栾庄、东狼虎埠村，屠杀村民 41 人，制造了"车栾庄、东狼虎埠村惨案"。

1941 年 11 月 30 日，日、伪军包围费县大青山一带。中共山东分局、第一一五师、省战工会及抗大一分校 2000 多人奋战突围，牺牲 168 人，被俘 32 人，失联 202 人，制造了"大青山惨案"。

1941 年 11 月，日军在武城县抓捕 50 人，全部关押窒息死亡，是为"武城惨案"。

1941 年 12 月 20 日，日军对沂蒙山区进行"铁壁合围"，在沭水县渊子崖村杀害村民 147 人，制造了"渊子崖村惨案"。

1941 年 12 月 22 日，日、伪军偷袭广饶县小码头村，挨家搜查，见人便杀，屠杀村民 74 人，制造了"小码头村惨案"。

1942 年 1 月 20 日，日、伪军突然"扫荡"泰安县黄前大集，用机枪疯狂扫射赶集群众，杀戮 59 人，制造了"黄前惨案"。

1942 年 3 月 26 日至 27 日，日、伪军突袭文登县营南村，屠杀村民 130 人，制造了"营南村惨案"。

1942 年 4 月 29 日，日、伪军突袭武城县马村一带，杀害村民 500 人，其中 200 人系日军用刺刀破腹杀死。日军又将妇孺老幼 109 人密闭关押，使用毒气熏杀村民，幸亏抗日军民及时赶到抢救，得以幸免。是为"武城四二九惨案"。

1942 年 7 月 8 日，日、伪军在牟平县沟东村附近包围胶东公学过路学生 24 人，枪杀 17 人，制造了"胶东公学惨案"。

1942 年 8 月 29 日，日军"扫荡"莱芜县（时为新甫县）云凤乡莲花山地区，在孙家庄、李家庄等村展开屠杀，杀戮村民 111 人，制造了"云凤乡惨案"。

1942 年 12 月 1 日，日、伪军"扫荡"邹平县西峪村，施放毒气，毒死村民 47 人，制造了"西峪村惨案"。

1942 年 12 月 6 日，日、伪军"扫荡"胶东抗日根据地，在荣成县刘家村扫射，屠杀村民 120 人，制造了"刘家村惨案"。

1942 年 12 月 16 日，日、伪军"扫荡"栖霞县雷山一带，杀害村民 225 人，制造了"雷山惨案"。

1943 年 2 月 22 日至 23 日，日军包围曹县吕楼村，将全村村民驱赶至三间屋内，然后放火烧屋，烧死 138 人，其中 10 岁以下儿童有 30 人，制造了"吕楼惨案"。

1943 年 3 月 11 日，日、伪军血洗成武县郭庄村，杀害村民 80 人，制造了"郭庄村惨案"。

1943 年 4 月 10 日，日、伪军 1.4 万人在潍北平原"铁壁合围"国民党保安第十五旅，未遂，恼羞成怒，屠杀赵家庄子村民 176 人，制造了"赵家庄子惨案"。

1943 年 6 月 10 日，日、伪军 1.45 万人"扫荡"冠南朝北一带，在李赵庄村屠杀逃难群众 35 人，制造了"李赵庄村惨案"。

1943 年 10 月 4 日，日军突袭曹县西北一带，将村民 1000 人囚禁在刘岗村的深水坑里，杀害村民 73 人，强奸妇女 20 人，制造了"刘岗水牢惨案"。

1943 年 10 月 18 日，日军"扫荡"菏泽、巨野、郓城三县结合部，对里冯庄村民进行屠杀，杀戮村民 59 人，制造了"里冯庄惨案"。

此外，日军公然违反国际公约，在山东战场上施放毒气弹、进行细菌战等。1938 年 2 月，日军板垣征四郎第五师团在临沂进犯国民党军队张自忠第五十九军和庞炳勋第四十军时，施放毒气弹。1938 年 4 月，在台儿庄大战时，日军矶谷廉介第十师团发射毒气弹，造成中国军队较大伤亡。1940 年 5 月，日军独立混成第十旅团迫击炮大队在泰安红山一带使用毒气弹；8 月，这股日军又在峄县朱沟村战斗中发射毒气弹，杀害村民 350 人。1940 年 6 月 17 日，日军独立混成第十旅团第四十二大队包围高唐县柳子王村，发射毒瓦斯弹，屠杀村民 80 人。1942 年 7 月，日军第五十九师团独立第一一一大队在莱芜县旧寨一带发射毒瓦斯弹，杀害村民 15 人。1943 年秋，日军第十二军在鲁西一带进行细菌战，施放霍乱细菌，致死平民 42.75 万人。

第八章
共产党在严重困难时期独撑敌后抗战大局

1941年春，在日、伪军"扫荡"、"蚕食"、封锁和国民党顽固派的夹击下，山东抗日根据地进入严重困难时期。在中共中央的领导下，经过1942年刘少奇指导工作以及开展减租减息运动、实现党的一元化领导、建设民主政权、改善人民生活、维护群众利益，山东抗日根据地党群、军民在战斗中铸就沂蒙精神，形成人民战争的汪洋大海。以沈鸿烈为代表的国民党顽固派却肆意破坏国共合作的抗战局面，不但与共产党、八路军的磨擦日趋激烈，而且与鲁苏战区于学忠部也产生了尖锐矛盾。在日、伪军大"扫荡"之下，孙良诚、莫正民、吴化文等部先后投敌。1943年7月，于学忠部及省政府被迫撤离山东，山东抗战形势愈发严峻。在没有国民党正规部队和省政府的艰难形势下，共产党毅然独自撑起敌后抗战大局。8月，共产党领导下的山东省战时行政委员会成立，成为统一领导全省抗战工作的抗日民主政权。1943年底，清河、鲁南两根据地打破了敌人的分割、封锁，清河、冀鲁边两根据地连成一片，山东八路军部队开始对日、伪军展开主动进攻。

第一节 进入严重困难时期和山东军民的艰苦抗战

一、迎战日军的"治安强化运动"

1941年春，日、伪军集中兵力，重点"扫荡""蚕食"和封锁共产党领导的山东抗日根据地。国民党顽固派也趁机消极抗日，积极反共，不断制造磨擦事件，甚至配合日、伪军"扫荡"以消灭山东八路军部队，共产党领导的山东抗日根据地进入了抗战以来最严重的困难时期。在中共中央的正确领导下，山东抗日根据地军民开展反"扫荡"、反"蚕食"和反封锁斗争，加强根据地建设，努力积蓄抗战力量，开展全面对敌斗争。

1941年也是第二次世界大战中极不寻常的一年。6月22日苏德战争爆发，12月8日太平洋战争爆发。这些国际形势新变化，深刻影响着中国人民抗日战争的发展进程。一方面，世界反法西斯战争的扩大，中国与同盟国军事联合的正式形成，为中国人民争取抗战胜利创造了有利条件。另一方面，日本急于结束中日战争，对中国施加了更大的政治和军事压力，给中国抗战尤其是敌后抗战带来了更大困难。为此，日本加紧政治诱降国民政府，在华北连续推行五次以"总力战"方针为指导、以"灭共"和"建立东亚新秩序"为中心的"治安强化运动"。其做法是将华北分为"治安区"（即敌占区）、"准治安区"（即游击区）和"非治安区"（即抗日根据地）。在"治安区"进行"清乡"，强化基层保甲制度，镇压一切抗日活动，扩大伪组织，加强伪军力量，禁运经济物资，横征暴敛，掳掠劳工，奴化教育中国人民。在游击区进行"蚕食"，大量修筑公路网、碉堡群和封锁沟、墙，制造"无人区"，隔断游击区和抗日根据地的联系，逐步使之殖民地化。在抗日根据地进行"扫荡"，实行烧光、杀光、抢光等毁灭性的"三光"政策，禁运物资，织密"封锁网"，压缩抗日根据地的生存空间。

共产党领导的抗日根据地总体上在1941年进入困难时期，而山东抗日根据地从1941年秋进入了抗战以来的最困难时期。在山东的日军不断调整兵力部署，准备"清剿"山东抗日根据地。1941年2月，日军第十三军第十七师团调归第十二军指挥。11月16日，第二十一师团奉命在青岛集结，编入南方军。1942年初，苏鲁边徐海地区划归第十三军后，第十七师团复归华中方面军，而独立混成第七旅团改归第十二军指挥。4月10日，以独立混成第十旅团为基础编成第五十九师团。随着日军兵力部署的调整，在山东日军兵力不断增加。日军在山东及其周围的总兵力由1940年底的3.6

万人增至 1942 年的 4.7 万人。日军加大对国民党顽固派的政治诱降力度，山东的伪军数量由 1940 年底的 8 万人激增至 16 万人。日、伪军几乎控制了全省的公路，敌人据点数量由 1940 年底的 1156 个增至 3700 多个，封锁沟、墙长达 4000 余公里，山东抗日根据地被敌人严重分割为多块抗日根据地。

日军采用军事、政治、经济等多种方式，加大进攻山东抗日根据地的力度和次数，山东抗日根据地面积急剧缩小。1941 年至 1942 年，日军向山东抗日根据地发动千人以上的"扫荡"70 多次，万人以上的"扫荡"9 次，千人以下的"扫荡"几乎无日无之。日军"扫荡"采用"分进合击"和反复平行推进的"梳篦式扫荡"，遭到多次失败之后，日军改变战术，集中更多兵力，采取大纵深、重重包围的"铁壁合围"战术。1942 年，日军又实行更残酷毒辣的"拉网合围"战术。1942 年秋至 1943 年初，日、伪军对鲁中、胶东、湖西、清河、冀鲁边等抗日根据地轮番展开万人以上的"拉网合围"，对抗日根据地予以毁灭性打击，山东抗日根据地许多村庄沦为废墟，出现大片无人区。

这一时期，敌人"扫荡"的力度和范围前所未有，"扫荡"对象不但重点针对共产党领导的抗日民主根据地，而且包括全省一切抗日的军队；不但频繁"扫荡"沂蒙中心区，也"扫荡"其他各个根据地以及外围区、边沿区、游击区。冀鲁边、清河、泰山、鲁南几块抗日根据地更是遭到日军严重"扫荡"，以致冀鲁边地区完全成为游击区，泰山、鲁南、鲁西、清河抗日根据地成为多块、分散的游击区，一些抗日根据地甚至能"一枪打穿"。

日军在"治安区"推行"治安强化"运动，加强政治、经济、文化等方面的统治。在政治上，日军进一步加强汉奸组织的力量，建立警察特务系统，实行法西斯恐怖政策。在敌伪统治下，全省共分为 10 道。自 1941 年实行"治安强化"运动到 1942 年 5 月，全省有"新民会"组织的县达到 100 余县，分会达到 5056 个，会员达到 201 万人。武装保甲自卫队在 1941

年达到 2916 队、314556 人，伪警察由 2 万人增至 3 万人；分所 245 处，分驻所 199 处，派出所 155 处。发放良民证由 495 万增至 670 万。在文化上，极尽奴化麻醉之能事，学校由 1.5 万处增至 1.9 万多处，学生由 66 万增至 80 万人。在经济上，实行物资统制，强行征敛搜刮，加紧掠夺煤炭、铁、金、盐、棉花、烟草、植物油、肉类、粮食等物资，并大量掠夺劳工，使山东日益成为其 "以战养战" 的重点地区。在敌占区，日、伪标榜的 "安定民生、王道乐土" 统治，实际黑暗如地狱，敌伪奸淫掳掠，无恶不作，致使沦陷区同胞饥寒交迫、流离失所。

1943 年，日军在太平洋战场连连失利，世界反法西斯战争逐渐转入战略进攻。但在山东敌后战场上，日本侵略者却表现出了 "最后的疯狂"：对抗日民主根据地进行千人以上的 "扫荡" 46 次，万人以上的大 "扫荡" 4 次，并对清河区和鲁南区进行规模空前的重点 "蚕食"，极大破坏了山东抗日民主根据地。

二、反击国民党顽固派的 "积极反共"

1941 年以后，蒋介石统治集团实行的抗日战争总方针是：保存实力，消极防御，反共灭共，等待胜利。这一指导方针的转变，导致了一批国民党部队为保存实力竟然接受日本的 "招抚"，相继投敌，也较大削弱了中国共产党及其领导的人民军队的力量。1941 年 1 月皖南事变发生，蒋介石统治集团将第二次反共高潮推向顶点。在国民党顽固派的军事进攻和经济封锁下，共产党领导的抗日根据地遭到了日军、伪军、国民党顽军三方的夹击，面临着极为严峻的困难与挑战。

自 1940 年 10 月 10 日起，国民党山东省政府驻临朐县吕匣店子，开办干训团、军事训练班、第四联合中学、临时政治学院、小型工厂。皖南事变后，国民党顽固派在山东的反共气焰更加嚣张。他们加紧勾结日、伪军，封锁包围八路军，分区联合，互相策应，步步紧逼，向共产党领导的抗日民主根据地发动 "三月攻势"。太平洋战争爆发后，日军开始加强对国民党的"扫荡"，改拉为打，促使敌顽矛盾升级。随着敌顽矛盾和顽军内部矛盾的激化、对八路军磨擦斗争的屡战屡败，以及日军总力战的打击，国民党顽固派军队纪律败坏，官吏腐败贪污，经济建设无策，后方接济断绝，自顾不暇，进攻抗日民主根据地的嚣张气焰也大为收敛。1941 年 12 月，沈鸿烈辞去省政府主席一职①，由于学忠部第五十一军军长牟中珩接任。日军疯狂"扫荡"共产党领导的抗日根据地的同时，也加紧"扫荡"国民党省政府机关，致使国民党省政府机关连遭袭击，损失很大，频频转移，无所作为。面对严重困难的抗日战争新局面，国民党部队开始大批投敌，成为伪军。如第三十九集团军副总司令孙良诚于 1942 年 4 月率 2.5 万人在曹县、定陶投敌；新编第四师师长吴化文、新编第一师师长于怀安、鲁西保安司令部宁春霖部共 4 万余人于 1943 年 1 月投敌；第五十七军第三三四旅投敌，厉文礼、张步云、秦毓堂、周胜芳、赵保原等部投敌。有的国民党部队甚至同时拥有国民党部队和伪军部队的番号。国民党部队由 1940 年的 16.6 万人减为 1943 年的 5 万人。1943 年 7 月，于学忠部及牟中珩的国民党山东省政府撤离开山东，移驻安徽阜阳。此后至抗日战争胜利，国民党主力部队一直未进入山东，共产党在山东独自支撑起敌后抗战大局。

三、"积蓄力量，熬时间"

随着日本侵华战略方针发生变化，中共中央也调整了敌后抗战指导方针，提出"积蓄力量，熬时间，坚持长期斗争，渡过困难，准备反攻"，开展群众性的游击战争。

1941 年，日军主要"扫荡"鲁西、冀鲁边、泰西、鲁东南和鲁中等抗日根据地。在鲁西，1941 年 1 月，日军采用"分进合击"战术，"扫荡"鲁西抗日根据地。八路军第一一五师教导第三旅（兼鲁西军区）第七团及鲁西军区第二军分区（运西）地方武装主力部队在郓城和侯集之间的潘溪

---

① 1941 年 8 月至 12 月，沈鸿烈辞职期间，省政府主席职责由秘书长雷汉章代行。

渡附近，伏击日军 1 个中队、伪军 1 个大队，八路军伤亡 138 人，毙伤日军 127 人、伪军 15 人。1 月 15 日，日军 7000 人、伪军 3000 人，配备 300 辆汽车、20 辆坦克、10 多架飞机，6 路 "扫荡" 鲁西根据地中心区范县、观城一带，八路军教导第三旅内外线相互配合，展开反 "扫荡" 斗争。17 日，特务营在苏村阻击日军，血战至黄昏，敌人最后施放毒气，攻占苏村，特务营 126 名指战员壮烈牺牲，仅 10 余人生还。这次大 "扫荡"，鲁西根据地被分割为泰西、运东、范（县）观（城）中心区三块，被日、伪、顽军四面包围。

在冀鲁边，1941 年 1 月至 3 月，日、伪军反复 "扫荡" "清剿" 盐山、乐陵等地，国民党顽军刘景良等部配合日、伪军趁机进犯冀鲁边根据地。4 月，经过两个月苦战，冀鲁边区部分部队、后方机关和工厂以及群众组织遭受很大损失，粉碎了日军的大 "扫荡"。

在泰西，1941 年，日军 "围剿" 肥城虎门山区（泰西党政军机关和抗日武装常驻地）、"扫荡" 大峰山抗日根据地和东（平）汶（上）抗日根据地，泰西地区大部变为敌占区或游击区，党组织和人民武装转入分散、秘密状态。

在鲁东南，1941 年 3 月，八路军第一一五师教导第二旅第六团、山东纵队第二旅一部取得青口战役胜利，毙伤日、伪军 800 余人（大部分是日军），俘伪军 400 余人，扩大了鲁东南根据地。

在鲁中，1941 年 9 月至 11 月，日军集中兵力 "扫荡" 沂蒙山区，企图消灭山东分局、八路军第一一五师、山东纵队等领导机关和主力部队。10 月，日军采用 "铁壁合围" 战术，合围沂蒙山区。11 月 2 日，敌人大 "扫荡" 开始，分为合围、"清剿"、撤退三个阶段。在 11 月 2 日至 12 日的合围阶段，日、伪军突袭马牧池村（山东纵队指挥机关驻地）。激战三日，山东纵队指挥机关跳出敌人的合围圈，转移至蒙山、天宝山、泰南区。5 日，2 万日、伪军合围沂南县留田一带（山东分局、第一一五师、省战工会等机关驻地），重兵进攻留田。罗荣桓指挥山东分局、第一一五师等机关约 3000 人，穿过敌军部队间隙，迅速通过两道封锁线，胜利跳出敌人的合围圈，安全到达蒙山南端护山庄（今埠山庄）。在 11 月 12 日至 12 月 8 日的"清剿"阶段，日、伪军将沂蒙山根据地划分为 4 个"清剿"区，分区"清剿"，实行残酷的"三光"政策，杀害群众 3000 多人，抓走青壮年 1 万人，烧毁村庄不计其数。第一一五师展开反"清剿"斗争，内外线结合，打击敌人。山东分局、省战工会、第一一五师和抗大第一分校在大青山遭日、伪军包围，1 万多军民浴血奋战一天，胜利突围。在 12 月 8 日至 28 日的撤退阶段，日军"扫荡"天宝山区和鲁东南区，掩护主力撤退。12 月 8 日，山东分局党校和山东纵队第一旅第三团在天宝山区宁家圈东南高地苏家崮一带与 6000 余日军展开血战，牺牲 200 人，毙伤敌 400 人。在反"扫荡"期间，沂蒙群众奋不顾身，支援和帮助子弟兵作战，涌现出许多可歌可泣的事迹。国际友人汉斯·希伯①、省战工会副主任兼秘书长陈明②、鲁中军区司令员刘海涛③、山东纵队政治部宣传部长刘子超、第一一五师敌工部部长王立人④、省妇救会负责人陈若克⑤等壮烈牺牲。

日、伪的连年蹂躏和摧残，敌、顽的夹击，以及 1941 年、1942 年山东连续的旱灾和虫灾，致使一些地区出现严重灾荒，山东抗日根据地日益缩小。当时，鲁南、清河、冀鲁边等根据地均被敌人分割为小块、分散的根据地和游击区，仅在鲁中、滨海、胶东区尚有较大块的根据地。鲁中区泰（安）泗（水）宁（阳）边区、徂徕山区，鲁东南海陵地区、沂河和沭河

---

① 汉斯·希伯，德共产党员，1925 年来到中国，为中国人民解放事业献出宝贵生命。

② 陈明牺牲不久，妻子辛锐也在战斗中牺牲。

③ 刘海涛和妻子黄秋菊（化名苏珍）、鲁中区党委社会部部长朱毓淦和妻子李岚，以及 4 名战士，共 8 人，同时在蒙阴县遇害。

④ 王立人，时任八路军第一一五师敌工部部长（任职时间为 1940 年 11 月—1941 年 12 月）。《八路军第一一五师暨山东军区战史》编辑室：《八路军第一一五师暨山东军区战史》，黄河出版社 2005 年版，第 453 页。

⑤ 陈若克系中共中央山东分局书记朱瑞的妻子，1941 年反"扫荡"突围时被日军抓获，在狱中产下一女婴，宁死不降，母女同时牺牲。

之间地区，鲁南区临（沂）郯（城）邳（县）边区、微山湖东岸等地区，先后被敌人"蚕食"。山东抗日根据地在1942年底面积较1940年缩小1/3，人口由1940年的1200万减至750万，八路军人数较1940年减少1/4，生产遭到严重破坏，财政经济十分困难，军民衣食极端匮乏，陷入极端困难的境地。

1941年7月，山东分局号召党政军民紧急动员，巩固山东民主抗日根据地，做好五项主要工作：第一，建设真正进步与彻底民主的抗日政权。各级政权机关与参议会实行"三三制"，实现民选；坚决施行最低限度的民生改善事业，切实做到减租20%，工作基础好的地区逐渐实行减租25%，普遍实行合理负担；实行法制的领导，一切依照已经颁布或即待颁布的法令、条令去行使政令。第二，建设自给自足的财政经济事业。第三，建设坚强的军区工作与普遍的民兵制度。各区要大量发展地方武装，使平原地区的地方武装多于主力部队一倍，使山区的地方武装相等于主力或相等于主力的一半；要在全省发展自卫团200万至300万人，其中基干自卫团与游击小组100万至150万人；要发挥地方武装和民兵打击敌人、团结群众、支持政权的战斗作用。第四，建设社会化与群众化的文化事业。第五，开展广泛的群众运动，创造敌后抗战的人山人海。山东军政委员会①在军事斗争方面，确定1941年和1942年的方针是：粉碎日、伪军连续"扫荡""蚕食"和分割，保持山东各区间的联系；坚持边沿区斗争，制止敌人的"蚕食"推进；组织党政军民全力一致对敌；加强部队的分散活动。在分局领导下，山东抗日根据地军民展开艰苦斗争，迎战严重困难。

1941年7月，北方局决定将山东抗日根据地的鲁西区和冀鲁豫边区合并为新的冀鲁豫边区抗日根据地，以利于统一抗日斗争力量、长期坚持平原抗日游击战争。

1942年，日军继续进行大"扫荡"，妄图先消灭山东共产党、八路军，

---

① 1941年8月19日，中共中央书记处、中央军委指示，八路军山东纵队、第一一五师两军政委员会合组为山东军政委员会，山东纵队归第一一五师首长指挥。

尔后再消灭山东国民党。1942 年 10 月至 1943 年 1 月，日军残酷"扫荡"鲁中、胶东、清河、冀鲁边、冀鲁豫根据地。经过各地军民的浴血奋战，先后粉碎了敌人的"扫荡"。

在鲁中，1942 年 10 月 17 日，日军"扫荡"莱芜北茶业口一带。26 日，日军袭击沂蒙山区抗日根据地。27 日，日军合击南墙峪。11 月 2 日，日、伪军 8000 多人合围对崮峪（山东军区机关、省战工会机关驻地）。八路军部队连续 8 次打退敌人的冲锋，黄昏后分路突围，省战工会秘书长李竹如等牺牲，数百人伤亡，毙伤敌军 600 多人。

在胶东，1942 年 3 月至 4 月，日军独立混成第五旅团、第六旅团大规模"扫荡"胶东抗日根据地。八路军山东军区第五旅、第五支队和地方武装"分区坚持、互相配合"，粉碎了敌人的春季大"扫荡"。11 月，日军华北方面军司令官冈村宁次在烟台部署胶东大"扫荡"，日军 1.5 万人、伪军5000 人对胶东抗日根据地进行"拉网合围"、大"扫荡"。日军在马石山进行了惨绝人寰的大屠杀，500 余名群众被杀害。"马石山十勇士"奋勇杀敌，解救群众，宁死不屈。12 月，日军西进，寻找八路军指挥机关和主力部队，在招远南部地区杀害数百抗日军民，抓走上千群众。胶东八路军内、外线灵活作战，迫使日、伪军撤退。这次"扫荡"，西海军分区政治委员兼地委书记于寄吾牺牲，胶东军区部队减员 2000 人，遇害群众 1183 人，被抓群众 8675 人，歼敌 2000 人。

在清河、冀鲁边，1942 年，日军重兵多次"扫荡"冀鲁边区、清河平原抗日根据地。1943 年 1 月，日、伪军又对清河、冀鲁边区抗日根据地进行"拉网合围"。1 月 11 日，日、伪军在广北县北隋一带合围，乘数十辆汽车，突袭利津县永安镇。14 日，敌军扑向高苑。15 日，清河区内外线部队分散跳出合围圈，清西独立团第七连未能突出重围，全连壮烈牺牲。此后，日军准备合围冀鲁边区。1 月 17 日，日、伪军 1 万余人乘 300 辆汽车，突然对冀鲁边区抗日根据地进行"拉网合围"大"扫荡"，冀鲁边区第二军分区独立第二营、平禹县大队等被围部队分散隐蔽，通过抗日沟，跳出

合围圈。23 日，日、伪军进行第二次合围，第二地委、专署、军分区机关
1000 多人集中兵力，迅速突围。25 日，日、伪军组织第三次合围，地方武
装遭到较大损失。

在鲁西，1942 年 9 月 27 日，日、伪军 1 万多人大规模、长时间对冀鲁
豫边区进行"铁壁合围"大"扫荡"，突袭濮范观中心区，区党委、军区、
行署机关人员及时突出重围。10 月，日、伪军"围剿""蚕食"泰西、运
东、直南、豫北抗日根据地。12 月 20 日，日、伪军 1 万多人对湖西地区进
行"拉网合围"大"扫荡"，实行"囚笼"封锁战术，以铁路为链，公路
为环，据点为锁，辅之以封锁沟、封锁墙，泰西、湖西、冀鲁豫边区均被
日军分割为"格子网"，一些抗日根据地几乎被摧毁。

1941 年到 1943 年初的严重困难时期，山东抗日根据地军民粉碎了敌人
连续残酷的"扫荡"，也付出了巨大牺牲。山东抗日根据地面积大幅度缩
小，并被敌人分割、封锁。但是，英雄的山东军民在中共中央的领导下，
母亲送儿抗日，妻子送郎从军，农民参军参战，工人冒险生产，商界捐钱
捐物，战士浴血奋战，党群同心，军民情深，水乳交融，生死与共，积蓄
力量，坚持抗战，创造了地道战、地雷战、麻雀战、破袭战、翻边战术等
一系列富有特色、卓有成效的战争方式，谱写了中国人民伟大抗日战争史
上同仇敌忾、保家卫国的山东篇章。

四、开展反"蚕食"斗争

1941 年起，日军开始对山东抗日根据地边沿区和各块抗日根据地进行
大规模的"扫荡""蚕食"。其"蚕食"办法分为两种：一是在边沿区，安
设据点，由点到线，由线到面，推行伪化活动，设法将边沿区沦为敌占区；
一是结合"扫荡"，将其"扫荡"后地区迅速伪化，安设大量据点，使之
成为敌占区。"蚕食"推进方式较之于"扫荡"缓慢、隐蔽，但危害更大。
日军首先"蚕食"平原地区、边沿地区，随后"蚕食"山区、腹地，重点
在重要交通线附近经济资源区和威胁较大、便于封锁地区进行"蚕食"。日

军"蚕食"收效较大，导致山东抗日根据地面积、人口剧减。1942 年底，由于日、伪军连续"扫荡"和"蚕食"，山东各抗日根据地面积和人口急剧下降，日、伪军据点及封锁沟、墙几乎遍布敌占区、游击区，日军特务活动猖狂，汉奸组织气焰嚣张，山东抗日军民物资极端匮乏，处于前所未有的艰难困境。

在严重困难时期，山东分局和第一一五师率领山东抗日军民冷静应对日军的"蚕食"，发出一系列指示，与根据地群众同生死、共患难，坚决维护群众利益，坚持敌后抗战，誓死保卫根据地。为保卫根据地，分局指出决不能单纯防御，必须主动深入边沿区、敌占区开展军事、政治、经济、文化等各方面的对敌斗争。斗争方式，既有军事打击，又有政治攻势；既要公开斗争，又要隐蔽斗争；既要处处打击敌人，又要灵活机动，迫使敌人放弃"蚕食"进攻。1942 年 6 月 1 日，山东分局和第一一五师政治部联合发出反"蚕食"斗争的指示，布置开展游击区工作，强调采取分散、隐蔽、埋伏和长期坚持的工作方式（灰色形式），渗透敌人内部。8 月 1 日，山东分局制定反"蚕食"斗争的工作方针，具体部署边沿区、游击区、敌占区的工作任务，提出"坚持我游击区，深入敌占区，开辟边沿游击区"，积极行动，粉碎敌人的"蚕食"。山东各级党组织明确斗争方向，成立对敌斗争委员会，加强敌后斗争的组织领导和小部队、武工队建设，成功地将反"蚕食"斗争引向敌占区。

在边沿区，在共产党领导下坚持斗争，以主力一部配合地方武装、人民武装，打击敌人的"蚕食"推进和伪化活动。鲁中区沂南县东南部地区民兵组成联防线，依托沂河，分段负责，不断打击"蚕食"的敌人。鲁南郯（城）马（头）地区沂河沿岸 40 余村群众组成联防，封锁敌人"蚕食"的据点，袭扰敌人，打击敌人的伪化活动。清河区邹平县西南长白山区邹长大队依托胶济铁路的边沿地区，组织群众，发动斗争，击退了敌人若干次"蚕食"推进。胶东区大泽山等地区八路军主力一部发动群众，袭扰敌人，沉重打击敌人的伪化活动。鲁东南区沭西区青年民兵在三面环敌的黄庄子小块地区，坚持斗争和生产，粉碎了敌人前来"蚕食"的阴谋。

在敌占区，派遣小部队深入敌后，开展斗争。组织敌占区的共产党组织及地方武装，坚持原地斗争。冀鲁边、清河、湖西等平原地区被敌人"蚕食"最为严重，共产党、八路军提出"有敌据点无敌占区""挤掉敌人"的斗争口号，坚持斗争，坚守阵地。在益（都）寿（光）临（淄）广（饶）边区，陈景三、陈瑛率领21人的小部队，紧紧依靠人民群众，摧毁敌碉堡，打击伪政权，镇压汉奸，有效打击了敌人的嚣张气焰。鲁南抗日根据地运河南北地区被敌"蚕食"后，八路军地方部队一度撤出，后又秘密插回，发动群众，以小股武装配合地方工作人员建立革命两面政权，坚持斗争。鲁中抗日根据地徂徕山区被敌人"蚕食"后，党政军机关被迫撤出，后又在鲁中区党委和泰南地委的领导下，派出武工队，插回当地，逐步恢复抗日工作。

随着反"蚕食"斗争的不断胜利，共产党、八路军扭转被动局面，初步开展政治攻势，努力瓦解、争取日军和伪军、伪组织。通过积极工作，一些伪军、伪组织人员逐渐投靠共产党、八路军。仅1942年，即争取了1万多名伪军反正。靠拢共产党、八路军的伪军、伪组织人员数量连年增加，1942年较1940年增加15倍。

五、开展反封锁斗争

日军侵占津浦、胶济、陇海铁路及内地、沿海各主要城市、公路之后，便实行"囚笼政策"，对山东抗日根据地进行封锁。1941年以后，日军继续严密封锁山东抗日根据地。日军利用铁路、公路为封锁干线，沿交通线密布据点，分兵守备，通过支线延伸，穿插扩大封锁区域，逐步构成封锁体系。在山区，利用山口要隘、制高点，修筑环山碉堡及公路，构筑封锁墙，阻断山区与平原的联系。在平原地区，以碉堡为支点，通过公路网，沿点线修筑封锁沟、墙，将一些地区分割成"格子网"。此外，利用小清河、沂河、沭河、微山湖等天然障碍，封锁抗日根据地。在封锁线附近地区，日、伪军强化伪政权、伪组织，组织"护路队"，胁迫群众修筑公路、碉堡、封锁沟、墙等。在军事封锁的同时，日军还对抗日根据地实行经济封锁，禁止煤、铁、粮、棉等战略物资进入根据地。

为粉碎敌人封锁阴谋，中央军委指示各地加强封锁线游击战和联络，力争不被敌人分割、封锁。1941 年 1 月，中央军委要求各抗日根据地开展破袭战时，灵活掌握破袭战的基本原则，即对我危害较大的道路彻底予以破袭、对我危害不大的道路不予过度破坏、对我有利的道路则予以保护，并通过争取伪军、伪组织工作保障交通便利。山东八路军部队针对不同情况，建立秘密交通点线和交通队，开展群众性的反封锁沟、墙和大规模破袭战等，机动灵活，展开反封锁斗争。

第一，在日军控制的主要交通线两侧，特别是八路军必须通过的地带，大力加强群众工作，积极争取伪军、伪组织，发展革命的"两面政权"，逼近和控制其两侧地区，把日军的"爱护村"变为八路军隐蔽的斗争据点，建立秘密交通点线及交通队，开展反封锁的隐蔽斗争。1940 年底，第一一五师指示山东各区分别以 1 个营的兵力组建交通大队，依次编成第八至第十四交通大队，专门负责掩护来往人员和物资通过封锁线。鲁南铁道游击队一直活跃在津浦路临城至利国驿段和临枣支线上，保障了华中、山东抗日根据地通向延安的联络通道。1942 年 7 月下旬，他们在津浦路临城南的姬家庄一带，掩护刘少奇安全通过津浦路西返延安。11 月，又成功护送萧华过微山湖去太行山。据统计，仅 1941 年 6 月至 1943 年 6 月，鲁南铁道游击队护送来往人员和物资达 60 余次。

第二，摧毁日军设在根据地要害地区、比较薄弱的封锁线。在这些地区，八路军的群众基础比较好，敌人的力量较弱。八路军对封锁线逐一予以摧毁。1941 年 3 月，日军"扫荡"鲁中区后，在临沂、费县北部地区增设了汤头、半程等 17 个据点，构成了东起沂河、西至蒙山的横贯东西的 3 道封锁线。这些封锁线楔入根据地中心区，切断了鲁中与鲁南两区的联系，危害极大。驻防这些封锁线的敌人，大都是伪军，且远离临沂、费县日军。

八路军山东纵队第一旅、第二旅各一部及其他部队乘敌立足未稳,展开反封锁战役。自 3 月 16 日至 25 日,全部拔除敌人安设的 17 个据点,毙伤俘伪军 830 多人,彻底摧毁了敌人的封锁线。

第三,开展群众性的反封锁沟、墙的斗争。1942 年底,日军在山东修筑封锁沟、墙长达 4000 余公里。1943 年,日军加强了对滨海区的沭河、胶东区的烟青公路、清河区的小清河等地的封锁。八路军组织领导群众使用军事、政治等各种方法,开展了灵活的反封锁斗争。在滨海沭西反封锁斗争中,针对日、伪军强行毁田、平坟等情况,部队提出"封锁沟是绝命沟""修封锁沟坏了良田,要祖宗翻尸倒骨"等口号,激发群众的反抗情绪。根据季节特点,又适时提出"坚持至十月,地冻挖不成"的口号,坚定群众斗争的决心和信心。在第一一五师等部队的宣传鼓动下,一些地区的群众悄悄主动填沟毁墙。与此同时,各区反封锁部队还有针对性地开展武装斗争,白天隐蔽伏击,夜间轮番袭扰,迟滞敌人挖掘封锁沟的计划。民兵运用麻雀战袭扰监工的伪军,惊散被逼挖沟的民夫,用地雷封锁敌人的据点。当日军疲于应付或戒备松懈时,便及时掩护群众进行大规模的填沟毁墙活动。填沟时,将真、假地雷混同树枝、柴草等障碍物一同埋进,为民夫怠工、躲工制造借口,为重挖封锁沟、墙制造困难,有效阻碍了敌人的施工。沂蒙山区在反"扫荡"中,曾动员 2 万多名群众,一夜之间填平日军 10 余公里的封锁沟,打破了敌人的环蒙(山)封锁线。

经过艰苦、灵活的反封锁斗争,山东抗日根据地各区之间的水路湖泊联系通道或隐蔽交通线始终保持畅通。

六、开展反"自首"、反伪化斗争

日军在边沿区推行"蚕食"、摧毁共产党地方组织和地方政权组织的同时,大力推行"自首"政策,离间共产党、八路军与人民群众的血肉联系。所谓"自首"政策,即敌人在占领区不再进行野蛮的烧、杀、捕,而是利用汉奸、叛徒,逐村列出共产党员干部的名单,限期到敌据点登记"自首"。敌人声称，登记"自首"之后，不再追究，否则就要抓捕家属乡邻、烧掉整个村庄。一些村党支部和党员干部担心连累群众，发生动摇，进行了登记"自首"，供出了其他党组织和党员。大多数党员干部被迫转移异地或者隐蔽工作，党的组织活动遭到重大破坏，如徂徕山区有组织有领导的抗日活动基本停顿。敌人在莱北、莱东、泰北、莲花山区、泰泗宁地区的"蚕食""自首"政策，破坏了当地共产党组织，造成了一定损失。

对此，山东党组织积极反击，开展秘密工作，以挫败日军的"自首"政策。1942年初，山东分局加强党的组织建设，以自然村为单位建立党支部，整顿、纯洁各村党支部，加强党员的反"自首"教育，开展"公民誓约运动"，广泛进行气节教育，增强人民群众的民族自尊心、自信心和坚持抗战到底的必胜心。

1942年3月，日、伪军4000余人"蚕食"莱（芜）北根据地，在大王庄、雪野、上游、口镇等地增设据点，挖筑封锁线，控制章（丘）莱（芜）公路，建立伪政权。日、伪军在当地设立保甲，挨村挨户搜捕中共党员和基层干部，迫害党员干部家属，大搞"自首"活动。日、伪军威逼利诱、软硬兼施，引诱一些意志薄弱者妥协投敌，胁迫一些群众参加"归顺大会"。日、伪军在这些地区大造声势，指使投敌者发表反共讲话，破坏莱北基层党支部。在敌人长达数月的破坏下，泰北、泰南党组织受到较大损失，泰南区徂徕山一带党的基层组织大多被破坏。泰安县党政机关及县独立营被迫转移，只有少数党员、干部秘密隐蔽下来继续工作。共产党各级组织在艰苦斗争环境下，展开反"自首"活动。1942年4月，鲁中区各级党委纷纷成立对敌斗争委员会、敌工部、敌工站，专门开展对敌斗争，加强对敌政治攻势。经过努力，敌工工作取得显著成效，争取、瓦解了一批日、伪军，建立了一批革命的"两面政权"。9月，鲁中区党委发出《关于反"蚕食"、反"自首"斗争的指示》，要求各地党组织加强对党员的组织观念教育和革命气节教育，调整党员干部的工作区域，做好党员干部的家属工作。在党员干部叛变"自首"的地区，既要加强一般党员教育，又要注意保存党员和基层干部，必要时可以在"两面政权"掩护下以假名单应付敌人，并派坚强干部掌握武装，重点打击影响恶劣的汉奸、特务、叛徒，揭露敌人的阴谋。在各级党组织的共同努力下，广大党员、干部坚定不移跟党走，采取秘密斗争形式，调派精干人员插回徂徕山，联络党员，整顿党组织，开展隐蔽斗争，武装工作队镇压汉奸，重新开辟了徂徕山区的工作。

1942年底，日、伪军"蚕食"莱东抗日根据地。莱东党组织按照区党委指示，对党员干部加强思想教育，大家认识到"自首"就是背叛革命，决心开展反"自首"斗争，创造了许多反"自首"的有效办法。一是提前防范，将一些知名党员干部隐蔽和保护起来。二是主动出击，派出可靠人员，打入伪特务组织，获取情报，粉碎敌人的抓捕行动。三是秘密组建革命的"两面政权"，编造假名单，欺骗敌人。四是组建武工队和锄奸小组，坚决镇压那些死心塌地投靠敌人、给党组织造成极大危害的汉奸、特务、叛徒。这些有力措施，打击了敌人的"自首"活动，减轻了共产党组织受损的程度。莱东地区有8592名党员，在敌人的"自首"高压之下，仅有781人出了问题，占9%。莱东县①反"自首"斗争的成功做法成为鲁中区党委反"自首"斗争的先进经验。1943年3月，鲁中区党委号召各地党组织学习莱东反"自首"斗争的经验，各地反"自首"斗争从被动转为主动，不断取得胜利。

在鲁南，日军成立伪政府，实行保甲制，建立自卫团，发放"良民证""旅行证"，清查户口，展开了与共产党、八路军争"民心"、抢地盘的斗争。1941年、1942年，日军占领区不断扩大，临郯费峄等边沿地区基本伪化，共产党领导的抗日根据地面积和人口急剧缩小。根据中共中央"用一切努力争取政权"的指示，鲁南区党委在反伪化斗争中，实行主力部队与地方武装相结合、武装群众与非武装群众相结合，展开了多种形式的对敌

---

① 1941年2月，在莱阳县东部区域析置莱东县，属南海专区。1950年3月，莱东县撤销，辖区并入莱阳县。

斗争。一是建立政权，变敌占区为抗日根据地。在群众基础好、领导力量强的地区，及时派出武装部队，支持成立基层政权。1942 年 6 月，费县、滕县、临郯费峄边联等地区在八路军第一一五师工作队的支持下，建立县、区、乡政权和独立营，这些地区建立民主政权后，从敌占区变为了根据地。二是改造政权，将一些伪政权变为"白皮红心"的"两面政权"。这类改造政权及区、乡、保长，表面上为敌人服务，实际上为共产党、八路军办事，并以其公开身份掩护抗日军民的活动。三是镇压汉奸政权。共产党、八路军对于一些坚决与人民为敌、死心塌地当汉奸的伪乡长、保长，予以坚决镇压。临郯费峄边联地区的敌伪气焰最为嚣张。1942 年夏，其中为首的几个铁杆汉奸被镇压之后，伪自卫团也一哄而散，人民群众拍手称快，其他伪区长、乡长、保长都先后转向支持和掩护共产党、八路军。经过两年的反复激烈斗争，共产党、八路军粉碎了敌人的"蚕食""自首"斗争，抗日根据地重新得到恢复。

第二节　实现共产党的一元化领导

一、艰苦抗战中出现的一些问题

从 1941 年开始，日军开始重点"扫荡"华北地区，并将冀中和山东作为重点作战对象，日军中国派遣军司令官畑俊六曾飞到临沂直接督战。1941 年 11 月，山东八路军部队在沂蒙（鲁中）根据地，英勇抵抗日军"扫荡"，涌现出沂蒙红嫂等著名抗日英雄群体，歼敌 1500 余人，最后因根据地遭到严重破坏，被迫转移。1941 年冬，鲁中区在日军大"扫荡"中，损失惨重。

共产党、八路军在山东反"扫荡"作战中，逐渐暴露出一些问题。一是山东党组织过于重视国民党上层以及地方士绅的统战关系，对基本群众（党的依靠力量）重视不够，群众工作成为山东抗日根据地建设中最薄弱的一环。二是存在指挥协调不一致的情况，第一一五师、山东纵队长时间互不隶属，未形成统一的军事指挥中心。三是山东分局部分领导过高估计山东成绩，对即将到来的大"扫荡"重视不够，工作不够扎实深入。"对群众性武装斗争的准备，战时党政军民如何统一联系、坚持工作与领导，如何开展敌伪工作与锄奸工作等，均未能认真布置，故'扫荡'初期一切联系中断、一切活动停止。"① 如减租减息运动，1940 年山东省战工会发布了减租减息条例，1942 年春仍未真正发动，未能真正建立基本群众的优势，由此导致 1941 年冬大"扫荡"中"地方武装、游击小组、自卫团、群众团体甚至党政组织大多涣散，各自逃难，使根据地基础发生动摇，主力部队失去依靠"②。沂南县有 479 个村，反"扫荡"中能坚持工作的只有 9%，与敌人妥协的竟达到 197 个村，其他村政权也大多动摇。

1941 年冬沂蒙地区反"扫荡"所暴露出的山东机构庞大、指挥不统一、群众基础薄弱、民兵组织不巩固等问题，使得山东党组织认识到：在抗战进入敌军和顽军两面夹击的严重困难时期，只有广泛发动人民群众、进行灵活的群众性的游击战，才能夺取抗战胜利。1941 年 7 月，山东分局决定把开展广泛的群众运动、创造敌后抗战的人山人海，作为山东抗战建设工作中最重要的建设任务。8 月，中共中央提出"目前敌后抗战方针是熬时间，储力量"。根据中共中央、北方局的指示精神，山东分局开始将工作重点逐步转向群众工作、巩固根据地。

1942 年，山东抗战进入最艰苦的一年。沂蒙山区根据地一再缩小，处境极为艰难，一些党员干部产生消极情绪。为尽快统一思想认识，战胜困难，坚持抗战，1942 年 1 月 30 日和 2 月 2 日，第一一五师政治委员罗荣桓接连致电山东分局并报中共中央北方局和中共中央，要求派人帮助解决山东党内存在的问题，指导山东工作。在此前后，山东其他领导人也各自向

---

① 《中共山东分局关于敌人对鲁中山区大"扫荡"的初步总结与指示》，1941 年 12 月 20 日。

② 《中共山东分局关于敌人对鲁中山区大"扫荡"的初步总结与指示》，1941 年 12 月 20 日。

中央申述了自己的意见。罗荣桓等人的要求引起了中共中央的高度重视。

二、刘少奇来山东指导工作

1942 年春，适逢刘少奇①准备从苏北去延安参加党的七大，中共中央和毛泽东决定委托刘少奇取道山东，帮助山东解决问题。2 月 4 日，毛泽东致电刘少奇，指出山东"发生争论为时已久"，并对山东干部配备提出初步设想。3 月 3 日，中共中央书记处发出电报，要求山东分局、第一一五师、山东纵队各自多做自我批评，求得团结统一。3 月 21 日，中央书记处再次致电刘少奇，要求刘少奇彻查山东锄奸中曾犯的严重错误。

3 月 18 日，刘少奇（化名胡服）一行由苏北阜宁启程，途中穿过敌、伪、顽的数道封锁线和陇海铁路，在苏鲁交通线掩护下，于 4 月 2 日进入山东。4 月 10 日，刘少奇一行到达山东分局、八路军第一一五师驻地滨海区临沭县朱樊村。刘少奇与山东分局、第一一五师、山东纵队、省战工会的主要负责人朱瑞、陈光、罗荣桓、黎玉等人分别谈话，深入群众，调查研究，查阅资料报刊，掌握全面情况。4 月 26 日，刘少奇召集山东分局委员开会，充分肯定了山东工作的主要成绩，严肃批评了山东领导工作中存在的缺点和错误，主要是没有很好地发动群众、没有树立基本群众的优势、没有建立真正的人民民主政权、没有取得对敌斗争的优势。4 月 27 日，刘少奇召集山东分局和山东军政委员会联席会议，决定：（一）建立山东的政治、军事统一领导中心，一切领导集中于山东分局，山东分局下设军政委员会。（二）八路军第一一五师师部、山东纵队指挥部与山东分局合署办公，三个机关由 1 万人减到 3500 人，干部统一配备。（三）山东纵队第一旅拨归第一一五师建制。胶东五旅亦成为机动部队，将来亦拨归第一一五师。山东纵队其余各旅拨归各军区，并将大部分散插入各地方独立团、营。

---

① 刘少奇时任中共中央政治局候补委员、中共中央华中局（1941 年 5 月前称中原局）书记、新四军政治委员。1941 年 1 月至 4 月，山东抗日根据地曾受中原局领导，故刘少奇对山东情况有所了解。

（四）山东分局书记朱瑞和副书记黎玉均驻第一一五师师部，与陈光、罗荣桓一块办公。随后，山东分局连续举行会议，开展批评和自我批评。山东分局书记朱瑞主动承担责任，代表山东分局作了《抗战四年山东我党工作总结与今后的任务》的报告。4月底至5月，刘少奇分期分批作了《关于山东工作》《群众运动问题》《中国革命的战略与策略问题》《改造政权问题》《党内斗争问题》《思想方法问题》《关于财政粮食问题》等重要报告。刘少奇指出："我们一定要强调党和军队在政治上的独立性，在统一战线中，一面是联合，一面是斗争，只有坚持斗争，才能巩固联合，光联合不斗争，就会失去党和阶级的立场。"① 在打通山东领导干部思想的基础上，刘少奇帮助山东分局妥善解决了山东统战工作中的"山东国民党抗敌同志协会"（简称抗协）和"国民抗敌自卫军"问题，帮助全省党员干部进一步统一思想、明确方向、增进团结，促进了山东党员干部思想上、组织上的统一，被称为"办了一次很好的党校"②，成为山东抗日根据地建设的一个转折点。7月下旬，刘少奇离开滨海区，经鲁南、湖西、冀鲁豫边区，穿越平汉线，西去延安。

三、实现党的一元化领导

敌后抗战进入严重困难时期后，各抗日根据地为了战胜严重困难，亟须加强统一领导。1942年9月1日，中共中央政治局作出《关于统一抗日根据地党的领导及调整各组织间关系的决定》，指出每个根据地有一个统一的领导一切的党的委员会，中央代表机关（中央局、分局）及各级党委（区党委、地委）为各地区的最高领导机关。

1942年12月，山东分局召开扩大会议，开始贯彻落实党的一元化领

---

① 萧华：《难忘的四个月——忆少奇同志在山东》，《山东抗日根据地》，中共党史资料出版社1989年版，第249页。

② 萧华：《难忘的四个月——忆少奇同志在山东》，《山东抗日根据地》，中共党史资料出版社1989年版，第257页。

导，并在全省党员干部中进行大讨论，奠定了山东抗日根据地一元化领导的思想基础。1943年3月，根据中共中央决定，山东抗日根据地实行了党的一元化领导，山东分局为最高领导机关，朱瑞任分局书记。同月，中共中央、中央军委决定，八路军第一一五师与山东军区合并为新的山东军区，罗荣桓任司令员兼政治委员、第一一五师政治委员兼代师长，黎玉任副政治委员，萧华任政治部主任、第一一五师政治部主任。陈光奉命去延安学习。9月，朱瑞奉命去延安，罗荣桓接任山东分局书记。此后，山东抗日根据地实现了党的统一领导。

四、实行精兵简政

在实行党的一元化领导的同时，山东抗日根据地又进行了第三次精兵简政。这次精简主要是统一军事领导，解决主力部队地方化问题。

山东分局、山东军区决定，各区党委、地委实行党的一元化领导，统一军事指挥。主力部队实行地方化，撤销第一一五师、山东纵队所属各旅各支队的番号，整编为13个主力团，其余部队编为地方武装。新山东军区辖鲁南、鲁中、胶东、清河、冀鲁边、滨海6个军区，6个军区共辖16个军分区。13个主力团分属山东军区和各军区，胶东区由林浩任区党委书记兼军区政治委员、许世友任军区司令员，鲁中区由罗舜初任区党委书记兼军区政治委员、王建安任军区司令员，鲁南区由王麓水任区党委书记兼军区政治委员、张光中任军区司令员，清河区由景晓村任区党委书记兼军区政治委员、杨国夫任军区司令员，冀鲁边区由王卓如任区党委书记兼军区政治委员、邢仁甫任军区司令员，滨海区由符竹庭任区党委书记兼军区政治委员、陈士榘任军区司令员。

在精简机构中，新山东军区直属机关由原山东军区（山东纵队）与第一一五师各直属机关合并而成，以山东分局机关为基础成立分局委员会办公厅，同司令部合并为一个行政管理单位。

山东抗日根据地进行的三次精兵简政，前后共精简3万余人（不包括冀鲁边及鲁南两区），占原有脱产人员的 27%。精简后脱产人员总数约占基本区人口（不包括游击区）的 2.4%，低于中央规定的 3%。党的机关人员精简约 52%，政府机关人员精简约 46%。各级机关减少 1/3，减少使用马匹数千。通过精简，山东抗日根据地方基层单位和部队连队得到充实，地方武装和人民武装建设得到加强，人民负担进一步减轻。

五、山东五年工作总结

1942 年 11 月，萧华代表山东分局前往中共中央北方局汇报工作。1943 年 3 月，北方局对山东分局工作作出重要指示，指出：山东党五年来在执行党中央的抗日民族统一战线方针下，坚持了敌后抗日游击战争，创造了山东抗日根据地以及克服今后困难、坚持长期斗争的基本条件。但是，山东工作中存有若干严重的缺点与某些错误。最基本的缺点是还没有使山东党成为团结山东各阶级各党派共同抗日的中心，还没有普遍发动基本群众形成统一战线的优势，还没有创造出应有的政治影响和建立起应有的阵地，根据地的地方工作建设落后于军事建设，区村政权一般尚未切实改造，财政经济建设没有引起应有的重视，军事建设虽建立了强大的党军及数量相当大的地方武装但仍未克服宗派主义、本位主义的倾向，党组织中严重存在学风党风文风不正的现象。为此，北方局要求山东党：一是进一步巩固抗日根据地，积极地广泛地开展游击战争，开辟游击区，创造新的游击根据地；二是继续深入开展群众工作，并和改造区村政权、巩固支部的工作联系起来，实行"三三制"，加强政治、财经和地方武装建设，展开对敌经济斗争；三是强化统一战线；四是加强对伪、顽、会、匪斗争；五是认真开展整风运动，改进领导工作。北方局对山东的工作指示，是继刘少奇来山东所作指示之后又一纲领性指示。4 月 20 日，中共中央复电同意北方局这一指示。

根据中共中央、北方局指示，山东分局于 4 月至 7 月召开区党委书记联席扩大会议（又称扩大会议或高干会议），分为两个阶段，总结山东抗日根据地五年来的工作。经过 40 天学习，全省党员干部首先在党的方针、政策和一些重大问题上统一了认识，其次加强了群众观念，再次纠正了发展与领导方面的偏向。6 月 18 日，中共中央电示山东分局在会议期间，进行短期整风学习、开展批评与自我批评，各地工作检讨应集中在对敌斗争、提高生产及整风学习三个问题上。朱瑞作了《山东五年工作总结及今后任务》的报告。分局扩大会议的召开及《山东五年工作总结及今后任务》的报告，成为山东党组织对敌斗争和根据地建设指导思想发生重大转变的标志，开创了山东对敌斗争和根据地建设的新局面。之后，山东抗日根据地采取一系列措施，加强对敌武装斗争，开展分散性、地方性、群众性游击战，创造了人民战争的汪洋大海，逐步扭转了严重困难的被动局面。

第三节　坚持全面对敌斗争

一、实行"翻边战术"

抗日战争进入相持阶段之后，日军由军事进攻改为军事控制，进行政治、经济、文化、特务等方面的进攻和对城市、集镇、交通要道、农村的占领。在这种形势下，中共中央军委提出"积蓄力量，熬时间，坚持长期斗争，渡过困难，准备反攻"的战略指导方针和广泛开展群众性游击战的对敌斗争方针。1942 年下半年，山东分局书记朱瑞指出山东抗日根据地的战略指导方针是"政治攻势为主，游击战争为辅"。10 月，罗荣桓进一步指出，山东抗日根据地必须坚持分散性、地方性、群众性的游击战，必须坚持游击区的对敌斗争，必须紧密依靠群众，实行敌后武装工作队这一有效组织形式，并创造性提出"翻边战术"，即将八路军主力部队配置在边沿游击区，在敌人"扫荡""蚕食"抗日根据地时，八路军主力部队趁机"翻"到敌占区打击敌人，"敌打到我这里来，我打到敌那里去"，从而粉碎敌人"扫荡""蚕食"。组织小部队和民兵渗入敌占区，袭击敌人后方，打击日、伪政权，也是"翻边战术"的组成部分。海陵反"蚕食"战役和郯城战役，是成功运用"翻边战术"的典范。

1942 年 10 月，日军在"扫荡"鲁中沂蒙山区之前，散布虚假情报，谎称要"扫荡"滨海地区抗日根据地。罗荣桓指挥第一一五师，采用"翻边战术"，发动海陵战役。海陵县是抗战时期在赣榆、海州、郯城 3 个县之间建立的一个新县，为联结山东与华中根据地的要地。1942 年 11 月，日、伪军为切断山东与华中的联系，安设 10 余处据点，建立从郯城至赣榆的东西封锁线，"蚕食"了滨海抗日根据地 6 个地区之中的 4 个地区，严重威胁着第一一五师师部。伪新浦别动队杨步仁①部熟悉八路军的战略战术，了解八路军的情况，投靠日军后疯狂"蚕食"滨海抗日根据地。在罗荣桓指挥下，八路军第一一五师教导第 2 旅在 1942 年 11 月 3 日发起海陵反"蚕食"战役。6 日内，拔出敌据点 16 处，将敌人"蚕食"的 4 个地区恢复了 3.5 个。海陵战役中，教导第二旅成功运用了"翻边战术"，粉碎了敌人"蚕食"，支持了沂蒙山区反"扫荡"作战，取得重大胜利。

1943 年 1 月，为粉碎敌人"蚕食"，策应冀鲁边和清河区反"扫荡"作战，八路军又运用"翻边战术"，发起郯城战役。郯城处于临沂与新安镇之间，日军广筑炮楼碉堡，墙高壕深，是其在鲁南苦心经营的兵站基地。敌人发动"扫荡"时，郯城敌伪一部调出，城中守备相对空虚。八路军教导第二旅等部队围攻醋大庄等敌据点，滨海地委、滨海专署、滨海独立军分区动员上万名群众在临沂至郯城公路连续开展 4 天大破袭，迷惑敌人。1 月 19 夜，教导第二旅主力进攻郯城城南门，突破城垣，击毙守敌 7 人，俘敌 50 余人。敌人负隅顽抗，进攻受阻。20 日夜，教导第二旅改攻城东南角，攻上城墙，伪军大部瓦解。残敌退缩至城中心，在八路军连续猛攻之下，200 多名伪军及伪政权人员投降。21 日，战斗胜利结束，共毙伤日、伪军 400 余人，俘日军 7 人、伪军及伪政权人员 600 余人。攻克郯城后，八路军又乘胜攻克郯城周围 18 处敌人据点，迫使"蚕食"沭河沿岸的敌人

---

① 杨步仁，即在湖西"肃托"中欠下累累血债后叛变投敌的王凤鸣。

仓皇撤退。郯城战役成为八路军第一一五师入鲁以来敌后攻坚战的首次重大胜利，郯城抗日根据地由 4 个区扩大为 7 个区，随后成立了中共郯城县委和县抗日民主政府。

随着"翻边战术"的推广、运用，山东抗日根据地面积、人口逐渐恢复。毛泽东称赞说，"翻边战术"不是战术，而是战略。

二、加强地方武装

根据中共中央军委《关于抗日根据地军事建设的指示》，山东军区于 1942 年 8 月颁布《八一训令》，决定加强地方武装，强调党对县区地方武装的绝对领导，县区地方武装编制 100 人的为县大队、200 人以上的为独立营，各区脱产武装统一为区中队，展开分散的游击战争与掀起群众性的游击战争。

为加强县区地方武装，主要采取了八项措施。一是明确县区地方武装的工作任务，平时主要进行教育和训练，战时积极打击小股"清剿"抢掠的日、伪军，遭到敌人的"铁壁合围"时要以班、排为单位，分散带领群众转移突围。游击边沿区地方武装平时进行群众工作，战时开展反"蚕食"斗争，打击敌特务、宪兵队，稳定群众情绪。在敌占区活动的武工队，主要采取隐蔽方式，帮助群众，维系民心，积蓄力量。在反封锁、反"蚕食"、反"扫荡"斗争中，地方武装要接受主力部队的指挥。二是建立健全县区地方武装的指挥机构和政治工作机构。区党委、地委、县委选派地、县、区委书记兼任军分区、县大队、区中队的政治委员和指导员，选派有军事工作能力的县长兼任独立营或县大队的领导职务。抽调党员充实到县区武装，建立党支部，设立党小组，各县游击大队全部建立党的基层支部，区中队建立党支部或党小组。县区地方武装的政治素质、党员比例、战斗力明显增强。三是加强县区地方武装的骨干力量。鲁中、胶东、清河军区和滨海独立军分区先后抽调 1233 名班、排、连级干部，或者抽调成建制的班和排，加强县区地方武装，提高其战斗力。四是帮助县区武装军事训练和组织纪律教育。一方面严格建立下级服从上级的制度和工作秩序，一方面帮助县大队和区中队进行射击、投弹、刺杀等单兵基础训练，培训麻雀战、地雷战、伏击战、袭击战、破袭战等游击战常用战术，提高作战水平。同时，普遍进行革命传统教育和群众纪律教育，严禁"乱拿""乱要""乱罚"等。五是帮助县区地方武装稳定升级。区中队、县大队升级为独立营、独立团的一个连队时，一般先动员 2/3 人员升级，留下 1/3 为基础继续扩大。地方武装升级后，一般仍在原地区活动。自 1942 年 12 月至 1943 年 2月，鲁中、胶东、清河军区和滨海独立军分区地方武装有 5000 余人升级为基干部队，有力支援了基干部队建设。六是确定县区地方武装的编制。一般县大队 100 至 200 人。边沿区区中队 30 至 40 余人，中心区区中队 20 人，县大队人数不超过 100 人，一般采用没有排建制的小连，大队（即连）直接指挥班。七是充实县区地方武装的装备。至 1943 年 2 月底，鲁中、胶东、清河等地县区地方武装，已有各种步枪 1.25 万支，土枪、土炮 1.64万件。八是制定拥军优属办法。山东军区协同省战工会，制定县区地方武装优待办法，规定县独立营（县大队）、区中队的指战员，每家每次可发给25 公斤至 150 公斤不等的粮食，以解决家属生活困难。

经过整顿，县区地方武装的数量、质量均有很大发展。1943 年春，鲁中、胶东、清河、滨海区县区地方武装有独立营 17 个、县大队 67 个、区中队 460 个，各县大队均建立党的基层支部，各区中队均建立党小组，从上至下形成了党对军队的绝对领导。县区地方武装力量的加强，支持了各主力部队、基干部队作战，夯实了分散性、群众性、地方性游击战的胜利基础。

三、加强人民武装

为适应敌后游击战争新环境，进行群众性抗日游击战争，山东分局紧紧依靠群众，组织发动各地群众参加民兵和自卫团，建立人民武装，党群、军民之间逐渐形成生死与共的命运共同体。

1942 年至 1943 年，全省减租减息和增资运动深入开展，群众参加民兵和自卫团的积极性有了提高。山东省战工会于 1942 年 2 月颁布《修正山东省人民武装抗日自卫团暂行条例》，民兵和自卫团建设逐步走向正规。1942 年 9 月，山东省战工会、山东军区发布《修正山东军区人民武装抗日自卫团暂行条例》，山东分局、山东军区发布《为发动人民武装保卫家乡告同胞同志书》。1943 年 7 月，山东分局作出《关于党对武委会的领导及其工作机构决定》。9 月，全省第一次人民武装代表大会召开。会后，山东分局、山东军区发出《关于加强武委会工作指示》。至 1943 年 10 月，全省民兵人数占山东抗日根据地人口总数的 3.19%，占比最高的胶东区民兵人数占该区总人数的 4.35%。全省自卫团员人数占山东抗日根据地人口总数的 14.5%，占比最高的胶东区自卫团员人数占该区总人数的 19.8%。在海阳县，已有 95% 的村庄建立了民兵和自卫团组织。1944 年 4 月，山东分局、山东军区发布《人民武装政治工作草案》《山东人民武装抗日自卫团组织条例》。在党的领导下，全省民兵和自卫团建设显著提高。

人民群众武装起来之后，又进行组织整顿，切实增强人民武装的凝聚力、战斗力。1942 年 9 月山东分局和山东军区发出《为发动人民武装保卫家乡告同胞同志书》，号召人民群众参加民兵和自卫团，同时对人民武装进行组织整顿。山东军区先后抽调 2000 余人，组成人民武装工作团，分赴各地，利用半年时间，对各地民兵进行组织整顿、纪律整顿、军事训练、改善武器等，加强了人民武装力量。组织整顿是在党的绝对领导下，以贫农、雇农为骨干，大量发展中农，少量吸收富农及地主青年子弟，培养群众领袖，清除土匪、流氓等坏分子，纯洁组织，培训民兵基干力量，加强统一领导。通过整顿，各地民兵、自卫团组织得到了纯洁、巩固和加强，全省建立了统一的组织领导机构和指挥系统，各级均设立人民武装抗日自卫委员会（简称武委会），村设村团部，区设联防大队。1943 年 7 月，山东分局将各级武委会作为半群众性半军事性的独立组织，政治上接受同级党委的领导，加强民兵和自卫团政治工作建设。一是把"支部掌握民兵"作为建设人民武装工作最重要的方针之一。二是加强政治思想工作，建立队员大会制度、轮班集宿制度等政治工作制度，制定了民兵"四条纪律"①。海阳县武委会还创造性提出了民兵和自卫团政治思想教育工作的"六三原则"②。三是加强民兵和自卫团军事整训、武器装备，提高军事素质。1943年10月，山东分局、山东军区拨出100万元，专门制造中小型地雷；鲁中军区、胶东军区兵工厂研制"土压五"式（一次可压5发子弹）土造步枪、手榴弹、地雷等武器，配发民兵。人民武装的军事素质、武器装备和战斗力有了较大提高。1942年下半年至1943年上半年，全省民兵和自卫团共作战6039次，毙伤俘日、伪、顽军2894人，缴获轻机枪10挺、步枪390支。

四、开展群众性游击战

山东分局、罗荣桓在严重困难的抗日战争时期，按照中共中央军委"积蓄力量，熬时间"的战略指导方针，结合山东抗日根据地对敌斗争的实际，主动探索平原游击战的新战略。1942年7月至11月，罗荣桓相继发表《坚持我们的边沿游击区》《准备打破敌人紧缩包围封锁我们的根据地》《克服在执行游击战中认识上的一些偏差》等重要文章，明确提出开展"分散性、地方性、群众性"游击战争的战略方针。分散性游击战的战场，主要是在边沿游击区。在敌人力量较为强大并占领城市及交通运输线的敌

---

① 民兵"四条纪律"：（一）不随便拿老百姓的东西，不铺牛草；（二）战斗中缴获的东西归公；（三）不插枪、不妥协；（四）听命令、听指挥。为增强民兵组织纪律和群众观念，各级武委会、人民武装工作团参照山东纵队1940年制定的"坚决抗战救国，努力保卫家乡；实行军民合作，不扰民，不损军；不怕死，不怕苦，不畏难；爱护群众，爱护团体；服从组织，按时上课与操练"五条纪律，进行学习教育。

② "六三原则"：三热爱——爱祖国、爱共产党、爱民兵工作；三提高——提高共产主义思想、提高阶级觉悟、提高战争观念；三发扬——发扬革命斗争传统，发扬艰苦勇敢的精神，发扬民兵在三结合武装力量中的特点；三面向——面向战争，面向生产，面向群众；三达到——达到民兵资格标准，达到学习计划标准，达到劳武结合标准；三遵守——遵守民兵纪律，遵守法律、法令和村规民约，遵守学习制度。"六三原则"推出之后，全省进行学习推广。

后战场上，游击战不可能过早转为正规战。八路军主力部队、地方基干武装，实行分散地方化，建立大量民兵游击小组，开展分散性、地方性、群众性的游击战才是山东抗日根据地军民克敌制胜的关键一招。在敌人点线之间，紧密联系群众，大量发展游击区，坚持深入隐蔽斗争，推动抗日根据地建设，夺取抗日战争胜利。在边沿游击区进行斗争，必须依靠群众、动员群众、组织群众、帮助群众，必须提高群众对共产党、八路军的信任程度，必须组建武装工作队作为执行隐蔽斗争任务的有效组织形式，必须把政治攻势和军事活动结合起来。1942年8月山东军区成立后，即集中精力开展分散性、地方性、群众性的游击战争。在实践上，基本方针是以游击战为主、以运动战为辅，主动袭扰"扫荡"之敌，坚决保卫抗日根据地，拔除敌人安设的据点、碉堡，不打无把握之仗，机动灵活歼灭敌人有生力量。

1943年3月，山东军政工作会议在沂南县青驼寺召开。朱瑞作了《1942年敌我斗争形势的检讨和今后一年敌我斗争形势与对敌斗争的任务》的报告，罗荣桓作了《分散性游击战争与对敌政治攻势问题》的报告。广泛开展分散性、地方性、群众性游击战方针，更加依靠群众，以政治攻势为第一，以游击战争为核心，成为山东敌后抗战的指导方针。3月20日，山东分局下发《关于1943年群众工作的指示》，要求各地广泛发动群众，进一步依靠群众，大量培养干部，调整农村统战关系，坚持斗争，准备反攻。随后，山东抗日根据地群众工作轰轰烈烈开展起来，民兵组织等人民武装迅速发展。1943年底，山东省民兵发展到37万人。

广大人民群众通过民兵和自卫团的形式组织起来之后，在残酷的反"扫荡"、反"蚕食"斗争中大显身手，为夺取抗日战争胜利发挥了根本性作用。1941年至1943年上半年，民兵和自卫团在反"扫荡"、反"蚕食"、反封锁斗争中，积极配合主力部队和地方武装打击敌人。鲁中沂蒙山区抗日军民在1941年冬反敌人"铁壁合围"大"扫荡"时，八路军主力部队转移至外线作战，民兵配合县大队和区中队在当地坚持反"扫荡"，村村联防、机动袭扰，破坏敌人交通要道、通讯联络，埋地雷，打伏击，迟滞敌人"蚕食"推进，保护群众生命财产安全。滨海区民兵和群众1943年1月在临（沂）郯（城）公路100余里的交通线上，连续4天进行万人大破袭，沉重打击了"蚕食"之敌。在反封锁斗争中，人民群众武装起来之后爆发出了前所未有的战斗威力。如民兵、自卫团配合主力部队、地方武装破沟破墙，破坏敌人封锁线，拖延挖沟筑墙，掩护群众扒墙填沟。1943年1月至5月，胶东区民兵、自卫团和群众15万人在烟（台）青（岛）公路上展开反封锁斗争，平沟440多公里，粉碎了敌人的封锁计划。敌人试图修建新泰至莱芜铁路，遭到新泰县民兵、地方武装的多次破袭，铁路终未建成。1943年3月至1944年3月，全省民兵作战达7000余次，毙伤日、伪军2700余人，炸毁汽车36辆，缴获重机枪2挺、轻机枪14挺，长短枪730支，掷弹筒7具，大型运输船19艘，以及其他军用物资。

在广大人民群众不畏牺牲、积极参与的抗日斗争中，涌现出无数的抗战英雄群体。鲁中区博莱县南岩村（距离伪军吴化文部据点只有几里）人民群众顽强坚持对敌斗争，1943年半年时间内对日、伪军作战14次，攻克据点3处，碉堡15座，毙伤日、伪军133人，俘伪军105人，缴获掷弹筒2具，轻机枪2挺、步枪62支。1943年4月23日，伪军吴化文部1000余人携轻重机枪，兵分两路，偷袭南岩村。南岩村60余名民兵以劣势武器，迎头痛击伪军，毙伤伪军副团长以下50余人。次日，民兵掩护群众撤走，再次击退增援的日、伪军。民兵公茂志和于公臣负伤后被俘，宁死不屈，被日、伪军残忍杀害，悬颅示众。日、伪军纵火焚烧南岩村，全村177户仅剩三间瓦房，牲畜、粮食、家具被洗劫一空。7月17日夜，南岩村民兵群众仅用20多分钟，全歼敌玉皇山据点34人，缴获轻机枪1挺、小炮两门，拔掉了这颗"钉子"，并先后攻克日、伪军10余个据点。南岩村民兵群众的英雄壮举，成为全省人民群众学习的榜样，延安新华通讯社也重点报道了南岩村人民群众的英勇事迹。1944年8月，山东军区首次英模代表大会在莒南县坪上镇召开，南岩村12名民兵光荣出席，民兵队长刘建军被授予"特级民兵英雄"和"模范民兵指挥员"称号，南岩村民兵集体荣获"南岩英雄民兵队"奖旗。

山东人民群众在毛泽东人民战争思想指引下，发扬革命传统，配合主力部队和地方部队，创造了形式多样的游击战法，如麻雀战、地雷战、壕沟地道战、破袭战、奇袭战、伏击战、轮番战、冷枪战、封锁围困战、隐蔽捕捉战、黑虎掏心战、联防战、水上游击战等20多种，使敌人陷入人民战争的汪洋大海之中。其中的胶东地雷战，名扬华北敌后战场。胶东地雷战源于平度县大泽山抗日根据地，在胶东地区普及，在海阳县大显神威。1942年冬，日、伪军1500余人"扫荡"大泽山地区。民兵高禄民等利用石雷设下埋伏。日、伪军在1平方公里范围踏响石雷30余处，死伤70余人，被迫灰溜溜撤退。1943年10月，日、伪军3000余人拉网"扫荡"大泽山抗日根据地，当地民兵数千人配合八路军主力部队，在韭园、高家一带布下地雷阵，痛击了进犯之敌。平度县古庙村民兵用500枚地雷，大摆地雷阵，迫使敌人不敢过河进犯。地雷战风靡胶东区之后，海阳县民兵在地雷战中创造了多种地雷，由最初只有拉雷、绊雷、踏雷几种发展到30余种，如夹子雷、梅花雷、钉子雷、标语雷、头发丝雷、水雷、滚雷、真假子母雷等。埋雷办法，由预埋待炸发展到飞行爆炸等。地雷战术，由单一布雷发展到送雷上门和大摆地雷阵。海阳县成为胶东区地雷战战绩最突出的县。海阳县民兵群众在敌人必经之地，如大小路口、山坡、树林、河滩、瓜田、菜园、门阶下、水桶底等都埋下地雷，敌人走到哪里，哪里就有地雷爆炸。一时间，日、伪军人心惶惶，不敢轻易进犯胶东抗日根据地。海阳县赵疃村民兵赵守福等人就地取材，利用石头，发明石雷，满足了地雷战的需要。海阳县文山后村民兵于化虎等人发明了飞行爆炸雷，在反"扫荡"作战时发现敌人之后，从容研判敌人行进路线，精准设计埋雷地点，出其不意打击敌人。为增大地雷的杀伤力，民兵群众还在雷坑里加埋石子、碎铁之类，有效杀伤了敌人。在斗争实践中，民兵群众又创造了空中绊雷，专炸敌人的指挥官和骑兵。敌人在"扫荡"时，抓捕一些群众走在队伍最前面为其开路，民兵群众针锋相对发明了长藤雷，被抓群众安全通过之后，再让地雷在敌人队伍中间爆炸。1943年冬，伪军300余人到赵疃村北一带抢粮，民兵群众闻讯后埋伏在仗子山，在大路上布好地雷阵，炸死炸伤伪军15人。1944年夏，日军300余人从青岛增兵海阳县行村据点，准备进行"扫荡"。于化虎等民兵群众化装成敌兵，携带4枚大地雷，趁夜晚尾随日军大队潜入行村据点，隐蔽下来。深夜，他们悄悄将地雷埋到操场上，然后迅速翻墙越沟，撤离行村。次日，敌人集合会操，踏响4枚地雷，炸死日军33人，炸伤100余人。1945年5月，日、伪军500多人准备逃离索格庄据点。于化虎等民兵群众预先在敌人必经之路埋下20多枚地雷，炸死敌人多人。1943年至1945年，海阳县地雷战大显神威，共炸死、炸伤敌人1025人，涌现出赵疃、文山后、小滩3个胶东特级模范爆炸村，于化虎、赵守福、孙玉敏3名全国民兵英雄及11名"民兵爆炸大王"，海阳县栾家村民兵爆炸小队被授予"全省模范爆炸小队"称号。其中，孙玉敏还是全国为数不多的巾帼民兵英雄之一，曾埋设"铁西瓜宴"威震敌胆、越过敌人封锁线解救5名八路军工作人员等。鲁中区淄川县中茶叶口村（今属济南市莱芜区）民兵李念林也是著名的地雷战民兵英雄，曾先后研制成功蹬雷、咯噔雷、踏雷、钉子雷、挂雷、群雷、连环雷、石雷、三角雷等13种地雷，成为赫赫有名的"全省爆炸大王"和全国民兵英雄。各地民兵群众运用多种地雷战术，有力回击了日、伪军的"扫荡"。

在反"扫荡"作战中，山东抗日根据地民兵经常采用的作战方法是麻雀战，机动灵活，突然袭击，取得多次胜利。在平原地区，民兵群众比较常用的战法是壕沟地道战。因平原地区无山林水泽依托，清河区、冀鲁边区和鲁西区抗日军民便挖掘壕沟、地道，保存自己、消灭敌人。民兵群众将平原上畜力车能够通行的所有道路全部断路挖沟，阻止敌人汽车、坦克等机械化部队前进，便于民兵利用路沟安全转移群众和袭击敌人。敌人在平原道路上通行困难，民兵群众却能够将各村地道联通，并在运动中打击敌人。在抗日斗争中，山东抗日根据地民兵群众经常运用伏击战的战法，以微小代价，取得较大胜利。1941 年秋，平原县塘坊村民兵、自卫队配合游击队在高唐县腰站村附近设伏，当日军 3 辆汽车进入埋伏圈之后，手榴弹连珠炮般掷向敌人，几分钟时间，3 车日军被歼灭。在边沿区，民兵、自卫团采用联防战的战法对付敌人。1943 年至 1944 年，海阳县民兵联防组织遍及全县，纪家店、亭儿崖、笤帚夼、槐树底、摆驾岭组成的五村联防尤为著名，作战 100 余次，杀伤敌人数百人，成为闻名全省的"五虎村"。其他战法，如"歇人不歇庄、歇庄不歇枪"的"车轮战"、"民兵引、主力打"的"灯笼战"、"一处打响、四处驰援"的"蜂窝战"，均令敌人闻风丧胆。

人民群众武装起来之后，一面坚持对敌斗争，一面坚持生产劳动，为建设、保卫山东抗日根据地作出了巨大贡献。在生产与战斗结合（又称劳武结合）时，民兵组织与变工组织、生产突击队相结合，民兵全部参加变工组和生产突击队，平时和群众一起生产，战时直接参加战斗。民兵群众还自力更生，制造弹药、武器。在春耕播种、夏收夏种、秋收秋种之际，民兵和自卫团组织警戒队，武装掩护群众生产、抢收，袭扰抢粮之敌，保卫战斗果实。为粉碎敌人的经济封锁，民兵群众捕捉奸商，驱赶日、伪商社，防止物资外运，同时组织武装运销队，运销军需民用物资。在边沿区，民兵保卫根据地集市贸易，破坏敌方集市贸易。同时，民兵和自卫团还担负起巩固抗日民主政权、维护社会治安的重任。各级抗日民主政权特别是基层民主政权建立后，民兵便成为保卫、巩固新生政权的主要力量。如1943 年平度县高戈庄建立民主政权后，民兵负责保卫新生政权、翻身果实及减租减息等。9 月 9 日，日、伪军 300 多人进犯高戈庄，妄图摧毁新生民主政权，打通高（密）平（度）公路。高戈庄民兵、自卫队带领全村老少，操起各种武器，坚守在围墙上，同来犯之敌展开战斗，迫使敌人逃走。高戈庄民兵又配合部队杀进伪阎珂卿部老巢高家庄，生俘敌人 200 多人，闻名全省。在各级武委会和公安部门的指导下，广大民兵不定期清查户口，盘查行人，把守交通要道，维护社会治安。在反对敌政治文化特务组织斗争中，广大民兵成为政治武装工作队，有力打击了敌人所谓的"政治工作队""治安推进工作班""新民先锋队"等政治文化特务组织及其反动宣传，用枪杆子同汉奸、特务、奸细展开针锋相对的斗争。能劳能武的人民群众武装成为抗日根据地政权巩固、生产、治安的最坚固屏障。在参军、支前工作中，广大民兵和自卫团发挥了重要作用。各地民兵踊跃参军，支援主力部队和地方部队不断发展壮大。在大参军中，涌现出许多模范村庄。沂水县西越庄一百多户人家，先后有200人参加八路军。栖东一个小村仅30户人家，先后有24人参加八路军。广大民兵在对敌斗争中，做向导，送情报，运粮弹，救伤员，护物资，搞破袭，挖壕沟，拆碉堡，炸炮楼，承担了大量战勤任务，全力支援前线战斗。1942年至1945年，全省民兵拆除敌碉堡1957个、城墙6座、围寨731处，破坏敌公路28196里、桥梁385座、铁路150余里，拆除铁轨86544根，割电话线7115658斤，砍电线杆21808根。

五、实行小部队作战

分散性、地方性、群众性的游击战，主要就是实行化整为零的小部队作战。1942年7月，山东纵队明确提出在清河等平原地区实行小部队作战。小部队是主力部队派出的连队或地方武装，一律采取小连制（连下面不设排），每连最多设5个班，连长直接指挥各班。连设党支部，班设党小组。连设政治委员、副政治委员，各级干部均设副职，并设政治战士。党员人数，必须占全连人数的40%到50%。小部队在某一地区活动时，要同时接受当地最高党委的领导。小部队主要任务是在边沿区、游击区、敌占区组织发动群众，带领人民群众，积蓄抗日力量，开展广泛的群众性的游击战争。

1942年下半年，日、伪军在清东、清西、清中等地修筑据点351个、岗楼464个、公路4044公里、封锁沟1389公里，平均每8个村庄有1个据点或岗楼。伪军人数增加到9925人。清河区与冀鲁边、鲁中、胶东等抗日根据地的联系被敌人切断，斗争环境日益恶化。为扭转这一被动局面，清河军区从清东、清西、清中 3 个军分区抽调一部分连队，组成分散、机动、善战的精干小部队，实行小部队作战。按照敌占区、游击区、三角斗争夹击区这三种地区不同特点，分别组建小部队。在新开辟地区，抽调成建制的连队作为小部队，开展活动，打开局面。在敌占区，抽调主力连队的三四个班，与县区地方武装混合组成小部队，隐蔽作战。在边缘游击区，抽调基干部队中指挥作战能力强的军事干部和政治干部，协同县区地方武装，以地方武装为主，组成小部队，灵活作战。这些小部队善于打恶仗、打硬仗，敌后作战能力强。各小部队党支部坚强有力，设有支部委员会、党小组，党员人数占小部队总人数的 25% 以上，指导员和党员战士负责政治思想工作和群众纪律教育。在深入敌后作战的军事斗争中，小部队为了减轻群众负担、保护群众安全，制定了五项原则：军事活动服从于政治任务；打仗不得危害群众的利益；打仗不得损害地下党组织；军队服从地方党委领导；公开服从秘密。在敌后，小部队打击小股日、伪军，镇压特务，反对日、伪"清剿""自首"活动，成立灰色抗日组织（青苗会、戒赌会、联庄会、看坡队等），建立革命"两面派"政权，指导群众反资敌斗争，减轻人民负担，保卫群众利益，团结社会各阶层人士共同抗日，争取伪军、伪组织，隐蔽推进，打通抗日根据地之间的联系等，广泛开展分散性、地方性、群众性的游击战争。

1942 年 10 月，日、伪军加大力度"扫荡""蚕食"清河抗日根据地，小部队活动受到很大限制。白天，日、伪军"清剿"。夜晚，国民党顽固派军"围剿"。日、伪、顽的多方夹击，极大压缩了小部队的活动空间。清河军区的小部队主动插入到日、伪军驻守的跨河、跨路、跨沟地区活动。小部队插入日、伪军的据点周围，在外出"清剿"日、伪军的防区进行迂回作战。小部队在前面吸引日、伪军或顽军后，大部队在背后突然袭击，歼灭敌人有生力量。小部队还在敌后化装破袭，故意留下可疑痕迹，制造日、伪军之间的矛盾，乘机夺取马头、大小牛头镇、郑家等据点。寿光小部队抓住伪军"清剿"调防的空隙，会同地方武装连夜炸毁敌碉堡、拔除敌据点，还连续消灭顽军张景月部10余个反共特务大队，积小胜为大胜。在敌强我弱的战争形势下，小部队依靠地方党的领导和人民群众的支持，坚持分散性、地方性、群众性的平原游击战，取得了很好的斗争效果。自1942年8月至1943年3月，仅清河军区所辖的小部队就作战269次，毙伤日、伪军893人，缴获长短枪866支、机枪22挺。

小部队作战主要是在清河平原地区展开，其他各区也因地制宜实行小部队作战。如在鲁中山区，小部队坚持开展"麻雀战"（三三两两到处打冷枪）和"车轮战"（轮番与敌周旋）。在胶东丘陵地带，小部队运用地雷战（埋设地雷诱敌深入）和"神经战"（迷惑敌人寝食不安）。在滨海区，小部队与民兵坚守边沿区，实行"推磨战"（与敌人兜圈子）和"蜂窝战"（一村打响、四方驰援）。这些战法行之有效，有力打击了日、伪军，陷敌于人民战争的汪洋大海。

八路军第一一五师也十分重视小部队建设。1942年3月，第一一五师在莒县板石村召开连队政治工作会议，确定加强小部队和连队建设。5月，第一一五师在临沭县刘福村召开连队军事工作会议，观摩演练连、排、班进攻战术和制式教练、战术技术动作等，交流军事教育、连队生活管理、战斗转移等勤务工作经验。第一一五师注重小部队的政治思想建设，主力部队连队的党员数量经常保持在30%～40%。党员在战斗中冲锋在前、退却在后，在生活中吃苦在前、享受在后，影响和带动了广大青年战士。

六、武工队隐蔽作战

武装工作队（简称武工队）是少数精干人员组成的小型队伍，成员受过特别军事训练和政治教育，既能打仗又能宣传组织群众，能文能武，公开工作和秘密工作相结合，对敌开展政治攻势和武装活动，像钢刀一样插入接敌区和敌占区，被誉为"怀中利剑，袖中匕首"。抗日战争进入严重困难时期后，武工队深入敌占区和游击区开展抗日活动成为对敌斗争的主要方式之一。

在山东党组织的领导下，在边沿区及敌占区的对敌斗争方式发生了较大转变，改为由武工队执行隐蔽斗争任务。武工队领导，挑选当地人或熟悉当地情况的干部担任；武工队队员，抽调经过特别军事政治训练、既能打仗又能抓汉奸、既能组织群众又能开展政治攻势的优秀人员担任。武工队插入到敌占区，寻找立足点，建立关系户，依靠基本群众，下沉基层，隐蔽工作。武工队利用合法形式与名义，组织群众进行抗日斗争，由点到线，由线到面，隐蔽发展。如组织群众秘密抗日武装看坡队、打更队，组织群众秘密抗日团体戒烟会、戒赌会、忠义保国团，组织教育抗日青年知识分子成立教育研究会、读书会，有计划地发展党员，建立共产党的秘密支部，逐步把整个村庄变成隐蔽抗日的战斗堡垒。1943 年，全省有 8000 多个村庄成为共产党领导的隐蔽抗日堡垒，组织起群众 300 余万人。

鲁南铁道游击队（简称铁道游击队）是山东抗日根据地敌后武工队之中的一面鲜艳旗帜。铁道游击队是在抗日情报站（1938 年夏洪振海、王志胜建立）基础上发展起来的，先后称枣庄铁道队、鲁南铁道队、鲁西铁道大队、鲁南军区铁道大队，又称"飞虎队"。铁道游击队创造性地以火车为战场，机智灵活地打击日本侵略者，开展大小战斗百余次，在敌人心腹地区坚持斗争，直至抗日战争胜利，作出重大贡献，充满传奇色彩。1940 年 6 月，铁道游击队抽调 32 名精干队员，分成 5 个战斗小组，夜袭日本洋行，击毙 13 名日本特务和 1 名翻译，缴获 6 支长、短枪和一批物资，有力牵制了"扫荡"鲁南山区的敌人。1940 年 7 月，铁道游击队截获"驻峰县城日、伪军 50 余人乘火车去临城换防"情报后，以化装奇袭的方式，仅用十几分钟战斗，击毙日军警备司令以下 20 余人，俘伪军 34 人，缴获短枪 50 余支、轻机枪 1 挺、法币 8 万余元以及文件和军需品一宗。1941 年夏，铁道游击队夜袭临城火车站，击毙日军特务头子高岗茂一等 4 人，缴获机枪 2 挺、长短枪 15 支，狠狠地打击了敌人。1941 年冬，八路军鲁南军区被服厂突遭敌人袭击，主力部队越冬御寒成为当时一大问题。鲁南军区指示铁道游击队想方设法解决这一问题。铁道游击队在沙沟火车站一名伪副站长的协助下，将青岛至上海的两节闷罐车厢（装有布匹等物资）甩在预定地点，迅速组织群众将细纱棉布1000余匹、日军服100余套，以及毛毯、日用品、药品等大宗物资转移到安全地带，送到鲁南军区驻地。1942年夏，铁道游击队护送刘少奇等各级党政军领导人安全穿越敌人封锁严密的津浦铁路，保障了山东、冀鲁豫边区的交通线畅通无阻。铁道游击队积极开展争取伪军工作，培养了一批"人在曹营心在汉"的情报人员，建立了内线关系，及时获取敌人在枣庄地区的军事、政治、经济情报，并运用情报主动打击敌人。对于那些死心塌地投靠日军的伪保长、伪乡长等汉奸，采取"武装大请客"的方式，将其"请"到抗日根据地受训。对于极少数罪大恶极、影响恶劣的汉奸，坚决予以镇压。1945年10月，铁道游击队代表八路军接受驻峄县和临城一带日军1000多人的投降，缴械重机枪8挺、轻机枪130挺、山炮2门。

鲁中泰山区第一武工队是山东抗日根据地之中的模范武工队之一。1941年9月，日、伪军对泰山区抗日根据地进行大"扫荡"，又反复进行"蚕食""清剿"，泰山区抗日形势急剧恶化，抗日根据地面积急剧缩小。1941年12月，山东纵队第四旅抽调精兵强将50余人，组建泰山区第一武工队，下设三个分队。队员均为智勇双全、胆大心细、能单独执行任务的连排干部，每人都配备步枪、短枪和手榴弹三种武器。1942年1月，泰山区第一武工队秘密潜入莱芜口镇，组织发动群众，宣传共产党的政策，铲除叛徒宋有德，很快站稳脚跟，莱芜一带抗日斗争形势明显好转。1943年3月，泰山区第一武工队开赴泰安、莱芜边界，奉命摧毁日、伪苦心经营的"川村实验区"。日本特务在"川村实验区"与反动会门"硬拳道"、地方封建势力相互勾结，大搞所谓"地方自治"。泰山区第一武工队以政治攻势为主、军事斗争为辅，争取大部分群众，改造伪政权，建立革命的两面政权，成功摧毁了该实验区。1943年秋，泰山区第一武工队开赴济南南部山区，配合中共济南工委开展工作，建立抗日民主政权。泰山区第一武工队在对敌斗争中改造了很多会道门组织，成立了一些"两面政权"，坚持了反"蚕食"斗争，展开了政治攻势，创造性建立了"红黑簿"（善恶簿），争取瓦解了一批伪军、伪组织人员，仅在1943年便争取了120多名伪军投诚。武工队制定奖励伪军携带武器归来的办法，对日、伪军进行政治宣传（喊话），大量散发宣传品，说服教育日本士兵，迅速扭转了敌后战场的被动局面。1945年1月，八路军山东军区通令嘉奖泰山区第一武工队，赞扬泰山区第一武工队是"山东成立最早的武工队"，为建立历城、淄川抗日政权等作出了重大贡献。

此外，莱东孙齐武工队、胶东南海第一武工队、鲁南滕东武工队、滨海第四武工队等，都是山东抗日根据地的模范武工队。大量的武工队深入敌占区和接敌区，主动展开对敌斗争，打击了敌人，组织了群众，扩大了影响，保卫了根据地，夯实了抗日战争转入反攻阶段的群众基础。1943年，山东抗日根据地的小部队、武工队遍地开花，先后开辟了5万平方里的隐蔽抗日地区。

在基本群众的坚强支持下，山东抗战形势如火如荼。共产党、八路军在敌后战场上前仆后继、浴血奋战、独撑抗战大局的过程中，逐渐赢得了广大人民群众的拥护和信赖，逐渐成为全民族团结抗战的中流砥柱。

七、夺取沂鲁、诸日莒山区

1943年7月，苏鲁战区于学忠部及国民党山东省政府撤出山东之后，于学忠部及省政府原驻防的沂鲁山区、诸日莒山区便成为日、伪军和地方顽军的争抢目标。山东分局、八路军山东军区也同敌顽展开激烈的争夺战。

沂鲁山区指以沂山、鲁山为主，西连泰山、南接蒙山、东达诸城县、北抵胶济铁路的纵横数百里山区，是山东中部最大山区，为战略要地。诸日莒山区指诸城、日照、莒县一带，北靠胶济铁路、西接沂鲁的山区。当时，鲁山南部伪吴化文部，诸城一带伪张步云部，诸日莒山区北部伪厉文礼部、秦启荣残部，日莒公路以北顽军张里元部，盘踞两大山区周围。

1943 年 7 月，山东分局、八路军山东军区命令鲁中军区、滨海军区部队挺进沂鲁山区和诸日莒山区。7 月 5 日，滨海军区第十三团、第六团 1 个营在地方武装配合下，推进到日（照）莒（县）公路以北，击退了伪军张步云部和顽军张里元部。7 月 10 日，进驻诸日莒山区五莲山区。7 月 14 日，基本控制了诸日莒山区。鲁中军区第一团和第二、第三军分区部队于 7 月 12 日挺进北沂蒙山区，接防了鲁苏战区第一一四师防地，越过青（州）沂（水）公路，东进莒县、沂水、安丘边区，基本控制了鲁苏战区第一一三师防地。鲁中军区第四团和第四军分区部队基本控制了沂山地区，随后北上打通了沂、鲁两山区的联系。

7 月 15 日，日军 1500 余人、伪张步云等部 3000 多人进占五莲山区要地，进行"扫荡"，妄图控制已被八路军收复的诸日莒山区。7 月 18 日，滨海军区第十三团突袭伪张步云部，毙伤俘敌 700 多人，沉重打击了伪张步云部的嚣张气焰。在五莲山区，万毅率新第一一一师与日军展开激战。8 月 2 日，胶东军区第十四团 1 个营越过胶济铁路，配合打击五莲山区之敌。经反复争夺，八路军占领了五莲山区要地，基本控制了诸日莒山区。

7 月 28 日，日军独立混成第五旅团及伪厉文礼部自安丘南犯，伪吴化文部由沂水向莒县北部进犯，企图反扑。鲁中军区部队顽强阻击日、伪军，迫使敌人无法前进。8 月 6 日，鲁中军区第一团与滨海军区第十三团的 2 个营配合作战，袭击伪厉文礼部后方，击毙国民党反共"磨擦专家"秦启荣，重创厉文礼部。在鲁村一带，鲁中军区第二团和第一军分区部队歼灭伪吴化文部 1000 多人，时称第一次讨吴战役。至此，八路军山东部队基本控制了日莒公路以北的诸日莒山区，完全控制了青（州）沂（水）公路以东、安（丘）莒（县）边区以西的沂山山区，部分控制了鲁山山区，新开辟解放区 2000 多平方公里。为巩固新解放的沂山地区，山东分局在 1943 年 9 月成立沂山工委和沂山军分区。1944 年，沂山工委改为沂山地委（鲁中区第四地委），成立沂山专署（鲁中区第四专署），辖沂北、莒沂边、安丘、昌乐、临朐等县。

1943 年 12 月，鲁中军区集中主力 5 个团和部分地方武装，在滨海军区部队策应下，从四面进攻伪吴化文部，发起了第二次讨吴战役。战斗持续 4 昼夜，攻克东里店、大张庄、石桥等 20 余处伪吴据点，歼敌 1000 余人，收复鲁山南部部分地区。八路军山东部队控制了沂鲁山区和诸日莒山区，为以后军事斗争创造了极为有利的条件。

第九章
进入战略反攻和夺取全民族抗战胜利

国民党山东省政府和国民党主力部队撤出山东后，共产党在山东团结带领抗日军民，独立支撑起敌后抗战大局。经过战略相持阶段的艰苦斗争，抗日根据地各方面建设取得很大成绩，党群、军民之间真正形成了水乳交融、生死与共的鱼水关系。1943 年冬，世界反法西斯战争迎来胜利曙光，全民族抗战进入战略反攻阶段。1944 年春，共产党领导的山东抗日军民开始对敌展开攻势作战。日军垂死挣扎，1945 年春将兵力增至 10 万人，试图建立所谓"山东半岛防御体系"，"扫荡"山东抗日根据地，均被共产党、八路军彻底粉碎。1945 年 8 月 9 日，毛泽东发表《对日寇的最后一战》。8 月 11 日，山东军区部队组成五路大军，向日、伪军发起全面反攻，歼灭一切拒降之敌。山东抗日军民在大反攻中，终于迎来全民族抗战的伟大胜利。

第一节　1943 年秋冬的山东局势

1943 年至 1944 年，世界反法西斯战争形势发生根本性变化，日军在太平洋战场开始丧失战略主动权。1943 年 10 月，中国驻印军反攻缅北，打通中印公路。11 月，中、美、英三国发表《开罗宣言》，强调要将日本侵占的中国东北、台湾和澎湖列岛归还中国，确认中国对台湾的主权地位。1944 年，苏联攻入德国、美军逼近日本，中国也打通与盟国的陆上交通，日军大势已去、败局已定。但是，1944 年日军仍在中国境内垂死挣扎，并发起豫湘桂战役（日军称之为"一号作战"）等，国民党军队溃败而逃，河南、湖南、广西、广东、福建等省大部地区沦陷。在共产党领导的敌后解放区战场，却是另一番景象。"在军事、政治、思想各方面，再次开始积极行动，并得到多数民众的同情，从而迅速扩大了势力。"① 共产党在山东逐步发起对日、伪军的攻势作战，基本打通华北与华中的联系，迫使日军在1943 年 12 月之后停止进攻抗日根据地。

一、日、伪军的警备情况

1943 年冬，日军在山东的兵力明显减少。1944 年 4 月，日军第十二军司令部（驻济南）及所属 4 个师团和驻防鲁北的独立第七混成旅团调至河南，日军第五十九师团（细川忠康任师团长）司令部移至济南，承担山东的警备。步兵第五十三旅团驻张店，田坂八十八任旅团长（后由上板胜少将接任），辖独立步兵第四十一、四十二、四十三、四十四大队，承担青州、济南、武定等地 13 个县的警备。步兵第五十四旅团驻泰安，长岛勤任旅团长，辖独立步兵第四十五、一〇九、一一〇、一一一大队，承担济南、泰安、曹州等地 19 个县的警备。独立混成第五旅团驻青岛，长野荣二任旅团长，辖独立步兵第十六、十七、十八、十九、二十大队，承担青岛、莱阳、登州、潍坊等地及胶济铁路线的警备。独立步兵第一旅团驻兖州，浅见敏彦任旅团长，辖独立步兵第一九一、一九二、一九三、一九四大队，承担兖州、济宁、曹州、沂州等地的警备。

1944 年 4 月，日军华北方面军直属第五十九师团由泰安移驻济南，接替日军第十二军及独立混成第七旅团的警备任务。这时，日军在山东已无军建制，只有第五十九师团和独立混成第一、五旅团，共 2.5 万余人，是全民族抗战以来在山东兵力最少的时期，另有战斗力明显减弱的伪军 20 万余人。日军被迫收缩山东防区，只在交通干线、战略支点和工矿资源区配置 47 处重要据点。1944 年，日军被迫放弃武定（今惠民）、利津地区（今

---

① 日本防卫厅战史室编，天津市政协编译组译：《华北治安战》（下），天津人民出版社 1982 年版，第 340 页。

鲁北黄河口一带）、栖霞等地区，将兵力收缩至津浦、胶济铁路沿线，大部防务交由伪军。为掩盖其兵力不足、战斗力不强的颓势，日军在山东抗日根据地沿边区实行所谓"九分政治，一分军事"策略，加强特务、会道门活动，展开所谓以"游击"对游击、以"突击队"对小部队、以"政治攻势"对政治攻势、以"一元化"对一元化的"全面斗争"。

1945 年 3 月，日军成立华北方面军第四十三军，细川忠康任司令官，驻济南，辖第五十九师团（该师团 1945 年 5 月调离山东，由第二十军第四十七师团接替）、独立混成第五和第九旅团（该旅团 1945 年 5 月调离山东，调入第九、十一、十二独立警备队）、独立步兵第一旅团，直至在山东投降。第四十七师团于 1945 年 6 月驻济南，系以日本留守第五十七师团为基干编成，渡边洋任师团长，辖步兵第九十一、一〇五、一三一联队和骑兵第四十七联队、山炮兵第四十七联队、工兵第四十七联队、辎重兵第四十七联队。独立混成第五旅团驻青岛，长野荣二任师团长，辖独立步兵第十六、十七、十八、十九、二十大队。独立步兵第一旅团驻莒县，浅见敏彦任旅团长，辖独立步兵第一九一、一九二、一九三、一九四大队。第九独立警备队于 1945 年 4 月编成，驻济南，石川忠夫任队长，辖独立警备步兵第四十三、四十四、四十五、四十六、四十七、四十八大队。第十一独立警备队于 1945 年 4 月编成，驻兖州，洼田武二郎任队长，辖独立警备步兵第五十五、五十六、五十七、五十八、五十九、六十大队。第十二独立警备队于 1945 年 4 月编成，驻青岛，泷本一磨任队长，辖独立警备步兵第六十一、六十二、六十三、六十四、六十五、六十六大队。

除了日军外，山东尚有伪军若干。1943 年，山东伪军包括：（1）"和平建国军第三方面军"（系 1943 年 1 月鲁苏战区新编第四师吴化文部投敌），吴化文任司令，辖第一军和独立第一、二、三旅，教导第一旅，有 2 万人，主要在沂源县等地活动；其独立第一旅在 1944 年 9 月被八路军歼灭。（2）伪暂编第十军（系 1943 年 6 月鲁苏战区五十一军第一一二师副师长荣子恒部投敌），荣子恒任军长，辖第一、二、三师，有 1 万人。该部在 1945 年 2 月被八路军全歼。（3）"鲁东和平建国军"（系 1943 年 2 月鲁苏战区游击第二纵队厉文礼部投敌），厉文礼任司令，辖7个团、3个支队，有1.36万人，主要在潍县、昌乐、安丘一带活动。该部在1945年6月被八路军歼灭0.73万人，余部在1945年11月被国民党收编。（4）"华北绥靖军第四集团军"，陈志平任司令，辖3个团，0.65万人。（5）"华北绥靖军第八集团军"，王铁相任司令，辖4个团，0.36万人。（6）山东保安司令部，伪省长唐仰杜兼任司令，辖直属11个大队和所属10个道105个县（市、特区）保安大队，共11.7万人。（7）其他小股伪军，如"山东和平建国军""皇协军第一支队""北支派遣桐四七二〇部队""北支特别炮舰队""和平建国军第七十一旅""滨海警备军""沂州道警备大队"等。至1945年8月日军投降，山东有伪军17.34万人，其中正规军4.93万人、保安部队9.71万人、其他2.7万人。

二、国民党的留守部队

1943年7月，国民党鲁苏战区（1944年5月被撤销）、山东省政府离鲁入皖，留在山东的武装力量仅6万人，主要为地方保安部队和地方游击部队。地方保安部队如第八专区张天佐部（以昌乐为中心），第十四专区张景月部（以寿光为中心）①，第五专区及垦区刘景良部②、张子良部、周胜芳部（以惠民为中心）等，维系着几个名义上的专员公署政权。地方游击部队，如鲁南有张里元第一纵队、王洪九挺进第十纵队、刘桂堂新编第三十六师，鲁中有秦启荣第三纵队，鲁东有赵保原暂编第十二师、王尚志第四纵队等，其中王洪九兼任第三区专员，赵保原兼任第十三区专员，秦启荣主持第十二区专员公署工作。国民党山东省政府在南撤前，另设鲁南、鲁东两个办事处。国民党山东省内各级地方政权纷纷垮台或名存实亡，各

---

① 张景月部前身为山东抗日救国义勇军鲁东第一支队，1938年被编为山东保安第十五旅（正规军），1943年被扩编为保安第三师，1945年有2.3万人，1945年8月被八路军渤海军区击溃。

② 刘景良部前身为华北抗日救国军一部。刘景良于1938年任山东第五专区行政特派员兼保安司令，1939年任第五区行政督察专员兼保安司令，1942年任鲁北行署副主任，1943年任保安第四师师长，1944年被日军杀害。

地武装力量失去统一指挥，矛盾重重。

在 1943 年至 1945 年全民族抗战胜利期间，国民党在山东的留守部队对日、伪军展开一些重要战斗。一次性毙伤俘敌军 50 人以上或影响较大的战斗包括：

三都河战斗。1943 年 8 月，国民党山东保安独立第一旅隋永谞部收编伪军阎茂文团。9 月，日军在隋部驻地三都河附近集结，包围三都河。7 日至 8 日，双方展开激战，日军攻占三都河据点。隋部团长孙仁九等 1500 人阵亡，毙伤日、伪军 1000 人。①

小珠山救护盟军飞行员。1944 年春，盟军第十四航空队 1 架 P-51 飞机在青岛上空作战时被日军高射炮击中，迫降在小珠山（在今黄岛区）。鲁苏战区独立挺进第二纵队姜黎川部第一团韩福德部前往营救，救出飞行员威廉·则普利曼，并烧毁飞机，在撤退时与日军搜捕队发生激战，副营长傅伯诚阵亡。1945 年 9 月，姜部将飞行员移交驻青岛美军。②

孙正战斗。1944 年夏，日军进犯孙正村（鲁苏战区游击第四纵队司令部驻地，今属平度市明村镇），第四纵队司令王尚志率新编特务大队肖雁宾部 400 余人坚守阵地。5 月 26 日，日、伪军包围村庄，炮火轰炸，发起猛攻。王尚志率部与敌人展开巷战，在战斗中被俘。这次战斗，第四纵队伤亡 500 人、被俘 100 人。1944 年 7 月，第四纵队被改编为"山东挺进军第十五纵队"，王豫民任司令。③

青岛市保安总队在敌后抗战。青岛市保安总队（也称"青保""崂山抗日游击队"）是全民族抗战时期活动在鲁东、崂山一带的一支国民党抗日武装力量，前身为第五战区游击队指挥部第十六支队二总队直属三大队改编的鲁东独立营。1942 年，成立青岛市保安总队，青岛代市长李先良兼任

---

① 即墨县志编纂委员会编：《即墨县志》，新华出版社 1991 年版，第 585 页；青岛市政协文史委编：《青岛文史资料》（第七辑），1986 年，第 183~186 页。

② 青岛市政协文史委编：《青岛文史资料》（第九辑），1992 年，第 176~179 页。

③ 1944 年冬，王尚志被营救获释。平度县政协文史委编：《平度文史资料》（第二辑），1986 年，第 220~224 页；昌邑县政协文史委编：《昌邑文史资料》（第三辑），1987 年，第 158~172 页。

总队长，辖保安第一、二大队及特务大队。1944 年，队伍增至 4000 余人，高芳先任总队长。1945 年全民族抗战胜利前夕，改为青岛保安师，李先良任师长，辖三个团。该部对日、伪军作战 30 余次，较大规模战斗包括：1944 年 3 月 2 日，高芳先率部夜袭伪自卫团江志源部（驻王哥庄），毙俘伪军 178 人；1944 年 9 月 7 日，青岛市保安总队进攻黄山伪军碉堡，毙俘伪军 50 人；1944 年 9 月 28 日，青岛市保安总队进攻大崂据点，攻入碉堡，展开白刃搏斗，毙俘伪军 86 人；1945 年 4 月 14 日，一股日军进犯青岛市保安总队登瀛防区，保安总队集中兵力攻击日军，毙伤俘日军 69 人。

轰炸南石桥机场。日军于 1943 年在南石桥村（今属淄博市淄川区）建成教练飞机场。1945 年 6 月 24 日，4 架国民党军用飞机轰炸该机场，炸毁日军飞机 5 架、炸伤 7 架。

三、全民族抗战新形势

1943 年 7 月鲁苏战区于学忠部及国民党山东省政府撤出山东之后，李仙洲部入鲁接防，反共未遂；共产党、八路军在山东人民群众拥护支持下，接防于学忠部原来防区沂山南部山区、五莲山区和莒日山区，击退吴化文、厉文礼、张步云等部，驱逐张里元、秦启荣，打通鲁中区、渤海区、鲁南区三块抗日根据地联系并连成一片，完全控制鲁中、鲁南山区，独立支撑起山东敌后战场的抗战大局。

由于日军对敌后抗日根据地实行报复性"扫荡""清剿"，国民党政府又早已停发八路军的薪饷物资，加之严重自然灾害频发，敌后抗日根据地发展遇到极大困难。为了进一步克服困难，坚持抗战，1943 年 10 月，中共中央根据国内外新形势发展变化，作出《关于减租、生产、拥政爱民及宣传十大政策的指示》。[①] 10 月 10 日，山东分局作出《为贯彻中央 10 月 1 日

---

① 这个指示最早发表在 1943 年 10 月 1 日的《解放日报》。指示共分为 4 个部分，前 3 部分后来被编入《毛泽东选集》第三卷。十大政策是：对敌斗争、整顿三风、精兵简政、统一领导、拥政爱民、发展生产、审查干部、时事教育、三三制、减租减息。

指示的决定》，针对山东的具体情况，提出了贯彻执行的步骤与要求，号召山东全党为开展群众性的伟大生产运动而斗争。1943 年底，确定 1944 年仍要坚持团结抗日，集中力量打击日、伪军，巩固和扩大抗日根据地。山东分局按照中共中央指示和山东抗日根据地发展形势任务，作出贯彻部署，将落实"十大政策"作为年度最切要任务，加强抗日根据地军事、政治、经济、文化等各方面建设，积蓄力量，准备反攻。

第二节　建设根据地准备大反攻

一、开展减租减息运动

在第一次国共合作时期，即已规定未土改地区地主出租土地原则上须减低原租额百分之二十五（即"二五减租"），并成为国共两党的一致主张。全民族抗战爆发后，中共中央通过《中国共产党抗日救国十大纲领》，实行减租减息政策，将减租减息作为解决农民土地问题的基本政策，实行"二五减租"。减租减息政策在全民族抗战初期，获得了广大群众的拥护，团结了各阶层人民，支持了敌后抗战。1941 年开始，由于日、伪连续"扫荡""蚕食""吞并"以及国民党的限制封锁等，抗日战争进入了最困难时期。1941 年山东抗日根据地遭到日、伪军残酷"扫荡"，1942 年开始执行减租减息政策。

1942 年 1 月，中共中央通过《关于抗日根据地土地政策的决定》，制定三项基本原则，即地主减租减息、农民交租交息、奖励富农发展生产等。1942 年春，刘少奇指出山东忽视群众运动的错误之后，山东抗日根据地开始认真开展减租减息工作。5 月 4 日，山东分局作出《关于减租减息改善雇工待遇开展群众运动的决定》，将认真实行减租减息、发动群众作为山东根据地建设的第一位斗争任务，还对减租减息工作作出补充指示及租佃、息借、工资等条例草案，具体部署减租减息、发动群众工作。减租减息工作由党委直接领导，抽调干部以同级或上级农救会干部的名义指导各地开展工作。减租减息选定日、伪军不"扫荡"、无磨擦地区作为中心地区，从解决群众切身问题着手。首先由县以上的政府公布息借条例，由县政府与参议会、农救会邀请当地的地主士绅召开座谈会，说明减租减息工作，争取进步士绅支持。在减租减息斗争中，以合法斗争为主，采取百姓讲道理的方式，先斗口，后斗力（用群众的力量），再斗法（打官司）。山东各地按照山东分局指示，确立了依靠基本群众的指导思想，全党动员发动基本群众，《大众日报》连发几篇社论进行动员。6月，减租减息工作开展起来。经过半年以上的群众动员后，各地农救会及各种救国会组织进一步巩固发展。绝大部分地区进行了减租减息、改善雇工待遇，基本群众生活得到改善，参军、归队、参加民兵、担任抗战勤务等积极性明显提高。群众在改善生活的斗争中，政治认识、胜利信心都有很大提高。1943年10月，全省有群众组织的村庄占山东抗日根据地村庄总数的62%，有组织的群众（仅包括工农青妇救会员）人数占山东抗日根据地总人口的32%，自卫团员人数占山东抗日根据地总人口的15%。群众组织起来之后，群众的政治地位、政治优势明显提高，积极开展群众性的游击战争和生产工作、拥军运动，"根据地比较有了依靠，斗争也比较坚持"①。但是，有些地区对动员民众的重要性认识不够、缺乏群众观念，严重影响了减租减息的彻底贯彻实施，"减得不普遍，不彻底，明减暗不减的现象相当严重"，"没有大胆发动群众斗争，封建统治尚未彻底动摇，基本群众尚未真正发动起来；再加上我们工作的时热时冷，坚持性非常差，所以到一九四三年春，许多地区地主们又开始反攻，逐渐侵蚀群众减租减息已获得的胜利"②。

1943年，国际国内形势发生了对中国人民抗战较为有利的变化。中共中央适时提出实行彻底减租减息，改善人民生活，树立基本群众的优势，

---

① 《中共山东分局关于一九四三年群众工作的指示》，《山东革命历史档案资料选编》第九辑，山东人民出版社1983年版，第334页。

② 《山东省第二次行政会议土地组总结报告（草案）》，《山东革命历史档案资料选编》第十三辑，山东人民出版社1983年版，第202页。

发挥农民群众的积极性，实现积蓄力量、克服困难、迎接光明的目的。1943 年 10 月，山东省战时行政委员会要求把"彻底完成减租减息政策，立即开展查减运动"① 作为目前最中心的具体任务之首。从 1943 年冬到 1944 年春，在山东分局的号召鼓励下，减租减息运动再次轰轰烈烈开展起来。1944 年夏，山东分局再作补充指示，限期完成减租减息工作。山东省战时行政委员会也发出训令，将减租减息定为七、八、九、十这四个月的中心工作，强调"群众只有在改善生活的运动中才会发动和组织起来，只有群众普遍的发动和组织起来以后，抗日民主政权才能有广大的基础，无此基础，政权是不巩固的，是经不起革命的风吹雨打的"②。在减租减息与查减工作中，出现了"恩赐""包办代替"等错误现象。山东分局严厉督促，要求特别重视启发群众的自觉，极力反对并禁止工作团突击的运动方式，求真务实，真正动员民众，减租减息发动群众运动有了新进展。在查减斗争中，滨海区莒南县大店"对封建势力和彻底查减的认识，群众斗争的规律和领导斗争的一套具体办法和经验，通过组织和群众路线，掌握典型和突破一点等等"③，成为山东抗日根据地减租减息运动的先进典型。

在 1942 年 5 月至 1943 年 9 月的减租减息运动中，滨海、胶东、鲁中、清河 4 个战略区有 4735 个村、370057 亩土地实行"二五"减租，平均每亩地减租粮 31 斤 11 两；有 4435 个村、72958 名雇工增加工资，平均每人增加粮食工资 165 斤。但是，清河区大部地区未开展减租减息运动，胶东区 1943 年减租减息运动基本停滞，其他战略区之间发展也很不平衡。此外，由于这一时期山东抗日根据地正处于极度困难时期，抗日民主政权很不稳

---

① 《六年来群众工作概括总结——黎玉同志一九四三年十月在分局群工会议上的总结报告》，《山东革命历史档案资料选编》第十一辑，山东人民出版社 1983 年版，第 130 页。

② 《山东省战时行政委员会关于查减工作的训令（1944 年 8 月 10 日）》，《山东革命历史档案资料选编》第十二辑，山东人民出版社 1983 年版，第 324~325 页。

③ 《中共山东分局宣传部关于转发莒南县委〈大店查减斗争总结〉的通知（1944 年 11 月 5 日）》，《山东革命历史档案资料选编》第十三辑，山东人民出版社 1983 年版，第 96~97 页。

固，抗日根据地连续遭到敌、顽夹击而被严重"蚕食"、封锁，"双减"运动难以较大推进。

1943 年 10 月，中共中央作出《关于减租、生产、拥政爱民及宣传十大政策的指示》后，山东分局 10 月 10 日作出《为贯彻中央 10 月 1 日指示的决定》，召开群众工作会议，要求扎实开展减租减息工作，并把减租减息运动作为当前最重要工作。1943 年冬至 1944 年，山东抗日根据地减租减息运动再次开展起来。1943 年 10 月，山东抗日根据地在老区的 10128 个村庄开展查减斗争，检查减租减息政策执行情况。检查结果表明，在山东抗日根据地中心村庄，减租减息工作开展较好；在边远地区，开展较差。山东抗日根据地结合整党整风，整顿党的各级组织，重新动员发动群众，深入开展减租减息斗争。

1944 年 3 月，山东分局责成莒南县委工作团进驻莒南县大店镇，开展减租减息斗争。工作团广泛发动群众，深入调查研究，进行"谁养活谁"的教育，两次召开 3 个县群众参加的万人斗争大会，减租土地 8262 亩、减租粮 78430 斤、612 户农民退回租息，成为山东抗日根据地减租减息运动的典型。但是，总体上看，查减工作进展并不理想，依靠群众不够，较多采取包办代替的"恩赐"办法。1944 年夏，进行"双减"的村庄仅占 40%，未形成普遍深入的群众性运动。

1944 年 7 月，山东分局发出《关于七八九十月群众工作补充指示》，要求在全省抗日根据地普遍开展减租减息运动，规定老区各村庄全部实行减租减息（消灭减租减息空白村）、新区实行彻底减租减息并改善雇工待遇、边沿区（标准适当降低）进行减租减息增资。8 月 10 日，山东省战时行政委员会发出《关于查减工作的训令》，具体规定减租减息的方针、方法和策略、步骤等，减租减息运动在山东抗日根据地迅速展开。在运动中，各地开展反封建政治压迫、反恶霸地主的斗争，对民愤大的恶霸地主展开有领导、有组织的斗争。斗争方式，一般采取数村、十几村或数十村联合的形式，进行说理斗争。1944 年，召开斗争大会 1.9 万次，斗争恶霸地主

1.3 万人，开展清"黑地"、反贪污、反汉奸、反不正之风等活动，清算被剥削土地等价值 3 亿元（北海币）以上，巩固了民主政权、壮大了群众组织、树立了贫雇农政治优势。广大贫苦农民政治上翻身做主、经济上得到实惠，拥护共产党和抗战热情提高较大。

1944 年 12 月，山东省战时行政委员会发出《关于具体执行"八十"训令的决定》，防止减租减息发生偏差。1944 年，山东抗日根据地减租减息村庄 1.47 万个，占 63%；组织 404 万、占 26.5% 的群众参加各类组织。如鲁中区减租粮 321.7 万余斤、减租款 87.9 万元、减息粮 11.2 万余斤、减息款 57 万余元，增资粮 406 万余斤、增资款 7.2 万余万元；胶东区减租土地 6.4 万余亩、减租粮 280 余万斤、减息款 1.7 万余元；滨海区减租减息村庄占 77%，工作开展最为深入。减租减息运动，推动了抗日战争和大生产运动的发展。由于减租减息工作的艰巨性、复杂性和反复性，至 1945 年 8 月，山东老解放区 23417 个村庄中，实现彻底减租减息的仅占 17.31%；减租减息不彻底的占 46.59%；未进行减租减息的占 36.1%。尽管如此，山东抗日根据地掀起的减租减息运动仍然激发了广大农民抗日和生产的积极性，山东翻身群众扬眉吐气，积极生产支前，自愿拥军参军，党群之间结成利益一致、目标一致、水乳交融、生死与共的命运共同体。1945 年 8 月，山东抗日根据地民兵由 1944 年底的 31.8 万人发展到 50 万人，自卫团由 1944 年底的 105 万人发展到 150 万人。各地掀起参军、参战、支前和拥军优属的热潮。如 1945 年 1 月，有 3.27 万余人参军入伍；沂南县有 82% 的民兵参军入伍。

二、开展大生产运动

1942 年 12 月，毛泽东作《经济问题与财政问题》的报告，批评不发展经济而单纯搞财政收支的错误思想、不帮助人民发展生产度过困难而只是索要物品的错误作风。1944 年，山东抗日根据地改变过去注重财政、忽视经济工作的做法，掀起大生产运动。大生产运动以农业生产为主，劳动互助，集体与个人相结合、兵与民共同生产。1944年3月15日，山东分局发出《关于开展春耕大生产运动的指示》。各级党政军机关开展群众性大生产运动，走出机关，到生产第一线，参加劳动生产。罗荣桓带病参加劳动，率领大家挖盐田。胶东行署建立实验区，总结推广生产经验，帮助农户制定兴家计划。滨海区三行署（滨中专署）推广棉花管理新技术，使用"打棉权"办法控疯长、促增产。

八路军山东军区及所属部队在战斗空隙坚持生产，开展生产节约运动，武装掩护军民生产，帮助群众兴修水利、耕种收割。北海银行各分行提供低息生产基金，帮助部队生产。1944年6月，山东军区部队开荒种地7000多亩，实现被服、鞋、袜基本自给，保障每人每天五钱油、五钱盐、一斤蔬菜和每人每月一斤猪肉的生活水平。各地区大力开荒种地、种菜、养猪、养羊等，发展纺织、榨油、制粉等加工和运输业，削减经费开支，促进机关大生产运动。至1944年底，山东抗日根据地开垦荒地7.7万余亩，节约应领经费40%；山东军区部队经常性费用自给50%，群众负担大大减轻。如鲁南区群众负担1944年较1942年减轻10%至20%，1945年较1944年又减轻25%。

在大生产运动中，各级党委和政府推广换工互助与合作社生产，劳动互助运动蓬勃发展。各地组织工作队，建立基点村，划分实验区，组织劳动互助，实行以畜换工、按日计工、按亩计工，坚持自愿结合和等价交换原则，因地制宜，教育引导，典型示范，总结推广贫农与中农结合、贫农与富农结合、贫农与贫农结合等变工互助形式，树立了贫雇农在互助组织中的领导权。在变工互助中，注意解决记工、分红、并场换工、剩余劳力等实际问题，切实维护群众生产利益。各地大力表彰劳动英雄、劳动模范，宣传劳动互助、共同富裕，推动合作社发展。1945年8月，山东抗日根据地变工互助组由1944年底的6.4万个发展到10.8万个，参加人数由1944年底的38万人发展到103万人，推选出朱富胜、王兑一、张富贵、邱如一、郑信、刘兴义等41名劳动英雄和500名劳动模范。

在推动合作社发展上，坚持依靠基本群众（贫中农）、团结富农的原则，实行民办公助，积极引导，坚持自愿，以私有财产为基础，劳力、实物、资金、生产工具等折股参与，实行公私两利、按劳分配、按资分红的分配原则，组织多种形式的专业或综合性生产合作社。各地党组织和政府积极帮助确有困难的集体和个人贷款，及时推广莒南县臧家庄合作社、沂水县水淹坪合作社、渤海区渔民合作社的典型经验，指明合作事业发展方向。各地合作社经营范围，从经营消费品扩大到生活服务、生产、运输、存贷款等方面，经营种类由榨油、纺织、铁木工等扩大到供销、运输、缫丝、染织等40余种。1945年8月，山东抗日根据地合作社数量由1944年底的1839个发展为4926个，入社人数由1944年底的121万人发展为144万人，入股资金由1166万元（北海币）增至6942万元。

大生产运动开展一年多，山东抗日根据地粮食产量均有增长，超额完成粮食增产目标，鲁中、胶东、鲁南、滨海均实现棉纺自给，日、伪、顽制造的一些"无人区"也重新焕发生机。1944年1月到1945年8月，山东抗日根据地开荒70万亩、打井5.2万眼、开渠327条、筑堤732道、植树1181万株，1945年粮食增产6亿斤，棉花种植面积扩大到151.3万亩，棉产量32.8万担，滨海、鲁中、鲁南3个战略区五大牲畜（牛、驴、骡、猪、羊）数量达到166万头（只）。农业生产大发展，促进副业、手工业和军工生产新发展，纺织、运输、铁木加工、印染、榨油等群众生活必需行业迅速发展。1945年12月，山东抗日根据地有纺车106万辆、织机20.1万架、织布207万余匹（每匹约40码），有工厂100个（其中公营工厂87个）、工人11.8万人、资金3000万元。各军区兵工生产有较大发展，能够改装炮弹、翻造子弹、修理枪械、制作刺刀，并能大量制造枪炮、手榴弹和地雷，批量供应部队和民兵。1944年1月至1945年8月，山东抗日根据地有兵工厂25个、兵工人员5000人，共生产长短枪12万支、子弹90万发、掷弹筒270门、各类炮弹1.5万发、手榴弹51万枚。大生产运动彻底打破了敌人的军事、经济封锁，改善了军民物质生活，积蓄了大批粮、棉、油、盐、弹药等重要物资，奠定了大反攻的物质基础。

三、加强财政工作

1943 年，薛暮桥等人探索形成山东抗日根据地的货币制度，即 "物价本位制"，把物价指数（不是某一种商品的指数，而是若干种重要商品的总指数）作为决定币值高低的标准。"货币的最基本的保证是物资，谁掌握了物资，谁就掌握了货币斗争的主要武器。"① 在货币斗争中，建立独立自主的本币市场，争夺物资，稳定物价，以重要物资调节物价，用对外贸易打击法币伪钞。② 1943 年 7 月，山东分局发出《关于停用法币的指示》。一个月时间，几千万元法币被排挤出山东抗日根据地，北海币币值上升，市场物价下跌。9 月，山东分局增加本币发行量，各战略区本币流通量暂不超过每人 30 元为标准，胶东、滨海各 6000 万元，鲁中 4000 万元，清河 3000 万元，鲁南 1000 万元。各地本币的 50%，投资工商管理局，统制物资、调剂外汇；其余 50%，作为农业贷款及其他临时之用。③ 对敌占区贸易，仍然使用法币、伪币。工商局实行食盐专卖，食盐输出均卖本币。又收购花生油、花生米，运到上海销售，压价法币和伪钞。1944 年春，停法排伪工作胜利完成，本币统一金融市场建立，在游击区本币逐渐取得优势，在敌占区部分地区开始流通本币。1944 年，本币发行额从 2 亿元增至 6 亿元；本币比值提高，如 1943 年夏的本币、法币、伪钞比价为 8 : 8 : 1，1944 年春变为 1 : 5 : 0.8，1945 年变为 1 : 10 : 8。

1943 年，山东抗日根据地设立各级工商管理机关（省战时行政委员会设立工商管理处，各战略区设立工商管理局，专员区设工商管理分局，县

---

① 《工商管理工作的方针和政策——一九四五年五月薛暮桥在全省工商工作会议上的报告》（1945 年 5 月），《山东党史资料文库》（第 13 卷），山东人民出版社 2015 年版，第 300~301 页。

② 薛暮桥：《山东解放区的财政经济工作》（1947 年 4 月），《抗日战争时期和解放战争时期山东解放区的经济工作》，山东人民出版社 1984 年版，第 2 页。

③ 《中共山东分局关于银行工作的决定》（1943 年 9 月 23 日），《山东党史资料文库》（第 11 卷），山东人民出版社 2015 年版，第 93 页。

设工商管理县局，各县中心集市、土特产集中产地和重要关卡设工商事务管理所，一般地区和边沿要道设立检查站），统一领导对敌经济斗争和工商管理工作。各地设立公营商店，调剂物资供求、平抑市场物价和执行专买专卖业务。各地工商管理局通过统制食盐和花生油，高价输出，获利巨大。如1943年未统制之前，100斤盐折换3至5斤高粱，100斤盐100里路运费折换5到8斤高粱；统制之后，100斤盐折换15至20斤高粱，100斤盐100里路运费折换20斤高粱。[①] 1944年，全省花生油年产量约8000万斤，年输出量约5000万斤，实行花生油统制后，油价每担由270元提高到320元至500元，输出油价涨至600元至1000元；每担油价至少提高50元，山东抗日根据地群众仅花生油收入便增加2500万元。

1943年9月，省战时行政委员会发出《关于半年工商管理工作的指示》，加强货币管理，继续开展货币斗争，"驱逐伪币，排挤法币，扩大本币流通范围，提高本币比值，平抑物价，繁荣市场"[②]。各地公营商店实行季节调剂和地域调剂，掌控群众生活必需的粮食、棉布等物资物价。如1944年秋出现粮贱布贵问题，各地抗日民主政府及时采取市场调节和提倡种棉、发展手工纺织、降低土布成本、适当允许土布进口、部队机关提前采购冬衣用布等措施，有效缓解了粮贱布贵、谷贱伤农问题。

随着财政经济的发展和对敌经济斗争的变化，山东抗日根据地调整税收政策。1943年，税收占财政收入的33.19%。各地工商局调整进出口税，对粮食、棉花等重要物资出口征重税，禁止不能自给或仅能自给的物品出口，自给有余的物品实行专卖或征收机动出口税，布匹、肥皂等自给的工业产品禁止进口或课以重税以保护生产。1944年，各地贸易盈利超过6000万元，税收超过1.5亿元（较上年增加1.5倍），公粮收入占财政收入的一

---

① 薛暮桥：《山东解放区的财政经济工作》（1947年4月），《抗日战争时期和解放战争时期山东解放区的经济工作》，山东人民出版社1984年版，第5页。

② 《山东省战时行政委员会关于半年工商管理工作的指示》（1943年9月30日），《山东党史资料文库》（第11卷），山东人民出版社2015年版，第122页。

半（华北其他地区的公粮收入占其财政收入的 75% 到 80%①）。山东省战时行政委员会规定，农民在 1943 年 12 月以前所欠公粮田赋一律豁免。抗日根据地农民田赋负担大为减轻。

1944 年，山东抗日根据地财政经济工作逐渐摆脱困难，开始好转，农民负担减轻，生活水平提高，物价相当稳定。1945 年 5 月，实现收支平衡，积蓄大量物资，财富大大增加，支援了全民族抗战。②

四、加强政治建设

1943 年 8 月，山东分局通过《山东省战时施政纲领》，提出按照新民主主义原则，加强民主政治建设。1944 年，山东抗日根据地开展民主政权建设工作，新建一些民主政权机构，先后成立鲁南、滨海、鲁中等行政主任公署，一些新解放区也及时改造基层政权。1943 年夏，新解放地区的村政基本由封建势力、恶霸流氓、敌伪顽势力控制。各地党委和政府宣布废除旧政权、保甲制等，进行飞行式选举，快速改造村政，由村民推选村长。基层政权改造之后，新收复地区逐步成为巩固的抗日根据地。

民主政权建设，在不同地区工作重点不一。在基本区，改造民主政权；在边沿游击区，以对敌斗争为主，适当改善基本群众生活，发动群众进行武装斗争；在敌占区，建立两面政权。如 1944 年底胶东、渤海、鲁中的两面村政中，革命村政有 1579 个，占 17%；自发村政 5417 个，占 60%；反动村政 2050 个，占 23%。经过对敌占区村政的改造，使之成为隐蔽的根据地。以基本群众为主的民主政权初步建立。改造较好的村政权进一步建设村政工作，各村划分公民小组，直接选举村政人员，出现"豆选"方式。人民群众参政议政，推动民主改造村政深入发展，基层组织建设进一步加强。群众工作、群众运动与支部建设结合开展，成为这一时期支部建设的

① 薛暮桥：《薛暮桥回忆录》，天津人民出版社 1996 年版，第 168 页。
② 薛暮桥：《山东解放区的财政经济工作》（1947 年 4 月），《抗日战争时期和解放战争时期山东解放区的经济工作》，山东人民出版社 1984 年版，第 3~4 页。

特点。支部组织和支部日常管理制度建立健全，支部领导成分得到改善，党员教育工作效果较好，涌现一批支部教育先进典型和支部建设先进经验，党的基层组织的战斗堡垒作用进一步发挥出来。

民主政权建设也包括建立司法机构、开展司法工作。1943 年 8 月，山东分局作出《山东锄奸公安工作会议总结》；1944 年，各地司法机构基本建立。10 月，省战时行政委员会颁布《修正改进司法工作纲要》，要求各级行政委员会处断重要民事和刑事案件、调解委员会处理各区及行政村一般民事案件等，主张司法工作者走群众路线，推行"马锡五审判方式"①。通过深入群众，办理民事案件，调解民间纠纷，镇压汉奸歹徒，维护合法权益，安定社会秩序，推动了根据地民主政治建设。

人民武装建设是巩固抗日民主根据地的一项重要工作。1944 年夏，主力部队、地方武装、民兵开展政治整训和军事整训，提高军政素质。一些地方武装陆续升级为主力部队。1944 年 8 月，山东军区召开第一次战斗英雄、民兵英雄代表大会，表彰 22 名战斗英雄、237 名民兵战斗模范、33 个战斗模范村。山东抗日根据地拥政爱民、拥军优属的"双拥"运动，取得重大成绩。1943 年 12 月，省战时行政委员会发出《关于拥军工作训令》，军队订立拥政爱民公约，民众订立拥军优属公约。部队坚持经常性的为民服务活动，政府和群众照顾慰问伤病员、残废军人及抗日人员家属和烈士家属，每年农历一月为拥军月。1943 年，八路军山东军区部队在农忙季节帮助耕作土地 73919 亩、帮助家务劳动 10 万次。1944 年春，山东抗日根据地群众参军 1 万人；1945 年春，参军 4 万人。广饶县参军人数占总人口的 5%。② 军政、军民、军地关系进一步密切。

---

① 陕甘宁边区陇东专署专员兼高等法院陇东分庭庭长马锡五，把群众路线的工作方法运用到审判中去，创造了贯彻司法民主的审判方式——马锡五审判方式。其特点是：深入农村，调查研究，实事求是地了解案情；依靠群众，教育群众，尊重群众意见，依法合理判决案件；方便群众诉讼，手续简便。

② 丁龙嘉：《重整齐鲁河山——山东人民抗日战争纪实》，山东人民出版社 2005 年版，第 292 页。

宪政运动也开展起来。1944 年 5 月，省临时参议会、省宪政促进会暨省妇女宪政促进会联合举行宪政座谈会，督促国民党实行民主政治。宪政运动宣传扩大了民主思想，群众民主意识增强，团结抗战局面进一步巩固。

五、开展整风运动

1942 年 2 月至 1945 年 4 月，全党开展整风运动。① 山东于 1942 年春开展整风运动，分为三个阶段。1942 年春至 1943 年春，为第一个阶段。1942 年 5 月 8 日，山东分局作出《关于执行中央整顿"三风"指示的决定》。各地成立学习委员会，进行整风学习，对照检查主观主义、教条主义作风。1943 年春至 1944 年秋，为第二个阶段，重点是纠正干部中的非无产阶级思想（封建阶级思想、资产阶级思想、小资产阶级思想）与肃清党内暗藏的反革命分子。山东将对敌斗争、经济建设、群众工作、整风作为四大任务，改组学习委员会，注重联系实际。1943 年 3 月，山东抗日根据地实现党的一元化领导，各地制订整风学习计划，规定学习时间、学习方法等，开展批评和自我批评，每人写出自传并反复修改，整风运动进入高潮。1943 年 10 月，毛泽东作出审干工作"一个不杀，大部不抓"的指示。山东分局正确估计山东干部队伍的政治状况，开展反省坦白运动。全省约 5000 人进行反省坦白，坦白审查出的特务一个也没有被杀，临时捕押的不到 10 人。山东的做法得到中共中央的肯定。1944 年 5 月 13 日，中共中央在《关于反对

---

① 主要内容是：反对主观主义，以整顿学风；反对宗派主义，以整顿党风；反对党八股，以整顿文风。整风运动的方针是：惩前毖后，治病救人，既要弄清思想，又要团结同志。整风运动的方针步骤是：组织党员认真学习规定的马列主义著作和党的文件，领会其精神实质，深刻反省自己的全部历史、思想和工作，在个人反省总结的基础上，开展批评和自我批评，找出思想作风上的错误，分析产生错误的根源，提出改正错误的方法，引导党员自觉坚持真理，修正错误。整风运动既是马克思主义的思想教育运动，也是破除党内把马克思主义教条化、把共产国际决议和苏联经验神圣化的错误倾向的伟大的思想解放运动。整风运动的结果，实现了在以毛泽东为核心的中共中央领导下的新的统一和团结，为夺取抗日战争的胜利和新民主主义在全国的胜利，奠定了重要的思想和政治、组织基础。

反奸斗争"左"的错误给各地的指示》中指出:"不管反省任何问题,要提倡说老实话,要实事求是,反对哗众取宠,牵强附会,夸大其词。山东分局运用这种坦白方法,取得很好的经验。"1944 年 7 月,罗荣桓作题为《学习毛泽东同志的思想》的报告,总结山东整风运动的经验。

1944 年秋至 1945 年 6 月,为整风运动的第三个阶段。1944 年 10 月 13 日,山东分局发出《关于整风审干的基本总结与今后的指示》。11 月 1 日,发出《关于目前整风审干的补充指示》。山东分局、罗荣桓坚持"既要弄清思想,又要团结同志"的原则,逐步纠正试点单位如山东分局办公厅、《大众日报》社、山东分局党校所暴露出来的极端民主化倾向。1944 年 12 月 21 日,罗荣桓发出《关于审干问题的意见》。1945 年 1 月 11 日,山东分局发出《关于目前审干防奸的指示》,规定在农村一般不发动防奸工作、坦白运动。3 月,罗荣桓主持山东分局会议,检讨前一段的整风审干运动,明确规定民主检查的方针以团结为主,而非以暴露为主。极端民主化倾向得到纠正,整风运动健康发展。1945 年 6 月,山东整风运动基本结束。这次整风运动,进行了一次马克思列宁主义思想普遍教育,确立了一切从实际出发、理论联系实际、实事求是的思想路线,夯实了夺取全民族抗战胜利、解放全中国的组织基础。

第三节 发动局部攻势作战 粉碎敌人"扫荡"

在共产党的领导下,山东抗日军民一面坚持分散性、群众性的游击战争,一面减租减息、发展生产、整党整军、加强根据地建设,粉碎敌人万人以上"扫荡"9 次、千人以上"扫荡"70 次,度过 1941 年至 1942 年最严重困难时期,山东抗日根据地逐步巩固和发展,并在 1943 年迎来战略转机。1944 年,山东抗日军民发动局部攻势作战,进行较大战役 15 次,歼灭日、伪军 6 万人,攻克县城 9 座,解放人口 930 万,形成渤海、胶东、鲁中、鲁南、滨海五个根据地。

一、加强敌占区城市工作

1943 年，日军侵占的敌占区面积逐渐缩小，共产党领导的抗日民主根据地日渐扩大并开始连成一片。日军被迫调整战略部署，收缩兵力，固守重要城市和交通线。党在山东也随之调整城市工作政策，从"隐蔽精干"调整为里应外合、占领广大城市与交通要道。1943 年 7 月，山东分局下发《对目前开展大城市工作的指示》，指出"以更大力量"开展城市工作"是目前紧急任务"。① 12 月 10 日，山东分局发出《关于开展城市工作的指示》，要求"以根据地为依托，建立市政府"。② 1944 年 1 月，山东省战时行政委员会成立青岛抗日民主政府，黎玉任市长；成立济南抗日民主政府，萧华任市长。2 月，鲁中工委委员兼济南市政府办事处主任武中奇率部分干部抵达章历边区，开展城市工作，先后在济南市内发展 80 多处群众关系，在工厂、铁路部门发展 7 人入党，建立群众关系 20 余处，济南市地下工作稳妥发展。6 月，渤海区成立胶济铁路西段城市工作委员会，工作重心为济南、周村。

1944 年，山东抗日根据地军民发起攻势作战，根据地面积不断扩大，逐渐逼近大城市及交通要道。6 月 5 日，中共中央发出《关于城市工作的指示》（简称"六五指示"），指示各抗日根据地"必须把城市工作与根据地的工作"承担起来，"争取城市及交通要道的千百万群众，瓦解伪军伪警，准备武装起义"，里应外合，"从大城市驱逐敌人"。③ 6 月，山东分局成立城市工作部，渤海区党委增设济南工委，胶东区党委增设青岛工委，对济南市、青岛市展开城市工作。8 月 7 日，山东分局下发《为贯彻执行

---

① 《中共中央山东分局对目前开展大城市工作的指示》（1943 年 7 月 1 日），《山东党的革命历史文献选编》（第六卷），山东人民出版社 2015 年版，第 41 页。

② 《中共中央山东分局关于开展城市工作的指示》（1943 年 12 月 10 日），《山东党的革命历史文献选编》（第六卷），山东人民出版社 2015 年版，第 497~498 页。

③ 《中共中央关于城市工作的指示》（1944 年 6 月 5 日），《建党以来重要文献选编（1921—1949）》（第 21 册），中央文献出版社 2011 年版，第 299~300 页。

中央关于城市工作指示的指示》，加强城市工作领导，完善组织机构，"力求精干，重质不重量"①。9 月，山东分局召开城市工作会议，部署里应外合、争取伪军和伪政权、准备武装起义等工作。随后，鲁中、鲁南、胶东、滨海、渤海区党委均设立城工部，抽调 5% 的干部到济南、青岛、烟台、徐州等敌占城市和胶济、津浦、陇海路交通要道加强城市工作。8 月，渤海区在天津市成立中共天津市临时工作委员会，组织青年学生、统战人士参观渤海解放区，举办训练班培训天津青年学生。9 月，渤海区党委召开城市工作会议，成立张店工委，各地委在津浦路（天）津沧（州）段、沧（州）德（州）段、德（州）济（南）段、胶济路济（南）张（店）段、张（店）坊（子）段成立工委、铁道队，举办敌占区青年、知识分子、工人训练班。胶东区党委抽调干部，秘密进入青岛、烟台等城市，发展党员，打入敌人内部，控制敌伪武装，团结组织群众，建立地下武装。滨海区党委成立陇海路连云港工作委员会和临沂工作委员会，选派 30 余名党员干部秘密进入青岛市，组建秘密工作网点，搜集日、伪情报。10 月，成立青岛工作委员会。1945 年 5 月，渤海区党委先后成立济南工作委员会、天津工作委员会、胶济路工作委员会，加强敌占城市及胶济铁路沿线农村工作。8 月，山东分局将胶东区党委和滨海区党委分别领导的两个青岛工委合并，建立青岛市委员会，林一山任书记；成立济南市委员会，杨一辰任书记。

1944 年秋，鲁中区党委成立泰城工作委员会，建立地下工作系统，并在解放泰城时发挥了重要作用。1944 年 10 月，成立济王铁路工作委员会和济泰铁路工作委员会，又在淄博矿区和新汶矿区建立工作委员会，领导工人开展斗争。1945 年 2 月，新汶矿区 1000 多名工人举行罢工，破坏了日本人的"大要炭"计划。

1944 年 10 月，鲁南区党委成立第二、三铁路工作委员会和徐州工作委

---

① 《中共中央山东分局为贯彻执行中央关于城市工作指示的指示》（1944 年 8 月 7 日），《山东党的革命历史文献选编》（第七卷），山东人民出版社 2015 年版，第 312~314 页。

员会，加强徐州、枣庄、兖州、济宁等城市工作的领导。1945 年 1 月，冀鲁豫分局的城市工作重点放在伪军警及工人、苦力身上，以便将来实现武装起义，配合军队解放城市，并将几个重要城市的日、伪军工作由各有关地委直接领导，第一地委具体领导济南城市工作，第十一地委具体领导徐州城市工作，第六、八、七、四地委具体领导德州、济宁和兖州、聊城、临清的城市工作。党在敌占城市、交通要道工作的开展，瓦解、争取了日、伪军，配合了即将来临的大反攻。

二、瓦解、争取伪军

中国全民族抗战在 1941 年至 1942 年进入最艰难阶段，日军对中国敌后战场开展"治安强化运动"，实施残酷的"扫荡"（针对非治安区）、"蚕食"（针对准治安区）、"清乡"，以及"三光政策"和经济封锁，企图扫除太平洋战争的后顾之忧。但是，在共产党的领导下，敌后抗日根据地军民广泛开展游击战，创造地雷战、地道战等多种作战形式，形成人民战争的汪洋大海，彻底粉碎日军的"扫荡""蚕食"，并在 1943 年转入恢复和再发展阶段。①

1943 年夏，各抗日根据地贯彻执行党的"敌进我进"斗争方针，将斗争焦点引入敌占区，掌握进攻作战的主动权。与此同时，日军"治安强化运动"失败后，则逐渐在华北战场丧失了战争主动权。1944 年，日军的所谓"华北新建设运动""新国民运动""总崛起运动"相继破产。日军又梦想"确保山东兵站基地，以便准备决战华中，确保华北"，便加紧增加山东伪军数量，弥补其兵力不足问题。山东伪军分为正规伪军及地方伪军（主要是伪省、道、县警备队和伪区乡自卫团），战斗力依次减弱。所谓正规伪军，一系国民党较正规部队投敌改编，如吴化文部、荣子恒部等；一系国民党地方实力派、土顽投敌改编。1943 年山东伪军有 20 万人，"冠于华北

① 雷国山等：《太平洋战争研究》，江苏人民出版社 2022 年版，第 124 页。

各省"，"其中百分之六七十是沈秦的师、旅、团、纵、支、梯的整个投降，或者为他们委派之人员所编成的"①。山东抗日根据地军民一面在军事上发动攻势作战，一面在政治上展开政治攻势，争取和瓦解伪军，举行武装起义，里应外合，一致对外。根据中共中央指示，山东抗日根据地对伪军工作的总方针是"孤立日寇"、争取伪军反正，并"对不同伪军须采取不同的对策，总的原则是争取同情者和控制两面派，打击坚决作恶分子"②。日军也认识到共产党这一政策的威力，却无计可施。"中共的总反攻，并不是要进行单纯的军事进攻，而是通过政治攻势争取新政权的武装团体，使之在中共的领导下进行叛乱，同时使新政权的公务人员作为内应，策动我方地区内民众一齐举行武装起义。"③

山东分局、山东军区针对正规伪军（国民党投敌部队），主要帮助其认清"曲线救国"论的本质是卖国投降，驳斥汪伪政权自称"国民政府正统"的错误观念；针对地方实力派伪军主要进行引导教育，在注意保存其势力的基础上，改变其中立态度，转为亲共、投共；针对伪化较深的伪治安军，主要进行民族大义教育，剖析利害。对伪军的政治攻势，主要采取三种办法。一是加强宣传攻势，政治上打击伪军，同时采用怀柔政策，鼓励伪军"身在曹营心在汉"，允许伪军可以将功折罪留后路，涣散其情绪，动摇其军心。宣传方式分为文字和口头两种宣传。1944 年初，强调重视口头宣传，着重采用喊话、上夜课、座谈会等方式，宣传内容主要是宣传世界反法西斯新形势、共产党的政策、当汉奸可耻等。1944 年夏秋，鲁中区对伪吴化文部发动 4 次宣传攻势、喊话 50 次、散发宣传品 5 万多份，如"今天编，明天编，编得官兵都喊冤。吴化文野心阴谋大，驱使你们当汉

---

①　罗荣桓：《处在总反攻前夜的山东解放区》，《大众日报》1945 年 7 月 7 日。

②　《关于对敌斗争问题——萧华同志在全山东政治工作会议上的总结报告》（1944 年 5 月），《山东党的革命历史文献选编》（第七卷），山东人民出版社 2015 年版，第 185～186 页。

③　日本防卫厅战史室编，天津市政协编译组译：《华北治安战》（下），天津人民出版社 1982 年版，第 394 页。

奸。不是亲信是杂牌……哪个不被并吞和改编"①。经过 4 个月的宣传攻势，瓦解伪吴化文部 2000 人。此外，正确执行"优待俘虏"政策，释放大批被俘伪军，打击敌人的欺骗宣传。同时，注重发挥敌后武工队的作用。其间，武工队包围据点喊话 1152 次，单独开辟 7000 个村，配合军队开辟 5200 个村，建立 7 个县政权；1944 年鲁南铁道游击队开辟 406 村，建立 1 个县政权。二是登记伪属、利用"善恶录"。1943 年山东抗日根据地进行伪军家属登记工作，其中滨海区登记 1358 户、鲁中沂蒙山区登记 1295 户、胶东区登记 1895 户。② 通过召开伪属座谈会，讲解共产党、八路军的政策，教育伪属开展"唤子索夫"活动，瓦解和争取伪军。1944 年，普遍开展登记红黑点、记善恶录工作，即建立伪军政人员档案，用红黑登记其功过；凡是暗中帮助八路军、为人民做好事的，就画个红点；凡是做坏事的，就画个黑点。红黑点、善恶录实际成为伪军政人员的"生死簿"。冀鲁边抗日根据地的武工队和小部队，为此开展"桃花月"活动，捕杀作恶多端的伪军政人员，起到很大威慑作用。1944 年 1 月，滨海军区四团和临沭地方武装在拔除醋大庄据点时，该据点伪军大队长张成俊率部缴械投降。③ 日照一带带枪逃回伪军 102 人，伪职人员纷纷辞职。黄县伪军 119 人、伪职员 317 人，脱离伪军和伪组织。④ 三是打入伪军、伪组织内部，联络上层、争取下层、建立关系，形成里应外合的内线力量。1944 年 7 月，"灭共建国军第八团"王道部 2600 余人在寿光县光荣反正，这是山东第一支反正的大股伪军。⑤ 1944 年 11 月，在党的军事、政治压力下，莒县伪保安大队副大

---

① 《中共中央山东分局、山东军区政治部关于大股伪军工作经验的初步整理》(1945 年 4 月)，《山东革命历史档案汇编》(第十辑)，新华出版社 2021 年版，第 4503 页。

② 丁龙嘉：《重整齐鲁河山——山东人民抗日战争纪实》，山东人民出版社 2005 年版，第 230 页。

③ 中共山东省委党史研究室、山东省中共党史学会编：《山东党史研究文库地方史卷》(四)，山东人民出版社 2015 年版，第 765 页。

④ 中共山东省委党史研究室、山东省中共党史学会编：《山东党史研究文库地方史卷》(三)，山东人民出版社 2015 年版，第 605 页。

⑤ 王道，1942 年 8 月投靠日军，1943 年与八路军取得联系，1944 年 7 月率部反正。

队长莫正民部反正。① 1945 年 1 月，山东保安第十二旅张希贤部 1300 人反正。② 1945 年 6 月，伪鲁东和平建国军副司令兼十团团长韩寿臣部 1800 余人全部反正。③

在瓦解、争取伪军工作中，山东抗日根据地的敌后武工队发挥了较大作用。武工队是政治攻势与武装活动、公开工作与秘密工作的结合，是开展敌占区工作"最好的方式"。④ 此外，人民群众在争取伪军的政治攻势中发挥了很重要的作用。如 1944 年，山东伪军 1.29 万人逃跑；1944 年下半年到 1945 年初，山东伪军 1.5 万人反正。⑤ 在瓦解伪吴化文部时，3 个月瓦解伪军 1100 人，其中群众直接动员投诚者 44 人。大量伪军反正，打击了日军"以华制华"的阴谋和国民党"曲线救国"的悖论，壮大了团结抗战的实力，为迎接全民族抗战胜利做了初步准备。山东抗日根据地瓦解、争取伪军工作，得到中共中央的充分肯定。1945 年 4 月 18 日，《解放日报》发表社论《旧军队的改造》，指出："山东军区对于这几个光荣反正的部队，采取了正确的办法，并不因为他们是从旧军队来的，而加以歧视，加以编并，加以监视，加以削弱，如像国民党中央系军队对非中央系军队那样，相反的，山东军区热烈地欢迎他们，就他们的原有建制编为独立的部队，而从打通干部思想着手来帮助这些部队的改造。这是很好的。山东军区正依照这条路线来帮助这些部队的改造。他们将创造出极为宝贵的经验，这种经验，对于将来改造中国二三百万旧军队的伟大事业，是非常有用的。因此，这次经验，值得我们八路军、新四军一切部队好好学习，也

---

① 莫正民，1946 年加入中国共产党。

② 张希贤，1942 年 9 月投敌，1945 年 1 月率部反正。

③ 韩寿臣，1942 年 2 月投敌，1945 年 6 月率部反正。

④ 《关于对敌斗争问题——萧华同志在全山东政治工作会议上的总结报告》（1944年 5 月），《山东党的革命历史文献选编》（第七卷），山东人民出版社 2015 年版，第151 页。

⑤ 萧华：《一年来山东的对敌政治攻势——为纪念抗战八周年而作》（1945 年 7 月11 日），《山东党的革命历史文献选编》（第八卷），山东人民出版社 2015 年版，第 502页。

值得一切有志于改造旧军队的先进人士、先进军人来加以研究。"

三、对日军展开政治攻势

1943 年，共产党、八路军的军事打击和政治攻势，以及日军太平洋战争的失败、日军兵员质量的降低，导致日军战斗力明显减弱。如日军第三十二师团现役兵占 20%，补充兵（"娃娃兵"）占 80%，下级军官中士官学校毕业生仅占 10%，其作战指挥能力和战术水平大为下降，士兵厌战情绪、违纪事件增多。如第三十二师团一个中队，一年盗卖子弹 4 万余发，发生反抗官长和自杀事件 11 次。1944 年沂水战役后，日军伍长山田及上等兵铃木一郎、茂吕、近藤三郎、川琦茂男、古沃 6 人负伤被俘，坚持要求回队，八路军战士用担架将他们送回，但是日军却残忍地将他们"火葬"，其惨叫之声、惨烈之状，促使部分日军官兵觉醒。

山东抗日根据地军民在加强瓦解伪军工作的同时，也加大对日军的政治攻势。这一工作，主要是配合开展"日人解放同盟""朝鲜独立同盟"活动而推进的。1939 年 11 月，敌后抗日战场上的第一个日人反战组织——"觉醒联盟"成立，至 1942 年 8 月，"觉醒联盟"成立山东支部、冀鲁豫支部等5 个支部。1940 年 7 月，"在华日本人民反战同盟"总部在重庆成立，"在华日人反战同盟延安支部"在延安成立；至 1942 年 8 月，"在华日人反战同盟延安支部"有山东支部等 3 个支部。1944 年 5 月，"在华日人反战同盟山东支部"改称"日本人民解放联盟山东支部"，盟员近百人。该支部还成立"日本解放学校山东分校"，培养日本、朝鲜籍学员 200 人。这些学员在党的领导下，积极参加反法西斯斗争，在瓦解日军的政治攻势中起到重要作用，有的在全民族抗战中英勇牺牲。如宫川英男于 1943 年来长清县开展敌伪工作，1945 年 6 月 9 日夜被日军包围，举枪自尽，年仅 25 岁。①

---

① 2014 年 9 月，国家民政部公布第一批在抗日战争中顽强奋战、为国捐躯的 300 名著名抗日英烈和英雄群体名录，其中包括白求恩、柯棣华、汉斯·希伯、宫川英男等 8 名外籍英烈。

对敌政治攻势，主要是扩大宣传攻势，通过喊话、电话通话、寄送宣传袋、宣传品、优待日军俘虏等方式方法，揭露日本法西斯的罪行、侵华战争带给中日人民的灾难、日本人民反战的情绪、八路军优待俘虏的政策等，并且集中在元旦、樱花节等节日开展，激发日军厌战思乡情绪。如每逢日本传统的樱花节，山东军区制作一些带有樱花的宣传礼品，以各种渠道送至日军士兵手中；胶东区"日人反战同盟支部"成员在日军据点附近，吹奏日本歌曲《樱花》及其他日本地方小调。若是熊本县籍贯居多的日军部队，则吹奏《五木催眠歌》；若是长野县籍贯居多的日军部队，则吹奏《信农岔路口调》；若是群马县籍贯居多的日军部队，则吹奏《八木小调》等。反战同盟盟员常以同乡、同事、部属的名义，给日军官兵写信、打电话。"各据点连续发现日本解放联盟喊话宣传"，"对治安区进行着顽强的政治攻势，而且已有很大的奏效"。① 这些反战工作的开展，有效激发了日军士兵的厌战、惧战和反战情绪。八路军严格执行俘虏政策，一些被俘日军转变反战人士。在党的政治攻势下，日军投降及被俘人数逐年增加，1942 年为 17 人，1943 年为 27 人，1944 年激增至 292 人。

四、1944 年春夏的局部攻势作战

1944 年初，日军抽调山东战场的兵力，增援华南战场。山东抗日军民抓住日军兵力减少、战斗力降低的有利时机，发起局部攻势作战。1944 年春，山东分局、山东军区在全省展开对敌军事、政治攻势。

1944 年 1 月，滨海军区部队拔除石沟崖据点②，歼灭日照县伪保安大队副大队长朱信斋部。随后，鲁南、胶东、渤海 3 个军区部队袭击日、伪军据点，展开春季攻势。春季攻势重点是鲁中军区第三次讨伐伪吴化文部

---

① 萧华：《一年来山东的对敌政治攻势——为纪念抗战八周年而作》（1945 年 7 月 11 日），《山东党的革命历史文献选编》（第八卷），山东人民出版社 2015 年版，第 513 页。

② 1943 年 8 月，日、伪军在日（照）莒（县）公路修建石沟崖据点，割断滨海区滨中与滨北根据地之间联系。

战役。伪吴化文部这时仍有 1 万余人，分布在鲁山南麓鲁村、南麻、悦庄一带，是当时山东伪军中人数最多、力量较强的一支。战前，鲁中军区对吴伪开展政治攻势。3 月 25 日，鲁中军区 6 个团和滨海军区 1 个团发起讨吴战役第一阶段作战，各路梯队迅猛打乱吴部防御体系，将其残部挤压在鲁村、悦庄。29 日，日军两个大队增援鲁村、悦庄。4 月 8 日，鲁中军区各部发起第二阶段作战。18 日，歼灭吴化文部 6400 人、反正 1400 人。20日，吴化文率残部撤至鲁村。八路军部队控制鲁山大部地区，沂（山）泰（山）蒙（山）各山区根据地联系打通。4 月 17 日，胶东军区第十三团攻克招远县城东寨子据点及烟（台）青（岛）公路薄家、栾家据点，迫使敌人退出 30 处据点，摧毁烟（台）青（岛）封锁线，完成打通东西交通攻势作战。①

随后，八路军山东军区又发动夏季攻势作战。5 月，鲁南军区在费县南崮口山区讨伐伪军第十军荣子恒部，歼灭伪军 720 人，鲁南根据地破除封锁。6 月至 8 月，鲁中军区发起解放沂水城战役。6 月 11 日，鲁中军区攻克大关、小关、蒋峪 3 个据点。12 日，全歼伪军王立庆部 1100 人。8 月15 日，鲁中军区对沂水城展开攻坚战，突然攻进城内，与敌展开激烈巷战。16 日，全歼守城伪军 1000 人。17 日，炸毁城中心碉堡，毙伤俘日军51 人，战役胜利结束。正在"扫荡"鲁山和新（泰）蒙（阴）根据地的日军第五十九师团主力，紧急回援沂水城，鲁中军区部队主动撤退，转入反"扫荡"作战，再次围困沂水城。20 日，沂水解放，敌人逃至莒县。鲁中、滨海两个战略区连成一片。7 月，建立鲁山地委。

7 月，苏北、鲁南顽军周侗、冯子固等部进攻八路军，遭到八路军反击，周侗 4 个团及申从周大部被歼灭，湖区顽军全部被驱逐，再次打通湖西与鲁南的联系。7 月 20 日，渤海军区包围伪王道部，王道率 2600 人反正。伪广饶警备队六中队 100 人也连夜反正。7 月 25 日，渤海军区攻克益

---

① 中共山东省委党史研究室、山东省中共党史学会编：《山东党史研究文库地方史卷》（三），山东人民出版社 2015 年版，第 640 页。

（都）寿（光）临（淄）广（饶）四县边联区 56 处据点。其间，乐陵城西最大的黄夹镇据点被攻克、伪军 100 多人被全歼，振华县据点由 122 个骤减至 5 个，临邑据点 17 个被攻克、伪军 800 人被歼灭。7 月至 8 月，滨海军区在诸（城）胶（县）日（照）边地区发起讨伪李永平部战役。8 月 5 日，战役胜利结束，毙伤俘日、伪军 680 人，解放人口 30 万。

8 月，渤海军区主力部队乘胜北上，发起以解放利津县城为中心的作战。8 月 12 日至 17 日，先后攻克张许、北辛店、盐窝、单家寺等据点，全歼利津城守敌 1700 人，解放利津城，揭开渤海区局部攻势的序幕。① 8 月 23 日，延安《解放日报》头版头条报道《鲁北我军收复利津》，称赞这一胜利是"我军向敌伪积极进攻扩大根据地之开始"。

1944 年 2 月冀鲁豫第一军分区（泰运）粉碎日、伪军在聊（城）阳（谷）阿（东阿）边地区的"扫荡"后，对敌发起攻势。3 月，攻克日、伪据点 16 个。5 月，驻东阿伪军 15 个中队、100 人反正。1 月至 5 月，第一军分区共计毙伤日军 62 人、伪军 1292 人，俘日、伪军 4820 人。② 第二军分区（鲁西北）在朝城、昆（山）张（秋）地区对日、伪军展开攻势作战。2 月，消灭朝城伪第三十一师文大可部；4 月，第二军分区、第一军分区和昆张支队解放张秋县。6 月，第十军分区（鲁西南）在东明县城东南赫庄战斗中俘伪军 200 人；7 月 9 日，在东明县小井村俘伪军陈立德部 1000 人；在攻克谢集西北陈海子据点时，歼伪军 200 人；在金乡城北羊山集，迫使伪军 400 余人起义。7 月 31 日，第七军分区（鲁西北）进攻莘县伪军，解放莘县，俘伪县长刘仙洲以下 2000 余人。8 月，第八军分区③（运西）攻克据点 37 处，歼灭伪军刘本功部 27 个中队、毙伤俘 2600 人。8

① 中共山东省委党史研究室、山东省中共党史学会编：《山东党史研究文库地方史卷》（五），山东人民出版社 2015 年版，第 187 页。

② 中共山东省委党史研究室、山东省中共党史学会编：《山东党史研究文库地方史卷》（五），山东人民出版社 2015 年版，第 478~479 页。

③ 1944 年 5 月，冀南、冀鲁豫两军区合并后，冀鲁豫第二军分区改称冀鲁豫第八军分区。

月 30 日，第十军分区（鲁西南）在白虎集俘伪军 300 人，攻克高庄集、高庙、肖老家等据点，鲁西南与濮（县）范（县）观（城）中心区连成一片。第十一军分区在湖西，毙日军 70 人，俘日军 1 人、伪军 1000 人，湖西抗日根据地完全连成一片。

五、1944 年秋冬的攻势作战

1944 年秋，山东军区指示各战略区迅速发起秋季攻势作战，配合滨海军区反"扫荡"。

8 月 21 日至 28 日，鲁南军区一度摧毁滋（阳）临（沂）、临（沂）枣（庄）两公路，阻断敌人"扫荡"滨海区的后方补给线，并摧毁敌人滕县至城后（滕县东北）公路封锁线。9 月 3 日，鲁中军区在沂河两岸设伏，歼灭"扫荡"滨海回窜之敌，击毙伪军 1000 人，又毙伤俘日军 330 人、伪军 1300 人。

8 月至 9 月，胶东军区发起秋季攻势作战。南海军分区解放平（度）南，西海军分区收复大泽山区，东海军分区攻克牟平城南水道日军据点，解放文登和荣成，北海军分区攻克据点 10 处、破袭烟（台）青（岛）公路。胶东军区秋季攻势作战历时 1 个多月，歼灭日、伪军 5000 人，收复县城 2 座，胶东军区 4 个军分区完全连成一片。

8 月至 10 月，渤海军区发起以解放沾（化）利（津）滨（县）边地区为主的攻势作战。8 月 27 日，攻克敌人据点 11 处，解放乐陵县城。9 月 13 日，激战一夜，全歼临邑城伪军。10 月 27 日，攻克南皮县城。渤海军区秋季攻势作战，歼敌 5000 人，解放乐陵、临邑、南皮 3 座县城，渤海区连成一片。

1944 年 10 月 12 日，山东军区发出《今冬明春军事斗争方针的指示》，要求打击敌人的"重点主义"军事行动，争取最有利的反攻阵地，尽量消灭日、伪据点，暂时不攻打敌占主要交通要道及较大城市。各军区按照这一指示，发起冬季攻势作战。

11 月 14 日，山东军区集中滨海军区、鲁中军区等部队 1 万余人，发起解放莒县城战役。驻城伪军莫正民部 3500 人按计划反正，迫使日军退入碉堡。16 日，日军从诸城前来增援，冲破八路军打援部队的阻击，突入莒县城。激战至 29 日夜，日军弃城北窜，莒县解放，歼灭日军一部，滨海、鲁中两区连成一片。同时，鲁中军区肃清临沂、费县城外围敌据点，鲁南军区控制滋（阳）临（沂）路泗水城至费县段百余公里，两次作战歼灭伪军 4000 人、反正 1000 人，鲁中、鲁南两区连成一片。

11 月中旬，胶东区军民粉碎日、伪军 4000 余人的"扫荡"。八路军胶东军区第五旅十四团一营五连三排副排长、著名战斗英雄任常伦在长沙堡战斗中连续刺死 7 个日军，不幸中弹牺牲。① 12 月 14 日，胶东军民解放栖霞县城。

11 月中旬，八路军渤海军区在惠民以西地区发起攻势作战，歼灭伪军戴镐东部 2300 人。12 月上旬，又粉碎日、伪军 5000 余人的"扫荡"。

1944 年 11 月，八路军冀鲁豫军区展开冬季攻势作战，第一军分区（泰运）第一、二、三团袭击东平县城，拔除朱庄、古流楼两大据点，围攻茌平县伪军齐子修部刘望山据点 10 余天。战斗中，第二团团长刘克奎牺牲。12 月 2 日，第七军分区（鲁西北）聊城筑先大队夜袭聊城。12 月 5 日，第八军分区（运西）第七团攻克寿张县城，歼伪军 400 人。东平县大队在芦泉屯毙日军 20 人，俘伪军 40 人。12 月 20 日，第一军分区（泰运）第一团夜袭肥城，歼灭伪军 400 人。第二团进攻伪齐子修部独立第三旅，攻克郝集据点，毙俘伪治安军第四集团田森部 180 人。

1945 年 1 月 5 日，第十一军分区（湖西）部队进攻南阳湖西岸谷亭镇的日、伪军，鱼台县伪自卫团大队 400 人反正。1945 年 1 月，山东军区作出《关于武工队领导的决定》，充分发挥武工队的作用，边沿游击区斗争形势明显好转。

1944 年的攻势作战，主要是扩大根据地。这一年，山东抗日根据地增

---

① 任常伦，2009 年被评为"100 位为新中国成立作出突出贡献的英雄模范人物"之一，2014 年入选国家民政部第一批 300 名著名抗日英烈和英雄群体名录。

加 4 万平方公里，比 1943 年扩大 1.5 倍，人口增加 1 千万，山东八路军超过 15 万，民兵 35 万。① 延安《解放日报》对山东局部攻势作战的胜利，多次报道。1944 年 9 月，邓小平等人在致电毛泽东时，称赞说："半年来，胜利最大且最突出者是山东，而山东距日本最近，海岸线很长，必为敌人所重视。现在局势既已打开，应采取以巩固为主的方针，埋头巩固新开辟地区的工作。"1944 年 10 月，毛泽东在六届七中全会主席团会议上指出："这几个月我们的作战，特别是山东有很大发展。"②

六、1945 年春季攻势作战

1945 年 1 月，日军大本营作出"总体收缩，局部加强"的战略新部署。山东抗日根据地属于日军"局部加强"的重点防守对象，为防范美军登陆，日军加强了山东半岛沿海地区的作战准备工作。

1945 年 3 月，日军组建第四十三军，统一指挥山东半岛作战，防备美军登陆山东沿海。4 月 10 日，第四十三军驻济南，细川忠康任司令官，辖第四十七师团、独立混成第五旅团、独立步兵第一旅团等部。③ 日军又增兵山东，这时其在山东兵力约有 10 万人。

根据国际国内新形势变化，中共中央对于 1945 年各抗日根据地军民的主要抗战任务进行研判分析。1944 年 12 月 15 日，毛泽东发表《一九四五年的任务》，指出抗日根据地军民的首要任务是"消灭敌伪，扩大解放区，缩小沦陷区"，"把一切守备薄弱，在我现存条件下能够攻克的沦陷区，全部化为解放区"。④ 1945 年 1 月，山东抗日根据地在 1944 年局部攻势作战

---

① 山东省档案馆、中共山东省委党史研究院编：《山东革命历史档案汇编》（第十辑），新华出版社 2021 年版，第 4306~4307 页。

② 中共临沂市委、中共山东省委党史研究室编：《三帅在沂蒙》，中共党史出版社 1996 年版，第 53 页。

③ 1945 年 12 月 27 日，日军第四十三军司令官细川忠康在中国济南向中国第十一战区副司令长官李延年投降。

④ 毛泽东：《一九四五年的任务》（1944 年 12 月 15 日），《建党以来重要文献选编（1921—1949)》（第 21 册），中央文献出版社 2011 年版，第 659 页。

胜利基础上，发起 1945 年春季攻势作战，"继续争取扩大解放区，把扩大同建设根据地并重起来"①。

1945 年 2 月，胶东军区发起讨伐"剿共第七路军"赵保原部战役。11日，包围赵保原部驻地万第。12 日，赵保原残部南窜即墨，被歼 5 个营。14 日，胶东军区围歼左村据点，敌 4 个团大部被歼。15 日，肃清五龙河两岸残敌。19 日，战役胜利结束，毙伤敌 2000 人，俘敌 7370 人。

1945 年 2 月，鲁南军区发起第二次讨伪荣子恒部战役。2 月 1 日，鲁南军区奇袭泗水城。4 日，攻城部队发起总攻，击毙荣子恒及日本顾问，余部被迫投降。鲁中军区第三军分区攻克故县、杨庄、尹家城等敌据点，击退增援之敌，战役胜利结束，歼敌 2000 人，解放泗水县。

1945 年 3 月，鲁中军区发起解放蒙阴城战役。8 日夜，开始攻城。9日，新泰日军 1 个中队两路驰援，左路日军在城西北墩台被全歼，右路日军被击退。10 日，解放蒙阴城，歼灭日、伪军 1323 人，沂蒙山区与泰南地区连成一片。此外，在攻势作战中，成功策反莫正民、张希贤等大股伪军。

七、1945 年夏季攻势作战

1945 年 5 月，日、伪军加强山东半岛防御，日军独立混成第五旅团、独立步兵第一旅团、第十二独立警备队，以及 8 万伪军，驻守胶济铁路东段及沿海要地。日军这一部署，妄图割断胶济铁路南北各抗日根据地之间联系，阻碍鲁中、鲁南、滨海抗日根据地连成一片。5 月 1 日，日军 3 万余人大规模"扫荡"鲁中、滨海抗日根据地。八路军山东军区转入反"扫荡"作战，奋战 20 余天。5 月 27 日，粉碎敌人"扫荡"，歼灭日、伪军5000 人，解放蒙阴、邳县两座县城。其中，在 5 月 7 日石桥伏击战中，鲁中军区击毙日军旅团长、少将吉川资，歼灭日军第五十三旅团 200 人、伪军 400 人。但是，日军通过这次"扫荡"占据了莒县城、赣榆县柘汪海口

---

① 罗荣桓：《一九四四年的过去和一九四五年的到来》（1945 年 1 月 3 日），《山东党的革命历史文献选编》（第八卷），山东人民出版社 2015 年版，第 167 页。

及日照以南山区，控制了日（照）莒（县）公路，并在连云港至青岛沿海增派 5 个旅团兵力，主力第五十九师团集中在济南至泰安一线，3 个旅团驻守津浦、胶济沿线，试图再次将共产党领导的山东抗日根据地压缩至 1942 年严重困难时期的版图。日军这一阴谋，很快被彻底粉碎。

1945 年 5 月 17 日，鲁南军区发起峰（县）邳（县）边讨顽张里元部战役，20 日解放邳县，25 日基本歼灭张里元部，张里元率残部逃至枣庄，战役胜利结束，解放运河以北、赵（墩）枣（庄）公路以东、沂河以西、临（沂）枣（庄）公路以南平原地区，歼灭日军 20 人、顽军 3000 人。7 月，鲁南军区攻克费县东南阁坡庄等 3 处据点，破坏临（沂）费（县）公路。8 月 5 日，鲁南军区发起讨伐顽军申从周部战役。10 日，俘申从周，全歼守寨顽军。

1945 年 6 月，山东分局、山东军区决定发起大规模攻势作战，打破日军沿海防御体系，扩大反攻阵地。鲁中军区首先在安丘一带发起攻势作战。伪厉文礼部 8000 人驻守安丘地区，4000 人驻守潍县、昌乐地区。鲁中军区集中 1 万余人的武装部队和 1 万余民兵、群众，对伪厉文礼部核心据点夏坡发起进攻。6 月 5 日，完成分割包围，先后攻克夏坡等 8 个据点。伪厉文礼部在日军增援下，重新占据夏坡。17 日，鲁中军区 4 个团再次攻克夏坡，歼灭伪军 1 个团。驻安丘南大兴庄的伪军第十团 1800 人，在团长韩寿臣率领下反正。27 日，战役胜利结束，歼灭日、伪军 7300 人，解放安丘以南、临朐以东、景芝以西 1700 多平方公里地区。7 月 17 日，鲁中军区又对费县上冶、诸满据点发起攻势，攻克诸满、上冶，全歼日、伪军 500 人。

1945 年 6 月，滨海军区在诸（城）莒（县）一线牵制日军，对伪张步云部发动局部攻势，配合鲁中军区讨伐伪厉文礼部。6 月 20 日，鲁中地区伪吴化文部损失惨重，南逃安徽。泰山军分区部队趁机歼灭伪吴化文部 1000 人，鲁山、泰山、沂蒙山 3 区完全连成一片。

1945 年 6 月，胶东军区在胶济路北平度、昌邑地区发起攻势作战。6 月 26 日，进攻伪军李德元部、顽军阎珂卿部驻地台头、古庄两个据点。27

日，攻克两个据点，俘阎珂卿，李德元率残部南窜。29 日，战役结束，歼敌 3400 人。7 月 19 日夜，胶东军区反击顽军王豫民部，歼敌 2000 人，收复胶莱河两岸。

1945 年 6 月，滨海地区由于日军兵力增加，形势趋于紧张。滨海军区反击顽军梁钟亭部，攻克郯城西南王海子、涝沟中心据点等 10 余处，歼顽军 500 人，俘梁钟亭。7 月，滨海军区在鲁中、鲁南军区配合下，在诸城地区发起讨伪张步云部战役、在郯城地区发起讨顽梁钟亭部战役和郯（城）马（头）战役。7 月 12 日夜，滨海军区对郯城西马头据点发起攻击；16 日，解放马头，歼日军 1 个小队、伪军 500 人；23 日，第三次解放郯城。7 月 15 日，夜袭双庙、秦家河崖两据点。20 日，攻克郯公、双羊店、朱马等据点，歼灭高密伪自卫团一部。26 日，在诸城北埠头一带全歼一股伪军、争取伪军 1 个团反正。30 日，战役胜利结束，歼敌 5000 人。

1945 年 6 月，渤海军区进攻蒲台城，策应胶济路东段八路军的攻势作战。6 月 11 日，攻克蒲台城，全歼伪徐秉义部及日军 1 个小队，打退滨县之敌 4 次增援，歼日军 1 个中队。17 日，战役胜利结束，解放滨县、蒲台两县，歼灭日、伪军 3400 人。6 月 20 日，日、伪军反扑，重新占据滨县城。渤海军区发起广泛攻势，一度攻克南皮、周村。7 月，渤海军区又发起讨伐顽军张景月部战役。7 月 30 日，对寿光以北田柳庄发起攻势。8 月 13 日，攻克田柳庄，张景月率残部逃至胶济路，讨张战役胜利结束，打通渤海区与胶东、鲁中两根据地的联系，歼敌 2000 人。

1945 年 5 月，冀鲁豫抗日根据地军民也发起局部攻势。5 月 17 日夜，第八军分区（运西）攻入东平县城，全歼日军一个小队、伪军 1000 人，解放东平县城。17 日，第一军分区（泰运）攻入东阿县城。5 月 19 日，第十一军分区（湖西）攻克喻屯据点，消灭伪军 300 人。24 日，攻占鱼台县袁集据点，歼日军 30 人，泰西、运东、运西、湖西等几块抗日根据地连成一片。此后，相继解放单县、冠县、阳谷、堂邑等县城。

1945 年 7 月，世界反法西斯形势迅速发展，日军第五十九师团北调平、津，临沂、费县之敌准备逃窜，山东伪军惶惶不可终日。日军在山东失去统一战略行动后，仍在负隅顽抗。7月31日，山东军区决定夺取临（沂）费（县）二城，歼灭临沂顽军王洪九部。8月7日，解放费城，滨海军区迫近临沂城郊。至1945年夏，共产党在山东敌后战场解放18座县城，歼灭日、伪军和顽军12万人，解放区面积由1944年初占山东津浦路以东地区的35%扩大到80%以上，八路军山东部队发展到21.7万余人。① 1945年8月，山东军区部署全面反攻任务，编成山东野战兵，10万民兵组成数十个"子弟兵团"，分为五路大军，向日、伪军展开全面反攻。

八、日军的垂死挣扎及其罪行

1944年，日、伪军发动报复性"扫荡"，企图挽回败局。3月，临清、馆陶、冠县、武训4县伪军合围卫东地区。4月，临清、莘县、高唐、冠县、馆陶日、伪军3000余人"扫荡"鲁西北地区。7日，日、伪军"扫荡"冠县以北地区；9日，转向冠南、朝北；14日，合围卫东连寨、艾寨一带；15日，合围河西大屯、王八郎寨地区；16日，合围浅口和南、北寺头一带；次日，进抵北馆陶；17日，"扫荡"兰沃一带；21日，"扫荡"临清西南部。25日，各路日、伪军陆续返回原地。八路军部队实行"敌进我进"，乘虚攻敌后方，予以反"扫荡"。②

7月，日、伪军"扫荡"寿张西南抗日根据地，遭到冀鲁豫第二军分区（运西）伏击，毙日军30人、伪军40人。日、伪军狼狈逃窜，此后龟缩城内。③

8月20日，日军第五十九师团2个大队，独立步兵第一旅团4个大队

---

① 据1945年8月15日罗荣桓、黎玉、李作鹏给中央军委和十八集团军总部的《山东夏季实力统计》电报。

② 中共山东省委党史研究室、山东省中共党史学会编：《山东党史研究文库地方史卷》（五），山东人民出版社2015年版，第479页。

③ 中共山东省委党史研究室、山东省中共党史学会编：《山东党史研究文库地方史卷》（五），山东人民出版社2015年版，第481页。

各一部，独立混成第五旅团 2 个大队，第六十五师团 1 个大队，伪军吴化文、荣子恒、李永平部及伪省、道、县保安队各一部，共 1 万余人，在师团长细川忠康指挥下，分 13 路"扫荡"滨海区。山东军区转移至外线，展开反"扫荡"、反"清剿"。29 日，敌人被迫分路后撤。

10 月，日、伪军采用"以游治游"战术，在渤海区进行报复性"扫荡"，遭到渤海军区的坚决反击。11 月 1 日夜，渤海军区进攻日军曹野大队等部，歼日军 1 个中队、伪军 300 人。16 日，在广北痛击日军平井大队，歼敌 200 人，粉碎敌人"重占利津、抢粮万吨"的"扫荡"企图。①

1945 年，欧洲反法西斯战争胜利结束，世界反法西斯战争形势明显好转，但是日军仍垂死挣扎。4 月，日军调整作战计划，将上海、山东作为"沿岸战备的重点"②，在山东组建第四十三军团，日军在山东兵力增至 10 万人。4 月 25 日至 5 月 26 日，日军施行"秀岭一号作战"，重点"扫荡"鲁中、滨海地区。鲁中、滨海军区在反"扫荡"中，开展群众性游击战，集中兵力，伺机歼敌。5 月 3 日，敌伪 7000 人进犯日照、赣榆沿海地区，遭到滨海军区英勇反击，25 天作战 25 次，毙伤日军 100 人、伪军 900 人，日、伪军被迫退缩沿海一带。5 月 7 日，鲁中军区在沂源县石桥伏击敌人，歼灭日军 200 人、伪军 400 人，受到山东军区通令嘉奖。③

5 月，日、伪军 7000 余人，分 10 路进犯鲁南抗日根据地抱犊崮山区梁邱、白彦等地。在抗日军民的铜墙铁壁面前，日、伪军这次防御性"扫荡"很快草草收兵。④

---

① 中共山东省委党史研究室、山东省中共党史学会编：《山东党史研究文库地方史卷》（五），山东人民出版社 2015 年版，第 188 页。

② 日本防卫厅战史室编，天津市政协编译组译：《华北治安战》（下），天津人民出版社 1982 年版，第 450 页。

③ 中共山东省委党史研究室、山东省中共党史学会编：《山东党史研究文库地方史卷》（四），山东人民出版社 2015 年版，第 524 页。

④ 中共山东省委党史研究室、山东省中共党史学会编：《山东党史研究文库地方史卷》（四），山东人民出版社 2015 年版，第 262 页。

5月7日，日军及伪军阎珂卿等部"扫荡"海阳、莱阳一带，日本海军舰艇也在荣成县俚岛和海阳县南部海域停泊待命。胶东军区南海军分区在马店伏击战中，歼敌50人，收复马店据点；西海军分区围攻沙河，歼敌100人；北海军分区收复招远县九曲；东海军分区在烟（台）威（海）公路展开破袭战，牵制敌人进犯海（阳）莱（阳）。胶东人民群众运用地雷战、麻雀战等，粉碎日军的最后一次"扫荡"，歼灭日、伪军1000人。①

1944年至1945年7月，日、伪军在山东抗日根据地制造了"张会所村惨案""刁坊惨案""西洼子村惨案""打箔李路村惨案""戈山厂村惨案""枣棵杨庄惨案""刘家庄惨案""张家楼惨案""徐圩子村惨案""泊里惨案""三合寺惨案""小岳戈庄惨案"等一系列惨案。1944年6月27日，日、伪军疯狂"扫荡"茌南抗日根据地，在张会所村屠杀村民134人。1944年7月7日，日、伪军在朝城一带拉网式"扫荡"，在刁坊杀害村民23人、抓走100人。1944年11月24日，日、伪军"扫荡"平度西洼子村，杀害33人，杀绝7户村民。1945年2月2日，日军偷袭惠民县刘家堡，在打箔李路村杀害村民30人。1945年2月5日，日、伪军"扫荡"泗水县戈山厂村，杀害村民96人。1945年2月20日，日、伪军"扫荡"东阿县枣棵杨庄一带，杀害31人、抓走青壮年28人。1945年3月17日，日、伪军"扫荡"诸城县刘家庄一带，遭到村民反抗。诸莒独立营闻讯赶来支援，击退敌人，击毙日军38人、伪军102人，战士和村民86人牺牲。1945年3月29日、31日，日、伪军两次"扫荡"茌平县张家楼一带，屠杀村民等333人，抓走264人。1945年5月2日，日、伪军"扫荡"郯城县宋庄一带，在徐圩子村遭到郯城县独立团等部队阻击。这次自卫战歼敌49人，抗日军民牺牲118人，其中徐圩子村民73人遇害，被抓走村民40人。1945年5月12日至6月16日，日、伪军在胶南县泊里地区屠杀群众

---

① 中共山东省委党史研究室、山东省中共党史学会编：《山东党史研究文库地方史卷》（三），山东人民出版社2015年版，第644页。

300 人。1945 年 6 月 23 日，日、伪军"扫荡"蒲台县三合寺村，屠杀 26 人，强奸妇女 200 人。1945 年 7 月 3 日，日、伪军"扫荡"诸城县小岳戈庄一带，杀害村民 286 人，强奸、轮奸妇女数人。

第四节　展开大反攻迎接全民族抗战胜利

一、大反攻形势的形成

1945 年 2 月，苏、美、英签订《雅尔塔协定》，世界反法西斯战争即将迎来胜利。5 月，纳粹德国无条件投降，欧洲战场胜利结束。在太平洋、亚洲战场，美军连续攻克菲律宾群岛、硫黄岛和冲绳岛；盟军在缅甸发起反攻，日军节节溃败；中国抗日根据地军民发动攻势作战，迫使日军困守大中城市、交通要道和沿海地区。7 月，中、美、英发表《波茨坦公告》，敦促日本无条件投降。8 月 6 日、9 日，美国向日本广岛、长崎各投 1 枚原子弹；8 月 8 日，苏联对日宣战。

在反法西斯战争最后胜利的前夜，1945 年 4 月，中共七大召开，号召解放区军民迎接即将到来的全面大反攻，彻底打败日本侵略者，建立一个新民主主义的中国。8 月 9 日，毛泽东发表《对日寇的最后一战》，朱德发布七道全面反攻命令，中国抗日战争转入全面反攻阶段。①

8 月 10 日，日本政府发出乞降照会，但各地日军仍奉命继续作战。这时，国民党军队主要集中在中国西南、西北地区，日军主要龟缩在华北、华中、华南侵占的大部城镇、交通要道和沿海地区，而这些地区主要在共产党领导的解放区包围之中。美国为了防范共产党"抢走"整个中国，竟然采取"利用日本军队阻止共产党人的办法"，空运国民党军队到华南、海

---

① 中共中央党史和文献研究院：《中国共产党的一百年（新民主主义革命时期）》，中共党史出版社 2022 年版，第 256 页。

军到海港，唆使国民党发动内战。①

中共中央发出《关于苏联参战后准备进占城市及交通要道的指示》，要求"立即布置动员一切力量，向敌、伪进行广泛的进攻"，"迅速占领所有被我包围和力所能及的大小城市、交通要道"。②"对于一切不愿投降的侵略者及其走狗实行广泛的进攻，歼灭这些敌人的力量，夺取其武器和资财，猛烈地扩大解放区，缩小沦陷区。"③ 各抗日根据地（解放区）军民按照中共中央的指示，从 8 月 10 日起，向被包围和附近之日、伪军发起了全面反攻。

二、何思源入鲁

全民族抗战胜利即将到来的新形势，刺激着国民党山东省政府尽快返回山东，抢占战略要地，抢夺抗战果实。1944 年 12 月，何思源被任命为国民党山东省政府主席，试图将山东重新置于国民党的控制之中。

1945 年 2 月，何思源在安徽阜阳完成山东省政府改组，实行战时体制，将省政府、省党部、省三青团联系在一起，将正规部队与地方部队的管理指挥纳为一体。这次省政府改组，是全民族抗战期间国民党山东省政府改组"变动幅度最大的一次"④。3 月，国民党省政府在山东省内设立 6 个办事处，增设第十七行政督察专员区，以迎接美军在胶州湾登陆。1945 年 5 月，国民党第六次全国代表大会在重庆召开，通过《对于中共问题之决议案》，制造反共舆论，准备发动内战。

6 月，何思源等人抵达鲁西南地区，在曹县蒙清寺与当地国民党地方

---

① ［美］哈里·杜鲁门著，李石译：《杜鲁门回忆录》（第二卷），世界知识出版社 1965 年版，第 71 页。

② 中共中央文献研究室、中央档案馆编：《建党以来重要文献选编（1921—1949）》（第 22 册），中央文献出版社 2011 年版，第 605 页。

③ 中共中央文献研究室、中央档案馆编：《建党以来重要文献选编（1921—1949）》（第 22 册），中央文献出版社 2011 年版，第 600 页。

④ 吕伟俊主编：《民国山东史》，山东人民出版社 1995 年版，第 707 页。

武装取得联系。此时，日、伪已放弃鲁西南地区，共产党在鲁西南得到较大发展，国民党朱士勤①部瓦解，地方武装如孙秉贤、孙性斋、时锡九等部力量较弱，无力保护省政府。何思源召见鲁西南地区专员、县长，作出工作部署，然后佯装北上济宁，实际突然折返商丘，化装乘火车北上。7月，何思源潜入济南，随即乘车赶赴第十四区专员张景月驻地寿光县，完成入鲁及寻找立足点的任务。第十四专区辖寿光、广饶、临淄、蒲台、博兴等县，靠近胶济铁线，距济南较近，战略位置重要，而且何思源任鲁北行署主任时与张景月关系密切。日本宣布投降后，何思源开始在益都公开露面，积极准备西进接收济南。

1945年8月，在日本宣布投降、何思源尚未进入济南时，日军代表藤田（日军驻张店联队大佐）前往益都县（今青州市）北乡苑上村拜见何思源，何思源并不信任日军，亦未表态与日军合作。② 在八路军渤海军区部队的反攻下，张景月残部及第十二区专员翟毓蔚③部只能收缩在昌乐至益都胶济线附近。8月19日、22日，八路军鲁中军区部队攻克临朐、博山，进击胶济路西段及济南；8月22日，八路军胶东军区攻克高密城北各据点，切断胶济路东段。鉴于胶济线西段随时可能被八路军切断，8月24日，何思源部转移至章丘。④ 8月，国民党山东省政府委任驻山东伪军，要求日军"就地驻防""协助加强防务"，签订"共同防御协定"，达成"合流"妥协，仍由日军负责济南市及省内各主要城市、交通要道的治安与防卫工作。

9月1日，侵占济南的日军和伪山东省省长杨毓珣⑤派出铁路装甲车，前往章丘，迎接何思源进入济南，接管伪山东省保安司令部。当日，国民

---

① 朱士勤，山东第十一区行政督察专员兼保安司令、国民党军暂编第三十师师长，1942年在单县与日军激战时牺牲。

② 何兹全等编：《一位诚实爱国的山东学者》，北京出版社1996年版，第85页。

③ 翟毓蔚在1950年9月被处决。

④ 在全民族抗战期间，何思源坚持在山东敌后抗日，1938年任国民党鲁北行署主任，1942年1月何思源以"反人质"活动粉碎日军诱降的阴谋。

⑤ 杨毓珣于1945年2月接任伪山东省省长，1947年死在国民党狱中。

党中央发布《收复区省市长官表》，正式公布以何思源为主席的山东省政府组成人员。同时，公布李先良为青岛市市长。何思源派出飞机，接回流亡在安徽阜阳的国民党山东省政府委员和各部门主要负责人。9 月 22 日，国民党山东省政府完成回迁，成立防守司令部，接收伪山东省政权，开始在济办公，敌伪统治在山东宣告结束。

三、开展反攻作战

1945 年 8 月 10 日，中共中央指示山东军区尽快占领德州、济南、徐州、青岛、连云港及其他交通要道，重点是徐州、济南。11 日，山东分局和山东军区召开高级干部联席会议，部署落实整编部队、接管城市、动员参军、支援前线和维持后方治安等项工作。13 日，发出《决心彻底消灭日、伪军》的指示和《夺取大城市的部署》。15 日，又发出《部队作战方向的规定》，要求鲁中军区、渤海军区部队夺取济南，胶东军区、滨海军区夺取青岛，鲁南军区夺取徐州，滨海军区夺取连云港等。同时，按照中共中央关于组建超地方性野战兵团的指示，山东各部队改编为 5 路野战军，辖 8 个师、12 个警备旅及 1 个海军大队。① 另有第二梯队部队、县区武装，抽调一批有城市工作经验的兵工、邮电、财政、经济等干部，随部队行动，准备接管城市。

山东解放区人民群众积极组织起来，担任各种战时勤务，开展生产、支援前线运动，修筑道路，恢复交通，准备被服、粮秣，保证物资运输和伤员运送。10 万民兵组成数十个临时脱离生产的"子弟兵团"，开赴前线，配合主力部队作战，维持新区治安。山东党政军群机关和军民紧急动员，迅速完成大反攻的各项准备工作。

---

① 滨海军区部队，编为第一、二师和警备第十、十一旅；鲁中军区部队，编为第三、四师和警备第一、二、三旅及第四旅；胶东军区部队，编为第五、六师和警备第四、五旅及海军大队；渤海军区部队，编为第七师和警备第六、七旅；鲁南军区部队，编为第八师和警备第八、九旅。

在大反攻中，山东解放区八路军一面向日、伪发出投降通牒，一面分兵五路解放敌占城市和交通要道。山东军区司令部通牒日军驻山东最高指挥官第四十三军司令官细川忠康，通令日军立即停止抵抗；山东解放区八路军通牒伪国民自卫军第二军赵保原、伪华北绥靖第八集团军司令王铁相、伪武定道皇协军张子良、伪鲁东和平建国军司令厉文礼、伪山东国民自卫军第一集团军军长张步云等大小股伪军首领77人，令其投降。敌伪拒降后，山东解放区五路大军发起猛烈进攻。

鲁中军区部队组成第一路军，在前线指挥王建安、政治委员罗舜初率领下，进攻济南及胶济路西段、津浦路济南至兖州沿线的日、伪军。另成立济南前线总指挥部，萧华任总指挥兼政治委员，统一指挥鲁中、渤海部队，准备接收济南。8月，解放临朐、莱芜、益都、博山、淄川、章丘、周村、新泰等城镇，切断胶济路西段，逼近济南。

滨海军区部队组成第二路军，在前线指挥陈士榘、政治委员唐亮率领下，南线进攻陇海路东段沿线日、伪军，切断陇海路东段；北线进攻胶济路东段沿线日、伪军，切断胶济路东段，先后解放赣榆、青口、胶县等地。

胶东军区部队组成第三路军，在前线指挥许世友、政治委员林浩率领下，分东、西、南、北4线进攻胶济路东段沿线、胶东半岛沿海各城市日、伪军，先后解放牟平、威海卫、福山、石岛、龙口、招远、莱阳、黄县、蓬莱、烟台、即墨等城镇，突破崂山防线，攻占流亭机场，逼近青岛市区。

渤海军区部队组成第四路军，在前线指挥杨国夫、政治委员景晓村率领下，分南、北、中3线进攻津浦路济南至沧州段和胶济路西段沿线日、伪军，先后解放寿光、临邑、桓台、广饶、博兴、昌邑、长山、邹平、宁津、新海、阳信、德平、临淄、辛店、惠民等城镇，切断胶济路中段，逼近济南。

鲁南军区部队组成第五路军，在前线指挥张光中、政治委员王麓水率领下，进攻津浦路徐州至兖州沿线日、伪军。解放泗水、曲阜及台儿庄、官桥火车站，切断津浦路，直逼徐州市。

8月9日，山东解放区五路大军开始全面反攻，迅速将日、伪军压缩在铁路沿线和几个孤立城市。然而，国民党、蒋介石却极力阻挠。8月10日，蒋介石发布三道命令，要求八路军"原地驻防待命"，不许"擅自行动"；伪军"负责维持地方治安"，等待国民党军队收编；国民党各部队"积极推进、勿稍松懈"，企图独吞全民族抗战胜利果实。由于美国和蒋介石、日、伪的勾结阻拦，共产党、八路军原定抢先夺取大城市的计划已经较难实现。为此，中共中央于8月22日、23日、26日连续发出指示，要求各解放区重点夺取小城市及广大乡村、争取控制重要铁路路段。山东解放区及时调整军事部署，撤销济南前线指挥部，不再急于攻占大中城市，转而以主力部队夺取中小城镇和广大乡村，随后相继发起诸城、峄县、临沂、平度、无棣、商河等战役。

8月14日至23日，八路军冀鲁豫边区第一军分区（泰运）解放东阿、平阴、肥城等县城。8月15日，第八军分区（运西）民兵2000余人解放鄄城。8月20日，第十军分区（鲁西南）解放鱼台县城。冀鲁豫边区进入第二阶段大反攻后，8月26日，第十军分区解放定陶。9月5日，第十一军分区解放成武；18日，经过四次进攻，解放曹县，毙伤伪军朱晓堂部600人、俘2000人。9月3日，第一军分区（泰运）解放齐河，歼敌900人；22日，解放荏平，歼敌200人、俘2000人。9月4日，第六军分区解放夏津；10月26日，解放恩县。

8月17日，八路军滨海军区、鲁中军区进攻驻临沂伪军许兰笙①部、邵子厚部、王洪九部。9月11日，解放临沂，歼伪军2600人，俘许兰笙、邵子厚，鲁南、鲁中、滨海3块根据地连成一片。

8月30日，八路军渤海军区解放邹平、青城。9月1日，解放惠民。4

---

① 许兰笙在1945年9月被临沂抗日民主政府处决。

日，解放济阳。6 日，解放齐东。9 日，解放盐山。10 日，解放宁津。9 月 10 日，渤海军区在惠（民）滨（县）青（城）阳（信）边区形成一个周围长 80 公里的大包围圈，围歼伪皇协护民军成建基等部 4000 余人。9 月 13 日，在无棣城包围伪武定道皇协军张子良部 6000 余人。17 日，击毙张子良，全歼该部，解放无棣。9 月 26 日，全歼商河守敌，俘伪军 4500 人。10 月 16 日至 12 月 31 日，渤海军区发起平（原）禹（城）战役，共歼灭日军第九独立警备队及第四十七师团各一部约 2000 人、伪军近万人，解放平原、南皮、禹城、晏城 4 座县城。这是山东抗日战场最后一次大规模战役。

9 月 5 日，八路军滨海军区反击驻诸城伪军张步云①部，解放诸城，击毙伪军 300 人、俘 2100 人。9 月 8 日，解放日照，毙伤敌 30 人、俘 120 人。

9 月 7 日，八路军鲁南军区进攻峄县据点，相继占领伪县政府和伪城防指挥部。8 日晨，全歼守城伪军 1500 人。日军 200 人逃窜至枣庄，峄县解放。

9 月 7 日，八路军胶东军区进攻胶东腹地最大的一个日、伪军堡垒——平度，日军及伪军王铁相部、张松山部、李德元部共 6600 余人负隅顽抗。10 日，解放平度，毙伤伪军 700 人，俘王铁相及平度保安旅旅长李厚基、伪掖县长马德勇等 5000 人。

经过这一阶段的大反攻作战，济南、青岛、徐州、连云港等城市均处在山东解放区的包围之中，胶济路、津浦路、陇海路均为我切断。在新解放区，共产党领导的山东省政府及时建立人民民主政权，颁布政府法令，建立革命秩序，巩固新解放区。国民党依靠日、伪力量控制大城市及交通要道的企图，遭到沉重打击。

---

① 张步云在 1948 年 2 月被国民党青岛市政府枪决。

四、成立人民的省政府

1945 年 8 月 15 日，日本无条件投降。9 月 2 日，日本签订投降书，侵华日军 128 万人向中国投降。9 月 3 日，成为中国人民抗日战争胜利纪念日。① 日本投降后，山东民众纷纷庆祝全民族抗战的伟大胜利。8 月 11 日，《大众日报》号外（单张整版套红）刊登《日本宣布无条件投降》消息，迅速传遍山东解放区。山东分局在临沂举行万人大会，群众高呼口号，激动不已。

根据中共中央指示，山东抗日根据地（解放区）开展民主运动，改造县级参议会、民主政府和乡村政权，至 1945 年 8 月建立 5 个行政公署、22 个专员公署、127 个县级政府。为迎接全民族抗战胜利，适应大反攻新形势的需要，1945 年 8 月 12 日，出席全国解放区人民代表会议的 38 名山东代表联名提议：将山东省战时行政委员会改为山东省政府，并作为山东人民唯一的民主政府，代表山东人民，领导山东人民，争取最后胜利，建立新山东。8 月 13 日，省临时参议会和省战时行政委员会第二十次联席会议在莒南大店召开。会议决定，将山东省战时行政委员会改为山东省政府，黎玉为主席；各行政主任公署，改称行政公署。②

8 月 20 日，省临时参议会驻会委员会发出《为反对国民党反动派勾敌投敌重来祸鲁告各界同胞书》宣言，明确指出共产党领导的山东省政府是全山东人民唯一的正统合法政府，坚决反对国民党反动派重回山东夺取抗战胜利果实，大力号召山东人民决不受国民党反动派的欺骗愚弄。9 月 11

---

① 中共中央党史和文献研究院：《中国共产党的一百年（新民主主义革命时期)》，中共党史出版社 2022 年版，第 258 页。

② 同时，任命赵笃生为济南市市长，林一山为青岛市市长，李乐平为徐州市市长，于化琪为海州市市长（1945 年，滨海区党委在赣榆县墩尚镇成立海州市政府），孙端夫为烟台市市长，于洲为威海卫市市长。8 月 22 日，省政府所属的 7 个厅局成立。刘居英任省政府秘书长兼公安总局局长，梁竹航任民政厅厅长，艾楚南任财政厅厅长，薛暮桥任实业厅厅长，杨希文代理教育厅厅长，黎玉兼任司法厅厅长，白备伍任卫生总局局长。

日，临沂解放后，山东分局、山东省政府、山东军区迁至临沂，临沂成为山东解放区的省府驻地。

第五节　日本无条件投降与惩办战犯、汉奸

一、国民党军抢占抗战胜利果实

1945年8月，山东日、伪军在日本政府宣布投降后，仍顽固坚持只向国民党投降、拒不向共产党投降。这时，国民党在山东早已名存实亡，山东境内既无国民党省政府（流亡在安徽阜阳），也无国民党正规军队。国民党顽固派为抢占山东战略要地、抢夺山东人民抗战胜利果实，竟然不惜与日、伪合流，收编山东大小伪军162股、12万人，使之策应国民党正规军北上。为此，国民政府任命伪山东省省长杨毓珣为山东先遣军司令、伪和平建国军第三方面军司令吴化文为先遣军第五路军军长（后改为第九十二军军长）、伪淮海省长郝鹏举为新编第六路军司令等。这些伪军被国民党收编后，摇身一变，成为国民党军队的先遣部队，展开反扑，陆续进占津浦、胶济铁路沿线战略要点。1945年8月，国民党控制山东54个县市，占半数以上。[①] 济南、青岛成为国民党和伪、顽势力的集结中心。8月至9月，原伪军赵保原、张天佐、张景月、厉文礼等部协同日军浅见旅团，侵占即墨、益都、淄川、周村、胶县等城镇，再次控制胶济铁路；原伪军王继美、张里元、郝鹏举等部协同日军第六十五师团，在津浦线上进犯解放区。

9月，国民党17个军、40万军队扑向山东和华中地区。第十九集团军陈大庆部5个军约10万人，开向徐州；其余6个军，占据陇海铁路东段及两侧阵地。10月11日，陈大庆部骑二军、十二军开进济南。随后，国民党第七十三军由美国飞机空运，抵达济南。国民党陆续占领济南、青岛、徐州、连云港4个战略据点和胶济、津浦、陇海3条铁路线，完成对山东解

---

① 《民政厅刘厅长道元工作报告》，《山东省临时参议会第二届第一次大会会刊》（1946年3月）。

放区的战略分割和包围，国民党在山东解放区重新占据兵力优势。

与此同时，何思源及国民党省政府指派日军暂时维持社会治安，大量收编伪军，大量汉奸成为国民党的"先遣司令"或"地下工作人员"，如厉文礼为"潍县地区先遣司令"、张步云为"胶南边防司令"、张天佐为"胶济路警备司令"等。8月18日，蒋介石电令国民党青岛保安总队司令李先良为青岛市市长，命令驻青日、伪军"切实维持地方治安"。9月，李先良接管青岛政权。为进一步控制山东，第四方面军司令部及其直属部队被空运至济南。10月，第十一战区副司令李延年率第十二军、七十三军和骑二军等部进驻济南，与国民党山东省政府共同接管伪政权，收编伪军并接受日军投降。12月，国民党进入山东的正规军已达6万人，加上原来的伪、顽武装，总兵力达十几万。

美国公然插手中国内政，援助国民党进行内战。10月4日，美国军舰要求登陆烟台，遭到烟台市人民的拒绝，10月17日被迫驶离烟台。美军在烟台登陆无望后，10月9日登陆青岛，在青岛市设立美国海军西太平洋舰队司令部。10月11日至12日，2.7万名美军相继登陆青岛码头。10月14日，美舰运送国民党第八军登陆青岛。此后，美军盘踞青岛达4年之久。

山东解放区共产党、国民党及日、伪力量对比的新态势，影响着新民主主义革命的成败。8月23日，毛泽东在中共中央政治局扩大会议上提出，依靠实力地位，争取我党领导的人民军队和解放区的合法地位；战略重点集中在华北、山东和陇海路以北至内蒙古一带，力争东北。根据中共中央指示，山东解放区肃清境内敌伪残余，彻底破坏交通线，阻止国民党军队的北上及进犯；并从山东抽调4个师12个团共2.5万至3万人进入东北。8月29日，中共中央指示山东分局尽快在东北建立地方政权及地方部队。山东党政领导及军队北上后，华中局及新四军主力一部北移山东，成立中共华东中央局，饶漱石、陈毅在山东主持华东局和军队工作。

二、接受日军投降

1945年9月2日，日本签署无条件投降书，第二次世界大战以全世界人民反法西斯战争的伟大胜利而告结束。根据有关规定，中国、越南北纬16度以北地区为中国战区的受降范围，东北地区另由苏联军队受降。中国陆军总司令何应钦代表中国战区最高统帅接受日军投降，确定十五个受降区及受降主官。[①] 但是，共产党、八路军、新四军及人民抗日武装的受降权却被粗暴剥夺。

10月25日，驻青岛日军司令官长野荣二在青岛签降。

12月27日，驻山东日军代表细川忠康在济南签降。

共产党在山东解放区对日、伪的军事受降，基本以武装受降的方式进行。这种彻底消灭顽抗者的武装受降方式，持续到1945年底津浦铁路战役结束。其中，以日军华丰受降和沙沟受降影响较大。

日军投降后，国民党密令盘踞在大汶口、泰安地区的日军洼田旅团撤至济南集中缴械，并令泰安、大汶口伪军接防。1946年1月，据守鲁中地区华丰煤矿的日军洼田守备队4000余人，拒不投降，甚至还幻想全副武装回国。1月23日，日军向济南方向撤退时，遭到新四军苏浙军区第一纵队叶飞部包围。经过谈判，日军全部缴械。因整个过程没有发生战斗，不属于武装缴械，史称"华丰日军受降事件"。

1945年10月，日军1000多人盘踞在临城（今枣庄市薛城区）沙沟，面对新四军第十九旅的强攻，顽固拒绝投降。11月，八路军第一一五师所属鲁南铁道游击大队炸毁津浦铁路韩庄站大铁桥，迫使日军缴械投降。经过谈判，日军铁甲列车大队长太田决定缴械投降。12月，日军1000余人正式投降，史称"沙沟受降"。

三、接收日、伪资财

对日、伪实行接收，是日本投降后各收复区的主要任务。在山东，国

---

① 十五个受降区的受降地点为：广州、长沙、武汉、南昌、九江、安庆、南京、上海、杭州、徐州、郑州、洛阳、青岛、济南、北平、天津、山海关、承德、赤峰、多伦、张家口、归绥、包头、大同、太原、石家庄。山东地区有济南、青岛两个受降点，受降主官为第十一战区副司令长官兼山东挺进军司令李延年。

共双方在各自的占领区按不同政策和方式分别进行接收工作。国民政府在全国划分七个接收区，山东属于鲁豫晋接收区。其接收工作，由"山东省党政接收委员会"负责，接收方法为分区接收，按照工商业发展及日、伪产业数量情况，分为临城区、济宁区、兖州区、泰安大汶口区、德县区、临清区、淄博区、潍县坊子区、张店周村区九个区。济南地区接收工作，由"山东省党政接收委员会"直接调度。青岛市接收工作，独立进行。山东接收工作分为五期，1945 年 10 月 29 日开始第一期，接收 15 处；11 月 2 日开始第二期，接收 14 处；11 月 18 日开始第三期，接收 38 处；12 月 5 日开始第四期，接收 57 处；1946 年 1 月 14 日开始第五期，接收 81 处，共 205 处。另有国民党军政部特派员接收 16 处。

在接收过程中，国民党各级接收机构侵吞大量民有企业和资产，瓜分许多工厂企业，隐匿盗卖大量物资财产、机器设备。如华北冷藏公司被"接收"后，大批冷藏军用药品、棉花、牛肉、啤酒等物资被盗卖一空。民族资本的工厂企业如东源、洪泰火柴厂，大批原料物料被盗卖隐匿，原主只剩厂房和残缺不全的机器。济南有大型民族资本企业 25 家、民营小厂 200 家被"接收"。国民党山东省政府顾问周自钦，吞没宫崎洋行全部财产（价值 30 亿元以上）；省政府兵站处处长李鹤亭，设立义记商号，隐匿、盗卖大批接收物资。这种竞相抢掠的接收被人们讥讽为"三阳（洋）开泰"（捧西洋、爱东洋、要现洋）、"五子（位子、金子、房子、车子、女子）登科"的"劫收"。此外，国民政府压低币值、收换伪币，掠夺财产；并印发大量纸币，维持军事、行政费用，造成严重通货膨胀。1946 年上半年，国民党山东省政府实际收入仅为 96.5 万元，经费缺口 4300 万元，便将食盐、糖等人民生活用品专卖制度推行到收复区，同时增加捐税等，维持其运转，导致大批工矿企业停工、民族商业倒闭、城乡人民生活陷入新的困苦。苦难的生活、严峻的现实，打碎了人民群众对国民政府的幻想，事实教育了人民群众。"想中央，盼中央，中央来了更遭殃"的顺口溜，在收复区广为流传。"巧取豪夺之风，实在使人失望。"① 由于民心渐失，国民党又被迫组织"接收工作清查团"，赴各地清查接收情况。如"鲁豫晋区接收处理工作清查团"在青岛一个月时间，即收到告密状 458 份，该清查团团长也不得不承认："各地接收敌伪物资，事权混淆，弊窦丛生，情况太坏。"

共产党在山东解放区以较短时间，基本清除日、伪残余力量。1945 年 8 月 15 日，省政府发出《关于城市经济工作纲要》，确定接收及处理敌产、公产等政策，调剂粮食生产，恢复工矿生产，保障城市供给，并公布《山东省处理汉奸财产暂行办法》，取消各类日、伪组织，区别对待汉奸战犯与一般伪职人员，加强民族气节和宽大政策教育。1945 年 8 月 25 日，山东省政府、山东军区公布《关于敌伪资财处理办法》，规定首先军事管理日、伪一切资财，然后由政府按照有关政策接收日、伪资财。凡是日、伪抢夺或强购的民营企业以及其他资财，均无条件没收；有附敌嫌疑的私人资财，先查封，待查明后发还或没收；破坏、偷盗、隐匿查封资财者，一律予以惩办；所没收资财，均用于财政供给、恢复生产、调剂市场。没收的工厂、矿山、电灯、自来水、银行、洋行、仓库、当铺和布匹、粮食等非军事资财，全部移交当地政府；交通通讯设备、军事设备、军需仓库等军事资财，一律交由军事机关接收处理。山东解放区各军队、各地政府接收控制区的日、伪资财时，详细登记造册，报告山东军区、山东省政府。1945 年下半年，龙口特区政府没收日、伪资财，接管日、伪兴亚公司、振亚公司、玲珑公司、富田洋行、三井洋行、海州矿业开发株式会社等。在接收过程中，民主政府和人民军队公开公正，区别对待，公审镇压罪大恶极的汉奸，留用一般日、伪人员，鼓励工人尽快恢复生产，没收资财用之于民，赢得人民群众的拥护。

---

① 《民言报》1946 年 12 月 5 日。

四、惩办战犯、汉奸

1945 年 9 月，国民政府下令在全国大规模惩奸。11 月，成立战争罪犯处理委员会，制定《战争罪犯处理办法》《日本战犯之逮捕与审判办法纲要》。11 月 23 日，颁行《处理汉奸案件条例》，又颁行《惩治汉奸条例》16 条。12 月，在南京、济南等 10 个城市设立审判战犯军事法庭及战犯拘留所。

中国作为战胜国，也是日本侵华的最大受害国，分别在济南等地设立审判战犯军事法庭，审判日本乙、丙级战犯，判处南京大屠杀主犯之一谷寿夫、屠杀中国平民 300 余人的刽子手田中军吉、在南京进行杀人比赛的向井敏明与野田毅等人死刑。[①] 日本宣布投降之后，一些恶贯满盈的日本战犯自知罪责难逃，纷纷自杀，逃避审判。日本陆军元帅杉山元，是第一个畏罪自杀的日本战犯。原关东军司令本庄繁、原内阁首相近卫文麿等，相继自杀。[②] 1946 年 3 月至 1949 年 1 月，审判战犯。济南军事法庭（第二绥靖区司令部审判战犯军事法庭）判处死刑的战犯有 9 人。全国 10 个审判战犯军事法庭判处死刑的战犯有 139 人，占被审判战犯总数的 16.1%；无罪及不起诉的战犯有 358 人，占被审判战犯总数的 41.5%。[③]

1946 年 3 月，山东陆续逮捕山东区日本战犯，在济南、青岛成立军事法庭。济南军事法庭审判的战犯有冈平菊夫、青井真光、田中政雄、福田永助、广田米藏、江本金吾、田中堪五郎等人，多数人因缺乏证据未进行审判。

---

① 1945 年 12 月至 1947 年底，中国各地军事法庭受理战犯案件 2345 件，死刑 110 件。

② 1946 年 1 月，成立远东国际军事法庭，公布《远东国际军事法庭宪章》。1946 年 4 月，首先审判东条英机、东乡茂德、铃木贞一、广田弘毅、土肥原贤二、梅津美治郎、重光葵等 28 名甲级战犯。1948 年 11 月，判处东条英机等 7 名甲级战犯绞刑（12 月 23 日被执行绞刑）、16 名甲级战犯无期徒刑、2 名甲级战犯有期徒刑 20 年和 7 年。另外 3 名甲级战犯，1 人患精神病，中止审判；2 人在审判期间死亡。

③ 刘统：《大审判：国民政府处置日本战犯实录》，上海人民出版社 2021 年版，第 88、89、876 页。

1946 年 8 月，济南军事法庭判处伪济南铁路局日本警务段长冈平菊夫，济南"新华院"（即俘房收容所）院长青井真光，济南宪兵队本部队长兼"凤凰公馆"队长田中政雄，德县、惠民、济南日本宪兵队军曹福田永助死刑；判处曾任山东省宪兵队长的广田米藏大佐无期徒刑。1946 年 10 月，国民政府通过《审判办法修正草案》，规定战争罪犯所谓"奉命"或"职务"行为的杀人、酷刑、虐待罪行，均不予免责。1946 年底，济南军事法庭开始审理米仓宪一、岩本荣、武山英一、小林爱男等 11 人，随后起诉笠原正登、冈本善平、津田初次、芳田清吉、酒井正常、中村一郎等 25 人。①

国民政府曾利用日、伪力量"合作"接收全民族抗战胜利果实，但是面对"严惩汉奸"的汹涌民意却又不能不做出一定姿态，这种"犹豫心态"导致了国民政府对于汉奸惩治并不积极。惩治汉奸失策的链式反应，最终导致国民政府的公信力下降，秩序重建的努力化为泡影。②

共产党领导的山东省政府在 1945 年 8 月率先公布《山东省惩治战争罪犯及汉奸暂行条例》《山东省汉奸自首自新暂行条例》，根据战争罪犯、汉奸在战争期间的职位、行为分别定罪。如战争期间效忠日本军国主义、罪大恶极、人民痛恨者，日军军部、特务机关、联络部、宪兵队的主官或主谋者，处死刑或十年以上有期徒刑；"凡日军大佐以上，伪军少将以上，伪政权道尹以上，伪警佐以上，及其他有全省性之战争罪犯或汉奸，均由山东军区军事法庭审理之。"对于汉奸，本着宽大精神，给予悔悟自新之路。"对一般汉奸、伪军、伪组织人员给以自新之路，迅速办理自首，以减免对我之疑惧而争取大多数。"③

---

① 中华人民共和国成立后，苏联政府移交给中国政府的日本战犯有 969 人，另有人民解放军逮捕的日本战犯 140 人。至 1956 年，共关押日本战犯 1062 人。中共中央党史研究室第一研究部编著：《中华民族抗日战争史（1931—1945）》，中共党史出版社 2005 年版，第 613 页。

② 陈明胜、张春梅：《战后国民政府惩治汉奸与秩序重建》，《历史教学问题》2021 年第 2 期。

③ 中共山东省委党史研究室、山东省中共党史学会编：《山东党史资料文库》（第 13 卷），山东人民出版社 2015 年版，第 563 页。

第六节 山东抗战的贡献及涌现出的著名英烈

一、山东抗战的贡献

伟大的中国人民抗日战争暨世界反法西斯战争，是近代以来中国人民反抗外敌入侵持续时间最长、规模最大、牺牲最多的民族解放斗争，也是第一次取得完全胜利的民族解放斗争。这个伟大胜利，是中华民族从近代以来陷入深重危机走向伟大复兴的历史转折点，也是世界反法西斯战争胜利的重要组成部分；是中国人民的胜利，也是世界人民的胜利。①

日本对华持续侵略是近代以来中国历史上最黑暗的一页，日本反动统治者一次次侵略中国，1894 年挑起甲午战争，1895 年侵占台湾和澎湖列岛，1900 年伙同其他帝国主义列强侵入北京，1904 年发动日俄战争、侵犯中国东北领土和主权，1914 年侵占青岛，1915 年提出"二十一条"，1931年策动九一八事变、侵占中国东北全境，1935 年制造华北事变，1937 年 7月 7 日以炮轰宛平县城和进攻卢沟桥为标志发动全面侵华战争，妄图变中国为其独占的殖民地，进而吞并亚洲、称霸世界。日本军国主义的野蛮侵略给中国人民造成空前巨大的灾难，激起了中国人民的顽强反抗。在艰苦卓绝的抗日战争中，中国共产党领导开辟的敌后战场和国民党指挥的正面战场协力合作，形成了共同抗击日本侵略者的战略局面。中国共产党人勇敢战斗在抗日战争最前线，支撑起中华民族救亡图存的希望，成为全民族抗战的中流砥柱。②

---

① 习近平：《在纪念中国人民抗日战争暨世界反法西斯战争胜利 75 周年座谈会上的讲话（2020 年 9 月 3 日）》，《十九大以来重要文献选编》（中），中央文献出版社 2021年版，第 669 页。

② 习近平：《在纪念中国人民抗日战争暨世界反法西斯战争胜利 75 周年座谈会上的讲话（2020 年 9 月 3 日）》，《十九大以来重要文献选编》（中），中央文献出版社 2021年版，第 670、672 页。

　　山东是遭受日本侵略最早、最深的地区之一，也是中国人民抗日战争的主要战场之一。从甲午战争开始，饱受苦难的山东人民进行了不屈不挠的英勇斗争。进入全民族抗战阶段后，山东沦为敌后战场，广大乡村地区却基本由共产党、国民党控制。在国民党、共产党特别是在共产党的领导下，3800万山东人民同仇敌忾，浴血奋战，奏响了抗击日本侵略的英雄凯歌。日军入侵山东后，国民党山东省政府领导全省民众及各地游击队进行敌后抗战，国民党军队在正面战场进行鲁北战斗、临沂保卫战、滕县保卫战、台儿庄血战等，奋勇抵抗，付出巨大牺牲，迟滞了日军南下侵略，赢得了全民族抗战的喘息之机。各地的国民党势力，积极组织武装力量进行抗战，打击了日军。进入战略相持阶段后，国民党在山东的力量趋于分散，以沈鸿烈为首的顽固派不断制造磨擦事件，积极反共、消极抗日；以于学忠为首的东北军，继续坚持抗战。进入敌后抗战最困难时期，在日军的军事打击和政治诱降之下，山东的国民党军队开始大批投敌，伪军的数量在1943年剧增至20万人，山东的国民党军队兵力则从20万人减少至5万人。1943年7月，鲁苏战区于学忠残部6000余人和国民党山东省政府被迫撤出山东，山东境内至此已无国民党主力部队，共产党独自撑起山东敌后抗战的大局。

　　在山东抗日战场上，中国共产党始终高举团结抗战的旗帜，发挥了中流砥柱作用。全民族抗战爆发后，山东军民成功开辟了山东抗日根据地，为中国的抗日斗争乃至中国革命提供了重要战略基地。山东抗日根据地不仅是牵制消灭日、伪军的重要战场，而且是联系华北、华中根据地的重要战略枢纽，向南协助华中抗日根据地的发展，向西支援冀鲁豫抗日根据地，与晋察冀、晋冀鲁豫等抗日根据地相互支援，共同撑起华北敌后抗战的局面。特别是在国民党主力部队撤出山东、地方武装大部分伪化的历史关头，共产党领导山东军民独立撑起山东抗战大局，多次粉碎日军的疯狂"扫荡"，形成人民战争的汪洋大海。在血与火的战争中，党政军民血肉相连、生死相依，共御敌寇。经过浴血奋战，山东抗日根据地不断发展壮大。至

1945 年 8 月，山东抗日根据地（包括津浦路以东、陇海路以北的山东省大部和河北、江苏各一部）面积达 12.5 万平方公里、人口 2400 万，党员 20 万名，八路军 27 万人，民兵 50 万人，自卫团 150 万人；建立了全国唯一一个基本以一省为主体的抗日民主根据地，成立了共产党领导的第一个省政府，基本形成了新民主主义新山东的雏形，广大人民群众已经翻身做了主人。"山东抗日根据地无论在总人口、党员、军队数量，还是歼敌人数等方面，都遥遥领先其他抗日根据地。"①

在全民族抗战中，山东各级党组织在基础薄弱、没有八路军主力支援、军事斗争经验严重不足的情况下，创造性地贯彻中共中央的路线方针政策，根据地政治建设、经济建设、文化建设和党的建设齐头并进，独立自主建立起一支战略游击兵团，为人民武装力量的发展壮大作出了巨大贡献。陈光、罗荣桓等率领八路军第一一五师主力入鲁后，与山东纵队并肩战斗，八路军部队迅猛发展。1945 年底，山东解放区和冀鲁豫解放区山东部分的人民军队共有 33 万人，占共产党领导的人民军队的四分之一。在全民族抗战中，共产党领导的山东军民（包括山东抗日根据地和冀鲁豫根据地所属山东的 40 余县）共歼灭日、伪军 60 余万，牵制大量日、伪军，解放山东 92% 以上的国土，较大减轻了全国其他战场的压力，为全国抗日战争的胜利作出了巨大贡献，同时也付出了巨大牺牲。据不完全统计，仅八路军山东主力部队伤亡就达 15.47 万人，山东解放区区级以上政权干部 56510 人中伤亡 16953 人，占 30%。整个山东境内平民伤亡达 600 余万人，财产损失合 1937 年法币 847.65 亿元。②

二、山东抗战中涌现出的著名英烈

在抗日战争期间，3800 万山东儿女坚贞不屈、浴血奋战，赶走了穷凶极恶的日本侵略者，奏响了气壮山河的英雄凯歌，谱写了可歌可泣的英雄

---

① 金冲及：《山东抗日根据地的独特历程》，《抗日战争研究》2017 年第 1 期。
② 根据山东省抗战时期人口伤亡和财产损失调研结果。

事迹。在全民族抗战中，山东有姓名的烈士就达 8 万余人。① 为永远铭记抗日英烈的不朽功勋，中共中央、国务院批准，由民政部先后公布了两批著名抗日英烈和英雄群体名录（第一批 300 名，第二批 600 名），由退役军人事务部公布了第三批著名抗日英烈、英雄群体名录（185 名），其中，为夺取抗日战争胜利而英勇牺牲在山东的著名抗日英烈和英雄群体有 197 名（牺牲在外地的山东籍抗日英烈和英雄群体，将另书出版）。为褒扬英烈，党和人民政府先后出台有关规定，制定以伤亡抚恤、褒扬优待为内容的英烈褒扬制度。② 为夺取山东抗日战争胜利而牺牲的英烈，名录如下：

第一批

王铭章

　　王铭章（1893—1938），字之钟，四川新都人。1914 年 7 月毕业于四川陆军军官学校第三期步兵科，历任排长、连长、营长、团长、师长等职。1935 年，任国民革命军陆军第四十一军一二二师师长。1936 年，授陆军中将军衔。1938 年初，任第四十一军前方总指挥，率部参加徐州会战，奉命驻守滕县，阻击日军。徐州会战是在中国第五战区司令长官李宗仁指挥下，按照周恩来的"在徐州以北采取阵地战和运动战相结合"建议，以徐州为中心展开的大规模防御战役。中国将士改变了专守防御的战法，取得了台儿庄大捷等重大胜利。在徐州会战中，3 月 17 日下午，日军攻占古滕县南城墙和东关，突入城内。王铭章命令城内各部与日军巷战，西关守军死战

---

① 根据山东省民政厅最新数据统计，山东省共有登记在册烈士 30.1 万余名，烈士总数居全国首位，占全国烈士总数的 11.5%。

② 1951 年 4 月，中央人民政府内务部规定，国民党军队指战员在对日作战中负伤致残，无反人民罪行等，可按《革命残废军人优待抚恤条例》予以抚恤。1958 年，中华人民共和国内务部规定，对辛亥革命和国民党军队抗日阵亡士兵，可以称为烈士。1983 年，中华人民共和国民政部规定，对因抗日战争对敌作战牺牲的国民党人和其他爱国人士，经省政府或民政部批准，可以追认为革命烈士。2019 年，国务院发布修订的《烈士褒扬条例》，将英雄烈士保护纳入党和国家功勋荣誉表彰制度体系。2022 年，中共中央办公厅、国务院办公厅、中央军委办公厅印发《关于加强新时代烈士褒扬工作的意见》。

待援，王铭章亲自到西关指挥战斗。在西关外电灯厂附近，王铭章遭到日军机枪扫射，身中数弹，壮烈牺牲。1938 年 4 月，国民政府追晋王铭章为陆军上将。1984 年 9 月，中华人民共和国民政部追认王铭章为革命烈士。

刘震东

刘震东（1893—1938），字曦洲，山东沂南人。1930 年毕业于东北陆军讲武堂，历任排长、连长、营长、团长等职。1937 年 12 月，任第五战区司令部高级参谋兼第二路游击司令。1938 年 2 月，刘震东奉命率部北上驻守莒县，随第三军团参加临沂保卫战。2 月 20 日凌晨，日军围攻莒县，突破城西北角。刘震东亲临现场，指挥战斗，近距离击杀日军，不幸头部中弹，壮烈牺牲。为此，《新华日报》发表题为《莒城我军奋勇杀敌，刘震东氏壮烈牺牲》的长篇报道，第五战区将莒县改名为"震东县"，国民政府追晋刘震东为陆军中将，八路军总司令朱德等人向刘震东烈士敬献花圈、挽联。

杨靖远

杨靖远（1902—1938），原名赵荣山，又名赵先周，满族，辽宁沈阳人。1930 年加入中国共产党。1922 年到沈阳兵工厂做工，秘密参加革命活动。1938 年 4 月 5 日，受党组织派遣，到冀鲁边区领导抗日斗争，先后任国民革命军敌后抗日别动总队第三十一游击支队副司令员、冀鲁边区军政委员会委员、冀南第六督察专员公署专员、冀南军区第六军分区司令员。1938 年 12 月，杨靖远指挥部队攻打盐山县反动武装，前往大赵村谈判，被敌人杀害，悬首示众。八路军东进抗日挺进纵队部队随即奔赴盐山，攻破大赵村，全歼敌人。1940 年 8 月，中共冀鲁边区委员会在盐山县南部、乐陵县北部设立靖远县。1945 年 8 月，靖远县与盐山县合并，仍称靖远县（1949 年 5 月改称盐山县）。

陈钟书

　　陈钟书（1891—1938），字树藩，云南安宁人。早年入云南陆军讲武堂学习，毕业后在龙云部任近卫团营副。1937 年，任第六十军第一八三师第五四二旅旅长。1938 年 3 月，率部参加徐州会战。4 月 21 日，陈钟书指挥部队与日军展开激战，先后击退日军 40 多次进攻。激战至 24 日下午，陈钟书率官兵顽强迎战日军步兵、骑兵的轮番进攻，并与敌人在阵地前展开白刃战。在肉搏中，陈钟书连续刺死日军多人，后被敌人骑兵子弹击中头部，不幸牺牲。1945 年抗战胜利后，国民政府追晋陈钟书为陆军中将。1984 年 9 月，中华人民共和国民政部追认陈钟书为革命烈士。

范筑先

　　范筑先（1882—1938），原名金标，又名夺魁，曾用名仙竹，山东馆陶（今属河北）人。早年从军，历任炮兵营长、补充团团长、第八旅旅长等职。1931 年回山东，先后任第三路军参议、沂水县长、临沂县长。1936 年，任山东省第六区行政公署专员兼保安司令。全民族抗战爆发后，范筑先拥护中国共产党的抗日主张，留在鲁西北地区组织群众进行抗日。1937 年 11 月，先后建立 30 多个县的抗日政权和 6 万人的抗日武装。1938 年，为策应武汉会战，先后两次组织部队攻击驻守在济南的日军。1938 年 11 月，毛泽东致信范筑先，表示慰问和嘉勉。11 月 14 日，日军进攻聊城，范筑先率部抗击，700 多名将士大部战死。次日，聊城沦陷。范筑先宁死不当俘虏，举枪自尽。范筑先将军殉国后，全国哀悼，蒋介石、朱德等人分别敬送挽联，国民政府下令全国下半旗三天。1940 年 8 月，聊城县曾更名为筑先县。

赵渭滨

　　赵渭滨（1894—1938），原名渭宾，字象贤，四川成都人。1914 年于四川陆军军官学校毕业，先后任参谋、参谋长，参加平型关战役，转战娘子关、芹泉、榆次等地。1937 年任第四十一军第一二二师参谋长，随部转赴山东临城（今枣庄市薛城区），参加徐州会战。1938 年 3 月，赵渭滨随部固守滕县，阻击日军矶谷师团南犯。3 月 14 日，日军在飞机和密集炮火的支援下，猛攻滕县。赵渭滨与将士们奋勇抗击日军，激战 3 昼夜，始终坚守滕县县城。17 日拂晓，日军调集数十辆装甲战车和大量炮兵，重新组织进攻，并攻入城内。在西关外电灯厂附近，赵渭滨指挥战斗时遭到日军机枪扫射，中弹牺牲。战后，国民政府追晋赵渭滨为陆军中将。1985 年，赵渭滨被追认为革命烈士。

理 琪

理琪（1908—1938），原名游建铎，河南太康人。1925 年加入中国共产党。1926 年在国民党军队中从事党的地下工作。1934 年 10 月，调到上海工作。1936 年春，奉命到胶东，恢复重建中共胶东临时特委，任特委书记。1936 年 11 月，胶东特委机关遭到破坏，理琪被捕。在济南监狱中，他坚持斗争，成立监狱秘密党支部。1937 年 11 月，经党组织营救出狱，复任胶东特委书记。12 月 24 日，领导天福山抗日武装起义。1938 年 1 月领导威海卫抗日武装起义，成立第三军军政委员会和司令部，理琪任军政委员会主席兼第三军司令员，在文登、牟平一带开展游击战，打击、牵制敌人。2 月 13 日，理琪指挥第三军里应外合，收复牟平县城，活捉伪县长、伪公安局长以下 70 余人，缴枪百余支。烟台日军乘汽车奔袭牟平城，理琪率部分人员在城东雷神庙突围时，伤势过重，英勇牺牲。

黄启东

黄启东（1891—1938），字霞鹤、礼常，湖南平江人。1914 年毕业于保定陆军军官学校。1927 年任中央军事政治学校第三分校大队长。全民族抗战爆发后，任第二十七军第二十三师参谋长。1938 年 2 月，参加徐州会战，率部移防山东郓城、菏泽。5 月 11 日夜，日军第十四师团攻占濮县董口，渡过黄河，进逼郓城。14 日，日军主力猛攻菏泽城，黄启东坚持在前线指挥作战。日军炮火猛烈，黄启东所部伤亡惨重。15 日，黄启东率余部迎战日军。战斗中，黄启东头部负伤，血流不止，壮烈牺牲。战后，国民政府追晋黄启东为陆军中将。1985 年，黄启东被追认为抗日烈士。

韩明柱

韩明柱（1913—1938），原名张正，河南新县人。1929 年 11 月加入中国共产党。1930 年参加中国工农红军，先后任团通讯员、连指导员、营政委、团政委等职。全民族抗战爆发后，奉命到鲁东工委工作，组织发动牛头镇抗日武装起义，组建八路军鲁东抗日游击第八支队，任副指挥。1938 年 2 月，率队伏击日军汽车队，打死日军军官多名，缴获汽车等军用物资。3 月，第八支队与第七支队会师，成立八路军鲁东游击指挥部，任副指挥，东进胶东，参与开辟蓬（莱）、黄（县）、掖（县）抗日根据地。后率第八支队回师。1938 年 11 月 29 日，在长山县西蒙家庄伏击敌人，打死打伤日、伪军 40 多人。韩明柱在战斗中不幸中弹，英勇牺牲。

马耀南

马耀南（1902—1939），原名方晟，字耀南，山东长山北旺（今属淄博市）人。1938 年 10 月加入中国共产党。1930 年毕业于北洋大学机械工程系，在校期间加入中国国民党。四一二反革命政变后，因参与反蒋活动，被开除国民党党籍并遭通缉。全民族抗战爆发后，加入中华民族解放先锋队，积极组织抗日武装。1937 年 12 月，马耀南发动黑铁山抗日武装起义，组建山东人民抗日救国军第五军，并任临时行动委员会主任。1938 年 3 月，起义部队发展到 2000 多人。国民党鲁北抗日总司令刘景良和山东省政府主席沈鸿烈多次派人拉拢，均被他拒绝。第五军随后被改编为山东人民抗日联军独立第二师、八路军山东人民抗日游击第三支队、八路军山东纵队第三支队，马耀南任司令员。1939 年初，三支队在胶济路南北、小清河以南广大地区开展抗日游击战争，开辟了清河平原抗日根据地。1939 年 6 月 6

日，第三支队在邹平刘家井一带被日、伪军包围，马耀南率战士们激战一天，打退敌人多次进攻，毙伤日、伪军800多人。7月22日，第三支队在桓台县牛王庄遭到敌人伏击，马耀南率司令部机关人员突围时，不幸中弹，英勇牺牲。

方叔洪

方叔洪（1908—1939），原名方范，字叔洪，山东济南人。1929年毕业于日本陆军士官学校，又赴法国、德国学习深造。回国后，历任营长、团长、参谋长、旅长。1938年春，任陆军第五十一军第一一四师师长。1938年4月，方叔洪率部参加台儿庄战役，在前线指挥作战，多次击退日军进攻。台儿庄大捷后，日军发动反扑，方叔洪奉命率部掩护鲁南兵团转移。1938年4月，方叔洪率部转战鲁南，开展山地游击战争。1938年6月，方叔洪在山东沂源县附近转移时，遭到日军围攻。激战中，方叔洪身中数弹，为不被俘虏，自戕殉国。方叔洪牺牲时年仅31岁，是抗战初期牺牲的最年轻将官之一。

牟光仪

牟光仪（1900—1939），山东潍县人。1926年加入中国共产党。1917年考入文华中学，因参加爱国学生运动被开除。1929年转移到青岛普济路滋美冷藏公司当工人，从事党的地下活动。1930年春，在检修漏气管道时受伤，双目失明。牟光仪克服双目失明的困难，坚持开展农村斗争。1937年11月，牟光仪参与潍县抗日武装起义的领导工作。1938年1月，八路军鲁东抗日游击第七支队成立，牟光仪任政治部副主任。9月，任中共潍县工委组织部部长。1939年3月，率部多次袭击潍城、坊子等地的日、伪岗哨，被群众亲昵地称为"瞎子司令"。12月，日军对胶东进行大"扫荡"，牟光仪等人在掖县河南村突围时，不幸牺牲。

马振华

马振华（1905—1940），曾用名李泽民，河北盐山人。1932年春加入中国共产党，先后任中共津南特委特派员、鲁北特委组织委员。1937年7月，参与领导冀鲁边抗日武装起义，任华北民众抗日救国军政治部主任、冀鲁边工委组织部部长。1938年9月，任中共冀鲁边区特委民运部长兼盐山县委书记。1939年7月，任津南地委书记、冀鲁边区军政委员会委员。为巩固抗日民主政权，他不辞辛苦，与日寇、汉奸展开游击战争，被誉为"边区母亲"。1940年9月11日晚，马振华在宁津县柴胡店薛庄召开秘密会议时，遭到日、伪军包围。在战斗中，马振华不幸牺牲。1941年6月，中共冀鲁边区委员会将宁津县改为振华县。

徐　秋

徐秋（1903—1940），原名秋香，湖南平江人。1930年加入中国共产党。1930年7月参加中国工农红军，任团参谋。1937年8月，红军改编为八路军后，随八路军第一一五师开赴抗日前线。1939年春，随第一一五师东进支队进入鲁西，先后任鲁西军区后勤科长、冀鲁豫军区第八军分区司令员等职。1940年3月，徐秋率部夜袭郓城县谭庄村敌营，歼敌200余人，缴获大批枪支弹药。9月12日，徐秋护送南下干部经过郓城，在赵楼遭到敌人包围。徐秋率领部队掩护南下干部突围，不幸牺牲。

王立人

王立人（1910—1941），天津人。1932年加入中国共产党。1930年参加中国工农红军。1939年到山东抗日根据地工作，先后任八路军第一一五师政治部保卫部副部长及敌军工作部副部长、部长等职。在抗日战场上，王立人曾拍摄了许多抗战纪实照片，如1939年8月2日拍摄了梁山战斗"此战我军一举歼灭日、伪军200余人"的照片。1941年11月30日，在山东沂蒙地区大青山反"扫荡"中，王立人英勇牺牲。

汉斯·希伯

　　汉斯·希伯（1897—1941），出生于克拉科夫（原属奥地利，现属波兰）。1918 年在德国读大学，加入德国共产党。1925 年，希伯在北伐军总政治部编译处工作。1927 年，希伯回到德国，出版《从广州到上海（1926—1927）》一书，介绍中国革命和中国共产党的情况。九一八事变后，希伯于 1932 年再次到上海工作，揭露日本侵略罪行。1938 年，希伯来到延安，受到毛泽东会见。皖南事变后，希伯前往苏北地区采访，撰写书稿《中国团结抗战中的八路军和新四军》。为了报道八路军在山东敌后英勇抗战的事迹，1941 年 9 月，希伯从苏北到达山东滨海八路军一一五师师部驻地，访问罗荣桓和朱瑞、黎玉等指战员，白天采访，晚上写作，先后完成通讯《在日本占领区的旅行》、长篇报告《八路军在山东》《为收复山东而斗争》等。1941 年 11 月，日、伪军疯狂"扫荡"沂蒙山区，希伯参加了罗荣桓领导的留田突围，并在《战士报》发表战地通讯《无声的战斗》。11 月 29 日，在沂南和费县交界处大青山反"扫荡"战斗中，希伯不幸牺牲。

刘子超

　　刘子超（1906—1941），又名起亚、苏华，广东兴宁人。1926 年加入中国共产党。1928 年 12 月党组织遭破坏后，辗转到上海，改名苏华。全民族抗战爆发后，在第一战区司令部政治部工作，任华北军政干部训练所主任、华北军政干部学校校长。1938 年 4 月，任太行南区游击司令部司令员。1939 年 2 月，任八路军晋冀豫军区第五军分区副司令员。1939 年 6 月，刘子超在山东抗日根据地工作，创办山东纵队《前卫报》，撰写山东纵队队歌，成立鲁迅艺术宣传队。1940 年 8 月，当选山东省战时工作推行委员会委员、山东省各界救国联合总会执行委员、山东省文化界救亡协会常务委员、组织部部长。1941 年 12 月 11 日，山东纵队领导机关被日军"合围"。在突围时，刘子超英勇牺牲。

刘海涛

刘海涛（1907—1941），原名刘保仁，山东东阿人。1927 年闯关东到黑龙江珠河县谋生。1933 年加入中国共产党。1933 年参加赵尚志领导的珠河反日游击队，参加开辟铁道南游击区的斗争。1934 年春随部编为东北反日游击队哈东支队。1935 年起任东北人民革命军第三军第一师第一团团长，率部在方正、延寿、牡丹江等地区开展游击战争。1936 年赴苏联莫斯科东方劳动者共产主义大学学习。1938 年毕业回国，在延安工作学习。1938 年 8 月，被派往山东创建抗日根据地。1938 年 12 月，任八路军山东纵队第六支队司令员，在泰西一带开辟抗日游击根据地。1939 年 7 月，任山东第一军区（包括后来的鲁中、鲁南、滨海地区）司令员。1940 年 4 月，任山东纵队第九支队司令员。1940 年，任山东纵队第二旅副旅长。1941 年 8 月，任鲁中军区司令员，为创建沂蒙山区抗日根据地作出重要贡献。1941 年 11 月，在粉碎日、伪军对沂蒙山区"铁壁合围"大"扫荡"战斗中，刘海涛与爱人黄秋菊（化名苏珍）、鲁中区党委社会部部长朱毓淦等 8 人突出重围之后，在蒙阴县杜家林不幸被捕、牺牲。

孙春林

孙春林（1906—1941），原名纯令，山东海阳人。1929 年加入中国共产党。1929 年毕业于军官学校。1931 年任国民党莱阳县鲍村民团军事教官。中共莱阳县委遭破坏后，孙春林辗转旅顺、沈阳、珲春、北京等地进行革命活动。1937 年去延安学习。1938 年回到胶东。1940 年春任胶东八路军第五支队警卫一营营长。1941 年夏，任南海指挥部指挥（亦称司令员）。1941 年秋，孙春林率部队转战平度大泽山区、莱西县，遭到日、伪军包围，在战斗中负伤牺牲。

朱毓淦

朱毓淦（1906—1941），曾用名国栋、玉干，山东泰安人。1927 年加入中国共产党。1927 年 9 月任中共泰（安）莱（芜）新（泰）区委学运委员。1929 年 4 月任泰安特支书记。1931 年任沧州至徐州段党的地下交通员。1932 年 9 月任中共泰安中心县委书记。1933 年 7 月，因泰安党组织遭破坏，朱毓淦到大连，在日本人办的火药厂任党小组组长。12 月又回到泰安，负责泰安南部及东南部的党组织工作。全民族抗战爆发后，朱毓淦参与创建泰安县人民抗敌自卫团，任政治部长。1938 年 1 月，参加中共山东省委领导的徂徕山起义，先后任中共山东省委锄奸科科长、泰安县委组织部部长、泰安县委书记。1939 年任苏鲁豫皖边区省委社会部部长。1940 年任鲁中区委社会部部长。1941 年 11 月，在反"扫荡"突围时不幸被捕，牺牲。

李寿龄

李寿龄（1918—1941），山东邹平人。1937 年加入中国共产党。1935 年考入济南省立第一师范。1936 年加入中华民族解放先锋队。全民族抗战爆发后在长山附小教书，进行抗日救亡活动。1937 年 12 月，参加黑铁山抗日武装起义。1939 年 5 月任中共邹长中心县委书记。1940 年后，历任清西办事处主任、寿光中心县委书记、清东地委组织部部长等职。1941 年 12 月 8 日，在寿光县朱鹿村与日、伪军作战时，不幸牺牲。

杨 忠

杨忠（1909—1941），又名欧阳吉善、欧阳忠，江西安福人。1930 年加入中国共产党。1930 年参加红军。1934 年 10 月，参加长征，抵达陕北后到红军大学学习。1938 年 9 月，挺进冀鲁边区，任八路军济阳支队政委。1940 年 3 月任鲁北支队司令员兼政委。1941 年 1 月，任八路军第一一五师教导第六旅政治部主任。1941 年 7 月，为打通冀鲁边区与清河区的联系，杨忠率部队到达清河根据地。9 月 3 日，部队到达惠民县夹河村、陈牛庄，遭到日军堵截。9 月 4 日上午，在激战中，杨忠身负重伤，英勇牺牲。1946 年 12 月，中共冀鲁边区委员会在惠民、济阳、商河三县交界处新设置一个县，命名为"杨忠县"。

辛　锐

辛锐（1918—1941），女，山东章丘人。1938年加入中国共产党。1938年参加八路军。1941年，任山东抗日根据地姊妹剧团团长。她亲自编写剧目，自任导演和演员，组织排演《雷雨》《血路》等大型剧目。1941年11月，日、伪军"铁壁合围"沂蒙山区。30日，辛锐的丈夫、山东省战工会副主任陈明在大青山阻击敌人时，壮烈牺牲。辛锐这时怀有身孕，在反"扫荡"战斗中又负重伤，被抬到山东纵队第二卫生所驻地火红峪村隐蔽治疗。12月17日，日军搜山，发现辛锐。为掩护战友突围，辛锐扔出手榴弹，炸死炸伤多名敌人，然后用最后一颗手榴弹与敌人同归于尽，英勇牺牲，年仅23岁。

陈　明

陈明（1902—1941），原名陈若星，字少微，福建龙岩人。1924年加入中国共产主义青年团。翌年加入中国共产党。1925年，先后任中共龙溪中心县委书记、福建省委党务特派员、闽南特委书记、福建临时省委书记、福建省委宣传部部长等职。1928年9月，赴苏联莫斯科东方大学学习。1931年冬回国，任红军总政治部宣传科长、瑞金红军学校教员。1938年10月，任八路军第一一五师政治部宣传部部长。1939年3月，到达山东抗日根据地，任中共中央山东分局党校副校长。1940年，先后任山东省宪政促进会常务委员、山东省临时参议会驻会议员及山东省战时工作推行委员会委员、秘书长等。1940年10月，任山东分局政府工作部部长。1941年，任山东省战时工作推行委员会副主任兼秘书长、山东分局政府工作委员会副主任。1941年11月，在粉碎日、伪军对沂蒙山区"铁壁合围"大"扫荡"的大青山战斗中，陈明率山东分局和战工会机关部分人员突围时双腿负伤，坚持战斗，把最后一颗子弹留给自己，壮烈牺牲。

陈若克

陈若克（1919—1941），又名玉兰、雪明，女，原籍广东顺德。1936年8月加入中国共产党。陈若克12岁进工厂当童工，在工人夜校学习。1937年，陈若克进入华北军政干部学校学习，后任中共晋冀豫区委党校组织科副科长。1939年6月，陈若克随丈夫朱瑞到达山东抗日根据地，先后任八路军第一纵队、山东纵队直属工作科科长、山东分局妇委会委员。1940年，先后任山东省临时参议会驻会议员、山东省民众总动员委员会执行委员、山东省妇女救国联合总会常务委员。1941年11月，因日军对沂蒙山区进行大"扫荡"，陈若克临近分娩，行动不便，不幸落入敌手。在狱中，陈若克产下一个婴儿。11月26日，陈若克怀抱刚出世的婴儿，在沂水县刑场英勇就义。

林　铎

林铎（1915—1941），原名桂五，辽宁辽中人。1937年加入中国共产党。1934年考入东北大学俄文系。全民族抗战爆发后，在第二战区民族革命大学第四分校学习，毕业后在山西政治保卫队第五十一团、第一一五师独立支队任职。1940年5月到达山东，先后任第一一五师政治部组织科科长、卫生部政治委员。1941年11月，日、伪军对沂蒙山区进行"铁壁合围"大"扫荡"。在大青山战斗中，林铎掩护伤病员突围时，英勇牺牲。

于寄吾

于寄吾（1915—1942），原名纪武、己午，字志新，山东牟平人。1935年加入中国共产党。1936年毕业于济南师范学校，又到济宁乡村建设研究院受训，任黄县北马乡校校长。全民族抗战爆发后，他回到家乡，开展抗日工作，先后任中共胶东区委秘书长、政府工作部部长、西海地委书记兼西海军分区政治委员，创办《西海导报》《团结》。1942年12月，在胶东反"扫荡"作战中，于寄吾率1个排分头突围时，与胞兄于一心一起英勇牺牲。

石景芳

石景芳（1912—1942），原名玉琼，字景芳，山东无棣人。1937 年 2
月加入中国共产党。1937 年，先后任无棣县抗日救亡会会长、中共无棣县
工委宣传委员、县工委书记。1938 年 3 月，任国民革命军别动总队第三十
一游击支队政治特派员，前往东光县开辟抗日根据地并任东光县抗日民主
政府县长。1939 年至 1942 年，任鲁北行政委员会主任、冀鲁边区第一专署
专员兼任冀鲁边军区第一军分区司令员，积极推行抗日民主政策，被誉为
"模范专员"。1942 年 6 月，在粉碎敌人"扫荡"冀鲁边区作战中，石景芳
等人在四柳村遭遇日军，英勇牺牲。

孙伯龙

孙伯龙（1903—1942），原名孙景云，字伯龙，山东峄县（今属枣庄
市）人。1926 年考入黄埔军校第六期预科，其间加入国民党。1931 年在博
山县、安丘县国民党县党部任职。1934 年，因对国民党不满，辞职回家乡
创办文庙小学，从事抗日救亡活动。全民族抗战爆发后，孙伯龙在家乡积
极组建抗日武装。1938 年 6 月，任山外抗日军四部联合委员会副主任，在
运河两岸开展抗日游击战争。1939 年 12 月，任八路军第一一五师运河支队
支队长。1940 年 10 月，任鲁南军区副司令员。1941 年 2 月，率部队重新
开辟黄邱山套抗日根据地，建立黄邱、旺庄、新河等游击区，控制了微山
岛。1942 年 1 月，日军在新年之夜包围毛楼子村，进行偷袭，孙伯龙在突
围时，英勇牺牲。

朱士勤

朱士（世）勤（1904—1942），字俭堂，山东单县人。早年参加国民
革命军，入伙绿林武装，后任鲁北水上保安副司令。1937 年秋，奉命率部
北上抗日，展开游击战争，曾收复庆云县、东光县，在蒲台战斗击退日军，
腿部负伤。1938 年，升任第一路游击第一旅旅长，率部参加台儿庄大战，

奉命侧击日军右翼，拄拐作战，扰敌后方。徐州会战结束后，朱士勤不愿随中国军队主力部队转移，毅然率部千余人由梁山返回单县，收复单县，孤军深入敌后，坚持抗战。1938 年 10 月，任鲁西南警备第一旅旅长，驻防成武。12 月，朱士勤率部移师曹县，在郭堂、古堂集两次激战日军。朱士勤身先士卒，作战勇猛，沉重打击了日军。1939 年 2 月，日军长驱直入，进犯成武。朱士勤率部在成武郜城集阻击日军，连续两次打退日军进攻。日军竟向朱士勤部施放毒气。朱士勤下令拼死反击，日军被迫撤退。日军进行劝降，朱士勤断然拒绝。随后，设伏丁楼村，再次击退日军进攻。1939 年 7 月，日军分四路进攻成武。朱士勤亲率王景昌团在郜城集阻击日军，战况异常惨烈。王景昌团伤亡过半，团长王景昌壮烈殉国，郜城集失陷。朱士勤坚守成武城，激战半日，被迫撤至单县、曹县、金乡，展开游击战，屡次重创敌人。1940 年，朱士勤任山东第十一区保安司令、第十一区行政督察专员。1942 年，朱士勤先后任鲁西游击司令、国民革命军暂编第三十师少将师长。1942 年 5 月 4 日，朱士勤在潘庄反"扫荡"作战中，袒臂指挥，白刃肉搏，头部中弹，被日军汽车碾碎，壮烈牺牲。副师长郭子斌等 1000 多名官兵英勇战死。1943 年 4 月国民政府追晋朱士勤为陆军中将。

李永安

李永安（1912—1942），字国瑞，山东宁津人。1933 年加入中国共产党。1931 年在宁津师范读书，因从事抗日救亡活动被开除学籍，回乡务农。1935 年任中共宁津东区区委副书记。1941 年任八路军冀鲁边军区第三军分区副司令员，实际主持分区军事工作，率部开展游击战争。1942 年 11 月，日军对冀鲁边区进行大"扫荡"，在乐陵铁家营大洼将李永安等军民包围。李永安组织军民分散转移，率手枪班杀开一条血路，又被日军骑兵追踪包围。李永安顽强吸引敌人，最后举枪自尽，壮烈牺牲。

李竹如

李竹如（1905—1942），又名贻萼、一凡，字世华，山东利津人。1927年加入中国共产党。1928年考入南京中央大学法学院。1931年九一八事变后任南京中央大学中共地下支部书记，参与领导抗日救亡运动。1932年，为躲避追捕，回到山东教书，秘密发展党员，在济南创办《新亚日报》，宣传抗日救亡。1936年，在上海创办《文化报》。1939年，随八路军第一纵队来到山东抗日根据地，先后任第一纵队、山东纵队政治部民运部部长、山东分局民运部部长、宣传部部长兼任山东大众日报社社长、新华社山东分社社长、山东省宪政促进会常务委员兼组织部部长、山东省战时工作推行委员会委员、山东省民众总动员委员会常务委员、山东省各界救国联合会总会常务委员、山东省文化界救亡协会会长、山东省临时参议会秘书长、山东省战时工作推行委员会常务委员、山东分局群众工作委员会书记、山东省战时工作推行委员会秘书长兼民政处处长、山东分局调查研究室主任。李竹如组织起草了中国历史上第一个《人权保障条例》等法律法规，为山东抗日根据地新民主主义政权建设、法治建设作出重要贡献。1942年11月2日，在粉碎日军第二次大规模"扫荡"沂蒙抗日根据地作战中，李竹如在沂水县对崮峪山上头部中弹，英勇牺牲。

李贞乾

李贞乾（1903—1942），原名秉刚，江苏丰县人。1938年春加入中国共产党。1928年，先后任丰县师范校长兼国民党丰县党部执行委员、丰县中学校长，因对政府消极抗战不满，愤然退出了国民党。1938年，在家乡组建抗日武装队伍，先后任丰县抗日游击队第六中队队长、苏鲁人民抗日义勇队第二总队总队长。1939年，率部挺进鱼台县，消灭伪军700余人，活捉伪县长朱启森，任鱼台县抗日民主政府县长。1940年，任湖西行政公署专员，巩固壮大了湖西抗日根据地。1942年12月，在反"扫荡"作战中，李贞乾英勇牺牲。

杜子孚

杜子孚（1916—1942），又名兰友，山东宁津人。1936 年加入中国共产党。1934 年考入天津第一师范学校，因从事革命活动，被迫返回家乡。1936 年考入泊镇省立第九师范学校，继续秘密从事抗日活动。1938 年至 1941 年，先后任中共南皮县委书记、东光县委书记、冀鲁边区津南地委民运部部长、陵县县委书记、冀鲁边区第二地委书记、冀鲁边区第一地委书记兼冀鲁边军区第一军分区政治委员。1942 年 6 月 18 日，在冀鲁边抗日根据地反"扫荡"作战中，杜子孚在河北省东光县四柳村被 3000 多名日军包围。杜子孚组织部队突围，激战时英勇牺牲。

汪　洋

汪洋（1913—1942），原名之正，字诚斋，山东东阿人。1936 年加入中国共产党。全民族抗战爆发后，奉命来到山东，开辟鲁中抗日根据地。1938 年任八路军山东纵队第四支队第三团团长兼政治委员，率部队赴莱芜矿山，消灭伪军秦启荣主力 300 多人，随后收复滕县，被群众誉为"铁骑军"。1940 年 9 月，任八路军山东纵队第一旅政治部主任，在莱芜、博山一带俘虏、击毙日、伪军 1200 余人，缴获枪支 500 余支。1941 年 8 月，任八路军山东纵队第四旅政治委员，粉碎敌人对泰山地区的"扫荡"，恢复鲁中抗日根据地。1942 年 3 月任鲁中军区第一军分区政治委员。1942 年 10 月，日军偷袭汪洋所部驻地刘白杨村。10 月 17 日拂晓，汪洋率部在莱芜县吉山西岭突围，激战时身负重伤，英勇牺牲。

陆升勋

陆升勋（1907—1942），山东昌邑人。1936 年加入中国共产党。1926 年考入青州山东省立第四师范，毕业后回本村任教，组织农民协会，开展抗粮、抗捐、抗税斗争。1935 年到邹平乡村建设研究院学习。1937 年返回昌邑，创办青年夜校，宣传共产党的抗日主张。1938 年，参加昌邑县瓦城抗日武装起义，先后任八路军鲁东游击队第七支队特务中队队长、鲁东游击队指挥部特务大队队长、八路军山东纵队特务团团长、山东纵队第一支队副司令员等职。1941 年 10 月，在山东分局党校学习。1942 年 3 月，任鲁中区沂蒙专署专员。1942 年 10 月，调任胶东军区副司令员。12 月 8 日，陆升勋在莱阳县孙家夼遭遇日、伪军，在战斗中英勇牺牲。

洪振海

　　洪振海（1910—1941），又名洪衍行，山东滕县人。1943 年，中共鲁南军区党委追认洪振海为中国共产党党员。1938 年 3 月参加革命，先后任苏鲁人民抗日义勇总队班长、排长。1938 年 10 月，潜回枣庄火车站，建立抗日情报站。1940 年 2 月，任鲁南铁道游击队队长。1940 年 7 月，任鲁南铁道游击大队大队长，带领队员扒铁轨、炸桥梁、搞物资，采用灵活机动的战术，活跃在千里铁道线上，神出鬼没地打击敌人。其部曾一次性缴获细布 1800 余匹、军服 800 多套以及毛毯、棉被、药品等，成功解决了鲁南军区部队冬装问题，成为一支威名远扬、威震敌胆的抗日英雄部队。《大众日报》《鲁南时报》多次刊登鲁南铁道游击大队的英雄事迹，后被改编为著名长篇小说和电影《铁道游击队》。1941 年 12 月，洪振海率鲁南铁道游击大队在黄埠庄突围，在风雪之夜与日、伪军展开激战，英勇牺牲。

钟效培

　　钟效培（1914—1942），又名爱华，江西兴国人。1930 年加入中国共产主义青年团。1931 年加入中国共产党。1928 年参加革命，曾任兴国县团委书记、共青团江西省委宣传部部长和组织部部长、共青团江西省委书记、中共吉安中心县委书记、赣西特委书记、江西省委常委兼青年部长等职。1941 年 2 月，钟效培率青年工作队到达山东抗日根据地，任山东分局青年运动委员会书记。1942 年 2 月，任山东省青联主任，创办毛泽东青年干部学校山东分校。9 月，成立山东青年工作团，任副总团长。10 月，钟效培带领青年工作团部分同志进入鲁中，在莱芜县榆林前村遭到日、伪军袭击。钟效培掩护同志突围，身负重伤，英勇牺牲。

夏云超

　　夏云超（1917—1942），山东威海人。1938 年 4 月加入中国共产党。1934 年考入北平大学医务系，参加一二九学生运动。全民族抗战爆发后，返回老家，在小学任教，积极参加抗日救亡活动。1937 年，先后任山东人民抗日救国军第三军第三路卫生处主任、山东纵队第五支队第六十一团卫生队长、山东纵队第五支队后方医院院长兼政治委员、山东纵队第五旅卫生处处长兼政治委员。1942 年 8 月，任八路军胶东军区卫生部部长。1942 年 11 月，日军对乳山县马石山地区进行大"扫荡"。11 月 24 日，夏云超在马石山陷入敌人包围圈，在掩护战友突围后，饮弹自戕，英勇牺牲。

窦来庚

　　窦来庚（1900—1942），字峰山，山东临朐人。1919 年考入济南一中，转入山东省武术传习所，曾获全国武术冠军。1937 年任国民革命军陆军第三集团军司令部警卫队队长。1938 年回乡，组建抗日武装，先后任抗日国民义勇队队长、山东省保安第十七旅旅长。1938 年 1 月，日军侵占临朐城。4 月 12 日，窦来庚率部收复临朐城。5 月 24 日，日、伪军进犯临朐城，窦来庚率部奋力抗击，击毙日军指挥官 1 人，打死日、伪军 70 多人，被迫突围出城。1938 至 1942 年，窦来庚率第十七旅对日、伪军作战 20 余次。1942 年，国民党山东省政府调任窦来庚为山东第十区行政督察专员。1942 年 8 月，日军"扫荡"临朐盘阳一带，包围窦来庚及第十七旅驻地。窦来庚率部全力反击，弹尽无援，身负重伤，不愿被俘，自杀殉国，壮烈牺牲。1986 年，窦来庚被追认为抗日烈士。

朱 程

朱程（1910—1943），字公行，浙江平阳人。1937 年 9 月加入中国共产党。1929 年毕业于黄埔军校，先后任河北民军教导队第十队队长、华北抗日民军司令员、华北抗日民军第一旅兼冀鲁豫军区第一军分区司令员。曾组织山西襄垣狮山伏击战，击毙日军 100 余人，击毁汽车 11 辆，缴枪 80 余支。1940 年至 1943 年，朱程率领部队开辟以内黄县为中心的沙区抗日根据地，解放豫北辉县县城。1943 年 9 月，朱程在曹县王厂村率部转移时，遭到"扫荡"日军的包围，在战斗中英勇牺牲。

萧永智

萧永智（1915—1943），湖北黄安（今红安县）人。1932 年 5 月加入中国共产党。1930 年参加中国工农红军，先后任红四军第十师政治部主任及八路军第一二九师第三八六旅第七七二团政治处主任、副政治委员、政治委员，参加长生口、神头岭、响堂铺、路王坟等战斗。1940 年 5 月，任八路军第一二九师新八旅政治委员。1942 年，任冀鲁豫第三地委书记兼第三军分区政治委员、八路军冀南军区第七军分区司令员。1943 年 9 月，萧永智带领基干团 300 多人驻守清平县陈官营（今属山东临清市）。9 月 23 日晨，日军数千人分两路合围陈官营。萧永智在突围中，英勇牺牲。

周 复

周复（1901—1943），字旭人、光显，江西临川人，祖籍山东安丘。1926 年黄埔军校第三期步科毕业。1931 年赴日本明治大学学习。1932 年回国，在南京成立"三民主义力行社"（即中华民族复兴社，又称"蓝衣社"），蒋介石任社长，周复任检查会常务检查。1935 年，任国民党南京市党部特派员。1937 年抗日战争全面爆发后，任第一战区政治部中将主任。1939 年，任鲁苏战区政治部中将主任兼战区国民党特别党部执行委员会书

记长。1940 年创办《阵中日报》，坚持每日出版，宣传抗日救亡。1941 年
11 月、1942 年 8 月，日军多次"扫荡"鲁苏战区，周复率部成功突围。
1943 年 2 月，日军再次大规模"扫荡"鲁苏战区指挥部。2 月 21 日，周复
在山东安丘对日军激战中，不幸中弹，英勇牺牲。1943 年 10 月，国民政府
追晋周复为陆军上将。1995 年 10 月，中华人民共和国国务院追认周复为革
命烈士。

孟昭煜

　　孟昭煜（1918—1943），字曦光，山东滕县人。1937 年加入中国共产
党。1938 年至 1942 年，先后任鲁南人民抗日义勇总队班长、鲁南人民抗日
义勇队直辖第四团第二营教导员、八路军第一一五师苏鲁支队政治部组织
科科长、第一一五师教导第二旅第五团政治处副主任、鲁南军区沂河支队
副政治委员、鲁南独立支队政治委员。孟昭煜为临（沂）、郯（城）、邳
（县）地区抗日斗争作出了重要贡献。1943 年 5 月，孟昭煜深入邹坞、香
城一带开展工作，为掩护同志突围，不幸被捕，英勇就义。

符竹庭

　　符竹庭（1912—1943），原名符宗仔，江西广昌人。1927 年加入中国
共产主义青年团，1928 年加入中国共产党。1928 年参加中国工农红军，历
任江西红军独立二团大队政治委员、红三军第七师十九团、二十一团政治
委员、红一军团第一师一团政治委员、红一军团第二师政治部主任、红一
方面军政治部巡视团主任、八路军第一一五师三四三旅六八六团政治处主
任、三四三旅补充团政治委员。1938 年 9 月，奉命挺进山东，到达冀鲁边
区，任八路军东进抗日挺进纵队政治部主任，参与创建冀鲁边抗日根据地。
1939 年 9 月，任冀鲁豫边区军政委员会书记，创建巩固了鲁西南抗日根据
地。1940 年，任第一一五师教导二旅政委兼中共鲁南区委书记。1941 年
春，率部东进滨海地区，创建滨海抗日根据地，打通滨海与华中、胶东的

海上交通线，组织开展生产运动，度过经济困难时期。1943 年，任滨海区委书记兼滨海军区政治委员。1943 年 11 月 26 日，符竹庭指挥赣榆城战斗，在反击日军袭击时，身负重伤，英勇牺牲。1945 年，山东省人民政府将赣榆县改名为竹庭县。

黄　骅

黄骅（1911—1943），原名黄金山、黄为有，湖北阳新人。1929 年春加入中国共产党。1930 年参加中国工农红军，历任司号员、勤务兵、班长、排长、连长、指导员、营长、团参谋、团长等职。1940 年 10 月，从晋西到达山东抗日根据地，任鲁西军区第三军分区司令员。1941 年 3 月，成立冀鲁边军区，第一一五师教导第六旅旅长邢仁甫兼军区司令员，黄骅兼军区副司令员。1942 年 4 月，黄骅兼任第一一五师教导第六旅旅长，组织领导冀鲁边军民开展游击战争，粉碎日、伪军多次"扫荡"。1943 年 6 月 30 日，黄骅等人在新海县赵家村开会，遭到叛徒冯冠奎的杀害，英勇牺牲。1945 年，新海县更名为黄骅县。1989 年，黄骅县改为黄骅市（县级）。

鲁宝琪

鲁宝琪（1913—1943），曾用名鲁波，山东泰安人。1928 年加入中国共产党。1932 年后，先后任中共牟海县委宣传委员、泰安县临时县委书记、泰安人民抗敌自卫团政治部主任、泰安县委组织部部长。1938 年，参加中共山东省委直接领导的徂徕山抗日武装起义，任泰安独立营教导员。1939 年，任山东纵队政治部审讯科科长。1942 年，任八路军鲁中军区敌工部部长，负责搜集情报、护送过路干部。1943 年 10 月，鲁宝琪被敌人包围，重伤被俘，英勇就义。

马本斋

马本斋（1901—1944），字守清，号本斋，回族，河北献县人。1938 年加入中国共产党。全民族抗战爆发后，马本斋在家乡组织回民抗日义勇队，先后任八路军冀中军区回民教导总队总队长、八路军第三纵队回民支队司令员、冀鲁豫军区第三军分区司令员兼回民支队司令员。马本斋率回民支队进行战斗 870 余次，歼灭日、伪军 3.6 万余人，成为一支能征善战的抗日劲旅，被誉为"打不垮、拖不烂、攻无不克的铁军"。1941 年 8 月，日军抓走马本斋的母亲，妄图逼迫马本斋投降，马母绝食七日，以身殉国。1942 年 9 月，马本斋率回民支队在鲁西北抗日根据地打据点、斗汉奸，开展借粮斗争，震慑了日、伪军。1944 年 2 月 7 日，马本斋不幸病逝。2009 年 9 月 14 日，马本斋被评为"100 位为新中国成立作出突出贡献的英雄模范人物"之一。

马晓云

马晓云（1906—1944），原名方昊，山东长山北旺（今属淄博市）人。1939 年 8 月加入中国共产党。1937 年协助兄长马耀南领导黑铁山抗日武装起义，任山东人民抗日救国军第五军第七支队支队长。1938 年后，历任八路军山东纵队第三支队第七团团长、清河军区清西军分区副司令员兼清西专员公署专员、渤海军区第六军分区副司令员。1942 年，马晓云率部队粉碎敌人的"强化治安运动""铁壁合围"，处决叛徒、击毙汉奸、消灭匪特，坚持清西地区抗日斗争。1944 年，马晓云在拔除青城县（今高青县）王家庄据点战斗中，壮烈牺牲。

王克山

王克山（1919—1944），山东寿光人。1944 年 3 月加入中国共产党。1940 年参加八路军。1941 年 3 月 16 日，在奇袭栖霞牙山战斗中，王克山主动请战，担任爆破手，用炸药包炸毁敌人一个坚固工事，清除了进攻道路上的主要障碍。1943 年，在掖县驿道战斗中，王克山一人追敌 3 里多，击毙伪军 1 人，俘虏伪军 1 人，缴获机枪 1 挺。1944 年，在春季战役攻势战斗中，王克山所在四连仅用 15 分钟，突破敌人两道壕沟、两道围墙，全连炸掉敌人 5 个大碉堡。其中，王克山一人连续炸毁敌人 3 个大碉堡，创造了白天连续爆破成功的战例，被评为胶东军区"爆炸大王"。1944 年 4 月，王克山率四连二班吸引偷袭敌人主力，在战斗中不幸中弹，英勇牺牲。1944 年 7 月，胶东军区召开首届战斗英雄代表大会，追认王克山为"胶东军区战斗英雄"。

任常伦

　　任常伦（1921—1944），山东黄县（今龙口市）人。1941 年 6 月加入中国共产党。1940 年参加八路军。1941 年 3 月，在海阳县攻打发城伪军外围据点战斗中，任常伦率一个战斗小组冲进碉堡，烧毁碉堡大门，攻克碉堡。1944 年 2 月，在莱阳县河源西沟战斗中，任常伦负伤不下火线，带领全班，击退日、伪军的进攻。1944 年 8 月，任常伦荣获山东军区"一等战斗英雄"称号。11 月，在海阳县长沙堡围歼日军战斗中，任常伦率全班夺取小高地，连续击退日军数次冲锋，并与敌人展开白刃格斗，连续刺死日军 5 人，任常伦也在战斗中英勇牺牲。

何万祥

　　何万祥（1915—1944），甘肃宁县人。1936 年加入中国共产党。1931 年参加中国工农红军。1939 年春，何万祥随八路军第一一五师来到山东抗日根据地，在郯城战斗中，连续击退日军 4 次轮番冲锋，成功掩护了大部队和群众转移。1941 年，何万祥荣获山东军区"一等战斗英雄"称号。1943 年 11 月 19 日夜，何万祥率领 24 名突击队员乔装进入赣榆城，引导部队突入城内，俘虏日、伪军 1600 余人。1944 年 1 月，在歼灭汉奸朱信斋战役中，何万祥带领 2 个排攻占 6 个地堡和 1 座炮楼，用火烧烟攻迫使朱信斋束手就擒。3 月 25 日，在第三次讨伐吴化文战役中，何万祥壮烈牺牲。为表彰和纪念何万祥，山东军区将其连队命名为"何万祥连"，将其牺牲地老虎山改名为"万祥山"，歌曲《我们的连长何万祥》在山东抗日根据地广为传唱。

陈宝风

陈宝风（1925—1944），山东高青人。1943 年加入中国共产党。1941 年参加民兵，任飞行爆炸组组长，在高苑公路上埋设地雷，炸死日军 4 名，炸毁汽车 1 辆。1943 年夏，陈宝风在敌人魏家堡据点必经之路埋下"连环雷"，炸死十几名日、伪军。1943 年 11 月 12 日，陈宝风在交通要道埋下地雷，炸死"扫荡"高苑抗日根据地的日军探路汽车司机。陈宝风制造了"二起雷"，又炸死炸伤敌人的多名排雷工兵。1944 年 1 月到 2 月，陈宝风每天埋设 3 到 5 处地雷，爆炸成功 60 余处，炸死炸伤日、伪军数十人。1944 年 2 月，陈宝风在高苑县城公路上埋地雷时，不慎引爆地雷，英勇牺牲。1945 年，八路军渤海军区授予陈宝风"民兵英雄""特等爆炸大王"称号。

马立训

马立训（1920—1945），山东淄川人。1944 年 5 月加入中国共产党。1940 年 4 月参加八路军，历任战士、班长、排长。1941 年春，马立训在炸毁莱芜吴家洼据点时，炸死敌人 30 余人。1942 年 8 月，马立训在泗水县孙徐战斗中，连续炸毁敌人 4 座碉堡，炸死日、伪军 60 余人。1943 年 11 月，在鲁南柱子村战斗中，马立训炸塌敌人圩墙、炮楼，为部队开辟了进攻道路。1944 年 5 月，在平邑县庞庄战斗中，马立训连续炸开日军障碍及据点门楼，为夺取战斗胜利作出重要贡献。1944 年 7 月，马立训在英模大会上荣获八路军山东军区"特等战斗英雄"称号。马立训先后参加 40 余次战斗，完成爆破任务 20 余次，采用飞爆、空爆、连环爆等爆破方式炸死日、伪军 500 余人，被誉为"爆破大王"。1945 年 8 月 3 日，在滕县阎村战斗中，马立训执行爆破任务时，壮烈牺牲。

张洪仪

张洪仪（1912—1945），又名鸿仪，回族，山东郯城人。1936 年加入中国共产党。1931 年考入枣庄中兴公司职业中学。全民族抗战爆发后，先后任鲁南人民抗日义勇队第一总队中队指导员、八路军山东纵队苏鲁支队营政治教导员、鲁南军区第一军分区政治部主任、鲁南独立支队（铁道游击队）政治委员、鲁南铁路工委书记兼铁道大队政治委员。张洪仪带领铁道游击队，破坏敌人交通线，夺取敌军用物资，锄奸反特，开展游击战。1945 年夏，张洪仪率铁道游击队在滕县北楼、大官庄一带活动，被敌人包围。张洪仪突围时，中弹负伤，英勇牺牲。

宫川英男

宫川英男（1918—1945），日本人。1941 年加入中国共产党。1939 年宫川英男被日军强征入伍，成为一名侵华日军。1941 年 7 月，被八路军俘虏，经过教育后，自愿参加八路军，并加入了中国共产党。1943 年，接受延安反战同盟会派遣，任日本人民解放同盟冀鲁豫边区协议会副委员长、冀鲁豫边区参议员，在济南、长清一带开展争取和瓦解日军工作。1944 年，冀鲁豫军区第一军分区敌工科组建了日军工作队，宫川英男持续开展反战宣传，引起日军极大恐慌，成为日军高价悬赏捉拿的对象。1945 年 6 月 9 日，工作队在济南万德官庄执行任务时，被日军重兵包围。在战斗中，宫川英男宁死不当俘虏，最后举枪自尽，英勇牺牲。

曹世范

曹世范（1924—1945），山东寿光人。1943 年 6 月加入中国共产党。1940 年参加八路军，先后任侦察员、副班长、副排长等职。1940 年在大柏山战斗中，曹世范击毙 3 名日军，缴获 3 支步枪。在北阴村战斗中，曹世范负伤致残。1944 年夏，曹世范带一名战士到昌乐县南部侦察敌情，被敌人包围，毙伤伪军 20 余人，安全脱险。1944 年 8 月，曹世范荣获山东军区

"一等战斗英雄"称号，被誉为"单手战斗英雄"。1945 年 3 月，在蒙阴战斗中，曹世范、曹凤洲伪装潜入城内抓"舌头"，"二曹大闹蒙阴城"的英雄事迹在当地广为传颂。1945 年 6 月，在昌乐县杏山战斗中，曹世范空手冲入敌军，夺下一门迫击炮，身负重伤，6 月 23 日牺牲。

马石山十勇士

1942 年冬，日本侵略军对胶东抗日根据地进行"拉网合围"大"扫荡"，制造了骇人听闻的"马石山惨案"。胶东抗日军民同日军展开了英勇斗争，被困在包围圈内的部分八路军指战员舍生忘死，掩护大批群众突出重围，自己却血洒马石山。马石山十勇士，即八路军胶东军区第五旅第十三团七连六班，是这次突围战中牺牲的优秀抗日英雄团体之一。1942 年 11 月 23 日，日军对胶东进行残酷的大"扫荡"，数千名群众被围困在山上，危在旦夕。这时，八路军胶东军区第五旅第十三团七连六班的 10 名战士执行完任务，途经乳山县西北部马石山，得知大批群众陷入日军包围圈内，便同地方干部、民兵一起组织群众连夜突围。在班长带领下，他们分为 3 个战斗小组，冒着敌人的弹雨，往返 3 次，掩护了近千名群众转移。在第四次冲进包围圈，带领群众突围时，却被日军逼到山顶。10 名战士从凌晨 4 时激战到天明，一次次击退敌人进攻。最后，只剩下班长、2 名战士和一颗手榴弹。他们 3 人紧紧拥抱在一起，待敌人冲上来之后，毅然拉响了手榴弹。这 10 名战士，未能留下姓名，当地人民群众称赞他们为"马石山十勇士"。2015 年，在北京天安门广场举行的纪念中国人民抗日战争暨世界反法西斯战争胜利 70 周年大会现场，首个徒步方队前方的"马石山十勇士"荣誉旗迎风飘扬，接受祖国和人民的检阅。

第二批

于文彬

于文彬（1916—1938），曾用名余士珍、余振芳、于启明，河南息县人。1934 年 6 月加入中国共产主义青年团。1936 年 5 月转为中国共产党党员。1935 年参加一二九运动。1936 年任共青团北平市委书记。1937 年被捕入狱。1937 年 8 月出狱，受中共山东省委派遣，组建中共鲁北特委（亦称鲁北特工委或冀鲁边工委），任书记。10 月，召集刘集（属盐山县）会议，挫败了崔吉章篡夺兵权的阴谋。11 月，召开冀鲁边区党委扩大会议，灵活开展平原游击战争。12 月，华北民众抗日救国军改编为国民革命军别动总队第三十一支队，解放盐山县城，建立抗日民主政府。1938 年 2 月，敌人围攻盐山县城。在守城战斗中，于文彬因手枪走火，头部受伤，3 月牺牲。

王　麟

王麟（？—1938），字志仁，四川荣昌（今属重庆）人。1918 年考入国民革命军川军军官学校，毕业后，历任排长、连长、营长、团长等职务。1931 年任四川省北川县县长。全民族抗战爆发后，任第四十一军第一二四师第七四〇团团长，1938 年 1 月转战至山东临城，参加徐州会战。1938 年 3 月 10 日，奉命防守滕县。3 月 14 日，王麟率部奋力抵抗，多次击退日军进攻。3 月 16 日、17 日，日军屡次猛扑滕县。王麟率部顽强抵抗，殊死肉搏。在战斗中，王麟头部被日军炮弹弹片击中，英勇牺牲。战后，国民政府追赠王麟为陆军少将。1997 年 9 月，中华人民共和国民政部、山东省人民政府追认王麟为革命烈士。

远静沧

远静沧（1901—1938），原名绍华，字哲生，河北任丘人。1929 年加入中国共产党。1924 年考入北京大学，入党后积极开展革命工作。1933 年，到青州省立第四师范学校教书，从事党的地下工作。1934 年被捕入狱，坚持斗争。全民族抗战爆发后，经党组织营救出狱，受中共山东省委派遣，赴泰西发动群众，组织抗日武装。1938 年 1 月，在泰安夏张镇举行抗日武装起义，成立山东西区人民抗敌自卫团，任政治部主任。发动群众，攻克肥城，炸断长清万德铁路桥，切断日军津浦路供应线，配合台儿庄大战。1938 年 4 月 6 日，远静沧率部阻击日军进攻肥城，在战斗中头部中弹，英勇牺牲。

严家训

　　严家训（1898—1938），字诲诚，云南富民人。15 岁参军入伍，历任排长、连长、营长、团长等职。全民族抗战爆发后，任第六十军第一八三师第五四一旅第一〇八二团团长。1938 年 4 月，严家训随部队来到山东台儿庄，参加徐州会战。4 月 22 日，严家训奉命阻击日军，多次打退敌人进攻。4 月 28 日，严家训在作战时被日军炮弹击中，壮烈牺牲。1984 年 11 月，中华人民共和国民政部追认严家训为革命烈士。

李必蕃

　　李必蕃（1892—1938），字子琪，湖南嘉禾人。1918 年考入保定军校一期工兵科，毕业后历任营长、团长、旅长、师长。1934 年任国民革命军陆军第二十七军第二十三师师长。全民族抗战爆发后，李必蕃任第一战区国民革命军第一集团军第六十七军第二十三师师长，率部开赴德州，参加沧州会战，阻击日军沿津浦路南进，以少胜多，击溃日军。1938 年 2 月，李必蕃率部驻防定陶、郓城、菏泽。5 月 11 日，郓城失守。5 月 13 日，日军强攻菏泽。战斗持续 5 个昼夜，李必蕃率部在菏泽城郊与日军展开肉搏，在突出重围时腹部中弹，自杀殉国。战后，国民政府追晋李必蕃为陆军中将。1986 年，湖南省人民政府追认李必蕃为抗日烈士。

杨炼煊

　　杨炼煊（1898—1938），湖南常德人。毕业于中央陆军军官学校高等教育班。全民族抗战爆发后，任国民革命军陆军第二十二军第五十师第一四八旅副旅长兼第二九五团团长。1938 年 5 月,徐州会战会率部 2000 余人突围。5 月 22 日,在尹集被日军机械化部队包围。在激战中,伤亡惨重,杨炼煊身负重伤,壮烈牺牲。

何　信

何信 (1913—1938),号德璋,广西桂林人。1932 年考入柳州广西航空学校第一期。1934 年进入日本明野航空学校学习。归国后,在广西航空学校任教。1937 年,在兰州进行新式飞机训练。1938 年,任空军第三航空大队第八中队副队长,驻防信阳机场。1938 年 3 月 25 日,何信驾机在山东枣庄上空与日机空战,连续击落敌机 6 架。在归航时,遭遇 24 架敌机伏击。何信临危不惧,率先冲入敌机群。在战斗中,何信胸部连中 3 弹,拼死向敌主机全速撞击,击落敌主机。随后,何信又驾机全速撞向另一架敌机,被撞敌机坠毁,何信壮烈牺牲。

邹绍孟

邹绍孟 (1895—1938),字慕陶,四川荣县人。1919 年考入四川陆军讲武堂步兵科。毕业后,历任少尉见习官、中尉排长、上尉分队长、中校营长、上校参谋主任等职。全民族抗战爆发后,任国民革命军陆军第四十一军第一二四师上校参谋长。1937 年 9 月,邹绍孟率部出川,奔赴抗日前线。1938 年 3 月,驻守滕县,多次击退日军进攻。3 月 17 日,日军集中火炮,猛攻滕县城。邹绍孟率部奋勇迎战,在巷战时中弹,英勇牺牲。滕县城沦陷,守城将士全部战死。战后,国民政府追晋邹绍孟为陆军少将。

张郁光

张郁光 (1905—1938),原名舒义,山东济南人。1938 年加入中国共产党。1924 年考入北京师范大学数学系。1927 年投笔从戎,参加北伐军。

1928 年至 1932 年，任山东省教育厅督学、山东省立第三中学校长、曲阜省立第二师范学校校长，因支持学生爱国运动遭当局通缉，被迫赴日本。1936 年回国，在北平师范大学任教。1937 年返回山东，先后任国民革命军第三集团军政训处少将参议、山东省鲁西北政治干部学校副校长。1938 年9 月，张郁光随同范筑先在河北南宫参加冀鲁两省军政联席会议。10 月，国民党顽固分子王金祥制造鄄城事件，张郁光坚决反击。11 月 15 日，张郁光在保卫聊城战斗中英勇牺牲。

陈纯一

　　陈纯一（1903—1938），字静宇，号庆榕，湖南新宁人。1925 年考入黄埔军校第 3 期骑科，参加第一、二次东征和北伐战争。1932 年随部参加淞沪抗战，同日军血战两昼夜，擢升为团长。1933 年，在中央军校任教官。全民族抗战爆发后，任第十三军第四师第二十三团团长。1938 年 3 月，陈纯一率部参加台儿庄大战，首战临沂，迫使号称“铁军”的板垣征四郎第五师团溃逃，板垣征四郎几欲自杀。随后，陈纯一奉令接防峄县，血战台儿庄。在战斗中，陈纯一多处负伤，弹片击穿腹部，肠子流出。他用绑腿带捆住腹部，坚持战斗，壮烈牺牲。战后，国民政府追晋陈纯一为陆军少将。1986 年，中华人民共和国民政部追认陈纯一为革命烈士。

范树民

　　范树民（1920—1938），河北馆陶人。1936 年在聊城省立第二中学读书。全民族抗战爆发后，跟随父亲范筑先投身抗日，任聊城青年抗日挺进大队大队长。范树民接受中共鲁西北特委的建议，加强部队政治工作，撤换国民党顽固分子，任命共产党政治干部，挺进大队很快成为共产党领导的一支抗日武装力量。1938 年 8 月，范筑先组织东进纵队，发起收复济南战役，配合武汉作战。范树民率挺进大队开往济南前线，在齐河县城西坡赵庄遭到日、伪军袭击，英勇牺牲。

郁仁治

郁仁治（1905—1938），江苏海门人。1924年赴日本陆军士官学校工兵科第21期学习。1929年夏回国，先后任国民革命军教导第一师上尉教官、南京工兵学校中校及上校教官、国防工程处处长兼军警督察处长、国民党军事委员会参谋本部高级参谋。1938年1月，任山东省第一区行政督察专员兼军事特派员，在肥城、长清、东阿等县组织抗日武装。11月27日，日军步兵、骑兵、炮兵偷袭郁仁治部驻地肥城县西南演马庄，郁仁治率部突围，身中数弹，壮烈牺牲。战后，国民政府追晋郁仁治为陆军中将。1952年，当地人民政府追认郁仁治为革命烈士。

罗芳珪

罗芳珪（1907—1938），号建唐，湖南衡东人。1925年罗芳珪考入黄埔军校步科第4期。1926年毕业后参加北伐战争。1934年任国民革命军陆军第十三军第八十九师第五二九团团长。全民族抗战爆发后，率部北上参加抗战。1937年8月，在南口战役重创日军。1938年参加台儿庄大战，4月6日，罗芳珪率部击退日军的疯狂反扑，在夜战中不幸被炮弹击中，壮烈牺牲。战后，国民政府追晋罗芳珪为陆军少将。1988年5月，中华人民共和国民政部追认罗芳珪为革命烈士。

胡凤林

胡凤林（1899—1938），山东桓台人。1919年考入甘肃警监学校，毕业后历任鲁南道守备营长、盐山县警备队长、桓台县警备大队副大队长等职。1937年全民族抗战爆发后，组建抗日武装，任大队长。1938年3月，任国民政府军委会别动总队华北游击纵队第十三支队第十二梯队司令员。胡凤林训练部队，筹建兵工厂，开展游击战争，先后发动40多次突袭战斗，打击了日军。9月23日夜，日军兵分四路合围胡凤林部队。胡凤林在激战中身负重伤，英勇牺牲。

洪　涛

洪涛（1912—1938），原名裕良，江西横峰人。1930 年加入中国共产党。1929 年参加中国工农红军，曾任营长、副团长、团长等职。1937 年 10 月，从延安来到山东工作，组建抗日武装，任山东省第六区抗日游击第一支队支队长。1938 年 1 月，参加徂徕山抗日武装起义，任八路军山东人民抗日游击第四支队司令员。这支部队很快发展到 4000 余人，改称山东人民抗日联军独立第一师，洪涛任师长。5 月 25 日，洪涛因肺部战伤复发，不幸牺牲。

姚第鸿

姚第鸿（1911—1938），山西河津人。1929 年加入中国共产主义青年团，1930 年转为中国共产党党员，先后任共青团济南市委书记、共青团山东省特委书记。全民族抗战爆发后，参加政治干部训练班工作。1938 年 5 月，任山东省第六区抗日游击司令部政治部副主任。11 月 15 日，在保卫聊城战斗中壮烈牺牲。

鹿省三

鹿省三（1905—1938），曾用名效曾、季方华，山东莱芜人。1930 年加入中国共产党。1933 年任中共山东省委巡视员，在博兴、淄川、博山、寿光、益都、昌潍一带开展党的工作。1935 年任中共山东省工作委员会宣传部长。1936 年中共山东省委重建后，鹿省三任鲁东特委书记。全民族抗战爆发后，鹿省三任鲁东工委书记，在鲁东地区发动抗日武装起义。1938 年 1 月，鹿省三领导了潍北抗日武装起义，任八路军鲁东游击队第七支队政治委员。2 月，鹿省三在瓦城部署后方工作时被叛徒杀害。

扈先梅

扈先梅（1895—1938），字仲卿，河南安阳人。毕业于东北陆军讲武堂第六期步兵科，先后任连长、营长、团长，转战苏、皖等地，升任第五十一军第一一四师第三四〇旅旅长。1938年扈先梅率部开赴山东，2月参加徐州会战，多次击退日军的进犯。4月，台儿庄大捷之后，日军再犯台儿庄。28日，扈先梅率部阻击台儿庄外围阵地的日军，被炮弹击中，壮烈牺牲。

马霄鹏

马霄鹏（1903—1939），山东鱼台人。1927年加入中国共产党。1923年考入国立东南大学。1927年年底在上海书店秘密进行党的工作。1931年春回到山东任教，开展抗日救亡活动。1937年，任金乡县工委书记、抗日武装第五战区第二游击纵队政治部主任。1938年，任鲁西南特委宣传部部长及苏鲁豫边区特委（又称湖西特委）民运部部长、宣传部部长。1939年5月，任中共苏鲁豫区委宣传部部长，在苏北丰县一带开办各种抗战训练班，培养抗日干部和积极分子。1939年9月19日，在湖西"肃托"事件中被错杀。1941年2月，中共中央追认马霄鹏为革命烈士。

王文彬

王文彬（1912—1939），江苏丰县人。1936年加入中国共产党。1935年考入国立北平师范大学文学院历史系，参加一二九学生运动。1936年，任北平市学联宣传部长、《北方青年》杂志社社长。全民族抗战爆发后，组建平津流亡同学会，领导学生开展抗日救亡活动。1938年4月，任中共徐西北区委书记，组建苏鲁人民抗日义勇队第2总队，并任政治委员，在湖西地区开始了敌后抗日武装斗争。1938年，任苏鲁豫特委书记。1939年，任苏鲁豫区委统战部部长。1939年9月，在湖西"肃托"事件中被错杀。1941年2月，中共中央追认王文彬为革命烈士。

王自衡

王自衡（1896—1939），山东桓台人。1928年，任国民党桓台县特别区党部组训干事。1931 年，任章丘县公安局局长。全民族抗战爆发后，王自衡组建抗日队伍，进行抗日活动。1938 年，任国民政府别动总队华北游击纵队第十三支队第十二梯队副司令。1939 年，任 12 梯队华北游击纵队第十三支队第十二梯队司令、山东省保安第二十四旅少将旅长兼国民党桓台县党部书记。3 月 18 日，日军包围第二十四旅旅部，王自衡率部奋勇突围，在激战时中弹，英勇牺牲。

李曦晨

李曦晨（1912—1939），原名世光，字梅秋，山东临淄人。1931 年加入中国共产党。1930 年考入山东省立第四师范，参加左翼作家联盟等进步团体。1932 年，任益都县党团联合委员会（即临时县委）书记。1933 年因叛徒出卖，被捕入狱，在狱中坚持斗争。全民族抗战爆发后获释出狱，创建临淄青年学生抗日志愿军训团，先后任临淄第三大队政治处副主任、八路军山东人民抗日游击第三支队第十团政治处主任、八路军山东纵队第三支队独立团政治委员。1939 年 12 月 10 日，李曦晨率部队挺进莱芜县茶叶口以北地区。在与日军战斗中，李曦晨英勇牺牲。

陈龙飞

陈龙飞（1912—1939），山东昌邑人。1938 年，任八路军鲁东游击第 7 支队第 3 大队大队长、胶东西方战区指挥部副指挥。1939 年 2 月，率部队击退日、伪军，毙敌 30 余人，调任八路军山东纵队第五支队六四团团长。1939 年 6 月 3 日，在招远玲珑金矿战斗中，率部队击退敌人 7 次进攻。在战斗中，英勇牺牲。

陈伯衡

陈伯衡（1905—1939），原名宪璇，山东汶上人。1939 年加入中国共产党。1931 年考入北大经济系，参加北京大学生赴南京请愿活动。1935 年毕业后，应聘为济南齐光中学教务主任。1938 年，在汶上县组建汶上县人民抗日自卫队，随后改编为范筑先部第十支队挺进队、第十支队东进梯队、八路军山东纵队六支队一团，先后任队长、司令员、团长。1939 年 2 月，陈伯衡率部队攻下泰安薛家岭据点，俘获伪区长以下 60 余人，缴获长短枪数十支、轻机枪 1 挺。3 月 22 日，陈伯衡在东平县城一带阻击日军。激战时，陈伯衡不幸中弹，英勇牺牲。

赵伊坪

赵伊坪（1910—1939），原名廉越，号石庵，河南郾城人。1925 年加入中国共产主义青年团。1926 年转为中国共产党党员。1924 年到北京育德中学读书。1926 年底，在郾城从事农民运动。1929 年受党组织派遣，在西北军冯玉祥部做兵运工作。1933 年，赵伊坪在杞县私立大同中学教书，从事党的地下工作。1937 年，先后在聊城范筑先部、中共山东省委、国民革命军第三集团军政训处济南政治工作人员训练班工作。1939 年 1 月，任中共鲁西区委秘书长兼统战部部长。3 月 5 日，赵伊坪在战斗中因重伤被俘，坚贞不屈。日军残忍地将赵伊坪全身浇上汽油，将其活活烧死。

荆维德

荆维德（1904—1939），山东冠县人。全民族抗战爆发后，荆维德组建抗日队伍，任华北抗日自卫军副司令。1938 年，任范筑先部抗日游击第五支队副司令。1938 年，任八路军第一二九师先遣纵队二团团长。1939 年 3 月 6 日，荆维德奉命开往泰西大峰山，开辟泰西抗日根据地。在琉璃寺，击退日军 7 次进攻。在战斗中，荆维德身负重伤，英勇牺牲。

董少白

董少白（1896—1939），山东临沂人。1936 年加入中国共产党。1922 年考入复旦大学政治系，积极参加反帝爱国运动。全民族抗战爆发后奉命回到家乡，组建中华民族解放先锋队、民众抗日武装。1938 年，任八路军山东纵队第十二支队政治部主任、八路军山东纵队第二支队参谋长。为开辟抱犊崮山区抗日根据地，董少白率民运工作队深入山区，发动群众。1939 年 6 月，在费（县）滕（县）地区梁邱反"扫荡"战斗中，董少白壮烈牺牲。

董秋农

董秋农（1910—1939），原名万丰，辽宁金县（今大连市金州区）人。1938 年加入中国共产党。1933 年考入日本神户商业大学经济系。全民族抗战爆发后，在八路军总部敌工部工作，搜集、翻译日文资料，编写策反日军宣传材料。1938 年 10 月，任八路军东进抗日纵队敌工部部长。1939 年 10 月，在陵县陶家一带伏击战中，董秋农英勇牺牲。

于克恭

于克恭（1907—1940），曾用名王志恒、李保山，山东牟平人。1933 年加入中国共产党。1934 年任中共牟平县委书记，1934 年被捕入狱，坚贞不屈，坚持斗争。全民族抗战爆发后，获释出狱，奉命重返胶东，恢复牟海地区党的组织，任中共牟海临时工委组织委员，参加天福山起义，转战蓬、黄、掖一带。1938 年，任胶东特委民运部部长、胶东民众总动员委员会主任兼胶东抗日自卫团总指挥等职。1939 年，任中共东海特委书记。1940 年 4 月 15 日，在文登母猪河西岸激战中，于克恭腹部中弹，英勇牺牲。

孔昭同

孔昭同（1880—1940），字从吾，山东滕县人。1908 年考入江北陆军学校，先后任连长、营长、团长、旅长、师长。1933 年，孔昭同回到家乡，兴办义学。全民族抗战爆发后，孔昭同组建鲁南民众抗敌自卫军，先后任鲁南民众抗敌自卫军副司令、第十集团军暂编第六师中将师长，率部坚持在抱犊固山区开展敌后游击战争。1939 年 1 月底，孔昭同奇袭滕北司堂日伪军据点，俘日、伪军 100 余人。1939 年 6 月，孔昭同在韩庄东曹埠歼灭日、军 30 余人，缴获步枪 7 支，钢盔 11 顶，望远镜 1 架。1940 年，任八路军第一一五师曲泗邹滕费五县游击队司令，并当选为山东宪政促进会理事。11 月 11 日，因病牺牲。

史钦琛

史钦琛（1912—1940），河北成安人。1935 年加入中国共产党。1935 年在北平市高中读书，参加一二九运动。全民族抗战爆发后，考入第三集团军政工训练班，奉命到山东省第六区抗日游击司令部政训处驻堂邑办事处工作，发动群众，组建鲁西北抗日游击第一大队。1938 年，任山东省第六区抗日游击司令部第十支队第二团政治部主任。1939 年，任鲁西区委组织部组织科科长、八路军第一二九师筑先纵队政治部主任，先后参加俎店、富裕集、金郝庄等战斗。1940 年，任八路军第一二九师新编第八旅第二十二团政治委员。6 月 26 日，史钦琛率二营在莘县开展反"扫荡"，在冠县耿楼村作战时，英勇牺牲。

苏晓风

苏晓风（1915—1940），原名张尔乙，山东蓬莱人。1938 年加入中国共产党。1934 年考入北平市镜湖中学。1935 年参加一二九学生爱国运动。1936 年参加中华民族解放先锋队。全民族抗战爆发后，回家乡潮水小学教书，创办《潮水日报》，宣传抗日救亡。1938 年，组建抗日武装，编入山东抗日救国军第三军第三大队。1940 年，任八路军山东纵队第五支队（后改为第五旅）第十三团政治委员，在半壁店伏击日军，缴获重机枪一挺。12 月 21 日，在掖县上庄战斗中因重伤被俘，英勇就义。

李大光

李大光（1898—1940），曾用名文芳、李一，字墨园，山东莱阳人。

1925 年加入中国共产党。1920 年考入洛阳军校，又逃学回乡，因组织群众抗粮抗税，被迫远走他乡，在黑龙江参加东北抗日义勇军。1934 年，奉命赴苏联海参崴国际师范大学学习。1936 年毕业后，回到莱阳工作。全民族抗战爆发后，组织抗日队伍。1939 年，先后任胶东军区连指导员、营长及八路军山东纵队第五支队第十五团政治委员。1940 年 3 月 16 日，在蓬莱潮水战斗中英勇牺牲。

李佐民

李佐民（1912—1940），原名天佑、拙民，山东莱西人。1934 年加入中国共产党。1929 年考入莱阳中学，积极参加反日爱国运动。1935 年任青岛薛家岛小学校长。全民族抗战爆发后，奉命回家乡发动群众，组建抗日武装。1938 年，任胶东抗日游击第三支队总务科科长、八路军山东人民抗日游击第五支队第二十一旅政治部民运科科长。1939 年，任八路军山东纵队第五支队政治部干部教导队政治委员、海防指挥部政治委员，第六十二团政治委员，胶东抗日联军指挥部政治部副主任，八路军山东纵队第五支队第六十二团政治委员兼招远、莱阳、栖霞特派员。1940 年 3 月，在招远窑山反击日、伪军合围的战斗中，李佐民头部中弹，英勇牺牲。

李绍桥

李绍桥（1910—1940），河南商城人。1930 年加入中国共产党。1931 年参加中国工农红军。1936 年，调到红军大学第三科。1937 年，任红军教导师第二团副团长。1939 年，任抗日军政大学一分校三支队第六营营长。1940 年，任八路军山东纵队第五支队第十三团团长，指挥孙祖战斗，毙伤日军 100 余人。1940 年任八路军山东纵队第五旅第十三团团长。1940 年 9 月，李绍桥在招远半壁店村北青黄公路设伏，击毙日军 30 人，生俘日军 4 人，缴获九二式重机枪 1 挺。12 月 21 日，李绍桥在掖县以东上庄地区进行反击日顽作战时，壮烈牺牲。

宋子良

　　宋子良（1914—1940），山东荣成人。1934 年加入中国共产党。1937 年 12 月参加天福山抗日武装起义，先后任八路军山东纵队第五支队第六十一团一营营长、第十三团一营营长及第十四团副团长、代理团长。1939 年 10 月，宋子良在五井战斗中，毙伤俘日军连长以下 40 余人，毙伤伪军 120 余人。1940 年 6 月，日、伪军对胶东抗日根据地发动"六一"大"扫荡"。6 月 6 日，宋子良为掩护胶东党政军机关等转移，在激战中英勇牺牲。

张　炯

　　张炯（1916—1940），贵州黄平人。1933 年加入中国共产党。1931 年参加中国工农红军。1938 年底到达山东抗日根据地。1939 年，任山东纵队陇海南进支队第三大队参谋长、八路军山东第一军区第四军分区参谋长。1940 年任鲁南军区第四军分区参谋长、副司令员及鲁南军区第三军分区参谋长。1940 年 8 月，在江苏邳县泇口镇作战中，英勇牺牲。

张咨明

　　张咨明（1915—1940），又名铭通，山东莱西（原属莱阳县）人。1937 年加入中国共产党。1936 年考入北平弘达学院，参加中华民族解放先锋队。全民族抗战爆发后，张咨明回到家乡，组建莱阳民先武装宣传队。先后任山东人民抗日救国军第三军第九大队政委、胶东抗日游击队组织科长、八路军山东纵队第五支队政治部秘书长、第五旅第十四团政治委员。1940 年 6 月 1 日，日军对胶东抗日根据地进行大"扫荡"。张咨明和代团长宋子良率第十四团在灵山地区阻击日军，英勇牺牲。

袁聘之

　　袁聘之（1903—1940），字诏三，山东茌平人。1925 年考入北京法政大学。1926 年考入黄埔军校第五期，参加北伐战争，历任排长、连长。

1929 年入北平大学法学院，1934 年毕业后任北平山东中学教员、山东省立惠民乡村师范训育主任、济南高级中学训育主任、江苏南通学院讲师。全民族抗战爆发后，任山东省军事整编处参谋长、山东省第一区行政督察特派员、山东省第四区行政督察专员兼保安司令、山东省保安第二十二旅少将旅长。1939 年 3 月，袁聘之在临清吕堂战役中击毙日军"常胜将军"浅野少将司令，大挫日军的嚣张气焰。1940 年 3 月 29 日，袁聘之奉命率部南撤，在激战中身负重伤，英勇牺牲。

王志成

王志成（1891—1941），山东微山人。1937 年加入中国共产党。1934 年参加革命，组织发动渔湖群众，成立抗日队伍，进行反封湖、反挖河斗争。1940 年，任沛滕边县委军事部长及丰（县）、沛（县）、鱼（台）3 县大队大队长，巩固扩大湖区抗日根据地。1941 年，任湖西专署贸易局局长。1941 年 5 月，王志成在运河西岸三官庙开设"复兴炭厂"，争取伪水上自卫团团长顾维新，打通物资转运渠道，打破敌人封锁。1941 年秋，王志成被捕入狱，宁死不屈，英勇就义。

刘　涛

刘涛（1911—1941），原名洪清，字景海，山东荣成人。1933 年加入中国共产党。1935 年参加一一四暴动。全民族抗战爆发后，参加天福山抗日武装起义，先后任山东人民抗日救国军三军第一大队第三中队政治指导员、八路军山东纵队第二旅第三团政治委员、山东纵队特务第二团政治委员、八路军山东纵队蒙山支队政治委员。1941 年 12 月 4 日，在莒南战斗中，英勇牺牲。

刘仲羽

刘仲羽（1914—1941），原名承翱，山东东平人。1937 年加入中国共产党。1930 年考入山东省立第一师范。1938 年任中共东平县委书记，配合主力部队，开展对敌斗争。1940 年，任泰西地区总动委会副主任兼团结报总编辑。1940 年 9 月，刘仲羽被捕入狱，坚贞不屈。1941 年 1 月 2 日，英勇就义。

吴匡五

吴匡五（1915—1941），原名观志，山东阳信人。1938 年加入中国共产党。1937 年聊城师范毕业后任小学教员。1938 年，在冀鲁边区《烽火报》社编辑部工作，任庆云县抗日民主政府民训科科长。1939 年，任津南专署民训科科长、陵县抗日民主政府县长兼县大队大队长。其间，吴匡五相继建立三、四、五区政府，组建区小队武装，发动群众参军参战、挖地道、修交通沟，破坏敌人的交通和通讯设施。1940 年冬，日军大规模"扫荡"，疯狂捕杀抗日军民，陵县县区机关和县大队转移到陵县、德县边境活动。1941 年春，敌人七路合围，"扫荡"德县，吴匡五率部队成功转移。1941 年 9 月 7 日，吴匡五率领县大队在临邑县城北苏家庙子活动时，遭到日、伪军包围。在战斗中，吴匡五英勇牺牲。为纪念吴匡五，1943 年陵县改名为匡五县。

辛俊卿

辛俊卿（1911—1941），原名哲允。山东肥城人。1932 年加入中国共产党。1932 年考入北京大学，积极参加革命活动。1936 年回到家乡教书，宣传抗日救亡。1938 年，任山东西区人民抗敌自卫团联络员、八路军山东纵队第 6 支队锄奸科科长。1940 年，任八路军第一一五师教导第三旅兼鲁西军区第一军分区政治部主任。1941 年 12 月 25 日夜，辛俊卿在齐河县执行任务途中，遭到特务暗杀，英勇牺牲。

宋　澄

宋澄（1911—1941），曾用名锡奎、文山，山东荣成人。1930 年加入中国共产党。1931 年夏奉命以国民党员公开身份打入国民党文登县党部，从事党的地下工作，成立文登县第一个共产党小组，并任组长。1933 年，任共青团山东省委书记，不久被捕入狱。宋澄在狱中成立党支部，坚持斗争。全民族抗战爆发后，获释出狱，参加天福山起义，任山东人民抗日救国军第三军第一大队政治委员。1938 年，任第三军政治委员、八路军山东人民抗日游击第五支队政治委员。1940 年，任八路军山东纵队司令部第五科科长。1941 年，因病去世。

张　铎

张铎（1915—1941），原名锡国，山东荣成人。1933 年加入中国共产党。1935 年参加一一四暴动。1937 年，任中共威海特别支部书记，参加天福山起义，任山东人民抗日救国军第三军连指导员。1938 年，任八路军山东人民抗日游击第五支队（后改称山东纵队第五支队）政治部组织科科长。1940 年，任八路军山东纵队第五旅政治部副主任。1941 年 1 月 29 日，张铎在平度县遭到日、伪军的突然袭击。张铎突围后，又率 2 个排冲进敌人包围圈，夺回了电台。在撤离时，张铎身负重伤，英勇牺牲。

雨　晴

雨晴（1918—1941），原名于立晓、于青，山东牟平人。1937 年加入中国共产党。1935 年考入北平东北中学。1936 年加入中华民族解放先锋队。1938 年，任山东人民抗日救国军第三军连政治指导员、营教导员。1940 年，任八路军山东纵队第五支队第十四团政治委员。1940 年 10 月，在平度到东海一带开展反投降斗争，毙俘顽军 3000 余人，缴获轻机枪 30 余挺，长短枪 1500 余支及大批弹药，文登、牟平两县抗日根据地连成一片。1941 年，任八路军山东纵队第五旅第十五团政治委员。1941 年 11 月 8 日，在胶东招莱边区崤山战斗中，英勇牺牲。

郁永言

郁永言（1907—1941），江苏南通人。1931年加入中国共产党。1928年考入南京中央大学经济学院。1933年毕业后，在南通女子师范任教，秘密进行革命活动。全民族抗战爆发后，郁永言进入延安抗日军政大学。1939年来到山东抗日根据地，任《大众日报》社编辑、国际时事版主编、通讯室主任。1941年，任《大众日报》社通讯部（对外称"大众通讯社"）部长、采编主任兼《大众日报》社通讯部部长，实际主持新华社山东分社日常工作。1941年11月30日，郁永言率新闻小组，携带收发报机和油印设备，在敌人"铁壁合围"大"扫荡"之中转战沂蒙山区，在战斗中英勇牺牲。

赵　镈

赵镈（1906—1941），原名宋杰，陕西府谷人。1926年加入中国共产党。1926年在黄埔军校第6期学习，任一营一连党支部书记。1927年任中共津塘特委书记，不久被捕，两年后获释。1931年再次被捕，在狱中坚持斗争，成立党支部，任党支部生活委员、书记。1937年10月狱后，任津南特委书记、鲁西区委组织部部长。1938年，任冀鲁豫党校教务长，坚决抵制"湖西肃托"错误。1940年。任鲁南区委书记兼鲁南军区政治委员。1941年10月27日，赵镈在临（沂）郯（城）苍（山）边联县银厂村突围时被敌人抓捕。面对严刑拷打，赵镈坚贞不屈，11月19日被敌人活埋，英勇就义。1944年，鲁南区党委将边联县改名为赵镈县。

于一心

于一心（1910—1942），原名纪敏，字一心，山东牟平人。1938年加入中国共产党。1939年，任胶东区委军事部军事科长。1940年，任东海指挥部参谋长、山东纵队第五支队第二团参谋长。1942年，任北海军分区参谋长、西海军分区参谋长。1942年12月22日，在粉碎日、伪军"拉网大扫荡"胶东抗日根据地战斗中，英勇牺牲。

于慎德

于慎德（1907—1942），字静庵，山东沾化人。1937 年加入中国共产党。1933 年考入北平师范学校。1935 年毕业后回家乡任教，宣传抗日救亡。1938 年，成立沾化县第一个党支部于家党支部，任支部书记、沾化县二区区委书记。1939 年，任无棣县抗日民主政府秘书。1941 年，任中共庆云县委书记。1942 年 6 月，日军"扫荡"冀鲁边区。6 月 19 日，于慎德等人在赵家柳林村附近与敌人展开肉搏战。于慎德重伤被俘，被敌人剖腹，英勇就义。

王 锐

王锐（1913—1942），原名有才，字秀廷，山东博山人。1937 年加入中国共产党。1936 年参加中华民族解放先锋队。1938 年任山东人民抗日救国军第五军中队长。1939 年起，先后任八路军山东纵队第四支队第一团一营教导员、山东纵队第四旅第十一团政治处主任、鲁中军区第二军分区第一团政治委员。1942 年 10 月，日军"扫荡"沂蒙山区抗日根据地，第一团奉命掩护山东军区和山东省战时工作推行委员会领导机关转移。11 月 2 日，第一团在沂水县对崮山上，击退敌人多次进攻。王锐在战斗中，英勇牺牲。

王凤麟

王凤麟（1911—1942），原名李芳，黑龙江宁安人。1931 年加入中国共产主义青年团，1937 年转为中国共产党党员。1933 年任东北抗日联军第四军特务连连长。1935 年赴莫斯科东方劳动大学工兵班学习爆破技术。1937 年回到延安。1938 年到达山东抗日根据地。1939 年任山东纵队第四支队第三营营长，开办爆破训练班，袭击进犯日军，俘敌数十人。1940 年任八路军山东纵队第一旅第二团副团长、第一团副团长，创造了爆破与火力掩护相结合、爆破与强攻突击相结合和火力组、爆破组、突击组、梯子组、预备队"四组一队"攻坚战术。1941 年，这一爆破攻坚战术在莱芜甘泉庙、张高庄、古城村等伏击战中效果良好，中共中央军委要求全军推广这一爆破攻坚战术。1942 年 3 月，王凤麟率 1 个连在博山伏击日、伪军，击毙日军 30 人。王凤麟因作战负伤，右腿截肢。11 月 9 日，王凤麟在沂蒙山区马鞍山掩护群众转移时，胸部中弹，宁死不降，英勇牺牲。

王炳三

王炳三（1915—1942），江西兴国人。加入中国共产党时间不详。八路军第一一五师教导第六旅兼冀鲁边军区政治部副主任。1942 年 6 月在冀鲁边区作战中英勇牺牲。

王晋亭

王晋亭（1913—1942），原名连级，号晋三，山东堂邑人。1934 年加入中国共产党。1930 年考入山东省立第三师范初级部，秘密参加党的活动，被勒令退学。1935 年任中共鲁西总支部委员会组织委员。全民族抗战爆发后，在当地发动群众，组建农民抗日武装，任中共鲁西北特委巡视员。1938 年，任中共鲁西北特委组织部部长、鲁西特委组织部部长和宣传部部长、鲁西第一地委组织部部长。1940 年任泰西地委副书记兼组织部部长。1942 年 4 月 1 日，王晋亭在大峰山岚峪村参加会议时，被日军包围。在战斗中，王晋亭头部中弹，英勇牺牲。

冯旭臣

冯旭臣（1888—1942），曾用名保初，山东益都（今潍坊市青州市）人。1939 年当选为益都县参议长，长子冯登魁参加抗战工作，次子冯毅之任益都县长。1941 年长子牺牲。1942 年 11 月 9 日，冯旭臣率二儿媳孙玉兰（中国共产党党员）、女儿冯文秀（中国共产党党员）及 3 个孙女转移到马鞍山工作，照顾八路军伤病员和抗属 40 余人。日、伪军重兵包围马鞍山之后，在八路军副团长王凤麟指挥下，坚持战斗两天一夜，歼敌百余人。11 月 10 日，弹尽援绝，冯旭臣及家人 6 人壮烈殉国，被誉为"一门忠烈"。

刘 正

刘正（1914—1942），原名时溜，江西泰和人。1931 年加入中国共产主义青年团，1934 年加入中国共产党。1930 年参加革命，历任班长、排长、连长、营长、团参谋长、纵队科长等职。全民族抗战爆发后，随八路军第一一五师东进抗日挺进纵队到达冀鲁边区，任第五支队参谋长。1939 年转战鲁西，任八路军第一一五师运河支队第五团团长。1940 年任八路军第一一五师教导第三旅兼鲁西军区第七团团长，指挥了濮阳、商丘、郓城、范县、鄄城等多次战役、战斗。1942 年 9 月，在鄄城战斗时，英勇牺牲。

刘齐滨

刘齐滨（1908—1942），原名刘府海，山东曹县人。1938 年加入中国共产党。1931 年考入北京大学文学系，九一八事变后参加大学生赴南京请愿团，受伤辍学，回家任教。全民族抗战爆发后，创办农民夜校，发动群众开展抗日救亡活动。1938 年当选为曹县青年抗日救国会会长、鲁西南抗日救国总会会长。1939 年任中共鲁西南地委统战部部长。1940 年任曹县抗日民主政府县长。1941 年任冀鲁豫边区第五专署专员。1942 年 4 月 15 日，刘齐滨肺病恶化，在张子高村去世。1943 年，中共鲁西南地委将曹县改称齐滨县。

孙承光

孙承光（1906—1942），云南昭通人。1941 年加入中国共产党。1928 年毕业于南京中央大学教育系，在徐州中学教书。1930 年任上海中华书局《中华教育界》杂志主任编辑。全民族抗战爆发后，奔赴延安，参加八路军。1938 年，在郓城创办抗日刊物《鲁西吼声》，主办 3 期军政干部训练班。1939 年任八路军一一五师独立旅政治部交际科科长、郓东办事处主任、泰西行政委员会（鲁西行署前身）教育处副处长、抗大一分校二校教育处长，为八路军发展建设培养了大批军事、政治干部。1942 年 9 月 27 日，日、伪军"扫荡"鲁西抗日根据地。孙承光在范县甘草堌堆村突围时，英勇牺牲。

齐南峰

齐南峰（1915—1942），又名秀增，山东堂邑（今聊城市西北）人。1938 年加入中国共产党。1938 年考入范筑先在聊城开办的政治干部学校，毕业后任民军第一路指导员。1939 年任筑先纵队政治部民运科长、阳谷县抗日民主政府县长。1940 年，任朝城县（1953 年并为观朝县）抗日民主政府县长，调整政府机构，组建县区抗日武装，开展游击战争。1942 年 7 月 20 日，齐南峰率队伍在徒骇河一带执行任务，突遭敌人合围。齐南峰在掩护部队撤退时，英勇牺牲。

许冠英

许冠英（1913—1942），字雏生，河南获嘉人。1930 年加入中国共产主义青年团。1932 年加入中国共产党。1928 年参加革命，主编革命刊物《火花》。1934 年任共青团新乡临时工委书记。1936 年在新乡县东关小学任教，成立新乡教职员工抗日联合会。1937 年任中共新（乡）辉（县）获（嘉）中心县委委员。1938 年，在中共豫北特委领导下组建平汉抗日游击队，任政治特派员，在敌后开展游击战争。1939 年后，历任晋东南独立游击支队宣教科长、冀鲁豫军区新三旅九团三营教导员、八路军第二纵队兼冀鲁豫军区教七旅政治部敌工科科长（团级干部）。1942 年 3 月 2 日，许冠英在巨野县大田集地区遭遇敌人，在激战中英勇牺牲。

李子英

李子英（1898—1942），又名万杰、之英，河北盐山人。1935 年加入中国共产党。1925 年在西北军任班长、连文书。1935 年任天津警察局督察。全民族抗战爆发后，回到家乡组建抗日武装，任华北民众抗日救国军第二大队大队长、国民革命军别动总队第三十一游击支队第二路指挥、八路军冀鲁边区游击支队（后改为平津支队）二营营长、八路军第一一五师东进抗日挺进纵队第六支队第七团团长。1939 年 1 月，李子英率七团一部在盐山韩集伏击日军，歼敌 200 余人，韩集伏击战成为平原游击战的一个光辉战例。1939 年春，李子英率七团转战鲁南抗日根据地，任第一一五鲁南支队第七团团长，参与开辟抱犊崮山区抗日根据地。1942 年 8 月，李子英在反"扫荡"作战中负重伤，不幸牺牲。

杨柳新

杨柳新（1911—1942），江西瑞金人。加入中国共产党时间不详。1928 年参加中国工农红军，参加长征，加入中国共产党。1938 年随八路军第一一五师东进抗日挺进纵队到达冀鲁边区，任第六支队第八团团长。1940 年，任八路军第一一五师教导六旅兼冀鲁边军区第十八团团长。1942 年 6 月，日军轮番"扫荡"冀鲁边区抗日根据地。1942 年 7 月 6 日，杨柳新带领第十八团三个连行军途经沧县大七拨村，误入敌人包围圈。杨柳新冲出包围圈后，又冲进包围圈接应战友，先后接应 70 余人。在最后突围时，遭到敌人机枪扫射，杨柳新壮烈牺牲。

杨静斋

杨静斋（1888—1942），名修稳，字安亭，山东梁山人。1913 年考入北平大学法律系。毕业后，在山东农业专门学校任教，任安丘县、束鹿县、阳谷县承审员。全民族抗战爆发后，积极参加抗日救亡活动。1938 年东平县城沦陷，杨静斋发动东平湖西各区区长，大力支持抗日工作。1939 年，八路军一一五师师部到达郓城、梁山一带，杨静斋动员青壮年参军参战，组建八路军一一五师独立旅第5营。1940年4月，冀鲁豫边区鲁西行政主任公署在戴庙成立，杨静斋当选为行署委员，组织群众，修筑堤防，治理东平湖。1942年9月27日，在粉碎日军大"扫荡"作战中，杨静斋在濮阳县杏子铺战斗中，英勇牺牲。

吴　涛

吴涛（1914—1942），又名吴承光，字旭源，山东济宁人。1932年加入中国共产主义青年团。1932年转为中国共产党党员。1929年考入济宁山东省立第七中学，积极参加抗日救亡学生运动。全民族抗战爆发后，参与组织济宁县教育界抗敌后援会，编印《抗战捷报》，进行抗日救亡活动。1938年在抗大第四期第六大队学习。1938年12月，到达山东抗日根据地，任八路军山东纵队第六支队二团三营教导员、独立团政治处主任。1940年3月，任鲁西军区泰西军分区政治部主任，参加杨树林伏击战、黑山阻击战，平息红枪会暴动，拔除彭集、沟头、李集、松山等敌据点，歼敌200余人。1941年在汶南战斗中身负重伤。1942年春，不幸牺牲。

邸玉栋

邸玉栋（1911—1942），河北盐山人。1931年加入中国共产党。1930年考入盐山中学。1933年任中共津南特委交通员。1934年任津南工委组织部部长。1935年任津南特委组织部部长。全民族抗战爆发后，邸玉栋在津南发动群众，成立华北抗日民众救国会、救国军，任冀鲁边区工委特派员。1939年任沧县县委书记、宁津县委书记。1940年任冀鲁边区委组织部部长。1942年5月、6月，日、伪军轮番"扫荡"冀鲁边区抗日根据地。6月18日，邸玉栋和中共津南地委书记杜子孚、专员石景芳等人在东光县大单家村被敌人重重包围。邸玉栋指挥2个连阻击敌人进攻，在激烈战斗时身中数弹，壮烈牺牲。

迟健民

迟健民（1908—1942），原名受义，山东蓬莱人。1938 年加入中国共产党。1930 年考入国立北平师范大学教育系。1934 年毕业后在北师大第一附属小学任教，创办第一附小儿童图书馆。1935 年加入中国左翼作家联盟，任北平市左联儿童文学组织负责人，并到山东省立益都师范学校任教，撰写童话小说《小石头的故事》《民间故事集》和《我和孩子们》等，成为国内知名的儿童读物作家和儿童教育家。1937 年七七事变后，回家乡投身抗日救亡活动。1938 年任蓬莱县抗日民主政府教育科长、秘书长、《抗战日报》社社长、蓬莱中学校长。1939 年任蓬黄联立中学教导主任。1940 年任鲁迅师范学校（对外仍称蓬黄联中）教导主任、胶东公学教导主任。1942 年任胶东区东海军校校长。1942 年 12 月 6 日，日、伪军连续对抗日根据地进行"拉网合围"大"扫荡"。迟健民在荣成崂山村被捕，宁死不降。12 月 7 日，迟健民在小落村南沟英勇就义。1946 年，中共蓬莱县委将大辛店中心小学改名为健民中心小学。

张庆澍

张庆澍（1895—1942），字雨村，山东东阿人。1922 年毕业于保定军校第八期步兵科，历任中校参谋、副团长、团长兼津浦路司令、处长、鲁苏战区司令部少将高级参谋等职，参加徐州会战，转战鲁南。在淮河阻击战中，张庆澍率部进行大规模白刃战，与日军血战 15 天，阻止日军两个月，为台儿庄大捷创造了有利战机。1942 年 8 月 12 日，日、伪军包围鲁苏战区司令部（驻莒县东），张庆澍率部冲杀，壮烈牺牲。

张策平

张策平（1896—1942），原名思荣、张筹，字梦华，山东宁津人。1927年加入中国共产党。1925 年任西北国民二军团参谋长，参加北伐。1927 年回到家乡，秘密进行革命活动。1928 年任国民党党部武装部长兼县大队队长。1931 年兴办农民夜校，联络进步青年，开展革命工作。1932 年组建宁津县教育促进会、宁津县教员联合会，上街游行，宣传抗日。1934 年，组织齐心会，斗争土豪恶棍。1935 年，宁津党组织遭到破坏，张策平独支危局，奔走津鲁，营救同志。1937 年任中共宁津县委组织委员，组建抗日武装，编入冀鲁边区抗日救国军第二大队。1938 年任八路军十八支队支队长、八路军东进抗日挺进纵队五支队六团团长。1939 年任东（阿）汶（上）支队支队长、八路军第一一五师特务团副团长，在梁山县曹家营伏击日、伪军，毙伤敌人 500 多人。1940 年任郯城县抗日民主政府县长、鲁南专署第一行署主任。1942 年，张策平因病去世。

张寰旭

张寰旭（1911—1942），字寅东，山东莱阳人。1932 年加入中国共产党。1929 年考入莱阳中学师范班。1931 年在莱阳灵湖高级小学任教。1935 年考入济南会计学校。1937 年参加天福山武装起义。1938 年参加奔袭牟平县城战斗，任胶东抗日游击队第三支队第一大队政治教导员、第五支队六十二团一营政治教导员及蓬（莱）黄（县）战区指挥部副指挥、指挥。1940 年任八路军山东纵队第五支队第一团政治委员。1942 年任胶东军区第十六团政治委员。1942 年 1 月 23 日，张寰旭率部奔袭 30 里，击毙海阳行村之敌 320 余人，缴长短枪 200 余支，毁碉堡 10 余座。3 月 25 日，在青山战斗中毙敌 100 余人。5 月 15 日，攻克大夼及周围据点 10 余处，歼敌 1000 余人，缴获大批物资和数万担粮食。1942 年 11 月 24 日，张寰旭在马石山南部掩护群众突围时，英勇牺牲。

林 江

林江（1918—1942），原名丛祺滋，山东文登人。1935 年加入中国共产党。林江的父亲丛月章是中国共产党党员，曾任胶东东海区参议长。

1935 年在烟台八中学习。1936 年在烟台西部中学联合成立民先大队，任大队长。1937 年赴延安抗大学习，参加西北青年代表大会。1939 年回到家乡，任胶东区党委青委会书记、胶东青联主任。1940 年兼任中共招远县委书记、胶东临时参议会参议员。1942 年任山东省青救总会常委、胶东青年抗日先锋队总队部教导主任、胶东各救总会宣传部部长。1942 年 12 月，林江在大泽山地区被日、伪军合围。林江奋力杀敌，英勇牺牲。

崔兰仙

崔兰仙（1915—1942），女，河北盐山人。19937 年加入中国共产党。1929 年考入泊镇九师。1935 年在盐山旧县镇北街创办平民小学。1938 年任盐山县抗日民主政府教育科科员、冀鲁边区妇女救国总会主任，筹办《妇女解放》月刊，开办抗日小学、青年夜校、妇女午校和识字班，创建了 50 多所抗日小学。1942 年 6 月，日、伪军疯狂"扫荡"冀鲁边区抗日根据地。6 月 12 日，崔兰仙在东光县刘大瓮村南花子坟一带遭敌袭击。为掩护部队突围，崔兰仙开枪吸引敌人，身负重伤，英勇牺牲。

赖国清

赖国清（1918—1942），江西兴国人。1931 年加入中国共产党。1930 年参加中国工农红军，参加长征。1938 年任东进抗日挺进纵队第六团政治委员、运河支队第五团副政治委员、第一一五师峄县支队政治部主任。1941 年任鲁南军区第三军分区政治委员兼政治部主任。1942 年 11 月，赖国清在山东南部作战中英勇牺牲。

褚雅青

褚雅青（1902—1942），原名褚敬斌，山东微山人。1933 年加入中国共产党。1919 年南下投身军伍，参加北伐战争，历任班长、连长。1927 年在徐州基督医院学习。1937 年回家乡开展抗日武装斗争。1938 年任抗日义勇队总队第三大队三中队队长、人民抗日义勇总队军医处处长，作战勇敢，被誉为"猛张飞"。1939 年任苏北邳县陇海游击队作战参谋，协助指挥铁佛寺战斗。1940 年任八路军山东纵队司令部第 5 科科长。1941 年奉命在微山湖一带发动群众，建立抗日武装，任峄县县大队副大队长。1942 年 4 月 20 日，日军进攻微山岛，褚雅青带领县大队坚守杨村渡口，毙敌百余人。21 日，为掩护战友突围，褚雅青身负重伤，英勇牺牲。

潘维周

潘维周（1917—1942），河北赵县人。1935 年加入中国共产党。曾任中共赵县县委组织部部长。1936 年参加中国工农红军第十五军团，任连队文化教员。后在红军大学学习。1938 年到达山东抗日根据地，任山东抗日军政干部学校政治部主任、山东分局党校教务主任、党总支书记。1939 年任山东分局党校副校长（主持工作）。1940 年任鲁中区委党校副校长。1941 年任沂蒙地委（第二地委）委员、组织部部长。1942 年 11 月 2 日，潘维周在沂蒙山区对崮峪突围时，英勇牺牲。

魏金三

魏金三（1913—1942），原名福品、魏晋，山东长清人。1937 年加入中国共产党。1936 年考入济南警察学校，参加济南抗日救国会和中华民族解放先锋队，成立抗日救亡团体文化友联社，出版抗日刊物《联系》。全民族抗战爆发后，成立长清县人民抗敌后援会，开展抗日救亡工作。1938 年任长清县委书记兼长清独立营政治委员。1940 年至 1942 年任鲁西军区第四团第三营教导员、鲁西军区政治部组织科副科长、鲁西军区第八团政治处主任、冀鲁豫军区第八军分区政治部主任。1942 年 9 月 30 日，魏金三在粉碎敌人"铁壁合围"作战中，英勇牺牲。

马函三

马函三（1901—1943），又名立元，山东邹平县（今邹平市）人。1938 年加入中国共产党。1930 年在长山八区高等小学任教。1936 年任长山八区区队长。全民族抗战爆发后，马函三组织抗日武装，加入山东人民抗日救国军第五军，任第二支队支队长、八路军山东纵队第三支队第七团三营营长、邹（平）长（山）独立团副团长。1940 年任长山县抗日民主政府县长，发动群众参军，实行减租减息，改善人民生活。1943 年 11 月 11 日，马函三在粉碎敌人"扫荡"长山八区抗日根据地作战中，英勇牺牲。

王　文

王文（1911—1943），曾用名学善、老井、罗文，陕西绥德人。1930 年加入中国共产党。1933 年任黄河沿岸特区区委书记。1935 年任绥德县苏维埃政府副主席、绥德县委书记。1936 年任陕北东地区工作委员会书记兼吴堡县委书记。1937 年任脂中心县委书记。1938 年到达山东抗日根据地，任胶东特委书记、胶东区委书记、胶东军政委员会主席。1939 年兼任山东第三军区政治委员。1940 年兼任八路军山东纵队第五支队政治委员。1942 年任胶东行政公署主任，为胶东抗日根据地创建、巩固、发展作出重要贡献。1943 年因病牺牲。

王石钧

王石钧（1910—1943），山东曹县人。1932 年加入中国共产党。1931 年考入济南高中。1932 年任共青团泰安县委书记。1933 年回到家乡。1937 年任曹县三区区委书记。1938 年组建曹县三区义合乡抗日自卫大队。1939 年任曹县县委宣传部长、八路军冀鲁豫支队第五大队政治部主任、政治委员，转战陇海路两侧。1940 年代理曹县抗日民主政府县长，创建大寨、魏湾、砖庙、李集四个新区。1941 年任曹县抗日民主政府县长。1943 年 3 月，日军万余人分七路"扫荡"鲁西南地区。3 月 27 日，王石钧在曹县青岗集镇东聂楼遭遇日军，身中数弹，英勇牺牲。

李枚青

李枚青（1914—1943），曾用名美庆、梅青，山东新泰人。1931年加入中国共产党。1932年任共青团新泰特支书记。1933年被捕入狱，坚持斗争。全民族抗战爆发后获释出狱，任新泰工委委员。1938年参加徂徕山起义，任新泰县委宣传部部长、新泰县独立营政委，组建抗日自卫团、青救会、妇救会等群众团体。1938年任泰山特委第一大队政治处主任。1939年任八路军山东纵队第四支队后方司令部政治部主任、鲁中军区第一军分区政治部主任、敌工部部长。1943年8月13日，李枚青在去泰山途中遭到日军伏击，英勇牺牲。

李铁民

李铁民（1918—1943），原名荣升，字级三，山东掖县人。1936年加入中国共产党。1936年考入莱阳乡师，积极参加抗日救亡活动。1938年参加玉皇顶抗日武装起义，曾任胶东抗日游击第三支队一大队指导员、山东人民抗日救国军第三军连指导员、八路军山东纵队第五支队第十四团政治处副主任、山东纵队第五旅第十五团政治处主任。1941年任南海军分区政治部主任。1943年5月2日，李铁民在平东县（今平度市）古砚镇山上村战斗中负伤，毅然拉响手榴弹，与敌人同归于尽，壮烈牺牲。

杨承德

杨承德（1908—1943），江西于都人。中国共产党党员。早年参加中国工农红军，参加长征。全民族抗战爆发后，参加平型关战斗。1938年随八路军东进抗日挺进纵队到达冀鲁边区。1939年主力部队转移鲁西后，杨承德奉命留守边区，坚持进行游击战争。1941年任八路军第一一五师教导第六旅第十六团团长。1943年任八路军冀鲁边军区第三军分区副司令员。3

月 17 日，杨承德关在庆云县刘化风一带遭到日、伪军包围。为掩护地委、军分区机关突围，杨承德率部分战士阻击敌人，在激战时英勇牺牲。

余志远

余志远（1917—1943），原名张汉卿，山东乐陵人。1938 年加入中国共产党。1936 年毕业于乐陵县师范。1937 年参加华北民众抗日救国军。1938 年任乐陵县黄夹区民众动员委员会主任、第七区区长兼动员委员会主任。1940 年任乐陵县抗日民主政府财政科科长、秘书。1941 年任乐陵县抗日民主政府县长兼县大队大队长，积极开展抗日武装斗争。1942 年被评为"模范县长"。1943 年 4 月，在粉碎敌人大"扫荡"作战中，余志远被包围在邢官庄一屋内，留下血书："生前不能孝父母，死后鲜血为国流。嘱我抗日诸同志，踏我血迹报国仇！"然后举枪自尽，英勇牺牲。

张袖石

张袖石（1908—1943），化名张博，山东庆云人。1935 年加入中国共产党。全民族抗战爆发后，在家乡组建抗日救国会第十三分会、庆云县抗日救国会。1938 年任庆云县抗日民主政府县长。历任冀鲁边区特委秘书长、乐陵县委书记、津南地委宣传部部长、第一军分区政治部主任、冀鲁边区第三地委副书记等职。1943 年 3 月 17 日，日、伪军"扫荡"三汾水（汾水王、汾水马、汾水杨）一带。张袖石率三地委机关转移时，遭遇敌人。在战斗中，英勇牺牲。

张智忠

张智忠（1909—1943），山东昌邑人。1934 年加入中国共产党。1933 年在青岛开设荒岛书店，进行党的秘密活动。1936 年组建中共昌邑县委，并任书记。全民族抗战爆发后，张智忠秘密发展党员，筹建地方抗日武装。1938 年任胶北特委副书记兼组织部部长。1939 年被捕入狱，坚持斗争。

1941 年营救出狱，任西海地区各救会民训、文协主任。1943 年任西海印刷厂厂长。1943 年 11 月，张智忠在招远县梧桐夼村再次被捕，宁死不屈，英勇就义。

侯登山

侯登山（1919—1943），山东博兴人。加入中国共产党时间不详。1940 年参加八路军，在清河军区直属团当战士，成为优秀的爆破手，升为爆破队队长。1943 年 5 月，清河军区在反"蚕食"、保麦收的战役中，决定首先拔除垦利、广饶、博兴、蒲台 4 县交界处的三里庄据点。侯登山主动请缨，夹起两个炸药包，跃出战壕，冒着密集炮火冲到围墙跟前，但围墙土质太硬，抠不出置放点。侯登山毅然把炸药包放在胸前，紧紧抵在围墙上，拉着导火索，成功炸开围墙豁口，侯登山壮烈牺牲。

袁复荣

袁复荣（1909—1943），山东曹县人。1930 年加入中国共产主义青年团。1931 年加入中国共产党。1932 年因宣传抗日活动被捕入狱。1936 年出狱后回到家乡，组建中华民族解放先锋队曹县地方组织，任曹县工委宣传部长、曹县县委书记。1938 年在曹县西北韩集一带建立农民互助会、农民救国会。1939 年主持举办青年训练班。1939 年任鲁西南地委宣传部部长。1942 年任鲁西南专署专员。1943 年 9 月 21 日，日、伪军万余人大规模"扫荡"鲁西南、湖西地区。袁复荣和鲁西南军分区司令员朱程率专署机关工作人员、战士 100 多人，在曹县西南王厂村突围，四次击退敌人进攻。最后，与敌人展开肉搏战，袁复荣、朱程等人壮烈牺牲。1945 年，冀鲁豫行署在曹东南青堌集设立复程县。

徐尚武

徐尚武（1912—1943），原名徐荣耀，山东无棣人。1938 年加入中国共产党。1932 年考入县师范讲习所。1938 年任国民政府军事委员会别动总队游击支队（后改为第三大队）大队长。1939 年任临邑县抗日民主政府县长，组建临邑县大队，帮助群众发展生产，被称赞为"打仗是英雄，干活是能手"的好县长。1941 年任冀鲁边区第二军分区司令员，参加了台子刘村、田口、平原等战斗。1942 年改任第二军分区副司令员。1943 年 1 月，日、伪军对鲁北一带进行大"扫荡"，徐尚武带领战士们掩护大部队成功突围。在临邑县王家楼子战斗中，徐尚武坚持战斗到孤身一人，在群众掩护下躲藏在一个地窖内。敌人投掷毒瓦斯弹，徐尚武中毒牺牲。

徐维中

徐维中（1917—1943），又名子常、志刚，山东烟台人。1939 年加入中国共产党。1940 任中共济南工委委员。1942 年任济南工委书记。1942 年 6 月被捕入狱，坚贞不屈。1943 年，英勇就义。

高道光

高道光（1906—1943），别号化宇，山东德县人。毕业于中央陆军军官学校第九期。全民族抗战爆发后，在山东坚持敌后游击作战。1938 年任山东铁道破坏总队总队长，在聊城一带袭扰日军交通线，袭击张夏站外日军军车。1939 年在大汶口车站外配合第五十一军，炸毁日军首次试运的国际列车。1943 年被授予陆军少将。1943 年 5 月 23 日，在新泰县楼德镇作战中受伤被俘，坚贞不屈，英勇牺牲。

桑玉山

桑玉山（1914—1943），安徽六安人。1931 年加入中国共产党。1930 年参加中国工农红军，先后任班长、排长、连长、营教导员。全民族抗战爆发后，任华北抗日人民军第一旅第一团政治处主任、冀鲁豫军区第五军分区民军第一团团长。曾袭清丰县韩村集日军，缴获大批武器弹药。1943
年 9 月 28 日，在曹县王厂地区对日作战时，英勇牺牲。

黄德兴

　　黄德兴（1903—1943），号振东，河南永城人。毕业于东北陆军讲武
堂。1938 年参加徐州会战，负责防务津浦路南端淮河北岸地区，阻击日军
北上增援。在台儿庄大战中，担负后卫任务，掩护大批友军撤退。1939 年
在山东进行敌后游击战。1943 年任第五十一军第一一四师师长。1943 年 7
月，在邹县与日军作战时，英勇牺牲。战后，国民政府追赠黄德兴为陆军
少将。

韩子衡

　　韩子衡（1906—1943），山东高青人。1938 年加入中国共产党。1937
年投身抗日救亡运动，任长山县第六区区长兼区地方抗日武装中队队长。
1938 年任山东人民抗日游击第三支队特务营四连连长。1940 年任八路军山
东纵队第三支队基干一营副营长。1942 年任清河军区第二军分区兼清西独
立团参谋主任。1943 年任清河军区清西军分区（原第二军分区）参谋长。
1943 年 1 月，日、伪军对垦区、广北、清西抗日根据地进行"铁壁合围"
大"扫荡"。为掩护主力部队和群众突围，韩子衡率九连战士们与敌人展开
血战。激战中，韩子衡身受重伤，英勇牺牲。

傅国光

　　傅国光（1916—1943），河北盐山人。1937 年加入中国共产党。1936
年考入西安大学。全民族抗战爆发后返回家乡，参加革命。1938 年任盐山
县抗日民主政府文教科长、冀鲁边区宣传出版部部长。1939 年任冀鲁边区
机关报《烽火报》社长兼总编辑。1942 年任《冀鲁日报》社社长。1943
年 9 月 27 日，傅国光在庆云县小魏庄一带被日、伪军包围，宁死不屈，英

勇就义。

魏明伦

魏明伦（1917—1943），河南南阳人。1936 年加入中国共产党。1935年参加中国工农红军。1940 年任冀鲁豫军区华北抗日民军第一旅兼冀鲁豫军区第一军分区政治部主任。1943 年任冀鲁豫军区第五军分区民军第一团政治委员。1943 年 9 月 28 日，魏明伦在曹县西南王厂村反"扫荡"作战中，英勇牺牲。

王克寇

王克寇（1916—1944），原名汝廉、禄清，山东禹城人。1936 年加入中国共产党。1933 年考入平原第五乡师，创办《禹声报》，宣传抗日救亡。1937 年任禹城县委书记、八路军第一二九师独立旅禹城武装工作团政治委员。1938 年任冀鲁边支队副政治委员兼政治部主任。1939 年任鲁西三大队政治委员，在东河、荏平、高唐、齐河、禹城一带开展游击战和锄奸活动。1941 年任冀鲁豫军区第一军分区第二团政治委员。1942 年任禹城县抗日民主政府县长。1944 年 5 月 26 日，王克寇率第二团攻打鲁西重镇东阿县牛角店敌据点时，头部中弹，英勇牺牲。

王道平

王道平（1886—1944），原名喜太，山东曹县人。1936 年加入中国共产党。曾任国民革命军第二十一军特务团团长等职务。全民族抗战爆发后，组建抗日游击队。1938 年任鲁西南抗日游击大队司令员。1939 年任冀鲁豫支队第二大队三营营长。1940 年任定（陶）曹（县）支队支队长。1944年 3 月，王道平因病牺牲。

今野博

今野博（1919—1944），日本人。1939 年从青岛登陆，经济宁驻扎汶上县城。1939 年 8 月，在梁山被八路军第一一五师部分部队伏击，今野博被八路军俘虏。经过教育，成为一名八路军战士。1941 年参加八路军山东纵队，任日本反战同盟山东支部委员、组织部部长。1943 年任日本反战同盟鲁中支部长兼滨海支部长，随山东军区第四武工队开展反战工作。1944 年，在日照县一带因负伤被日军捕获，宁死不屈，英勇就义。

李恒泉

李恒泉（1915—1944），河北唐县人。1936 年加入中国共产党。1935 年入河北农村建设训练班学习。曾任国民党唐县五区农村训练员、警察所警长，奉命在国民党高树勋部任军委会书记、师宣传队副队长、宣传科长、政治处主任、组织科长、军法处军法官、军教导总队政治处主任等职。1939 年任冀南军区第六军分区政治处主任、津南支队政治处主任。1941 年任八路军第一一五师教导六旅第十六团政治处主任、第十七团政治处主任。1942 年任冀鲁边区第二军分区政治部主任。1944 年任渤海军区第二军分区副政治委员兼政治处主任，转战乐陵、商河、陵县、禹城、临邑一带，创办军分区宣传队。1944 年，渤海军区进行局部反攻作战。9 月 13 日，第二军分区突袭临邑城，歼灭守城伪军大部。在战斗中，李恒泉为掩护战士，身中数弹，壮烈牺牲。

吴 云

吴云（1915—1944），原名金堂，山东平原人。加入中国共产党时间不详。1934 年考入济南省立第一师范学校，积极参加抗日救亡活动。全民族抗战爆发后，入山西运城民族革命大学、陕北公学学习。1938 年在八路军西安办事处工作。1940 年任山东分局职工科科长。1942 年任东北军五十七军独立旅政治部副主任、八路军山东军区滨海支队第二十五团政治委员。

1944 年 10 月 27 日，在与日、伪军作战中英勇牺牲。

徐　翼

　　徐翼（1917—1944），原名宏仁，辽宁辑安（今吉林集安市）人。1935 年加入中国共产党。1937 年任阳谷县政训处干事。1938 年任山东省第六区政治部巡视员。1939 年任鲁西一地委战争动员部部长、鲁西二地委军事部部长、八路军第一二九师抗日先遣队第四游击大队大队长，深入农村，发动群众，组建抗日武装。1940 年任鲁西支队副司令员、阳谷县抗日民主政府县长。1941 年任鲁西军区第四军分区副司令员、冀鲁豫军区第四军分区副司令员。1942 年任冀鲁豫军区第一军分区第三团政治委员兼政治处主任。1943 年任冀鲁豫军区第八军分区第六团（基干团）政治委员。1944 年 8 月，在郓城战斗中身负重伤，英勇牺牲。

颜竹林

　　颜竹林（1914—1944），原名景隆，山东临清人。1937 年加入中国共产党。1935 年毕业于山东省立第三师范学校。1937 年任临清县特别支部组织委员。1938 年赴冀南抗日军政于校学习，结业后任山东省第六区抗日游击司令部第十六支队教官、临清工委书记、鲁西北特委委员。1939 年任鲁西第一地委宣传部长。1940 年任鲁西区委党校教育科长。1941 年任巨南工委书记兼八路军冀鲁豫军区第十一军分区第九团政治委员。1944 年 5 月，颜竹林在成武县郝海村突围战斗中，英勇牺牲。

文立正

　　文立正（1911—1945），又名立征、赵宓，湖南衡山人。1938 年加入中国共产党。1934 年考入北平辅仁大学（北京师范大学的前身）化学系，投身抗日活动。1937 年奔赴山东抗日前线，在济南成立平津流亡同学会，奉命留在山东，任武城县政训员，帮助地方培训抗日骨干。1938 年任鲁南民众自卫军政训处副处长。1939 年任八路军第一一五师运河支队政治部主任。1940 年任运河支队副政治委员。1941 年任鲁南军区第三军分区政治部主任。1943 年任鲁南独立支队政治委员兼铁道大队政治委员。1944 年任鲁南第二地委宣传部部长。1945 年 2 月，文立正在临城六区遭日、伪军袭击，英勇牺牲。

苏村阻击战 126 烈士（1941）

1941 年 1 月，日军 1 万余人，坦克 20 余辆、汽车 300 余辆、飞机 10 余架，气势汹汹"扫荡"鲁西抗日根据地。八路军教导第三旅特务三营第 9 连和第 10 连，奉命在莘县苏村阻击牵制敌人，掩护鲁西党政军机关人员突围转移。1 月 17 日晨，营长钟铭新组织战士们筑防御工事，阻击敌人。上午战斗持续进行，敌人始终未能突破。下午，三营战士剩下不到 130 人，弹药将尽，仍死守苏村，牵制日军，争取更多转移时间。日军人数由三四百人增加到 1000 多人，另有 10 门山炮、6 架飞机，团团包围苏村，从东、南、北三个方向发起总攻击。黄昏时，三营仅剩下 20 余人，仍在坚持战斗。敌人久攻不下，竟然施放毒气弹，战士们被毒气呛晕过去。日军攻破苏村后，未发现鲁西党政军机关，便将受伤被俘的战士全部押到苏村东南方麦地，残忍杀害。苏村阻击战，击毙日军 400 多人。营长钟铭新等 126 名指战员壮烈牺牲，仅有 8 名战士幸存。

渊子崖抗日楷模村村民（1941）

1941 年 12 月 19 日，伪军 150 多人前往莒南县城西渊子崖村（抗战期间属沭水县）"征集"粮草，遭到渊子崖村自卫队的土炮驱赶。12 月 20 日，日、伪军 1000 多人包围了渊子崖村，扬言要"斩尽杀绝"这一抗日堡垒村的村民。敌人在大炮掩护下，多次发起进攻。渊子崖村群众同仇敌忾，凭借围墙，用土炮、土枪猛烈反击，先后击退敌人 6 次进攻。敌人炸开围墙缺口，冲进村里时，村民们用铁锹、镢头、棍棒等与日军展开肉搏，奋勇自卫。街头巷尾，杀声震天，扭打在一起。血战持续到黄昏时，闻讯赶来增援的板泉区区长冯干三、区委书记刘新一、区委宣传委员赵同和八路军一个连的战士，加入战斗。日、伪军被迫撤出渊子崖村，在村东北小岭上再次与八路军展开激战。战斗中，县委宣传部部长徐坦身负9处枪伤（经抢救脱险），冯干三、刘新一、赵同和40多名八路军县区中队战士壮烈牺牲。天黑时，八路军山东纵队二旅五团大部队赶到增援，日、伪军被击溃。在渊子崖保卫战中，共歼灭日、伪军80多人，牺牲自卫队员和村民147人。1942年春，滨海专署授予渊子崖村"抗日楷模村"的光荣称号，以表彰渊子崖村民的英雄事迹和纪念在战斗中英勇牺牲的烈士。

英雄"岱崮连"（1943）

　　1943年11月9日，日、伪军1万余人"扫荡"鲁中抗日根据地，企图消灭八路军鲁中军区部队，进而寻歼山东军区主力及山东分局机关。鲁中军区决定由第二军分区第八连留守沂蒙山区中部的南、北岱崮，牵制敌人主力。八连指战员在南、北岱崮构筑工事，阻击敌人。11月13日，日军在飞机、大炮掩护下，进攻岱崮。在副营长张栋指挥下，八连93名指战员奋起反击，始终将敌人阻遏在悬崖之下。敌人增调兵力，在日军师团长石井指挥下，飞机轮番轰炸，集中火力进攻南岱岗南门。在战斗中，战士刘贵祥、李应斗壮烈牺牲。八连指战员浴血奋战，用刺刀挑，用石头砸，一次次把爬上来的敌人打下去。弹药不够，就用石头；没有粮食，就吃野菜。经过十几个昼夜的激战，八连指战员胜利完成了牵制敌人的任务，以牺牲2人、负伤7人的代价，毙伤敌人300多人，取得重大胜利。11月27日夜，八连指战员奉命撤退，突出重围，在预定地点与大部队胜利会合。战后，八路军山东军区通令嘉奖八连，授予他们"岱连"荣誉称号。

第三批

李桂岭

李桂岭（1905—1938），字子峻，曾用名李子俊，山东临清人。1937年加入中国共产党。1935年毕业于北京大学法律系。1936年在省立聊城师范学校任教。1937年在山东省第六区抗日游击司令部政训处工作。1938年任夏津县抗日民主政府县长，组织夏津县抗日武装力量，参加津浦铁路破袭战。1938年10月25日，李桂岭在阻击日军进犯夏津县城战斗中，英勇牺牲。

于曼青

于曼青（1916—1939），山东禹城人。1936年加入中国共产党。1933年考入平原县师范，创办《禹声报》，宣传抗日。历任中共禹城县委宣传部部长、组织部部长、县委书记及八路军第一二九师武装工作团团长。1938年冬，率工作团打败齐河县大杨庄武装地主刘春亭部。1939年2月，率工作团掩护鲁西区党委机关向大别山转移，成功突破日、伪军包围。1939年任范筑先抗日游击纵队第四营教导员，在长清、茌平一带抗击日、伪军。1939年7月，于曼青在潘长公路伏击日军作战中，英勇牺牲。

马天民

马天民（1910—1939），山东长山北旺（今属淄博市）人。黑铁山抗日武装起义领导者马耀南之弟。1937年任山东人民抗日救国军第五军第一支队队长。1938年任八路军山东人民抗日游击第三支队独立营营长。1939年10月14日，马天民在长山城西辛庄战斗中，身中数弹，壮烈牺牲。马耀南与二弟马晓云、三弟马天民在共产党的领导下，组建地方抗日武装，坚持敌后游击战争，从"大褂子军"逐步成长为清河地区纪律严明的抗日中坚力量，被誉为"一马三司令"。

杨兴中

杨兴中（1919—1939），山东历城人。1933年加入中国共产党。1933年参加济南新城兵工厂枪弹厂工人大罢工。1938年任八路军山东纵队兵工一厂（织女洞兵工厂）政委。1939年6月，日军对沂蒙山区进行大"扫荡"。6月8日，杨兴中率警卫连从织女洞向临朐县沂山一带转移。6月10日，在绳庄（今属沂源县）战斗中，杨兴中英勇牺牲。

吴起兴

吴起兴（1917—1940），江西黎川人。1931年加入中国共产主义青年团。1931年参加中国工农红军。1937年到达山东抗日根据地，任八路军第一一五师第六八六团政治处主任。1939年，建立中共宁阳县临时工作委员会，参加葛石店战斗，歼灭伪军王聘三、王兰宝部。1940年，在百团大战中，吴起兴光荣牺牲。

曲显明

曲显明（1911—1940），曾用名曲荣本、周毅，山东荣成人。1937年加入中国共产党。1933年考入文登乡师。1938年任中共荣成特支书记。1939年任荣成县中心区委书记、荣成县委书记。1940年任荣成县抗日民主政府县长兼荣成县大队大队长。1940年7月，曲显明在埠柳镇大梁家村战斗突围时，身负重伤，英勇牺牲。

刘震西

刘震西（1895—1940），字华洲，山东沂南人。东北军抗日将领刘震东之弟。1937年刘震东任第五战区第二路游击队司令，刘震西在家乡组建抗日游击队伍。1938年刘震东在莒县抗日战争中牺牲后，刘震西坚持在沂蒙山区组建农民抗日武装。1939年任鲁南大队第二大队队长、鲁南动委会特务团团长。1940年3月30日夜，刘震西与许大友、韩世兰夫妇被敌人捕获，英勇就义。1971 年，临沂地区公安处彻底查明刘震西遇害真相，惩处了叛徒王凤池，追认刘震西为革命烈士。

李晓瑞

李晓瑞（1918—1940），河北南皮人。1937 年加入中国共产党。1939 年任中共陵县四区（滋镇）区委书记。1940 年，李晓瑞带领区小队夜袭临邑县伪警察所，全歼敌人。1940 年 5 月，李晓瑞在日、伪军"扫荡"中被捕，被日军狼狗活活咬死，英勇牺牲。

郭　震

郭震（1915—1940），又名郭维钧、郭维君，字汝衡，山东宁津人。1933 年加入中国共产党。1933 年考入河北省泊镇省立第九师范学校。1937 年在家乡组建抗日地方武装。1939 年在军政干校学习，任运西工委抗日动员部部长。1940 年任中共汶上县县委书记。1940 年 6 月，郭震在王仲村被敌人包围。郭震为掩护群众脱险，用十几发子弹牵制敌人一个多小时，在战斗中英勇牺牲。

李正华

李正华（1905—1941），原名李连秀，山东泰安人。1937 年加入中国共产党。1937 年组建抗日游击队。1938 年任山东西区人民抗敌自卫团第五大队大队长、八路军山东纵队第六支队特务营营长，破袭津浦铁路，击毙押车日军 30 余人，配合了台儿庄战役。1940 年任泰安（西）县独立营副营长、泰安（西）县人民抗日自卫队司令员。1941 年任泰西军分区基干营营长。1941 年 4 月 22 日晚，李正华遭遇敌人袭击，在突围时不幸中弹，英勇牺牲。

陈镜蓉

陈镜蓉（1918—1941），号秋舫，山东乐陵人。1933 年加入中国共产党。1936 年在爱国将领宋哲元二十九军任营书记员兼教员。1937 年在河北南宫抗大分校学习。1938 年任盐山县抗日民主政府文教科长、冀鲁边区战委会组织部部长，编写《抗日丛书》，发动群众抗日。1939 年任宁津二区动委会主任。1940 年任津南农民抗日救国总会宣传部部长，编写《农救会员须知》，宣传农救会任务和宗旨。1941 年任宁津县委书记。1941 年 5 月，陈镜蓉在盐山县薛堂村战斗中，英勇牺牲。

梁海波

梁海波（1914—1941），又名丙绪，山东龙口人。1932 年加入中国共产党。1929 年参加中国工农红军。1938 年任八路军山东纵队陇海南进支队副司令员。1939 年任八路军山东纵队第五旅第十五团团长，加过攻打招远县城、朱桥镇、掖县县城、黄县、牙山等战斗。1941 年 5 月，第五旅第十五团展开反投降战役，反击以赵保原为首的"抗八联军"。5 月 24 日，梁海波在海阳县战斗时，英勇牺牲。

蔡戎前

蔡戎前（1914—1941），山东乳山人。加入中国共产党时间不详。北平中学毕业后回到家乡，曾任东海指挥部政委、军政委员会书记、山东纵队五支 2 团政委等职。1941 年，蔡戎前在胡巴庄战役中，英勇牺牲。

颜景伦

颜景伦（1908—1941），又名颜岳岩，山东苍山人。1929 年加入中国共产党。1926 年在磨山山南村创办山南小学。1931 年任磨山党支部书记。1933 年参加苍山暴动，暴动失败后离开家乡。1938 年参加兰山起义，加入八路军临郯独立团。1939 年起，先后任独立六营营长、临郯抗日大队大队长、边联县前敌工委书记、鲁南抗日独立团副团长、沂河支队独立一团团长。1941 年 10 月，日军对临郯平原抗日根据地进行大"扫荡"。10 月 10 日，颜景伦率沂河支队独立一团进行反"扫荡"，壮烈牺牲。

王鼎臣

王鼎臣（1910—1942），名廷勋，字鼎臣，号德武，山东掖县（今莱州市）人。1928 年加入中国共产党。1930 年任掖县县委民运委员。1933 年参加察哈尔同盟军。1938 年任掖县县委书记、掖县民众抗日救国总动员委员会主任、胶东特委政治保卫局副局长。1940 年任胶东特委社会部副部长。1942 年任晋冀鲁豫边区第二十一行政督察专员公署公安督察处处长。1942 年 12 月，王鼎臣在丰、单两县反"扫荡"作战中，误入敌人合围圈，在突围时英勇牺牲。

刘星南

刘星南（1887—1942），字寿长，山东单县人。1933 年参加喜峰口战斗。1939 年任山东第十一区保安司令部参谋长，在鲁北、鲁西南坚持游击抗战。1942 年任暂编第三十师少将参谋长。1942 年 5 月 4 日，刘星南在单县潘庄反击日军"扫荡"作战中，壮烈牺牲。

孙立民

孙立民（1914—1942），又名长山、长信，山东冠县人。1940 年加入中国共产党。1939 年任冠北游击大队文书、副排长。1940 年任冠县游击营一连连长、营长、军分区基干团一营营长，曾率部生擒叛变投敌的原冠县抗日民主政府警卫连长邢鹤岭。1941 年任冠县独立营营长。1942 年 9 月 26 日，孙立民在白塔集战斗中，因腿部重伤被俘，被敌人折磨五天，宁死不屈，英勇就义。

杨万兴

杨万兴（1912—1942），四川巴县人。加入中国共产党时间不详。1937年参加夜袭阳明堡战斗。1939奉命到山东抗日根据地工作。1941年任八路军山东纵队第一旅第一团团长。1942年11月7日晚，杨万兴奉命带领部队攻打垛庄伪据点，毙伤敌40余人，俘40余人。在攻打炮楼战斗中，杨万兴不幸中弹，英勇牺牲。

杨锡芳

杨锡芳（1917—1942），山东乳山人。1938年加入中国共产党。1938年参加八路军。1942年任胶东军区第五旅第十三团政委，在解放乳山腾甲庄战斗中，身先士卒，攻入敌营，活捉国民党投降派丁绰庭部副司令季显帮。1942年10月，杨锡芳率部开赴枣庄对日军作战。在一次战斗中，杨锡芳受伤被捕。面对严刑拷打，杨锡芳威武不屈，最后被日军活埋，英勇就义。

苗雨村

苗雨村（1913—1942），曾用名苗培之，山东栖霞人。1938年加入中国共产党。1934年考入青州乡师，加入中华民族解放先锋队。1937年任威海中学教员、教导主任。1938年举行威海起义，参加攻打牟平城、雷神庙战斗，山东人民抗日救国第三军、山东纵队第五支队三连指导员。1939年任山东纵队第五旅政治部副秘书长、秘书长。1940年后，苗雨村先后任第五旅第十四团政治处主任、副政治委员及第十五团政治委员。1942年8月25日，苗雨村在拔除平度城西楼子庄据点战斗中，英勇牺牲。

郇振民

郇振民（1917—1942），又名郇心伟，山东博山人。1937年加入中国共产党。1937年参加中华民族解放先锋队，组织抗日武装游击队。1938年任八路军山东人民抗日游击队第四支队第一团二营连长。1941 年任第四支队第十二团二营营长。1942 年任博莱独立营营长。1942 年 9 月，郇振民率部队在博山大李庄、小李庄一带地袭击顽军，缴获一批进武器。1942 年 10 月，郇振民率独立营在夏庄庙子岭反击日军"扫荡"。在战斗中，郇振民和战士们被敌军包围，他们奋勇杀敌，击退敌人数十次进攻，直至弹尽援绝，壮烈牺牲。

陶洪瀛

陶洪瀛（1905—1942），山东枣庄人。1933 年加入中国共产党。1932 年底参加革命。1935 年任苏鲁边区临时特委津浦路东交通员。1936 年任峄县县委书记。1937 年任苏鲁豫皖边区特委委员。1940 年成立铁道游击队，任鲁南军区交通员。1942 年秋，在护送刘少奇等人过境时，遭遇日、伪军包围。紧急关头，陶洪瀛烧毁文件，奋力突围，在战斗中英勇牺牲。

卢　迪

卢迪（1915—1943），江西永新人。加入中国共产党时间不详。早年参加中国工农红军。全民族抗战爆发后，参加了平型关战斗。1938 年到达山东抗日根据地。1940 年任八路军第一一五师教导第四旅第十二团团长。1941 年任湖西军分区独立团团长、巨南军分区政治委员、第一一五师教导第四旅第十三团团长，转战鲁西、苏北、滨海等地。1942 年 12 月，卢迪率第十三团主力在第三次甲子山反顽战役中，反复拼杀五次，攻克石场村东大碉堡，击溃敌人增援。1943 年夏，卢迪在日照台子村遭到敌人偷袭。卢迪率一个连突围时，头部重伤，英勇牺牲。

吴亚屋

吴亚屋（1919—1943），原名吴文祥，山东茌平人。1937 年加入中国共产党。1937 年在聊城政治干部学校学习。1938 年任八路军平原纵队政治主任兼组织科科长。1939 年任八路军一一五师华山工作团政治部副主任、主任。1940 年任茌平县抗日民主政府县长兼独立第四营营长，积极发动群众，组织力量抗日。1941 年任鲁西四专署视导室主任。1943 年任晋冀鲁豫十六（泰运）专署民教科科长。1943 年 11 月，吴亚屋在东阿县小张庄被日军包围，身负重伤，英勇牺牲。

武大风

武大风（1915—1943），原名武同心，字班昌，山东庆云人。1931 年加入中国共产党。1934 年参与领导马颊河罢工斗争，受国民党政府通缉。1937 年回到家乡，任中共庆云县委青年部部长。1938 年任庆云县三区（尚堂区）区长。1939 年任庆云县抗日民主政府县长，组织军民破公路、截电线、摸岗楼、抓舌头，名震敌胆。1941 年任商河县抗日民主政府秘书。1942 年任阳信县抗日民主政府县长，重新组织抗日力量。1943 年 2 月 3 日，武大风在反击日、伪军"铁壁合围"庆云、阳信、乐陵边界地区铁营一带作战中，被敌人围困在铁营村东北交通沟里，拼命杀敌，英勇牺牲。

胡式禹

胡式禹（1894—1943），字季孟，河北唐县人。1918 年考入保定陆军军官学校学习。1922 年毕业后，历任排长、连长、副营长、团部副官等职，参加第一、二次直奉战争。1928 年任东北军边防司令长官公署军令厅参谋。1931 年后，任平津卫戍司令部参谋处科长、处长，第五十一军团长、副师长，曾营救中共地下工作者康建生（时任晋察冀军区敌工部部长）出狱。全民族抗战爆发后，胡式禹率部在曹县等地抗击日军南下。1938 年参加徐州会战。1939 年任鲁苏战区党政委员会分会军务处长兼鲁南游击区总指挥部军事处长。1941 年任山东挺进军少将处长。1943 年 2 月，胡式禹率部在沂水县东城顶山战斗中，带头冲锋，英勇牺牲。战后，国民政府追晋胡式禹为陆军中将。

薛汉三

薛汉三（1915—1943），原名薛士杰，山东乐陵人。1936年加入中国共产党。1933年参加革命工作。1936年任阳信第六区乡农学校壮丁队指导员。1937年在阳信县流坡坞村附近截击敌人。1938年任乐陵县第四区区长。1939年任阳信县抗日民主政府县长。1941年春，薛汉三率县大队夜袭敌人，端掉敌人8个据点，歼灭日、伪军400余人，俘虏80余人。1941年在济南工委做地下工作。1942年任冀鲁边区二专署锄奸部部长，因杀敌锄奸，威名赫赫，被称为"薛阎王"。1943年，薛汉三在新海县（今河北黄骅市）遭遇敌人包围，在战斗中英勇牺牲。

刘秀东

刘秀东（1911—1944），原名刘锡彦，山东莱州人。1938年加入中国共产党。1929年考入掖县师范讲习所。1932年在趴埠刘家、潘家小学任教。1937年参加县民众干部训练班。1938年考入胶东抗日军政学校。1939年任胶东区委警卫营营长、山东纵队第五支队第十五团二营营长。1942年任西海独立团二营营长。1943年任掖南县独立营营长，率独立营在羞鱼村伏击敌人，毙伤日军30余人；在官庄战斗中歼敌96人。1944年，带领独立营在黑羊山一带缴获伪军长短枪20余支。1944年6月13日，刘秀东及掖南县独立营一部在土山光头李家村被日军偷袭包围。在战斗中，刘秀东身中数弹，英勇牺牲。1946年，掖南县委将趴埠刘家村更名为秀东村。

李铎

李铎（1914—1944），原名李唯一，山东莱芜（今济南市莱芜区）人。1938年加入中国共产党。1932年考入城南师范讲习所，毕业后在新庄小学任教。1938年参加民运训练班，任博山县民运指导员。1939年任中共博山县委宣传部部长、沂蒙地委组织科科长。1940 年任沂南县委书记。1944 年 8 月，李铎奉命带领县大队在苏家埠、曹家埠、朱家店子一带阻击敌人，支援鲁中部队进行解放沂水城战斗。16 日，李铎在战斗中英勇牺牲。

姜谔生

姜谔生（1911—1944），又名姜效骞，山东胶州人。1928 年加入中国共产党。1928 年考入胶县师范讲习所，后改在济南乡村师范学习，积极从事革命活动。1931 年被捕入狱。1937 年经党组织营救获释出狱。1938 年在姜黎川部开展统战工作。1939 年任八路军山东纵队胶济第一支队参谋长、山东纵队第五支队政治部宣传科长。1941 年任姜黎川部政治部主任。1943 年任胶县抗日民主政府县长兼县大队队长。1944 年 2 月 6 日，姜谔生在胶县大赵家遭日军偷袭，在即墨县英勇就义。

贾征远

贾征远（1916—1944），本名贾庆林，陕西吴堡人。1933 年加入中国共产党。1933 年参加革命工作，跟随部队转战陕北。1940 年跟随八路军第一一五师独立支队东进山东，转战鲁西南，先后任营教导员、教导二旅作战股长、四团参谋长等职，在战斗中屡立战功。1942 年任滨海独立团副团长。1944 年 4 月，贾征远在陆甲庄子击溃日军 300 多人。12 月 23 日，贾征远在战斗中英勇牺牲。

李德芳

李德芳（1913—1944），河南郑县（今郑州市）人。加入中国共产党时间不详。全民族抗战时期，曾任鲁西军区第二军分区副司令员、冀鲁豫军区第八军分区五团团长。1944 年 5 月 26 日，冀鲁豫军区围攻顽军张汉三部，毙俘其大部。在战斗中，李德芳身负重伤，英勇牺牲。

青口十八勇士（1941）

青口十八勇士（1941）是指八路军第一一五师教导第二旅第六团一营一连的 18 位指战员。1941 年 3 月，日军在滨海地区推行"治安强化运动"。八路军第一一五师教导第二旅和山东纵队第二旅协同发动青口战役，以粉碎敌人的"治安强化运动"。第一一五师教导第二旅第六团为第一纵队，山东纵队第二旅独立团为第二纵队，在临沭、莒南、赣榆 3 县边界地区集结。教导第二旅第四团、第十三团为第三纵队，在郯码地区活动。19 日晚至 25 日，先后攻克海头、张城、青口等各据点，伪军 500 余人投降，缴获军粮数万斤。26 日，增援日军将八路军第六团二班、七班 18 名战士包围在青口镇火叉巷一个院子里。18 名八路军战士奋勇反击，击退敌人多次进攻，最后只有 8 名战士趁夜冲出包围圈，隐藏起来。但是，为保护人民群众的生命安全，8 名战士又勇敢站了出来，被敌人抓获后，仍坚持斗争，宁死不屈。其中，有 4 名战士成功逃脱（1 人归队、3 人牺牲）。其余 4 名战士则被日军活活烧死。为表彰他们英勇顽强的战斗精神，山东军区授予 18 名官兵"青口十八勇士"荣誉称号。

参考文献

档案类

（一）共产党档案

中央通告第十五号：关于全国军阀混战局面与党的暴动政策（1927年11月1日），中央档案馆藏，档案号 J010-LS0-0000-01484。

毛周致朱张并贺任电：派武装护送棉衣和金子（1936年11月11日），中央档案馆藏，档案号 J002-005-0068-00044。

毛泽东、胡服关于冀鲁豫目前急需建立军政统一领导给朱、彭、朱瑞、刘、徐、邓的电报（1938年3月25日），中央档案馆藏，档案号 J005-002-0009-00008。

朱彭给各兵团关于保存现金的训令（1938年8月9日），中央档案馆藏，档案号 J005-003-0118-00008。

北方局关于山东工作的方针致郭洪涛、张经武、黎玉并报中央书记处电（1939年5月27日），中央档案馆藏，档案号 J005-003-0082-00010。

集总关于物资护送的训令（1939年10月30日），中央档案馆藏，档案号 J005-003-0092-00030。

中央关于增援新四军之三四四旅及山东之一团立即南下给朱德、彭德怀和刘少奇的电报（1940年4月1日），中央档案馆藏，档案号 J005-004-0041-00005。

中央对山东《财经工作决定》的意见（1940年5月5日），中央档案馆藏，档案号 J005-004-0022-00003。

陈、罗、陈给各军团并报前总军委电：纠正浪费弹药的训令（1940 年 12 月），中央档案馆藏，档案号 J005-004-0146-00019。

叶季壮、饶正锡、鲁之俊致罗荣电：对山纵卫生工作的指示（1941 年 2 月 12 日），中央档案馆藏，档案号 J005-005-0115-00005。

紧急动员准备反"扫荡"（1941 年 9 月 10 日），山东省档案馆藏，档案号 A032-01-0139-002。

中央书记处、军委关于加强山东军政领导和统一作战指挥的指示（1941 年 9 月 13 日），中央档案馆藏，档案号 J005-005-0009-00029。

关于反对第五次治安强化运动的指示（1942 年 10 月 30 日）山东省档案馆藏，档案号 G052-01-0045-002。

关于山东友顽军姜黎川、吴化文等部之变化及我之对策（1943 年 3 月 1 日），山东省档案馆藏，档案号 G001-01-0080-012。

中央书记处关于党政军组织应实行一元化领导致山东分局朱罗黎并告北方局电（1943 年 6 月 3 日），中央档案馆藏，档案号 J005-007-0001-00003。

毛泽东给山东省临时参议会的电报（1943 年 9 月 1 日），中央档案馆藏，档案号 J005-007-0012-00016。

毛朱刘关于于学忠退出山东后工作大有开展给陈张饶赖并告罗黎的电报（1943 年 9 月 3 日），中央档案馆藏，档案号 Z044-001-0122-0002。

毛朱刘关于从华中速抽四个小团到山东给陈张饶赖并告罗黎的电报（1943 年 9 月 3 日），中央档案馆藏，档案号 J005-007-0041-00006。

罗黎等关于歼灭刘桂堂部战况致军委、第十八集团军电（1943 年 11 月 24 日），中央档案馆藏，档案号 J005-007-0225-00027。

中央关于反特务斗争方针给华中局、山东分局的电报（1944 年 1 月），中央档案馆藏，档案号 Z002-001-1A1943-Y0167Z000F0182Z000。

罗黎等关于全歼伪军暂编第二师战况致各军区并第十八集团军总部、

中央军委电（1944 年 5 月 8 日），中央档案馆藏，档案号 J005-008-0118-00006。

为日军纠集十数万卒兵进犯中原我军浴血杀敌（1944 年 6 月 7 日），山东省档案馆藏，档案号 J001-18-0067-038。

庆祝我军反"扫荡"胜利的材料（1944 年 9 月 9 日），山东省档案馆藏，档案号 A032-01-0140-005。

罗黎等关于刘公岛伪海军反正情况致中央军委、第十八集团军总部电（1944 年 11 月 12 日），中央档案馆藏，档案号 J005-008-0120-00004。

为制发第十三次有关太平洋日军损失情况的宣（1944 年 11 月 16 日），山东省档案馆藏，档案号 J001-18-0051-050。

毛泽东致罗黎电：对山东工作指示（1944 年 12 月 25 日），中央档案馆藏，档案号 J005-008-0001-00011。

关于金子市场管理问题的一封信（1945 年 7 月 26 日），山东档案馆藏，档案号 G039-01-0026-013。

中央关于创造条件控制山东全局给山东分局电（1945 年 8 月 6 日），中央档案馆藏，档案号 Z002-001-1A1945-Y0071Z000F0078Z000。

山东军区参谋部关于滨海等地战况致中央军委、第十八集团军总部电（1945 年 8 月 10 日），中央档案馆藏，档案号 J005-009-0234-00015。

为对中共特种宣传指导纲要应遵照办理给各区电（1945 年 9 月 15 日），山东档案馆藏，档案号 J001-18-0052-051。

（二）国民党档案

蒋委员长致山东省政府主席韩复榘指示日人在华北将有举动赶修国防工事电（1937 年 6 月 30 日），江苏省档案馆藏，总统府机要档案。

山东省政府主席韩复榘自济南报告卢沟桥形势严重北平电话均被破坏电（1937 年 7 月 10 日），江苏省档案馆藏，总统府机要档案。

蒋委员长致军事委员会军政部部长何应钦指示增兵济南、青岛电（1937 年 7 月 15 日），江苏省档案馆藏，总统府机要档案。

蒋委员长致山东省政府主席韩复榘青岛市市长沈鸿烈指示日军第五与第十两师团部队目的地为青岛、济南希从速准备电（1937 年 7 月 15 日），江苏省档案馆藏，总统府机要档案。

山东省政府主席韩复榘自济南密呈第三路军总指挥部对日军作战准备情形（1937 年 7 月 16 日），江苏省档案馆藏，总统府机要档案。

蒋委员长致青岛市市长沈鸿烈指示日军登陆应用武力拒止并保护各国外侨电（1937 年 7 月 21 日），江苏省档案馆藏，总统府机要档案。

蒋委员长致山东省政府主席韩复榘青岛市市长沈鸿烈指示十日内倭寇必向山东进迫望星夜赶筑工事完成防务电（1937 年 7 月 24 日），江苏省档案馆藏，总统府机要档案。

蒋委员长致前敌总指挥孙连仲指示星夜赶筑工事敌来进攻固守原地沉着应战手令（1937 年 7 月 30 日），江苏省档案馆藏，总统府机要档案。

蒋委员长致第一军军长胡宗南税警总团总团长黄杰指示应星夜赶筑徐海及蚌埠未完成工事并详报台儿庄与枣庄等处工事归何部据守等电（1937 年 8 月 3 日），江苏省档案馆藏，总统府机要档案。

蒋委员长致山东省政府主席韩复榘询问烟台、龙口一带海面直接掩护工事材料并指示从速构筑济南四郊附近工事电（1937 年 8 月 8 日），江苏省档案馆藏，总统府机要档案。

蒋委员长指示津浦路北段应派钢甲战车掩护并在沧州、德州构筑永久工事及催运水泥钢骨手令（1937 年 8 月 9 日），江苏省档案馆藏，总统府机要档案。

蒋委员长令询问军事委员会军政部兵工署署长俞大维制有之防毒面具以后每五日交四千具到石家庄行营手令（1937 年 8 月 10 日），江苏省档案馆藏，总统府机要档案。

蒋委员长致山东省政府主席韩复榘指示鲁东继续构筑永久工事及兵力部署以消耗及持久之战术与敌周旋手令（1937 年 8 月 11 日），江苏省档案馆藏，总统府机要档案。

蒋委员长致山东省政府主席韩复榘指示济南现银速向汉口起运电（1937 年 8 月 14 日）

蒋委员长致山东省政府主席韩复榘指示倭寇变更计划主力由津浦直下应即修正兵力部署手令（1937 年 8 月 30 日）

蒋委员长致军事委员会第一部部长黄绍竑询桂军何日到徐州接防手令（1937 年 9 月 25 日），江苏省档案馆藏，总统府机要档案。

蒋委员长致第五战区司令长官李宗仁副司令长官韩复榘指示第三路主力须分布于泰安至临沂一带电（1937 年 12 月 31 日），江苏省档案馆藏，总统府机要档案。

蒋委员长令致电慰勉第六十九军军长石友三与第十九军团军团长冯治安手令（1938 年 1 月 22 日），江苏省档案馆藏，总统府机要档案。

蒋委员长指示军事委员会军令部部长徐永昌令第一、二、三战区出击手令（1938 年 1 月 29 日），江苏省档案馆藏，总统府机要档案。

第一集团军副总司令于学忠请军事委员会侍从室第一处主任钱大钧转呈蒋委员长为前遵命加入第三集团序列开赴砀山后经过情形电（1938 年 2 月 5 日），江苏省档案馆藏，总统府机要档案。

德籍总顾问法肯豪森向蒋委员长呈津浦铁路之情况判断（1938 年 2 月 9 日），江苏省档案馆藏，中央党史会库藏史料。

蒋委员长致第五战区司令长官李宗仁军事委员会副参谋总长白崇禧指示速派正式军队到大岘山附近与新泰、莱芜建立根据地并实施游击电（1938 年 4 月 15 日），江苏省档案馆藏，总统府机要档案。

第五战区司令长官李宗仁向蒋委员长转呈第二十七军团军团长张自忠报告此次台儿庄敌军空前惨败经紧急协议决改变华北作战计划电（1938 年 4 月 16 日），江苏省档案馆藏，总统府机要档案。

蒋委员长指示军事委员会军政部部长何应钦新到防毒面具速运往鲁南分发各军并将分配表呈阅条论（1938 年 4 月 19 日），江苏省档案馆藏，总统府机要档案。

蒋委员长指示军事委员会军政部部长何应钦电鲁南各军师长严防敌军使用毒气并注重清洁卫生手令（1938年4月19日），江苏省档案馆藏，总统府机要档案。

第五战区司令长官李宗仁呈报各级官长在台儿庄作战功绩请予特别褒奖电（1938年4月24日），江苏省档案馆藏，总统府机要档案。

第二十军团军团长汤恩伯报请奖励鲁南战斗有功军师长并酌发各师官兵奖金电（1938年5月10日），江苏省档案馆藏，总统府机要档案。

蒋委员长指示第六十九军军长石友三前进目标及任务条论（1938年5月13日），江苏省档案馆藏，总统府机要档案。

蒋委员长致第五战区司令长官李宗仁军事委员会副参谋总长白崇禧告知敌情及我军部署以期固守运河线与徐州国防工事线而粉碎敌人之大包围计划电（1938年5月17日）

第五战区司令长官李宗仁副司令长官李品仙呈报徐州会战功过人员拟请分别奖惩电（1938年6月4日），江苏省档案馆藏，总统府机要档案。

具保甲户口编查办法（1941年9月18日），山东省档案馆藏，档案号J016-03-0066-036。

关于查各队在各乡镇所用给养及战物等（1942年2月27日），山东省档案馆藏，档案号J108-03-0001-037。

关于呈送剿匪临时指挥部工作计划大纲的指令（1942年3月5日），山东省档案馆藏，档案号J108-03-0001-032。

关于呈报现职官佐简历册的通令（1942年9月15日），山东省档案馆藏，档案号J108-03-0001-019。

国民党战地党政委员会编印倭寇之奴化教育（1942年10月31日），江苏省档案馆藏，国民党中央宣传部档案。

重庆国民党战地党政委员编印敌如何榨取华北（1942年11月28日），江苏省档案馆藏，国民党中央宣传部档案。

关于防止私运及携带金银出口办法（1943年5月6日），山东省档案馆藏，档案号 J115-03-0426-006。

吴化文投降日寇情况底稿（1943年），山东省档案馆藏，档案号 J108-01-0070-001。

为填报日军罪行及我方公私损失给各区县党部电，山东省档案馆藏，档案号 J001-09-0013-044。

为注意伪新民会举办特别训练班给各县市党部电，山东省档案馆藏，档案号 J001-14-0005-041。

为防范日军在胶济沿线设置所谓"三角部队"，山东省档案馆藏，档案号 J006-08-0046-073。

中共在蒙阴召开庆祝抗战胜利大会（1945年），山东省档案馆藏，档案号 J101-10-0104-001。

为查封济南伪新民图书社及伪教育用品社并处，山东省档案馆藏，档案号 J101-15-0267-010。

日军占据济南后的概况（周翰庭），山东省档案馆藏，档案号 J109-01-0228-021。

伪政人员杨毓珣等二人材料（1946年5月11日），山东省档案馆藏，档案号 J036-01-0208-001。

（三）日军、伪军档案

关于转饬所属各机关遵照反共救国特别工作（1938年11月19日），山东省档案馆藏，档案号 J112-09-0007-028。

为发送农村合作社指导要纲及合作社设立要纲（1939年1月9日），山东省档案馆藏，档案号 J102-14-0185-001。

向教育厅呈报建设东亚新秩序运动会情形的呈（1939年3月28日），山东省档案馆藏，档案号 J101-16-0358-002。

建设东亚新秩序济南市各级学校联合运动会秩序册（1939年4月23日），山东省档案馆藏，档案号 J101-09-0016-005。

关于准山东省特务机关函送济南、兖州、德县（1940年5月11日），山东省档案馆藏，档案号 J102-22-0153-011。

为张店庄日军占地移故拆屋请补发迁移费给张（1940 年 7 月 12 日），山东省档案馆藏，档案号 J102-22-0124-020。

山东省第一届联合协议会记录（1940 年 10 月 16 日），山东省档案馆藏，档案号 J164-01-0019-004。

本机关长河野悦次郎为寄赠除虫菊优良种子致（1941 年 4 月 15 日），山东省档案馆藏，档案号 J102-14-0029-011。

山东省模范地区工作指导委员会成立会（1941 年 5 月），山东省档案馆藏，档案号 J102-01-0265-001。

兴亚院华北联络部制 1941 年度经济封锁要领（1941 年 6 月 20 日），江苏省档案馆藏，伪华北政务委员会档案。

伪华北政委会检发第二次强化治安运动实施及宣传计划训令稿（1941 年 7 月 2 日），江苏省档案馆藏，伪华北政务委员会档案。

关于县保甲户口编查办法（1941 年 9 月 16 日），山东省档案馆藏，档案号 J106-01-0009-028。

伪山东省长唐仰杜编送山东第二次治运综合报告（1941 年 9 月 19 日），江苏省档案馆藏，伪华北政务委员会档案。

华北政务委员会金融机关管理规则（1941 年 12 月 11 日），山东省档案馆藏，档案号 G051-01-0062-022。

华北政务委员会金融机关管理规则施行细则（1941 年 12 月 11 日），山东省档案馆藏，档案号 G051-01-0062-029。

华北政务委员会金融机关管理规则之运用（1941 年 12 月 11 日），山东省档案馆藏，档案号 G051-01-0062-030。

伪山东省长唐仰杜编送山东省治安强化运动本部报告书（1942 年 1 月 17 日），江苏省档案馆藏，伪华北政务委员会档案。

为废止棉籽榨油取缔会等事宜给济南、历城等电（1942 年 2 月 6 日），山东省档案馆藏，档案号 J102-14-0146-021。

伪华北政务厅情报局遵日方旨意召开第四次治运宣传会议暨军部高田讲话文件（1942年2-3月），江苏省档案馆藏，伪华北政务委员会档案。

在警备总队干部训练班毕业典礼上的训词（1942年4月7日），山东省档案馆藏，档案号J164-01-0016-008。

伪华北政委会检发第五次治运实施纲要的训令（1942年8月20日），江苏省档案馆藏，伪华北政务委员会档案。

伪青岛市公署关于第四次治运前后警务活动概况报告（1942年8月），江苏省档案馆藏，伪华北政务委员会档案。

省公署各厅处关于民国三十一年度上半年重要工作报告（1942年8月），山东省档案馆藏，档案号J102-15-0004-009。

关于将"山东省第五次治安强化运动实施要领（1942年10月1日），山东省档案馆藏，档案号J101-16-0052-013。

山东省公报（119期）（1942年10月20日），山东省档案馆藏，档案号J169-01-0001-002-002。

关于在教育视察中注意结合第五次治安强化运动（1942年10月），山东省档案馆藏，档案号J101-16-0052-009。

关于抄发收回废品运动计划方案及实施方法（1942年11月14日），山东省档案馆藏，档案号J115-03-1401-042。

关于举行收回废品运动的通知（1942年11月18日），山东省档案馆藏，档案号J115-03-1401-041。

关于第五次治安强化运动座谈会记录（1942年11月20日），山东省档案馆藏，档案号J112-08-0105-001。

为检发山东省公署政治工作班组织办法的训令（1942年12月31日），山东省档案馆藏，档案号J101-09-1229-010。

为检发山东省公署政治工作班组织办法的训令（1942年12月），山东省档案馆藏，档案号J101-09-1229-010。

山东省模范地区工作指导要纲案（1942年），山东省档案馆藏，档案号 J102-01-0265-002。

模范乡镇育成指导方案（1942 年），山东省档案馆藏，档案号 J102-15-0004-017。

为转饬公务员革新生活方案暨办法的训令等（1943 年 1 月 22 日），山东省档案馆藏，档案号 J101-09-1229-013。

关于教育工作的训令（给新民体育馆）（1943 年 1 月 26 日），山东省档案馆藏，档案号 J101-16-0053-058。

为献废铁与有关单位的来往文件（1943 年 4 月），山东省档案馆藏，档案号 J164-01-0033-004。

"为保卫东亚国府参战日及日军陆军纪念日"（1943 年 3 月 10 日），山东省档案馆藏，档案号 J101-16-0053-019。

为奉令解释道公署组织大纲条文的训令（1943 年 3 月 19 日），山东省档案馆藏，档案号 J101-09-1229-007。

各道县公署令发地瓜增产奖励支付办法（1943 年 3 月—1945 年 1 月），山东省档案馆藏，档案号 J102-15-0199-001。

为发农村调查表等给省农行的训令及单开各市（1943 年 6 月 4 日），山东省档案馆藏，档案号 J102-15-0094-003。

为发布防止小麦流入共区宣传实施计划问题给（1943 年 6 月 15 日），山东省档案馆藏，档案号 J164-01-0007-012。

为查报本年上半年实施国民教育或继续推行原由（1943 年 7 月 8 日），山东省档案馆藏，档案号 J101-09-0837-012。

关于三十二年度下半期新国民运动实施事项（1943 年 9 月 1 日），山东省档案馆藏，档案号 J101-16-0053-010。

为抄发山东省县公署县政会议暂行规程的训令（1943 年 9 月 9 日），山东省档案馆，档案号 J101-09-1229-017。

为转发各机关公务员所得税征解稽核办法的训（1943 年 10 月 1 日），山东省档案馆藏，档案号 J101-09-1010-005。

召开特别保安会议有关文件（1943 年 10 月），山东省档案馆藏，档案号 J101-09-0806-004。

关于调查中日文化交流史绩的训令（1943 年 10 月），山东省档案馆藏，档案号 J101-16-0053-100。

转发省公署关于开展新国民运动实践要纲的训令（1943 年 11 月），山东省档案馆藏，档案号 J101-16-0053-069。

关于严防物资输出的训令（新民体育场）（1943 年 11 月），山东省档案馆藏，档案号 J101-16-0053-104。

伪华北政委会附发关于重要土产物资等之搜集对策要纲密训令稿（1943 年 12 月 13 日），江苏省档案馆藏，伪华北政务委员会档案。

为整饬辑私工作秩序事致山东省政府的电报（1943 年 12 月），山东省档案馆藏，档案号 J102-03-0032-009。

民国 32 年度山东省杂粮收买要纲（1943 年），山东省档案馆藏，档案号 J102-02-0019-002。

对扩大实践新国民运动表明决意文（1943 年），山东省档案馆藏，档案号 J164-01-0012-031。

山东省公报（156 期）（1943 年），山东省档案馆藏，档案号 J169-01-0001-002-001。

为查报三十三年度实施义务教育成年失学民众（1944 年 1 月 15 日），山东省档案馆藏，档案号 J101-09-0874-014。

据五区专员刘景良电请豁免田赋并请赈济等情况（1944 年 2 月 28 日），山东省档案馆藏，档案号 J165-01-0007-002。

就在山东省挺进军总指挥部配设军邮局事致建（1944 年 4 月 20 日），山东省档案馆藏，档案号 J102-02-0001-188-041。

为发三十三年度励行新国民运动实践大东亚宣（1944 年 4 月），山东省档案馆藏，档案号 J101-16-0054-030。

为向教育部呈送山东省特殊义务教育本年度（1944 年 5 月 17 日），山东省档案馆藏，档案号 J101-10-0096-006。

将鲁青挺进总指挥部更名为山东挺进军总指挥（1944 年 6 月 10 日），山东省档案馆藏，档案号 J102-02-0001-188-063。

为抄发修正烟台市公署组织暂行规则的训令（1944 年 9 月 27 日），山东省档案馆藏，档案号 J101-09-1229-009。

中共山东大学成立校址在历城仲宫校长李澄之（1944 年 9 月 30 日），山东省档案馆藏，档案号 J101-10-0102-017。

中共山东省主席黎玉派人化装来济南活动（1944 年 11 月 28 日），山东省档案馆藏，档案号 J101-10-0101-040。

华北开发株式会社概况（1944 年），江苏省档案馆藏，国民党中央宣传部档案。

评唐仰杜省长（日伪省长）之生辰功绩及未来（1944 年），山东省档案馆藏，档案号 J036-03-0056-007。

为奉国民政府令山东省省长唐仰杜任工务总署（1945 年 3 月 18 日），山东省档案馆藏，档案号 J102-01-0157-013。

关于田赋改征实现暂行规程及留拨给付暂行办法（1945 年 7 月），山东省档案馆藏，档案号 J102-17-0034-001。

为伪新民会青岛总会成立中坚分子特训班，山东省档案馆藏，档案号 J001-18-0079-199。

为推行义务教育实施办法给新民教育馆的训令，山东省档案馆藏，档案号 J101-16-0052-006。

山东省义务教育委员会组织暂行规程，山东省档案馆藏，档案号 J101-16-0054-082。

（四）日本战犯口供

日战犯矢野升材料，山东省档案 A016-02-026。

日战犯芳信雅之材料，山东省档案 A016-02-026。

日战犯广濑三郎材料，山东省档案 A016-02-026。

日战犯难波博材料，山东省档案 A016-02-026。

日战犯小泉重雄材料，山东省档案 A016-02-026。

日战犯叶石太郎材料，山东省档案 A016-02-026。

日战犯石田松雄材料，山东省档案 A016-02-026。

日战犯渡边雅夫材料，山东省档案 A016-02-026。

日战犯片桐清三郎材料，山东省档案 A016-02-026。

日战犯上坂胜材料，山东省档案 A016-02-026。

日战犯藤田茂材料，山东省档案 A016-02-026。

日战犯长岛勤材料，山东省档案 A016-02-026。

日战犯铃木史行材料，山东省档案 A016-02-026。

日战犯小林重藏材料，山东省档案 A016-02-026。

日战犯中岛胜美材料，山东省档案 A016-02-026。

日战犯清水永吉材料，山东省档案 A016-02-026。

日战犯熊仓幸藏材料，山东省档案 A016-02-026。

日战犯中村贤一材料，山东省档案 A016-02-026。

日战犯高桥正锐材料，山东省档案 A016-02-026。

日战犯浅野宗吉材料，山东省档案 A016-02-026。

日战犯野田正次材料，山东省档案 A016-02-026。

日战犯永滨建勇材料，山东省档案 A016-02-026。

日战犯畑佐太郎材料，山东省档案 A016-02-026。

日战犯佐野动材料，山东省档案 A016-02-026。

日战犯武一文材料，山东省档案 A016-02-026。

日战犯加藤喜久夫材料，山东省档案 A016-02-026。

日战犯村上勇二材料，山东省档案 A016-02-026。

日战犯宫田正次材料，山东省档案 A016-02-029。

日战犯国友俊太郎材料，山东省档案 A016-02-029。

日战犯冈田英雄材料，山东省档案 A016-02-029。

日战犯近野正材料，山东省档案 A016-02-029。

日战犯大木国雄材料，山东省档案 A016-02-029。

日战犯白井群二材料，山东省档案 A016-02-029。

日战犯管原喜好材料，山东省档案 A016-02-029。

日战犯桥本今朝三材料，山东省档案 A016-02-029。

日战犯大河内文雄材料，山东省档案 A016-02-029。

日战犯三户善造材料，山东省档案 A016-02-029。

日战犯中岛高义材料，山东省档案 A016-02-029。

日战犯三神高材料，山东省档案 A016-02-029。

日战犯滨野康男材料，山东省档案 A016-02-029。

日战犯小林荣治材料，山东省档案 A016-02-029。

日战犯加藤周司材料，山东省档案 A016-02-029。

日战犯井上孝造材料，山东省档案 A016-02-029。

日战犯岩切辰哉材料，山东省档案 A016-02-029。

日战犯熊谷清材料，山东省档案 A016-02-029。

日战犯菊岛达二材料，山东省档案 A016-02-029。

日战犯久保谷幸作材料，山东省档案 A016-02-029。

日战犯田下宽丈材料，山东省档案 A016-02-029。

日战犯时川新八郎材料，山东省档案 A016-02-029。

日战犯狩谷英男材料，山东省档案 A016-02-029。

日战犯立花孝嘉材料，山东省档案 A016-02-029。

日战犯雨宫健二材料，山东省档案 A016-02-029。

日战犯久松荣材料，山东省档案 A016-02-029。

日战犯洼田芳治材料，山东省档案 A016-02-031。

日战犯工藤数幸材料，山东省档案 A016-02-031。

日战犯堀保太郎材料，山东省档案 A016-02-031。

日战犯家越荣材料，山东省档案 A016-02-031。

日战犯高桥哲郎材料，山东省档案 A016-02-031。

日战犯金泽裕明材料，山东省档案 A016-02-031。

日战犯松田本二材料，山东省档案 A016-02-031。

日战犯矢崎新二材料，山东省档案 A016-02-031。

日战犯今野清秀材料，山东省档案 A016-02-031。

日战犯宫崎敏夫材料，山东省档案 A016-02-031。

日战犯山中盛之助材料，山东省档案 A016-02-031。

日战犯安部四郎材料，山东省档案 A016-02-031。

日战犯藤田秀夫材料，山东省档案 A016-02-031。

日战犯大门建治材料，山东省档案 A016-02-031。

日战犯高木忠材料，山东省档案 A016-02-031。

日战犯秋山勉材料，山东省档案 A016-02-031。

日战犯齐藤清材料，山东省档案 A016-02-031。

日战犯安田清材料，山东省档案 A016-02-031。

日战犯合野京助材料，山东省档案 A016-02-031。

日战犯北岗勇材料，山东省档案 A016-02-031。

日战犯冈部利一材料，山东省档案 A016-02-031。

日战犯藤井善次材料，山东省档案 A016-02-031。

日战犯久保寺尚雄材料，山东省档案 A016-02-031。

日战犯松浦照安材料，山东省档案 A016-02-031。

日战犯荒木春香材料，山东省档案 A016-02-031。

日战犯大野重司材料，山东省档案 A016-02-031。

日战犯佐藤仁材料，山东省档案 A016-02-031。

日战犯月崎达三郎材料，山东省档案 A016-02-031。

日战犯山本长三部，山东省档案 A016-02-033。

日战犯宫川三郎材料，山东省档案 A016-02-033。

日战犯能登胜造材料，山东省档案 A016-02-033。

日战犯坂尾富藏材料，山东省档案 A016-02-033。

日战犯三甫芳男材料，山东省档案 A016-02-033。

日战犯御园勉材料，山东省档案 A016-02-033。

日战犯山崎勇材料，山东省档案 A016-02-033。

日战犯村上一雄材料，山东省档案 A016-02-033。

日战犯广濑西男材料，山东省档案 A016-02-033。

日战犯冈岛弘明材料，山东省档案 A016-02-033。

日战犯菱山久敏材料，山东省档案 A016-02-033。

日战犯伊桥彰一材料，山东省档案 A016-02-033。

日战犯岩田利男材料，山东省档案 A016-02-033。

日战犯富泽明材料，山东省档案 A016-02-033。

日战犯增田英雄材料，山东省档案 A016-02-033。

日战犯伊藤德治材料，山东省档案 A016-02-033。

日战犯横田贤作材料，山东省档案 A016-02-033。

日战犯市川隆司材料，山东省档案 A016-02-033。

日战犯妻木一郎材料，山东省档案 A016-02-033。

日战犯神作勇材料，山东省档案 A016-02-033。

日战犯横山竹男材料，山东省档案 A016-02-033。

日战犯石神好平材料，山东省档案 A016-02-033。

日战犯怡土友繁材料，山东省档案 A016-02-033。

日战犯山口定吉材料，山东省档案 A016-02-033。

日战犯新井正氏材料，山东省档案 A016-02-034。

日战犯五十岚基久材料，山东省档案 A016-02-034。

日战犯臼井幸雄材料，山东省档案 A016-02-034。

日战犯沚泽久七材料，山东省档案 A016-02-034。

日战犯鸭田好司材料，山东省档案 A016-02-034。

日战犯有山彦次郎材料，山东省档案 A016-02-034。

日战犯昌山俊男材料，山东省档案 A016-02-034。

日战犯小野淳六郎材料，山东省档案 A016-02-034。

日战犯桥本幸一材料，山东省档案 A016-02-034。

日战犯伊藤金吾材料，山东省档案 A016-02-034。

日战犯坪江博材料，山东省档案 A016-02-034。

日战犯和田一夫材料，山东省档案 A016-02-034。

日战犯土馆五郎材料，山东省档案 A016-02-034。

日战犯石川升治材料，山东省档案 A016-02-034。

日战犯若月金治材料，山东省档案 A016-02-034。

日战犯山田和材料，山东省档案 A016-02-034。

日战犯细田忠与材料，山东省档案 A016-02-034。

日战犯新井宗太郎材料，山东省公安厅档案馆，全宗号：5，档号：3578，卷号：41。

日战犯松原弘材料，山东省公安厅档案馆，全宗号：5，档号：3578，卷号：41。

日战犯小山一材料，山东省公安厅档案馆，全宗号：5，档号：3578，卷号：41。

日战犯五十岚彦太郎材料，山东省公安厅档案馆，全宗号：5，档号：3578，卷号：41。

日战犯川口孝司材料，山东省公安厅档案馆，全宗号：5，档号：3578，卷号：41。

日战犯家越政男材料，山东省公安厅档案馆，全宗号：5，档号：3578，卷号：41。

日战犯松村平太郎材料，山东省公安厅档案馆，全宗号：5，档号：3578，卷号：41。

日战犯铃木辰郎材料，山东省公安厅档案馆，全宗号：5，档号：3578，卷号：41。

日战犯佐藤勇次材料，山东省公安厅档案馆，全宗号：5，档号：3578，卷号：41。

日战犯穗坂银次材料，山东省公安厅档案馆，全宗号：5，档号：3578，卷号：41。

日战犯杉村清元材料，山东省公安厅档案馆，全宗号：5，档号：3578，卷号：41。

日战犯野泽文平材料，山东省公安厅档案馆，全宗号：5，档号：3578，卷号：41。

日战犯富冈平八郎材料，山东省公安厅档案馆，全宗号：5，档号：3578，卷号：41。

日战犯园部薰材料，山东省公安厅档案馆，全宗号：5，档号：3578，卷号：41。

日战犯谷藤义雄材料，山东省公安厅档案馆，全宗号：5，档号：3578，卷号：41。

日战犯中岛仁一郎材料，山东省公安厅档案馆，全宗号：5，档号：3578，卷号：41。

日战犯洼田米藏材料，山东省公安厅档案馆，全宗号：5，档号：3578，卷号：41。

日战犯秋田松吉材料，山东省公安厅档案馆，全宗号：5，档号：3578，卷号：41。

日战犯中泽唯雄材料，山东省公安厅档案馆，全宗号：5，档号：3578，卷号：41。

日战犯太田宪一材料，山东省公安厅档案馆，全宗号：5 档号：3578 卷号：41。

日战犯星野喜一材料，山东省公安厅档案馆，全宗号：5 档号：3578 卷号：41。

日战犯柿沼龙吉材料，山东省公安厅档案馆，全宗号：5 档号：3578

卷号：41。

日战犯木内幸雄材料，山东省公安厅档案馆，全宗号：5 档号：3578 卷号：41。

日战犯小安金藏材料，山东省公安厅档案馆，全宗号：5 档号：3578 卷号：41。

日战犯小林健三材料，山东省公安厅档案馆，全宗号：5 档号：3578 卷号：41。

日战犯野泽孝司材料，山东省公安厅档案馆，全宗号：5 档号：3578 卷号：41。

日战犯关口荣一材料，山东省公安厅档案馆，全宗号：5 档号：3578 卷号：41。

日战犯小山一郎材料，山东省公安厅档案馆，全宗号：5 档号：3578 卷号：41。

日战犯大村作造材料，山东省公安厅档案馆，全宗号：5 档号：3578 卷号：41。

日战犯增田清藏材料，山东省公安厅档案馆，全宗号：5 档号：3578 卷号：41。

日战犯松井芳一材料，山东省公安厅档案馆，全宗号：5 档号：3578 卷号：41。

日战犯小西嘉雄材料，山东省公安厅档案馆，全宗号：5 档号：3578 卷号：41。

日战犯福田八十八材料，山东省公安厅档案馆，全宗号：5 档号：3578 卷号：41。

日战犯小岛延年材料，山东省公安厅档案馆，全宗号：5 档号：3578 卷号：41。

日战犯梯方邪调查表，山东省公安厅档案馆，全宗号：5 档号：3031 卷号：2894。

日战犯川田敏夫材料，山东省公安厅档案馆，全宗号：5 档号：3031 卷号：2894。

日战犯长岛勤的罪行材料，山东省公安厅档案馆，全宗号：5 档号：3570 卷号：33。

日战犯权木敬之助罪行材料，山东省公安厅档案馆，全宗号：5 档号：3570 卷号：33。

日战犯上古正树罪行材料，山东省公安厅档案馆，全宗号：5 档号：3570 卷号：33。

日战犯朝仓正治罪行材料，山东省公安厅档案馆，全宗号：5 档号：3570 卷号：33。

日战犯富永正三罪行材料，山东省公安厅档案馆，全宗号：5 档号：3570 卷号：33。

日战犯中岛高义罪行材料，山东省公安厅档案馆，全宗号：5 档号：3570 卷号：33。

日战犯藤田茂罪行材料，山东省公安厅档案馆，全宗号：5 档号：3570 卷号：33。

日战犯林茂美（朝鲜人）罪行材料，山东省公安厅档案馆，全宗号：5 档号：3570 卷号：33。

日战犯山平年约罪行材料，山东省公安厅档案馆，全宗号：5 档号：3570 卷号：33。

日战犯小西嘉雄材料，山东省公安厅档案馆，全宗号：5 档号：3570 卷号：33。

日战犯林荣治材料，山东省公安厅档案馆，全宗号：5 档号：3570 卷号：33。

日战犯矢崎贤三材料，山东省公安厅档案馆，全宗号：5 档号：3570 卷号：33。

日战犯野尺文平材料，山东省公安厅档案馆，全宗号：5 档号：3570

卷号：33。

日战犯上坂胜材料，山东省公安厅档案馆，全宗号：5 档号：3570 卷号：33。

日战犯田村真直材料，山东省公安厅档案馆，全宗号：5 档号：3570 卷号：33。

日战犯一赖西男材料，山东省公安厅档案馆，全宗号：5 档号：3031 卷号：2894。

日特务司令高桥罪行材料，山东省公安厅档案馆，全宗号：5 档号：3031 卷号：2894。

关于调查战犯古谷敦雄的函，山东省公安厅档案馆，全宗号：5 档号：3030 卷号：2893。

日战犯岩井正雄罪证调查表，山东省公安厅档案馆，全宗号：5 档号：3030 卷号：2893。

日战犯上田秀正罪证调查表，山东省公安厅档案馆，全宗号：5 档号：3030 卷号：2893。

日战犯桥诘铁雄罪证调查表，山东省公安厅档案馆，全宗号：5 档号：3030 卷号：2893。

日战犯黑田一罪证调查表，山东省公安厅档案馆，全宗号：5 档号：3030 卷号：2893。

日战犯加藤本次郎罪证调查表，山东省公安厅档案馆，全宗号：5 档号：3030 卷号：2893。

对日战犯加藤幸次郎、上田秀正、竹内丰、川田敏夫等 4 人调查情况报告，山东省公安厅档案馆，全宗号：5 档号：3030 卷号：2893。

日战犯种村文三罪证调查表，山东省公安厅档案馆，全宗号：5 档号：3030 卷号：2893。

日战犯日尾田光、中田尚勇罪 9 证调查表，山东省公安厅档案馆，全宗号：5 档号：3030。卷号：2893。

帝特水野义雄（化名吴兆东），山东省公安厅档案馆，全宗号：5 档号：164 卷号：62。

（五）其他档案

外交部关于日军侵犯潍济铁路致日本公使日置益照会（1914 年 9 月 30 日），江苏省档案馆藏，北洋政府外交部档案。

日本公使日置益关于潍济铁路由日本经管复外交部照会译文（1914 年 10 月 2 日），江苏省档案馆藏，北洋政府外交部档案。

外交部关于青岛地区恢复完全中立事致日本公使日置益照会（1915 年 1 月 16 日），江苏省档案馆藏，北洋政府外交部档案。

青岛善后问题研究会会议录（1915 年 1 月 22 日），江苏省档案馆藏，北洋政府外交部档案。

外交部关于取消青岛战区事致日本公使日置益节略（1915 年 1 月），江苏省档案馆藏，北洋政府外交部档案。

驻英公使施肇基致外交部电（1915 年 2 月 13 日），江苏省档案馆藏，北洋政府外交部档案。

驻英公使施肇基致外交部电（1915 年 2 月 18 日），江苏省档案馆藏，北洋政府外交部档案。

外交部与日本公使日置益（1915 年 5 月 25 日），江苏省档案馆藏，北洋政府外交部档案。

伍朝枢顾维钧等所拟"山东问题之分析"稿（1915 年），江苏省档案馆藏，北洋政府外交部档案。

交通部抄送中日解决山东问题换文致内务总长密咨（1918 年 10 月 25 日），江苏省档案馆藏，北洋政府外交部档案。

中华民国全权代表在巴黎和会关于山东问题的说帖（1919 年 4 月），江苏省档案馆藏，北洋政府外交部档案。

吴佩孚等关于巴黎和约拒绝签字后主张联络美国解决青岛问题及以武力对付日本之通电（1919 年 7 月 13 日），江苏省档案馆藏，北洋政府陆军部档案。

京畿卫成总司令部抄存日本驻华公使馆与日外务省互通关于山东问题谈判情况电译件（1921年8月—10月），江苏省档案馆藏，北洋政府京畿卫成总司令部档案。

两湖巡阅使吴佩孚反对梁士治内阁允许日使要求借日款赎回胶济路的通电（1922年1月），江苏省档案馆藏，北洋政府陆军部档案。

大总统徐世昌关于胶济路决由人民筹款赎回路权民有的命令（1922年2月23日），江苏省档案馆藏，北洋《政府公报》1922年2月24日第2148号。

交通部为筹款赎回胶济路致大总统徐世昌呈（1922年2月27日），江苏省档案馆藏，北洋政府交通部档案。

胶澳商埠警察厅关于日本在青岛乱设警所及其暴行致外交部等通电（1923年2月31日），江苏省档案馆藏，北洋政府平政院档案。

著作类

中国史学会主编：《中国近代史资料丛刊·中日战争》（六），上海人民出版社1957年版。

彭泽益编：《中国近代手工业史资料（1840—1949）》（第三卷），中华书局1962年版。

中共青岛铁路地区工作委员会、中国科学院山东分院历史研究所、山东大学历史系编著：《胶济铁路史》，山东人民出版社1961年版。

中国台湾"国防部"史政局：《中日战争史略》，台湾正中书局1968年版。

日本防卫厅防卫研究所战史室著，田琪之译，宋绍柏校：《中国事变陆军作战史》，中华书局1979年版。

复旦大学历史系中国近代史教研组：《中国近代对外关系史资料选辑

（1840—1949）》，上海人民出版社 1977 年版。

胡汶本、田克深编：《五四运动在山东资料选辑》，山东人民出版社 1980 年版。

李宗一：《袁世凯传》，中华书局 1980 年版。

山东省档案馆、山东社会科学院历史研究所合编：《山东革命历史档案资料选编》第二辑，山东人民出版社 1981 年版。

许世友：《我在山东十六年》，山东人民出版社 1981 年版。

王芸生编著：《六十年来中国与日本》（第七卷），生活·读书·新知三联书店 1981 年版。

秦孝仪主编：《中华民国重要史料初编·对日抗战时期》，中国国民党中央委员会党史委员会 1981 版。

何应钦：《日军侵华八年抗战史》，中国台湾黎明文化事业股份有限公司 1982 年版。

复旦大学历史系编译：《日本帝国主义对外侵略史料选编（1931—1945）》，上海人民出版社 1983 年版。

薛暮桥：《抗日战争时期和解放战争时期山东解放区的经济工作》，山东人民出版社 1984 年版。

田克深、王兆良：《光辉的百年历程》，山东人民出版社 1984 年版。

山东省财政科学研究所、山东省档案馆合编：《山东革命根据地财政史料选编》，1985 年。

杜恂诚：《日本在旧中国的投资》，上海社会科学院出版社 1986 年版。

《青岛海港史》，人民交通出版社 1986 年版。

茅海建：《国民党抗战殉国将领》，河南人民出版社 1987 年版。

日本防卫厅战史室编纂，天津市政协编译委员会译：《日本军国主义侵华资料长编》（上），四川人民出版社 1987 年版。

李宗仁口述，唐德刚撰写：《李宗仁回忆录》，广西人民出版社 1988 年版。

中共山东省委党史资料征集研究委员会编：《山东抗日根据地》，中共党史资料出版社 1989 年版。

中共中央党史资料征集委员会编：《第二次国共合作的形成》，中共党史资料出版社 1989 年版。

方正主编：《日本侵略军在山东的暴行》，山东人民出版社 1989 年版。

申春生等编著：《山东革命根据地财政史稿》，山东人民出版社 1989 年版。

章伯锋、李宗一主编：《北洋军阀（1912—1928）》，武汉出版社 1990 年版。

朱玉湘：《山东近代经济史述丛》，山东大学出版社 1990 年版。

王辅：《日军侵华战争（1931—1945）》，辽宁人民出版社 1990 年版。

刘大可等：《日本侵略山东史》，山东人民出版社 1991 版。

中共山东省委组织部等编：《中国共产党山东省组织史资料（1921—1987)》，中共党史出版社 1991 年版。

中共山东省委党史研究室编：《新民主主义革命时期中共山东党史大事记》，山东大学出版社 1992 年版。

孙祚民主编：《山东通史》下卷，山东人民出版社 1992 年版。

申春生：《山东抗日根据地史》，山东大学出版社 1993 年版。

《毛泽东文集》（第 2 卷），人民出版社 1993 年版。

《山东省地方政权沿革丛书》编纂委员会编：《山东省政权大事记》，新华出版社 1993 年版。

军事科学院军事历史研究部：《中国抗日战争史》（中卷），解放军出版社 2005 年版。

山东省档案馆、中共山东省委党史研究室编：《山东的减租减息》，中共党史出版社 1994 年版。

安作璋主编：《山东通史·现代卷》（上下），山东人民出版社 1994 年版。

唐培吉主编：《中国近现代对外关系史》，高等教育出版社 1994 年版。

［美］费正清等编，刘敬坤等译：《剑桥中华民国史》，中国社会科学出版社 1994 年版。

吕伟俊主编：《民国山东史》，山东人民出版社 1995 年版。

何瑜、华立：《国耻备忘录——中国近代史上的不平等条约》，北京教育出版社 1995 年版。

中共山东省委党史研究室编：《血肉长城——山东人民抗日战争史实精选》，山东人民出版社 1995 年版。

薛暮桥：《薛暮桥回忆录》，天津人民出版社 1996 年版。

山东省地方史志编纂委员会编：《山东省志·煤炭工业志》，山东人民出版社 1997 年版。

历史学研究会编：《日本史史料·近代》，日本岩波书店 1997 年版。

章伯锋、庄建平主编：《抗日战争》，四川大学出版社 1997 年版。

中共山东省委党史研究室：《中共山东地方史》（第一卷），山东人民出版社 1998 年版。

岳海鹰、唐致卿：《山东解放区史稿》，中国物资出版 1998 年版。

山东省地方史志编纂委员会编：《山东省志·外事志》，山东人民出版社 1998 年版。

中国第二历史档案馆编：《中华民国史档案资料汇编》（第五辑），凤凰出版社 1998 年版。

张历历主笔：《20 世纪的中国·对外关系卷》，甘肃人民出版社 2000 年版。

张宪文主编：《中国抗日战争史（1931—1945）》，南京大学出版社 2001 年版。

青岛市史志办公室编：《青岛市志·对外经济贸易志》，五洲传播出版社 2001 年版。

中共中央党史研究室：《中国共产党历史》（第一卷），中共党史出版社 2011 年版。

黄瑶主编：《罗荣桓年谱》，人民出版社 2002 年版。

《民国山东通志》编辑委员会编：《民国山东通志》，台湾山东文献杂志社 2002 年版。

济南市档案馆编：《毋忘国耻——济南"五三"惨案档案文献选辑》，济南出版社 2003 年版。

郭铁桩等主编：《旅顺大屠杀研究》，社会科学文献出版社 2004 年版。

中央档案馆、中国第二历史档案馆、吉林省社会科学院合编：《日本帝国主义侵华档案资料选编·汪伪政权》，中华书局 2004 年版。

庄维民、刘大可：《日本工商资本与近代山东》，社会科学文献出版社 2005 年版。

王立新编著：《山东的抗日救亡运动》，中共党史出版社 2005 年版。

郭谦编著：《山东主权收回始末》，中共党史出版社 2005 年版。

中共中央党史研究室第一研究部编著：《中华民族抗日战争史（1931—1945)》，中共党史出版社 2005 年版。

丁龙嘉：《重整齐鲁河山——山东人民抗日战争纪实》，山东人民出版社 2005 年版。

中国第二历史档案馆编：《抗日战争正面战场》，凤凰出版社 2005 年版。

田同军、王金连主编：《山东抗战著名战役战斗》，山东文艺出版社 2005 年版。

《八路军第一一五师暨山东军区战史》编辑室：《八路军第一一五师暨山东军区战史》，黄河出版社 2005 年版。

樊吉厚等：《华北抗日战争史》，山西人民出版社 2005 年版。

金光耀、王建朗主编：《北洋时期的中国外交》，复旦大学出版社 2006 年版。

邵建国：《北伐战争时期的中日关系研究》，新华出版社 2006 年版。

章猷才、陈朝:《党在山东革命根据地的执政研究》,黄河出版社 2006 年版。

文闻编:《抗战胜利后受降与接收秘档》,中国文史出版社 2007 年版。

[日]大隈重信:《日本开国五十年史》,上海社会科学院出版社 2007 年版。

王志民主编:《山东重要历史人物》(第五卷),山东人民出版社 2009 年版。

金冲及:《二十世纪中国史纲》,社会科学文献出版社 2009 年版。

李品武编:《中国通史》,吉林大学出版社 2009 年版。

李新总编:《中华民国史》(全十六册),中华书局 2011 年版。

王克奇:《山东政治史》,山东人民出版社 2011 年版。

中共中央文献研究室、中央档案馆编:《建党以来重要文献选编(1921—1949)》,中央文献出版社 2011 年版。

章冼文主编:《民国高级将领档案解密》(第 1 卷),党史研究出版社 2011 年版。

朱亚非、张登德:《山东对外交往史》,山东人民出版社 2011 年版。

张同乐等:《华北抗日战争史》(第一部),河北人民出版社 2012 年版。

张同乐:《华北沦陷区日伪政权研究》,生活·读书·新知三联书店 2012 年版。

中共中央文献研究室:《毛泽东年谱(1893—1949)》,中央文献出版社 2013 年版。

陶菊隐:《北洋军阀统治时期史话》(上中下),山西人民出版社 2013 年版。

中央党史研究室第一研究部、中国第二历史档案馆编:《国民政府档案中有关抗日战争时期人口伤亡和财产损失资料选编》,中共党史出版社 2014 年版。

中共山东省委党史研究室、山东省中共党史学会：《山东党史资料文库》（第 1—30 卷），山东人民出版社 2015 年版。

中共山东省委党史研究室、山东省中共党史学会编：《山东党史研究文库》（第 1—20 卷），山东人民出版社 2015 年版。

中共山东省委党史研究室编：《山东党的革命历史文献选编》，山东人民出版社 2015 年版。

中共山东省委党史研究室编：《山东抗战口述史》（上中下），山东人民出版社 2015 年版。

赵维东等编著：《山东抗战纪事》，山东人民出版社 2015 年版。

徐平主编：《甲午战争·中日军队通览（1894—1895）》，解放军出版社 2015 年版。

孟庆旭、王玉华主编：《山东教育史》，山东教育出版社 2015 年版。

张宪文主编：《抗日战争正面战场》，世界图书出版公司 2015 年版。

中共山东省委党史研究室编著：《山东抗日战争实录》，黄河出版社 2015 年版。

鲁戈编著：《中国抗日战争全景录·山东卷》，山东人民出版社 2015 年版。

《中国抗日战争史简明读本》编写组：《中国抗日战争史简明读本》，人民出版社 2015 年版。

杜文彬：《图说山东抗战》，人民出版社 2015 年版。

中共山东省委宣传部编：《画说山东抗战》，泰山出版社 2015 年版。

山东省地方史志办公室编：《山东抗战将士记忆》，山东人民出版社 2015 年版。

山东省地方史志办公室编：《山东抗战将士传略》，山东人民出版社 2015 年版。

山东省地方史志办公室编：《山东抗战战事史料汇编》，山东人民出版社 2015 年版。

王雁：《"山东问题"与美国的门户开放政策（1914—1922)》，山东人民出版社 2016 年版。

中共山东省委党史研究室：《中国共产党山东历史》（第一卷），山东人民出版社 2018 年版。

丁中江：《北洋军阀史话》，商务印书馆 2017 年版。

中国抗日战争史学会、中国人民抗日战争纪念馆、北京中国抗日战争史研究会编：《抗战史料研究》（2018 第 1 辑），团结出版社 2018 年版。

刘景泉：《马克思主义与中国现代化历程》，南开大学出版社 2019 年版。

共青团中央青运史档案馆编：《中国青年运动纪事长编第一卷（1919—1949)》，中国青年出版社 2019 年版。

张荣大、张树枫：《百年五四与青岛》，青岛出版社 2019 年版。

田昭林：《中国战争史》（第三卷），江苏人民出版社 2019 年版。

陈占彪：《甲午五十年（1895—1945）媾和·书愤·明耻》，生活·读书·新知三联书店 2019 年版。

雷家圣：《引狼入室——晚清戊戌史事新探》，中西书局 2019 年版。

冯玮：《日本通史》，上海社会科学院出版社 2012 年版。

张洪祥主编：《日本在华殖民史研究》，南京出版社 2020 年版。

刘统：《大审判：国民政府处置日本战犯实录》，上海人民出版社 2021 年版。

中共山东省委党史研究院编：《山东抗日根据地志》，中共党史出版社 2020 年版。

陈杰：《明治维新》，陕西人民出版社 2020 年版。

山东省档案馆、中共山东省委党史研究院编：《山东革命历史档案汇编》，新华出版社 2021 年版。

中共中央党史和文献研究院：《中国共产党的一百年（新民主主义革命时期)》，中共党史出版社 2022 年版。

苑朋欣：《山东抗日根据地农村经济政策研究》，人民出版社 2023 年版。

山东省档案馆编：《沂蒙精神专题档案汇编》，新华出版社 2023 年版。

后 记

为纪念中国人民抗日战争暨世界反法西斯战争胜利 80 周年，弘扬伟大抗战精神，深入研究、阐释沂蒙精神，按照党中央、山东省委要求，中共山东省委党史研究院（山东省地方史志研究院）历时多年，数易其稿，编写完成了《山东抗日战争史》一书。

《山东抗日战争史》是中国共产党在山东抗日根据地领导山东人民反抗外敌入侵第一次取得完全胜利的历史记录。勤劳、勇敢、坚强的山东人民在中国共产党领导下，奋起抗击日本军国主义侵略，进行了艰苦卓绝的斗争，付出了极其沉重的代价，为夺取全国抗日战争胜利作出了不可替代的山东贡献。在山东这片红色土地上，诞生了无数可歌可泣的英雄儿女，涌现出许多悲壮感人的抗日英烈、英雄群体，孕育了"党群同心、军民情深、水乳交融、生死与共"的沂蒙精神。编写出版《山东抗日战争史》，便于人们正确了解中国人民抗日战争历史的山东篇章，增强人们的民族自尊心、自信心和自豪感，激励人们赓续抗战精神、砥砺复兴力量。

在编写过程中，省委党史研究院成立了以院长为组长的编写组，编写成员有闫化川、尹飞鹏、张华、吴秀才、秦冠宇、周春燕、孙炜等同志，编务人员有马明、聂建华、时冰等同志。在院领导班子刘洪海、姚丙华、徐波、蒋庆立、李坤及原院长赵国卿的领导下，编写人员集思广益，反复讨论，研究制定总体框架、编写大纲，30 多次往返省内外档案馆、图书馆、党史研究院等地方（单位），查阅了近千万字的档案、报刊、手稿等资料，整理了数百万字的文字稿。在初稿基础上，编写组广泛听取各方面意见建议，多次调整框架结构，改写、重写了大部分章节，最终形成了 40 余万字的送审稿。在此，要特别感谢中央党史和文献研究院、中国社会科学院、山东大学，以及省内外专家沈传宝、乔君、于化民、周国长、王育济、刘大可、丁龙嘉、徐畅、王巨新、刘志鹏、王林芳、宋暖等在百忙之中审阅了书稿并提出了宝贵的意见和建议。此外，中央档案馆、国家图书馆、山东省档案馆等单位在查阅资料方面提供了诸多便利，一并表示感谢。

《山东抗日战争史》只是省委党史研究院的阶段性成果之一。由于编者水平、能力和时间有限，在资料占有、观点表述、成果吸收等方面尚有甚多不尽如人意之处，疏漏、舛误在所难免，诚恳欢迎读者批评指正，以便我们再版时修改提高。

本书编写组

2025 年 3 月